辉煌历程

庆祝新中国成立60周年重点书系

新中国农村60年的
发展与变迁

张晓山 李周 主编

人民出版社

参编人员：

第一章　张晓山
第二章　张元红
第三章　操建华
第四章　李周
第五章　吴国宝　谭清香
第六章　李国祥
第七章　苑鹏
第八章　王小映
第九章　张兴华
第十章　李静
第十一章　朱钢
第十二章　孙若梅
第十三章　李成贵
第十四章　党国英
第十五章　张军　杜志雄
第十六章　崔红志

统　　稿：

张晓山　朱钢　党国英　陈劲松

在新的历史起点上再创辉煌

——《辉煌历程——庆祝新中国成立60周年重点书系》总序

柳斌杰

1949年10月1日，中华人民共和国诞生了！中国人民从此站起来了，中华民族以崭新的姿态自立于世界民族之林！新中国成立以来的60年，是中国社会发生翻天覆地变化的60年，是中国共产党带领全国各族人民同心同德、奋勇向前、不断从胜利走向胜利的60年，是中华民族自强不息、顽强奋进、从贫穷落后走向繁荣富强的60年，是举国上下自力更生、艰苦奋斗，开创社会主义大业的60年。60年峥嵘岁月，60年沧桑巨变。当我们回顾60年奋斗业绩时，感到格外自豪：一个充满生机和活力的社会主义新中国正巍然屹立于世界的东方。

在新中国成立60周年之际，系统回顾和记录60年的辉煌历史，总结和升华60年的宝贵经验，对于我们进一步深刻领会和科学把握社会主义制度的优越性、党的领导的重要性，进一步增强民族自豪感，大力唱响共产党好、社会主义好、改革开放好、伟大祖国好、各族人民好的时代主旋律，高举中国特色社会主义伟大旗帜，坚定走中国特色社会主义道路的决心和信心，在新的历史起点继续坚持改革开放，深入推动科学发展，夺取全面建设小康社会新胜利、开创中国特色社会主义事业新局面，都有十分重要的意义。

一

中国走社会主义道路，是历史的选择，人民的选择，时代的选择。在相当长的历史时期内，中国是世界上一个强大的封建帝国。1840 年鸦片战争以后，由于帝国主义列强的侵入，中国由一个独立的封建国家变为半殖民地半封建的国家，中华民族沦落到苦难深重和任人宰割的境地。此时的中华民族面对着两大历史任务：一个是争取民族独立和人民解放，一个是实现国家繁荣富强和人民富裕；需要解决两大矛盾：一个是帝国主义和中华民族的矛盾，一个是封建主义和人民大众的矛盾。近代中国社会的主要矛盾和我们民族面对的历史任务，决定了近代中国必须进行反帝反封建的彻底的民主主义革命，只有这样才能赢得民族独立和人民解放，也才能开启国家富强和人民富裕之路。历史告诉我们，一方面，旧式的农民战争，封建统治阶级的"自强""求富"，不触动封建根基的维新变法，民族资产阶级领导的民主革命，以及照搬西方资本主义的其他种种方案，都不能完成救亡图存挽救民族危亡和反帝反封建的历史任务，都不能改变中国人民的悲惨命运，中国人民依然生活在贫穷、落后、分裂、动荡、混乱的苦难深渊中；另一方面，"帝国主义列强侵入中国的目的，决不是要把封建的中国变成资本主义的中国"，而是要把中国变成他们的殖民地。因此，中国必须选择一条适合中国国情的道路。"十月革命一声炮响，给我们送来了马克思列宁主义。十月革命帮助了全世界的也帮助了中国的先进分子，用无产阶级的宇宙观作为观察国家命运的工具，重新考虑自己的问题。走俄国人的路——这就是结论。"中国的工人阶级及其先锋队——中国共产党登上历史舞台后，中国革命的面貌才焕然一新。在新民主主义革命中，以毛泽东同志为代表的中国共产党人带领全党全国人民，经过长期奋斗，创造性地开辟了一条农村包围城市、武装夺取政权的革命道路，实现了马克思主义与中国实际相结合的第一次历史性飞跃，最终建立了伟大的中华人民共和国。从此，中国历史开始了新的纪元！

新中国成立初期，西方国家采取经济封锁、政治孤立、军事包围等手段打压中国，妄图把新中国扼杀在摇篮中。以毛泽东同志为核心的党的第一代中央领导集体，领导全国各族人民紧紧抓住恢复和发展生产这一中心环节，在继续完成民主革命遗留任务的同时，有步骤地实现从新民主主义到社会主义的转变，迅速恢复了在旧中国遭到严重破坏的国民经济并开展了有计划的经济建设。从 1953 年到 1956 年，中国共产党领导全国各族人民有计划有步骤地完成了对农业、手工业和资本主义工商业的社会主义改造，实现了中国社会由新民主主义到社会主义的过渡和转变，在中国建立了社会主义基本制度。邓小平同志在《坚持四项基本原则》一文中，对中国为什么必须走社会主义道路作了明确的说明："只有社会主义才能救中国，这是中国人民从五四运动到现在六十年来的切身体验中得出的不可动摇的历史结论。中国离开社会主义就必然退回到半封建半殖民地。中国绝大多数人决不允许历史倒退。"

但是，探索社会主义道路是一个艰辛的过程。社会主义制度是人类历史上一种崭新的社会制度，代表着人类历史前进的方向。建设社会主义是前无古人的崭新事业，没有任何现成的经验可资借鉴，只能在实践中不断探索适合中国国情的社会主义发展道路。毛泽东同志很早就指出："我们对于社会主义时期的革命和建设，还有一个很大的盲目性，还有一个很大的未被认识的必然王国。"正是由于中国共产党人有这种认识，所以这种探索贯穿在社会主义建设的全过程。

在新中国成立之初，以毛泽东同志为主要代表的中国共产党人在深刻分析当时国内外形势和中国国情的基础上，开始了从"走俄国人的路"到"走自己的道路"的历史性探索。这表明中国共产党力图在中国自己的建设社会主义道路中打开一个新的局面，反映了曾长期遭受帝国主义列强欺凌的中国人民站立起来之后求强求富的强烈渴望。探索者的道路从来不是平坦的。到了50年代后期，党的指导思想开始出现"左"的偏差。特别是60年代中期，由于对国际和国内形势判断严重失误，"左"倾错误发展到极端，造成了延续十年之久的"文化大革命"。"文化大革命"的十年内乱，给我们党和国家带来了极其严重的创伤，国民经济濒临崩溃的边缘，人民生活十分困难。1976年我们党依靠自身的力量，粉碎了"四人帮"，结束了十年内乱，从危难中挽救了党，挽救了革命，使社会主义中国进入了新的历史发展时期。在邓小平同志领导下和其他老一辈革命家支持下，党的十一届三中全会开始全面纠正"文化大革命"及其以前的"左"倾错误，冲破个人崇拜和"两个凡是"的束缚，重新确立了解放思想、实事求是的思想路线，果断停止了"以阶级斗争为纲"的错误方针，把党和国家的工作中心转移到经济建设上来，做出了实行改革开放的历史性决策。改革开放是党在新的时代条件下带领人民进行的新的伟大革命。从此以后，社会主义中国的历史掀开了新的一页。经济改革从农村到城市、从国有企业到其他各个行业势不可挡地展开，对外开放的大门从沿海到沿江沿边、从东部到中西部毅然决然地打开了，社会主义中国又重新焕发出了蓬勃的生机和活力。以党的十一届三中全会为标志进行了 30 多年的改革开放，巩固和完善了社会主义制度，为当代中国探索出了一条真正实现国家繁荣富强、人民共同富裕的正确道路。

二

新民主主义革命的胜利，社会主义基本制度的建立，实现了中国几千年来最伟大最广泛最深刻的社会变革，创造和奠定了新中国一切进步和发展的基础。中国是有着五千年历史的文明古国，但人民当家作主人，真正结束被压迫、被统治的命运，成为国家、社会和自己命运的主人，只是在中华人民共和国成立后才成为现实。在中国共产党的领导下，中国人民推翻了"三座大山"，夺取了新民主主义革命的胜利，真正实现了民族独立和人民解放；彻底结束了旧中国一盘散沙的局面，实现了国家的高度统一和各民族的空前团结；创造性地实现了从新民主主义到社会主义的转变，全面确立了社会主义的基本制度，使占世界人口四分之一的东方大国迈入了社会主义社会；

建立了人民民主专政的国家政权，中国人民掌握了自己的命运，中国实现了从延续几千年的封建专制政治向人民民主政治的伟大跨越；建立了独立的、比较完整的国民经济体系，经济实力、综合国力显著增强，国际地位大幅度提高。社会主义给中国带来了翻天覆地的变化。

那么，面对与时俱进的世界，中国的社会主义建设如何在坚持中发展呢？这就要进行新的探索，新的实践。胡锦涛同志在党的十七大报告中强调，"我们党正在带领全国各族人民进行的改革开放和社会主义现代化建设，是新中国成立以后我国社会主义建设伟大事业的继承和发展，是近代以来中国人民争取民族独立、实现国家富强伟大事业的继承和发展"。正是在改革开放的伟大实践中，中国共产党人开辟了中国特色社会主义道路。这是一条能够使民族振兴、国家富强、人民幸福、社会和谐的康庄大道，是当代中国发展进步和实现中华民族伟大复兴的唯一正确的道路。在当代中国，坚持中国特色社会主义道路，就是真正坚持社会主义。

"中国特色社会主义道路，就是在中国共产党的领导下，立足基本国情，以经济建设为中心，坚持四项基本原则，坚持改革开放，解放和发展社会生产力，巩固和完善社会主义制度，建设社会主义市场经济、社会主义民主政治、社会主义先进文化、社会主义和谐社会，建设富强民主文明和谐的社会主义现代化国家。"改革开放是中国的第二次革命，给我国带来了历史性的三大变化：一是中国人民的面貌发生了巨大变化，许多曾经长期窒息人们思想的旧的观念、陈腐的教条受到了巨大冲击，人们的思想得到了前所未有的大解放，解放思想、实事求是、与时俱进、开拓创新开始成为人们精神状态的主流。二是中国社会面貌发生了巨大变化，社会主义中国实现了从"以阶级斗争为纲"到以经济建设为中心、从封闭半封闭到改革开放、从高度集中的计划经济体制到充满活力的社会主义市场经济体制的伟大转折。我国获得了自近代以来从未有过的长期快速稳定发展，社会生产力大解放，社会财富快速增长，人民的生活水平实现了从温饱不足到总体小康的历史性跨越。满目疮痍、饱受欺凌、贫穷落后的中国已经变成政治稳定、经济发展、文化繁荣、社会和谐的社会主义中国。三是中国共产党的面貌发生了巨大变化，中国共产党重新确立了马克思主义的思想路线、政治路线和组织路线，在开辟中国特色社会主义伟大道路的过程中，在领导中国特色社会主义现代化进程中，始终把保持和发展党的先进性、提高党的执政能力、转变党的执政方式、巩固党的执政基础作为党的建设的重点，实现了从革命党向执政党的彻底转变，成为始终走在时代前列的中国特色社会主义事业的坚强领导核心。

新中国成立60年来，特别是改革开放30多年来的伟大成就生动展现了我们党和国家的伟大力量，展现了13亿中国人民的力量，展现了中国特色社会主义事业的伟大力量。"中国特色社会主义道路之所以完全正确、之所以能够引领中国发展进步，关键在于我们既坚持了科学社会主义的基本原则，又根据我国实际和时代特征赋予其鲜明的中国特色。"胡锦涛同志在纪念党的十一届三中全会召开30周年大会上的重要讲话中强调："我们要始终坚持党的基本路线不动摇，做到思想上坚信不疑、行动上坚定不移，决不走封闭僵化的老路，也决不走改旗易帜的邪路，而是坚定不移地走中国特色社会主义道路。"

坚定不移地走中国特色社会主义道路，就必须牢牢把握和坚持中国共产党的领导这个根本，这也是我们走上成功之路的实践经验。中国共产党是中国工人阶级的先锋队，同时是中国人民和中华民族的先锋队，是中国特色社会主义事业的领导核心。自诞生之日起，中国共产党就自觉肩负起中华民族伟大复兴的庄严使命，带领中国人民经过艰苦卓绝的奋斗，取得了革命、建设和改革的一个又一个重大胜利。中国特色社会主义道路是中国共产党领导全国各族人民长期探索、不懈奋斗开拓的道路，党的领导是坚持走这条道路的根本政治保证和客观的内在要求。没有共产党，就没有新中国，就没有中国的繁荣富强和全国各族人民的幸福生活。

坚定不移地走中国特色社会主义道路，就必须牢牢把握和坚持解放思想、实事求是的思想路线，充分认识我国处于并将长期处于社会主义初级阶段的基本国情，深刻认识社会主义事业的长期性、艰巨性和复杂性。过去的一切失误，在很大程度上就是因为没有正确地认识中国的国情，离开或偏离了发展的实际。我们要牢记教训，一切从实际出发，一切要求真务实。

坚定不移地走中国特色社会主义道路，就必须牢牢把握和坚持"一个中心，两个基本点"的基本路线。以经济建设为中心是兴国之要，是我们党和国家兴旺发达和长治久安的根本要求。四项基本原则是立国之本，是我们国家生存发展的政治基石。改革开放是决定当代中国命运的关键抉择，是发展中国特色社会主义、实现中华民族伟大复兴的必由之路。我们必须坚持改革开放不动摇，决不能走回头路。

中国特色社会主义事业是一项前无古人的创造性事业，是一项极其伟大、光荣而艰巨的事业。我们必须清醒地认识到，"我们的事业是面向未来的事业"，"实现全面建设小康社会的目标还需要继续奋斗十几年，基本实现现代化还需要继续奋斗几十年，巩固和发展社会主义制度则需要几代人、十几代人甚至几十代人坚持不懈地努力奋斗"。在新的国际国内形势和新的历史起点上，只要我们不动摇、不懈怠、不折腾，坚定不移地坚持中国特色社会主义道路，坚定不移地坚持党的基本理论、基本路线、基本纲领、基本经验，勇于变革、勇于创新，永不僵化、永不停滞，不为任何风险所惧，不被任何干扰所惑，就一定能凝聚力量，战胜一切艰难险阻，不断开创中国特色社会主义事业新局面。

三

把马克思主义基本原理同中国实际相结合，坚持科学理论的指导，坚定不移地走自己的路，这是马克思主义的本质要求，是中国共产党人在深刻把握马克思主义理论品质、清醒认识中国国情的基础上得出来的科学结论。毛泽东同志指出："认清中国社会的性质，就是说，认清中国的国情，乃是认清一切革命问题的基本的根据。"邓小平同志指出："马克思列宁主义的普遍真理与本国的具体实际相结合，这句话本身就是普遍真理。它包含两个方面，一方面叫普遍真理，另一方面叫结合本国实际。我们历来认为丢开任何一面都不行。"中国共产党之所以成功地领导了革命、建设和改革，就是因为以科学态度对待马克思主义，正确地贯彻马克思主义基本原理与中国具体实际相结合的原则，推动马克思主义中国化，并不断丰富和发展了马克思主义。

以毛泽东为主要代表的中国共产党人，创造性地运用马克思主义的基本原理，认真总结中国革命胜利和失败的经验教训，重新认识中国国情，探讨中国革命的规律性，把马克思主义与中国革命的具体实践结合起来，提出了新民主主义理论，阐明了中国革命的一系列重大问题，实现了马克思主义和中国实际相结合的第一次历史性飞跃，产生了毛泽东思想这一马克思主义中国化的重要理论成果，引导中国革命不断走向胜利，完成了民族独立和人民解放的历史任务，创建了新中国，建立了社会主义制度。新中国成立初期，我们党在把马克思主义和中国实际相结合方面做得比较好，因而社会主义革命和建设都比较顺利，很快建立起了比较完备的社会主义工业体系和国民经济体系，显示了社会主义制度的优越性。

党的十一届三中全会之后的30多年，我们党紧紧围绕中国特色社会主义这个主题，在新的历史条件下继续推进马克思主义中国化，形成和发展了包括邓小平理论、"三个代表"重要思想以及科学发展观等重大战略思想在内的中国特色社会主义理论体系。以邓小平同志为主要代表的中国共产党人，开创了改革开放的伟大事业，并在总结当代社会主义正反两方面经验的基础上，在我国改革开放的崭新实践中，围绕着"什么是社会主义、怎样建设社会主义"这个基本问题，把马克思主义基本原理和中国社会主义现代化建设的实际相结合，系统地初步回答了在中国这样的经济文化比较落后的国家如何建设社会主义、如何巩固和发展社会主义的一系列基本问题，创立了邓小平理论，实现了马克思主义和中国实际相结合的又一次飞跃，奠定了中国特色社会主义理论体系的基础。党的十三届四中全会以后，以江泽民同志为主要代表的中国共产党人，在新的历史发展时期，把马克思主义的基本原理与当代中国实际和时代特征进一步结合起来，在建设中国特色社会主义新的实践中，进一步回答了什么是社会主义、怎样建设社会主义的问题，创造性地回答了在长期执政的历史条件下建设什么样的党、怎样建设党的问题，形成了"三个代表"重要思想，进一步丰富和发展了中国特色社会主义理论体系。党的十六大以来，以胡锦涛同志为总书记的党中央，站在历史和时代的高度，继续把马克思主义基本原理与当代中国实际相结合，在推进中国特色社会主义的实践中，全面系统地继承和发展了马克思列宁主义、毛泽东思想、邓小平理论、"三个代表"重要思想关于发展的重要思想，依据我国仍处于并将长期处于社会主义初级阶段而又进到新的发展阶段这个现实，进一步回答了新世纪新阶段我国需要什么样的发展和怎样发展的重大问题，形成了科学发展观等重大战略思想，赋予中国特色社会主义理论体系以新的丰富内容。

胡锦涛同志在党的十七大报告中强调："改革开放以来我们取得一切成绩和进步的根本原因，归结起来就是：开辟了中国特色社会主义道路，形成了中国特色社会主义理论体系。高举中国特色社会主义伟大旗帜，最根本的就是要坚持这条道路和这个理论体系。"中国特色社会主义理论体系坚持和发展了马克思列宁主义、毛泽东思想，凝结了几代中国共产党人带领人民不懈探索实践的智慧和心血，是马克思主义中国化的最新成果，是党最可宝贵的政治和精神财富，是全国各族人民团结奋斗的共同思想基础。在当代中国，坚持中国特色社会主义理论体系，就是真正坚持马克思主义。只有坚持中国特色社会主义理论体系不动摇，才能坚持中国特色社会主义道路不动摇，才能真正做到高举中国特色社会主义伟大旗帜不动摇。

四

站在时代的高峰上回望我国波澜壮阔的奋斗之路，我们感慨万千。正如胡锦涛同志所指出的，"没有以毛泽东同志为核心的党的第一代中央领导集体团结带领全党全国各族人民浴血奋斗，就没有新中国，就没有中国社会主义制度。没有以邓小平同志为核心的党的第二代中央领导集体团结带领全党全国各族人民改革创新，就没有改革开放历史新时期，就没有中国特色社会主义"。"以江泽民同志为核心的党的第三代中央领导集体"，"团结带领全党全国各族人民高举邓小平理论伟大旗帜，继承和发展了改革开放伟大事业，把这一伟大事业成功推向21世纪"。我们"要永远铭记党的三代中央领导集体的伟大历史功绩"。

新中国60年的辉煌历程充分证明，没有共产党就没有新中国，没有中国共产党的领导就没有国家的繁荣富强和全国各族人民的幸福生活，也就不会有社会主义现代化的中国。新中国60年的伟大成就充分证明，只有社会主义才能救中国，只有中国特色社会主义才能发展中国，只有走中国特色社会主义道路才能建设富强、民主、文明、和谐的社会主义现代化国家。新中国 60 年的宝贵经验充分证明，只要始终坚持马克思主义基本原理同中国具体实际相结合，在科学理论的指导下，不断丰富和发展中国特色社会主义理论体系，就能坚定不移地走自己的路。新中国 60 年特别是改革开放 30 多年的伟大实践昭示我们，中国的崛起是历史的必然，只要我们高举"一面旗帜"，坚持"一条道路"，在新的历史起点继续推进改革开放的伟大事业，不断开创中国特色社会主义事业新局面，当代中国、整个中华民族，就一定能走向繁荣富强和共同富裕的康庄大道。

庆祝新中国成立 60 周年，是今年党和国家政治生活中的一件大事。新中国 60 年的辉煌历程、伟大成就和宝贵经验，蕴含着丰富的教育资源，是进行爱国主义教育的生动教材。深入挖掘、整理、创作、出版有关纪念新中国成立 60 年的作品，是出版界义不容辞的责任和光荣使命。为隆重庆祝新中国成立 60 周年，中共中央宣传部、新闻出版总署组织出版了《辉煌历程——庆祝新中国成立 60 周年重点书系》，目的在于充分展示新中国成立 60 年来翻天覆地的变化，充分展示中国共产党领导全国各族人民在革命、建设、改革中取得的伟大成就，深刻总结新中国 60 年的宝贵经验，努力探索人类社会发展规律、社会主义建设规律、中国共产党的执政规律；宣传中国特色社会主义，宣传中国特色社会主义理论体系，进一步坚定走中国特色社会主义道路的决心和信心；大力唱响共产党好、社会主义好、改革开放好、伟大祖国好、各族人民好的时代主旋律，不断巩固全党全国各族人民团结奋斗的共同思想基础；为在新形势下继续解放思想、坚持改革开放、推动科学发展、促进社会和谐营造良好氛围，激励和鼓舞全党全国各族人民更加紧密地团结在以胡锦涛同志为总书记的党中央周围，高举中国特色社会主义伟大旗帜，为开创中国特色社会主义事业新局面、夺取全面建设小康社会新胜利、谱写人民美好生活新篇章而努力奋斗。

　　该书系客观记录了新中国 60 年波澜壮阔的伟大实践，全面展示了新中国 60 年来社会主义中国、中国人民和中国共产党的面貌所发生的深刻变化，深刻总结了马克思主义中国化的宝贵经验，生动宣传了新中国 60 年来我国各方面所取得的伟大成就及社会主义中国对人类社会发展进步所做出的伟大贡献。该书系所记录的新中国 60 年的奋斗业绩和伟大实践，所载入的以爱国主义为核心的民族精神和以改革创新为核心的时代精神，都将永远激励我们沿着中国特色社会主义道路奋勇前进。

目　录

第一章

导　论

新中国已经走过了波澜壮阔的 60 年发展历程，农业和农村也发生了翻天覆地的变化。这 60 年间，中国农业和农村的发展与变迁始终是在中国工业化、城镇化进程的大背景下进行的，始终服从于一个大目标，即将我国建成一个现代化的社会主义强国，实现中华民族的伟大复兴。本章作为导论，将改革开放前和改革开放后划分为两个时间段，归纳此后各章的主要观点和内容，概述不同的制度安排和发展模式及其成效，并试图提炼出 60 年发展与变迁对今后可能的启示。

第一节　改革开放前中国农业和农村的发展、变迁及其成效

一、新中国的工业化道路

新中国成立之初，发展的基点是实现工业化。毛泽东同志 1953 年曾提出，党在过渡时期的总任务，是要经过三个五年计划，基本上完成社会主义工业化和对农业、手工业和资本主义工商业的社会主义改造。他在抗美援朝胜利后指出：现在，我们施仁政的重点应当放在建设重工业上。

要确定实现工业化的发展模式和相应的制度安排，首先要在意识形态上统一思想、形成共识，因为意识形态是减少提供其他制度安排的服务费用的最重要的制度安排，具有确认现行制度结构合乎义理或凝聚某个团体的功能，是一种节约认识世界的费用的工具。① 前苏联也曾面临实现工业化的历史任务，斯大林在 1928 年曾从意识形态上论证了其工业化发展模式的合理性："资本主义国家实现工业化，通常主要是靠掠夺其他国家，靠掠夺殖民地和战败国，或者靠借多少带有奴役性的巨额外债。"前苏联这两条路都走不通，只能"靠内部积累来发展工业，使国家工业化"。为此，"农民不仅向国家缴纳一般的税，即直接税和间接税，而且他们在购买工业品时还要因为价格较高而多付一些钱，这是第一；而在出卖农产品时多少要少得一些钱，这是第二。这是为了发展为全国（包括农民在内）服务的工业而向农民征收的一种额外税。这是一种类似'贡税'的东西，是一种类似超额税的东西；为了保持并加快工业发展的现有速度，保证工业满足全国的需要，继续提高农村物质生活水平，然后完全取消这种额外税，消除城乡间的'剪刀差'，我们不得不暂时征收这种税。"②

新中国成立时面临的也是类似前苏联的国际环境，也只能靠内部积累来发展工业。毛泽东同志提出：为了完成国家工业化和农业技术改造所需要的大量资金，其中有一个相对大的部分是要从农业方面积累起来的。一些学者将这种发展模式从学术上总结为重工业优先发展战略，并认为，不顾资源的约束而推行超阶段的重工业优先发展战略，是一种"赶超"战略。为实行这种战略，则需要扭曲的宏观政策环境、高度集中的资源计划配置制度和没有自主权的微观经营机制这三位一体的传统经济体制为

---

① 林毅夫：《关于制度变迁的经济学理论：诱致性变迁与强制性变迁》，载于《财产权利与制度变迁》，上海三联书店 1991 年版。
② 斯大林：《论工业化和粮食问题》，《斯大林全集》第 11 卷，人民出版社 1955 年版。

支撑。①

为了确保国家能够顺利地从农业中提取积累，毛泽东同志在意识形态上提出通过解决所有制和生产力的矛盾问题来解决供求矛盾。他指出，过渡时期的总任务要求农业适应工业，社会主义工业化是不能离开农业合作化而孤立地去进行的。一些学者将国家从农业中提取积累的一整套制度安排总结为"三驾马车"，即：通过剪刀差获取"贡税"的低价统购统销的经济政策、通过农业合作化形成的政社合一、一大二公的人民公社组织架构、控制人口和劳动力流动的城乡分割的户籍制度。有的学者分析道："为了确保在低价统派购的条件下农民仍然能把资源投入到国家工业化所需要的农产品生产中，就要求作出一种强制性的制度安排，使国家能够以行政力量直接控制农业生产。"1958 年，"这一年粮食产量比上年只提高2.5%，而征购量却增加了 22.3%"②。

同样，在前苏联，农业集体化亦是顺利征收额外税的保证。在实行全盘集体化之后，1933 年 1 月，斯大林宣布："苏联已经由小农经济的国家改造为拥有世界上规模最大的农业的国家"；"党所获得的成绩是：它现在每年已能收购 12 亿至 14 亿普特商品谷物，而在个体农民经济占优势时期每年只能收购 5 亿至 6 亿普特商品粮食"③。

二、中国的农民为中国的工业化作出了巨大贡献

（一）农民对工业化的贡献，主要不是通过农业税，而是通过剪刀差

1950—1977 年，财政支农支出总额为 1426.5 亿元，农业税总额为792.1 亿元，前者高出后者 80%，"予"大于"取"。但是，为了尽快建

---

① 林毅夫、蔡昉、李周：《中国的奇迹：发展战略与经济改革》，上海三联书店、上海人民出版社 1994 年版。
② 林毅夫、蔡昉、李周：《中国的奇迹：发展战略与经济改革》，上海三联书店、上海人民出版社 1994 年版。
③ 斯大林：《第一个五年计划的总结》，《斯大林全集》第 13 卷，人民出版社 1956 年版。

立国家工业体系，加快工业化进程，我国长期实行统购统销政策，特别是针对粮棉油等主要农副产品，通过压低农产品价格，实行工农产品"剪刀差"，从农业和农民那里获取了巨额的积累。据有的学者测算，1952—1957 年通过工农产品"剪刀差"从农业部门聚集的净积累为 475 亿元，占同期财政收入的 30.9%；1959—1978 年为 4075 亿元，占同期财政收入的 21.3%（郑有贵，2007）；两者分别相当于同期农业税的 2.7 倍和 7.2 倍。另有学者测算，1952—1978 年，农业净流出资金 3120 亿元，相当于同一时期国有企业非农固定资产原值的 73.2%（程漱兰，1999）。不同的计算方法和口径导致数据的差异，但共识是，国家通过征收农业税与工农产品"剪刀差"方式获取的农业剩余合计大大超过财政支农支出，"取"大于"予"。这种发展方式为工业发展提供了大量的积累，加速了工业化的进程，但却极大地限制了农业的自我积累能力和农业的发展。[①]

（二）农村金融向工业和城市输送了大量资金

在农村金融方面，农村信用社成为国家从农村抽取资金向工业和城市输送的工具。从 1953—1979 年的 27 年间，农村信用社累计存款达 1941.4 亿元，而发放的贷款累计只有 529.6 亿元，存贷比只有 0.27，净流出资金达 1411.8 亿元。而农民的 27 年的累计存款 554.2 亿元，得到的贷款只有 248.6 亿元，仅是存款的 45%。[②]

（三）农民向工业提供劳动力

中国农民为实现工业化提供了大量的劳动力，但农村也成为储备剩余劳动力的巨大蓄水池。在改革开放前曾发生过两次城乡劳动力逆向流动的现象。第一次是 20 世纪 60 年代初，"大跃进"时期农业严重萎缩，粮食供应严重短缺（人均占有粮食由 1957 年的 302 公斤下降为 1960 年的 108 公斤），进而迫使工业项目大量下马，大批城市劳动力被下放或返回农村，就业结构产生了回流逆转。1961—1963 年的 3 年间，总共有 2000 多万人由

---

① 详见本书第 11 章。
② 详见本书第 10 章。

城市返回或下放农村,农业劳动力比重由 1958 年的 58.2% 上升到 1963 年的 82.4%。第二次是 1966—1976 年,10 年"文革"使国民经济遭受严重破坏,导致城市就业压力巨大,这期间不但农村劳动力得不到转移,城市的就业压力也转向农村,政府动员了大约 1700 多万人到农村安家落户。①

三、改革开放前近 30 年农业与农村的发展

(一) 改革开放前中国农业和农村的发展

从新中国成立到改革开放前的近 30 年,国家在农业和农村建立了为工业提供积累的一整套制度安排,这期间尽管有种种波澜曲折,但除了 3 年困难时期外,农业生产总体上保持稳定,各类农产品产量有小幅增长,农民收入亦有增加。

以新中国成立后形势较为稳定的 1952 年为基期,粮食产量 1952 年为 16391.5 万吨,1978 年达到 30476.5 万吨,增长了 86%,平均每年增长 2.4%。棉花产量由 1952 年的 130.4 万吨增加到 1978 年的 216.7 万吨,增长了 66%,平均每年增长 2%。油料产量由 1952 年的 419.3 万吨增加到 1978 年的 521.8 万吨,增长了 24%,平均年增速为 0.8%。糖料产量由 1952 年的 759.5 万吨增长到 1978 年的 2381.9 万吨,增长了 214%,平均年增速为 4.5%。猪牛羊肉产量由 1952 年的 338.5 万吨增长到 1978 年的 865.3 万吨,增长了 156%,平均年增速为 3.7%。禽蛋产量由 1952 年的 166.6 万吨增长到 1978 年的 465.3 万吨,增长了 179%,平均年增速为 4%。

1949 年,城镇居民人均年现金收入不足 100 元,农村居民人均年纯收入只有 43.8 元。面对这样的局面,在国民经济恢复时期和"一五"时期,党和政府采取了一系列措施医治战争创伤,恢复和发展生产,稳定物价,安排就业,提高人民收入和生活水平。在农村,由于土地改革、互助组和农业初级合作社的发展,农村居民收入增长较快,1952 年,农民人

---

① 详见本书第 9 章。

均纯收入增加到 57 元，比 1949 年增长 30.1%；1957 年进一步提高到 73 元，比 1952 年增长 28.1%。[①] 1978 年农民人均纯收入达到 133.6 元，比 1952 年增长了 134%，平均年增速为 3.3%。

改革开放前，在农村也建立了社区内部分散生活风险的互济互助制度，比较有效地照顾和保障了社员及其家庭成员最基本的生活需要，特别是农村五保户以及人口多、劳动力少的社员家庭口粮的基本需要。

（二）改革开放前中国农业和农村所取得成就的原因剖析

1. 党和政府高度重视农业

与前苏联不同，毛泽东同志意识到：苏联的办法把农民挖得很苦。他们采取所谓义务交售制等项办法，把农民生产的东西拿走太多，给的代价又极低。他们这样来积累资金，使农民的生产积极性受到极大的损害。苏联的粮食产量长期达不到革命前最高水平。[②] 他提出：全党一定要重视农业。农业关系国计民生极大。要注意，不抓粮食很危险。不抓粮食，总有一天要天下大乱。1952—1957 年，国家继续执行农业税减免政策，将农业税收指标三年内稳定在 1952 年的实际征收水平上，并适当提高了农副产品收购价格。农副产品收购价格总指数由 132.5 上升到 146.2（1950 = 100），显著高于同期农村工业品的价格。[③]

2. 注重农业基本建设的投入，夯实农业的物质技术基础

新中国成立后，由于农业基础设施薄弱，自然灾害频繁，对农业生产的危害巨大。国家十分重视农田水利建设。在财政困难的情况下，依然在财政支农资金中将基本建设，尤其是水利建设，作为投入重点。1953—1977 年，农业基本建设占财政支农支出的比重平均为 41.46%，"二五"时

---

① 详见本书第 2 章。

② 注：斯大林在 1934 年 1 月联共（布）中央 17 次代表大会上做中央工作总结报告时承认：农业改组达到最高潮的年份（1931 年和 1932 年），是谷物减产最厉害的年份，产量远低于沙俄时代的 1913 年。牲畜头数在报告所涉及的时期内没有增加，而和战前水平比较还在继续下降。参见斯大林：《在党的第 17 次代表大会上关于联共（布）中央工作的总结报告》，《斯大林全集》13 卷，人民出版社 1956 年版。

③ 详见本书第 3 章。

期达到最高的44.64%。在国家财政的支持下，改革开放前的农田水利建设取得了巨大成就。1952—1977年，农田灌溉面积增长了近1.3倍，灌溉面积占耕地面积的比重由18.5%提高到45.3%，提高了近27个百分点。农业生产条件得到有效改善，农业抗御自然灾害的能力大幅度提高。①

人民公社制度下，采取了行政命令、"平调"方式大规模动员劳动力从事农田基本建设，虽然这种方式在资源的合理配置、激励机制等方面存在种种缺陷，但在当时条件下，这种体制在形成农业资本方面发挥了重要作用。人民公社制度下的公积金制度和劳动积累制度也在农业基本建设和增加农业固定资产、提高农业生产能力方面发挥着重要作用。②

3. 良种良法的推广及应用

在改革开放前，中国培育的玉米、小麦等作物的良种可与世界上最好的品种相比。改革前的技术改进主要表现在推广良种、指导耕作技术和肥料增施技术、防治病虫害、生产工具改进以及大力组织开荒等方面。③ 毛泽东同志本人也非常重视农业技术改造，他在1958年抓农业增产措施基础上总结概括成著名的"农业八字宪法"（土、肥、水、种、密、保、管、工）。当时在人民公社的框架和组织架构下形成的县—公社—大队—生产队的四级科技推广网，有效地进行了农业技术推广工作。其推广机构和体系的相对完整性，乡土科技人才的培养机制以及农民对农业科技的可及性等，都有明显的可取之处。这种体制在当时对普及农业科技知识、提高科学种田水平，起到了积极的作用，也为改革以来农业推广体系重构提供了历史经验。④

4. 人民公社集体生产、统一核算、集体分配的制度为社会福利的提供创造了条件

人民公社内部的集体统一分配制度是集体能够获得一定资源提供公共

---

① 详见本书第11章。
② 详见本书第11章。
③ 详见本书第3章。
④ 详见本书第13章。

产品和服务的重要保障，即集体可以在社员分配之前优先获得部分收入用于发展公共事业。然而，由于整个农村经济发展水平低下，集体经济薄弱；同时，农民从集体分配的收入有限，负担能力差，因此，农村公共事业发展只是也只能实现低水平下的广覆盖。但在当时的历史条件下，人民公社体制使广大农民在获得享受最基本公共服务的权利方面得到了一定程度的保障。[1]

（三）农民的生活和收入一直处于较低水平

改革开放前农民人均纯收入增长比较缓慢。按可比价格计算，1949—1978 年农民人均收入仅增长一倍，换言之改革开放之前农民收入增长一倍用了近 30 年。

农民的收入主要用于维持温饱，而不是发展。1978 年以前，农民生活消费支出虽然缓慢地提高，但生活消费的结构基本保持稳定。与 1954 年相比，1978 年农民生活消费支出仅增加 56.5 元，恩格尔系数从 68.6%下降至 67.7%，即 24 年间仅下降了 0.9 个百分点。

在 20 世纪 50 年代初期，中国农村未得温饱的人口大约在 50%—80%之间。经过 20 多年的发展和基于平均主义原则的收入分配，到 1978 年农村未解决温饱的人口下降到 2.5 亿人，占当年农村人口的 30.7%。

城乡居民收入差距大的情况并非始自改革开放之后。1957 年城乡居民人均收入的比值为 3.23∶1，随后到 1980 年城乡居民收入差距一直在 1 倍以上。[2]

四、改革开放前农业和农村发展与变迁凸显的主要问题

（一）在集体生产、统一核算、按劳分配的农村经营制度下，劳动监督成本过高和劳动激励过低所造成的"免费搭车"问题无法解决

由于农业生产是自然再生产与社会再生产过程的统一，农业劳动者的

---

① 详见本书第 11 章。
② 详见本书第 5 章。

努力与劳动成果并不能直接挂钩，农业生产的决策机制又要适应变化的自然条件而要求快速灵活。而以生产队为基本核算单位、社员集体劳动、统一核算的体制造成劳动的计量成本、监督成本和生产的决策成本过高，干好干坏一个样，干多干少一个样，"免费搭车"的问题无法解决。在合作化运动中社员是强制性地成为集体的成员，又没有退出机制，这就极大地削弱了社员的生产积极性。

（二）在农业生产中忽视自然规律

在农业生产中，除有社会条件决定的社会生产率，还有自然条件决定的自然生产率，"自然在农业中是作为机器和有机体参与人的劳动的"[1]。固然，自然条件所提供的东西往往随着社会条件决定的生产率的提高而相应地减少，但这一自然影响逐渐减少的过程正是在人类有意识地遵循、正确地运用自然规律的过程中实现的。正如恩格斯所说："我们统治自然界，决不像征服者统治异民族一样，决不像站在自然界以外的人一样，……我们对自然界的整个统治，是在于我们比其他一切动物强，能够认识和正确运用自然规律。"[2]

新中国成立以来，在对待自然的态度上我们宣扬"人定胜天"，征服自然、改造自然，却忘记了遵循自然规律。一些从科学出发的意见曾被斥为"右倾"，许多重大的农业工程、农业技术措施都严重违背了自然规律。我们围湖造田的规模和速度在历史上是空前的，如洞庭湖的围垦，贵州咸宁草海的排水，学大寨时到处建造"大寨田"，对荒山秃岭不搞综合治理，只是向"荒山要粮"，"向河滩要地"，"以粮为纲，全面砍光"，以致动用大量人力、物力在山头上搞"人造小平原"。在水利建设上我们取得了有目共睹的成就，但也曾重工程设施而轻生物措施，把大部分农业投资用于修库蓄水、筑坝防洪，却忽视了造林种草、保持水土、涵养水源……如此种种严重地破坏了生态平衡，造成无穷的后患。[3]

---

[1]《马克思恩格斯全集》第26卷，人民出版社1973年版，第116页。
[2]《马克思恩格斯选集》第3卷，人民出版社1973年版，第518页。
[3] 详见本书第12章。

（三）在农业生产中以计划经济体制取代市场规律

改革开放前的农业管理体制是高度集中的计划经济体制的一个缩影。它的最大特点是排斥市场机制，使用单一的行政命令手段实现对生产要素资源的配置。通过人民公社"政社合一"的计划管理体制，将政府的行政管理直接深入到农村基层，利用行政手段进行资源的配置和调控，确保国家最有效率地完成工业化进程中的原始积累。但是这种通过政治运动和行政手段来实现经济目标的统制经济，降低了资源配置效益，导致了农业和农村长期发展缓慢。

（四）用行政手段来贯彻技术政策、推行农业技术措施

如果农民有经营自主权，物质利益得到保障，自然会激励他们去寻求掌握和应用先进适用的科学技术。但改革开放前，农业中实行的制度安排不利于激励农民去进行技术变革。农民没有成为技术选择的主体，但被广泛地动员起来参与科技活动。这就必然造成各级政府频繁地用行政手段来贯彻技术政策、推行农业技术措施。有时甚至由党的最高领导部门来对农业的具体技术措施发指示、下达指标，强制推行。各级领导把农业技术措施的推行当成政治任务，用搞运动的方式进行农业技术变革，对下是"长官意志"和"瞎指挥"，对上则虚报浮夸，大放"卫星"，严重地破坏了农业生产力。

第二节　改革开放后 30 年农业与农村的发展、变迁及成效

一、改革开放后在农业和农村工作中逐渐形成了一整套新的制度安排

改革开放后，通过解放思想、实践是检验真理的唯一标准大讨论以及批判"两个凡是"，全党和全国人民从上到下在意识形态上取得了共识，这种共识同样也反映在农业和农村问题上。1978 年 12 月召开的党的十一

届三中全会，深入讨论了农业问题，同意将《中共中央关于加快农业发展若干问题的决定（草案）》发到各省市自治区讨论和试行。全会公报中强调指出，调动我国几亿农民的社会主义积极性，"必须在经济上充分关心他们的物质利益，在政治上切实保障他们的民主权利"。此后，1982年起，中央连续发布了关于农村工作的5个1号文件，形成了新时期关于农业和农村工作的一整套制度安排。文件奠定了我国农村的基本经营制度，即以家庭承包经营为基础、统分结合的双层经营体制；确立了农户作为农村的微观经济主体；阐明了农村经济要从自给半自给经济向较大规模的商品生产转化，从传统农业向现代农业转化；初步形成了农产品市场体系和要素市场体系。20年后，1998年10月，中国共产党第十五届三中全会通过了《中共中央关于农业和农村工作若干重大问题的决定》，《决定》又重申，"调动农民的积极性，核心是保障农民的物质利益，尊重农民的民主权利。在任何时候，任何事情上，都必须遵循这个基本准则"。改革开放以来，中央制定的一系列关于农村改革和发展的政策都始终贯穿着这个基本准则。在这一准则的指引下，农村的经济基础发生了巨大变化，上层建筑通过制度变迁逐渐适应经济基础的变化，在农村初步形成了维护农民经济利益、有利于资源优化配置的社会主义市场经济体制。

进入21世纪以来，党的十六大提出了建设一个惠及10几亿人口的全面小康社会。此后，中央在科学发展观的引领下，明确把解决"三农"问题作为全党工作的重中之重，确立了统筹城乡发展的基本方略，胡锦涛同志在党的十六届四中全会上作出了"两个趋向"的重要论断。2004年中央经济工作会议上，胡锦涛同志再次强调："我国现在总体上已到了以工促农、以城带乡的发展阶段。我们应当顺应这一趋势，更加自觉地调整国民收入分配格局，更加积极地支持'三农'发展。"在这几年间，党中央在农村工作中采取了"多予、少取、放活"的重大措施，农村综合改革逐步深化。从2004年起，中央又连续发布了6个1号文件，出台了一系列重要的方针政策。2005年10月，党的十六届五中全会提出了建设社会主义新农村的重大历史任务。中国共产党的十七大报告指出，"要加强农业基础地位，走中国特色农业现代化道路，建立以工促农、以城带乡的长效机制，形成城乡经济社会发展一体化新格局"。十七届三中全会通过的《中共中央关于推进农村改革发展若干重大问题的决定》系统回顾总结了我国农村改革发展的光辉历程和宝贵经验，进一步统一了全党全社会对解决"三农"问题的认识。

改革开放以来，中国颁布了如《农业法》、《土地管理法》、《农村土地承包法》、《农民专业合作社法》等一系列事关农村改革发展的法律法规。据统计，自党的十一届三中全会到 2008 年年底，中国共制定农业的相关法律 18 部、行政法规 46 部。① 所有这些政策和法规的提出为中国农村的发展和新农村建设奠定了思想基础，提供了理论依据。这些政策法律措施所形成的一整套制度安排及其落实是农业和农村领域取得巨大成就的制度根源和体制保障。

二、改革开放后农业与农村的发展和变迁

党的十一届三中全会之后，农村实行的家庭联产承包责任制度使农民在落实土地承包经营权的基础上，以家庭为单位开展农业经营，生产、经营和劳动计量在同一单位进行，生产者的成本、收益趋向一致，这就自动建立起了"多劳多得"的激励机制，农民付出的劳动与劳动成果之间有了直接的联系，农民的经济利益得到了保障。1979 年，国家先后大幅度地调整了粮食、油料、棉花、生猪、鲜蛋等 18 种农副产品的收购价格，缩小工农业产品价格"剪刀差"，到 1984 年，农产品收购价格比 1978 年提高了 53.7%，年平均提高 8.93%；而工业品零售价格指数 1984 年比 1978 年仅增长 7.8%，年平均提高 1.3%，工农业产品比价回落 29.9%。② 农产品大幅度提价和工农产品剪刀差的缩小使农民从事农业生产的比较利益在价值上有了较大的增长，广大农民群众的生产积极性空前高涨，新中

---

① 张穹：《农业法制建设与依法行政》，载于《农村改革理论与实践 1978—2008》，中国农业出版社 2008 年版。
② 详见本书第 7 章。

国成立后几十年来进行的农业基本建设、农业技术改造所积蓄的潜能在短期内得到了充分发挥，农民有了经营自主权后也在生产中不断增加新的物质投入，这就导致了农业生产力水平的迅猛提高、农产品产量的较大幅度的增长，从而创造了我国农业持续多年增长的奇迹。农村经济、社会、政治、文化各方面的事业也在稳步推进。

（一）各类农产品产量大幅度增长

以改革开放的 1978 年为基期，粮食产量 1978 年为 30476.5 万吨，2008 年达到 52850 万吨，增长了 73.4%，平均每年增长 1.9%。棉花产量由 1978 年的 216.7 万吨增加到 2008 年的 750 万吨，增长了 246%，平均每年增长 4.2%。油料产量由 1978 年的 521.8 万吨增加到 2008 年的 2950 万吨，增长了 465%，平均年增速为 5.9%。糖料产量由 1978 年的 2381.9 万吨增长到 2008 年的 13000 万吨，增长了 446%，平均年增速为 5.8%。猪牛羊肉产量由 1978 年的 865.3 万吨增长到 2008 年的 5601 万吨，增长了 547%，平均年增速为 6.4%。禽蛋产量由 1978 年的 465.3 万吨增长到 2008 年的 2638 万吨，增长了 467%，平均年增速为 6.0%。

（二）农民收入增长加快、消费结构升级

1978 年以后农民收入增长明显加快，1978—1984 年的 6 年间农民收入就增加了一倍，1984—2001 年农民收入又增加了一倍，2001—2008 年农民人均纯收入增长了 55.1%。

农村改革开放以来，随着农民生活消费支出的大幅度增长，生活消费结构明显升级。其中，标志性的时点有两个。一是 1984 年，恩格尔系数稳定降至 60% 以下，表明农村居民整体跨入温饱阶段；二是 2000 年，恩格尔系数下降至 50% 以下，标志着农村居民总体生活消费由温饱区间跨入小康门槛。2008 年恩格尔系数继续降至 43.7%，比 1978 年下降了 24 个百分点。[①]

---

① 详见本书第 5 章。

（三）减缓贫困成效显著

1978 年以来，中国未解决温饱问题的绝对贫困人数，从 2.5 亿人减少到 2007 年的 1479 万人。在此期间，94% 未解决温饱问题的农村人口摆脱了绝对贫困，贫困发生率从 30.7% 降低到 1.6%，基本解决了农村温饱问题。再加上从 2007 年开始在全国建立了农村最低生活保障制度，从制度上保障了全体农村居民的温饱问题可以持续得到解决。[①]

（四）"多予"和"少取"取得了实质性进展

从 2000 年起，中国开始进行农村税费制度的改革。2000—2003 年，农村税费改革的主要内容是正税除费。2004 年以后，改革的方向转变为降低农业税税率，并直至完全取消农业税。2005 年 12 月 29 日，十届全国人大常委会第十九次会议通过了关于废止农业税条例的决定，全面取消农业税。从 2006 年起，全国所有省份都取消了农业税，农民彻底告别了缴纳农业税的历史。与农村税费改革之前的 1999 年相比，2006 年全国农民每年减轻负担约 1250 亿元，其中 336 亿元为农业税，714 亿元为"三提五统"。按照 8 亿农民计算，农民人均大约减负 140 元。

为了促进农业生产，增加农民收入，近几年国家相继实施了一系列的补贴政策。主要包括对种粮农民直接补贴、农业生产资料综合补贴、农机具购置补贴、良种补贴等。2007 年中央财政安排的粮食直补等各项农业补贴总额已达到 526 亿元。2008 年的补贴规模达到 1030 亿元。中央预算内和国债投资的重点转向农业和农村，加大了农业和农村基础设施建设的力度。

（五）乡镇企业异军突起、农村非农产业快速发展

1978 年以来，乡镇企业异军突起，我国农村非农产业迅速发展，很快就成为农村经济的主体力量和国民经济的重要组成部分。农村非农产业的发展对促进国民经济增长和支持农业发展，对实现农村工业化和城镇化，对增加农民收入和吸纳农村剩余劳动力，对出口创汇和支持农村各项

---

① 详见本书第 5 章。

社会事业，都发挥着不可替代的重要作用。1978 年农村非农就业人数
2827 万人，2007 年农村非农就业人数超过 1.5 亿人，2008 年为 1.53 亿
人，占当年农村劳动力总数的 32.5%。1978 年，农民从农村非农产业得
到的收入仅占其平均收入的 8.2%。到 2008 年，该份额已经达到 45.9%，
即农民收入的将近一半来自农村非农产业的工资性收入。①

（六）城镇化进程加快，农村劳动力大量转移到城市

1949 年，我国的城镇化率为 10.6%；1978 年，城镇化率为 17.9%；
29 年仅提高了 7.3 个百分点。2008 年中国的城镇化率已经达到 45.7%，
改革开放后的 30 年提高了 27.8 个百分点。

改革开放后，尽管还有城乡分割的户籍制度，对农民进城务工还设置
了种种障碍，但农村劳动力能够在很大程度上自由流动、自主择业，这是
一个重大的历史性的变革。中国城镇化率的大幅提高与农村劳动力向城市
的大量转移有直接关系。根据农业部的统计，农村转移出去的劳动力
2006 年达到 2.1 亿人左右（包括外出务工和乡镇企业从业人员）。2007
年，农村外出就业劳动力达到 1.26 亿人，乡镇企业从业人员为 1.5 亿人，
扣除重复计算部分，2007 年农民工达到 2.26 亿人。根据《第二次农业普
查》，2006 年年末，农村外出从业劳动力（指农村住户户籍从业人员中，
2006 年到本乡镇行政管辖区域以外从业 1 个月及以上的人员）13181 万
人。其中，在乡外县内从业的劳动力占 19.2%，在县外市（地区）内从
业的劳动力占 13.8%，在市（地区）外省内从业的劳动力占 17.7%，去
省外从业的劳动力占 49.3%。其中相当一部分人在城市长期工作和生活。

（七）市场化导向的中国农产品和农业生产资料流通体制正在
形成

改革开放后，中国农产品和农业生产资料流通体制的改革是一个渐进
的市场化过程。中国渐进的农产品流通体制市场化改革从调整计划和市场
调节开始，再过渡到计划和市场并存的"双轨制"，最终全面放开农产品

---

① 详见本书第 4 章。

市场；在全面农产品流通体制改革时期，针对不同的农产品，根据其在国民经济中的地位，以及在计划经济体制下管理方式等特征，中国选择了不同的改革路径。粮棉等大宗农产品交易的完全市场化经历了较多的反复。鲜活农副产品交易的市场化则推进的相对彻底。烟叶等工业原料基本上仍然保持着计划管理。不同的农产品市场化进程存在着很大的差异。与农副产品流通体制相比较，农业生产资料流通体制改革进程则相对缓慢。①

（八）农村社会事业的发展进入新的阶段

由于长期存在的城乡二元结构的影响，农民不仅在收入上与城市居民有较大差距，农村社会事业的发展更滞后于经济的发展，农民在享受最基本的公共产品和社会福利方面与城市居民之间的差距更大。由于市场配置资源的基本规律的作用，要素总是要向生产率高、回报率高的部门和地区流动，城乡之间在经济上的差距、发达地区与欠发达地区之间在经济上的差距在短期内还难以缩小。现阶段调整城乡经济关系，促进城乡经济的协调发展，主要是努力抑制城乡经济差距扩大的趋势，逐步减弱城乡经济差距扩大的强度，积极为逐步缩小城乡经济差距创造条件，使差距从扩大到开始缩小的"拐点"早日到来。但通过国家政策的调整，调整初次分配和二次分配方面的国民收入分配格局，在较短的时间内，缩小城乡之间、发达地区与欠发达地区之间人均享有最基本的公共服务和社会福利方面的差距是完全可能的。国家在这方面有责任，也完全可以有所作为。联合国开发署的研究结果表明，一个国家或地区主要社会发展指标差距的缩小速度要快于生产领域内不平等程度的缩小速度。即社会发展水平的不平等程度的减少，要快于生产领域不平等程度的减少。

近年来，以农村税费改革为发端，公共财政的阳光越来越多地照耀到农村，农村社会事业的发展开始进入新阶段。国家在农村义务教育、医疗卫生、新型农村合作医疗、农民最低生活保障制度等方面出台了一系列重

---

① 详见本书第 6 章。

大的政策措施，加大了公共财政对农村的投入力度，已经取得了明显成效。2007 年国家在全国免除农村义务教育阶段学杂费并免费提供教科书，对农村家庭经济困难学生补助寄宿生活费，农村 1.5 亿义务教育阶段中小学生和 1100 万家庭经济困难寄宿生受益。新型农村合作医疗制度不断完善，截止到 2008 年第 3 季度，全国已有 2729 个县市区建立了新农合制度，覆盖了全国所有含农业人口的县市区，参合农民 8.15 亿人，参合率达 91.5%，提前两年完成了中央确定的"到 2010 年新农合制度要基本覆盖农村居民"的目标。长期困扰农民的"看病难、吃药贵"将得到缓解。2007 年全国范围内农村最低生活保障制度已初步建立，3452 万困难群众基本生活有了保障。国家实行了部分计划生育家庭奖励扶助政策。农村公共文化服务体系进一步加强，广播电视村村通工程已覆盖 50 户以上的自然村，开始向 20 户以上已通电自然村延伸。

（九）改革 30 年来乡村的治理结构正在进一步改革和完善之中，政治民主在中国农村基层正在践行

1982 年颁布的新《宪法》明确了村民委员会是群众性自治组织的法律地位。1988 年 6 月 1 日起正式试行的《村民委员会组织法（试行）》对村委会组织和村民自治作出了具体规定，村民自治工作在全国普遍展开，截至 1998 年年底，全国农村普遍举行了二至三届的村委会换届选举工作。1998 年 10 月，中共十五届三中全会提出要全面推进村民自治，将其确定为我国农村跨世纪发展的重要目标。1998 年 11 月 4 日，正式颁布了修订后的《村民委员会组织法》，为全面推进村民自治提供了法律保障。截止到 2003 年，全国 28 个省、市和自治区制定了村民委员会组织法实施办法，25 个省、市和自治区制定了村委会选举办法，全国有 579 个县和 7457 个乡镇达到了民政部确立的村民自治要求的标准。①

（十）农村生态环境一定程度上得到了改善

自改革开放以来，国家不断加大对农村生态环境的治理力度，农村生

① 详见本书第 14 章。

态环境一定程度上得到了改善。国家 1978 年启动实施"三北"防护林工程以来，工程建设范围已由一期工程时的 13 个省（区、市）的 551 个县扩大到 2003 年的 590 个县，工程覆盖面积占我国国土面积的 42.4%。水土保持生态建设在搞好小流域综合治理的同时，进一步加强水土保持生态修复工作。退耕还林工作自 1999 年以来，经历了试点、大规模推进、结构性调整三个阶段，共涉及 25 个省（区、市）和新疆建设兵团的 1800 多个县、3000 多万农户、1.2 亿农民。退耕还林工程是中国迄今为止政策性最强、投资最大、涉及面最广、群众参与程度最高的一项生态建设工程。2003 年《退耕还林条例》正式施行，退耕还林工作走上法制化轨道。截止到 2007 年，全国退耕还林工程累计完成造林面积 1968.5 万公顷。2007 年国家决定完善退耕还林政策，明确继续对退耕农户给予适当补助，补助政策延长一个周期，并建立巩固退耕还林成果专项资金，以巩固退耕还林成果、解决退耕农户生活困难和长远生计问题。2007 年国家发布了《关于加强农村环境保护工作的意见》，着力解决突出的农村环境问题，农村生态环境建设继续稳步推进。[①]

三、农业和农村的发展与变迁面临新的挑战

中国的农民、农业和农村经济为中国的改革、发展和稳定作出了巨大贡献。改革开放以来，农村的制度变革和组织创新为全国的改革提供了宝贵的经验和有益的启示，但农业和农村的发展与变迁也面临新的挑战。

（一）土地制度问题

改革以来，中国农村土地制度的变迁实质上是在保留多元的土地集体所有制的前提下，赋予并不断强化和保障农村集体成员（农民）土地承包经营权的产权制度改革过程，也是对农地集体所有制实现形式不断进行探索的过程。在中国，农民作为集体所有者拥有的最重要的资产（农村

---

① 中国社会科学院农村发展研究所、国家统计局农村社会经济调查总队：《2005—2006 年：中国农村经济形势分析与预测》（农村经济绿皮书），社会科学文献出版社 2006 年版。

土地）一直是利益相关者关注的重点，无论是农用土地搞规模经营、连片开发，还是农地转为非农用地，侵犯农民经济利益和政治权利的行为都时有发生，土地问题上的纷争已经成为农村矛盾的焦点。在当前条件下，侵犯农民的公民权益往往是通过侵犯农民的合法土地权益表现出来的，因而保障农民地权不受侵犯是维护农民公民权的一个重要"底线"。在这个意义上，地权与其说是"最低福利保障"，不如说是"最低权利保障"。

（二）区域之间、城乡之间居民收入差距拉大的趋势尚未根本扭转

近些年来，农民收入增长缓慢，城乡之间、区域之间居民收入差距越拉越大，成为社会收入差距扩大的主要原因，城乡综合基尼系数达到0.42以上。2007年农民人均纯收入4140元，9.5%的实际增幅虽然是近18年来最高的，但当年城市居民人均可支配收入13786元，实际增长12.2%。城乡居民人均收入比例高达3.33:1，收入差距进一步扩大，是改革开放以来城乡之间最大的收入差距。2008年农村居民人均纯收入4761元，实际增长8%，而城镇居民人均可支配收入15781元，实际增长8.4%。从名义收入看，城乡居民人均收入比例为3.31:1，收入差距略有缩小，但差距的实际金额首次突破万元，达到11020元。

（三）农村扶贫开发进入一个新阶段

按农村绝对贫困人口人均纯收入低于785元的标准测算，2007年年末农村贫困人口为1479万人；按低收入人口年人均纯收入786—1067元的标准测算，2007年年末农村低收入人口仍有2841万人。我国从2009年起实行新的扶贫标准，对农村低收入人口全面实施扶贫政策。新标准确定农民人均纯收入低于1196元为贫困人口，这标志着我国扶贫开发进入一个新阶段。按照这一农村贫困标准测算，2008年年末我国农村贫困人口为4007万人，减缓贫困的工作任重道远。

（四）农村消费市场难以真正启动

近年来，随着城乡收入差距的拉大，农民在居民消费中的比重也不断

下降。农村地区市场消费的增长也相应低于城镇地区，农村地区在全国消费市场中的地位继续下降，严重制约了国内需求的扩大。1978 年，农村地区（县及县以下）消费品零售额为 1053 亿元，2008 年达到 34753 亿元，年均增加 1000 多亿元，但是，农村地区消费品零售额占全社会消费品零售总额的比重却在不断下降。1978 年，农村地区消费品零售额所占比重为 67.6%，2008 年下降为 32.0%。30 年来，农村地区消费品零售额占全社会消费品零售总额的比重 1 年下降 1 个百分点以上。2008 年，农村居民年人均生活消费支出为 3661 元，比 1978 年增加了 3500 多元，年均增长 12.2%。但是，与城镇居民相比，不论是绝对量还是增长速度，农村居民生活消费都偏低。2008 年，城镇居民人均生活消费支出为 11243 元，比 1978 年增加了 11143 元，年均增长 12.7%。目前农村居民生活消费水平落后城镇居民至少 10 年以上。并且，长期以来，城乡居民生活消费水平之间的差距一直处于扩大状态。1978 年，城乡居民生活消费支出比重为 2.7:1，2008 年，这一比重扩大到 3.1:1。也就是说，目前，城镇居民一个人的消费相当于 3 个农村居民的消费。①

（五）解决农村外出务工人员与城镇居民享有同等待遇的问题迫在眉睫

目前，我国农民工总数约为 2.3 亿人，其中在城市就业的约 1.4 亿人，与用人单位有劳动关系的 7000 多万人。截至 2008 年年底，全国有 2400 多万农民工参加城镇企业职工基本养老保险，4200 多万农民工参加城镇基本医疗保险，4900 多万农民工参加工伤保险，1500 多万农民工参加失业保险。在 1.4 亿城市就业的农民工中，相当一部分人（几千万人）在城市长期工作和生活，按照现行的统计口径，他们已被算作城市人口，2008 年 45.7% 的城镇化率也将他们计算在内。但他们户口在农村，绝大多数人在农村有承包地，他们中的大多数未被纳入城市的社会保障网络之

---

① 中国社会科学院农村发展研究所、国家统计局农村社会经济调查总队：《2008—2009 年：中国农村经济形势分析与预测》（农村经济绿皮书），社会科学文献出版社 2009 年版。

中，属于边缘性的流动人口，他们的生活水平、生活条件和消费方式与城市居民仍有较大差距，这并不是真正的城市化。

改革开放 31 年来，中国农民已成为异质性强的群体，他们的收入来源呈现出多元化的现象，所以，农民的经济保障也出现了多元化的倾向，不同的产业形式必然导致不同的经济保障形式。从事非农产业的农村劳动者，情况各不相同。即使同为进城农民工，在正规企业就业、灵活就业和间歇性就业的农村劳动力的情况也大相径庭。为解决现实问题，应逐步将进城农民工、个体工商户、乡镇企业职工等区分不同情况、分门别类地纳入城市的社会保障网络之中。加速城镇化的进程，不仅意味着将更多的农村人口和劳动力转移出来，同时也意味着逐渐将已经转移出来的相当一部分外来务工人员真正纳入城市体系之中，在就业、社会保障、住房和子女入学等方面享受与城市居民的同等待遇。这才是真正的城镇化，这部分人口才能真正割断他们与农村、农村土地之间的脐带，土地承包经营权的流转、发展现代农业才真正有可能。2008 年 10 月，十七届三中全会通过的《决定》在农民工权益保护方面更具体提出，"逐步实现农民工劳动报酬、子女就学、公共卫生、住房租购等与城镇居民享有同等待遇，改善农民工劳动条件，保障生产安全，扩大农民工工伤、医疗、养老保险覆盖面，尽快制定和实施农民工养老保险关系转移接续办法"。这些规定将为数以千万计的农民工及其家属告别农村、真正成为城市人口创造条件。

（六）如何走中国特色的农业现代化道路还在探索之中

在城镇化、工业化进程加快的同时，出现了农业兼业化、农民老龄化、农村空洞化的"三化"现象。当今中国农村正在形成的是大量小规模兼业农户与少数专业农户并存，高度专业化、机械化和商品化的农业和口粮农业并存的局面。从变动趋势看，纯农户不断减少，兼业户大量增加，专业户正在兴起。中国农村出现的各类专业种植户、养殖户、营销户（包括经纪人）是在农产品生产市场化、商品化、专业化程度不断提高的进程中涌现出来的。他们从事完全以市场需求为导向的专业化生产，是具有企业家精神的现代农民，应该说是中国农业先进生产力的代表。发展现代农业就要在农村中培养和发育农业企业家，促使一部分有能力、懂技术、会经营的农民能在农业中创业、致富和发展，鼓励土地向专业农户集中，发展规模经营和集约经营，使他们成为发展现代农业的主体、主力军，并由他们牵头组成农民专业合作社，提高农民进入市场的组织化程度。

但在发展现代农业时，长期以来也存在另一种思路和做法，认为现代农业的主体形式应当是企业，要形成一大批大规模从事农业生产的农业企业。在一些地方，大公司进入农业，"反租倒包"，连片开发，取得大片农地的使用权，直接雇工从事规模化的农业生产。与工商企业进入农业、大规模租赁农户承包地相联系的是，从事农业的主体由家庭经营转为雇佣工人，有些地方也提出鼓励和支持农民向农业产业工人转变。在这个问题上，两种不同的观点和实践中不同做法的争论可能将长期进行下去。

（七）农村金融体制变革需要继续深化

农村金融改革真正的目标是什么？应该是满足农户和农村企业的贷款需求，以使农村企业和农户能以更便捷、快速和成本较低的形式获取金融服务。改革开放 31 年，随着农村非农产业的发展，城市化、工业化进程的加速，农民的同质性只体现在户籍和身份上，在职业上已经高度分化了。从事不同职业（种植业、养殖业、林业、渔业、工商业等）的农民的金融需求是不同的。在资金市场开放的前提下，具有不同经济成分的、多元化的金融组织将会应运而生，不可能出现由一种金融组织垄断资金市场的局面，这也就决定了农村的金融体系必然是多元化的。

在现实经济生活中，31 年的改革与创新并未使农村金融体制发生根本性的改变，农村金融体制改革一直未能破题。导致这一问题的原因可能在于改革和创新的方式不是由市场力量自下而上推动，而是由政府和主管部门由上而下推动。[①] 2006 年年底，中国银监会下发了《关于调整放宽农村地区银行业金融机构准入政策若干意见》，2007 年 1 月中国银监会又下

---

① 详见本书第 10 章。

发了《村镇银行管理暂行规定》。可以说，经过近 30 年的探索后，构建多元化、竞争性的农村金融体系的基本思路和政策框架终于形成。

世界各国农村金融发展的实践证明，在多元化、竞争性的农村金融体系中，合作金融应是其中一个重要的组成部分。现在各地涌现的农民资金互助合作社或资金互助小组是多元化、竞争性的农村金融体系中的一个有机组成部分，但只是起到辅助性和补充性的作用。农民所拥有、为农民提供金融服务的正规的农民合作金融组织在中国很难发展起来，这也是中国农村金融改革的难点之一。而没有合作金融的支持，中国的农民专业合作社也很难发展壮大起来。

2008 年 10 月，党的十七届三中全会通过的《决定》释放出的政策信号是："加强监管，大力发展小额信贷，鼓励发展适合农村特点和需要的各种微型金融服务。允许农村小型金融组织从金融机构融入资金。允许有条件的农民专业合作社开展信用合作。规范和引导民间借贷健康发展。"这些方面的政策进展值得进一步观察和研究。

（八）乡镇企业今后的发展面临挑战

乡镇企业是在特殊的历史时期、特殊的宏观环境条件下，形成的一种特殊事物。在过去二三十年中，乡镇企业的蓬勃发展，不仅对国民经济的增长作出了贡献，同时改变了中国劳动力的就业结构和工业企业的规模结构，改善了我国农村的产业结构，从而为农村经济结构的调整作出了贡献。乡镇企业又通过承包制、股份合作制等产权制度的改革，为中国的经济体制改革，尤其是为城镇集体和国有企业的体制改革提供了可借鉴的宝贵经验。更为重要的是，乡镇企业的出现，在我国传统的城乡分割的二元经济结构中，发挥了一种介于计划体制和市场体制之间特殊的资源配置通道的作用。但是，随着我国计划经济体制向市场经济体制转型的逐步完成，乡镇企业作为资源配置通道的特殊作用正在消失，其社区性、封闭性的缺陷则日益突出，乡镇企业作为一个特殊部门，正在失去其独立存在的意义，乡镇企业的特殊身份正在走向它的终结，行业特征将最终取代其地域特征，乡镇企业今后的发展面临挑战。

（九）农村社会事业的缺口仍较大，与城市的差距显著

农村低保推广了近两年，但与城市低保覆盖面水平还有差距。城市低保对象占全国非农业人口的 5.6%，农村低保对象占全国农业人口的 4.9%。农村大部分地区低保标准和补助水平偏低。人均 49 元的补助水平是城市低保月人均补助水平的 1/3，甘肃等 13 个省份 2008 年的平均低保标准低于 2007 年的贫困标准（785 元）。根据中国社会科学院农村发展研究所的科研人员所做的调查，在中西部农村地区，低保对象离最低标准（国家贫困标准）的全覆盖还差得很远，其主要原因是地方政府财政资金不足，只能按中央给的钱确定实际标准和范围。虽然文件上的标准不断提高，但实际上应保未保的仍大有人在。

新农合的筹资水平还不高，农民的医疗费用负担仍较重。虽然参加新农合的农民实际住院补偿比已从 2003 年的 25% 提高到 38%。但还意味着 60% 左右的住院费用需要农民参合者自付。随着筹资水平的不断提高，部分市县财政补助资金按时足额到位存在困难。

城乡养老保险目前差异巨大。目前，城镇职工基本养老保险参保人数 2.19 亿人，农村养老保险参保人数约 6000 万人，其中有政府补助的只有 1000 多万人，绝大部分农民仍是依靠"养儿防老"，没有社会化的制度保障。根据党的十六大关于有条件的地方探索建立农村养老保险制度的要求，近年来，北京等 25 个省、直辖市、自治区的 460 多个县（市、区、旗）积极探索建立新型农村养老保险制度（简称新农保）。2009 年 6 月 24 日召开的国务院常务会议讨论了由人社部提交的《关于开展新型农村社会养老保险试点的指导意见》，决定 2009 年在全国 10% 的县（市、区）开展新型农村社会养老保险试点。新型农村养老保险是一个带有社会福利性质的制度，其基础养老金部分由财政出资，中央和地方财政各分担一部分；凡达到规定年龄，即可领取养老金。这是中国农村养老保障制度上迈出的历史性一步，但真正要在全国农村推开还需要做大量的工作。

（十）农村生态环境建设仍面临严峻挑战

由于受到人口增长、农业集约化水平不断提高、农业气象灾害发生频率增加及危害程度加剧等因素的影响，农村生态破坏和资源浪费严重，农村生态环境恶化的局面尚未根本扭转。农村饮用水仍存在安全隐患，全国仍有 3 亿多农村人口饮水达不到安全标准，其中因污染造成饮用水不安全人口达到 9000 多万人，有 6300 多万人饮用水含氟量超过生活饮用水标准。同时，不合理的生产布局和生活方式致使农村点源污染与面源污染共存，工业污染、农业污染和生活污染负荷加重，二次污染频繁发生，城市污染向农村转移。目前，中国农村还存在大量掠夺式的陡坡开垦、围湖造田、采石开矿、挖河取沙、毁田取土、毁林伐木等行为，导致水土流失严重，土地承载能力弱化，自然灾害频繁，水旱灾害交替发生，人为造成生态环境恶化。这些问题不仅危及到农业生产环境和农民生活质量，同时直接影响中国经济和社会的可持续发展。[①]

（十一）农业综合生产能力建设亟待加强

我国农业综合生产能力不足，确保农产品有效供给和我国粮食安全的物质技术基础仍很薄弱：（1）耕地和水资源短缺将是长期制约我国农业发展的突出问题。（2）农田水利设施薄弱，工程老化、年久失修、渠系不配套的问题十分突出，抵御自然灾害的能力弱。（3）科技投入不足。（4）农业的物质装备水平仍然较低，每千公顷耕地拥有的农用拖拉机数，世界平均水平为 19 台，我国仅 8.6 台，不及一半。（5）农业基础设施建设投入水平低。（6）农业比较效益低，地方政府缺乏投入农业的积极性，社会资本投入农业的热情不高，农户持续增加农业投入的积极性和能力较弱。（7）重大动物疫病防控和植物病虫害防治难度加大。[②]

---

① 中国社会科学院农村发展研究所、国家统计局农村社会经济调查总队：《2007—2008 年：中国农村经济形势分析与预测》（农村经济绿皮书），社会科学文献出版社 2008 年版。

② 详见本书第 3 章。

第三节　60 年农业和农村的发展与变迁对未来的启示

从总体上看，我国国民经济和社会发展仍处在工业增加值比重进一步上升的工业化中期发展阶段，工业化和城市化在加速发展。在这一发展阶段，我们需要及时调整失衡的工农业和城乡发展关系，逐步消除城乡分割的二元结构，实行城乡经济社会统筹发展。[①] 但如何才能完成这个任务？60 年来，中国农业和农村的发展取得了举世瞩目的成就。但 21 世纪以来中央颁布的几个 1 号文件都指出，农村改革和发展仍然处在艰难的爬坡和攻坚阶段，农村发展仍存在许多突出矛盾和问题，制约农业和农村发展的深层次矛盾并没有消除。农业基础设施脆弱、农村社会事业发展滞后、城乡居民收入差距扩大的矛盾依然突出，解决好三农问题仍然是工业化、城镇化进程中重大而艰巨的历史任务。

中共十七届三中全会《决定》指出，"农业基础仍然薄弱，最需要加强；农村发展仍然滞后，最需要扶持；农民增收仍然困难，最需要加快"。

制约农业和农村发展的深层次矛盾有哪些？一些深层次的矛盾不在农业和农村本身，而在整个宏观经济体制和行政管理体制。深化农村改革，就要改变国民收入分配格局扭曲的局面，建立一个更为公平的国民收入再分配体系。

一、农村改革能否进一步深化和取得成功与宏观经济体制的改革和行政管理体制的改革能否深化密切相关

在农业和农村发展与变迁的进程中，政府和市场各自职能的定位问题始终是经济发展的一个关键问题。农村资源的优化配置、精简机构、行政

---

① 详见本书第 2 章。

管理体制的改革等问题，都与之相关。随着中国经济的发展，中央政府和地方政府的基本任务也从实现经济增长这个单一目标转为实现经济发展、保护产权、维护市场秩序、保护环境等多重目标，这也就意味着政府的职能必须转变。① 政府的一项重要职能是维护社会公正，也就是权力不与资本结盟，而是从公正的角度，协调资本与劳动之间的关系。改革开放以前，中国政府一直扮演着全能型的政府角色，开放以后一直是扮演着经济型的政府。当前，中央提出构建社会主义和谐社会，把社会公正上升到社会主义本质的高度，标志着政府职能定位的回归。

政府要关注 GDP 增长，要吸引外资，这是无可非议的。如能有更多的资源投向于可产生利润、税收和就业的领域，就能提供更多的就业机会，促进经济的增长，创造更多的税收，政府的财政实力得以增强，有条件为老百姓提供更多的公共服务。问题是政府不应直接参与资源的配置，直接干预经济活动，而应充分发挥市场在配置资源上所起的基础性作用，着力创造一个有利于资源优化配置的制度环境。

长期以来政府管理上存在的问题是：传统的管理模式；传统的发展观（GDP 崇拜）和政绩观；政府部门的职权、责任和财政支持不对称，形成自身的利益驱动。对各级政府的管理模式是沿用计划经济的办法，用行政命令的手段，把各种经济指标（GDP 增长率、财政税收任务、招商引资）和社会指标由上而下，层层分解，把完成任务和政绩、考核以及经济收益挂钩，带有很强的行政强制性。传统的管理模式、发展观和政绩观相结合，就导致：第一，政府直接操纵资源的配置，干了许多不该干的事；第二，政府该干的事（公益事业、公共产品的提供）又存在严重的失职：一种情况是不干。公益事业的外部性强，非营利，无经济回报，不属于硬指标，政府就不优先考虑，而让农民或企业自己去干公益事业。另一种情况是干，从上面下指标，超出地方实际能力，"光给政策不给钱"。目前的乡村公共产品的供给模式导致供给表现为过剩与不足的双重特征。

---

① 许成钢：《政治集权下的地方经济分权与中国改革》，《比较》第 36 期。

中共十七大报告提出："加快形成统一规范透明的财政转移支付制度，提高一般性转移支付规模和比例"。2007年，中央财政对地方的专项转移支付6898亿元，比2006年增加2487亿元，增长56.4%。中央对地方财力性转移支付为7093亿元，比2006年增加1933亿元，增长37.5%。2008年中央对地方专项转移支付9966.93亿元，增长44.6%。中央对地方财力性（含一般性）转移支付8696.49亿元，增长22%。专项转移支付的支配权掌握在中央各部门手中，一些部、委、办掌握着大量的专项资金，拥有资源的配置权，而且支配资源的权力越来越大。转变政府的职能意味着有关政府部门要放弃或让出一部分配置资源的权力，充分发挥市场在配置资源中所起的基础性作用，这就涉及利益关系的调整。在30年渐进的改革进程中，不同集团或部门的既得利益也渐进地积累起来，并形成刚性的格局。今日改革的阻力，实质上是来自于已经获取了既得利益的过去的改革者。改革就要革改革者的命，这是深化改革最大的难点。

当前出现的种种问题并不是源自于改革，而是因为改革尚未深化，尚未攻坚。应加速行政管理体制的改革，打好改革的攻坚战。政府职能的转变，首先是中央各部门职能的转变，国家应更自觉地调整国民收入分配结构，调整既得利益格局，建立规范的横向和纵向财政转移支付体系，协调"条条"与"块块"的关系、中央与地方以及地方的上级层次与基层之间的利益关系，同时使政府资金的投放更为制度化、规范化和透明，建立一个更为公平的国民收入再分配体系。财政的"重心"要适当下移，要显著增强地方政府特别是基层政府的财政能力。[1] 大幅度地减少专项资金，从源头上削减中央各部门配置资源的权力，使地方政府真正拥有为本地区提供公共服务和公共产品的经济能力，这样，地方政府才有可能从经济型政府（公司主义的政府）转为服务型政府；另一方面，政府职能能否转变，要看其行为能否受到有效制约：（1）树立正确的政绩观则需要进一

---

[1] 刘文海：《财政的"重心"要适当下移，政府花好财政钱》，《人民日报》2008年9月24日。

步深化政治体制的改革，通过制度创新，改革干部考核和晋升机制。改变各级政府对上负责，而不是对下负责的局面，在工作中真正体现向人民负责和向党的领导机关负责的一致性。（2）各个政府部门的职权、责任和财政预算相匹配，能公正地履行自己的职责，而不是追逐本部门利益。（3）强化对各级政府的问责、质询和监督、制衡机制，政府部门及公务员的行为要受到政府之外的人大、政协、群众团体、媒体以及普通民众的有效监督、质询和问责。这样才能减少寻租行为和决策的随意性，有利于杜绝腐败，提高经济效率，真正使财政体制能具有平衡地区间提供基础性公共服务的能力。

二、通过广大民众参与农业和农村发展和变迁的进程，实现社会公正

如何使政府真正成为对人民负责的政府？如何改变政府的职能，使其财力、人力、物力真正用于公共服务领域，造福于广大农民群众？这就要建造有效的监督机制、群众的参与机制，其中一个重要的方面是大力发展农村的非政府组织、社区、农民的合作社及协会等，提升农村弱势群体的社会资本和组织资本。斯蒂格利茨曾提出一个总量生产函数 Q = F（A、K、L、H），其中 Q 是产出，K 是资本，L 是劳动，H 是人力资本，A 是一系列因子，包括信息、知识、社会和组织资本等，他认为这些因子构成了发达国家和发展中国家在产出上的主要差异。[1] 提高农民的组织化程度，不仅能提高群众对公共事务的参与度，使他们对行政管理机构的监督更为有效，再分配更为透明、公平，最终也将有利于增加产出、提高效率。投资于社会资本、组织资本和人力资本，往往能得到更高的回报。

政府应提供政策保障来促进农村多元化的组织结构，为农民的社会资

---

[1] Joseph E. Stiglitz："Development Thinking at the Millennium"，*Annual World Bank Conference on Development Economics*，2000，p. 19.

本和组织资本的发育创造条件。

多元化的社会组织的发育是和谐社会的一个重要标志。正如一些学者所指出的,社会管理体制演变的一个重要趋势,是介乎政府与市场之间的民间组织,包括自治组织、行业组织、社会中介组织以及公益慈善和基层服务性组织在迅速发展。充分发挥这些组织在提供服务、协调利益等方面的积极作用是构建社会主义和谐社会的客观需要。乡镇政府应主动推进农村多元化组织的发育。温家宝同志曾指出,乡镇政府"在履行好政府职能的同时,要把不应该由政府承担的经济和社会事务交给市场、中介组织和村民自治组织"①。在农村发育多元化组织的一个重要的方面是大力发展农村的非政府组织、社区、农民的合作社及协会等。除了通过促进农民合作社的发展提高农民进入市场的组织化程度外,还应提高农民在社会事务方面的组织化程度。没有农民组织化程度的提高,村民自治则无从谈起。

当前,在全国农村的许多地区,农民自发组织或政府或村委会倡导、农民积极响应组织的各种类型的农民合作经济组织、社团性质的协会以及非正式的组织,如农民的专业合作社、公路养护协会、农业机械化协会、管水协会、治安联防协会、老年秧歌队、文艺队、篮球队等,正在蓬勃兴起。实践证明,在党的一元化领导下,农村正在发育形成的多元化的组织形式是落实农民作为集体事务的决策主体、参与主体的重要组织载体,它们能接手政府职能转换后释放出来的一些功能,是社会主义新农村建设的重要抓手,是顺利推进农村综合体制改革、构建农村和谐社会的重要组织保障,也是基层政府职能是否能真正转变的重要条件。

---

① 温家宝:《不失时机推进农村综合改革 为社会主义新农村建设提供体制保障》,《求是》2006 年第 18 期。

三、改革社会保护的体制，调整收入再分配的格局，注意利益格局的均衡，给利益受损者以合理的补偿，创造、保护和促进农村弱势群体的能力

我们所说的公平分配，即是要改革社会保护的体制，调整收入再分配的格局，来创造、保护和促进弱势群体的能力，使他们能与社会上其他人一样，能得到机会、利用机会，在相对平等的基础上竞争。公平分配，首先是获取和使用机会的能力培养上的公平。而原有的收入再分配体制恰恰剥夺了农民及其子女的能力，没有为他们提供与社会其他人士公平竞争的一个平等的起点，造成了农村劳动力的人力资本的质量难以提升，就业机会难以获得，农民收入难以增加。

社会和谐的基础是利益格局的均衡，利益格局严重失衡，社会必然和谐不了。利益分配、利益冲突，以及对利益冲突的解决方式，决定着制度变革的过程和成败。农村制度变迁和组织创新必然带来财产权利的调整和利益格局的变动，在制度变迁的收益大于所支付的成本的基本前提下，关键问题是制度变迁的收益能否由利益相关者合理分享，制度变迁的成本能否由利益相关者公平分摊。变迁过程中要维护公平，要保护弱者的权益。改革的成本主要来自于改革中利益格局变动所引起的冲突，因而寻求降低改革成本之路，就是要寻求减少改革中利益冲突的方式。而利益冲突的最严重的表现，也是广大老百姓最愤懑的是一些人或一些集团只享受制度变革的收益，而不负担改革成本。另一些人或集团不能分享改革的收益，却要承担改革的成本。

农村的制度变革要形成合理的初始产权结构和公平的国民收入再分配格局，由于在变革过程中不同的社会集团或个人利益得失情况不同，应采取补救措施，对改革中利益受损的集团或个人给予合理的补偿。制度变革的着力点应是在变革过程中如何尽量维护广大农民劳动者的利益，即研究与"补救"和"补偿"有关的制度安排。

四、通过农村土地制度的改革，支付农村和农业发展与变迁所需的一部分运作成本

　　60 年的农业和农村的发展与变迁进程中，农村土地问题始终是利益相关方关注的焦点。什么样的改革能提供调整收入再分配格局必要的资源，支付制度变迁所需的成本？农村土地制度的改革是关键。在未来十几年间，土地资本的分配方式与分配格局的改变，可以支付新发展模式所需的一部分运作成本。

　　在农地转为非农用地的问题上，既然这一进程不可逆转，重点应放在使利益相关的农民分享农地转移用途后的增值收益上。农地转为非农用地的这部分资本化的土地资源如分配和使用得当，完全可以支付消除城乡二元结构、促进城乡经济社会协调发展、实现农业现代化所需的运作成本，从而使农民能真正享有其土地增值收益中应有的份额，合法、合理地分享城市化的"红利"。从这个意义上讲，当前和今后相当长的时期内，农村土地制度的改革将在深化农村改革、统筹城乡发展的大战略中处于一种关键性的位置。无论哪一种形式，目标是使普通农民能行使自己的权利，经济上得到实惠。要探索社区集体和普通农民对土地的财产权利的真正实现形式。使失地农民和留在农村、从事农业的农民都拥有生存权和发展权。使村干部由和企业、地方政府合谋，转为受社区成员监督，使土地转变用途的增值收益能真正用于农村建设，用于增进农民的福祉。

　　探索农村集体的成员——从事不同行业、处于不同经济形态之中的几种类型的农民（从事农业生产经营的农民、土地被征用或占用的农民、进城打工的农民）——对农村各类不同土地（农用地、集体建设用地、宅基地等）财产权利的不同实现形式。这种探索对农民来说既是至关重要的经济问题，也是政治问题。可以说，农民对土地的财产权利的实现过程，也就是土地要素逐步市场化的过程，城乡二元结构逐步消除、城乡经济社会一体化的发展过程。

五、农村经济体制的改革要与农民民主权利的实现相结合

农民对土地财产权利的实现形式的种种探索则必须要有农民政治上的民主权利的落实为保障。什么是农民的民主权利？农民的民主权利意味着群众对公共事务享有知情权、参与权（管理和监督）和决策权，有较完善的法制，可操作的法律执行程序，低廉的打官司成本等，它与农民的财产权利是一个问题的两个侧面。在农村基层民主政治建设中，民主选举取得的成绩较为突出，而民主决策、民主管理和民主监督却处于被忽视和较低的水准。其实，与民主选举相比，后三个民主的实现更为重要也更为困难。因为民主政治的发展，不仅要有选举制度实现官由民选，而且还要有民主决策、民主管理和民主监督制度作保障，实现广大群众对基层事务的知情权、参与权和监督权。后"三个民主"发展的状况，往往决定基层民主的质量和水平。

农民群众的民主权利不仅应在农村基层落实，也应上升到政策层面上。现在，当一些事关农民利益的政策和法规出台时，如关于宅基地政策和《劳动合同法》的讨论，争论的双方都说自己是代表农民的利益，但最大的利益相关方（农民）的声音却听不到。应该承认，农民群众的根本利益与地方领导追求的政策目标有时并不一致，农村政策好坏的检验标准要看它们能否反映最广大农民群众的最根本需求，而这只有通过落实基层民主才能实现。

应尝试建立一种制度安排和组织架构，在乡村两级的议政和行政之间建起一种有效的民主制衡机制，解决"老板（广大农民群众）缺位"的问题。农村社区（村集体）属于谁？属于当地农民群众。我们所说的赋权，赋给谁？应该赋权给当地农民群众，也就是赋权给群众选出的代表。在农村改革与发展中，无论是利用原有的组织资源（村委会、党支部），还是另起炉灶，或是发育出协会等组织，都不是关键问题，关键是在赋权给群众选出的领导人的同时，要构建另一个制衡平台。制衡什么？制衡权力。凡掌握资源分配的，就是掌握了某种权力。任何组织在分配项目时就

是权力机构，这时就要有一种制度安排和组织架构，来制衡它的权力。让具有广泛代表性的村民享有对资源有关信息的知情权，对于资源分配决策的参与权（发言权），对于资源决策执行的监督权。这样政策才能有机会得到群众的检验，才能不断在实践中修订完善，使政策能最终反映最广大农民群众的最根本需求。如没有一种组织形式或制度安排来制衡权力，谁上去都会出现问题，无论是用原有的村委会、党支部或另起炉灶都一样。

只有在乡村两级建立起有效的制衡机制，农村的公共财政体制才能真正落实，民主决策、民主管理、民主监督才不至于流于形式。农村基层才能真正做到"有人办事，有钱办事，有章理事"。

农民群众的物质利益要靠民主权利来保障。民主权利随着其物质利益的实现而越来越受到农民的重视。当多元化的经济形态产生出多种的财产权利形式，当集体的财产（包括土地）的处置方式能与普通村民的利益直接挂钩，村民就有激励去参政、议政，参与决策。因为他们清楚地知道，没有政治上的民主权利作为保障，他们即使已经得到的经济利益、已享有的财产权利也很容易被剥夺。但这种物质利益与民主权利的互动将是一个漫长的过程。

六、在农村必须坚定不移地推进市场化导向的改革

在生产要素方面，要充分发挥市场在配置资源中所起的基础性作用，同时政府要保证公共产品和社会服务的有效供给，使作为劳动者的农民能够与土地、技术、资金、经营管理、市场信息等生产要素更好地结合。在产品市场方面，保障中国的粮食安全要注重用价格信号引导资源优化配置，并通过政府有效的调控，如通过农产品进出口和库存的吞吐调剂余缺，保持农产品供给和需求之间的紧平衡状态，使农产品的价格保持在一个较高的合理区间。保护和增进农产品生产者的积极性，逐步建立起保障主要农产品有效供给和农民增收的长效机制。

60 年来中国农业和农村的发展和变迁的经验教训证明，农村的制度变革和组织创新其方向应有利于维护和进一步落实广大农民的财产权利及

政治权利，使农民的物质技术投入具有强有力的制度保障和组织载体，从而提高农村经济活动的效率，最终将中国农村建设成为富强民主文明的社会主义新农村。在宏观体制上，政府要进一步推动农村财政和金融体制的改革，农村土地制度的变革，真正扭转城乡二元的国民收入分配格局；在微观体制上，要促进和发育有利于农村富强民主文明的建设目标的经济组织和社会团体。唯有此，科学发展观才能在农村落实，城乡经济社会一体化的新格局才有可能形成，中国的现代化才有可能实现。

第二章
农业、农村经济与国民经济之间的关系

新中国成立60年来，农业和农村发展取得了伟大成就，为国民经济和社会发展作出了巨大贡献。农业增长和农村非农产业增长为国民经济增长作出了重要贡献，农产品生产为城乡居民提供了丰富多样的食品供给，农村工业成为整个工业体系中的重要组成部分。虽然随着经济发展和社会进步，农业在国民经济中所占份额不断下降，但农业仍然是国民经济的基础，这不仅表现在农业的生产功能和经济功能方面，而且更多地体现在农业的社会功能、生态功能等方面。

新中国成立初期，我国基本上属于一个落后的农业国家，工业发展十分落后，城市化水平极低，经过60年的建设，我国工业化和城市化水平取得了长足进步。在我国工业化和城市化建设过程中，农民、农业和农村部门作出了巨大牺牲和贡献，包括资金积累、劳动和土地要素供给，以及直接参与工业化和城市化建设。

农民、农业和农村部门虽然贡献巨大，但在国民收入的分配和使用过程中却一直处于不利的地位。偏重工业和城市的发展战略导致我国经济和社会发展长期处于城乡"二元"发展状态，城乡差距越来越大，农民收入较低、农业基础不稳、农村发展落后，成为我国经济社会和谐、可持续发展中面临的最重要的问题。

本章将从生产、收入、分配、消费、投资等多个领域全面审视我国农业、农村与国民经济之间的关系，并从人口、就业等方面观察农业、农村部门在我国城市化和社会发展等方面的作用，最后从城乡统筹发展角度展望未来的城乡关系。

第一节　农业、农村生产与国民经济发展

一、农业增长对国民经济增长的贡献

解放初期，我国基本处于自给自足的自然经济阶段，工业发展十分落后，第三产业极不发达，农业是我国国民经济中最主要的产业。1952 年，农业在全部国内生产总值中所占的比重高达 51%（现价）[1]，直到 1957 年，农业在国内生产总值中的比重都保持在 40% 以上。因此，在新中国成立初的经济恢复时期和第一个五年计划时期，农业的增长为国民经济增长提供了重要的支撑。恢复时期（1949—1952），由于实行了土地改革[2]，广大农民获得了自己的土地，极大地调动了农村生产力的发展，农业总产值累计增长了 48.5%，为国民经济建设打下了良好基础。

"一五"（1953—1957）期间，国家开始推进社会主义工业化建设和社会主义改造运动，国民经济在这一阶段取得了稳步协调的发展。这一时期，农业基本建设方面取得了很大进展。据统计，5 年内扩大耕地面积 867 万亩，新增灌溉面积 21810 万亩，对农业的稳定发展发挥了积极的作用。5 年间，农业增加值年平均增长 3.8%；同期，国内生产总值年平均

---

[1] 除另有说明外，本章数据皆来自于国家统计局有关统计资料，或根据国家统计局有关数据整理计算。国家统计局对过去不同时期公布的统计数字进行过多次修订，本章所引用数字为截至 2009 年 5 月的最新版修订数字。

[2] 1950 年 6 月 30 日，中央人民政府颁布《中华人民共和国土地改革法》，到 1952 年，除中国台湾、西藏和新疆等少数地区，全国基本上完成了土地改革。

增长 9.4% 。

"一五"之后,"左"的思想开始抬头,在全国开展了以钢产量翻一番为中心的"大跃进"和"一大二公"的人民公社化运动,造成了国民经济发展严重失衡。1958—1960 年三年"大跃进"期间,虽然国内生产总值仍然保持年均 9.6% 的增长,但这是以工业特别是重工业不正常的快速发展和农业的严重倒退为代价的,三年间工业年均增长高达 28.1% ,而农业增加值却平均每年下降 10.9% 。农业在国内生产总值中的比重由 1957 年的 40.6% 下降到 1960 年的 23.6% 。

针对"大跃进"造成的经济困境,1960 年冬,国家提出"调整、巩固、充实、提高"的方针,开始对国民经济进行调整,其中的一个重要措施是,把农村生产关系逐步转到以生产队为基本核算单位的三级所有的经济制度,对农业实行休养生息的政策,同时压缩基本建设战线,控制了工业的过快发展。1961—1965 年间,农业生产得到了恢复发展,在经济总量中农业所占比重由 1960 年的 23.6% 上升到 1965 年的 38.3% 。调整时期(1963—1965),农业增加值年平均增长速度提高到 11.3% ,和"二五"(1958—1962)期间年平均下降 5.2% 形成鲜明对比;同时,国内生产总值年平均增长速度在调整时期也恢复到 15.2% ,摆脱了"二五"期间年平均下降 0.6% 的困难局面。

1966 年 5 月到 1976 年 10 月"文化大革命"时期,国民经济基本处于徘徊和低速增长阶段。这期间,国内生产总值年平均增长速度只有 5.9% ,大大低于第一个五年计划时期的水平。同期,农业增加值的年平均增长速度也只有 2.8% 。1977 年,农业在全部国内生产总值中所占的比重已下降到 29.5% 。

改革开放以来,我国经济开始步入快速稳定发展阶段。

1978 年,以家庭承包经营为标志的农村改革率先拉开了我国改革开放的大幕。家庭承包经营的实行,极大地调动了农民的生产积极性;与此同时,国家大幅度提高了农副产品收购价格,在这些因素的激励下,农业生产开始摆脱多年徘徊不前的局面,增长速度大幅提高。1978—1984 年,农业增加值平均年增长速度高达 6.9% ，同期国内生产总值年平均增长速度提高到 9.6% 。在国内生产总值增长中，农业部门的贡献份额高达 22.2% 。1984 年，农业在全部国内生产总值中所占的比重由 1978 年的 28.2% 提高到 32.1% 。

1984 年以后，我国经济体制改革开始由农村扩展到城市，随着城市改革的逐步推进，城市二、三产业发展速度明显提高。在农村，以非农产业为主的乡镇企业在这一阶段也得到了迅速发展，逐渐成为农村改革与发展的新的亮点。1985 年以后，随着土地承包制对农业生产刺激力量的衰减，以及改革发展重心向非农领域转移，农业的增长速度逐渐平稳下来。1985—2008 年，农业增加值年增长速度平均为 4% ，除极个别年份以外，大多数年份都维持在 2.5%—5.5% 之间；这一时期，国内生产总值年平均增长速度提高到 10% 左右。在国内生产总值增长中，农业部门的贡献份额平均为 8.6% 。

新中国成立 60 年来，我国国民经济建设取得了伟大成就，1953—2008 年，国内生产总值年平均增长速度达 8.4% ，其中，农业增加值的年平均增长速度为 3.6% 。分时期看，改革开放前，1953—1977 年，国内生产总值年平均增长速度为 6.5% ，其中，农业增加值的年平均增长速度只有 2.2% ；改革开放后，农业与国民经济发展速度明显加快，1978—2008 年，国内生产总值年平均增长速度达 9.9% ，其中，农业增加值的年平均增长速度为 4.6% 。1978—2007 年间，农业增长对国内生产总值增长的贡献份额年平均为 11.8% ，农业发展为国民经济增长作出了重要贡献。

随着经济的持续发展和社会的不断进步，人民生活水平不断提高，新的需求不断产生，根据产业发展的一般规律，农业在国民经济中的地位将不可避免地出现下降，新的产业将逐步替代传统产业。我国的经济发展也不能违背这一规律。从长期发展趋势来看，我国农业增长速度持续低于国民经济其他部门，农业增长对国内生产总值增长的贡献一直在缓慢下降，到 2007 年，农业增长对国内生产总值增长的贡献份额已下降到 3.6% 。与此同时，农业在国内生产总值中所占比重也在不断下降，到 2008 年，农业在全部国内生产总值中所占的比重已下降到 11.3%。

表 2-1　不同时期三次产业发展速度

（单位:%）

时期	国内生产总值	第一产业	第二产业	其中工业	第三产业
"一五" 1953—1957	9.4	3.8	20.3	20.3	9.5
"二五" 1958—1962	−0.6	−5.2	6.3	7.3	0.7
"调整" 1963—1965	15.2	11.3	21.5	21.6	11.9
"三五" 1966—1970	7.4	3.2	13.4	13.7	4.0
"四五" 1971—1975	5.9	3.2	8.9	9.1	4.6
"五五" 1976—1980	6.6	1.0	9.5	9.8	7.5
"六五" 1981—1985	10.8	8.3	10.2	10.1	15.2
"七五" 1986—1990	7.9	4.2	9.1	9.3	9.5
"八五" 1991—1995	12.3	4.2	17.4	17.7	10.9
"九五" 1996—2000	8.6	3.5	9.8	10.2	9.5
"十五" 2001—2005	9.6	3.9	10.8	10.9	10.2
2006—2008	11.2	4.7	12.3	12.0	11.8
1953—1977	6.5	2.2	12.8	13.1	5.6
1978—2008	9.9	4.6	11.6	11.8	10.9
1953—2008	8.4	3.6	12.1	12.4	8.5

注：本表按不变价格计算。

（资料来源：国家统计局：历年《中国统计年鉴》，中国统计出版社）

二、农产品生产对人民生活的保障

　　农业是国民经济的基础，这句话的含义更多地体现在农业生产能够为人类提供生活必需品的保障方面。随着人民生活的改善和科学技术的进步，人们的需求在不断拓展，但是，农产品始终是人类赖以生存的基本必需品。从这个意义上来讲，即使农业在国民经济中的比重不断下降，农业增长对国内生产总值的增长贡献不断减少，农业的基础地位始终没有削弱，也不会被其他产业所替代。

　　新中国成立时，由于连年战争，农业生产遭到了严重破坏，产品供不

（单位：%）

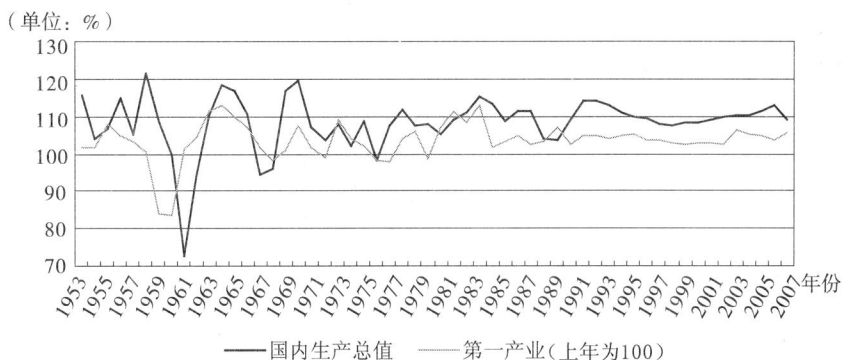

图 2－1　1953—2008 年第一产业与国内生产总值年增长率

（资料来源：国家统计局：历年《中国统计年鉴》，中国统计出版社）

（单位：%）

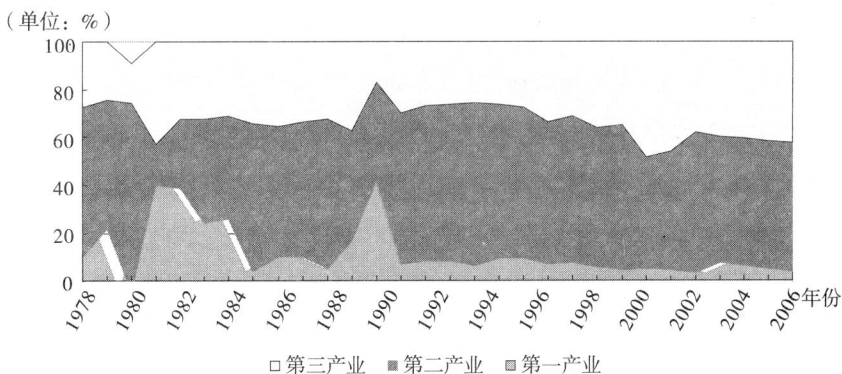

图 2－2　1978—2007 年历年三次产业对国内生产总值增长的贡献率

（资料来源：国家统计局：历年《中国统计年鉴》，中国统计出版社）

应求、物价飞涨的现象十分严重。1949 年，粮食产量只有 1936 年的 75.5%，棉花产量只有 1936 年的 52.3%，花生、油菜、芝麻等油料作物产量不到 1933—1934 年的 40%，桑蚕、茶叶产量只有 1931—1932 年的 14%—18%，畜牧业产量大约为解放前最高年份的 70%，而水产品产量只及解放前最高年份的 30%。

新中国成立后，实行了广大农民最为欢迎的土地改革，极大地刺激了农业生产的发展，短短两三年内，主要农产品产量就实现了大幅增加。

（单位：%）

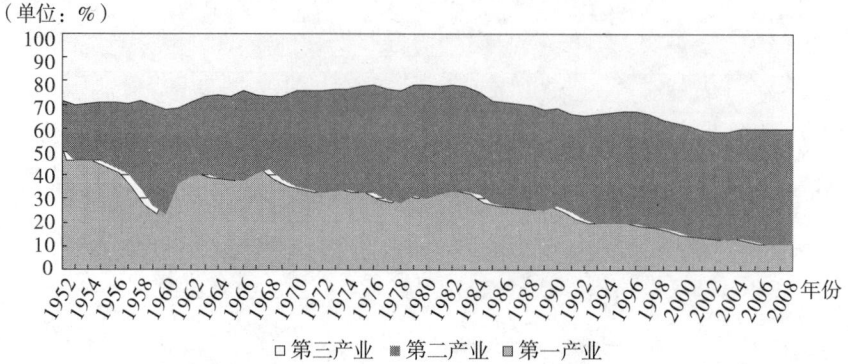

图 2-3　1952—2008 年国内生产总值三次产业结构

（资料来源：国家统计局：历年《中国统计年鉴》，中国统计出版社）

1952 年，粮食、棉花、麻类、甘蔗、甜菜、烤烟、牛、猪、水产品产量都超过了解放前的历史最高水平，与 1949 年相比，粮食产量增长了44.8%，棉花产量增长了 193.7%，黄红麻产量增长了 703%，大牲畜存栏增长了 27.4%，水产品产量增长了 271%。1952 年，人均粮、棉、油产量由 1949 年的 208.9 公斤、0.8 公斤和 4.7 公斤分别提高到 288.1 公斤、2.3 公斤和 7.4 公斤。

表 2-2　不同年份主要农产品产量比较

产品名称	解放前最高年		指数（解放前最高年为 100）			指数	
	年份	产量	1949	1952	2007	2007/1949	2007/1952
种植业（万吨）							
粮食	1936	15000	75.5	109.3	334.4	443.2	306.0
稻谷	1936	5735	84.8	119.3	324.4	382.4	271.9
小麦	1936	2330	59.3	77.8	469.1	791.4	602.9
玉米	1936	1010	—	166.8	1507.9	—	903.9
大豆	1936	1130	45.0	84.3	112.6	250.0	133.7

续表

产品名称	解放前最高年		指数 （解放前最高年为100）			指数	
	年份	产量	1949	1952	2007	2007/1949	2007/1952
种植业（万吨）							
薯类	1936	635	155.1	257.2	442.2	285.1	171.9
棉花	1936	84.9	52.3	153.6	898.0	1716.9	584.6
花生	1933	317	40.0	73.0	410.8	1027.3	562.5
油菜籽	1934	191	38.5	48.9	554.4	1440.4	1134.5
芝麻	1933	99.1	32.9	48.5	56.2	170.9	115.8
黄红麻	1945	5.5	34.6	278.2	180.3	521.7	64.8
桑蚕茧	1931	22.1	14.0	28.1	398.0	2836.8	1418.9
茶叶	1932	22.5	18.2	36.4	518.0	2843.0	1421.5
甘蔗	1940	565	46.7	125.9	1998.4	4275.6	1587.3
甜菜	1939	32.9	58.1	145.6	2714.7	4676.4	1864.6
烤烟	1948	17.9	24.0	124.0	1217.0	5066.5	981.3
苹果	1926	12.1	—	97.5	23024.7	—	23610.3
柑橘	1926	40.1	—	51.6	5132.8	—	9943.5
香蕉	1927	10.3	—	106.8	7569.6	—	7087.6
畜牧业（万头、万只）							
大牲畜 年底头数	1935	7151	83.9	106.9	172.1	205.1	161.0
牛	1935	4827	91.0	117.3	219.5	241.1	187.2
马	1935	649	75.1	94.5	108.3	144.1	114.6
驴	1935	1215	78.1	97.2	56.7	72.6	58.4
骡	1935	460	32.0	35.6	64.9	202.9	182.3
猪年底头数	1934	7853	73.5	114.3	560.2	761.7	490.0
羊年底只数	1937	6252	67.7	98.8	456.9	674.5	462.3
渔业							
水产品 （万吨）	1936	150	30.0	111.3	3165.0	10550.0	2842.9

（资料来源：国家统计局：历年《中国统计年鉴》，中国统计出版社）

"一五"（1953—1957）期间，农业生产继续发展，5 年间，粮食产量增加了 3110 万吨，棉花产量增加了 34 万吨。1957 年，人均粮、棉、油产量分别提高到 306 公斤、2.6 公斤和 6.6 公斤。在当时的生活水平下，基本上解决了人人有饭吃的问题。

1958—1960 年三年"大跃进"期间，大炼钢铁严重冲击了农业生产，加上接踵而来的三年自然灾害，农业生产出现大幅后退，产量急剧下降，1959 年全国谷物产量下降 15%，1960 年又下降了 10%，连续的产量下降导致市场商品匮乏，居民口粮供应出现严重不足现象，不少居民不得不靠野菜度日，人们重新品尝了饥饿的滋味。据估计，到 1962 年，全国人均粮、棉、油产量分别下降到 231.9 公斤、1.1 公斤和 3 公斤。

关键时刻，国家及时调整了经济政策，抑制了工业的过快发展，重新开始重视农业生产，并加大了对农业的支持，调整时期结束时，主要农产品产量大都恢复到甚至超过了 1957 年的水平。1965 年，人均粮、棉、油产量重新提升到 272 公斤、2.9 公斤和 5.1 公斤。

1966 年开始的"文革"十年，政治运动优先于经济发展，整个国民经济一直处于徘徊不前的状态，农业生产始终维持着较低的水平。直到 1978 年，人均粮、棉、油产量只有 318.74 公斤、2.27 公斤和 5.46 公斤，与 1965 年相比，13 年间，虽然人均粮食产量提高了 17.2%，但人均棉花产量反而下降了 21.3%，人均油料产量只提高了 7.1%，农产品依然实行统购统销，低标准凭票供应的紧张状况始终未见好转。

改革开放后，农业生产水平大幅提高，各种农产品产量显著增长，不断刷新历史最高水平，为城乡居民提供了丰富多样的食品供给，为改善人民生活作出了重要贡献。1998 年，全国粮食产量达到 51230 万吨，为 1949 年的 4.5 倍，人均粮食占有量 412 公斤，为 1949 年的 1.97 倍，创历史最高水平。近年来，由于农业结构调整和自然灾害的影响，粮食产量有所波动，但基本保持在 45000 万吨左右。目前，我国粮食、棉花、肉类、禽蛋、水果和水产品产量均居世界第一。

2007 年，我国人均粮食、棉花、油料、猪牛羊肉、水产品、牛奶、水

果产量分别达到 380.61 公斤、5.78 公斤、19.49 公斤、40.09 公斤、36.02
公斤、26.75 公斤和 136.57 公斤，比 1978 年分别增长了 19.4%、154.8%、
257.0%、343.0%、639.6%、2807.5% 和 1879.2%。人均粮、棉、油产量比
1949 年增长了 82.2%、623.1%、314.7%，人均水产品和水果产量比 1949
年增长了 4402.5% 和 6107.6%。各种农产品产量的增长，不仅保障了人民
群众的基本生活需求，而且进一步丰富了居民的"菜篮子"和"果篮子"，
为广大城乡居民追求更加科学合理的膳食营养结构创造了有利条件。

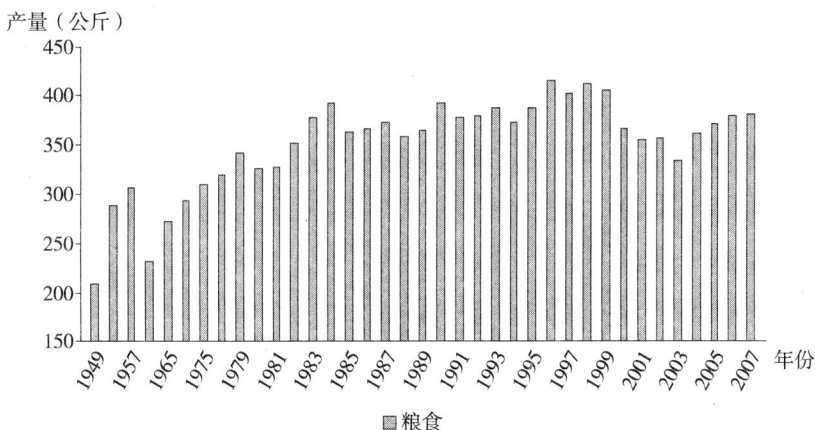

图 2－4　1949—2007 年人均粮食产量

（资料来源：国家统计局：历年《中国统计年鉴》，中国统计出版社）

三、农村非农产业增长对国民经济增长的贡献

我国农村非农产业的主体是农村乡镇企业和其他个体私营经济①，其
中最主要的构成部分是农村乡镇企业。

乡镇企业的前身是农村手工业和社队企业。新中国成立初期，在社会

---

① 乡镇企业统计数据中不包括农村个体工商户，此外，在农村还有一些没有正规注册的个体
私营经济活动。

产量（公斤）

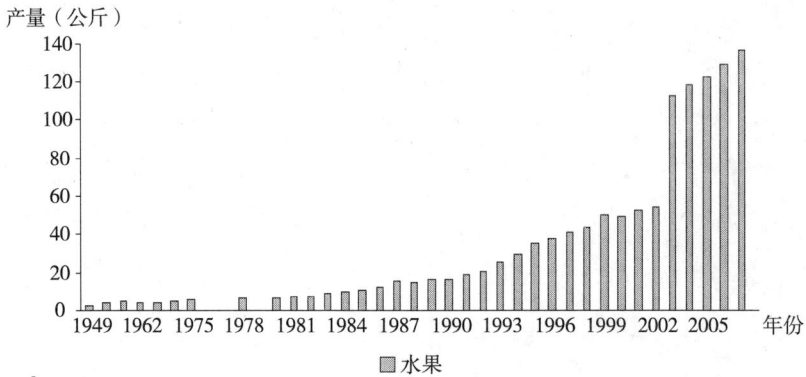

图 2-5 1949—2007 年人均水果产量
（资料来源：国家统计局：历年《中国统计年鉴》，中国统计出版社）

产量（公斤）

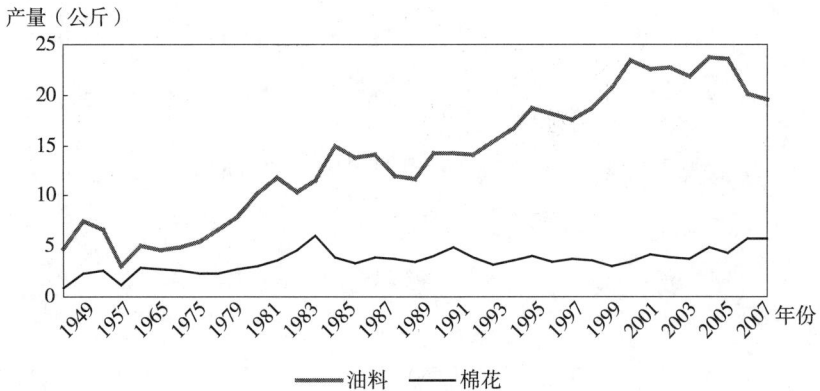

图 2-6 1949—2007 年人均油料、棉花产量
（资料来源：国家统计局：历年《中国统计年鉴》，中国统计出版社）

主义改造过程中，作为个体经济和私人经济的农村企业几乎被全部消灭。之后，经过 8 年的经济恢复建设，到第一个五年计划完成时，全国经济形势出现了一个相对繁荣的局面。稍好的形势催生了头脑发热、盲目冒进的思想，大炼钢铁的全民运动开始在城市和农村的每个角落全面展开，农村田地开始荒芜，所有的青壮劳力都被动员起来投入到大炼钢铁的事业中去，正是在这种背景下，农村社队企业出现了第一次发展高潮。据 1959

产量（公斤）

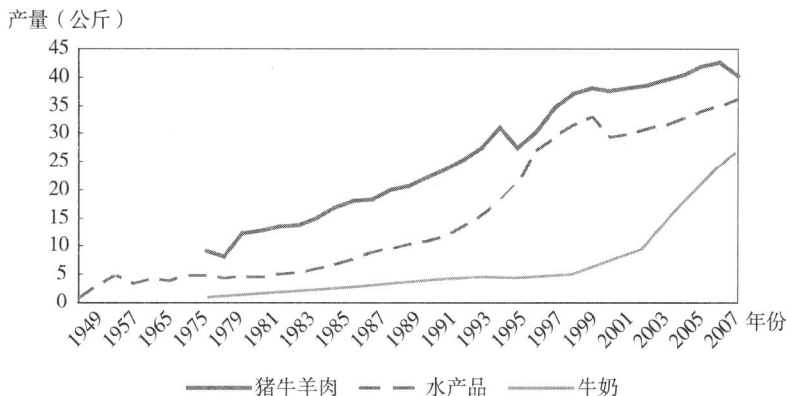

图 2 - 7　1949—2007 年人均肉、奶、水产品产量

（资料来源：国家统计局：历年《中国统计年鉴》，中国统计出版社）

年统计，农民已经拥有 70 多万个小工厂，职工 500 万人，产值超过 100
亿元，占当时全国工业总产值的 10%。①

　　但是，这一次农村工业的兴起并非出自经济发展的真正需要，而是把
经济活动当作政治运动来推动的结果。因此，这种农村工业的发展完全没有
生命力，反而使农业生产遭到了极大破坏，白白浪费了大量的农村资源。在
随后进行的国民经济调整中，这种结构极不合理的农村工业基本上都下马了。

　　1970 年，政府提出了在农村利用本地资源，兴办各种为农村生产服
务、为人民生活服务和为大工业服务的小工厂，各地社队企业开始真正发
展起来。1974 年，农村社队企业总产值为 180.9 亿元。70 年代中后期，
社队企业发展速度进一步加快，到 1978 年，社队企业总产值达到 493 亿
元，比 1974 年增长了 1.7 倍，年均增长速度达到 28.5%。

　　改革开放后，农村非农产业进入了新的发展阶段。

　　1978—1983 年，农村联产承包责任制的推行一方面使农产品生产连
上新的台阶，为农村非农产业的发展提供了良好的物质条件；另一方面农

---

① 国家统计局：《新中国 50 年》，中国统计出版社 1999 年版；《乡镇企业改革发展 30 年成就
　综述》，中国乡镇企业信息网，www. cte. gov. cn，2009 年 6 月 12 日。

业劳动生产率迅速提高，使大量剩余劳动力从土地的束缚中解脱出来；同时，农民收入水平的提高也为农村非农产业的发展提供了必要的积累。在此背景下，社队企业得到了迅速发展。1978—1983 年社队企业总产值从493 亿元增长到 1017 亿元，5 年增长 106%，年均增长 21%。到 1983 年，社队企业共吸收农村劳动力 3235 万人，比 1978 年增长了 14.4%。

1984 年 3 月 1 日，中共中央、国务院转发农牧渔业部和部党组《关于开创社队企业新局面的报告》并发出通知，将社队企业正式改称为乡镇企业，对农村家庭企业和联户企业给予肯定，乡镇企业开始进入全面发展的新的历史时期。1984—1988 年期间是乡镇企业发展的第一个高峰时期。1984 年，乡镇企业个数 607 万个，从业人员 5208 万人，总收入 1268 亿元，比 1983 年增长 36.6%。此后几年，国家对乡镇企业采取了更加积极的扶持政策，企业在组织生产和产品销售方面获得了更大自主权，乡镇企业发展速度进一步加快，到 1988 年，乡镇企业个数达到 1888 万个，从业人数 9546 万人，总收入 4232 亿元。4 年间，乡镇企业个数平均每年增长 52.8%，从业人员平均每年增长 20.8%，总收入平均每年增长 58.4%。

1989—1991 年，在国民经济治理整顿期间，国家控制了乡镇企业贷款，压缩了基建规模，关停并转了一批效益差、浪费、污染严重的企业，1989和 1990 年，乡镇企业的增长速度下降到 13%—14%，1991 年恢复为 37%。

1992 年邓小平的南方谈话后，乡镇企业迎来了第二个发展高峰。1992—1994 年，乡镇企业总产值平均每年增长 68.5%，企业纯利润平均每年增长 67.4%。

1995 年以后，乡镇企业进入稳步发展时期，这期间，乡镇企业普遍强化了企业管理，注重科技人才开发，企业效益不断提高，一大批规模化、现代化企业开始出现，乡镇企业已经成为我国农村经济和国民经济的重要组成部分。

中国乡镇企业的发展改变了农村经济单纯依靠农业发展的格局。1978年，社队企业总产值 493 亿元，只相当于当年农业总产值的 37% 左右，占当年农村社会总产值的 24.2%。到 1987 年，乡镇企业中二、三产业产值合计增加到 4854 亿元，相当于农业总产值的 104%，历史上首次超过了农业总产值。到 2007 年，乡镇企业增加值达 68000 亿元，已占农村社会增加值的 68.68%，成为支撑农村经济最坚实的支柱。

乡镇企业发展也为国民经济的增长作出了重要贡献。1978 年，乡镇企业总产值 493 亿元，占当年全社会总产值的 7.2%。1997 年，乡镇企业增加值 20740 亿元，占当年国内生产总值[①]的 27.7%。到 2007 年，乡镇企业增加值已达 68000 亿元，占当年国内生产总值的 28.52%；同年，乡镇企业实现出口商品交货值 30200 亿元，占全国出口总额的 34%；乡镇企业实缴国家税金 7200 亿元，约占全国税收总额的 20%。

广义的农村非农产业不仅包括乡镇企业，还应包括农村从事二、三产业的一些个体户和商贩，但是现有的统计资料无法反映这方面的情况。不过，一些研究报告还是试图全面总结农村非农产业的基本情况，特别是它们在农村经济和国民经济中的地位和作用。中国社会科学院农村发展研究所和国家统计局农村社会经济调查司编写的年度《农村经济绿皮书》（1993—2009），就系统地估算了农村非农产业的情况。[②]

根据《农村经济绿皮书》的估算，改革开放特别是 1984 年以后，农村非农产业快速发展，其在农村国内生产总值中所占的比重由 1988 年的 43.8% 提高到 2008 年的 74.7%；在全国国内生产总值中所占的比重由 1988 年的 20% 提高到 2008 年的 33.4%。2008 年，在农村国内生产总值的增长中，农村非农产业的贡献份额为 86%，在全国国内生产总值的增长中，农村非农产业的贡献份额为 35.9%。

从阶段性发展趋势来看，20 世纪 90 年代中期之前，受益于农村乡镇企业的全面高速发展，农村非农产业发展迅速，在农村和全部国民经济中的地位提升更快，对国内生产总值增长的贡献份额也逐步提高，1993 年

---

① 数字引自历年《中国乡镇企业（及农产品加工业）年鉴》，其中涉及的国内生产总值为当时的统计数，未经调整，下同。

② 中国社会科学院农村发展研究所和国家统计局农村社会经济调查司：《农村经济绿皮书》，1993—1997 年，中国社会科学出版社；1998—2009 年，社会科学文献出版社。

农村非农产业对全部国内生产总值增长的贡献份额曾经上升到 60% 以上；之后，农村非农产业进入平稳发展阶段，而以现代化外向型工业和房地产等为代表的城市工业和建筑业开始进入高速发展阶段，以现代商业服务业和金融、交通、电讯服务等为代表的城市第三产业发展也相对加速，由此导致农村非农产业对国内生产总值增长的贡献份额有所下降。

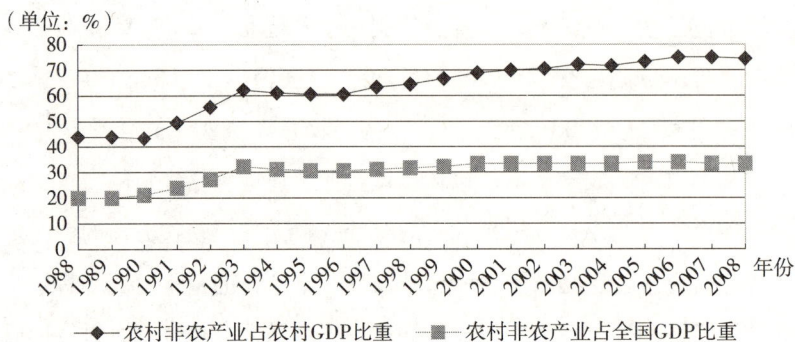

图 2-8　农村非农产业在农村及国民经济中的地位

（资料来源：中国社会科学院农村发展研究所和国家统计局农村社会经济调查司：《农村经济绿皮书》，1998—2009 年，社会科学文献出版社）

表 2-3　农村非农产业地位及其对国内生产总值增长的贡献

年份	农村非农产业占农村 GDP 比重（%）	农村非农产业占全国 GDP 比重（%）	农村非农产业对农村 GDP 增长贡献（%）	农村非农产业对全国 GDP 增长贡献（%）
1988	43.8	20.0	83.8	32.9
1989	44.1	19.8	37.8	12.2
1990	43.6	21.0	54.2	59.4
1991	49.5	24.0	88.6	53.9
1992	55.8	27.5	86.0	51.5
1993	62.1	32.3	89.5	66.8
1994	61.2	31.2	82.0	29.8
1995	60.4	30.3	74.5	26.3
1996	60.7	30.4	78.7	34.9

年份	农村非农产业占农村GDP比重（%）	农村非农产业占全国GDP比重（%）	农村非农产业对农村GDP增长贡献（%）	农村非农产业对全国GDP增长贡献（%）
1997	63.1	31.2	86.0	41.1
1998	64.4	31.7	85.1	43.1
1999	66.4	32.5	88.4	45.2
2000	68.9	33.3	90.9	43.7
2001	69.8	33.3	88.4	38.0
2002	70.7	33.2	88.9	35.1
2003	72.4	33.6	92.3	38.8
2004	71.4	33.5	83.3	38.1
2005	73.6	34.0	86.6	37.4
2006	75.1	34.1	88.4	36.1
2007	75.1	33.5	92.3	35.1
2008	74.7	33.4	86.0	35.9

注：根据中国社会科学院农村发展研究所和国家统计局农村社会经济调查司《农村经济绿皮书》有关资料计算。

四、农村工业对中国工业的贡献

农村乡镇企业的主体是乡镇工业。几十年来，乡镇工业从无到有、由小变大，开创了中国特色的农村工业化道路，已经成为我国工业化的重要组成部分。

1959年，在大炼钢铁中兴起的社队工业就曾占到当时全国工业总产值的10%左右，之后经历了一段时间的整顿和衰退，到20世纪70年代以后开始重新兴起，到1978年，社队工业再次占到当时全国工业总产值的9.95%。

改革开放以来特别是1984年以后，乡镇工业经历了两次快速发展，到1997年，乡镇工业增加值已经占到全国工业增加值的47.3%。2007年乡镇工业增加值达47800亿元，仍占全国工业增加值的46.5%。从这个意义上来说，农村工业已经将近占到全国工业的半壁江山。

从企业结构看，乡镇工业主要是中小企业，与国有大中型企业一起形成了我国大中小结合的较为合理的工业企业结构。从产业结构看，乡镇工业以农副产品加工、资源开发、劳动密集型、轻型加工企业为主，城郊乡镇工业相当一部分是为国有大工业加工配套的，与国有企业形成了互为市场、相互依存、相互补充的关系。

乡镇工业通过拾遗补缺成为增加社会有效供给的有生力量。1978 年，社队工业生产的原煤产量占全国的 16%，水泥产量占全国的 5%，机制纸产量占全国的 10%。到 1997 年，乡镇工业生产的原煤产量增长了 5 倍多（与 1978 年相比，下同），占全国的比重上升到 46.7%；水泥产量增长了 60 倍，占全国的比重上升到 41.5%；机制纸产量增长了 49 倍，占全国的比重上升到 63%。

2007 年，乡镇工业几乎涉及了工业生产的各个领域，乡镇工业的许多产品，特别是日用消费品，已占全国相当大的比重，如电子及通讯设备制造占 17%，机械占 26%，原煤占 40%，水泥占 40%，食品饮料占 43%，服装占 80%，中小农具占 95%，砖瓦占 95%，不断增长的乡镇工业产品极大地繁荣了我国的城乡市场，有效地开拓了国际市场，成为我国工业的重要力量。

第二节　收入分配与城乡关系

一、城乡居民收入分配变迁

解放前，除了少数地主、富农和官僚、资本家以外，我国城乡居民普遍处于饥寒交迫、民不聊生的极端贫困状况。1949 年，城镇居民人均年现金收入不足 100 元，农村居民人均年纯收入只有 43.8 元。

面对这样的局面，在国民经济恢复时期和"一五"时期，党和政府采取了一系列措施抑制战争创伤，恢复和发展生产，稳定物价，安排就业，提高人民收入和生活水平。在农村，由于土地改革和农业合作社的发展，农村居民收入增长较快，1952 年，农民人均纯收入增加到 57 元，比1949 年增长 30.1%；1957 年进一步提高到 73 元，比 1952 年增长 28.1%。在城市，由于采取了广泛就业和积极进行经济建设的政策，城镇居民收入水平也快速提高，1952 年，城镇居民人均现金收入增加到 156 元，比1949 年增长 56.8%；1957 年进一步提高到 254 元，比 1952 年增长 62.8%。

1958 年之后，直到改革开放前，由于各种政治运动不断，经济发展时起时落，加上我国长期实行低工资、低物价、高积累的国民收入分配政策，城乡居民的收入水平一直没有得到较大提高。1964 年，城镇居民人均现金收入为 243 元，与 1957 年相比，不仅没有增长，反而下降了4.3%。到1978 年，城镇居民人均现金收入为 343.4 元，与 1957 年相比，21 年时间仅增长 35.2%，扣除物价上涨因素，平均每年仅递增 0.8%；在农村，1978 年的农民人均纯收入为 133.6 元，与 1957 年相比，21 年时间仅增长 83%。特别是 1965—1978 年期间，农民收入的年平均增长率只有 1.7%。

改革开放后，随着国民经济快速发展，城乡居民收入水平迅速提高。到 2008 年，农民人均纯收入 4761 元，按现价计，相当于 1978 年的 35.64倍、1949 年的 108.7 倍；按不变价计算，2008 年的农民人均纯收入比1978 年增长了 693.2%，年均增长 7.1%。2008 年，城镇居民人均可支配收入 15781 元，按现价计，相当于 1978 年的 45.96 倍、1949 年的 158.60倍；按不变价计算，2008 年的城镇居民人均可支配收入比 1978 年增长了715.5%，年均增长 7.2%。

从历年增长（扣除物价因素之后的实际年增长率）趋势来看，改革开放后到 20 世纪 80 年代中期，农村居民的收入增长曾经快于城镇居民，之后，特别是 20 世纪 90 年代以来，除个别年份（1995—1997）外，农民收入增长一直低于城镇居民收入增长。近几年，中国各级政府加大了支农

（单位：元/人）

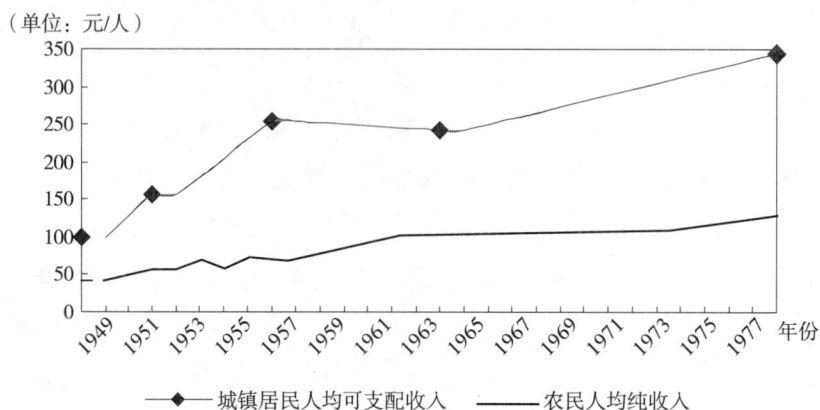

图2-9　1949—1978年改革开放前城乡居民人均收入变化
（资料来源：国家统计局：历年《中国统计年鉴》，中国统计出版社）

（单位：元/人）

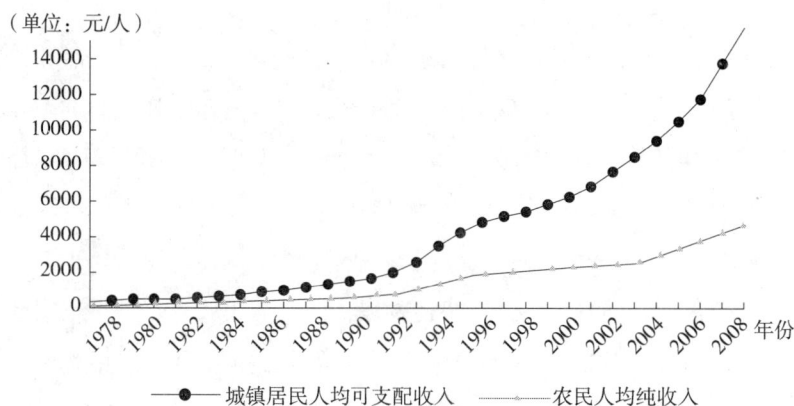

图2-10　1978—2008年改革开放后城乡居民人均收入变化
（资料来源：国家统计局：历年《中国统计年鉴》，中国统计出版社）

的工作力度，特别是中央政府出台了多项支农政策，取消了农业税和农业特产税，增加了对农村义务教育和合作医疗的支持和补助，对种粮农民进行直接补贴，另外还有良种补贴和农机补贴等，这些措施促进了粮食增产和农民增收。2008年，扣除物价因素，农民人均纯收入比上年实际增长8%，当年城市居民人均可支配收入实际增长8.4%，虽然农民收入增长幅度仍然低于城镇居民收入增长幅度，但两者之间的差距有所缩小。

（单位：%）

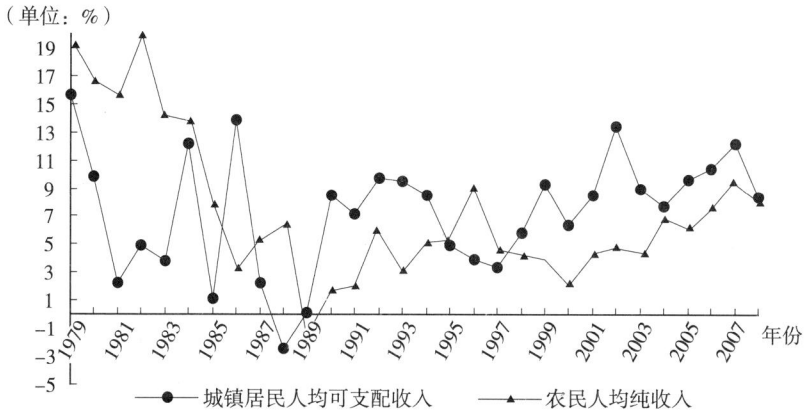

图 2－11　1979—2008 年城乡居民人均收入年实际增长率对比

（资料来源：国家统计局：历年《中国统计年鉴》，中国统计出版社）

　　从绝对值对比来看，长期以来，我国城乡居民人均收入之间差距一直较大。1949 年时，城乡居民人均收入比例就有 2.27∶1，1957 年时两者的差距曾经拉大到 3.48∶1，之后，城乡收入差距有所缩小，到改革开放开始的 1978 年时，城乡居民收入差距为 2.57∶1。改革开放初期，由于农村改革在先，农村生产力释放较早，农民收入增长较快，直到 20 世纪 80 年代中期，城乡居民收入差距一直在稳步缩小，1983 年，我国城乡居民收入差距缩小到建国以来的最低水平 1.82∶1。1984 年之后，随着改革发展的重心逐步向城市转移，城镇居民收入增长开始加速，城乡居民收入差距再度拉大，2007 年，城乡居民收入差距扩大到 1957 年以来、同时也是改革开放以来的最高水平，达到 3.33∶1。2008 年城乡居民人均收入比例仍然高达 3.31∶1。

　　总的来说，改革开放之前，我国城乡居民收入水平提高缓慢，改革开放后，城乡居民收入水平都有了大幅度提高。但是，改革开放并没有导致城乡居民之间的收入差距持续缩小，近 20 年来，城乡居民收入差距还在不断拉大。国民收入分配不平衡，农村居民收入相对较低，仍然是我国改革和发展过程中所面临的突出问题之一。

二、农业部门在国家财政收支中的地位变化

作为一个农业大国，农业税在我国漫长的历史时期中，一直是历代政府税负的主要来源。新中国成立初期，农民缴纳的税收支撑了国家财政收入的半壁江山。1950 年，来自农业的税收收入占到全国各项税收收入总和的 40% 左右，农业税收入占全国财政收入的 31%，农民交纳的农业税无疑是国家财政收入的最大来源。直到 1956 年，农业税收入在国家税收中所占的比重一直都在 20% 以上，农业税收入占国家财政收入比重也一直在 10% 以上。

作为一个十分重要的税种，国家十分重视农业税的征收，1958 年 6 月 3 日，《农业税条例》正式实施。从 1983 年开始，除农业税外，国务院还根据《农业税条例》的规定，决定开征农林特产农业税，1994 年改为农业特产农业税；牧区省份则根据授权开征牧业税。至此，我国农业税制实际上包括了农业税、农业特产税和牧业税等三种形式。在统计口径中，农业各税还包括了烟叶税、耕地占用税和契税等。

随着国家工业化的逐步推进，各种工商业的迅速发展，国家税收来源日益丰富，农业税的地位不可避免地出现下降。1970 年以前，农业各税在国家税收总额中的比例一直维持在 10% 以上，到 1978 年，农业税占国家税收的比例下降到 5.5%，1985 年进一步下降到 2.1% 左右；农业税占国家财政收入的比重，1978 年降为 2.5%，1985 年再下降到 2.1%。此后，随着农业特产税等的征收，农业税收入比例缓慢上升，1996 年农业税占国家税收的比例提高到 5.4%，农业税占国家财政收入的比重也回升到 5%。

从 2000 年开始推行农村税费改革后，原来由农民负担的一部分"费"也被纳入税里，农业税比例有所增加。但是，在减轻农民负担的宏观背景下，各地很快出台了逐步减免农业税的政策，2005 年 12 月，全国

人民代表大会表决通过，从 2006 年 1 月 1 日起废止农业税[①]。不过，就统计口径的农业各税而言，2007 年仍然高达 1439 亿元（主要是契税和耕地占用税），占国家各项税收收入的 3.15%。

实事求是地讲，新中国成立 60 年来，农业各税为国家的工业化建设提供了重要的支持，农民为国家经济体系的形成和建设作出了巨大贡献。新中国之所以能够从"一穷二白"的基础上建立起比较完整的工业体系和国民经济体系，很大程度上正是依靠了农业"乳汁"的哺育、依靠了农民的支持和贡献。据统计，从 1949 年到 2007 年，全国累计征收农业各税达 10719.83 亿元（统计口径包括契税和耕地占用税）。

农业和农民对国家工业化和经济建设的支持，除了通过税收这种明明白白的渠道之外，还有一条隐蔽的、但同样重要的渠道——价格暗补。为了尽快建立国家工业体系，加快工业化进程，我国长期实行统购统销政策，特别是针对粮棉油等主要农副产品，通过压低农产品价格，实行工农产品"剪刀差"，从农业和农民那里征收了巨额的积累。据测算，1952—1957 年通过工农产品"剪刀差"从农业部门聚集的净积累为 475 亿元，占同期财政收入的 30.9%；1959—1978 年为 4075 亿元，占同期财政收入的 21.3%（郑有贵，2007）；两者分别相当于同期农业税的 2.7 倍和 7.2 倍。

当然，客观地评价农业和财政的关系，也要看到国家对农业的支持，国家并不是单向地只从农业那里攫取收入，在不同时期，财政对农业的各种支持也在不断加强，对农业生产的稳定和发展起到了重要的积极作用。

建国初期，国民经济恢复时期和"一五"期间，由于国家财力匮乏，又急需优先支持工业和城市建设，用于农业方面的投入相对有限。1950 年，国家财政用于农业方面的支出仅有 2.74 亿元，占当年财政总支出的 4%，直到 1957 年，国家财政用于农业方面的支出也仅有 23.5 亿元，占

[①] 财政部估算，2006 年全面取消农业税后，与农村税费改革前的 1999 年相比，农民每年减负总额将超过 1000 亿元，人均减负 120 元。

（单位：%）

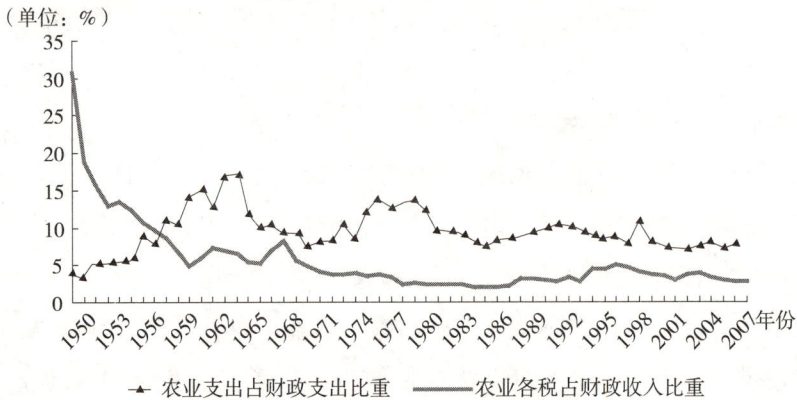

图 2 - 12　1950—2007 年财政与农业
（资料来源：国家统计局：历年《中国统计年鉴》，中国统计出版社）

当年财政总支出的 7.9%；"二五"时期和调整时期，面对农业生产落后的局面，国家加大了财政对农业的支持力度，1958 年开始，财政支出中用于支农的比例首次超过 10%，到 1964 年，财政支农比例一度高达17.5%，创下新中国历史上的最高水平；文化大革命开始以后，国民经济发展受到严重冲击，国家财政收支出现下降，财政支农的力度明显减弱，1966—1968 年间甚至出现绝对下降。1975 年以后，国家财政支农的力度再次加强，到 1978 年，国家财政用于支农的比例恢复到 13.4%。

改革开放初期，由于家庭承包经营极大地调动了广大农民的生产积极性，农业生产力得到充分释放，农业增产形势喜人，国家调整了财政支农的结构，加大了对农业生产资料和农产品收购的价格补贴，但同时减少了农业基本建设支出和支援农业生产支出，财政支农力度有所减弱，到1985 年，财政支农的比例下降到 7.66%。从"七五"时期开始，国家开始实施农业综合开发，财政支农力度重新加强，到 1991 年，财政支农的比例提高到 10.26%。90 年代以来，国家财政用于支农的资金一直在快速增长，到 2006 年，财政支农资金合计已达 3173 亿元，但是，同期国家财政收支总额增长更快，财政用于农业的支出比例实际上处于缓慢下降的状态，到2007年，财政支农的比例已经下降到7.85%。

综合衡量财政对农业的收支情况（不考虑价格剪刀差的作用），从绝对量来看，1949—1957年期间，国家财政来自于农业的税收收入大于对农业的各项支持，这一时期是国家财政对农业的净攫取时期。1958年之后财政对农业的支持金额一直大于来自农业的各项税收数额，财政对农业已经转变为净支持，农业已经属于相对补贴部门。

虽然我国农业已经属于相对享受补贴的部门，财政每年用于支持农业的资金也在逐年增长，但是从我国农民的数量、农业的地位、农业的情况来看，财政支农的力度还是不够，特别是与欧美等发达国家相比，我国财政用于支持和补贴农业的力度相对较小，这已经严重影响了我国农业竞争力的提升、农民收入增长和农村基础设施的改善等。

目前，我国农业发展还处在相对艰难的阶段，农业基础设施薄弱、科技研发不足、农业生产效率低下、农产品国际竞争力差等问题还很突出，需要继续加大对农业的支持力度。另一方面，新中国成立以来特别是改革开放以来，我国的国民经济和社会事业得到了巨大发展，国家财政实力不断增强，我国已经有能力进入以工补农的新的发展阶段。为此，要调整国民收入分配格局，不断增加对农业的投入，保证我国农业的持续稳定发展。

第三节 消费、投资与城乡关系

一、城乡居民消费与生活水平对比

收入水平决定生活消费水平。改革开放前，我国城乡居民收入水平提高缓慢，相应地，城乡居民的消费水平也提高缓慢；改革开放后，城乡居民收入水平迅速提高，消费水平也大幅提高。

解放初期，城乡居民的收入水平很低，相应的消费也非常有限。1957年，城镇居民人均生活性消费支出只有222元；1964年下降到220.7元，扣除价格因素，比 1957 年实际下降了 10.4%；直到 1978 年，城镇居民人均生活性消费支出也仅提高到 311.2 元，扣除价格因素，比 1957 年仅增长了 22.6%，21 年间年平均增长率仅有 1%。

在农村，1949 年，农村居民人均生活性消费支出只有 41 元，1957 年提高到 70.9 元，1964 年提高到 93.6 元，直到 1978 年，也仅提高到 116.1 元。1949—1978 年的 29 年间，农村居民人均生活性消费支出名义增长率为年平均 3.7%，扣除价格因素，实际增长率年平均只有 2.3%。

改革开放后，随着收入水平的快速提高，城乡居民消费水平也迅速提高。2007 年城镇居民人均消费性支出为 9997.5 元，相当于 1978 年的 32.1 倍，扣除价格因素，29 年间实际增长了 5.0 倍，年平均实际增长率为 6.4%，比改革开放前 1% 的年增长率提高了 5.4 倍（提高了 5.4 个百分点）；在农村，2007 年农村居民人均生活性消费支出为 3223.9 元，相当于 1978 年的 27.8 倍，扣除价格因素，29 年间实际增长了 4.6 倍，年平均实际增长率为 6.1%，比改革开放前 2.3% 的年增长率提高了 1.7 倍（提高了 3.8 个百分点）。

城乡之间对比，农村居民的消费水平一直大幅度低于城市居民。1957 年城乡居民人均消费水平之比就曾高达 3.13:1，1964 年下降到 2.36:1，1978 年提高到 2.68:1。改革开放后，城乡居民人均消费水平之间的差距一度缩小，1984 年城乡居民人均消费水平之比一度缩小到 2.04:1，但在此之后，随着改革发展重心由农村逐渐转向城市，城乡居民消费差距再度扩大，到 2007 年，城乡居民人均消费水平之比已达 3.10:1。

恩格尔系数（即居民家庭食品消费支出占家庭消费总支出的比重）可用来综合衡量城乡居民消费和生活水平之间的差距。改革开放前，我国城乡居民家庭消费的恩格尔系数几乎没有变化。城镇居民家庭消费的恩格尔系数在 1957、1964 和 1978 年分别为 58.4%、59.2% 和 57.5%，1957—1978 年的 21 年间，仅下降了 1.1 个百分点；农村居民家庭消费的恩格尔系数在 1957、1964 和 1978 年分别为 65.7%、67.1% 和 67.7%，1957—1978 年的 21 年间，不仅没有下降，反而提高了 2 个百分点。这表明，改革开放前，我国

（单位：元）

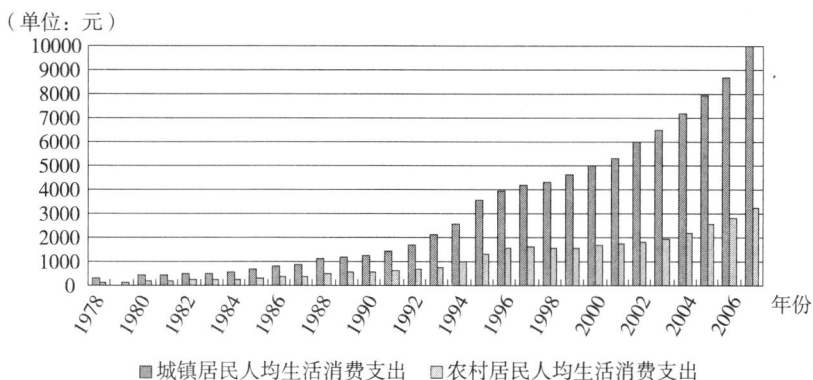

图 2 - 13　1978—2006 年城乡居民人均生活消费水平对比

（资料来源：国家统计局：历年《中国统计年鉴》，中国统计出版社）

城乡居民的生活质量在相当长的时间内几乎没有得到实质性的改善。

改革开放后，城乡居民家庭消费的恩格尔系数逐步下降。2008 年，城镇居民家庭消费的恩格尔系数为 37.9%，与 1978 年相比，下降了 19.6 个百分点；2008 年农村居民家庭消费的恩格尔系数为 43.7%，比 1978 年下降了 24 个百分点。农村居民家庭消费的恩格尔系数下降速度更快。不过，从目前城乡居民消费的恩格尔系数绝对值来看，农村居民生活水平比城镇居民生活水平至少还落后了 8 年左右的时间。

二、城乡消费市场发展变迁

现有的统计资料没有提供改革开放前分城乡的我国消费市场发展情况，不过根据人口和国内生产总值的构成情况，可以肯定，解放初期我国农村市场在国内市场中占有较大的份额，随着经济的发展和城市化的推进，农村市场的份额会出现缓慢下降。

改革开放初，1978 年时，农村消费市场在我国国内消费市场中仍占主要地位，县及县以下地区在全社会消费品零售总额中所占的比重为 67.6%。改革开放后，农村消费的增长一直慢于城市地区，在全国消费品零售市场中，农村地区的份额持续快速下降。1993 年县及县以下地区在

（单位：%）

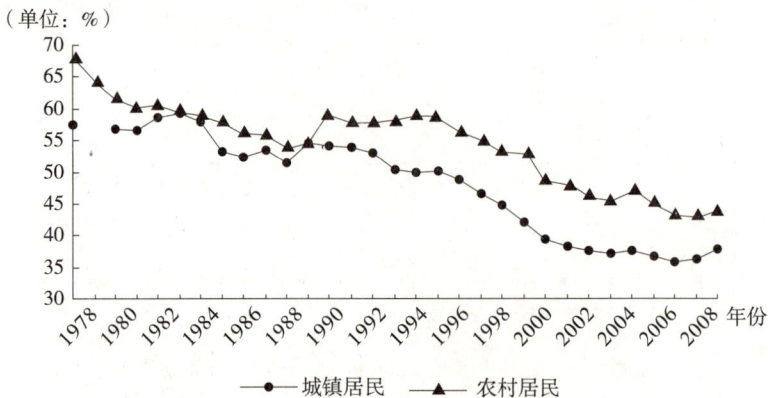

图 2-14　1978—2008 年城乡居民家庭消费的恩格尔系数对比

（资料来源：国家统计局：历年《中国统计年鉴》，中国统计出版社）

全社会消费品零售总额中所占的比重开始跌破50%。

2008 年，全社会消费品零售总额达到108488 亿元，相当于1978 年的69.6 倍。分地域看，城市消费品零售额73735 亿元，相当于1978 年的146 倍；县及县以下地区消费品零售额34753 亿元，相当于1978 年的33 倍。农村地区消费市场的增长远低于城市地区，2008 年县及县以下地区在全社会消费品零售总额中所占的比重已经下降到32.0%，与1978 年的67.6% 相比，下降了35.6 个百分点，缩减了一半还多。

三、城乡投资比例变迁

国家统计局从1995 年开始提供分城乡的投资情况。1995 年，农村固定资产投资为4375.6 亿元，城镇固定资产投资15643.7 亿元，全社会固定资产投资20019.3 亿元，农村固定资产投资在全社会固定资产投资中所占比重为21.9%。

2008 年，全社会固定资产投资总额达到172291 亿元，相当于1995 年的861%（以现价计，下同）。其中，城镇投资148176 亿元，相当于1995 年的947%；农村投资24124 亿元，相当于1995 年的551%。农村投资的增幅明显低于城镇投资，农村投资在全社会固定资产投资中所占比重由

（单位：%）

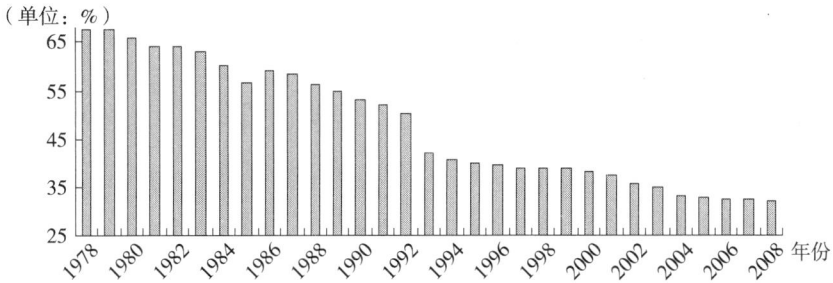

图 2－15　1978—2008 年县及县以下地区在社会消费品
零售总额中所占比重变化

（资料来源：国家统计局：历年《中国统计年鉴》，中国统计出版社）

1995 年的 21.9% 下降到 2008 年的 14%。[1]

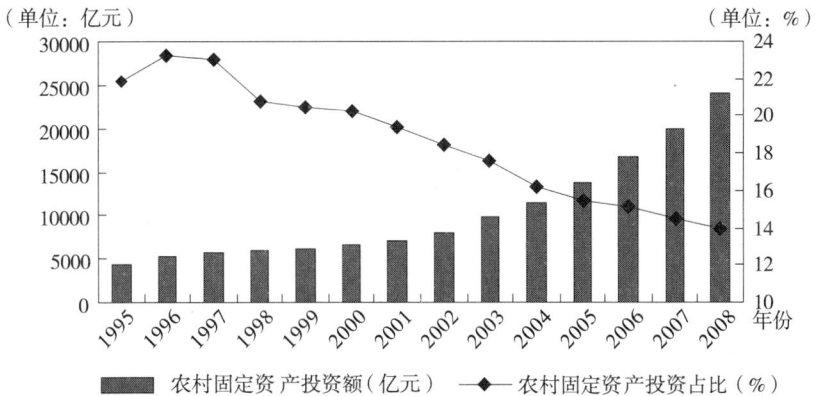

农村固定资产投资额（亿元）　　农村固定资产投资占比（%）

图 2－16　1995—2008 年农村固定资产投资增长及其占
全社会固定资产投资的比重

（资料来源：国家统计局：历年《中国统计年鉴》，中国统计出版社）

① 2007 年以前数据源于国家统计局《中国统计年鉴，2008》，2008 年数据来自统计公报。

四、支出法国内生产总值的城乡分解

在支出法国内生产总值中，国家统计局提供了城乡居民的最终消费份额，如果我们用城乡固定资产投资比例对固定资本形成总额进行城乡分割①，就可以将支出法国内生产总值的固定资本形成与居民最终消费部分分割成城乡两块。虽然余下的政府消费、存货增加和净出口部分无法进一步进行城乡分割，但这三部分在国内生产总值中所占的份额并不太大。

表 2-4　支出法国内生产总值的分解

（单位:%，以国内生产总值为 100）

年份	农村居民消费	城镇居民消费	农村固定资产形成	城镇固定资产形成	政府消费	存货增加	净出口	农村投消合计	城镇投消合计	其他
1995	17.8	27.0	7.2	25.8	13.3	7.3	1.6	25.1	52.9	22.1
1996	18.8	27.0	7.6	24.9	13.4	6.4	2.0	26.3	51.9	21.8
1997	17.8	27.4	7.3	24.5	13.7	4.9	4.3	25.2	51.8	23.0
1998	16.7	28.6	6.9	26.1	14.3	3.2	4.2	23.6	54.8	21.6
1999	16.0	30.0	6.9	26.6	15.1	2.7	2.8	22.9	56.6	20.5
2000	15.3	31.1	7.0	27.3	15.9	1.0	2.4	22.3	58.4	19.3
2001	14.5	30.7	6.7	27.9	16.2	1.8	2.1	21.2	58.6	20.2
2002	13.5	30.2	6.7	29.6	15.9	1.6	2.6	20.2	59.7	20.1
2003	12.0	29.7	6.9	32.3	15.1	1.6	2.2	18.8	62.0	19.1
2004	10.9	28.9	6.6	34.0	14.5	2.5	2.5	17.5	62.9	19.5
2005	10.2	27.6	6.3	34.7	14.1	1.8	5.4	16.5	62.2	21.3
2006	9.5	26.8	6.1	34.5	13.6	1.9	7.5	15.7	61.3	23.0
2007	9.1	26.4	5.8	34.2	13.3	2.4	8.9	14.9	60.6	24.6

注：根据国家统计局统计数据计算。统计局没有发布 1995 年以前的城乡固定资产投资比例，2008 年数据国家统计局尚未发布。

（资料来源：国家统计局：历年《中国统计年鉴》，中国统计出版社）

---

① 据统计资料，历年固定资产投资总额与固定资本形成总额之间差额不大而且比率关系较为稳定。

从支出法国内生产总值的构成来看，1995 年以来，农村居民消费占国内生产总值的份额持续下降，由 1995 年的 17.8% 到 2007 年的 9.1%；农村固定资本形成占国内生产总值的份额近年来也有缓慢下降趋势，2007 年仅占 5.8%。相比之下，城镇居民最终消费份额近两年虽也有所下降，但仍稳定在较高水平，2007 年城镇居民最终消费份额为 26.4%。另外，投资推动式的经济增长方式使得近年来城镇固定资本形成份额一直维持较高水平，2007 年城镇固定资本形成占到支出法国内生产总值的 34.2%。

与生产法国内生产总值的城乡分解比例进行对比，可以发现，在支出法国内生产总值中农村地区的相应份额更低一些，这表明，在国民收入的分配和使用过程中，农村地区和农村居民处于更加不利的地位。

第四节 城乡人口就业与城市化

一、城乡人口结构与城市化

1949 年，我国人口总数为 54167 万人，其中，乡村人口 48402 万人，城镇人口 5765 万人；1978 年，我国人口总数为 96259 万人，其中，乡村人口 79014 万人，城镇人口 17245 万人；2008 年，我国人口总数为 132802 万人，其中，乡村人口 72135 万人，城镇人口 60667 万人。1949—2008 年，我国人口总数增长了 1.45 倍，其中乡村人口增长了 49%，城镇人口增长了 9.52 倍。新中国成立 60 年来，我国人口总数年平均增长 1.53%，改革开放前 29 年年平均增长 2%，改革开放后 30 年年平均增长 1.08%；其中，乡村人口 59 年平均增长 0.68%，改革开放前年平均增长 1.7%，改革开放后年平均增长 -0.3%；城镇人口 59 年平均增长 4.07%，改革开放前年平均增长 3.85%，改革开放后年平均增长 4.28%。乡村人口在 1995 年达到最高值 85947 万人，之后开始缓慢下降。

城市化是社会经济发展的必然结果。解放初，我国城市化水平非常低，1949 年，我国人口的城市化水平仅有 10.6%。1949—1957 年期间，随着大批重点工程建设的开展，我国出现了一批新型的工矿业城市，如马鞍山、鸡西、焦作、平顶山等，同时一些老工业城市和大中型城市也得到了扩建和改造。到 1957 年末，我国城镇人口比重提高到 15.4%；1958—1960 年的"大跃进"期间，城镇人口急剧增加，1960 年末城市化水平迅速提高到 19.7%；之后，在调整过程中，陆续撤销了一批城市，一些新设置的市重新降为县建制，城市社会经济出现萎缩，城市人口出现下降，1963 年末城镇人口比重下降到 16.8%；"文化大革命"期间，国民经济徘徊不前，城市大批青年"上山下乡"，城市化进程一直处于压抑状态，直到 1978 年，城市化水平也只有 17.9%，与 1966 年相比，没有任何提高。

改革开放后，我国城市化进入快速发展时期。2008 年我国城镇人口比重已经提高到 45.7%，与 1978 年相比，30 年提高了 27.8 个百分点。而改革开放前 29 年城市化水平只提高了 7.3 个百分点。

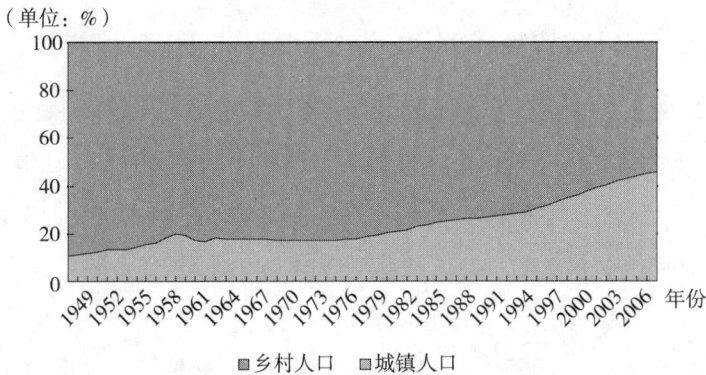

（单位：%）

图 2-17　1949—2006 年中国城乡人口结构变化
（资料来源：国家统计局：历年《中国统计年鉴》，中国统计出版社）

二、城乡就业结构

1952 年，我国从业人员总数 20729 万人，其中乡村从业人员 18243 万人，城镇从业人员 2486 万人；1978 年，我国从业人员总数 40152 万人，其中乡村从业人员 30638 万人，城镇从业人员 9514 万人；2008 年，我国从业人员总数 77480 万人，其中乡村从业人员 30210 万人，城镇从业人员 47270 万人。1952—2008 年，我国从业人员总数增长了 2.74 倍，其中乡村从业人员增长了 1.59 倍，城镇从业人员增长了 11.15 倍。56 年来，我国从业人员总数年平均增长 2.38%，改革开放前 26 年年平均增长 2.58%，改革开放后 30 年年平均增长 2.22%；其中，乡村从业人员 56 年平均增长 1.71%，改革开放前年平均增长 2.01%，改革开放后年平均增长 2.46%；城镇从业人员 56 年平均增长 4.56%，改革开放前年平均增长 5.30%，改革开放后年平均增长 3.93%。乡村从业人员在 2001 年达到最高值 49085 万人，之后开始缓慢下降。

解放初期，我国乡村地区吸收了绝大多数就业人员，1952 年，在乡村地区就业的从业人员占全国从业人员总数的比例高达 88%。之后，除了"大跃进"时期有所反弹以外，乡村从业人员比例一直在缓慢下降。到 1978 年，乡村地区从业人员的比例下降到 76.3%。

改革开放后，随着城市化水平的提高，乡村地区从业人员比例下降速度不断加快。2008 年我国乡村地区从业人员比例已经下降到 61%，与 1978 年相比，30 年下降了 15.3 个百分点。而改革开放前 26 年（1952—1978），乡村地区从业人员比例只下降了 11.7 个百分点。

尽管如此，目前我国从业人员中仍有 60% 以上在乡村地区就业，考虑我国的就业问题，绝对不能忽视农村地区的重要性。

在我国农村就业中，乡镇企业、农村私营经济和个体户正在发挥越来越大的作用。1978 年乡镇（社队）企业从业人员数只有 2827 万人，仅占当年乡村地区就业人数 30638 万人的 9.2%；经过 1984 年以来的大发展之后，到 2007 年，乡镇企业、农村私营企业和个体户分别吸纳了 15090 万人、2672 万人和 2187 万人的就业人数，占当年乡村地区就业人数 47640 万人的 41.9%。

改革开放以来，1978—2007 年间，乡镇企业就业人数年平均增长

（单位：万人）

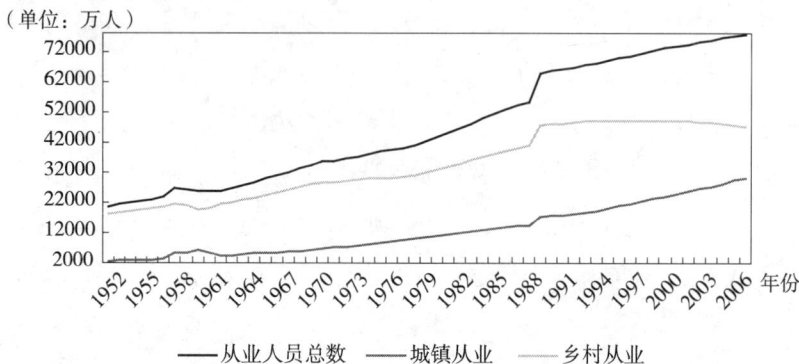

图 2-18　1952—2008 年城乡从业人员增长情况
（资料来源：国家统计局：历年《中国统计年鉴》，中国统计出版社）

5.95%；1990—2007 年间，农村私营企业和个体户吸纳的就业人数年平均增长率分别为 20.45% 和 2.28%，远高于同期乡村就业人数的增长速度（1978—2008 年平均 1.46%）。

乡镇企业以及农村私营企业和个体户的出现和发展，革命性地开创了农民在农村就地就近就业的新路子，极大地缓解了我国的就业压力，优化了农村劳动力结构，同时为农业适度规模经营、提高劳动生产率创造了条件。继联产承包解决温饱之后，乡镇企业和其他农村非农产业的发展成为实现农村小康生活的另一把钥匙。到 2007 年，乡镇企业支付职工工资达 13700 亿元，农民人均从乡镇企业获得收入 1420 元，比 1978 年的 10.74 元增加了 130 多倍，占农民人均纯收入的 34.8%，比 1978 年的 8% 上升了 26 个百分点，大大加快了农民致富奔小康的进程。

三、三次产业就业结构

从三次产业就业情况来看，1952 年，我国第一产业从业人员 17317 万人，第二产业 1531 万人，第三产业 1881 万人；1978 年，我国第一产业从业人员 28318 万人，第二产业 6945 万人，第三产业 4889 万人；2007 年，我国第一产业从业人员 31444 万人，第二产业 20629 万人，第三产业

24917 万人。1952—2007 年，我国第一产业从业人员增长了 82%，第二产业从业人员增长了 12.47 倍，第三产业从业人员增长了 12.25 倍。55 年来，我国第一产业从业人员总数年平均增长 1.09%，改革开放前 26 年年平均增长 1.91%，改革开放后 29 年年平均增长 0.36%；第二产业从业人员 55 年平均增长 4.84%，改革开放前年平均增长 5.99%，改革开放后年平均增长 3.83%；第三产业从业人员 55 年平均增长 4.81%，改革开放前年平均增长 3.74%，改革开放后年平均增长 5.78%。第一产业从业人员在 1991 年达到最高值 39098 万人，之后开始逐步下降。

解放初期，我国属于标准的农业国，农业（第一产业）容纳了绝大多数就业人员，1952 年，在第一产业就业的从业人员占全国从业人员总数的比例高达 83.5%。之后，除了"大跃进"时期不正常的急剧下降[①]以外，第一产业从业人员比例一直在缓慢下降。到 1978 年，第一产业从业人员的比例下降到 70.5%。

改革开放后，随着工业化和城市化的加速，农村劳动生产力的提高，农业劳动力向城市和第二、第三产业转移的速度不断加快，第一产业从业人员比例下降速度有所加快。2007 年我国第一产业从业人员比例已经下降到 40.8%，与 1978 年相比，29 年下降了 29.7 个百分点。而改革开放前 26 年（1952—1978），乡村地区从业人员比例只下降了 13 个百分点。

尽管如此，目前我国从业人员中仍有 40% 以上在第一产业就业。与生产结构（2007 年第一产业增加值占国内生产总值的 11.1%，第二和第三产业占 48.5% 和 40.4%）进行对比，第一产业容纳了太多的就业人员，二、三产业就业比重相对偏低（2007 年第二和第三产业从业比重分别为 26.8% 和 32.4%）。

我国第一产业容纳了过多劳动力的现象是由多种原因造成的。原因之

[①]"大跃进"和"大炼钢铁"曾经动员了大量的农业劳动力投入到工业建设中，导致 1958 年农业就业人数从上年的 19309 万人急剧减少到 15490 万人，同期工业从业人员从上年的 2142 万人急剧增加到 7076 万人，不过这种不可持续的政治运动很快就平息了，大量劳动力在随后几年中又逐渐回流到农业中了。

一在于中国的资源禀赋不同，农户小规模兼业生产方式使农业部门容留了更多的劳动力资源；原因之二在于现代工业和建筑业中资本密集技术得到了更多的采用，影响了第二产业的就业吸纳；原因之三在于中国的第三产业发展相对落后，没有吸纳更多的劳动就业；原因之四在于中国的城市化比率仍然滞后于相应发展水平，而城市是第三产业发展的主要依托，也是农业劳动力转移的主要场所；原因之五在于中国农村是劳动就业的蓄水池，农民只要在城市和二、三产业找不到就业机会，就会自然回流到农村和农业中去，即使在农业中的就业非常不充分。当然，现有的统计数据中，可能低估了大量流动性的农民工外出就业，以及农民在本地兼业从事非农产业打工的情况。如果将这些情况都反映进去，中国的就业结构数据会显得更加合理一些。

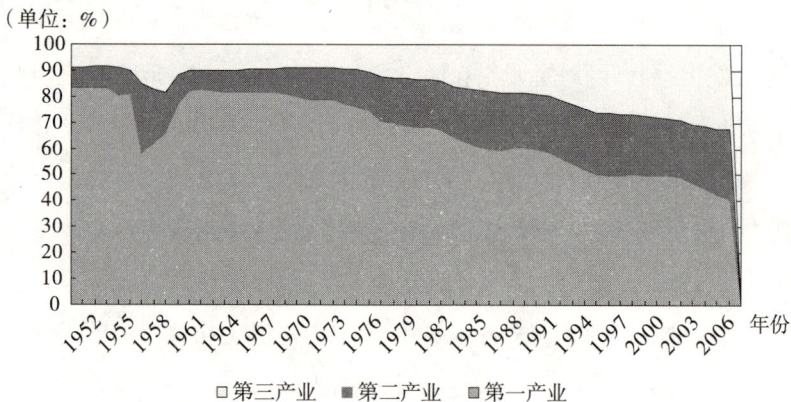

图 2 - 19　1952—2007 年三次产业就业结构
（资料来源：国家统计局：历年《中国统计年鉴》，中国统计出版社）

四、外出农民工对工业化和城市化的贡献

改革开放以来，伴随着中国工业化、城镇化的快速发展，一支新型的劳动大军和社会阶层——外出农民工涌现出来。据国家统计局第二次全国

农业普查数据公报，到 2006 年，农村外出从业劳动力达到 13181 万人①。又据国家统计局农民工统计监测调查，截至 2008 年 12 月 31 日，全国农民工总量为 22542 万人。其中本乡镇以外就业的外出农民工数量为 14041 万人，占农民工总量的 62.3%；本乡镇以内的本地农民工数量为 8501 万人，占农民工总量的 37.7%。

目前，城乡二元结构尚未根本破除，在此背景下，农民工一头连着城市和发达地区，一头连着农村和落后地区，实现了城乡之间和区域之间的资源优化配置，把解决"三农"问题和工业化、城镇化有机地联系在一起，闯出了一条城乡融合发展的新路子。

第一，农民工的出现在很大程度上缓解了中国农民增收难的困难。中国农村人多地少是农民增收难和农村贫困的主要根源。而农民外出务工，拓宽了农民的就业渠道，成为农民增加收入的重要来源。据统计，2007 年农村外出务工劳动力占农村劳动力的比重为 21.3%，外出务工劳动力平均在外就业时间 8.5 个月。2007 年农村居民的人均务工收入 1008 元，占人均工资性收入 1596 元的 63%；人均工资性收入又占农民纯收入（4140 元）的 38.6%。工资性收入已成为农村居民增收的最主要来源，1990 年以来，工资性收入在农民纯收入中的比重已经提高了 18.4 个百分点。农民务工收入的快速增长，为减轻农村贫困，缩小城乡差距，缓解社会矛盾，促进社会和谐等作出了重要的贡献。

第二，农民工的出现有利于促进中国现代农业的发展。中国人均农地资源较少，田块小而分散，大量劳动力和人口积压在有限耕地上，严重制约了现代农业的发展。农村劳动力外出务工就业，将有助于缓解农村人口和劳动就业压力，有利于促进农村土地流转，实现农业适度规模经营，推动农业机械化发展，改变传统农业生产方式，提高农业的劳动生产率，增强农业的国际竞争力。

---

① 指农村住户户籍从业人员中，2006 年到本乡镇行政管辖区域以外从业 1 个月及以上的人员。

第三，农民工是支撑中国工业化发展的重要力量。农民工在传统体制之外开辟了一条工农之间、城乡之间生产要素流动的新通道，为城市二、三产业发展提供了源源不断的低成本劳动力，满足了加快工业化进程对劳动力的需求。农民工的大量进入，填补了城市地区制造业、建筑业、餐饮服务业等劳动密集型产业的岗位空缺，使城市特别是东部地区在激烈的市场竞争中保持了整体的竞争力。不仅为东部地区吸引外资和发展出口贸易创造了条件，也为其把握机遇承接国际劳动密集型产业转移创造了条件，使中国迅速发展成为"世界加工厂"。据中国第五次人口普查资料，农民工在第二产业从业人员中占 58％，在第三产业从业人员中占 52％；在加工制造业从业人员中占 68％，在建筑业从业人员中占 80％。农民工已经成为中国产业工人的重要组成部分。

第四，农民工已成为促进城市建设与繁荣的生力军。今天的城市，一座座高楼拔地而起，一条条马路不断延伸，一个个市场不断扩大，无不凝结着农民工辛勤劳动的汗水。城市中脏、累、苦、险的工作岗位都是农民工在干，他们为改善城市居民的生活和工作环境而默默无闻地奉献着。据调查，城市环卫工人、家政从业人员、餐饮服务人员绝大多数是农民工，有些城市离开农民工可能就会陷于运转不良甚至瘫痪的局面。可以说，目前的城市已离不开农民工。农民工不仅是城市化要吸纳的主要群体，也是城市化建设的重要力量。

第五，农民外出务工是工业带动农业、城市带动农村、发达地区带动落后地区的有效形式。农民工在城市和发达地区就业获得的收入，除用于必须的生活消费支出外，大部分带回了农村。2007 年，农民工的月平均收入为 1060 元。农民工每年带回家的现金成为购买农业生产资料和改善家庭生活条件的重要资金来源，对农业和农村发展的促进作用是无可替代的。另外，农民工在城市务工，也增长了文化知识和劳动技能，转变了生活方式和思想观念，丰富了社会关系网络，提升了人力资本的价值。大量回乡创业的农民工带动了农村各行各业的繁荣和发展。

第六，农民工还是推动中国社会制度变革的一支重要力量。农民工的出现冲破了劳动力市场的城乡界限、地域界限和部门界限，使市场导向、自主择业、竞争就业的机制成为现实，促进了中国劳动力市场的发育，促进了劳动用工制度的改革，促进了通过市场合理配置劳动力资源机制的形成。农民工跨地区流动就业暴露了许多深层的社会制度矛盾和问题，对城市社会管理体制提出了新的挑战，推动了政府职能和管理方式的转变，是推动社会改革和制度创新的重要力量。我们看到，农民工问题已经导致了中国政府的职能定位、管理理念、行为方式等发生了变化，传统的户籍制度、劳动就业制度和社会保障制度也在发生变革。

第五节　城乡统筹与新型城乡关系展望

一、新形势下的城乡关系——城乡统筹

1975 年美国城市地理学家 R. 诺瑟姆（Ray. M. Northam）提出了城市化过程曲线。诺瑟姆曲线表明，当城市人口占全部总人口的比重低于 30% 时，城市化处于初期发展阶段，且推进速度缓慢；当城市人口占全部总人口的比重处于 30%—70% 之间时，城市化进入到中期发展阶段，城市化有一个加速发展时期；当城市人口占总人口的比重超过 70% 后，城市化进入后期发展阶段，城市化的推进速度大为降低，进入平稳发展阶段。整个发展过程像一条被左右拉平呈 "S" 型的曲线。2008 年，我国城市化水平达到 45.7%。用 R. 诺瑟姆的城市化过程模型来衡量，我国已经进入城市化中期发展阶段；另一方面，相关研究表明，随着人均收入水平的不断提高，工业增加值比重大体呈现出 "倒 U 型" 变化。当人均 GDP 在 1240—2480 美元时（1996），工业化处于初期发展阶段，当人均 GDP 在 2480—4960 美元时，工业化处于中期发展阶段，工业增加值比重将趋于不断增加；当人均收入处于 4960—9300 美元时，工业化处于后期发展阶段，工业增加值比重将大体保持稳定；当人均 GDP 超过 9300 美元时，

将进入后工业化发展阶段，工业增加值比重将趋于下降。2007 年我国人均 GDP 为 18934 元（折约 2700 美元），我国工业内部结构正在从以原料工业为重心的重工业化阶段向以加工装配工业为重心的高加工度化阶段转变。因此，用"倒 U 型"变化的模型来衡量，我国仍处在工业增加值比重进一步上升的工业化中期发展阶段。综合以上判断，我国国民经济和社会发展正在进入工业化和城市化加速发展阶段。在这一发展阶段，我们需要及时调整失衡的工农业和城乡发展关系，逐步消除城乡分割的二元发展状态，实行城乡经济社会统筹发展。

新中国成立以来，我国城乡发展既经历了计划经济时期低水平差别化的过程，也经历了改革开放以来城乡差距由缩小到逐渐扩大的一个发展变化过程。根据世界银行 1997 年对 36 个国家的分析，城乡居民收入比指标一般在 1.5:1 左右，个别案例可以达到 2:1。与世界银行研究的经验数据进行比较发现，我国城乡居民收入差距扩大的现象十分突出。对中国这样一个正在致力于工业化和现代化发展的国家来说，在发展的初期或者某个发展阶段，采用城乡不平衡发展有其内在的原因及合理性，但是，长此以往，这种城乡不平衡发展战略不可能持续，更不可能对国民经济持续健康发展作出积极贡献。目前，我国内需不足，主要靠投资和外贸拉动的经济发展战略已经在实践中遇到了挑战，特别在这次金融危机情况下，农民收入低、农村需求小、国内市场对经济的支撑不足问题表现得尤为突出。

增加农民收入，既要依托建立现代农业，稳定提高种植业生产者的生产收入，也要跳出农业产业，依靠增加非农就业和转移农业剩余劳动力，调整国民收入分配来破解农民收入增加难的问题。按照中共中央和国务院作出的判断，中国已经处于工业促进农业、城市带动农村的发展阶段。在这样一个新的发展阶段上，国家已经具备了解决农业基础薄弱和农村发展落后的条件和能力。

构建社会主义和谐社会是我国今后很长一段时期所追求的发展目标。经济体制改革以来，我们依靠实行有差别的发展战略，让沿海和中部一些发展条件比较好，且具有比较发展优势的地区率先发展；让城市优先发展起来。这种发展战略在承接国际产业转移和引领经济发展的同时，也从某种程度上扩大了计划经济时期形成的城乡发展差距。先进的工业和现代化的城市，同发展落后的农业和农村，在产业和地区发展上形成了明显的不协调。城乡、产业和地区发展不平衡激化了各种社会矛盾。为了消除和化解各种社会矛盾，保障社会稳定、协调和可持续发展，构建和谐社会、实行城乡统筹发展势在必行。

二、推进城乡统筹发展的政策走向

首先要进行制度创新。需要建立和完善城乡一体化的产业与区域发展规划与制度；建立和完善城乡一体化的就业制度；建立和完善城乡一体化的社会保障制度；建立和完善城乡一体化的医疗卫生发展保障制度；建立和完善城乡一体化的教育制度；建立和完善城乡一体化的社会管理制度；建立和完善城乡一体化的资金保障制度；建立和完善城乡一体化的户籍与人口管理制度。通过这些制度建设为城乡统筹发展保驾护航。

其次要转变政府职能。要正确处理好管理与服务的关系，牢固树立服务也是管理的理念；要履行好政府的责任，对属于政府职能管辖范围内的问题要"到位"而不能"缺位"，对不属于政府管辖范围内的问题也不应"越位"。

第三要科学构建城镇体系。一方面要加强城市对县市、集镇和村庄的辐射带动作用；另一方面要在县市、集镇和村庄的支持下，合理配置城市的各种建设资源，推动城市又好又快发展。

第四要实行城乡通开、城乡一体的人口居住和劳动就业政策。破除现有的户籍制度藩篱，实现自由择居、平等就业，消除城市人口优先于农村人口的各种歧视现象。

第五要加大财政投入，建立城乡一体的社会保障体系，逐步提高社会保障覆盖率和保障标准，完善社会保障资金管理制度和异地转移接续工作，尽快做到城乡统筹和全国统筹。

第六要继续推进城乡土地制度改革。按照产权明晰、用途管制、节约集约、严格管理的原则，确立多元化的土地产权制度，保护土地转入方和转出方的利益，使转入方有一个长期稳定的收入预期；完善占补平衡制度，要求"一补一占"、"先补后占"；健全土地承包经营权流转市场，提高市场透明度和促进公平交易，实现土地征收的一级市场和土地流转的二级市场的有效衔接；实行"同地同价同收益"，维护农民在征地过程中的知情权、参与权、监督权和申诉权。

最后，要重新认识农业的功能，充分发挥农业的多重价值。随着社会生产力水平的不断提高，农业产业创造的经济价值和容纳劳动就业的比重在不断下降，但这并不影响农业作为国民经济的基础，农业的功能和作用还体现在多个方面。农业的经济功能主要表现在为社会提供农副产品，以价值形式支持国民经济增长；农业的社会功能主要表现为提供劳动就业和社会保障，促进社会发展方面的功能；农业的政治功能主要表现为农业在保持社会和政治稳定方面的作用；农业的生态功能主要表现为农业对生态环境的支撑和改善；农业的文化功能主要表现为农业对文化多样性的保护和提供教育、审美及休闲等方面。在新的经济发展阶段和新的社会形势下，充分认识和发挥农业的多重功能，对农业和农村的持续发展十分重要，也是人与自然和谐发展的必然要求。

总之，面对未来，要坚持城乡统筹，促进城乡一体化建设，构建和谐社会，贯彻科学发展观，发展多功能农业，为农村乃至整个国民经济和社会的持续稳定发展创造良好的条件，保证城乡居民生活水平不断提高。

第三章

农业经济的增长与
结构变迁

新中国的农业经济是在极低的生产力水平上起步的。1949 年我国农业总产值仅为 326 亿元，粮食、棉花和油料的总产量分别仅为 11318 万吨、44.4 万吨和 256.4 万吨。新中国成立 60 年来，我国农业取得了巨大成就，农产品供给能力获得了极大提高。到 2007 年，农业总产值高达 48893 亿元，扣除物价因素，比 1952 年增长了 10.43 倍；粮食、棉花和油料产量分别高达 50160.3 万吨、762.4 万吨和 2568.7 万吨，分别比 1949 年增长了 3.4 倍、16.2 倍和 9 倍。我国用世界约 9% 的耕地、6.5% 的水资源解决了十几亿人口的吃饭问题，人均农产品生产量和消费量达到世界中等以上水平。

经过 60 年的发展，尤其是改革开放之后，我国农业经济结构不断优化，由以粮食生产为主的种植业经济向多种经营和农、林、牧、渔业全面发展转变。种植业内部结构也发生了从单一的粮食作物种植到粮、经、饲三元种植结构的转变。在保持粮食生产稳定发展的同时，经济附加值高的果蔬类等农产品获得了迅猛发展。

中国农业经济的快速增长是我国经济发展的主要成就之一。同时，中国农业发展又经历了许多重大变革，从建国初期的土地改革、合作化运动、人民公社，到十一届三中全会之后的改革开放，走过的是一条曲折的发展道路。分析农业增长的因素，建国初期的土地制度改革极大地促进了农业生产力的解放，改革开放初期的家庭联产承包责任制的普遍推行以及农产品市场化改革则推动农业实现超常规增长，农业结构也不断升级和优化。农产品技术进步和农业投入始终是推动农业增长的动力，但是改革开放前的技术以开垦土地和资金节约型技术为主。经过 30 年的改革开放，农业中的应用技术已经出现向劳动节约型技术转变的特征，并成为农业增长的主要推动力。本章将以改革开放为界线，描述和评价中国的农业增长与结构变迁。

第一节　农业增长的描述

一、改革开放前的农业经济增长

根据农业经济增长的特征可以将改革开放前的农业经济划分为五个时期：土地改革和国民经济恢复时期的农业、农业经济较快发展时期、农业经济遭受严重挫折时期、农业调整和恢复时期、文革中的农业增长等。

1949—1952 年是土地改革和国民经济恢复时期，农业生产的首要任务就是将生产恢复到战争前的最高水平。这一时期农业生产得到迅速和全面的恢复，农业总产值从 1949 年的 326 亿元，增长到 1952 年的 461 亿元。粮食、棉花、油料等重要作物的生产连续三年增长，分别增长到 16391.5 万吨、130.4 万吨和 419 万吨，年均增长率分别达到 13.1%、43.2% 和 17.8%。

1952—1957 年是农业生产较快发展时期。1957 年农业总产值 537 亿元，比 1952 年增长 28.7%，全国粮食产量 19505 万吨，比 1952 年增长 19%，年均递增 3.5%。棉花产量 164 万吨，年均增长 4.7%；油料产量 419.6 万吨，与 1952 年持平。牧业、林业和渔业发展也较快，猪牛羊肉产量、水产品产量年均递增 3.3% 和 13.3%。

从 1958 年开始我国进入"二五"计划时期。1958—1960 年，农业发展遭到严重挫折。这一时期农业生产大幅度下降。1959 年开始农业生产连续三年出现大幅度减产，1960 年农业产值比 1957 年下降 22.7%，年均增长速度 -8.2%。粮食作物和畜牧业减产最为严重。1960 年粮食产量比 1957 年下降 26.4%，粮食生产水平倒退 9 年，比 1951 年还少。畜牧业比农作物下降更严重，1960 年全国畜产品产值 24.9 亿元，比 1957 年减少 63.9%。渔业和林业产值分别比 1957 年增长 49% 和 2.93 倍，但是以破坏资源为代价取得的，没有持续增长的后劲，从 1961 年开始都出现大幅度下滑，直至 1969 年和 1971 年才分别恢复到 1960 年水平。

1961—1965 年，我国农业在调整中恢复。1965 年，农业总产值为 833 亿元，比 1960 年增长 42%，比 1957 年增长 9.9%。粮食、棉花和油料总产量分别为 19452.5 万吨、209.8 万吨和 362.5 万吨，分别是 1960 年产量的 1.4 倍、2 倍和 1.9 倍。农业生产基本恢复到 1957 年的水平。

1966—1976 年十年"文革"期间，由于生产关系的束缚，农业生产出现下降和停滞不前。1969 年全国农业总产值 948 亿元，相比 1966 年基本没有增长，粮棉油产量则略有减产。但是，由于国家继续从财力、物力上支持农业，农业生产条件得到改善，整个时期农业生产在曲折的发展中维持了缓慢的增长速度。除去物价因素，1976 年农业总产值比 1966 年增长了 39%，年均递增 3.4%。1976 年，全国粮食产量达到 28630 万吨，比 1966 年增长了 33.8%，但是棉花和油料作物产量下滑或者增长缓慢。1976 年棉花产量 205.5 万吨，油料产量 400.8 万吨，分别比 1966 年减产 12% 和增长 4.2%，猪牛羊肉产量达到 780.5 万吨，比 1965 年增长了 41.7%，年均递增 3.2%；水产品产量达到 447.6 万吨，比 1966 年增长 44%，年均递增 3.7%。

1976 年底到 1978 年的两年中，由于农村工作指导思想没有摆脱"左"倾束缚，农业生产和发展并没有大的变化。

计划经济时期，农业为整个国民经济的增长和工业化作出了重要贡献。从要素贡献的角度，学者们曾经对整个计划经济时期以各种形式实现的农村资源向城市的无偿转移进行估算，归纳起来大约在 6000 亿—8000

亿元（蔡昉、林毅夫，2003）。

二、改革开放后的农业增长

中共十一届三中全会揭开了中国经济的改革序幕，农业增长从此步入快车道。1978—2007 年，农业总产值从 1397 亿元增长到 48897 亿元。扣除物价因素影响，年均实际增长速度是 6.1%。农业增加值从 1018 亿元增加到 28627 亿元，年均实际增长 4.5%。根据农业改革的进程和农业增长的特征，可以将农业增长划分为四个阶段。

第一阶段：1978—1985 年。农村地区率先开始了以家庭联产承包责任制为主的改革，迎来了农业的超常规增长。1985 年农业总产值增长到 3619 亿元，年均增长率为 7.1%。农业增加值达到 2541.5 亿元，年均增长率为 6.5%。农产品以数量形式展现了这个时期农业的惊人变化。改革前，每提高 1 亿吨粮食大约平均需要 15 年左右的时间，改革后短短 7 年就增加了 1 亿吨。棉花、油料等的产量增长速度更快。粮食、棉花、油料年均增长速度分别是 3.2%、9.7% 和 17.1%。该时期人口环比年均增长率都低于 1.5%，农产品产量大幅度增加意味着人均占有量的上升。

第二阶段：1986—1991 年。农业改革以农产品购销体制改革为特征。这一阶段农业增长速度有所回落。1991 年农业总产值和增加值分别为 8157 亿元和 5288.6 亿元，年均增长速度分别为 4.8% 和 3.99%。除棉花生产依然保持 9.9% 的年均增长率高速增长外，粮食和油料的年均增长速度降低，均为 2.14%。

第三阶段：1992—2002 年。社会主义市场经济体制基本建立，农业增长速度有所回升。2002 年农业总产值和增加值分别为 27390.5 亿元和 16117.3 亿元，年均增长速度分别为 6.7% 和 3.6%。但是除油料作物达到 5.8% 的年均增长率外，棉花生产和粮食生产几经起伏，2002 年相对于 1992 年，年均增长率不到 1%，出现徘徊和滑坡。

第四阶段：2002—2007 年。我国农业发生以"少取"和"多予"为特征的重大变化，农业增长比较稳定。这一阶段农业产值和增加值的年均增长速度分别为5.3%和4.5%。粮食、棉花和油料的年均增长率分别为1.88%、9.17%和－2.38%。

三、建国60年农业经济增长的波动及其周期性

（一）建国60年农业增长的波动

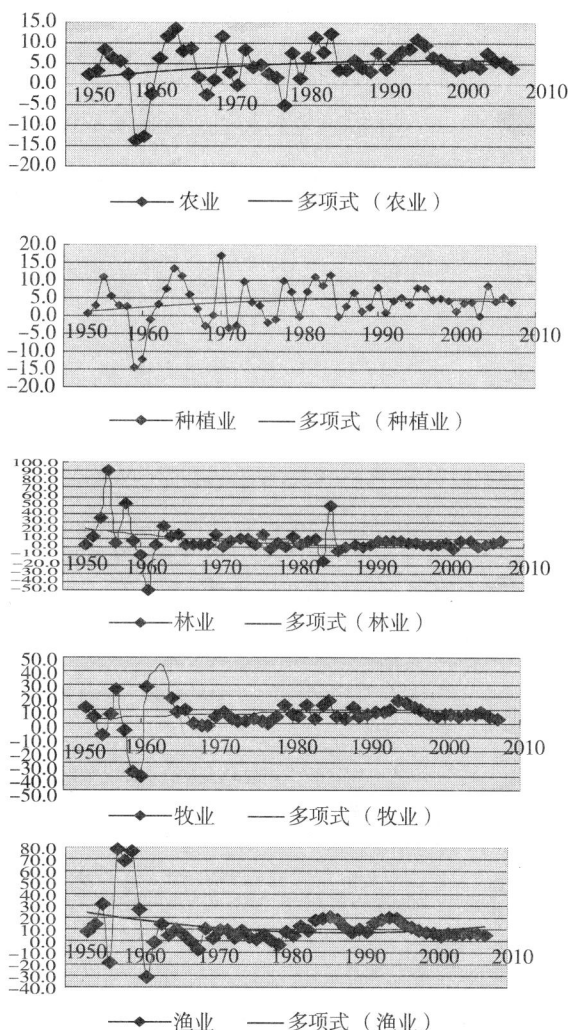

图3-1　农林牧渔业年均增长速度变动趋势图

图 3-1 显示的是农林牧渔各业历年增长速度的变化及其趋势，从中可以看出，改革开放前的 1958—1961 年，以及"文革"期间的若干年份，各业均出现过负增长。改革开放后，农业生产总体上是正增长，其中，种植业在改革开放后的 1980 年和 1985 年两年出现负增长，林业在 1984 年、1986—1987 年以及 2001 年出现负增长，牧业和渔业基本是正增长。同时，各业增长速度的波动幅度趋于缩小和稳定。

1949—2007 年，粮食总体年均增长 2.6%，棉花年均增长 5%，油料年均增长 4%。除去上世纪 50 年代末 60 年代初饥荒年的负增长外，粮食生产的增长都快于人口的增长。因此应该说中国农业经济增长是基本稳定的。水产品生产在 1960—1970 年间出现大的滑坡，其余时期，肉类和水产品生产获得了快速发展，产量年均增长速度分别达到 6.1% 和 8.4%。

（二）农业增长周期及其特征

我国农业发展的波动周期，可以农业产值增长率为考察对象，按照"谷—谷"法划分。由此可将我国 60 年农业增长划分为 9 个周期，其中改革之前有 4 个，改革之后有 5 个，第 9 个周期还没有结束。根据各年份农业总产值增长率，可计算我国农业增长波动幅度、波动高度、波动深度和波动平均位势，据此可分析农业增长的波动规律。计算结果见表 3-1。

表 3-1　改革前后农业产值增长周期波动状态变化

周期序号	幅度（%）	高度（%）	深度（%）	平均位势（%）
改革之前				
1 （1953—1961）	22	8.4	-13.6	-0.7
2 （1962—1968）	16.1	13.5	-2.6	6.7
3 （1969—1972）	11.8	11.6	-0.2	4.7
4 （1973—1978）	13.6	8.4	-5.2	1.5
改革之后				
5 （1979—1983）	9.9	11.3	1.4	6.7
6 （1984—1989）	9.2	12.3	3.1	3.9
7 （1990—2000）	7.3	10.9	3.6	6.7
8 （2001—2003）	1.3	4.9	4	4.5
9 （2004—　　）	—	—	—	—

（资料来源：《新中国五十年农业统计资料》，1999；《改革开放 30 年农业统计资料汇编》，2009，中国统计出版社）

1. **波动幅度**

改革之前的 4 个周期，农业增长波动幅度均大于 10 个百分点，第一个周期高达 22 个百分点，改革之后的 4 个周期波动幅度均在 10 个百分点以下。改革前平均振幅 15.9%，改革后平均振幅 6.9%，改革前后，波动幅度下降极为显著，这说明农业增长的稳定性在增强。

2. **波动高度**

改革之前 4 个周期的高度平均为 10.5%，改革后平均为 9.85%。说明我国农业经济的扩张性比较改革前略有收敛。

3. **波动深度**

改革后，波动的谷位上升得极为明显。改革前，波动深度均为负值，平均为 -5.4%，改革后，波动深度均为正值，平均深度 3%。说明改革前的波动为古典型，波谷年份农业总产值呈绝对量的下降，而改革后农业增长波动是增长性波动，农业产值绝对量仍然上升。

4. **波动位势**

波动位势是指每个周期内各年度平均经济增长率。改革前，4 个周期平均波动位势是 2.8%（1953—1978 年农业总产值年均增长率）。改革后 4 个周期平均波动位势是 6.4%，说明我国经济的总体增长水平有了显著的提高。

因此，我国农业增长前后的波动特征可以概括为：振幅显著降低、峰位略有下降、谷位显著提高，位势显著上升。农业增长由大起大落转变为高位平缓。

表 3-2　粮食的周期性波动状态

周期序号	幅度（%）	高度（%）	深度（%）	平均位势（%）
改革之前和初期 2 年				
1（1950—1954）	16.7	16.8	0.1	6
2（1955—1960）	25.8	10.2	-15.6	-4.8
3（1961—1965）	7.5	10.3	2.8	7.2
4（1966—1972）	17.8	13.7	-4	2
5（1973—1980）	13.6	10.2	-3.5	2.8

续表

周期序号	幅度（%）	高度（%）	深度（%）	平均位势（%）
改革之后				
6（1981—1985）	16.2	9.2	−6.9	3.9
7（1986—1991）	12.0	9.5	−2.5	2.1
8（1992—1994）	5.6	3.1	−2.5	0.3
9（1995—1997）	10.6	8.3	−2.2	2.9
10（1998—2003）	12.8	1	−9.1	−3.4
11（2003—　　）				

（资料来源：《新中国五十年农业统计资料》，1999；《改革开放 30 年农业统计资料汇编》，2009，中国统计出版社）

依据同样的方法，可以做出粮食的周期性波动状态。结果见表 3−2。粮食产量的波动波幅在改革前后依然变化较大，大部分在 10% 以上，但是平均波幅比改革前低了 4.8 个百分点。从波动高度看，改革之后波动高度较改革之前几乎降低了一半，为 6%。波动深度则相差不大，平均都在 4% 左右。粮食产量波动前五个周期的年平均增长率为 3%，后 5 个周期平均位势为 1.3%。这说明，经过 60 年发展，粮食产量尽管实现了飞跃，但是生产波动性依然较大。比如自 1985 年以来，粮食生产徘徊不前，甚至出现了滑坡现象。

第二节　农业结构的变化

经过 60 年的发展，尤其是改革开放之后，我国农业经济结构不断优化，由以粮食生产为主的种植业经济向多种经营和农、林、牧、渔业全面发展转变。种植业内部结构也发生了从单一的粮食作物种植到粮、经、饲三元种植结构的转变。在保持粮食生产稳定发展的同时，经济附加值高的果蔬类等农产品获得了迅猛发展。

一、全国农业产业结构的变化

从农业总产值的产业构成看，1952—2007 年，农业生产结构发生了巨大变化，由建国初和改革开放前较为单一的种植业向畜牧、水产、林业等多种方向发展。见表 3－3。1952 年农业总产值的构成中，种植业占 85.9，牧业占 11.3，林业和渔业分别占 1.5% 和 1.3%；改革开放逐步打破了这种结构：首先，种植业所占比例几乎呈直线快速下降，到 2007 年仅占农业总产值的 50.4%。其次，牧业所占比例在 20 世纪 80 年代末期迅速上升，1989 年牧业产值已经占农业总产值的 27.5%。此后，牧业稳定增长，2007 年占农业总产值的比重逐步达到 33%。第三，渔业产值所占比例在 20 世纪 90 年代末期之前稳定上升，所占总产值比例在 1999 年达到 10.3%，此后至 2007 年渔业产值所占比例一直较为稳定，变化较小。第四，林业产值所占比例有个缓升缓降的过程。1978—1985 年缓升到 5.2%，到 1996 年缓降到 3.3%，2007 年又回升到 4.3%。

农业结构调整进程在改革开放后明显加快。1952—1978 年，农业结构以种植业为主，1978 年种植业产值占农业总产值的 80%，比 1952 年减少了 5.9 个百分点；牧业、林业和渔业产值分别占农业总产值的 15%、3.4% 和 1.6%，分别较 1952 年增加了 3.7 个百分点、1.9 个百分点和 0.3 个百分点。然而，2007 年与 1978 年相比，种植业所占比例减少了 29.6 个百分点，而牧业、林业和渔业分别增加了 18 个百分点、0.4 个百分点和 7.5 个百分点。

表 3－3　农业总产值及其部门构成

（单位:%）

年份	种植业	林业	牧业	渔业	年份	种植业	林业	牧业	渔业
1952	85.9	1.5	11.3	1.3	1990	62.6	4.6	27.2	5.7
1957	82.7	3.4	12.1	1.9	1991	60.8	4.8	28.1	6.3
1962	84.8	2.2	11.0	2.2	1992	59.1	5.0	28.8	7.2
1965	82.1	2.6	13.4	1.8	1993	60.1	4.5	27.4	8.0

续表

年份	种植业	林业	牧业	渔业	年份	种植业	林业	牧业	渔业
1970	82.1	2.8	13.4	1.7	1994	58.2	3.9	29.7	8.2
1975	81.0	3.1	14.1	1.7	1995	58.4	3.5	29.7	8.4
1978	80.0	3.4	15.0	1.6	1996	57.8	3.3	30.2	8.6
1979	78.0	3.6	16.8	1.5	1997	58.3	3.4	28.7	9.6
1980	75.6	4.2	18.4	1.7	1998	58.1	3.5	28.6	9.9
1981	75.0	4.5	18.4	2.0	1999	57.5	3.6	28.5	10.3
1982	75.1	4.4	18.4	2.1	2000	55.7	3.6	29.7	10.9
1983	75.4	4.6	17.6	2.3	2001	55.2	3.6	30.4	10.8
1984	74.1	5.0	18.3	2.6	2002	54.5	3.8	30.9	10.8
1985	69.2	5.2	22.1	3.5	2003	51.7	4.3	33.1	10.9
1986	69.1	5.0	21.8	4.1	2004	51.5	3.8	34.5	10.2
1987	67.6	4.7	22.8	4.8	2005	51.1	3.7	34.7	10.5
1988	62.5	4.7	27.3	5.5	2006	52.3	3.9	33.1	10.8
1989	62.8	4.4	27.5	5.3	2007	50.4	3.8	33.0	9.1

（资料来源：《新中国五十年农业统计资料》，1999；《改革开放30年农业统计资料汇编》，2009，中国统计出版社）

　　这与改革开放后鼓励发展多种经营的政策密切相关。我国政府从1979年开始大幅度提高了农产品的收购价格，1981年提出"绝不放松粮食生产，积极发展多种经营"的方针，鼓励农林牧渔全面发展。针对20世纪90年代初期出现的农产品卖难问题，国务院于1992年发出"关于发展高产优质高效农业的决定"，进一步推进农产品市场化和农业产业结构的优化，以及先进科技在农业中的运用。20世纪末期，农产品已经由长期短缺走向总量基本平衡、丰年有余的阶段，但是又出现农产品供过于求和优质农产品结构性短缺的问题。为此，中央于1998年作出了农业进入新阶段的判断，并提出新阶段的中心任务是对农业进行战略性结构调整。即发展"高产、优质、高效、生态、安全的现代农业"，农业部于1999年也提出农业结构调整的主要内容是调整和优化种植业作物和品种结构，优化区域布局、发展畜牧业和农产品加工业，其中由于农产品质量安全问题凸显，日益成为农业结构调整的重要内容。

二、东、中、西部地区农业产业结构的变化

东、中、西部的农林牧渔业都表现出了与全国农业结构相同的变动趋势。但是变动的速率有地区差别。见表3-4。建国初期，东部和中部地区的种植业所占比例高达86%以上，比西部地区高8个百分点左右。但是1978年后，东部地区种植业所占比例迅速下降，2007年仅占东部地区农业产值的50.7%。中部和西部地区种植业占地区农业产值比例的下降速度略缓，2007年约占53%。从牧业来看，各地区牧业发展都很迅速，

表3-4　东、中、西部农林牧渔各业占地区农业总产值的比重

（单位:%）

	年份	1949	1952	1957	1962	1965	1970	1975	1978	1980	1985	1990	1995	2000	2005	2007
东部	种植业	86.6	84.4	80.6	82.7	80.3	79.9	77.7	77.6	75.3	66.8	59.1	54.1	51.9	48.6	50.7
	林业	1.5	1.6	4.2	2.8	3.1	3.1	3.5	3.7	4.1	5.0	4.1	3.3	3.4	3.1	3.3
	牧业	10.6	11.5	11.9	10.9	13.6	14.1	15.8	15.1	17.4	22.3	26.8	28.2	26.6	30.6	29.8
	渔业	1.3	2.5	3.3	3.6	3.0	2.9	3.1	3.6	3.3	6.0	10.0	14.3	18.1	17.7	16.2
中部	种植业	86.2	85.6	82.6	83.0	81.0	81.8	81.8	81.7	76.5	72.0	67.3	62.3	57.6	52.4	53.2
	林业	2.3	2.8	3.5	3.8	3.8	4.1	4.2	4.2	6.0	5.4	4.6	3.5	3.9	4.1	4.4
	牧业	11.0	10.8	12.6	11.4	13.7	12.8	12.9	12.9	15.9	19.7	24.9	30.0	32.3	37.2	36.2
	渔业	0.5	0.9	1.3	1.8	1.6	1.3	1.2	1.2	1.6	3.0	3.2	4.2	6.2	6.3	6.2
西部	种植业	78.2	81.8	79.9	82.2	77.5	79.2	76.4	77.3	72.6	67.8	61.6	60.5	60.5	54.0	53.0
	林业	2.4	1.6	3.0	3.8	4.1	3.9	4.1	3.6	4.1	6.6	5.3	3.8	4.2	4.2	4.5
	牧业	19.4	16.6	17.0	13.7	18.1	16.7	19.3	19.0	22.5	24.7	30.8	32.3	32.1	38.6	39.7
	渔业	0.0	0.0	0.1	0.3	0.2	0.2	0.2	0.2	0.4	0.8	1.4	2.3	3.2	3.2	2.8

（资料来源:《新中国统计50年》,1999;《中国农业统计资料30年》,2009,中国统计出版社）

所占比例都在迅速提高，但是由于西部地区在畜牧业上的传统和优势，目前在该地区农业产值中所占比例最高，从19.4%上升到39.7%；中部次之，从11%上升到36.2%；东部最后，从10.6%上升到29.8%。从渔业来看，东部发展最快，所占该地区农业产值比例从1.3%上升到16.2%；中部次之，从0.5%上升到6.2%；西部渔业发展较慢，2007年在农业产值中所占比例仅2.8%。林业产值在各地区农业产值中所占比例变化不

大，在农业产值中所占比例约增加了 2—3 个百分点。

三、农业产值和主要农产品产量的地区构成变化

从全国农林牧渔产值的地区构成来看，变化也是巨大的，见表 3－5，西部地区农业产值在全国农业产值中所占的份额呈上升趋势，从 1949 年的 16.1% 上升到 2007 年的 25.7%。东部地区农业产值占农业总产值的比重比较稳定，在 40% 左右，中部呈现下滑趋势，从 45.7% 下降到 32.4%。种植业表现出同样的态势。林业、牧业和渔业产值的地区构成起伏较大，波动类似。东部和西部地区牧业发展较快，分别从 31.9%、26.7% 上升到 36.2% 和 29.9%，中部则从 41.5% 下降到 33.9%。东部和西部地区林业产值占总产值份额总体上也呈现上升趋势，中部呈下滑趋势。东部地区在渔业发展上占有明显的优势，2007 年占全国渔业总产值的 71.3%。

表 3－5　农林牧渔业产值在东、中、西部各占的份额

（单位:%）

年份		1949	1952	1957	1960	1965	1970	1975	1980	1985	1990	1995	2000	2005	2007
农业	东部	38.2	43.9	38.1	41.5	40.5	40.8	39.2	42.4	44.2	43.0	45.4	45.3	43.2	41.9
	中部	45.7	38.9	40.0	43.1	36.2	39.1	41.1	35.2	33.2	32.6	31.5	31.6	32.4	32.4
	西部	16.1	17.2	21.9	15.4	23.3	20.1	19.7	22.4	22.6	24.4	23.1	23.1	24.4	25.7
种植业	东部	37.5	42.5	38.0	40.3	40.3	39.9	40.9	42.1	42.9	40.6	42.1	42.3	41.0	40.8
	中部	46.9	40.0	39.9	44.2	36.9	39.8	38.5	36.0	34.8	35.0	33.6	32.6	33.2	32.9
	西部	15.6	17.5	22.1	15.6	22.8	20.3	20.6	21.9	22.3	24.4	24.3	25.1	25.7	26.4
林业	东部	27.8	32.7	43.7	43.3	34.8	33.9	37.3	35.9	40.3	38.7	43.1	41.5	36.4	35.1
	中部	52.1	53.1	37.8	48.3	38.1	44.2	40.1	44.6	32.5	33.1	31.9	32.6	35.9	35.6
	西部	20.1	14.3	18.5	8.4	27.1	21.9	22.6	19.5	27.2	28.1	25.0	25.9	27.7	29.3
牧业	东部	31.9	40.1	34.2	37.9	37.1	40.2	42.5	40.6	44.8	42.4	43.1	40.6	38.1	36.2
	中部	41.5	35.1	37.1	37.1	33.9	35.5	31.0	31.3	29.8	29.9	31.8	34.4	34.8	33.9
	西部	26.7	24.8	28.7	25.0	29.0	24.3	26.5	28.2	25.4	27.6	25.1	25.0	27.1	29.9
渔业	东部	65.5	75.2	70.8	64.5	65.7	67.9	72.7	68.4	68.9	75.8	77.9	75.2	73.0	71.3
	中部	34.4	24.7	28.4	30.2	31.6	29.7	24.6	26.8	26.1	18.1	15.9	18.1	19.5	21.0
	西部	0.1	0.1	0.8	1.4	2.8	2.4	2.6	4.8	5.0	6.1	6.2	6.7	7.5	7.7

（资料来源:《新中国统计 50 年》，1999；《中国农业统计资料 30 年》，2009，中国统计出版社）

从粮棉油产量的地区构成来看，东部地区尽管仍然占据重要地位，但是棉花和油料的平均增长速度均低于中、西部地区，因此在总产量中所占份额趋于下降；中部地区在粮食和油料生产上的平均增长速度都是最高的，因而所占份额最大并且趋于上升；西部地区棉花生产有显著的优势，增长速度远远高于东、中部地区，因而所占份额迅速上升，从 14.5% 上升到 42.7%。东部地区肉类产量所占份额在改革开放后有下降趋势，从 1980 年的 39.8% 下降到 2007 年的 36.6%。中部地区肉类产量份额在改革开放后同期上升了 3 个百分点，西部地区则比较稳定。在水产品生产中，东部地区尽管所占份额下降，但是仍然占有明显优势，2007 年达到 71.8%，中部和西部的发展速度快于东部，但是由于基数小，所占份额仍然很小。见表 3－6。

表 3－6　粮棉油主要农产品产量的地区构成和年均增长速度

农产品	区域	1949	1952	1957	1960	1965	1970	1975	1980	1985	1990	1995	2000	2005	2007	平均增长速度
粮食	东部	39.2	40.8	40.0	39.6	41.4	41.7	39.8	42.0	42.3	40.0	40.8	37.6	35.0	35.6	2.4
	中部	31.1	32.8	30.9	32.0	31.0	32.4	33.7	31.7	33.1	34.9	34.1	34.5	37.2	38.1	2.9
	西部	29.7	26.4	29.1	28.4	27.7	25.9	26.5	26.3	24.6	25.0	25.1	27.9	27.8	26.2	2.3
棉花	东部	50.5	55.5	48.1	48.3	45.4	47.1	45.5	51.2	56.7	47.8	31.5	28.5	32.5	28.8	3.9
	中部	35.0	33.6	36.9	36.7	39.2	39.5	43.3	39.2	34.8	37.5	43.8	35.2	30.9	28.5	4.5
	西部	14.5	10.9	15.0	15.1	15.4	13.4	11.2	9.6	8.5	14.7	24.6	36.3	36.6	42.7	6.9
油料	东部	50.6	46.6	44.7	40.7	46.4	52.6	47.8	50.0	42.1	35.5	34.7	32.5	30.7	30.6	3.1
	中部	29.2	31.8	28.8	26.5	24.4	20.6	25.6	26.1	32.2	37.7	42.8	44.8	44.4	46.5	4.9
	西部	20.3	21.6	26.5	32.9	29.2	26.8	26.7	24.0	25.7	26.9	22.5	22.7	24.9	22.9	4.3
肉类	东部								39.8	39.0	38.5	40.4	37.4	38.2	36.6	
	中部								30.6	29.1	29.9	32.4	34.3	33.8	33.5	
	西部								29.6	31.9	31.6	27.1	28.4	28.0	29.9	
水产品	东部	—	81.0	79.4	80.5	82.3	83.9	84.7	84.5	78.0	80.8	59.7	74.2	71.9	71.8	6.1
	中部	—	15.2	17.1	15.5	13.4	11.7	9.7	11.1	16.6	14.9	35.0	17.4	18.8	19.4	6.8
	西部	—	3.8	3.5	4.1	4.4	4.4	5.6	4.5	5.3	4.3	5.4	8.4	9.3	8.9	7.9

（资料来源：《新中国统计 50 年》，1999；《中国农业统计资料 30 年》，2009，中国统计出版社）

四、种植业内部生产结构变化

改革开放后，种植业内部生产结构也发生了巨大变化，见表 3 - 7，粮食在种植业中所占份额明显下降，经济作物所占份额明显上升。1978—2007 年，粮食播种面积占农作物播种面积的比例由 80.3% 下降到 69.8%，其中，稻谷播种面积所占比例从 22.9% 下降到 18.8%，小麦播种面积所占比例从 19.4% 减少到 15.5%，而兼作饲料作物的玉米播种面积所占比例从 13.3% 上升到 19.2%。油料作物播种面积从 4.1% 上升到 7.4%，棉花播种面积所占比例从 3.2% 上升到 3.9%，麻类播种面积所占比例从 0.6% 下降到 0.2%。糖类播种面积所占比例从 0.6% 上升到 1.2%，蔬菜播种面积所占比例从 2.2% 上升到 11.3%，茶园播种面积所占比例从 0.7% 上升到 1.1%，果园面积从 1.1% 上升到 6.8%。

表3 - 7　农作物总播种面积及各种作物播种面积所占比例

（单位：千公顷,%）

年份	农作物总播种面积	粮食作物播种面积				油料	棉花	麻类	糖料	烟叶	蔬菜	茶园面积	果园面积
		合计	稻谷	小麦	玉米								
1978	150104	80.3	22.9	19.4	13.3	4.1	3.2	0.6	0.6	0.5	2.2	0.7	1.1
1985	143626	75.8	22.3	20.3	12.3	8.2	3.6	1.1	1.1	0.9	3.3	0.8	1.9
1990	148362	76.5	22.3	20.7	14.4	7.3	3.8	0.4	1.1	1.1	4.3	0.7	3.5
1995	149879	73.4	20.5	19.3	15.2	8.7	3.6	0.3	1.2	1.0	6.3	0.7	5.4
2000	156300	69.4	19.2	17.1	14.8	9.9	2.6	0.2	1.0	0.9	9.7	0.7	5.7
2005	155488	67.1	18.6	14.7	17.0	9.2	3.3	0.2	1.0	0.9	11.4	0.9	6.5
2007	153464	68.8	18.8	15.5	19.2	7.4	3.9	0.2	1.2	0.8	11.3	1.1	6.8
2007/1978 增长倍数	0.88	0.84	0.81	1.48	1.82	1.22	0.35	2.05	1.48	5.20	1.54	6.32	

（资料来源：《中国统计年鉴》，2008，中国统计出版社）

从每种作物播种面积的变化来看，1978—2007 年间，粮食作物的播种面积减少了 12%，其中稻谷和小麦分别减少了 16% 和 19%，而玉米播种面积增加了 0.48 倍。油料作物、棉花播种面积分别增加了 0.82 倍、0.22 倍，麻类作物播种面积减少了 65%。糖料作物播种面积增加了 1.05 倍，蔬菜播种面积增加了 4.2 倍，茶园播种面积增加了 0.54 倍，果园面积增加最为迅速，增加了 5.32 倍。

第三节　农业增长和结构变迁的因素分析

农业增长因素分析一直是农业经济学家关注的重要议题。建国初期的土地制度改革极大地促进了农业生产力的解放，改革开放初期的家庭联产承包经营制的普遍推行以及农产品市场化改革则推动农业实现超常规增长，农业结构也不断升级和优化。农产品技术进步和农业投入始终是推动农业增长的动力，但是改革开放前的技术以开垦土地和资金节约型技术为主。经过 30 年的改革开放，农业中的应用技术已经出现向劳动节约型技术转变的特征，并成为农业增长的主要推动力。本节将主要分析制度变迁、农业投入和技术进步等主要因素对农业增长和结构变迁的影响及程度。

一、改革开放前农业增长和结构变迁的因素分析

尽管改革开放前农业生产先后遭到"左"倾冒进思想的影响、人民公社"大锅饭"体制的束缚以及"文革"中阶级斗争扩大化的消极影响，农业生产依然取得了很大成就。这主要归因于投入的增加、技术进步和制度变革。

（一）制度变迁的影响

1949—1952 年，新中国用短短的三年时间实现了从地主土地所有制到"耕者有其田"的农民土地所有制的变迁。这种改革在当时和随后"一五"期间的农业增长中表现出了巨大的制度绩效，促进了农业生产力

的迅速恢复和大幅度提高。与此同时，国家也实行了农业税率减免政策，调整农产品比价和收购价格，向粮食作物倾斜，促进了粮食生产的发展。1952—1957 年，国家继续农业税减免政策，将农业税收指标三年内稳定在 1952 年的实际征收水平上，并适当提高了农副产品收购价格。农副产品收购价格总指数由 132.5 上升到 146.2（1950＝100），显著高于同期农村工业品的价格。同时，对粮棉比价做了有利于棉花生产发展的调整，促进了该时期农业的较快发展。建立在"耕者有其田"基础上的农民互助合作经济也对该时期农业生产发展有积极作用。

然而，随后的急躁冒进，从初级合作社到高级合作社，再到"一大二公"的人民公社，侵犯了农民利益，违背了农民意愿，严重超越了生产力发展实际需要，使农业发展遭到严重挫折。由于人民公社体制下"大锅饭"的报酬制度和社员没有退出权，参加农业集体统一劳动的社员没有积极性，农业效率非常低下（林毅夫、蔡昉、李周，1994；蔡昉、林毅夫，2003）。

1961—1965 年，在经历了三年困难时期之后，国家开始放宽农村经济政策，调整了人民公社体制，纠正了"大跃进"、"人民公社化"运动中的"左"倾错误，按照农轻重需要安排国民经济计划。同时，部分地区农民还自发地运用了农业生产责任制，如安徽、四川、浙江、江苏、广东等地的农民自发采取了"包产到户"。所有这些变化推动了生产恢复到"一五"末期的水平。

随后的"文革"时期，由于在农村实行了一系列"左"的经济政策和阶级斗争政策，包括农民自发的"包产到户"做法遭到了强烈的反对和批判，在"文化大革命"期间被严厉禁止，农业生产力的发展受到限制。

农业全要素生产率代表了农业的投入产出效率。文贯中（1989、1993）用实证数据分析中国土地制度和全要素生产率后得出结论，建国初期的 1952—1958 年，中国农业全要素生产率呈现出上升趋势，但 1958 年之后全要素生产率就急剧下降，比建国初期低 20% 左右，特别是"文革"期间，降到历史的最低点。

（二）投入的影响

农业投入的增加是粮食等农产品产量增长的重要原因。改革开放前农业生产领域有两个主要成就：一是我国农田水利等基础设施得到明显的改善，二是良种、化肥、农机等现代生产要素的使用大量增加，灌溉面积和播种面积的扩大，这些成就保证了农业生产在曲折的发展中维持了一定的增长速度。

1949—1952 年间，与土地改革相呼应，国家增加了农用资金和物质的供给，以扶持农村基本建设和农民所需生产物质如化肥和农药；同时整治大江大河和开展农田水利建设。此后"一五"期间，农用资金和生产资料投放数量继续增加，农田水利建设规模继续扩大。即便是在文革时期，由于国家继续从财力、物力上支持农业，农业生产条件得到改善，农田水利、农业机械、化肥工业、小水电都有一定发展。

（三）技术进步的影响

在改革以前，中国培育的玉米、小麦和甘薯技术可与世界上最好的品种相比。改革前的技术改进主要表现在推广良种、指导耕作技术和肥料增施技术、防治病虫害、生产工具改进以及大力组织开荒等。生产上采取的技术以增加土地投入为主、增加劳动投入技术为辅（黄季琨、Rozelle，1995）。

二、改革开放之后农业增长和结构变迁的因素分析

（一）家庭联产承包责任制改革的影响

20 世纪 70 年代末，农村改革的首要目标是解决激励不足的问题，家庭联产承包责任制是维持集体所有制不变情况下的最佳选择。即农民抛弃生产队"大呼隆"的劳动方式和"大锅饭"的分配方式，选择包干到户这种承包形式。

根据林毅夫的研究，在 1978—1984 年期间的农业总产出中，常规趋势的贡献为 30%，实行家庭联产承包责任制的贡献为 42%，农产品价格提高的作用为 15%，另外有 13% 为未被解释的因素（林毅夫，1994）。在

不考虑投入要素的情况下，对农业超常规增长的分解表明，家庭联产承包责任制改革的贡献为 78%，农产品提价的贡献为 22%（Mcmillian，1989）。

Mcmilian（1989）等人发现，中国早期的改革还提高了农业全要素生产率。文贯中（1989、1993）的研究结果表明，农业全要素生产率在 1978 年之后急剧上升，1983 年的全要素生产率恢复到 1952 年的水平。家庭联产承包责任制全面推开之后，全要素生产率比 1952 年的水平高出 30% 左右。

（二）农产品购销体制改革和其他市场化改革的影响

由于家庭联产承包责任制的广泛实施和国家实行"调减粮食征购任务"等政策，1984 年后，粮食和棉花因为连续多年丰收出现了卖难的问题，而其他农产品则仍然处于短缺状态。为改变这种状况，1985 年开始，中央提出"发展多种经营和非农产业"的目标，进行生产结构调整和流通体制改革，并逐步放开了农产品市场。国家通过提高农产品收购价格，以及改国家统购制为合同定购制等一系列农产品收购制度，从价格上提供了对农业生产的有效激励。与 1978 年相比，1984 年中国农副产品收购价格提高了 53.7%。1984 年年底，农产品统派购的品种大幅度减少，由过去最多时的 180 种减少到 38 种。如上面提到，农产品购销体制改革和农产品提价对 1978—1984 年农业增长的贡献在 16% 以上（林毅夫，1992）。农产品市场化改革带来的农民增收和生产效率提高的效应也继续得以保持到 20 世纪 80 年代中后期。

随着家庭联产承包责任制的确立，农业增长对价格变化和要素投入的反应变得更加敏感。由于比较效益规律的作用，从粮食乃至种植业中游离出来的大规模劳动力，向更加广阔的领域转移，使种植业多种经营和林牧渔业、副业及其他非农产业获得全面发展。但是，由于比较收益下降，粮食的播种面积减少。在保护和放开的政策之间，粮食生产出现较大波动，甚至下滑。

从不同时期来看，黄季琨认为，价格政策在 1978—1984 年间起到过相当大的作用，但是从改革的整个时期来看，国家的价格政策并没有起到应有的作用，因为生产资料的价格上升幅度大于粮食及经济作物价格的上涨。比较优势的下降，劳动力和土地的机会成本上升已经使农业失去大量劳动力和耕地，农业越来越难以与其他行业在资源利用上进行竞争，粮食生产更是如此（黄季琨，2009）。

（三）技术进步的影响

在国家主导下，中国培养出了为数众多的农业科学家，在发展中国家可谓首屈一指，这些科学家在许多领域都作出了重要的技术突破。中国农业科研体系也从空白起步获得突飞猛进的发展。尽管科研经费增长在1985年之后出现下降，但是中国农业的科研储备量仍然呈上升趋势，这保证了科技对农业增长的支持。改革开放以来，中国科技对农业增长的贡献率由1978年的27%提高到2007年的49%（宋洪远，2009）。

赵芝俊、张社梅等人（2006）的研究表明，1985—2003年期间，农业技术进步贡献率总体上不断上升，年均增长0.41个百分点。17年来，物质投入对我国农业产出增长的贡献呈递增的趋势，但随着农业结构调整和资源配置效率的提高，物质投入在农业增长中的作用减缓；在过去的20年中，农业技术进步贡献率与农业政策关系密切。

生产率（尤其是全要素生产率）已成为某个经济单位（国家、地区、产业、组织等）可持续发展指标和经济运行质量优劣的定量评估指标。黄季琨（2009）的研究表明，中国主要农产品1978—2004年间全要素生产率增长率超过3%。同时，技术变化是农业生产力上升的主要驱动力和中国农业经济健康发展的基础。除小麦外，所有产品全要素生产率增长的源泉几乎均来自技术变化，其中小麦全要素生产率的增长一半来自技术变化，一半来自技术效率的提高。

全炯振（2008）的研究认为，中国农业全要素生产率的增长属于技术诱导型的增长模式。1978—2007年期间，中国农业全要素生产率年均增长为0.7%，农业技术为正增长，年均增长率为6.5%；而农业技术效率则为负增长，其年均增长率为－5.5%。因此全要素生产率的增长主要来自于全国农业生产的技术进步，而不是中国各省份现有的技术效率改善，存在农业技术进步与农业技术效率损失并存的现象。同时，中国农业全要素生产率增长呈现出明显的波动性（阶段性）特征和地区之间不平衡增长的特征，主要表现在东部地区农业全要素生产率的增长高于中西部地区和全国平均水平，中国农业全要素生产率的增长基本上按照由东部到西部的顺序呈现出递减趋势。并且，在中国现有的农业技术水平下，各省份现有技术的发挥程度较低。由于东部和中西部之间差距的逐渐扩大，中西部地区内部的省份越来越远离全国最佳生产前沿面，农业技术效率损失相对严重。

（四）环境、灌溉等其他因素的影响

中国水资源管理上的进步也是粮食生产增长中的一个重要影响因素。全国有效灌溉面积从 1952 年占总耕地面积的 18% 提高到 2007 年的 46.4%，从 16000 千公顷增长到 1980 年的 47833 千公顷，再增加到 2007 年的 56518.3 千公顷，这提高了农业生产的稳定性。

环境因素对其他粮食作物增长的影响有较大的影响，1978—1990 年间，它使增长率降低了 27%（黄季琨，2009）。这表明资源保护在农业生产中具有重要意义。

第四节　农业综合生产能力发展展望

农业始终是国民经济发展的重要基础，农业份额趋于减小并不能减弱农业作为国民经济基础的意义。作为一个拥有 13 亿人口的大国，中国需要建立一个具有竞争力、能直接使农民致富的农业。这就要求农业从基本资源的可持续性、科技水平以及农业生产环境等方面体现的农业综合生产能力，不逊色于其他产业，不逊色于国外农业。农业综合生产能力是农业发展的基础，加强农业综合生产能力建设，对于保障粮食安全，进而提高农业的效益和竞争力,具有战略意义。

一、农业综合生产能力发展目标

最近几年,中央连续发出 6 个 1 号文件,都对提高农业综合生产能力和基本农产品的供给提出了专门的和具体的要求。明确了发展粮食生产是整个农业生产的重点和核心问题,并指出要根据我国资源分布特点、比较优势和市场需求状况,全面加强农业综合市场能力建设。具体的目标是:进一步调动农民群众务农种粮的积极性和地方政府重农抓粮的积极性,以严格保护耕地为基础,以加强农田水利建设为重点,以推进科技进步为支撑,以健全服务体系为保障,力争经过几年的努力,使农业的物质技术条件明显改善,土地产出率和劳动生产率明显提高,农业综合效益和竞争力明显增强。

二、农业综合生产能力发展现状

经过 60 年的发展,我国农业综合生产能力有了明显提高。从投入看,我国现代农业生产要素的投入已经大幅度增加,农业现代化水平有了显著提升。1952—2007 年间,农用机械总动力由 18.4 万千瓦增加到 76589.6 万千瓦,拖拉机保有量从 1307 台增加到 1825 万台;农机作业水平持续提高,全国机耕、机播、机收等综合机械化水平从 1978 年的 19.7% 上升到 41%。化肥使用量从 884 万吨增加到 5107.8 万吨,增长 477.8%。粮食生产用工量明显减少,由 1978 年每亩 33.3 个工日减少到 2006 年的 8.7 个。农田有效灌溉面积 2007 年是 1978 年的 1.3 倍。从产出和竞争能力看,农产品供给充裕,产业结构不断优化,部分农产品已经具有了国际比较优势。

但是,我国农业综合生产能力还存在以下明显不足:一是耕地和水资源短缺。我国人均占有耕地资源只相当于世界平均水平的 40%,人均水资源占有量仅为世界平均水平的 1/4,而且时空分布不均衡,农业用水缺口每年超过 300 亿立方。与此同时,耕地数量减少和耕地质量下降的趋势一直未能得到有效控制，中低产田面积占耕地总面积的 62% 以上。耕地和水资源缺乏，将是长期制约我国农业发展的突出问题。二是农田水利设施薄弱，工程老化、年久失修、渠系不配套的问题十分突出，抵御自然灾害的能力弱。因水利设施损坏报废减少的有效灌溉面积每年达 300 多万亩，2007 年因灾粮食损失量超过粮食总产量的 1/10。三是科技投入不足。发达国家对农业研究的投入大约为农业增加值的 1%，而中国还不到 0.4%。近年来科研投入负增长的副作用将会在未来显现。四是农业的物质装备水平仍然较低，每千公顷耕地拥有的农用拖拉机数，世界平均水平为 19 台，我国仅 8.6 台，不及一半。五是农业基础设施建设投入水平低。1978—2004 年间，农业基本建设支出的年均增量率 9%，低于国家支出增长率 13% 和国家财政支农支出增长率 11%。2000—2004 年间，农业基本建设支出的年均增量率 8%，与国家支出增长率 15%、国家财政支农支出增长率 19% 形成巨大反差。六是农业比较效益低，地方政府缺乏投入农业的积极性，社会资本投入农业的热情不高，农户持续增加农业投入的积极性和能力较弱。此外，重大动物疫病防控和植物病虫害防治难度加大。

三、提高农业综合生产能力的措施

提高农业综合生产能力是一项长期任务，需要坚持不懈地努力。中央提出了应主要增强"六个能力"：一是增强耕地资源产出能力。处理好农业用地与建设用地的关系，坚持实行最严格的耕地保护制度，搞好建设规划，减少耕地占用，确保基本农田数量不减少，用途不改变。同时，处理好用地与养地的关系，搞好"沃土工程"建设，努力培肥地力，提高耕地质量，不断提高耕地的产出水平。二是增强农田水利保障能力。加快实施以节水改造为中心的大型灌区续建配套，设立"小型农田水利补助专项资金"，对农民兴修小型水利和购买使用节水灌溉设施给予适当补助，鼓励农民对直接受益的小型农田水利设施建设投工投劳，改善农田水利条件，实现旱涝保收。三是增强农业科技创新能力。大幅度增加农业科研投入，提高国家科技投入用于农业的比重，形成稳定的投入增长机制。四是增强农产品加工业转化能力。扩展农产品的产业链条，促进初级产品的加工增值。五是增强农业抗御灾害能力。加强重大动物疫病和植物病虫害防治体系建设，完善农业自然灾害和生物灾害的应急反应机制。开展政策性农业保险试点，帮助农民规避自然风险，减轻灾害给农民带来的损失。六是增强农业发展综合配套服务能力。制定建设规划，加强政策引导，明确职责分工，多渠道增加投入，加快种养业良种体系、农业科技创新与应用体系、动植物保护体系、农产品质量安全体系、农产品市场信息体系、农业资源与生态保护体系、农业社会化服务与管理体系等农业"七大体系"建设，为现代农业建设提供支撑条件。

提升农业综合生产能力，关键在投入。当前需要抓住两个机遇：一是扩大内需的机遇。各地可借国家加大投资的机遇，在社区层面上，加大水田和旱地的生产性基础设施建设的力度，解决多年来农田水利设施落后、靠天吃饭、抵御自然灾害能力弱等长期制约农业生产的问题。二是在国际金融危机形势下，利用能源价格下行和农资产品价格相对下降的机遇，为农民增加农业投入提供支持。在农户层面上，引导农民采取改土施肥、合理用地等措施，不断提高土地的肥力；以标准化生产为切入点打造各种特色农产品品牌，提高农产品附加价值。

第四章

农村非农产业的
增长与发展

　　本章对中国农村 60 年来的非农产业的增长与发展进行了较为系统的
分析和论述。从总体上看，改革前的 30 年农村非农产业略有增长，但对
提升农村就业结构、提升农村产值结构的影响不大，自身的产业结构也没
有发生较为明显的变化。1978 年以来，农村非农产业的增长快于农业和
整个国民经济的增长，其占全国增加值的份额由 1978 年的 5.7% 增加到
2008 年的 26.5%。从长期看，农村非农产业增长对农村经济增长的贡献
率将会稳定在 80% 左右。农村非农产业增长对全国经济增长的贡献率将
会稳定在 30% 左右。

　　非农就业人数与农业就业人数的比值从 1978 年的 10.2% 提高到 2008
年的 48.1%。同期，农村非农产业缴纳的税金占国家税收总量的份额由
4.8% 提高到 14.8%。农村非农产业创造的外汇占国家外汇收入的份额由
1986 年的 9.2% 提高到 37%。从总体上看，税收份额稳定在 10% 左右，
但工资占增加值的份额有下降的趋势。东中西部农村非农产业以第二次产
业为主体。中部与西部农村非农产业的份额都有下降趋势，但中部的下降
趋势更为明显一些。东部农村非农产业的就业增长快于中西部农村非农产
业的就业增长，但就业增长的地区差异显著小于增加值增长的地区差异。
这意味着中西部农村的非农产业具有更高的劳动密集程度，而它又与中西

部农村非农产业的工资水平和提高速率低于东部相关。东中西部农村非农产业的出口交货值的增长显著快于增加值的增长，意味着农村非农产业的外向型都在不断提高，东部份额的上升，与它在发展外向型经济方面具有比较优势和竞争优势密切相关。

1997年至2005年，农村工业中的低物耗和中物耗产业增长对资源的依赖性是下降的，高物耗产业增长对资源的依赖性是上升的，低物耗产业具有更高的增长率的格局，有利于资源压力的化解。1997年至2005年，农村工业中的高污染产业的增加值占农村工业增加值的份额始终趋于下降，说明农村工业的产业结构朝着降低环境压力的方向演进。

第一节　改革前的非农产业增长

新中国的前30年，最初只有农村副业与农村非农产业相关，后来农村非农产业的主体是社队企业。最近30年，农村非农产业的主体是乡镇企业。按照历史的逻辑，先简略地描述农村副业和社队企业发展阶段的情形。

一、农村副业

1949年，农村商品性手工业产值约有15亿元左右，农村自给性手工业和农产品初加工产值约52亿元左右，合计67亿元，占工业总产值35.4%。农民所需工业品的70%来自手工业。据《农业经济资料手册》中的资料统计，1952年农村手工业和农产品初加工业产值81亿元，1953年为88亿元，1954年为90亿元，1955年为97亿元，1956年为99亿元，1957年为100亿元（张毅等，2002）。鉴于这个时期农村手工业和农产品初加工业的增长具有稳定性，可以推测1950年和1951年的产值分别为71亿元和76亿元。从图4-1可以看出，在实现人民公社体制以前，我国农村副业增长不是很快，但具有稳定增长的态势。

（单位：亿元）

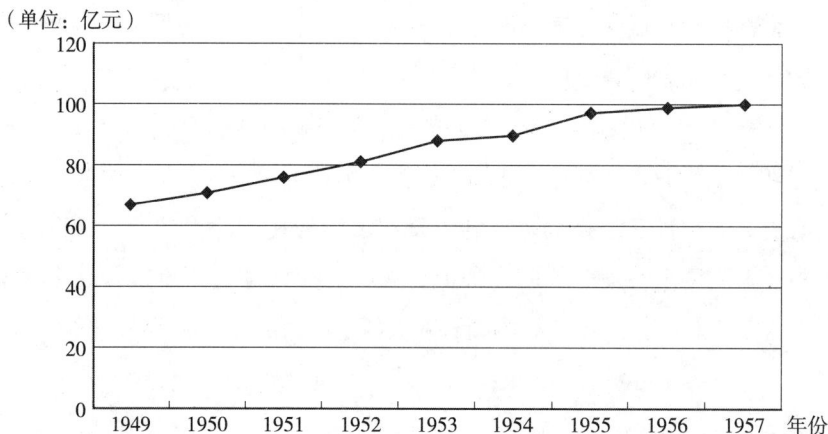

图 4 - 1　1949—1957 年中国农村副业总产值的变化

（资料来源：胡必亮、郑红亮：《中国的乡镇企业与乡村文化》，山西经济出版社 1996 年版，第 24、42、47 页）

　　1952 年，农村从事商品性生产的手工业从业人员 467 万人，占全国手工业职工总数的 63.5%。1954 年，农村专业手工业者 502.7 万人，兼业手工业者 1000 万人，两项合计，从业人员约占农村劳动力总数的 8%。合作化时期，农村专营和兼营手工业的农民先后参加了农业合作社，据统计，到 1957 年，全国农村约有 1210 多万手工业者参加了合作社。各地农业合作社陆续兴办了一批生产设备简单的小作坊式工场，从事各种手工业副业生产。当时的农村非农产业由四部分组成：一是农业合作社的手工业副业；二是农村集镇的手工业合作社；三是新办的副业组织和小作坊；四是家庭手工业。但当时农村手工业以五匠和四坊为主，与现代工业几乎没有联系。产值约 90 亿元，占当时工农业总产值的 11%（肖湘，1984）。

二、社队企业发展阶段

　　社队企业，是指在农业合作化和集体化过程中由农业生产合作社和农村人民公社、生产大队、生产队开办的集体所有制企业，以工业为主，有时又称为社队工业。

社队企业主要有三个来源。一是农业合作化之前的农村手工业合作社。据统计，全国转为社办工业的手工业社有 3.53 万个。二是人民公社时期兴办的社办企业。三是人民公社时期下放给公社管理的原属国家管理的集体企业和国营工商企事业单位。1958 年 12 月，中共中央、国务院在《关于适应人民公社化的形势改进农村财政贸易管理体制的决定》中指出，"把国家在农村的粮食、商业、财政、银行等部门的基层机构，除了为几个公社或者更大范围服务的以外，全部下放给人民公社，业务管理权限也交给人民公社，由公社负责管理经营。"

1958 年 12 月 10 日，中共中央八届六中全会通过的《关于人民公社若干问题的决议》指出，"人民公社必须大办工业。公社工业的发展不但将加快国家工业化的进程，而且将在农村中促进全民所有制的实现，缩小城市和乡村的差别"。在中央的号召下，各地人民公社兴办了大批小炼铁、小矿山、小煤窑、小水泥、小农机修造、小食品加工企业，农村非农产业有所发展。据 1958 年统计，全国社办工业有 260 万个，从业者 1800 万人，占农村劳动力总数的 8.6%；产值 62.5 亿元，占全国工业产值的 5.5%。到 1959 年，社办工业企业发展到 70 多万个，总产值 71 亿元，约占同期全国工业总产值的 10% 左右（刘志仁等，1987）。

由于该阶段农村工业的增长过多地占用农业劳动力，致使农业和粮食生产遭受严重损失。1961 年 1 月，中共八届九中全会制定了"调整、巩固、充实、提高"的方针，并就调整农村社队企业采取了一系列措施：

一是划定了社队企业的经营范围。国家财贸办公室对社队企业的从业范围的具体指导意见是：必须办的企业有：农机（修理为主）、农具、农肥、农药和饲料加工等，社员生活必需的粮食加工、缝纫、制鞋等，传统性的手工业品和出口商品；农副产品和野生植物的初步加工和综合利用。视条件办的行业有：小煤窑、矿山开采等采掘工业，砖、瓦、石灰、耐火材料等建筑材料工业，陶瓷、土糖、土纸等轻工业。坚决不办的行业有：同大工业争原料的行业，如土纺、土织、肥皂、皮革等；同农业生产和社员生活关系不大，占劳动力较多，影响农业生产的行业（于驰前等，1991）。

二是压缩非农业劳动力。大批企业从业人员返回农业。经整顿，全国社队工业企业数量从 1959 年的 70 万个减至 1961 年的 4.5 万个，减少了 93.6%；产值从 71 亿元降到 19.8 亿元，下降了 72.1%。1962 年社队工业继续萎缩，产值下降到 7.9 亿元，1963 年又减至 4.2 亿元，为历史最低点。

1964 年，随着国民经济的回暖，社队企业开始恢复性地上升。但是，1964 年农村非农产业尚未恢复到 1957 年水平。鉴于此，1965 年 9 月 5 日，中共中央、国务院在《关于大力发展农村副业生产的指示》中再次提出"以农为主，以副养农，综合经营"的方针。并明确指出：要以生产队为主，大力发展集体副业。单独一个生产队无力举办的项目，可由几个队联合经营；生产大队在不侵害生产队利益的前提下，也可兴办自己的副业。随着社队企业发展的宏观政策环境又一次得到改善，农村非农产业产值由 1964 年的 4.6 亿元逐步提高到 1970 年的 26.6 亿元，但仍低于 1959 年的水平。

70 年代初，中国的经济环境开始发生有利于社队工业崛起的变化。1970 年 8 月，在周恩来总理主持召开的北方地区农业会议上，对发展社队企业形成了三点共识，第一，社队企业的增多会对社会主义建设发挥更大的作用；第二，发展"五小"工业[1]，是加速实现农业机械化的重要物质基础；第三，国家扶持人民公社的资金要重点用于发展社队企业。这一指导方针给单纯靠种植农作物养活自己的各地农村注入了新的活力。1971 年，国务院召开全国机械化会议，为在全国范围内实现机械化，要求各地积极发展"五小"工业，资金主要由社队自筹。这期间，城市工业也积极向社队企业扩散产品经营。60 年代下放到农村的技术人员和上山下乡知识青年，也为农村工业的发展创造了条件。

1975 年 10 月，《红旗》杂志发表江苏无锡县发展社队工业的调查报

---

① "五小"工业主要指地、县办的小钢铁、小机械、小化肥、小煤窑、小水泥工业等的统称。

告，指出社队工业"对于发展农业、建设社会主义新农村、改造小生产的习惯势力有着很大的作用"。《人民日报》刊发了《伟大的光明灿烂的希望——河南巩县回郭镇公社围绕农业办工业、办好工业促农业的调查》，介绍了回郭镇公社发展社队企业的经验，并配发了题为《满腔热情地办好社队工业》的评论员文章，认为社队企业是壮大集体经济、加速实现农业机械化、逐步缩小三大差别的"伟大的光明灿烂的希望"，因而呼吁"要满腔热情地对待社队企业"。1976 年 2 月经国务院批准，农林部于 4 月正式成立了人民公社企业管理局。

70 年代，社队企业在艰难的环境中顽强地生存且逐渐壮大，1971 年，社办工业产值 77.9 亿元，超过了 1959 年的水平。1976 年，全国社队企业已发展到 111.5 万个，总收入达 272.3 亿元，占人民公社三级总收入的 23.3%。到 1978 年底，全国已有 94.7% 的人民公社和 78.7% 的生产大队办起了以工业为主的各类企业，总量为 152.4 万个；社队企业总收入 431.4 亿元，占人民公社三级经济总收入的 29.7%，其中，社队工业总产值由 1975 年的 169.4 亿元增加到 385.3 亿元，增长 127%，占全国工业总产值的比重由 1975 年的 5.3% 上升为 9.1%（按 1970 年不变价格计算）。社队企业安置农村劳动力 2826.5 万人，占农村劳动力总量的 9.32%（马泉山，1998）。

从图 4-2 可以看出，人民公社期间的前 10 年社队企业的增长处于波动状态，一直没有高于 1959 年的水平。1970 年以后，社队企业的增长仍有波动，但总体上具有向上走的态势。

三、改革前 30 年农村非农产业发展的估计

根据现有的数据，把农村副业和社队企业放在一起分析并确保这些数据具有可比性，需要作必要的调整：第一，考虑人民公社期间农村副业的发展状况。在实行人民公社体制期间，土纺、土织、土建等家庭副业依然存在，即农民所用的土布等生活必需品的生产，以及建房、修房等生产活动，依然是农民自己承担的，这些并没有算作社队企业产出。忽略了这一

块就低估了人民公社期间非农产业的总产值。第二，要消除政策或政治导向变化的影响。现有的文献资料大多用社办企业的数量和产值的变化来反映人民公社期间农村非农产业波动大的特征。其实，60 年代初期社办企业数量和产值在特定阶段的急剧下降，与人民公社实施了以生产队为基本核算单位的改革有关；20 世纪 70 年代后期社办企业的增多，与当时强调的人民公社三级所有、队为基础的体制要由低级阶段向高级阶段过渡的政治导向有关。

（单位：亿元）

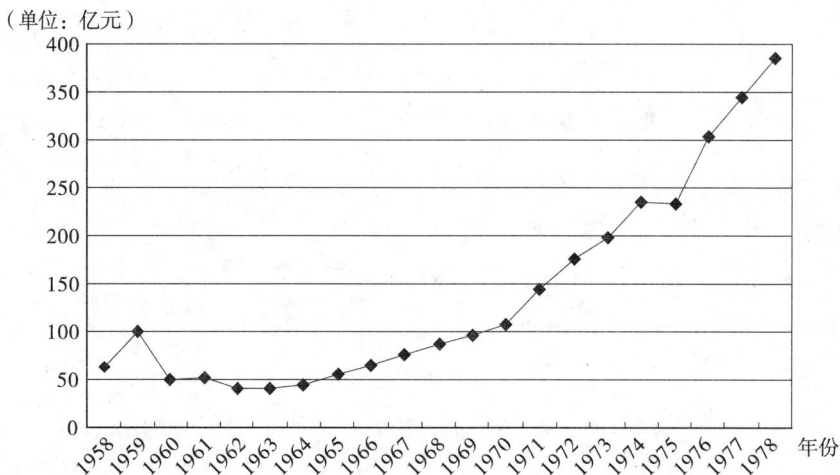

图 4-2　1958—1978 年中国农村社队企业总产值的变化

（资料来源：胡必亮、郑红亮：《中国的乡镇企业与乡村文化》，山西经济出版社 1996 年版，第 24、42、47 页）

数据调整具体的做法是：第一，假设社队企业的出现对家庭副业基本上没有影响，然后根据已有数据回归方程的参数，估算出各年的家庭副业的产值。第二，假设兼业手工业者没有进入社队企业，且家庭手工业产值占手工业产值的一半，然后根据已有数据作出的回归方程中的参数及主观认定的 50%，估算出各年家庭手工业的产值。第三，利用差值法推算出 1966 年至 1969 年四年的队办企业和社办企业的产值。数据处理的结果汇总于表 4-1。

表4-1　1949—1978 年我国农村非农产业的总产值

（单位：亿元）

年份	农村非农产业产值	手工业及副业			社队企业		
		小计	手工业	副业	小计	队办企业	社办企业
1949	67.0	67.0	51.5	15.5			
1950	71.0	71.0	54.6	16.4			
1951	76.0	76.0	58.6	17.4			
1952	81.0	81.0	62.7	18.3			
1953	88.0	88.0	68.4	19.6			
1954	90.0	90.0	70.3	19.7			
1955	97.0	97.0	75.9	21.1			
1956	99.0	99.0	76.4	22.6			
1957	100.0	100.0	77.1	22.9			
1958	128.4	65.9	41.8	24.0	62.5		62.5
1959	168.6	68.6	43.6	25.0	100.0		100.0
1960	121.3	71.3	45.3	25.9	50.0		50.0
1961	125.8	74.0	47.1	26.9	51.8	32.0	19.8
1962	117.6	76.7	48.8	27.9	40.9	33.0	7.9
1963	119.6	79.4	50.6	28.8	40.2	36.0	4.2
1964	126.7	82.1	52.3	29.8	44.6	40.0	4.6
1965	114.1	84.8	54.1	30.7	29.3	24.0	5.3
1966	123.7	87.5	55.8	31.7	36.2	26.7	9.6
1967	133.4	90.2	57.6	32.6	43.2	29.3	13.9
1968	143.0	92.9	59.3	33.6	50.1	32.0	18.1
1969	152.7	95.6	61.1	34.5	57.1	34.6	22.4
1970	162.3	98.3	62.8	35.5	64.0	37.3	26.7
1971	178.4	101.0	64.5	36.4	77.4	38.3	39.1
1972	197.5	103.7	66.3	37.4	93.8	47.8	46.0
1973	213.7	106.4	68.0	38.4	107.3	52.5	54.8
1974	238.1	109.1	69.8	39.3	129.0	62.2	66.8
1975	281.2	111.8	71.5	40.3	169.4	82.6	86.8
1976	358.0	114.5	73.3	41.2	243.5	119.6	123.9
1977	439.9	117.2	75.0	42.2	322.7	147.4	175.3
1978	501.9	119.9	76.8	43.1	382.0	170.1	211.9

（资料来源：胡必亮、郑红亮：《中国的乡镇企业与乡村发展》，山西经济出版社1996 年版，第24、42、47 页）

从表4-1可以看出：第一，把队办企业和社办企业的数据加在一起，社队企业的产值波动显著下降了。第二，把家庭手工业和副业加进去以后，进一步缩小了 1949—1978 年期间农村非农产业的增长波动。第三，从总体上看，改革前农村非农产业略有增长，但对提升农村就业结构、提升农村产值结构的影响不大，自身的产业结构也没有发生较为明显的变化。

（单位：亿元）

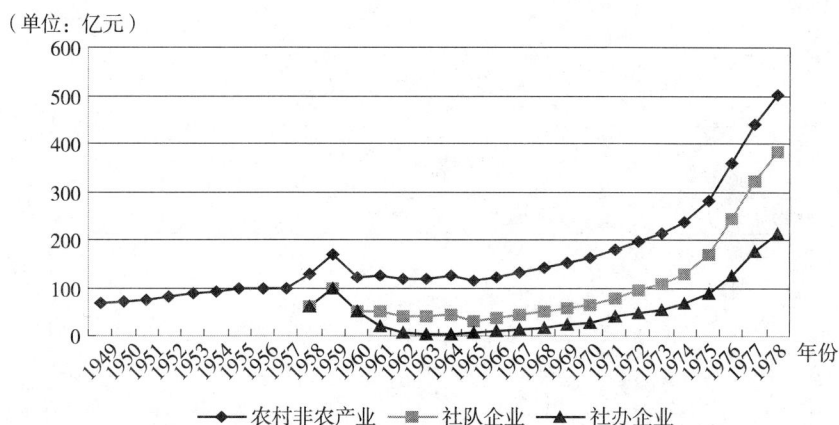

图 4 - 3　1949—1978 年中国非农产业总产值的变化

（资料来源：胡必亮、郑红亮：《中国的乡镇企业与乡村文化》，山西经济出版社 1996 年版，第 24、42、47 页）

第二节　改革以来的农村非农产业增长

1978 年以来，我国农村非农产业迅速发展，很快就成为农村经济的主体力量和国民经济的重要组成部分。农村非农产业的发展对促进国民经济增长和支持农业发展，对实现农村工业化和城镇化，对增加农民收入和吸纳农村剩余劳动力，对出口创汇和支持农村各项社会事业，都发挥着不可替代的重要作用。

一、全国乡镇企业增加值的变化

从图4-4可以看出，最近30年，农村非农产业的增加值具有持续增长的特征。1978年，农村非农产业产值增加值为208.3亿元，分别占全国增加值和农村增加值的5.7%和16.9%。由于农村非农产业的增长显著快于农业，到1993年，农村非农产业增加值总量（8006.8亿元）超过了农业增加值（6963.8亿元），其占农村增加值的份额首次超过一半。到2008年，农村非农产业增加值总量为79700亿元，其占农村增加值的份额增至70.1%。农村非农产业的增长不仅快于农业，而且快于整个国民经济的增长，所以其占全国增加值的份额也是稳定上升的，由1978年的5.7%增加到2008年的26.5%。

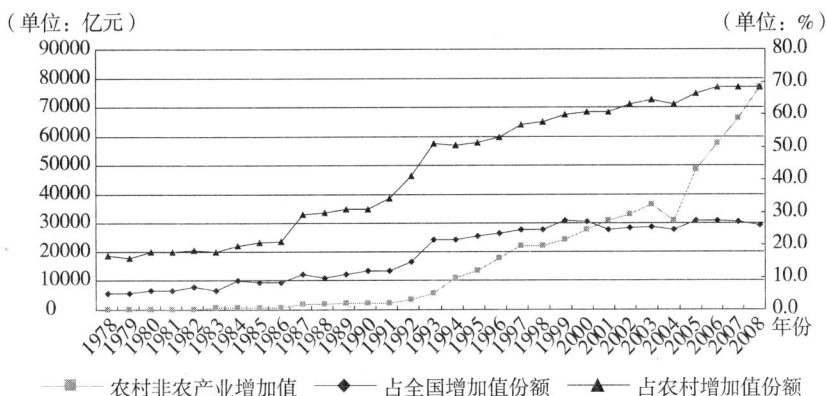

图4-4　全国乡镇企业增加值及占全国和农村增加值份额的变化

（资料来源：历年《中国统计年鉴》和《中国农业年鉴》）

从图4-5可以看出，农村非农产业增长对全国和农村经济增长的贡献率具有较大和较多的波动，其中，对农村经济增长的贡献率经历了10次波动，对全国经济增长的贡献率经历了9次波动，但贡献率的波动具有振荡向上的特征，即它具有贡献率越来越大的趋势。必须指出的是，

2005 年以来农村非农产业对农村经济增长的贡献率连续 3 年下降，主要是以工补农政策的力度不断加大的结果。但是，政策对增长的边际贡献是一次性释放完毕的，政府又不可能持续地加大以工补农政策的力度来拉动农业的快速增长，所以从长期看，假如我国经济统计的城乡划分不变，农村非农产业增长对农村经济增长的贡献率将会稳定在80% 左右，农村非农产业增长对全国经济增长的贡献率将会稳定在30% 左右。

（单位：%）

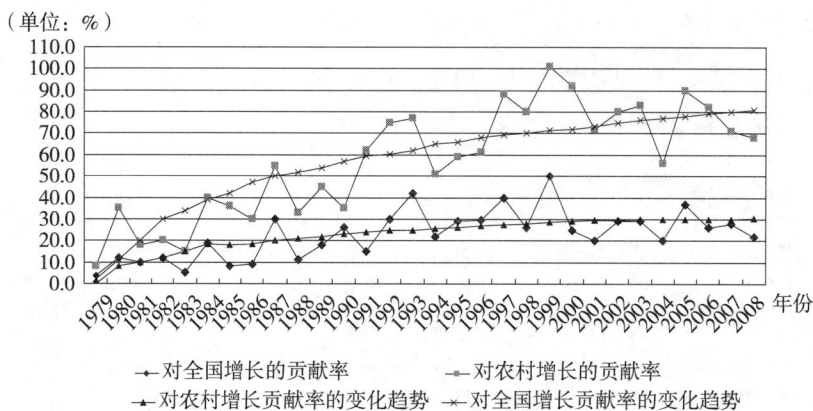

图 4-5　农村非农产业增长对全国和农村增长贡献率的变化
（资料来源：历年《中国统计年鉴》和《中国农业年鉴》）

从图 4-6 可以看出，农村从事非农产业的企业平均从业人员稳定在5—6 人左右（1978—1984 年平均每个企业的从业人员达到 19—24 人，很可能是以规模较大的社办企业作为统计对象的缘故），但每个企业创造的增加值和实际缴纳的税金是稳定提高的，其中，前者由 1.4 万元增加到34.2 万元，后者由 0.1 万元增加到 3.7 万元，分别增长了 24.1 倍和 24.5倍。由此说明，农村从事非农产业企业的经济效率和经济效益是趋于提高的。

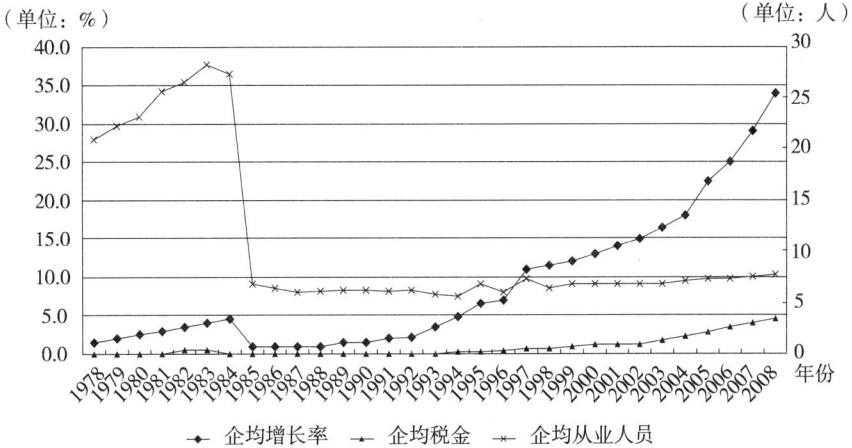

图4-6 农村从事非农产业企业的平均从业人员、增加值和实缴税金变化

（资料来源：历年《中国统计年鉴》和《中国农业年鉴》）

表4-2 1978—2008年乡镇企业增加值及占
全国和农村增加值份额的变化

年份	全国增加值	农村增加值	农村非农产业增加值	占全国增加值份额（%）	占农村增加值份额（%）
1978	3645.2	1235.9	208.3	5.7	16.9
1979	4062.6	1498.5	228.3	5.6	15.2
1980	4545.6	1656.9	285.3	6.3	17.2
1981	4891.6	1880.9	321.5	6.6	17.1
1982	5323.4	2151.8	374.4	7.0	17.4
1983	5962.7	2386.8	408.4	6.8	17.1
1984	7208.1	2949.3	633.2	8.8	21.5
1985	9016.0	3336.7	772.3	8.6	23.1
1986	10275.2	3661.9	873.2	8.5	23.8
1987	12058.6	4649.5	1416.4	11.7	30.5
1988	15042.8	5607.4	1742.0	11.6	31.1
1989	16992.3	6349.1	2083.2	12.3	32.8
1990	18667.8	7566.3	2504.3	13.4	33.1

续表

年份	全国增加值	农村增加值	农村非农产业增加值	占全国增加值份额（%）	占农村增加值份额（%）
1991	21781.5	8314.3	2972.1	13.6	35.7
1992	26923.5	10351.9	4485.3	16.7	43.3
1993	35333.9	14970.6	8006.8	22.7	53.5
1994	48197.9	20500.7	10928.0	22.7	53.3
1995	60793.7	26731.0	14595.2	24.0	54.6
1996	71176.6	31674.7	17659.3	24.8	55.8
1997	78973.0	35182.2	20740.3	26.3	59.0
1998	84402.3	37004.1	22186.5	26.3	60.0
1999	89677.1	39652.6	24882.6	27.7	62.8
2000	99214.6	42101.0	27156.0	27.4	64.5
2001	109655.2	45137.7	29356.4	26.8	65.0
2002	120332.7	48922.8	32385.8	26.9	66.2
2003	135822.8	54068.0	36686.3	27.0	67.9
2004	159878.3	63228.1	41815.4	26.2	66.1
2005	183217.4	72954.3	50534.3	27.6	69.3
2006	211923.5	81995.4	57955.4	27.3	70.7
2007	249529.9	96095.0	68000.0	27.3	70.8
2008	300670.0	113700.0	79700.0	26.5	70.1

（资料来源：历年《中国统计年鉴》和《中国农业年鉴》）

二、农村非农产业对经济发展的贡献

农业劳动力转向非农产业，从而农业劳动力占农村劳动力的比重下降，是经济发展过程中农村劳动力就业结构变化的一般规律。我国农村劳动力快速转移始于 1984 年。从表 4-4 可以看出，1984 年农村非农就业人数 5208 万人，占当年农村劳动力总数的 14.5%；与 1978 年的 2827 万人相比，在 6 年内增长了近 1 倍（84.2%）。1992 年农村非农就业人数 10625 万人，占当年农村劳动力总数的 22.0%，在 8 年内又翻了一番。

2007 年农村非农就业人数超过 1.5 亿人，2008 年为 1.53 亿人，占当年农村劳动力总数的 32.5%。由于农村非农就业增长得非常快，非农就业人数与农业就业人数的比值具有持续提高的特征，从 1978 年的 10.2% 提高到 2008 年的 48.1%。为了更直观地反映这种变化，特意将表 4-3 中的数据绘制成图 4-6。

表 4-3 农村从事非农产业的企业的平均从业人员、
增加值和实缴税金的变化

年份	企均从业人员	企均增加值	企均税金	年份	企均从业人员	企均增加值	企均税金
1978	18.5	1.4	0.1	1994	4.8	4.4	0.4
1979	19.7	1.5	0.2	1995	5.8	6.6	0.6
1980	21.1	2.0	0.2	1996	5.8	7.6	0.6
1981	22.2	2.4	0.3	1997	6.5	10.3	0.8
1982	22.9	2.7	0.3	1998	6.3	11.1	0.8
1983	24.0	3.0	0.4	1999	6.1	12.0	0.9
1984	23.3	3.8	0.5	2000	6.1	13.0	1.0
1985	5.7	0.6	0.1	2001	6.2	13.9	1.1
1986	5.2	0.6	0.1	2002	6.2	15.2	1.3
1987	5.0	0.8	0.1	2003	6.2	16.8	1.4
1988	5.1	0.9	0.1	2004	6.3	18.9	1.7
1989	5.1	1.1	0.2	2005	6.3	22.5	2.3
1990	4.9	1.3	0.2	2006	6.3	25.0	2.6
1991	5.0	1.6	0.2	2007	6.4	29.1	3.1
1992	5.1	2.1	0.2	2008	6.6	34.2	3.7
1993	5.0	3.3	0.4				

（资料来源：历年《中国统计年鉴》和《中国农业年鉴》）

表4-4 1978—2008年农村非农产业吸纳劳动力情况

（单位：万人、%）

年份	乡村劳动力	非农劳动力	农业劳动力	非农就业份额	非农与农业就业比例
1978	30638	2827	27811	9.2	10.2
1979	31025	2909	28116	9.4	10.3
1980	31836	3000	28836	9.4	10.4
1981	32672	2970	29702	9.1	10.0
1982	33867	3113	30754	9.2	10.1
1983	34690	3235	31455	9.3	10.3
1984	35968	5208	30760	14.5	16.9
1985	37065	6979	30086	18.8	23.2
1986	37990	7937	30053	20.9	26.4
1987	39000	8805	30195	22.6	29.2
1988	40067	9545	30522	23.8	31.3
1989	40939	9367	31572	22.9	29.7
1990	47708	9265	38443	19.4	24.1
1991	48026	9609	38417	20.0	25.0
1992	48291	10625	37666	22.0	28.2
1993	48546	12345	36201	25.4	34.1
1994	48802	12017	36785	24.6	32.7
1995	49025	12862	36163	26.2	35.6
1996	49028	13508	35520	27.6	38.0
1997	49039	13050	35989	26.6	36.3
1998	49021	12537	36484	25.6	34.4
1999	48982	12704	36278	25.9	35.0
2000	48934	12820	36114	26.2	35.5
2001	49085	13086	35999	26.7	36.4
2002	48960	13288	35672	27.1	37.3
2003	48793	13573	35220	27.8	38.5
2004	48724	13866	34858	28.5	39.8
2005	48494	14272	34222	29.4	41.7
2006	48090	14680	33410	30.5	43.9
2007	47640	15090	32550	31.7	46.4
2008	47270	15360	31910	32.5	48.1

（资料来源：历年《中国统计年鉴》和《中国农业年鉴》）

从图4-7可以看出，农村非农产业就业人数占全国非农就业人数的比例也在提高。1985年以来，其占全国非农就业人数的份额一直超过

30%，1988年曾达到43%。其对全国非农就业增长的贡献率，1978—1980年为12.3%，"六五"期间和"七五"期间分别为64.1%和63.7%；"八五"、"九五"和"十五"期间分别为32.6%、15.4%和25.2%；2006—2008年为20.9%。

从表4-5可以看出，农村非农产业为农民就业提供的工资、向国家缴纳的税金和创造的外汇收入都是持续增加的。1978年，农民从农村非农产业得到的收入仅占其平均收入的8.2%。到2008年，该份额已经达到45.9%，即农民收入的将近一半来自农村非农产业的工资性收入。1978年，农村非农产业缴纳的税金为22亿元，仅占国家税收总量的4.8%，到2008年，农村非农产业缴纳的税金为8550亿元，占国家税收总量的份额提高到14.8%。1993年，该份额曾达到24.5%。1986年，农村非农产业创造的外汇为99亿元，占国家外汇收入的9.2%，2007年，农村非农产业创造的外汇为34900亿元，占国家外汇收入的份额达到37%。1999年，该份额曾达到47.9%。为了更直观地反映这种变化，特意将表4-5中的数据绘制成图4-8。

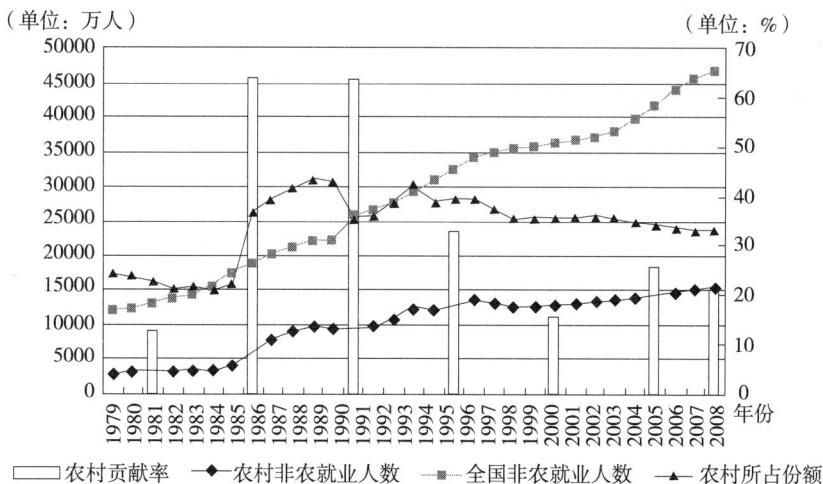

图4-7　农村非农就业人数、占全国非农就业人数
份额及对非农就业增长的贡献率变化

（资料来源：历年《中国统计年鉴》和《中国农业年鉴》）

表4-5　农村非农产业对农民收入、国家税金和外汇的贡献

年份	农村非农就业工资	农村非农产业税金	农村非农产业出口	农村收入总额	全国税收总额	全国出口总额	收入份额	税收份额	出口份额
1978	87	22		1056	462	168	8.2	4.8	
1979	104	23		1284	482	212	8.1	4.7	
1980	119	26		1522	511	271	7.8	5.0	
1981	131	34		1795	548	368	7.3	6.3	
1982	153	45		2181	623	414	7.0	7.2	
1983	176	59		2514	689	438	7.0	8.5	
1984	239	79		2900	809	581	8.3	9.8	
1985	472	137		3211	1794	809	14.7	7.6	
1986	586	177	99	3439	1895	1082	17.0	9.4	9.2
1987	736	222	169	3776	1946	1470	19.5	11.4	11.5
1988	963	250	269	4488	2162	1767	21.5	11.6	15.2
1989	1055	288	371	5002	2461	1956	21.1	11.7	19.0
1990	1130	313	486	5774	2575	2986	19.6	12.1	16.3
1991	1305	365	789	5996	2712	3827	21.8	13.5	20.6
1992	1747	494	1193	6664	2965	4676	26.2	16.7	25.5
1993	2563	948	2193	7865	3873	5285	32.6	24.5	41.5
1994	3003	1035	3398	10462	4623	10422	28.7	22.4	32.6
1995	4381	1280	3595	13560	5468	12452	32.3	23.4	28.9
1996	5244	1307	6008	16388	6239	12576	32.0	20.9	47.8
1997	5827	1526	6826	17594	7517	15161	33.1	20.3	45.0
1998	6258	1583	6854	17978	8551	15232	34.8	18.5	45.0
1999	6597	1789	7744	18133	9697	16160	36.4	18.5	47.9
2000	7060	1996	8869	18216	11366	20634	38.8	17.6	43.0
2001	7732	2308	9599	18828	13979	22024	41.1	16.5	43.6
2002	8528	2694	11563	19369	16214	26948	44.0	16.6	42.9
2003	9072	3130	14197	20152	18222	36288	45.0	17.2	39.1
2004	9756	3658	16932	22230	22220	49103	43.9	16.5	34.5
2005	11117	5181	20662	24264	26776	62648	45.8	19.3	33.0
2006	12286	6105	25416	26452	32579	77595	46.4	18.7	32.8
2007	13700	7200	30200	30121	42750	93456	45.5	16.8	32.3
2008	15750	8550	34900	34343	57862	94281	45.9	14.8	37.0

（资料来源：历年《中国统计年鉴》和《中国农业年鉴》）

（单位：%）

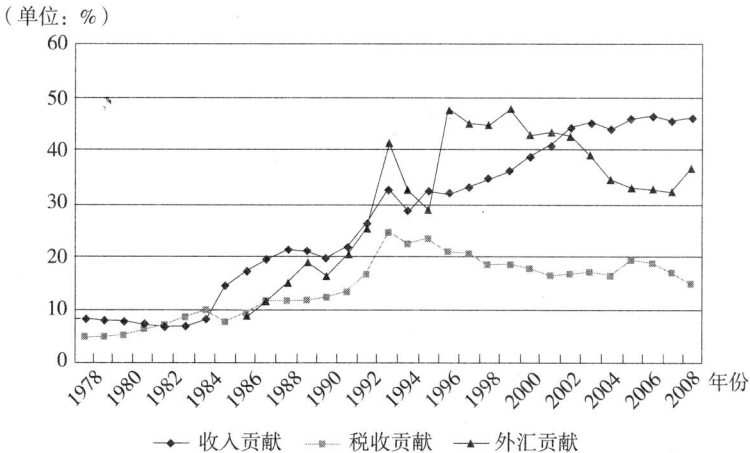

图4-8　农村非农产业对农民收入、税收和外汇的贡献的变化
（资料来源：历年《中国统计年鉴》和《中国农业年鉴》）

三、农村非农产业的变化

从图4-9可以看出，在农村非农产业结构中，第二产业所占的份额有下降的趋势，而第三产业具有上升的趋势。由此可以得出如下结论：农村非农产业不仅增长得非常快，而且具有产业结构提升的特征，它是增长与发展的有机统一体。

从图4-10可以看出，农村非农产业从业人员的平均工资是趋于上升的。从总体上看，税收份额稳定在10%左右，但工资占增加值的份额有下降的趋势。这种变化可以有不同的解读：其一，资本替代劳动。随着工资率的上升，农村非农产业出现了资本替代劳动的倾向；其二，工资控制。农村非农产业的劳动密集程度比较高，农村从事非农产业的企业家大多把工资控制作为成本控制的主要手段。其三，血汗工资。农村从事非农产业的企业家采取种种手段压低工资，这是工资率下降的重要原因之一。

（单位：%）

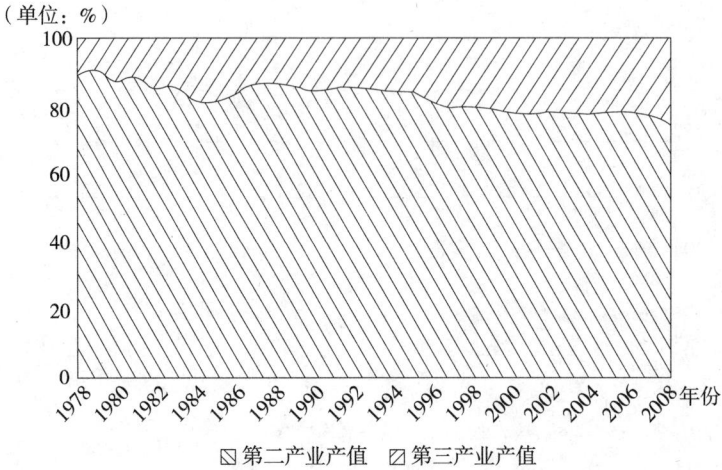

图4-9　农村非农产业结构的变化

（资料来源：历年《中国统计年鉴》和《中国农业年鉴》）

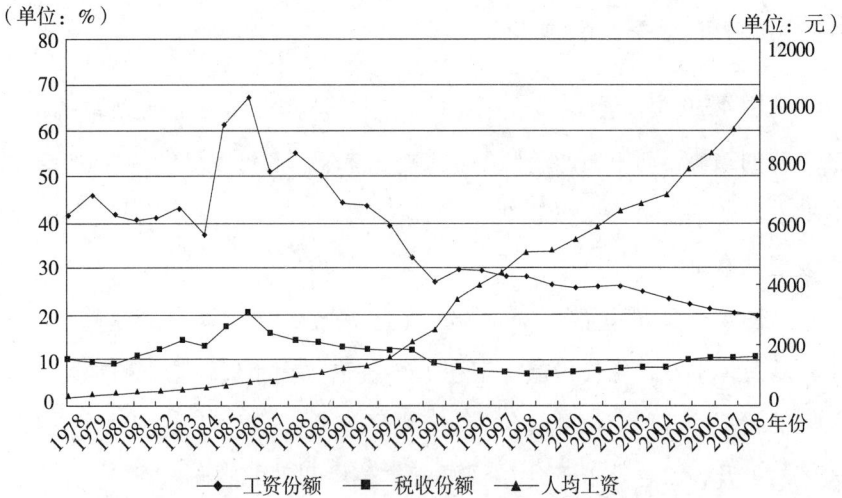

□第二产业产值　☑第三产业产值

图4-10　农村非农产业的人均工资、税收份额和工资份额的变化

（资料来源：历年《中国统计年鉴》和《中国农业年鉴》）

—◆—工资份额　—■—税收份额　—▲—人均工资

第三节 三大地带的农村非农产业发展

一、农村非农产业增加值的三大地带分布

改革开放以来，东中西部农村的非农产业增加值都增加得非常快，然而东部农村非农产业的增长快于中西部农村。从表4-6可以看出，1986年，东部农村非农产业增加值占全国非农产业增加值总量的份额为63.0%，中部和西部分别为26.5%和10.5%；2007年，东部农村非农产业增加值占全国非农产业增加值总量的份额提高到70.7%，与1986年相比，上升了7.7个百分点；而中部和西部的这个份额下降到21.3%和8.0%，分别下降了5.2个百分点和2.5个百分点。如果做进一步的划分，可以看出第二次产业和第三次产业的状况有所不同。1978年，东部农村第二次产业增加值占全国农村第二次产业增加值总量的份额为66.4%，中部和西部分别为23.8%和9.8%；2007年，东部农村第二次产业增加值占全国农村第二次产业增加值总量的份额提高到71.7%，与1986年相比，上升了5.3个百分点；中部和西部的这个份额降至20.5%和7.8%，分别下降了3.3个百分点和2个百分点。1978年，东部农村第三次产业增加值占全国农村第二次产业增加值总量的份额为44.1%，中部和西部分别为41.2%和14.7%；2007年，东部农村第三次产业增加值占全国农村第三次产业增加值总量的份额提高到63.8%，与1986年相比，上升了18.3个百分点；中部和西部的这个份额降至27.0%和14.7%，分别下降了14.2个百分点和5.4个百分点。

表4-6 农村非农产业增加值、第二次产业增加值和
第三次产业增加值的地区分布

年份	农村非农产业区域结构			第二次产业区域结构			第三次产业区域结构		
	东部	中部	西部	东部	中部	西部	东部	中部	西部
1986	63.0	26.5	10.5	66.4	23.8	9.8	44.1	41.2	14.7
1987	64.5	25.4	10.1	68.4	22.4	9.2	44.7	40.8	14.5
1988	66.0	24.5	9.5	69.9	21.6	8.5	45.7	39.9	14.4
1989	65.4	25.6	9.1	68.9	22.8	8.3	45.1	41.6	13.3
1990	65.3	25.3	9.3	69.5	22.0	8.4	43.0	43.0	14.0
1991	65.7	25.0	9.2	69.4	22.1	8.6	42.3	44.0	13.7
1992	67.0	24.0	9.0	70.5	21.2	8.3	44.0	42.6	13.3
1993	65.7	25.2	9.1	69.3	22.3	8.4	44.0	42.8	13.2
1994	68.5	24.0	7.5	71.0	21.5	7.5	52.0	40.4	7.6
1995	56.3	32.7	11.0	60.9	29.6	9.5	31.4	49.4	19.2
1996	57.3	34.3	8.4	61.3	31.2	7.4	36.8	49.9	13.3
1997	61.2	31.5	7.3	64.5	29.0	6.5	39.7	47.9	12.5
1998	58.8	32.6	8.6	63.5	29.3	7.2	40.9	45.4	13.8
1999	59.8	31.9	8.3	64.6	28.4	7.0	42.1	45.0	12.9
2000	61.0	30.3	8.7	66.0	26.7	7.3	43.3	43.1	13.6
2001	62.7	28.2	9.1	67.6	24.8	7.6	46.0	40.0	14.0
2002	65.4	25.3	9.3	69.7	22.5	7.8	50.8	34.7	14.5
2003	66.7	24.3	9.0	70.8	21.7	7.5	52.3	33.4	14.3
2004	66.7	24.2	9.1	70.3	21.9	7.8	52.7	32.9	14.3
2005	67.6	23.8	8.6	70.7	21.9	7.4	55.5	31.4	13.0
2006	67.7	23.7	8.6	71.0	21.5	7.6	54.4	32.5	13.0
2007	70.7	21.3	8.0	71.7	20.5	7.8	63.8	27.0	9.3

（资料来源：历年《中国统计年鉴》和《中国农业年鉴》）

从图4-11中可以看出，东部农村的非农产业增加值和第二次产业增加值的变化都具有先升后降再升的特征，且具有很强的同步性，说明东部农村的第二次产业是它的非农产业的主体。东部农村的第三

次产业增加值的变化大于第二次产业增加值的变化，但它与农村非农产业增加值变化的同步性弱于第二次产业，说明东部农村的第三次产业的规模还无法与第二次产业比拟。中部和西部农村的情形与东部基本一致，虽然第三次产业增加值份额的变动大于第二次产业增加值的份额的变化，但影响非农产业增加值份额变化的主要是第二次产业。中部与西部农村的非农产业的份额都有下降趋势，但中部的下降趋势更为明显一些。

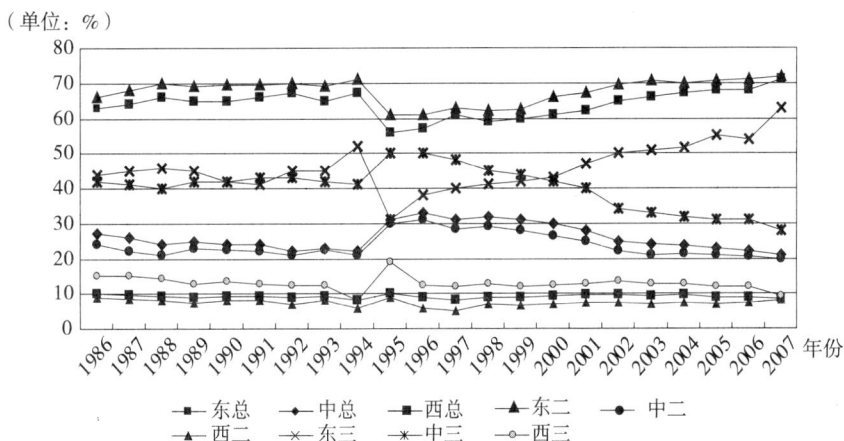

图4-11 农村非农产业增加值、第二次产业增加值和
第三次产业增加值的地区分布

（资料来源：历年《中国统计年鉴》和《中国农业年鉴》）

二、农村非农产业就业贡献的地区分布

从表4-7可以看出，最近30年，东中西部农村非农产业创造的就业量都具有快速增长的态势。1978年，东部农村的非农就业人数为1535.6万人，占全国农村非农就业总人数的54.3%；中部和西部农村的非农就业人数分别为933.9万人和357.0万人，分别占全国农村非农就业总人数的33.1%和12.6%。2007年，东部农村的非农就业人数为6323.9万人，

表 4-7　农村非农产业就业的地区分布及其变化

年份	就业人数（万人）			就业份额（%）		
	东部	中部	西部	东部	中部	西部
1978	1535.6	933.9	357.0	54.3	33.1	12.6
1979	1580.6	952.1	376.6	54.3	32.7	12.9
1980	1713.9	943.0	348.8	57.0	31.4	11.6
1981	1776.4	876.5	316.6	59.8	29.5	10.7
1982	1872.9	909.0	331.0	60.2	29.2	10.6
1983	1949.5	937.3	347.9	60.3	29.0	10.8
1984	2358.7	1092.3	433.2	60.7	28.1	11.2
1985	3574.3	2409.4	995.3	51.2	34.5	14.3
1986	3574.3	2409.4	995.3	51.2	34.5	14.3
1987	4043.8	2718.8	1174.5	50.9	34.3	14.8
1988	4478.5	2991.5	1306.4	51.0	34.1	14.9
1989	4836.5	3279.3	1429.6	50.7	34.4	15.0
1990	4662.8	3287.4	1416.6	49.8	35.1	15.1
1991	4592.9	3238.8	1433.0	49.6	35.0	15.5
1992	4738.4	3377.9	1492.7	49.3	35.2	15.5
1993	5869.2	4501.7	1974.4	47.5	36.5	16.0
1994	5869.2	4501.7	1974.4	47.5	36.5	16.0
1995	6052.9	4341.9	1622.7	50.4	36.1	13.5
1996	6370.8	4374.7	2116.6	49.5	34.0	16.5
1997	6403.5	5202.3	1902.5	47.4	38.5	14.1
1998	4849.2	3083.8	1225.2	52.9	33.7	13.4
1999	6061.9	4586.0	1888.6	48.4	36.6	15.1
2000	6237.0	4684.4	1782.6	49.1	36.9	14.0
2001	6485.3	4635.5	1964.7	49.6	35.4	15.0
2002	6987.7	4437.0	2046.7	51.9	32.9	15.2
2003	7349.3	4535.0	2141.3	52.4	32.3	15.3
2004	7932.0	4694.8	2234.1	53.4	31.6	15.0
2005	8122.2	4870.3	2283.2	53.2	31.9	14.9
2006	8602.2	5098.7	2393.9	53.4	31.7	14.9
2007	6323.9	3060.4	1331.8	59.0	28.6	12.4

（资料来源：历年《中国统计年鉴》和《中国农业年鉴》）

占全国农村非农就业总人数的59.0%；与1978年相比，就业量增长了3.12倍；其占全国农村非农产业就业总量的份额增加了4.6个百分点；中部和西部农村的非农就业人数分别为3060.4万人和1331.8万人，分别占全国农村非农就业总人数的28.6%和12.4%，与1978年相比，就业量分别增长了2.28倍和2.73倍，它们占全国非农产业就业总量的份额分别下降了4.4个百分点和0.2个百分点。需要指出的是，虽然东部农村非农产业的就业增长快于中西部农村非农产业的就业增长，但就业增长的地区差异显著小于增加值增长的地区差异。这意味着中西部农村的非农产业具有更高的劳动密集程度。

三、农村非农产业收入贡献的地区分布

1978年，东部农村非农产业为农民提供的工资总量为1167.8亿元，占全国农村非农产业工资总额的50.2%，中部和西部非农产业为农民提供的工资总量分别为870.9亿元和289.7亿元，占全国农村非农产业工资总额的份额分别为37.4%和12.4%。2007年，东部农村非农产业为农民提供的工资总量为8302.5亿元，占全国农村非农产业工资总额的65.6%，与1978年相比，工资总量增加了6.11倍，占全国农村非农产业工资总额的份额增加了15.4个百分点；中部和西部非农产业为农民提供的工资总量分别为3110.7亿元和1233.3亿元，占全国农村非农产业工资总额的份额分别为24.6%和9.8%，与1978年相比，中西部农村非农产业的工资总额分别提高了2.57倍和3.26倍，占全国农村非农产业工资总额的份额分别减少了12.8个百分点和2.6个百分点。中西部农村非农产业的收入份额的下降快于就业份额，意味着中西部农村非农产业的工资水平明显地低于东部的工资水平，以及中西部农村非农产业的工资提高的速率明显地低于东部农村非农产业的工资提高速率。

表4-8　农村非农产业收入贡献的地区分布

年份	工资总额（亿元）			工资份额（%）		
	东部	中部	西部	东部	中部	西部
1978	1167.8	870.9	289.7	50.2	37.4	12.4
1979	56.2	34.7	12.9	54.1	33.4	12.5
1980	67.7	37.6	14.1	56.7	31.5	11.8
1981	77.6	38.8	14.2	59.4	29.7	10.9
1982	90.4	46.1	16.9	58.9	30.1	11.0
1983	105.0	51.2	19.6	59.7	29.1	11.1
1984	147.3	67.1	24.9	61.6	28.0	10.4
1985	273.1	143.2	55.8	57.8	30.3	11.8
1986	192.4	77.8	31.3	63.8	25.8	10.4
1987	230.8	87.8	36.9	64.9	24.7	10.4
1988	284.1	102.9	40.8	66.4	24.1	9.5
1989	561.3	289.4	112.8	58.3	30.0	11.7
1990	605.5	322.5	126.9	57.4	30.6	12.0
1991	639.8	349.3	140.6	56.6	30.9	12.4
1992	745.4	399.9	159.8	57.1	30.6	12.2
1993	892.8	300.9	130.2	67.4	22.7	9.8
1994	546.5	518.7	174.1	44.1	41.9	14.0
1995	1044.0	437.5	169.0	63.3	26.5	10.2
1996	1404.1	575.1	213.3	64.0	26.2	9.7
1997	2159.7	1420.8	391.8	54.4	35.8	9.9
1998	2915.4	2266.5	645.2	50.0	38.9	11.1
1999	3210.7	2331.2	710.0	51.4	37.3	11.4
2000	3443.4	2398.0	755.4	52.2	36.4	11.5
2001	4359.2	2523.5	849.3	56.4	32.6	11.0
2002	5202.8	2507.5	972.7	59.9	28.9	11.2
2003	5905.8	2770.4	1096.3	60.4	28.3	11.2
2004	6667.9	3116.2	1729.4	57.9	27.1	15.0
2005	7763.4	3492.6	1360.5	61.5	27.7	10.8
2006	9072.9	4092.6	1606.4	61.4	27.7	10.9
2007	8302.5	3110.7	1233.3	65.7	24.6	9.8

（资料来源：历年《中国统计年鉴》和《中国农业年鉴》）

四、农村非农产业外汇贡献的地区分布

农村非农产业的出口交货值统计始于 1987 年，所以分析 1987 年至 2007 年的情况。从表 4-9 可以看出，1987 年，东部农村非农产业的出口交货值为 59.8 亿元，占全国农村非农产业出口交货总额的 84.2%，中部和西部非农产业的出口交货值分别为 7.5 亿元和 3.8 亿元，占全国农村非农产业出口交货总值的份额分别为 10.5% 和 5.3%。2007 年，东部农村非农产业的出口交货值为 31511.8 亿元，占全国农村非农产业出口交货总值的 94.7%，与 1987 年相比，出口交货值增加了 526 倍，占全国农村非农产业出口交货值的份额增加了 10.5 个百分点；中部和西部非农产业的出口交货值分别为 1287.7 亿元和 462.0 亿元，占全国农村非农产业出口交货值的份额分别为 3.9% 和 1.4%，与 1987 年相比，中西部农村非农产业的出口交货值分别增长了 172 倍和 121 倍，占全国农村非农产业出口交货值的份额分别减少了 6.6 个百分点和 3.9 个百分点。东中西部农村非农产业的出口交货值的增长显著快于增加值的增长，意味着农村非农产业的外向型都在不断提高，东部份额的上升，与它在发展外向型经济方面具有比较优势和竞争优势密切相关。

表4-9　农村非农产业外汇贡献的地区分布

年份	出口交货值总额（亿元）			出口交货值份额（%）		
	东部	中部	西部	东部	中部	西部
1987	59.8	7.5	3.8	84.2	10.5	5.3
1988	139.8	15.9	6.2	86.3	9.8	3.8
1989	232.8	26.8	9.0	86.6	10.0	3.4
1990	323.4	36.5	11.6	87.1	9.8	3.1
1991	431.0	41.2	13.5	88.7	8.5	2.8
1992	597.9	54.4	17.7	89.2	8.1	2.6
1993	2018.5	144.9	29.6	92.0	6.6	1.3

年份	出口交货值总额（亿元）			出口交货值份额（%）		
	东部	中部	西部	东部	中部	西部
1994	2018.5	144.9	29.6	92.0	6.6	1.3
1995	3105.1	245.5	47.7	91.4	7.2	1.4
1996	4948.9	385.1	60.6	91.7	7.1	1.1
1997	5398.4	547.2	62.2	89.9	9.1	1.0
1998	6216.1	662.0	68.4	89.5	9.5	1.0
1999	6192.0	592.7	68.9	90.3	8.6	1.0
2000	7084.1	583.6	75.9	91.5	7.5	1.0
2001	9210.3	613.5	122.1	92.6	6.2	1.2
2002	10875.5	551.4	136.5	94.1	4.8	1.2
2003	14216.8	682.0	183.7	94.3	4.5	1.2
2004	17206.8	862.3	273.0	93.8	4.7	1.5
2005	21315.9	1071.4	294.8	94.0	4.7	1.3
2006	26549.5	1286.8	386.3	94.1	4.6	1.4
2007	31511.8	1287.7	462.0	94.7	3.9	1.4

（资料来源：历年《中国统计年鉴》和《中国农业年鉴》）

五、农村非农产业税收贡献的地区分布

农村非农产业税收统计始于 1979 年，所以分析 1979 年至 2007 年的情况。从表 4–10 可以看出，1979 年，东部农村非农产业实缴税收为 15.28 亿元，占全国农村非农产业实缴税收的 67.5%，中部和西部非农产业的实缴税收分别为 6.1 亿元和 1.2 亿元，占全国农村非农产业实缴税收的份额分别为 27.5% 和 5.3%。2007 年，东部农村非农产业实缴税收 5421.1 亿元，占全国农村非农产业实缴税收的 74.3%，与 1978 年相比，实缴税收增长了 355 倍，占全国农村非农产业实缴税收的份额增加了 6.8 个百分点；中西部非农产业实缴税收分别为 1240.1 亿元和 636.4 亿元，占全国农村非农产业实缴税收的份额分别为 17.0% 和 8.7%，与 1979 年相比，中西部农村非农产业的实缴税收分别增长了 201 倍和 534 倍，占全

国农村非农产业实缴税收的份额，中部减少了10.2个百分点，西部增加3.2个百分点。西部增加值份额下降而实缴税收份额上升，意味着西部农村基层政府与东中部相比具有更强的征税力度。

表4－10　农村非农产业税收贡献的地区分布

年份	税收总额（亿元）			税收份额（％）		
	东部	中部	西部	东部	中部	西部
1979	15.2	6.1	1.2	67.5	27.2	5.3
1980	18.9	5.2	1.6	73.5	20.2	6.2
1981	24.5	7.6	2.2	71.5	22.0	6.4
1982	32.2	9.3	3.2	72.0	20.8	7.2
1983	43.5	11.3	4.1	73.8	19.2	6.9
1984	58.7	15.0	5.4	74.1	19.0	6.9
1985	96.5	29.1	11.6	70.3	21.2	8.5
1986	81.5	19.2	7.9	75.1	17.7	7.2
1987	103.9	24.3	9.2	75.7	17.7	6.7
1988	99.7	23.0	8.1	76.2	17.6	6.2
1989	220.5	62.8	27.0	71.1	20.3	8.7
1990	246.1	74.3	31.2	70.0	21.1	8.9
1991	261.0	83.4	35.1	68.8	22.0	9.2
1992	316.8	96.5	41.3	69.7	21.2	9.1
1993	520.8	86.2	41.5	80.3	13.3	6.4
1994	169.0	92.0	38.2	56.5	30.7	12.8
1995	240.9	88.7	33.0	66.4	24.5	9.1
1996	252.6	115.8	37.2	62.3	28.6	9.2
1997	1340.6	815.9	211.0	56.6	34.5	8.9
1998	933.3	436.9	156.1	61.1	28.6	10.2
1999	1001.9	414.2	166.9	63.3	26.2	10.5
2000	1162.0	444.5	183.0	64.9	24.8	10.2
2001	1617.2	477.8	213.1	70.1	20.7	9.2
2002	1989.3	536.9	260.4	71.4	19.3	9.3

年份	税收总额（亿元）			税收份额（%）		
	东部	中部	西部	东部	中部	西部
2003	2561.0	630.4	309.1	73.2	18.0	8.8
2004	3222.7	797.6	376.2	73.3	18.1	8.6
2005	3735.1	1009.4	436.4	72.1	19.5	8.4
2006	4913.0	1241.2	541.9	73.4	18.5	8.1
2007	5421.1	1240.1	636.4	74.3	17.0	8.7

（资料来源：历年《中国统计年鉴》和《中国农业年鉴》）

第四节　农村非农产业增长对资源与环境压力的变化

一、农村工业增长对资源依赖性的变化

农村工业增长对资源的压力，可以用物耗的变化来反映。农村工业统计有总产值和增加值两项指标，总产出减去增加值即为物耗。数据处理结果表明，1996—2007 年间，农村工业总物耗呈增长态势，意味着农村工业对资源的压力仍在继续加大；而增长率略低于农村工业增加值的增长率，意味着农村工业的资源利用水平略有改善。

1. 农村工业单位增加值的物耗变动

为了做进一步的分析，下面将农村工业划分为低物耗产业、中物耗产业和高物耗产业。具体的划分方法如下：首先，计算各个产业各个年度的物耗率［（总产值－增加值）/总产值］，其次，将得到的 8234 个物耗率按照升序排列；第三，将这些数据分为相等的三份，前面的一份对应的产业为低物耗产业，中间的一份为中物耗产业，后面的一份为高物耗产业。

从表 4-11 可以看出，在 1997 年至 2005 年，低物耗产业的单位增加值的物耗由 2.71 下降到了 2.56，中物耗产业的该指标由 3.36 下降到

3.27，这意味着这两类产业增长对资源的依赖性是下降的。同期，高物耗产业的单位增加值的物耗由 4.12 上升到 4.18，意味着高物耗产业的增长对资源的依赖性是上升的。一言以蔽之，低物耗和中物耗产业的增长，有利于减轻对资源的压力，而高物耗产业的增长，会加大对资源的压力。

表4-11　农村工业单位增加值的物耗变动

	低物耗	中物耗	高物耗	乡镇工业
1997	2.71	3.36	4.12	3.49
1998	2.55	3.35	4.08	3.47
1999	2.61	3.34	4.18	3.42
2000	2.64	3.36	4.20	3.42
2001	2.72	3.34	4.29	3.35
2002	2.59	3.32	4.23	3.38
2003	2.54	3.33	4.26	3.35
2004	1.65	3.26	4.35	2.90
2005	2.56	3.27	4.18	3.35
1997—1999	2.62	3.35	4.12	3.46
2000—2002	2.65	3.34	4.24	3.38
2003—2005	2.24	3.28	4.25	3.20

（资料来源：历年《中国统计年鉴》和《中国农业年鉴》）

2. 基于资源压力视角的农村工业增长分析

从表4-12 可以看出，1998—2005 年间，乡镇工业的平均增长率为13.10%。其中，低物耗产业和高物耗产业的平均增长率分别为 17% 和15.48%，都高于乡镇工业平均增长水平；而中物耗产业的增长率为13.10%，与农村工业的平均增长率相当，农村工业的低物耗产业具有更高的增长率的格局，有利于资源压力的化解。

表 4 - 12　农村工业的增长率

（上年 = 100）

	低物耗产业	中物耗产业	高物耗产业	农村工业
1998	106.55	108.41	119.77	112.34
1999	133.27	134.02	91.60	116.43
2000	113.03	114.69	99.46	109.34
2001	121.54	94.94	75.65	96.42
2002	117.55	104.43	172.25	124.51
2003	127.38	98.03	114.21	112.58
2004	115.83	132.79	79.35	109.36
2005	100.83	117.50	171.57	123.81
2000—2002	167.80	138.55	101.32	131.90
2003—2005	166.11	128.50	153.46	147.23
平均增速	117.00	113.10	115.48	113.10

（资料来源：历年《中国统计年鉴》和《中国农业年鉴》）

3. 基于资源压力视角的农村工业结构变动

从表 4 - 13 可以看出，在 1997 年至 2005 年期间，低物耗产业的增加值占农村工业增加值的份额从 23.94% 上升到 31.21%，上升了将近 8 个百分点；中物耗产业的增加值占农村工业增加值的份额由 37.54% 下降到 2005 年的 36.25%；高物耗产业的增加值占农村工业增加值的份额由 38.52% 下降到 32.54%，下降了将近 6 个百分点。农村工业中的低物耗产业增加的份额上升，中物耗产业和高物耗产业份额下降的产业结构变动，有利于化解增长对资源的压力。

表 4 - 13　各类物耗产业增加值占乡镇工业增加值的比重

（单位:%）

	低物耗	中物耗	高物耗
1997	23.94	37.54	38.52
1998	22.71	36.23	41.06
1999	26.00	41.70	32.30

续表

	低物耗	中物耗	高物耗
2000	26.87	43.74	29.38
2001	33.87	43.07	23.06
2002	31.98	36.12	31.90
2003	36.19	31.46	32.36
2004	38.33	38.19	23.48
2005	31.21	36.25	32.54
1997—1999	24.32	38.70	36.98
2000—2002	30.94	40.65	28.41
2003—2005	34.91	35.48	29.61

（资料来源：历年《中国统计年鉴》和《中国农业年鉴》）

二、农村工业对环境影响的变化

赵细康（2003）通过 1991—1999 年的工业企业调查数据，计算出中国各产业污染排放的强度系数，并由此划分出了重污染行业、中度污染行业和轻污染行业。我们依据赵细康的方法和 2004 年农村工业污染排放数据，计算了农村工业各产业的污染排放强度系数。计算结果表明，农村工业平均污染强度系数为 0.28。据此，将农村工业划分为三个类型：其中大于 0.28 为重污染型，包括采掘业、造纸及纸制品业、有色金属矿物制造业、黑色金属冶炼及压延工业、化学纤维制造业、化工原料及化学品制造业；位于 0.28—0.08 之间为中污染型，包括纺织业、食品加工业、木材加工及木竹藤棕草制品业、其他行业、食品制造业、纺织服装、鞋、帽制造业、医药制造业、饮料制造业、皮革毛皮羽毛及其制品业、石油加工及炼焦业；小于 0.08 为轻污染型，包括家具制造业、橡胶制品业、文教体育用品制造业、金属制品业、专用设备制造业、塑料制品业、通用设备制造业、印刷业和记录媒介的复制、仪器仪表及文化办公用机械制造业、交通运输设备制造业、电子设备制造业、电气机械及器材制造业、烟草制品业。

1. 基于环境影响的农村工业增长

从表 4-14 可以看出，农村工业的各个部门都保持着增长趋势，相对来说，轻污染行业、中污染行业增长得更快一些，比农村工业增长率高将近 1—3 百分点；高污染行业的增长率比农村工业增长率低近 3 个百分点。这意味着农村工业的增长对环境的压力有改善的趋势。

表 4-14 乡镇工业各行业增长变动

（上年＝100）

	低污染	中污染	高污染	农村工业
1998	117.38	112.40	112.98	114.02
1999	112.68	107.29	111.52	110.29
2000	112.07	108.94	107.76	109.49
2001	113.60	108.50	107.78	109.83
2002	114.56	108.80	110.84	111.30
2003	114.51	106.55	110.39	110.40
2004	104.77	138.80	101.79	115.25
2005	102.03	114.27	99.92	106.38
2000—2002	145.73	128.82	131.08	134.56
2003—2005	135.12	153.07	122.30	137.31
平均增速	111.45	113.19	107.87	110.87

（资料来源：历年《中国统计年鉴》和《中国农业年鉴》）

2. 基于环境影响视角的农村工业结构变动

从表 4-15 可以看出，1997 年至 2005 年，低污染产业的增加值占农村工业增加值的份额由 28.66% 提高到 29.71%，增加了 1.05 个百分点；中污染产业的增加值占农村工业增加值的份额由 37.81% 增加到 43.49%，增加了 5.68 个百分点；高污染产业的增加值占农村工业增加值的份额由 33.53% 减少到 26.80%，下降了 6.73 个百分点。高污染产业的增加值占农村工业增加值的份额始终趋于下降，说明农村工业的产业结构朝着降低环境压力的方向演进。

表 4-15　乡镇工业各产业份额变化

（单位:%）

	低污染	中污染	高污染
1997	28.66	37.81	33.53
1998	29.51	37.27	33.22
1999	30.15	36.26	33.59
2000	30.86	36.08	33.06
2001	31.92	35.64	32.44
2002	32.85	34.84	32.31
2003	34.07	33.62	32.30
2004	30.98	40.49	28.53
2005	29.71	43.49	26.80
1997—1999	29.50	37.06	33.45
2000—2002	31.94	35.48	32.58
2003—2005	31.43	39.55	29.02

（资料来源：历年《中国统计年鉴》和《中国农业年鉴》）

第五章

农民收入与生活
消费状况的变迁

　　1949 年新中国成立以来的 60 年，中国农民的收入和生活消费状况发生了历史性的变化。农民人均纯收入自 1949 年以来增长了 13 倍多，年平均增长 4.62%。然而，60 年间中国农民收入增长的历程却并不平坦，增长的主旋律常伴随着停滞和回落。总体来看，1978 年以前农民人均纯收入增长比较缓慢，按可比价格计算，1949—1978 年农民人均收入仅增长一倍，换言之改革开放之前农民收入增长一倍用了 30 年；1978 年以后农民收入增长明显加快，1978—1984 年 6 年间农民收入就增加了一倍，1984—2001 年农民收入又增加了一倍，2001—2008 年农民人均收入增长了 55.1%。1978 年以后农民收入增长较快，主要得益于（1）家庭经营体制的重新确立；（2）国家城市化、工业化速度加快所增加的就业机会和工资性收入；（3）市场经济体制的建立和完善，改善了农业的贸易条件；（4）国家对"三农"投入的增加以及多项支农、惠农政策的实行等。

　　在农民收入增长的同时，农民收入分配的不平等程度也发生了较大的变化。1978 年以前农民收入分配总体较平均，改革开放以后前期农民收入分配的不平等状况有所改善，但从 1985 年以后农民收入分配的不平等状况一直呈波浪形上升，直到 2004 年以后这种走势才有所改变。农民收入分配差异的扩大，在 1996 年前与省间农民收入差异的变化一致。但 1996 年后农民收入差异的扩大主要由省内农民间收入差异扩大所致。另外，农民收入的增长并没有使城乡居民间的收入差距缩小，除了改革开放前几年以外，农民与城镇居民的收入差距总体上还有所扩大。

60 年农民消费水平增长了近 10 倍，其中用和住方面的支出增长快于吃、穿方面支出的增长。改革开放之后农民商品性消费增长迅速，消费结构趋于优化。突出地表现在：（1）食品消费从数量型增长逐渐转向质量提高；（2）住房在面积增长的同时，砖木结构和钢筋混凝土结构住房成为主体；（3）耐用消费品在数量方面和质量方面都有显著改善，尤其是交通、通讯和家用电器从数量增加为主转向更高功能的产品和服务。

农民消费的地区差异在 1978 年以前很小，且变化不大。1978 年以后除了改革开放初期出现了地区间农民消费支出差异缩小的情况以外，一直到 2003 年地区间消费支出差异呈扩大的态势，2004 年后地区间的收入差异才趋于缩小。1957 年以来城乡居民间的消费差别除了改革初期出现过短期缩小的情况，城镇居民的人均消费支出多数时间都保持在农民的 3 倍以上。

摆脱贫困、进入小康，是中国普通老百姓数千年的梦想和追求。这一梦想在改革开放以后正在逐步地变成现实或者说看到了变成现实的曙光。农村的温饱问题现在已经基本解决，较低水平的总体小康已经实现，更全面、更均衡和更高标准的农村全面小康社会建设到现在已走完五分之二的路程，虽然在饮水、收入和环境等方面的任务仍然很艰巨，但经过多方面的持续不懈努力，到 2020 年全国整体上实现建设农村全面小康社会的目标还是充满希望的。

第一节 农民收入及其结构的变化

一、农民收入的增长及其阶段性变化

（一）农民收入的总体变化

1949 年新中国成立以来的 60 年，中国农民的人均纯收入有了显著的增长。现价农民人均纯收入从 1949 年的 43.8 元，增加到 2008 年的 4761 元。按 1950 年价格计算，全国农民人均纯收入从 1949 年的 45.51 元，增加到 2008 年的 652 元，增长了 13.33 倍，年平均增长 4.62%（见图 5 - 1）。然而，60 年间中国农民收入增长的历程却并不平坦，增长的主旋律常伴随着停滞和回落。总体来看，1978 年以前农民人均纯收入增长比较缓慢，按可比价格计算，1949—1978 年农民人均收入仅增长一倍，换言之改革开放之前农民收入增长一倍用了 30 年；1978 年以后农民收入增长明显加快，1978—1984 年 6 年间农民收入就增加了一倍；1984—2001 年农民收入又增加了一倍，不过这一次用了 17 年；2001 年到 2008 年农民人均收入增长了 55.1%，以此速度推算，到 2013 年农民人均收入可以再翻一番。

在分析过去 60 年中国农民收入变迁的轨迹时，面临的一个主要困难是数据不完整。一是 1978 年前部分年份全国农民收入数据缺失。1978 年前有 18 年（分别是 1950、1951、1953、1955、1958—1961、1966—1975）没有全国农民收入的数据。为了补充这些年份的数据，我们将有数据的省（市、区）的农民收入简单平均数作为全国农民平均收入，以估计全国农民收入的年度变化（表 5 - 1）。在没有全国数据的 18 年中，有 2 年只有湖北、贵州两省的数据，有 1 年只有 3 个省的数据，有 6 年只有 4 个省的数据，各有 1 年分别有 5 个、10 个和 11 个省数据，有 6 个、7 个和 8 个省数据的年份各 2 年。在所有省（市、区）中，只有湖北和贵州有

（单位：元）

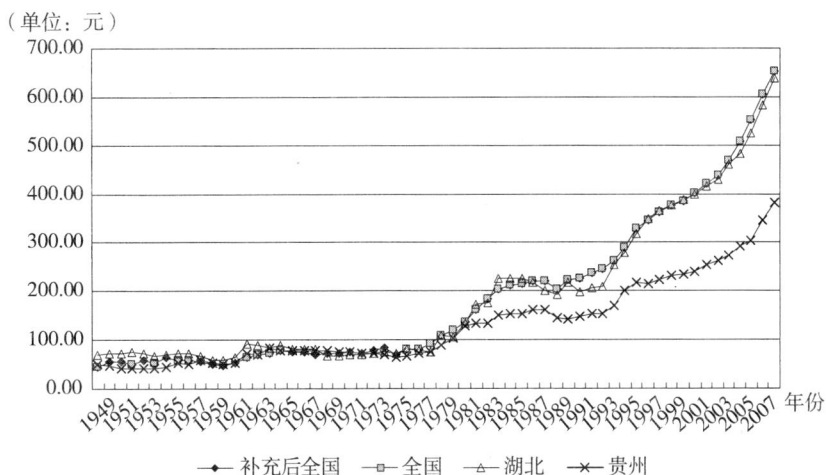

图 5-1 1949—2008 年农民人均收入变化

注：在没有全国农民收入数据的年份使用有数据省（市、区）农民收入的简单平均
　　数代替全国农民平均收入；价格按全国职工生活费价格指数调整。
（资料来源：各地区统计年鉴；各地区建国四十年统计资料；国家统计局综合司编：
《全国各省、自治区、直辖市历史统计资料汇编（1949—1989）》，中国统计出版社
1990 年版；国家统计局农村抽样调查总队编：《各省、自治区、直辖市农民收
入、消费调查研究资料汇编》，中国统计出版社 1985 年版；国家统计局：《光
辉的三十五年统计资料》，中国统计出版社 1984 年版）

1949 年以来的历年农民收入数据。因此，我们在将有数据的省的简单
平均数作为全国农民收入平均数估计全国农民收入年度变化的同时，
也对数据完整的湖北、贵州两省农民收入的年度变化进行分析。另一
个困难是 1985 年以前没有全国农村消费价格指数，我们使用 1949—
1977 年职工生活费用价格指数和 1978—1984 年的城镇居民消费价格
指数作为农村消费价格指数，来控制价格因素的影响和估计全国农民
收入真实变化。

表 5 - 1   1949—1978 年农民收入变化

（按 1950 年价格指数计算）（单位：元）

年份	补充后全国	全国	湖北	贵州	缺全国数据年份有数据省份数的个数
1949	45.51	45.51	69.72	50.18	
1950	56.51		72.12	48.40	3
1951	56.96		71.44	42.49	2
1952	49.35	49.35	74.27	42.34	
1953	57.84		73.09	42.59	2
1954	52.07	52.07	67.83	41.51	
1955	65.43		69.64	44.37	10
1956	59.08	59.08	73.18	52.59	
1957	57.62	57.62	73.62	50.32	
1958	55.80		67.17	58.07	8
1959	49.02		59.85	53.74	7
1960	48.00		59.52	48.84	6
1961	53.26		63.30	53.74	7
1962	63.81	63.81	91.82	72.70	
1963	69.34	69.34	87.89	70.77	
1964	72.71	72.71	83.51	82.52	
1965	77.12	77.12	89.14	79.42	
1966	75.51		81.72	78.51	8
1967	74.75		80.79	78.45	4
1968	70.87		79.71	77.58	4
1969	71.79		65.82	77.07	4
1970	72.79		67.27	74.53	6
1971	76.60		70.30	75.38	4
1972	72.98		69.98	71.65	4
1973	77.11		72.90	72.10	4
1974	84.01		76.54	70.05	5
1975	69.67		73.75	64.37	11
1976	80.84	80.84	80.66	67.98	
1977	81.49	81.49	76.85	73.49	
1978	92.33	92.33	76.38	75.53	

注：在没有全国农民收入数据的年份使用有数据省（市、区）农民收入的简单平均数代替全国农民平均收入；价格按全国职工生活费价格指数调整。

（资料来源：各地区统计年鉴；各地区建国四十年统计资料；国家统计局综合司编：《全国各省、自治区、直辖市历史统计资料汇编（1949—1989）》，中国统计出版社1990年版；国家统计局农村抽样调查总队编：《各省、自治区、直辖市农民收入、消费调查研究资料汇编》，中国统计出版社1985年版；国家统计局：《光辉的三十五年统计资料》，中国统计出版社1984年版）

根据补充后的农民收入数据，1949—2008 年间全国农民人均纯收入有 13 年出现收入绝对值下降，其中 12 年出现在 1978 年以前、一次出现在 1989 年，其中 1956—1960 年连续 5 年农民收入绝对值下降，1966—1968 年连续 3 年下降。数据完整的湖北省和贵州省在 1949—2008 年间各有 23 年出现农民人均纯收入绝对值下降，湖北省在 1978 年前有 16 年出现农民收入下降的情况、1978 年后有 7 年出现下降；贵州省在 1978 年前有 17 年发生农民收入下降的情况、1978 年后有 6 年出现下降。60 年间湖北、贵州两省农民人均纯收入同时下降的有 14 年，分别是 1951、1954、1959—1960、1963、1966—1969、1972、1975、1986、1988—1989 年。

（二）农民收入增长的阶段性变化

1. 1949—1978 年农民收入增长的轨迹

改革开放前 30 年，中国农民收入的年度变化如图 5－2 所示，虽然收入变化曲线总体向上，波动却是这一时期挥之不去的主调。这一时期农民收入的变化可划分为 4 个阶段：

（单位：元）

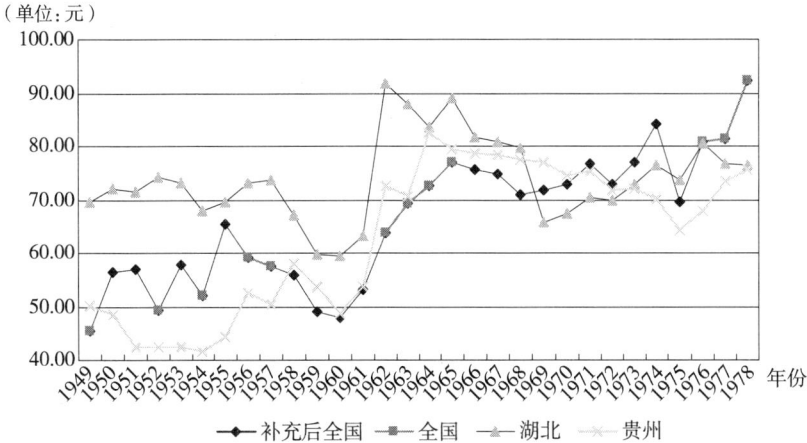

图 5－2　1949—1978 年农民收入变化

第一个阶段为 1949—1956 年，农民人均纯收入按可比价格计算从 45.51 元，增加到 59.08 元，增长了 29.8%，年均增长 3.8%。这一阶段农民收入的增长主要得益于农村土地改革焕发出农民的生产热情。

第二个阶段为 1957—1960 年，农民人均收入从前一阶段末的 59.08 元下降到 1960 年的 48 元，几乎跌到 1949 年的水平，下降了 18.75%，这一阶段农民收入的减少，是连续性的严重自然灾害、脱离生产力发展水平进行的生产关系调整（包括从初级社快速过渡到高级社并很快建立人民公社）和为了不切实际的工业化赶超战略而导致的农村劳动力不能正常从事农业生产（如大炼钢铁）等因素综合作用的结果。

第三个阶段为 1961—1965 年，农民人均收入从 1960 年的 48 元提高到 1965 年的 77.12 元，创造了新中国成立以来农民收入的新高，增长了 61%，年均增长 9.95%。这一阶段农民收入的增长主要是由于基本恢复了农村正常的生产秩序、调整了农村生产关系并增加了农业的投入。

第四个阶段为 1966—1977 年，农民收入变化处于徘徊阶段，11 年间农民人均纯收入仅增长了 7.9%，年平均增长 0.7%。在这期间，1966—1968 年农民收入连续 3 年下降，1969—1974 年缓慢增长，1975 年农民收入大幅下降 17%，到改革开放前两年农民收入略高于 1965 年时的水平。这一阶段农民收入增长基本停滞，其原因主要有两个方面。一方面持续的社会运动和内耗以及吃"大锅饭"的体制，使这一阶段的农村正常生产活动受到一定的影响，农民的生产积极性低；另一方面在这一期间通过大量的劳务积累建设了大批的基本农田、水利、公路等基础设施并通过组织农业现代化活动增加了良种、化肥、农药等现代要素的投入，因而使得农业主要是粮食生产在这 11 年间还能略有增长。湖北、贵州两省农民收入变化的轨迹，与上述全国农民收入的变化基本相同。

2. 1978 年以后的农民收入增长

1978 年以后中国农民收入增长比较迅速。按 1978 年可比价格计算的农民人均纯收入从 1978 年的 133.6 元，增加到 2008 年的 1059.72 元，增长了 6.93 倍，年平均增长 7.1%（表 5-2）。

表 5 - 2　1978—2008 年农民人均纯收入增长

年份	农民收入（按 1978 年价格计算）（元）	年均增长率（1978 为基年）（%）
1978	133.60	
1980	185.70	17.9
1985	359.25	15.2
1990	415.76	9.9
1991	424.05	9.3
1992	449.16	9.0
1993	463.46	8.6
1994	486.70	8.4
1995	512.49	8.2
1996	558.58	8.3
1997	584.23	8.1
1998	609.35	7.9
1999	632.60	7.7
2000	645.82	7.4
2001	672.94	7.3
2002	705.27	7.2
2003	735.60	7.1
2004	785.57	7.1
2005	834.33	7.0
2006	896.06	7.0
2007	981.16	7.1
2008	1059.72	7.1

（资料来源：国家统计局农村社会经济调查司：《中国农村住户调查年鉴，2008》，中国统计出版社；国家统计局：《中国统计摘要，2009》，中国统计出版社）

1978—2008 年中国农民收入的变化，大体经历了 5 个阶段。

第一个阶段为 1978—1985 年，是一个快速恢复性增长时期，农民人均纯收入按 1978 年价格计算，从 1978 年的 133.6 元快速增加到 1985 年的 359.25 元，增长了 1.69 倍，年平均增长 15.2%。这一阶段农民收入的增长带有一定的恢复性质，主要得益于农村体制改革所产生的要素投入增加和生产效率提高（林毅夫等，1999）与农产品收购价格的大幅度提高。

第二个阶段为 1986—1991 年，农民收入处于波动性缓慢增长阶段。

在这期间农民人均收入仅仅增长了 18%，年均增长 2.8%，其中 1989 年还出现了 1978 年以后农民收入唯一的一次下降。这期间农民收入增长缓慢，主要是由于在前一个增长期已基本耗尽了改革开放前积蓄的发展潜能和 1978 年以后农村生产经营制度改革的直接功效、农村市场化改革没有大的突破使得农民很难从社会获得收入增长所需的资源和动力。

第三个阶段为 1992—1996 年，农民收入有了较快的增长，增长了 24.4%，年均增长 6.8%。在这一阶段农民收入的增长主要是由于国家宏观经济环境的改善、政府对农业投入的增加、农村和农产品市场化改革加速及由此产生的乡镇企业快速发展以及 1994 与 1996 年两次大幅度提高农产品价格等综合政策、措施的实行。

第四个阶段为 1997—2003 年，农民收入再次陷入缓慢增长，农民人均纯收入年均增长 3.9%。这一阶段农民收入增速缓慢，主要是因亚洲金融危机国家出台了宏观经济紧缩政策和农业发展阶段性因素的影响。一方面受宏观经济政策紧缩的影响，乡镇企业及其吸收农村剩余劳动力就业的增长放缓；另一方面经过改革开放 20 多年的发展，到这一时期主要农产品的供求关系发生了转折性变化，由过去的全面短缺变为相对过剩，粮食价格下跌，畜产品价格和糖、棉、油等主要经济作物价格也在不断走低，造成农民增产不增收。

第五个阶段为 2004—2008 年，农民收入获得了较快的增长，年平均增长 7.8%。这一阶段农民收入的增长，主要得益于国家出台的一系列增加农民收入和减少农民支出的支持和保障政策，如通过提供农业直接补贴和保障农民工按时足额领取工资等政策增加农民收入、通过农村税费改革减少农民支出等。

二、农民收入结构的变化

（一）农民收入来源结构的变化

农民收入的变化总是伴随着收入来源结构的变化，并且在很大程度上由收入来源结构变化推动。在分析中国农民收入来源结构的变化时，数据口径不一致是面临的一个主要障碍。在 1982 年以前（含 1982 年），农民收入来源划分为集体分配收入、家庭副业收入和其他收入（主要有转移性收入和财产性收入构成）。为了便于与 1982 年后的收入来源进行比较，我们采用国家统计局在进行历史数据处理采取的方法，将集体分配收入视同工资性收入。这样处理实际上是将农村集体视为雇主，这与法律规定的农民作为农村集体经济主人的属性不符，但与实际上存在的集体与农民的关系是基本相符的。另一个问题是在 1992 年以前农民收入来源中转移性收入和财产性收入没有分开。1954—2008 年中国农民收入来源的结构见表 5-3。

表 5-3　1954—2008 年农民纯收入来源构成的变化

（单位:%）

年份	农民纯收入	工资性纯收入	家庭经营纯收入	转移性纯收入	财产性纯收入
1954	100.00	3.74	87.99	8.27	
1956	100.00	62.41	23.32	14.27	
1957	100.00	59.45	29.45	11.10	
1962	100.00	52.77	38.55	8.78	
1963	100.00	53.90	35.24	10.96	
1964	100.00	53.86	34.90	11.24	
1965	100.00	58.96	31.06	9.98	
1976	100.00	69.32	23.17	7.52	
1977	100.00	64.99	28.01	7.00	
1978	100.00	66.09	26.80	7.11	
1979	100.00	62.86	27.47	9.68	
1980	100.00	55.62	32.72	11.71	
1981	100.00	50.94	37.82	11.24	
1982	100.00	52.91	38.06	9.07	
1983	100.00	18.56	73.50	7.94	
1984	100.00	18.72	73.66	7.66	
1985	100.00	18.16	74.45	7.42	
1986	100.00	19.25	73.93	6.82	
1987	100.00	20.64	74.69	4.67	

年份	农民纯收入	工资性纯收入	家庭经营纯收入	转移性纯收入	财产性纯收入
1988	100.00	21.62	74.00	4.40	
1989	100.00	22.69	72.25	5.07	
1990	100.00	20.22	75.56	4.23	
1991	100.00	21.44	73.89	4.66	
1992	100.00	23.52	71.63	4.85	
1993	100.00	21.10	73.62	4.51	0.76
1994	100.00	21.54	72.23	3.90	2.34
1995	100.00	22.42	71.36	3.63	2.60
1996	100.00	23.40	70.74	3.64	2.21
1997	100.00	24.62	70.46	3.79	1.13
1998	100.00	26.53	67.81	4.26	1.41
1999	100.00	28.52	65.53	4.53	1.43
2000	100.00	31.17	63.34	3.50	2.00
2001	100.00	32.62	61.68	3.71	1.99
2002	100.00	33.94	60.05	3.97	2.05
2003	100.00	35.02	58.78	3.69	2.51
2004	100.00	34.00	59.45	3.93	2.61
2005	100.00	36.08	56.67	4.53	2.72
2006	100.00	38.33	53.83	5.04	2.80
2007	100.00	38.55	52.98	5.37	3.10
2008	100.00	38.94	51.16	6.79	3.11

注：1982 年以前工资性收入包括农民从集体分配的收入，1992 年以前财产性收入与
　　转移性收入没有分开。

（资料来源：国家统计局农村社会经济调查司：《中国农村统计年鉴，2008》；《中国
农村住户调查年鉴，2008》，中国统计出版社；国家统计局：《中国统计摘要，
2009》，中国统计出版社）

1. 1982 年前农民收入来源结构变化

在 1954 年，农户家庭经营收入占农民纯收入的 88%，财产性和转移
性纯收入占 8.3%，工资性收入仅占 3.7%，家庭经营收入在当年的农民
收入中占据着绝对主要的地位。随后开展的农业合作社从初级社向高级社

的快速过渡以及农村经济集体化，从根本上改变了在中国历史上存在了数千年的以农户为基础的农村经济结构和收入形成结构。1956年农民从集体分配到的收入，占到农民收入的62.4%；主要以家庭副业形式存在的家庭经营收入所占比重迅速下降到23.3%；同时财产性收入和转移性收入的比重提高到14.3%，这可能主要是农民从集体获得的转移性收入和从政府以救灾、救济等方式得到的转移收入增加的结果。从1957—1964年，农民收入中来自集体分配的收入所占比重有较大幅度的降低，1964年比1956年集体收入比重降低了8.6个百分点，相应地农民家庭副业收入所占收入比重增加了11.6个百分点，与集体经济收入比重下降相适应，农民来自转移性和财产性收入的比重也降低了3个百分点。在这期间农民收入来源结构出现的这样一种变化，一方面说明政府纠正了在此前所采取的积极的集体化错误、允许农民发展家庭副业，另一方面也说明了家庭经济相对于比较低层次的集体经济来说，具有更强的抗风险能力，在遭遇自然灾害和其他社会冲击时，家庭经济可以凭借其管理和效益主体直接单一的特性，发挥更有效的作用。1965—1976年，农民从集体分配收入所占比重重新得到提高，到1976年农民从集体分配的收入占农民收入的69.3%，农村家庭副业收入所占比重则下降到1956年的水平。1976年以后直到1982年，农民收入中来自集体分配收入所占比重逐渐下降，1982年集体分配收入占农民收入比重降到52.9%，而且这一比重也主要是统计口径尚未调整所致，实际上来自集体收入的比重到1982年应该大幅低于这一数字。

2. 1983—2008年农民收入来源结构变化

从1983—1990年，家庭经营收入在农民收入中一直占据着绝对主要而且上升的地位，其比重从1983年的73.5%提高到1990年的75.6%。工资性收入所占比重在1989年最高时曾达到22.7%，但到1990年又下降到20.2%。从1991—2008年，除了1993和2004年以外，工资性收入在农民收入中所占比重一直处于上升之中，其比重从1991年的21.44%上升到2008年38.94%，上升了17.5个百分点，与此同时家庭经营收入所占比重同期下降了 22.7 个百分点，但仍是农民最主要的收入来源。因此，在一定程度上可以说，在这期间农民收入的增长主要是由于乡镇企业和城市企业提供的就业机会增加、工资性收入增长所致。2004 年以后，转移性收入所占比重有了较大的提高，其比重从 2004 年的 3.93% 提高到 2008 年的 6.79%，增加了 2.8 个百分点。这主要是由于前面提到的政府出台的一系列支农、惠农政策作用的结果。

3. **农民家庭经营收入来源结构变化**

如前所述，在农村家庭联产承包责任制实行之前，农民家庭经营收入主要是家庭副业收入。在 1978 年和 1980 年的农民家庭经营收入中，畜牧业是最主要的来源。畜牧业收入分别占这两年家庭经营总收入的 56.2% 和 55.4%（表 5-4）；以自留地上种植的蔬菜、水果为主的种植业收入分别贡献了这两年家庭经营收入的 37.8% 和 34.8%。手工业和其他家庭个体工商业贡献了剩余的收入来源。农村家庭承包经营实行以后，农民家庭经营收入的结构发生了一定的变化，但各类收入在其中的排序几乎没有发生任何变化。种植业收入所占比重虽然从 1985 年的 63.7% 下降到 2007 年的 54.4%，但一直占据了农民家庭经营收入来源的第一位；畜牧业所占份额则相对比较稳定，在此期间只是在 22% 到 25% 之间波动，在各类收入来源中居第二位；以运输、商业和餐饮为主的第三产业所占比重在这期间有所上升，从 1985 年的 7.3% 上升到 2007 年的 11.8%，在各类收入来源中居第三位；工业和建筑业收入所占比重在这期间也有所提高，不过在 2000 年以后基本趋于稳定，在各类收入来源中居第四位；渔业收入所占比重在 1997 年以后有所提高，到 2007 年占家庭经营收入的 2.5%；林业收入虽有波动，但所占份额变化不大。

表 5－4　1978—2007 年中国农村居民家庭经营收入构成

（单位:%）

年份	家庭经营总收入	一、第一产业收入	1.农业收入	2.林业收入	3.牧业收入	4.渔业收入	二、第二产业收入	1.工业收入	2.建筑业收入	三、第三产业收入	1.交通运输业、邮电业收入	2.批发和零售贸易、餐饮业收入	3.社会服务业收入	4.文教卫生业收入	5.其他收入
1978	100.0	94.1	37.8		56.2					5.9					5.9
1980	100.0	90.2	34.8		55.4					9.8					9.8
1985	100.0	90.0	63.7	1.7	23.4	1.3	2.8	1.0	1.8	7.3	2.8	2.0	0.9		1.6
1990	100.0	90.2	65.1	1.0	22.8	1.3	3.2	1.6	1.6	6.7	2.6	1.8	0.9		1.3
1991	100.0	90.2	63.8	1.1	23.9	1.3	3.0	1.6	1.4	6.8	2.5	1.9	1.0		1.4
1992	100.0	89.5	62.4	1.2	24.4	1.5	3.3	1.6	1.7	7.2	2.8	2.0	1.0		1.4
1993	100.0	86.2	60.1	1.4	23.2	1.5	3.4	1.6	1.8	10.4	2.9	2.3			4.0
1994	100.0	87.7	61.8	1.1	23.3	1.5	3.3	1.4	1.9	9.0	2.6	2.4	1.2		2.8
1995	100.0	88.0	63.3	0.9	22.4	1.4	3.5	1.4	2.1	8.5	2.5	2.3	1.1		2.6
1996	100.0	87.1	63.6	0.9	21.3	1.4	3.9	1.6	2.3	9.0	2.8	2.5	1.2		2.6
1997	100.0	86.1	60.0	0.9	23.7	1.5	4.3	1.4	2.9	9.6	3.0	3.0	1.2		2.4
1998	100.0	84.6	59.6	0.9	22.4	1.7	4.5	2.0	2.5	10.9	3.2	3.6	1.5		2.7
1999	100.0	82.8	59.0	1.1	20.8	1.9	5.0	2.5	2.5	12.2	3.6	4.0	1.7		2.9
2000	100.0	80.4	54.7	1.2	22.3	2.1	5.9	3.5	2.4	13.6	4.3	4.3	1.5	0.4	3.2
2001	100.0	81.3	54.6	1.2	23.3	2.2	5.8	3.5	2.3	13.0	4.1	4.1	1.5	0.4	2.8
2002	100.0	80.9	53.8	1.3	23.2	2.5	6.1	3.8	2.3	13.1	4.3	4.3	1.5	0.4	2.5
2003	100.0	81.2	54.1	1.5	23.3	2.3	6.1	3.9	2.3	12.7	4.2	4.2	1.3	0.4	2.0
2004	100.0	83.2	56.0	1.4	23.6	2.2	5.5	3.5	1.8	11.3	4.0	4.2	1.3	0.4	1.5
2005	100.0	82.8	53.9	1.7	24.8	2.5	5.3	3.5	1.8	11.9	4.4	4.6	1.3	0.4	1.2
2006	100.0	81.9	55.2	2.0	22.3	2.4	5.6	3.6	2.0	12.5	4.5	4.9	1.3	0.5	1.3
2007	100.0	82.7	54.4	1.8	23.9	2.5	5.6	3.5	2.0	11.8	4.3	4.6	1.3	0.5	1.1

注：1978 年、1980 年农民家庭经营收入主要是家庭副业收入，其第三产业收入包括第二产业收入和第三产业收入。

（资料来源：国家统计局农村社会经济调查司：《中国农村住户调查年鉴，2008》，中国统计出版社）

（二）农民收入货币化变化

农民收入中货币性收入或现金收入所占比重，简称农民收入货币化，是评价和判断农民经济活动与市场联系程度（市场化）的一个重要指标。1978 年以来中国农民收入货币化发生了重大的变化。农民纯收入中货币纯收入所占比重，在 1980 年以前还不到 50%（表 5-5）；到 1985 年农民收入货币化率大幅提高到 63.1%，相应的自给性消费的实物收入比重降低到 36.9%。从 1985 年到 1996 年，中国农民收入货币化率基本上没有变化，一直维持在 63% 左右的水平。1997 年以后，农民收入货币化进程明显加速，这个过程一直持续到 2004 年才短暂终止。2003 年农民纯收入中货币性收入所占比重达到 81.42%，初步完成了农民收入货币化的过程。2005 年开始，农民收入货币化率又有所上升，到 2007 年达到 85.15% 的新高。

表 5-5　1978—2007 年农民纯收入构成

（单位:%）

年份	纯收入	货币纯收入	实物纯收入
1978	100.00	41.92	58.08
1980	100.00	49.35	50.71
1985	100.00	63.10	36.90
1990	100.00	64.07	35.93
1991	100.00	65.99	34.01
1992	100.00	64.86	35.14
1993	100.00	61.98	38.02
1994	100.00	64.85	35.15
1995	100.00	62.56	37.44
1996	100.00	63.27	36.73
1997	100.00	67.16	32.85
1998	100.00	67.33	32.67
1999	100.00	69.59	30.41
2000	100.00	73.16	26.84
2001	100.00	73.87	26.13

续表

年份	纯收入	货币纯收入	实物纯收入
2002	100.00	76.74	23.26
2003	100.00	81.42	18.59
2004	100.00	78.92	21.08
2005	100.00	84.13	15.87
2006	100.00	85.53	14.47
2007	100.00	85.15	14.85

（资料来源：国家统计局农村社会经济调查司：《中国农村住户调查年鉴，2008》，中国统计出版社）

在农民收入货币化的过程中，由于工资性收入、转移性收入和财产性收入通常情况下基本上都是以现金收入得到的，因此农民家庭经营收入尤其是其中的家庭经营农业收入的货币化对农民收入的货币化具有关键性的作用。按可比口径计算的家庭经营收入中现金收入所占比重，在1985年为56.5%，2003年提高到74.2%，到2007年进一步提高到78.9%（表5-6）。也就是说，到2007年全国平均仍有21.1%的家庭经营收入仍是实物形式的。考虑到占家庭经营总收入17.3%非农业收入基本上是货币性收入，扣除这一因素之后，2007年农民家庭经营农业收入的货币化率只有74.4%。即使再扣除农民自给性消费的食品、蔬菜和少数预留的种子/种猪，农业收入的货币化率还有一定的提升空间。

表5-6　1978—2007年中国农民总收入中现金收入所占比重

（单位:%）

年份	现金收入	工资性收入	家庭经营收入	财产性收入	转移性收入
1978	42.09	28.73	55.00	93.62	
1980	52.14	37.78	65.68	67.10	
1985	65.30	95.43	56.52	100.00	
1990	68.33	98.27	58.99	100.00	
1991	70.43	98.03	61.23	100.00	
1992	69.95	97.29	59.72	100.00	

年份	现金收入	工资性收入	家庭经营收入	财产性收入	转移性收入
1993	68.24	99.13	58.10	100.00	
1994	68.93	99.47	60.23	100.00	100.00
1995	68.25	99.77	59.48	93.17	100.00
1996	68.66	99.25	59.21	100.00	100.00
1997	71.58	99.57	61.66	100.00	100.00
1998	72.23	100.00	60.93	100.00	100.00
1999	73.87	99.70	62.41	100.00	100.00
2000	75.70	99.73	66.57	86.44	97.22
2001	76.65	99.73	67.33	87.45	97.30
2002	79.06	99.88	69.47	90.86	100.00
2003	81.77	99.81	74.22	82.07	95.46
2004	80.06	99.91	72.02	81.72	96.38
2005	84.55	99.88	78.13	81.13	97.30
2006	85.61	99.93	78.83	83.38	98.00
2007	85.62	99.94	78.86	78.78	97.90

（资料来源：国家统计局农村社会经济调查司：《中国农村住户调查年鉴，2008》，中国统计出版社）

三、农民收入均等性分析

（一）农民收入分配均等性变化

对于1978年以前中国农村收入分配的均等状况，由于缺乏可靠的收入分组数据，很难进行准确的估计。从有关的少量文献资料来看，土地改革完成之后到1978年改革开放之前，中国农村居民收入分配总体比较平均，全国农民之间的收入差距主要决定于区域间土地资源和生产条件的差异，在小范围内（合作社或生产队）农民收入差距很小。但农民收入具体平均到什么程度无从知晓。因此，我们只好将分析的重点放在1978年之后。1978年全国农民收入分配的基尼系数为0.21，属于非常均等的状态（图5-3）。但是从1980年开始，农民收入分配的基尼系数在总体上

日趋增大，到 2007 年达到 0.37。在此期间，农民收入分配的不平等程度
经历了多次起伏，1978—2007 年间农民收入分配的基尼系数出现了 11 次
年间下降的情况，其他年份都处于上升的状态。总体来看，从 1980 年到
1985 年农民收入分配的基尼系数出现了明显的缩小，基尼系数从 1980 年
的 0.2407 缩小到 1985 年的 0.2267，是改革开放以来农民收入分配基尼系
数下降时期最长的一个阶段。这说明以家庭联产承包责任制为基础的农村
体制创新，在这个阶段实现农民收入快速增长的同时，也缩小了农民间的
收入差距。但在紧接着的 1986 年农民收入分配的基尼系数大幅攀升 7.8
个百分点，不仅完全吞噬了前几年农民收入分配改善的成果，而且也使农
民收入分配的不平等程度攀升到一个新的高度（1986 年基尼系数为
0.3042）。也是从这一年开始，农民收入分配的基尼系数再也没有下降到
0.28 以下。从 1996 年开始，除了个别年份以外，农民收入分配的基尼系
数处于持续上升的状态。不过从农民收入增长率与基尼系数变化的关系来
看，到农民收入增长率大于 7% 的时候，多数都会导致基尼系数的减小。
从 1980 年到 2007 年共有 9 年农民人均纯收入增长率在 7% 以上，在这 9
年中有 6 年农民收入分配的基尼系数减小。

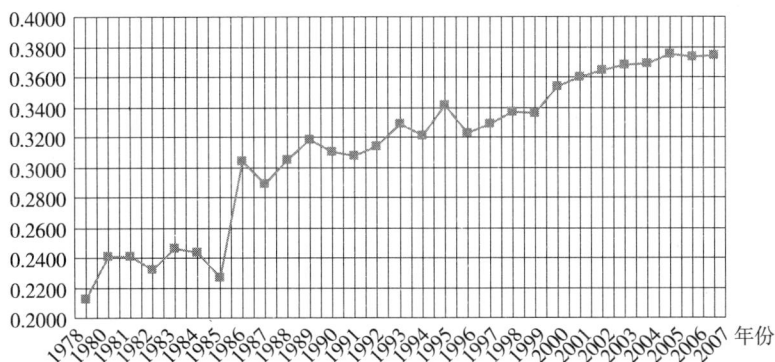

图 5－3　1978—2007 年农村收入分配基尼系数变化

（二）不同区域农民收入差异及其变化

1. 不同区域农民收入差异的变化

由于 1978 年前省份的数据很不完整，这里仅对 1978 年以来农民收入的省间差异进行分析。从所使用的四个不平等指数（顶层 3 个省与底层 3 个省收入比值、顶层 6 个省与底层 6 个省收入比值、省间收入的变差系数、基尼系数）计算结果来看，省间农民收入的差距从 1978 年开始经历了几降几升的变化。从 1978 年到 1981 年，省间农民收入差距缩小，所用的三个不平等指数的值在此期间都有不同程度的下降；从 1982 年到 1984 年，省间农民收入差距有所扩大，1985 年出现了短暂的下降。从 1986 年开始一直到 1993 年，省间农民收入差距一直呈扩大的态势，省间农民收入的变差系数从 1986 年的 0.33 大幅度上升到 1993 年的 0.47（表 5-7）。而另外三个不平等指标则显示这种省间农民收入差距扩大的势头一直延续到 1995 年。从 1996 年开始到 2004 年，省间农民收入差距一直呈缓步缩小的走势。紧接着在 2005 和 2006 年，省间农民收入差距又有所扩大。2007、2008 年省间农民收入差距则有所缩小。

表 5-7　1978—2008 年省级农民收入差异变化

年份	顶层 3 省与底层 3 省收入比值	顶层 6 省与底层 6 省收入比值	变差系数	基尼系数
1978	2.28	1.94	0.29	0.0755
1979	2.30	1.96	0.29	0.0730
1980	2.23	1.96	0.27	0.1376
1981	2.20	1.87	0.24	0.1275
1982	2.21	1.84	0.26	0.1292
1983	2.29	1.94	0.26	0.1335
1984	2.62	2.13	0.31	0.1551
1985	2.56	2.07	0.30	0.1461
1986	2.70	2.20	0.33	0.1622
1987	2.80	2.32	0.35	0.1745
1988	2.92	2.46	0.37	0.1841

续表

年份	顶层3省与底层 3省收入比值	顶层6省与底层 6省收入比值	变差系数	基尼系数
1989	3.13	2.59	0.40	0.1943
1990	3.09	2.45	0.40	0.1841
1991	3.41	2.63	0.42	0.1990
1992	3.35	2.69	0.43	0.2081
1993	3.55	2.87	0.47	0.2243
1994	3.49	2.88	0.45	0.2228
1995	3.67	3.02	0.46	0.2272
1996	3.45	2.93	0.43	0.2182
1997	3.45	2.99	0.42	0.2165
1998	3.37	2.94	0.41	0.2128
1999	3.43	2.97	0.42	0.2179
2000	3.50	2.96	0.43	0.2170
2001	3.59	3.03	0.44	0.2222
2002	3.65	3.05	0.45	0.2232
2003	3.59	3.02	0.45	0.2222
2004	3.53	3.00	0.43	0.2177
2005	3.77	3.10	0.46	0.2261
2006	3.89	3.12	0.46	0.2284
2007	3.80	3.04	0.44	0.2204
2008	3.65	2.95	0.43	0.2144

注：1978年缺重庆、海南数据，1979年缺海南、广西和青海，1982年缺海南。
（资料来源：国家统计局农村社会经济调查司：历年《中国农村统计年鉴》，中国统计出版社）

　　虽然上述省间农民收入差距的变化乍看起来有些杂乱无章，但如果撇开纷乱的短期变化从大势上来审视，则可以看出从1978年到1995年基本处于省间农民收入差距扩大的状态；从1996年开始省间农民收入差距变化大体平稳、略有缩小。这种地区间农民收入差距的变化，主要反映了地区间发展水平和要素流动的变化。在1996年以前，农村劳动力的流动相对比较小，沿海地区通过发展乡镇企业和外向型经济所创造的就业机会和增收机会主要由本地农民享有。1996 年以后随着约束农村劳动力区域流动的政策性和体制性障碍的逐渐消除，省间农村劳动力流动趋于频繁，这也就为其他地区分享沿海地区的发展成果提供了可能。然而这种主要由劳动力流动所带来的省间农民收入差距的变化，还不足以从根本上在短期内缩小内地农村与沿海农村在收入形成方面的差距，因此省间农民收入差距虽有所缩小但总体仍然比较平稳。

省间农民收入差距的变化与农民收入差异的变化存在一定的差异。如前所述，农民收入基尼系数在 1996 年以后总体上一直上升，而省间农民收入差距从 1996 年以后大体平稳、略有缩小。导致 1996 年以后农民间收入差异变化与省间农民收入差距变化出现相向而行情况的原因，主要在于1996 年以后农户间收入差异主要由省内农户间收入差异扩大所致，省间收入差距的影响减小甚至出现有利于农户间收入差异缩小的积极变化。这从部分省市农民收入基尼系数的变化可得到证明。以福建为例，1996 年农民收入分配的基尼系数为 0.254，到 2007 年增大到 0.361。

为了进一步考察区域间农民收入差距的变化，我们再来看看几大区域间农民收入差距的变化。根据新的区域规划类型，全国 31 个省（自治区、直辖市）划分为东部、东北、中部和西部四大地区。在 1980 年以前，东北地区农民收入水平明显高于其他地区（表 5－8）。从 1984 年开始，东部成为四大区域中农民收入最高的区域，东北地区农民收入仅次于东部地区，但高于中、西部地区。西部自 1981 年开始就是四大地区中农民收入最低的区域。农民收入最高的东部地区与最低的西部地区的人均收入比值，从1978 年的 1.37:1 上升到 1995 年的 2.24:1，随后的 3 年这两个地区的农民收入比值有所缩小；但从 1999 年开始东西部之间农民收入比值又呈现波动性上升，到 2006 年其比值达到 2.26:1，在随后的 2007 和 2008 年东西部地区农民收入比值又有所缩小。东部地区与中部地区农民收入的比值在 1993 年达到最高值，为 1.96:1，从那以后两个地区间农民收入的比值总体趋于缩小，到 2008 年降到 1.67:1。东北地区与中部地区农民收入的比值在差距最大的 1978 年曾达到 1.51:1，但从 1992 年开始缩小，在 2000 年时这两个地区农民收入几乎相等，但随后东北地区又开始拉大其与中部地区农民收入的差距，2008 年两地区农民收入的比值为 1.15∶1。西部地区的农民收入在 1981 年前甚至还略高于中部地区，但从这以后中部地区农民收入就再也没有低于过西部地区。从 1995 年开始，中部地区与西部地区的农民收入比值一直都在 1.2∶1 以上。1998 年开始的西部大开发，只是在前两年让西部地区与其他区域之间农民收入的差距有所缩小，但后来西部大开发政策的作用也仅局限于使西部地区与其他区域农民收入的差距没有再扩大。相对来说，2005 年出台的中部崛起战略和振兴东北老工业基地战略，在缩小中部和东北与其他区域农民收入差距方面的作用比较显著。

表 5-8 区域间农民人均纯收入差距变化（以分母所示区域为 1）

	东部与东北	东部与中部	东部与西部	东北与中部	东北与西部	中部与西部
1954	0.76	1.09	1.42	1.43	1.86	1.30
1957	0.95	1.22	1.15	1.29	1.22	0.94
1962	0.65	0.80	0.78	1.24	1.20	0.97
1978	0.95	1.44	1.37	1.51	1.44	0.95
1979	0.95	1.30	1.36	1.38	1.44	1.05
1980	1.04	1.39	1.37	1.34	1.32	0.99
1981	1.08	1.34	1.40	1.24	1.30	1.04
1982	1.14	1.35	1.43	1.18	1.26	1.07
1983	0.89	1.31	1.44	1.47	1.62	1.10
1984	1.01	1.38	1.53	1.37	1.52	1.11
1985	1.24	1.41	1.63	1.14	1.32	1.16
1986	1.20	1.49	1.70	1.24	1.42	1.14
1987	1.26	1.58	1.80	1.26	1.43	1.14
1988	1.29	1.72	1.84	1.33	1.42	1.07
1989	1.46	1.74	1.94	1.20	1.33	1.11
1990	1.27	1.66	1.79	1.31	1.41	1.08
1991	1.39	1.86	1.86	1.33	1.34	1.00
1992	1.36	1.88	1.93	1.38	1.42	1.03
1993	1.48	1.96	2.11	1.33	1.43	1.08

续表

	东部与东北	东部与中部	东部与西部	东北与中部	东北与西部	中部与西部
1994	1.44	1.87	2.16	1.30	1.49	1.15
1995	1.46	1.82	2.24	1.25	1.53	1.23
1996	1.39	1.75	2.22	1.26	1.59	1.26
1997	1.45	1.70	2.21	1.18	1.53	1.30
1998	1.43	1.74	2.17	1.22	1.51	1.24
1999	1.55	1.77	2.21	1.14	1.43	1.25
2000	1.65	1.73	2.20	1.05	1.33	1.27
2001	1.62	1.76	2.24	1.08	1.38	1.28
2002	1.62	1.78	2.25	1.09	1.39	1.27
2003	1.61	1.81	2.23	1.12	1.38	1.23
2004	1.51	1.74	2.20	1.15	1.45	1.26
2005	1.55	1.78	2.24	1.15	1.44	1.26
2006	1.55	1.77	2.26	1.15	1.46	1.27
2007	1.50	1.71	2.18	1.14	1.45	1.28
2008	1.45	1.67	2.13	1.15	1.47	1.27

注：1954 年东部、东北、中部和西部地区有数据的省分别为 4、2、5、3 个；1957 年和 1962 年都分别为 6、2、6、7 个。海南省缺 1978、1979 和 1982 年数据；广西和青海缺 1979 年数据；重庆缺 1978 年数据。

2. 地区间农民收入差距按收入来源分解

前述地区间农民收入差距的变化受到许多因素的综合作用，其中收入来源构成的变化是一个关键的因素。我们采用国际上通用的不平等指数分解方法（Shorrocks，1980）对 1993 年和 2007 年地区间农民收入差异进行分解，来考察地区间农民收入差异的形成。

使用国家统计局对农民纯收入来源的分类方法，将农民纯收入分解为家庭经营收入、工资性收入、财产性收入和转移性收入四个部分，并采用基尼系数分解方法，计算各收入来源对地区间农民人均纯收入差异的贡献率。1993 年和 2007 年地区间人均收入的基尼系数分别为 0.19 和 0.22，除了财产性收入以外 2007 年 3 个分项收入的拟基尼系数比 1993 年都有不同程度的缩小。通过对省间农民收入差异的分解，发现在四类收入中，家庭经营收入所占比重在 1993 年和 2007 年间虽有较大幅度的下降，但仍然是农民收入的最重要来源。可是它对省间农民人均收入的差异的贡献率在 1993 年和 2007 年分别仅为 34.6% 和 17.8%；在四类收入中所占比重居第二位的工资性收入，在这两年分别贡献了省间农民收入差异的 61% 和 68%。这说明工资性收入的省间差异与家庭经营收入的省间差异之间的差距远大于二者之间的收入差距，工资性收入的省间差异是省间农民人均收入差异的主要来源，同时也从另一个方面表明家庭经营收入是缩小地区间人均收入差异的重要因素。以 2007 年为例，工资性收入以 41% 的收入贡献产生了 68% 的省间农民收入差异，而占收入 49% 的家庭经营收入却只产生了 17.8% 的省间农民收入差异。

表 5-9　1993 和 2007 年农民收入来源对省间农民收入差异的贡献率

	人均收入	工资性收入	家庭经营收入	财产性收入	转移性收入
年份	1993				
收入构成（%）	100.00	24.61	70.36	4.11	0.92
基尼系数或拟基尼系数	0.1897	0.4696	0.0933	0.1329	0.3320
贡献率（%）	100.00	60.92	34.59	2.88	1.61
年份	2007				
收入构成（%）	100.00	41.13	48.89	3.68	6.30
基尼系数或拟基尼系数	0.2204	0.3642	0.0801	0.4007	0.2646
贡献率（%）	100.00	67.97	17.77	6.69	7.57

（资料来源：根据国家统计局《中国农村统计年鉴（1994）》和《中国农村住户调查年鉴，2008》有关资料计算）

（三）城乡居民收入差距的变化

从历史资料来看，城乡居民收入差距大的情况并非始自改革开放之后。1957 年城乡居民人均收入的比值为 3.23:1（表 5-10），随后到 1980

年城乡居民收入差距一直在 1 倍以上。从 1978 年到 1985 年，按可比价格计算的城乡居民收入比值连续 7 年缩小；此后一直到 1989 年城乡居民收入差距都没有显著的扩大；1990—1994 年城乡居民收入差距连续扩大，从 1.64:1 扩大到 1.95:1；1995 年到 1997 年，城乡居民收入差距有所缩小；从 1998 年开始，城乡居民收入差距持续扩大，到 2008 年按可比价格计算的城乡收入差距扩大到 2.64:1。比较 1978 年以来城乡居民收入差距变化与农民收入增长的过程，可以发现只是在 1978—1985 年农民人均收入快速增长的时期，城乡居民收入的差距才出现连续性缩小；而在其他时期，包括 1996—2008 年农民收入连续增长时期，城乡居民收入差距仍然持续扩大。可见，只有当农民收入增长快于城镇居民收入增长时，才能使城乡居民收入差距缩小。

表 5－10　1957—2008 年城乡居民收入差距变化

年份	现价城乡居民人均收入比值 （农村为 1）	可比价格计算城乡居民人均收入比值 （农村为 1）
1957	3.23	
1964	2.22	
1978	2.57	2.57
1979	2.53	2.49
1980	2.50	2.35
1981	2.24	2.08
1982	1.98	1.82
1983	1.82	1.66
1984	1.84	1.63
1985	1.86	1.53
1986	2.13	1.69
1987	2.17	1.64
1988	2.17	1.51
1989	2.28	1.53
1990	2.20	1.64
1991	2.40	1.72
1992	2.58	1.78

年份	现价城乡居民人均收入比值 （农村为1）	可比价格计算城乡居民人均收入比值 （农村为1）
1993	2.80	1.89
1994	2.86	1.95
1995	2.71	1.95
1996	2.51	1.85
1997	2.47	1.83
1998	2.51	1.86
1999	2.65	1.96
2000	2.79	2.04
2001	2.90	2.12
2002	3.11	2.30
2003	3.23	2.40
2004	3.21	2.42
2005	3.22	2.50
2006	3.28	2.57
2007	3.33	2.63
2008	3.31	2.64

注：1957 年和 1964 年城镇居民收入为城镇人均生活费收入。

第二节　农民生活消费及其结构的变化

新中国成立以来，随着农村经济的发展和农民收入水平的增长，农民的消费水平有了较大的提高，消费结构也相应地发生了显著的变化。

一、农民生活消费支出的增长

（一）农民生活消费支出的总体变化

1954—2008 年，农村居民生活消费水平显著提高。按 1950 年价格计算，人均生活消费支出由 48.42 元提高到 501.36 元，提高了 9.35 倍，年递增 4.42%（见表 5-11）。

同期各项生活消费支出都得到较大幅度的提高。按可比价格计算，在绝对水平上，食品支出增加最多，共增加185.7元，年均增3.44元，在此期间衣着和居住支出分别增加22.7元和87.1元，除这三项以外的其他支出合计（主要是家庭用品及其服务）由3元增加到160.4元，增加157.4元，其增加额约占总支出增加额的1/3，成为仅次于食品的第二大类支出项；在相对水平上，除食品、衣着和居住外的支出合计提高幅度最大，达52倍，其次是居住支出，为14.9倍，食品和衣着支出则分别为4.6倍和3.6倍。这表明，随着生存和温饱需求得到满足，农民转而较多地投入在交通、文教娱乐和医疗保健等发展型需求上。

表5-11　1954—2008年农民家庭生活消费支出（1950年价格）

（单位：元/人）

年份	生活消费支出	食品支出	衣着支出	居住支出	家庭设备用品及服务支出	交通和通讯支出	文教娱乐用品及服务支出	医疗保健支出	其他支出
1954	48.42	33.23	6.34	5.85					
1957	56.00	36.81	7.50	6.79					
1962	59.37	36.12	4.96	11.14					
1965	68.42	46.83	7.19	7.63					
1978	80.23	54.32	10.16	8.29					
1980	102.33	63.21	12.62	14.19	2.59	0.38	5.24	2.14	2.02
1985	169.91	98.18	16.49	31.00	8.67	3.00	6.64	4.12	1.93
1990	189.60	111.51	14.72	32.89	10.02	2.72	10.18	6.16	1.39
1995	240.69	141.10	16.49	33.47	12.58	6.21	18.81	7.81	4.24
2000	284.72	139.88	16.37	44.03	12.87	15.87	31.83	14.93	8.95
2005	398.75	181.35	23.19	57.77	17.38	38.23	46.11	26.23	8.50
2006	434.92	187.10	25.83	72.10	19.46	44.40	46.91	29.44	9.70
2007	470.24	202.60	28.21	83.70	21.75	47.90	44.59	30.66	10.82
2008	501.36	218.96	29.01	92.97	23.83	49.33	43.07	33.69	10.50

注：1978年以前生活消费支出中的各细项均为其中项。消费支出按1950年价格进行了调整。

（资料来源：国家统计局：《中国农村统计年鉴，2008》；《中国统计摘要，2009》，中国统计出版社）

在农村居民货币收入增多和购买力提高的基础上，农村居民生活消费支出额的社会化、商品化程度显著提高。1978 年以前的生活消费现金数据无法获得，但可从农民消费水平的构成推断其上限。1952 年农民现金人均商品性消费额为 20 元，占消费总额的 32.1%（国家统计局，1987）。也就是说，当年农民人均商品性生活消费支出不会超过 20 元。2008 年，农民现金人均商品性生活消费支出达到 3159 元；商品性生活消费支出额占全部生活消费支出总额的比重由 1952 年不超过 32.1%，提高到 2008 年的 86.3%，提高 54.2 个百分点以上（见表 5-12）。按 1950 年价格计算，1980—2008 年期间，食品的现金支出额由 19.81 元提高到 155.48 元，其商品性支出额比重由 1980 年的 31.3% 提高到 2008 年的 71.0%；其他穿、住、用等项的商品化程度也有不同程度的提高。这也意味着，农民的实物性消费比重大幅度下降，由 1952 年不低于 67.9% 下降到 2008 年的 14.7%，其中食品的实物性消费比例由 1980 年的 68.7% 下降到 2008 年的 29.0%。

表 5-12　1978—2008 年农民家庭生活消费现金支出（1950 年价格）

（单位：元/人）

年份	生活消费支出	食品支出	衣着支出	居住支出	家庭设备用品及服务支出	交通和通讯支出	文教娱乐用品及服务支出	医疗保健支出	其他支出
1978	32.89								
1980	52.87	19.81	12.49	9.15	2.02	0.38	5.05	2.08	1.96
1985	104.23	41.01	16.11	22.91	8.62	3.00	6.58	4.12	1.87
1990	121.53	50.56	14.27	26.34	9.96	2.72	10.15	6.16	1.39
1995	157.85	64.87	16.29	27.17	12.51	6.19	18.81	7.81	4.24
2000	219.01	79.15	16.23	39.40	12.68	15.87	31.83	14.93	8.95
2005	333.09	120.26	23.08	53.41	17.31	38.23	46.11	26.23	8.44
2006	371.35	128.45	25.72	67.38	19.39	44.40	46.91	29.44	9.67
2007	403.61	141.14	28.09	78.78	21.69	47.90	44.59	30.66	10.78
2008	432.71	155.48	28.91	87.97					

注：2008 年生活消费现金支出后 5 个分项数据尚未公布。

（资料来源：国家统计局：《中国农村统计年鉴，2008》；《中国统计摘要，2009》，中国统计出版社）

（二）农民生活消费支出的阶段性变化

建国以来农民生活消费支出的变化主要分为两个阶段。

1. 1954—1978 年，农民生活消费支出增长缓慢

1954—1978 年的 24 年里共增加 57 元，年平均增加 2.4 元，年递增 2.8%；扣除物价因素，每年实际递增 1.9%（见表 5－13）。其中值得注意的是，合作化时期农民生活消费支出增长速度较快，年实际递增 5.9%；而之后在 1957—1962 年困难时期，因后期物价急剧上涨，若扣除物价因素，实际支出为负增长。

表 5－13　1954—1985 年农民家庭人均生活消费支出和指数

年份	生活消费支出 （元）	农村消费水平价格 （1954＝100）	指数 （1954＝100）
1954	59.6	100.0	100.0
1956	66.6	100.8	110.9
1957	70.9	100.1	118.8
1962	92.2	132.6	116.7
1963	93.9	124.7	126.3
1964	93.6	124.0	126.7
1965	95.1	118.4	134.8
1978	116.1	124.7	156.2
1979	134.5	134.5	167.8
1980	162.2	139.3	195.4
1981	190.8	143.7	222.8
1982	220.2	146.2	252.7
1983	248.3	147.4	282.6
1984	273.8	150.1	306.1
1985	317.4	161.3	330.2
平均每年增长（%）			
1954—1978	1.9		
1954—1957	5.9		
1957—1962	−0.4		

续表

	平均每年增长（％）
1962—1965	4.9
1965—1978	1.1
1978—1985	11.3

注：表中的指数和增长率按可比价格计算，现价农村生活消费支出根据《新中国五十年统计资料汇编》上的农村居民消费水平及指数计算调整。

（资料来源：国家统计局：《中国农村统计年鉴，2008》；《新中国五十年统计资料汇编》，中国统计出版社）

2. 1978 年农村经济体制改革后，农民生活消费支出明显增长

改革后 30 年里共增加 3545 元，增长 30.5 倍，年平均增加 118 元，年递增 12.2%。

其中，改革初期农民生活消费支出增长最为迅速，1978—1985 年期间增加 1.7 倍，年递增 15.5%；扣除物价因素，每年实际递增 11.3%。之后增长速度放缓，1985—2000 年期间每年平均增长 7.8%，扣除物价因素后实际年递增 3.5%，这段时期还经历了 1988—1989 年和 1997—1999 年两个实际增长速度急剧回落时期（见表 5 - 14）。

2000—2008 年，农民生活消费支出增长了 1.2 倍，平均每年增长 10.3%；扣除物价因素，实际年递增 7.3%，是建国以来除了改革初期以外平均增长速度最快的时期。其中主要是 2004 年以来进入了快速增长的轨道，在这 5 年里，农民生活消费支出每年的实际增长速度都超过 6%，年均增长 9.1%，其中 2005 年农民消费增长率更是达到 14.4%。

表 5 - 14　1985—2008 年农民家庭人均生活消费支出和指数

年份	生活消费支出		
	绝对数（元）	指数（1985 = 100）	指数（上年 = 100）
1985	317.4	100.0	
1986	357.0	106.0	106.0

续表

年份	生活消费支出		
	绝对数（元）	指数（1985 =100）	指数（上年 =100）
1987	398.3	111.3	105.0
1988	476.7	113.4	101.9
1989	535.4	106.8	94.2
1990	584.6	111.6	104.4
1991	619.8	115.6	103.6
1992	659.0	117.4	101.6
1993	769.7	120.6	102.7
1994	1016.8	129.2	107.1
1995	1310.4	141.7	109.7
1996	1572.1	157.5	111.2
1997	1617.2	158.1	100.3
1998	1590.3	157.0	99.3
1999	1577.4	158.1	100.7
2000	1670.1	167.6	106.0
2001	1741.1	173.3	103.4
2002	1834.3	183.3	105.8
2003	1943.3	191.2	104.3
2004	2184.7	205.1	107.3
2005	2555.4	234.7	114.4
2006	2829.0	256.0	109.1
2007	3223.9	276.8	108.1
2008	3660.7	295.2	106.6
平均每年增长（%）			
1985—2008	4.8		
1985—2000	3.5		
2000—2008	7.3		

注：这里的指数和增长率按可比价格（用农村居民消费价格指数）计算。

（资料来源：国家统计局：历年《中国农村住户调查年鉴》；《中国统计摘要，2009》，中国统计出版社）

(三) 地区间农民生活消费支出变化差异

这里利用基尼系数、变差系数、最高生活消费支出省份与最低生活消费支出省份之比（用 RHL20 代表）以及东部、东北、中部、西部四大区域之比（计算时以西部为 1）4 个指标，比较分析区域间农民生活消费支出的差别。其中，因 1978 年以前只有部分省数据，故采用前两个指标和生活消费支出最高 20% 省农民人均生活消费支出相当支出最低 20% 省农民人均生活消费支出的比（用 RHL20 代表）3 个指标进行分析。

表 5-15 显示，反映差别的 3 个指标都表明，在总体上，1952—1978年地区消费差别很小，且在 20 多年中变化不大；1952—1957 年、1957—1962 年差别持续扩大，调整时期缩小，以后又扩大。

表 5-15　省际间农民人均生活消费支出差别

年份	调查省数	基尼系数	变差系数	RHL20
1952	10	0.1111	0.2061	1.72
1957	21	0.1159	0.2151	1.83
1962	15	0.1350	0.2476	2.02
1965	20	0.0998	0.1813	1.67
1978	24	0.1465	0.2672	2.00

注：在计算生活消费支出基尼系数时，没有对各地区价格进行调整。
（资料来源：各地区统计局：历年各地区统计年鉴；国家统计局综合司：《全国各省、自治区、直辖市历史统计资料汇编（1949—1989）》，中国统计出版社；国家统计局农村抽样调查总队：《各省、自治区、直辖市农民收入、消费调查研究资料汇编》，中国统计出版社）

1980 年以来，随着全国农村居民生活消费支出的增加，省际间，四大区域之间，最落后和最发达省份的差异的变化，大体经历了两个阶段（见表 5-16）。从 1980 年到 2003 年，虽然按部分指标在个别年份出现过波动，但总体呈扩大的态势。农民消费支出的基尼系数从 1980 年的0.1392 增大到 2003 年的 0.2185，扩大了 57%。从 2004 年开始，地区间农民人均生活消费支出的差异逐步缩小，基尼系数从2004年的0.212下降到2008年的0.1916。地区间农民消费支出差异的这种阶段性变化，主要是受地区间收入差异的影响。另外，国家的区域发展战略调整（如西部大开发战略）、具有较强区域性政策的实施（如退耕还林）以及虽具普适性但对欠发达地区农民消费支出相对影响较大的政策和措施的实行（如义务教育阶段学杂费减免、农村税费减免等），也对地区间农民消费支出差异的变化产生较大的影响。

表5-16　1980—2007年区域间农民人均生活消费支出差别

年份	基尼系数	变差系数	RHL20	西:中:东北:东
1980	0.1392	0.2701	2.58	1:1.08:1.40:1.24
1985	0.1530	0.3312	3.80	1:1.14:1.34:1.45
1990	0.1741	0.3735	4.44	1:1.10:1.32:1.52
1995	0.2021	0.4175	3.78	1:1.08:1.42:1.69
2000	0.2006	0.4193	3.82	1:1.11:1.21:1.61
2001	0.2071	0.4483	4.33	1:1.13:1.22:1.68
2002	0.2137	0.4698	5.30	1:1.12:1.17:1.69
2003	0.2185	0.4863	5.50	1:1.11:1.16:1.71
2004	0.2120	0.4736	4.88	1:1.11:1.12:1.68
2005	0.2089	0.4627	4.69	1:1.11:1.27:1.62
2006	0.2063	0.4591	4.92	1:1.15:1.28:1.68
2007	0.1994	0.4442	4.62	1:1.15:1.26:1.64
2008	0.1916	0.4146	4.21	1:1.16:1.29:1.63

注：由于国家统计局没有公布2005年以前按东、中、西和东北四大区域分组的数据，这里统一根据各省人均消费支出及乡村人口加权计算该分组数据。其中消费支出数据来源于《中国农村住户调查年鉴，2008》和《中国统计摘要，2009》；各地区乡村人口数据来自历年《中国统计年鉴》（只公布了此表涉及年份中的1981、1985、1990（农业人口）、2000、2005—2007年分地区乡村人口数据，处理时1980年乡村人口用1981年数据代替，2008年用2007年数据代替）和《中国农村统计年鉴》（采用其中1995和2001—2004年乡村人口数据）。

（四）城乡居民间生活消费支出变化差异

在建国初期，农村和城市居民在生活消费支出上存在较大的差异。1957

年，城市居民年人均生活消费支出比农村居民高 151 元，前者是后者的 3.1
倍，即高出 2 倍。1964 年差异有所缩小，到 1978 年又扩大到 2.7 倍。

改革初期，城乡居民生活消费支出差异有了一定程度的缩小，至
1984 年达到城乡比最低点的 2 倍，之后又逐渐扩大，到 2003 年达到最高
点 3.4 倍，之后虽有缩小，但仍稳定在 3 倍以上，与 1957 年持平。也即
1957 年以来，城乡居民名义生活消费支出的平均增长速度大致相同。考
虑到农村居民的起点低，它与城市居民之间的绝对差距越拉越大，2008
年扩大到 7582 元。

表 5 - 17　城乡居民生活消费支出比较

（单位：元/人）

年份	农村居民生活消费支出	城镇居民生活消费支出	城镇/农村
1957	71	222	3.1
1964	94	221	2.4
1978	116	311	2.7
1980	162	412	2.5
1981—1985	—	—	2.1
1986—1990	—	—	2.2
1991—1995	—	—	2.6
1995—2000	—	—	2.7
2001—2005	—	—	3.2
2001	1741	5309	3.0
2002	1834	6030	3.3
2003	1943	6511	3.4
2004	2185	7182	3.3
2005	2555	7943	3.1
2006	2829	8697	3.1
2007	3224	9997	3.1
2008	3661	11243	3.1

注：根据《中国农村统计年鉴，2008》和《中国统计摘要，2009》计算，此处比较
　　没有考虑城乡价格差异。

二、农民主要生活消费品变化

（一）食品消费

从 1954 年以来，中国农民的食品消费结构和质量发生了很大的变化。主要表现在以下方面：第一，粮食消费经历了从数量增长到质量提高的转变。从 1962 年开始到 1995 年农民人均粮食消费从 189.3 千克增加到 262.1 千克（表 5-18），增加了 38%，但到 2008 年粮食消费量几乎回落到 1963 年的水平，与此同时细粮所占比重从 1954 年的 42.9% 提高到 2008 年的 87.2%。也就是说，从全国来说，1995 年以后粮食问题已从吃饱问题转变为吃好问题。第二，肉禽和水产消费量自 1954 年以来有了很大的增长，2008 年农民人均猪牛羊肉消费量比数据可得最低的年份（1962 年）增加了 4.1 倍，从整体上来说，农民的生活消费从过去的主要关心吃饱转为考虑营养需要；第三，蔬菜消费从部分或主要作为粮食的补充品逐渐恢复了其本身的功用。在粮食不够吃的时期，农民通常通过多吃蔬菜来补充热量，如 1962 年农民人均蔬菜消费量达到近 200 千克，是 2008 年的两倍。随着在粮食数量上得到满足以后，农民蔬菜消费的数量减少，转而更关注蔬菜的营养作用。值得注意的是，上述从全国整体描述的农民食品消费结构的变化，对于那些目前尚未完全稳定解决温饱的农民来说，仍只是一个梦想。

表 5-18　1954—2007 年农村居民主要食品消费量统计

（单位：千克/人）

年份	粮食合计	细粮	蔬菜	食用油	猪牛羊肉	家禽	禽蛋及制品	水产品	食糖	酒
1954	221.7	95.1	70.7	1.3	4.6		0.8	1.4	0.4	0.8
1956	246.5	126.0	91.0	1.5	4.2		0.7	1.2	0.5	0.5
1957	227.0	110.1	102.3	1.6	4.5		0.8	1.1	0.5	0.5
1962	189.3	91.7	199.7	1.0	2.7		0.5	1.4	0.6	0.6
1963	208.0	94.4	134.9	1.2	4.2		0.8	1.4	0.4	0.5

续表

年份	粮食合计	细粮	蔬菜	食用油	猪牛羊肉	家禽	禽蛋及制品	水产品	食糖	酒
1964	212.7	106.0	126.4	1.3	4.4		0.9	1.3	0.7	0.6
1965	226.5	113.0	130.0	1.5	4.8		0.9	1.3	0.7	0.6
1978	247.8	122.5	141.5	2.0	5.8	0.3	0.8	0.8	0.7	1.2
1980	257.2	162.9	127.2	2.5	7.7	0.7	1.2	1.1	1.1	1.9
1985	257.5	208.8	131.1	4.0	11.0	1.0	2.1	1.6	1.5	4.4
1990	262.1	215.0	134.0	5.2	11.3	1.3	2.4	2.1	1.5	6.1
1995	256.1	210.7	104.6	5.8	11.3	1.8	3.2	3.4	1.3	6.5
2000	250.2	207.1	106.7	7.1	14.4	2.8	4.8	3.9	1.3	7.0
2005	208.9	181.8	102.3	6.0	17.1	3.7	4.7	4.9	1.1	9.6
2006	205.6	178.0	100.5	5.8	17.0	3.5	5.0	5.0	1.1	10.0
2007	199.5	173.8	99.0	6.0	14.9	3.9	4.7	5.4	1.1	10.2
2008	199.1	173.7	99.7	6.2	13.9	4.4	5.4	5.2	1.1	9.7

（资料来源：国家统计局：《中国农村统计年鉴，2008》；《中国统计摘要，2009》，中国统计出版社）

（二）住房消费

由于传统的影响，中国农民赋予住房超出居住的含义。住房不止是解决居有所住的问题，同时既是财产的积累方式和象征，也是光宗耀祖、显示家庭地位的重要表现形式。正因为这些原因，住房改变在农民消费支出中长期占有很高的优先次序，住房数量和质量的变化因此也较能反映农民消费能力的变化。遗憾的是1978年以前的农民住房数据缺乏，只有1957年农民房屋间数和面积的统计，而统计部门对农民房屋的统计自1988年以后不再公布。因此只能利用农民人均年末房屋使用面积对1957—1988年间的变化作一简单的评价。1957年农民人均房屋面积为11.3平方米，仅从数量上来看这大概相当于1980年的水平（图5-4）。如果这种判断可信的话，说明1957—1980年间农民人均拥有房屋情况没有发生多大变化，换言之，在这期间农民新建房屋基本上为人口增长所抵消。人均房屋面积到 1985 年有了很大的增加，达到人均 17.34 平方米，比 1957 年增长了 53%。然而，由于房屋面积中既包括生活住房，也包括生产性用房，它的变化不能准确反映农民居住条件的变化。因此，我们接下来使用数据可比的农民住房数据和结构数据，对 1978 年以来中国农民住房情况的变化进行分析。

（单位：平方米/人）

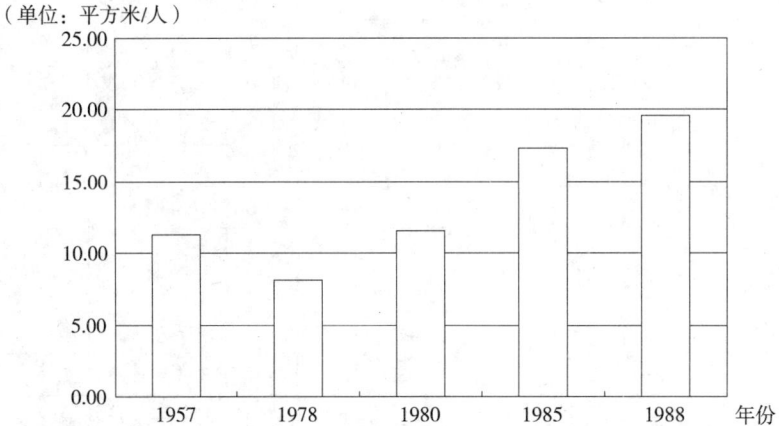

图 5-4　人均年末使用房屋面积

　　1978 年中国农民人均住房面积为 8.1 平方米（表 5-19），此后农民人均住房面积保持比较持续的增长。到 2007 年农民人均住房面积达到 31.6 平方米，约相当于 1978 年的 4 倍，30 年间农民住房面积的增加非常显著。不仅如此，在住房面积增大的同时，农民住房的质量也有了很大的改善。1985 年以前象征好房子的砖木结构住房人均占有量为 7.5 平方米，到 2007 年人均砖木结构住房面积达到 14.8 平方米；在 1980 年以前被视为城镇住房标志的钢筋混凝土结构住房也纷纷在农村出现，1985 年农民人均钢混结构住房面积只有区区 2 平方米，到 2007 年大幅增加到 12.5 平方米。改革开放 30 年来，农民住房数量和质量都有了大的飞跃。仅仅从住房情况来看，城乡差距已大幅缩小、不少地区甚至出现了城镇居民羡慕农民住房的局面。

表5－19　1978—2007年主要年份农村居民家庭住房变化

年份	年末住房面积 （平方米/人）	砖木结构		钢筋混凝土结构	
		面积 （平方米/人）	比重 （％）	面积 （平方米/人）	比重 （％）
1978	8.1				
1980	9.4				
1985	14.7	7.5	51.0	0.3	2.0
1990	17.8	9.8	55.1	1.2	6.7
1995	21.0	11.9	56.7	3.1	14.8
2000	24.8	13.6	54.8	6.2	25.0
2001	25.7	13.8	53.7	6.9	26.8
2002	26.5	13.9	52.5	7.7	29.1
2003	27.2	14.1	51.8	8.5	31.3
2004	27.9	14.1	50.5	9.2	33.0
2005	29.7	14.1	47.5	11.2	37.7
2006	30.7	14.6	47.6	11.8	38.4
2007	31.6	14.8	46.8	12.5	39.6

（资料来源：国家统计局：《中国农村住户调查年鉴，2008》，中国统计出版社）

（三）耐用消费品

1978年以来农民拥有的耐用消费品情况变化巨大，主要表现在以下三个方面：第一，交通设施数量增大、功能更新。在20世纪70年代末、80年代初，自行车曾作为现代家庭三大耐用消费品之首为城乡居民所眼热，1978年农民每百户只有30.8辆，到1990年户均拥有自行车超过1辆（表5－20），1995年户均拥有量达到1.47辆，以后就一直下降。从1990年开始摩托车以较快的速度进入农民家庭，1990年农民每百户拥有摩托车只有0.9辆，到2008年就增加到每百户52.5辆，即每两户就有1辆多摩托车。虽然还缺乏可比的全国数据，但从部分省市的情况来看，近年来小汽车也以较快的速度进入农民的生活中。第二，家用电器快速普及。在农村具有代表性的家用电器——电视机，30年间从无到有、从黑白电视到

表 5 - 20　1978—2008 年主要年份农村居民
每百户家庭主要耐用消费品拥有量

年份	自行车（辆）	摩托车（辆）	洗衣机（台）	电冰箱（台）	黑白电视机（台）	彩色电视机（台）	电话机（部）	移动电话（部）
1978	30.8							
1980	36.9				0.4			
1985	80.6	0.7	1.9	0.1	10.9	0.8		
1990	118.3	0.9	9.1	1.2	39.7	4.7		
1995	147.0	4.9	16.9	5.2	63.8	16.9		
2000	120.5	21.9	28.6	12.3	53.0	48.7	26.4	4.3
2001	120.8	24.7	29.9	13.6	50.7	54.4	34.1	8.1
2002	121.3	28.1	31.8	14.8	48.1	60.5	40.8	13.7
2003	118.5	31.8	34.3	15.9	42.8	67.6	49.1	23.7
2004	118.2	36.2	37.3	17.9	37.9	75.1	54.5	34.7
2005	98.4	40.7	40.2	20.1	21.8	84.1	58.4	50.2
2006	98.7	44.6	43.0	22.5	17.5	89.4	64.1	62.1
2007	97.7	48.5	45.9	26.1	12.1	94.4	68.4	77.8
2008	—	52.5	49.1	30.2	9.9	99.2	67.0	96.1

注：2008 年未公布自行车数量。

（资料来源：国家统计局：《中国农村住户调查年鉴，2008》；《中国统计摘要，2009》，中国统计出版社）

彩电，发生着快速变化。在 1980 年，农民每百户拥有黑白电视机仅 0.4 台，到 1996 年达到每百户 65.1 台，随后电视机的消费变化与交通工具的变化类似。1996 年以后农民每百户拥有的黑白电视机数量从 65.1 台减少到 2008 年的 9.9 台，而彩电从 1990 年开始的每百户 4.7 台到 2008 年达到平均一户一台。在此期间农民拥有的其他家用电器，如洗衣机、电冰箱、VCD 等也有很大幅度的增长。第三，现代通信手段快速增长。在 20 世纪 70 年代，中国农民曾将电灯、电话视为现代化的标志。但 30 多年的发展，农民在通信手段方面的变化，已远远超出当时人们的想象。资料显示，2000 年农民每百户有电话 26.4 部，到 2008 年增加到 67 部。不仅如此，更具灵活性的移动电话在农村趋于普及。在 2000 年，农民每百户拥有移动电话4.3部，到2008年平均每户农民有手机0.96部。虽然城乡之间收入差距到目前为止还比较大，城乡间在耐用消费品的档次和人均拥有量方面也存在较大的差距，但城乡间在交通、通信和家电的可及性方面的差距已大幅缩小。

三、农民生活消费支出结构变化

（一）农民生活消费支出结构的总体变化

1978年以前，农民生活消费支出虽然获得缓慢的提高，但生活消费的结构基本保持稳定。与1954年相比，1978年农民生活消费支出仅增加56.5元，恩格尔系数从68.6%下降至67.7%，即24年间仅下降了0.9个百分点（见表5-21）。

表5-21　1954—2008年农民生活消费支出结构

（单位：%）

年份	食品支出	衣着支出	居住支出	家庭设备用品及服务支出	交通和通信支出	文教娱乐用品及服务支出	医疗保健支出	其他支出
1954	68.6	13.1	12.1					
1957	65.7	13.4	12.1					
1965	68.5	10.5	11.1					
1978	67.7	12.7	10.3					
1980	61.8	12.3	13.9	2.5	0.4	5.1	2.1	2.0
1981	59.8	12.5	16.6	2.2	0.3	5.3	2.2	1.2
1982	60.6	11.4	16.2	4.3	0.3	3.4	2.1	1.8
1983	59.4	11.3	16.9	5.6	1.4	2.3	1.8	1.2
1984	59.3	10.6	17.7	5.4	1.2	3.0	1.8	1.0
1985	57.8	9.7	18.2	5.1	1.4	3.9	2.4	1.1
1990	58.8	7.8	17.3	5.3	1.4	5.4	3.3	0.7
1995	58.6	6.9	13.9	5.2	2.6	7.8	3.2	1.8
1999	52.6	5.8	14.8	5.2	4.4	10.7	4.4	2.2
2000	49.1	5.7	15.5	4.5	5.6	11.2	5.2	3.1
2005	45.5	5.8	14.5	4.4	9.6	11.6	6.6	2.1
2006	43.0	5.9	16.6	4.5	10.2	10.8	6.8	2.2

续表

年份	食品支出	衣着支出	居住支出	家庭设备用品及服务支出	交通和通信支出	文教娱乐用品及服务支出	医疗保健支出	其他支出
2007	43.1	6.0	17.8	4.6	10.2	9.5	6.5	2.3
2008	43.7	5.8	18.5	4.8	9.8	8.6	6.7	2.1

注：1978 年以前生活消费支出中的各细项均为其中项。
（资料来源：国家统计局：《中国农村统计年鉴，2008》；《中国统计摘要，2009》，中国统计出版社）

　　农村改革开放以来，随着农民生活消费支出的大幅度增长，生活消费结构明显升级。其中，标志性的时点有两个。一是 1984 年，恩格尔系数稳定降至 60% 以下，表明农村居民整体跨入温饱阶段；二是 2000 年，恩格尔系数下降至 50% 以下，标志着农村居民总体生活消费由温饱区间跨入小康门槛（见图 5-5）。2008 年恩格尔系数继续降至 43.7%，比 1978 年下降了 24 个百分点。

（单位：%）

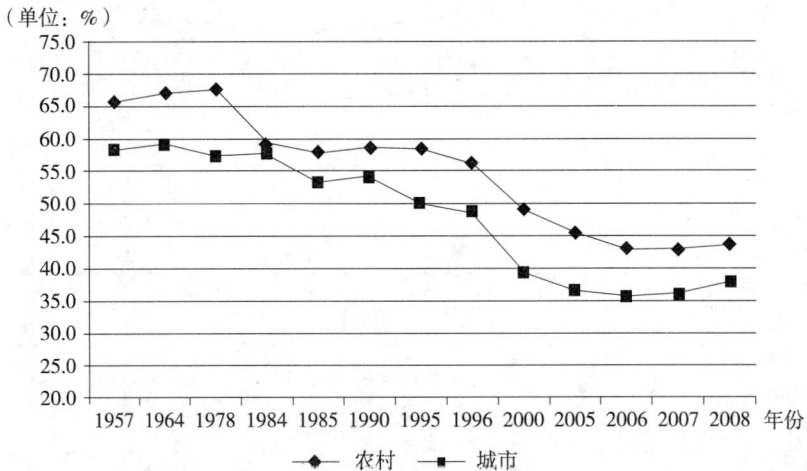

图 5-5　1954—2008 年城乡居民恩格尔系数

（资料来源：国家统计局：《中国农村统计年鉴，2008》；《中国统计摘要，2009》，中国统计出版社）

同期经历比重下降的还有衣着支出，由 1978 年的 12.7% 下降至 2008 年的 5.8%，下降了 6.9 个百分点。此外，家庭设备及用品支出的比重在前期经历上升后，从 2000 年开始也有所下降。

与此同时，其他享受性和发展性消费支出的比重普遍提高。居住支出在 1978—2008 年间提高了 8.2 个百分点；与 1980 年相比，2008 年医疗保健支出提高了 4.6 个百分点，交通通讯支出提高了 9.4 个百分点，文教娱乐支出提高了 3.5 个百分点，其他商品和服务性支出比重基本持平。其中，文教娱乐支出比重从 2006 年开始连续下降，部分地体现了农村免费义务教育政策实施的成果。

（二）农民生活消费支出结构变化的地区差异

改革以前，农村居民的生活消费支出结构在区域间差别很小。如表 5-22 所显示，几项差异指标都表明，省际间农村居民恩格尔系数总体差别很小，且在研究期间有所缩小。

其中，1978 年农村居民恩格尔系数低于 60% 的只有陕西省和浙江省，70% 以上的省份有 7 个，后者约占调查省数的 1/3，这表明在农村改革开放前夕，绝大多数地区农民的温饱需求都得不到满足。

表 5-22　省际间农村居民恩格尔系数差异

年份	调查省数	基尼系数	变差系数	RHL20	恩格尔系数均值（%）
1957	20	0.0647	0.1221	1.39	64.09
1965	17	0.0454	0.0837	1.26	67.00
1978	23	0.0464	0.0830	1.24	66.60

（资料来源：各地区统计局：历年各地区统计年鉴；国家统计局综合司：《全国各省、自治区、直辖市历史统计资料汇编（1949—1989）》，中国统计出版社；国家统计局农村抽样调查总队：《各省、自治区、直辖市农民收入、消费调查研究资料汇编》，中国统计出版社）

自 1990 年以来，城乡居民各自的消费构成都发生了生存型消费比重降低、发展型消费和享受型消费所占比重提高的变化（表 5-

23）。但是城乡居民间消费结构变动的速率存在较大的差异。1990 年到 2006 年，城镇居民生存型消费所占比重降低了 18 个百分点，相应地发展型消费和享受型消费所占比重分别提高 7.9 和 7.6 个百分点。在此期间，农民生存型消费所占比重只降低 9.5 个百分点，发展型消费和享受型消费所占比重分别提高 4.2 和 4.3 个百分点，明显落后于城镇居民。

表 5－23　1990—2006 年城乡居民消费构成统计

（单位:%）

年份	生存型消费		发展型消费		享受型消费	
	城镇居民	农村居民	城镇居民	农村居民	城镇居民	农村居民
1990	74.6	75.0	13.1	13.4	11.3	10.4
1995	71.6	68.6	12.5	16.9	12.6	11.8
2000	60.8	61.6	19.8	21.4	16.0	13.0
2004	57.5	59.6	21.7	21.6	17.4	16.1
2005	57.0	59.0	21.4	21.7	18.2	16.7
2006	56.6	65.5	21.0	17.6	18.9	14.7

（资料来源：国家统计局：《中国发展报告，2008》，中国统计出版社）

第三节　中国农民脱贫奔小康的进程

摆脱贫困、进入小康，是中国普通老百姓数千年的梦想和追求。据有关专家考证，小康一词最早出自《诗经·大雅·民劳》，其中有"民亦劳止，汔可小康"之句。小康在这里的意思是指可以有劳有逸的一种境况。后来儒家把比大同社会较低级的一种社会称之为小康。在《礼记·礼运篇》中，小康是与大同相对照的一种社会形式，所谓大同社会就是"天下为公"，"故人不独亲其亲，不独子其子。使老有所终，壮有所用，幼有所长，矜寡孤独废疾者皆有所养"的理想社会。而所谓小康社会则是"天下为家，各亲其亲，各子其子，货力为己"，亦即人们能维持中等生活水准的社会。1987 年 10 月，中共十三大根据邓小平的思想提出了中国现代化"三步走"战略，先解决温饱问题，再实现小康，然后迈向现代化。即，第一步，从 1981 年到 1990 年，国民生产总值翻一番，基本解决温饱问题；第二步，从 1991 年到 20 世纪末，国民生产总值再翻一番，达到小康；第三步，到 21 世纪中叶，国民生产总值再翻两番，达到中等发达国家的发展水平。根据这一战略思想，1991 年国家统计局等 12 个政府部门根据小康社会的内涵确定了 16 项指标和相应的标准来评价小康社会的实现程度。2002 年，中共十六大再次提出建立全面小康社会的新目标。这样，此前提出的小康社会现在就称之为总体小康，以便与十六大提出的更全面、更均衡和更高标准的全面小康社会相区别。评估中国农民摆脱贫困、迈入小康社会的进程，可以对新中国建立 60 年来农民生活整体变化情况有一个较全面的认识。

一、消除农村绝对贫困的进程

由于受长期的战争破坏、土地相对集中造成很大部分农民没有或只有很少的土地以及技术落后等因素的影响，新中国成立之初，农村处于普遍性的绝对贫困状况之中。虽然缺乏有关当时农村绝对贫困的具体统计数据，但是据一些研究估计，在 20 世纪 50 年代初期，中国农村不得温饱的人口大约在 50%—80% 之间（周彬彬，1993；刘文璞，1997）。经过 20 多年的发展和基于平均主义原则的收入分配，到 1978 年农村未解决温饱的人口下降到 2.5 亿，占当年农村人口的 30.7%（根据周彬彬的估计，1950 年有 80% 左右的农村人口处于绝对贫困中，到 1977 年仍有 50% 的农村人口停留在贫困状态）。

1978 年以来，中国未解决温饱问题的绝对贫困人数，从 2.5 亿减少到 2007 年的 1479 万。在此期间，94% 未解决温饱问题的农村人口摆脱了绝对贫困，贫困发生率从 30.7% 降低到 1.6%（表 5-24），基本解

决了农村温饱问题。再加上从 2007 年开始在全国建立了农村最低生
活保障制度，从制度上保障了全体农村居民的温饱问题可以持续得到
解决。

表 5 - 24　1978—2007 年农村绝对贫困人口变化

年份	贫困标准（元/人）	贫困人口（万人）	贫困发生率（%）
1978	100	25000	30.7
1984	200	12800	15.1
1985	206	12500	14.8
1986	213	13100	15.5
1987	227	12200	14.3
1988	236	9600	11.1
1989	259	10200	11.6
1990	300	8500	9.4
1991	304	9400	10.4
1992	317	8000	8.8
1994	440	7000	7.7
1995	530	6540	7.1
1997	640	4962	5.4
1998	635	4210	4.6
1999	625	3412	3.7
2000	625	3209	3.5
2001	630	2927	3.2
2002	627	2820	3.0
2003	637	2900	3.1
2004	668	2610	2.8
2005	683	2365	2.5
2006	693	2148	2.3
2007	785	1479	1.6

（资料来源：国家统计局农村社会经济调查司：《中国农村住户调查年鉴，2008》，
中国统计出版社）

当然，中国农村减缓贫困的进程绝不是一帆风顺的。1978 年到 1985 年农村绝对贫困人口减少了 50%，农村贫困发生率从 30.7% 快速降低到 14.8%。这一时期农村绝对贫困人口的快速减少主要是通过普适性的制度改革和农产品提价实现的。但是紧接着在 1986 年农村绝对贫困人口增加了 600 万。从 1986 年开始，中国启动了历史上规模最大的有组织的全国性开发扶贫，旨在通过提供特殊的政策和制度安排、分配专门的资源来帮助贫困人口集中的区域，增加农民收入、减少绝对贫困人口。中国政府还在 1994 年和 2001 年先后制定了《八七扶贫攻坚计划》和《农村扶贫开发纲要（2001—2010）》，来保证如期实现基本解决农村人口温饱问题的目标。经过上述三个阶段的农村扶贫开发以及其他因素的综合作用，中国农村绝对贫困人口从 1986 年的 13100 万人，先后减少到 1993 年的 7500 万、2000 年的 3209 万和 2007 年的 1479 万。值得注意的是，虽然到 2007 年中国农村绝对贫困人口占农村人口的比重降低到 1.6%，但是由于中国的农村绝对贫困标准很低，到目前所取得的只是基本解决温饱问题这样一个低层次的脱贫。如果采用国际可比的贫困标准，中国仍有 1 亿多农村人口生活在贫困之中。

二、农村总体小康实现程度的评价

根据中共十三大提出的中国现代化"三步走"的战略目标中第二步实现小康的要求，国家统计局等部门根据对小康内涵和中国农村发展的实际，提出了一套包括收入分配、物质生活、人口素质、精神生活、生活环境和社会保障与社会安全六大类 16 个指标的农村总体小康监测指标和目标值。据国家统计局测算，从 1990 年到 2000 年，全国农村总体小康实现程度从 53.1% 提高到 2000 年的 91.5%（表 5 - 25）。到 2000 年，全国平均来说基本实现了农村总体小康的目标。但是，农村总体小康的实现仍是不完和不均衡的。首先，各项指标的实现程度有较大的差异，虽然大部分指标都实现了设定的目标，但是到 2000 年农村安全卫生饮水普及率仅达到64.7%，仅仅完成农村总体小康该指标目标值的36.8%，说明农村

表5-25 总体小康实现程度变化

小康指标	单位	实际值		实现程度（%）	
		1990	2000	1990	2000
农村总体小康				53.1	91.5
1. 收入分配				51.1	87.2
（1）农民人均纯收入	元/人	686	1066	42.9	85.1
（2）基尼系数		0.3099	0.3536	100.0	100.0
2. 物质生活				41.1	94.8
（3）恩格尔系数		0.588	0.4913	12.0	100.0
（4）蛋白质摄入量	克/日/人	61.54	71.26	51.9	86.6
（5）衣着消费支出	元/人	45.44	69.31	42.9	98.4
（6）钢木结构住房比重	%	62.03	79.75	51.4	99.3
3. 精神生活				62.7	100.0
（7）电视机普及率	台/百户	44.44	≥70	63.0	100.0
（8）文化服务支出比重	%	7	≥10	62.5	100.0
4. 人口素质				50.0	90.8
（9）人口平均预期寿命	岁	70	≥70	100.0	100.0
（10）劳动力平均受教育程度	年	6.2	7.67	10.0	83.5
5. 生活环境				54.2	82.8
（11）已通公路行政村比重	%	74	85	68.6	100.0
（12）安全卫生饮水普及率	%	70	64.7	50.0	36.8
（13）用电户比率	%	86	≥95	80.0	100.0
（14）已通电话行政村比重	%	43	≥70	0.0	100.0
6. 社会保障和社会安全				87.5	100.0
（15）享受社会五保人口比重	%	80	≥90	75.0	100.0
（16）万人刑事案件立案件数	件	20	≤20	100.0	100.0

注：2000年收入和支出指标按1990年价格调整。

（资料来源：唐平：《中国农村小康概述》，《2002—2003年中国农村经济形势分析与预测》，社会科学文献出版社）

饮水安全依然任重道远；2000年在农村总体小康指标中权数最大（占30%）的农民人均纯收入，按1990年价格计算也只达到1066元，只完成

小康标准的 85.1%，仅仅这一个因素就使全国农村总体小康实现程度
减少了 4.47 个百分点，相当于 2000 年农村总体小康未实现部分的
52.6%，换言之，如果 2000 年农民人均纯收入能够实现小康目标，
全国农村小康实现程度就可以从现在的 91.5% 提高到 96.8%。另外，
劳动力受教育年限、蛋白质摄入量两个指标与目标之间也有一定的
距离。

农村总体小康实现程度在地区之间还存在较大的差距。据国家统计局
农村小康监测资料，2000 年全国有 11 个省（自治区）尚未实现农村总体
小康目标，除海南和广西以外，其余 9 个省（自治区）全部在西部地区。
综合来看，西部地区农村整体距农村总体小康目标还存在 1/3 的差距。据
监测资料，西部地区直到 2005 年才在整体上实现了农村总体小康的目标。

三、农村全面小康实现程度的评价

2002 年中共十六大提出建设全面小康社会的战略目标以后，国家统
计局与相关部门合作制定了包括经济发展、社会发展、人口素质、生活质
量、民主法制和资源环境六个方面的 18 个指标的农村全面小康指标体系
和目标值。从 2002 年到 2007 年农村全面小康实现程度从 13.1% 提高到
42.1%，每年提高了 5.4 个百分点（表 5－26），如果这个速度可以一直
持续下去，全国可以在 2018 年提前两年实现农村全面小康的目标。但是，
农村全面小康各个方面的实现程度并不是同步的。在农村经济发展方面，
2007 年全面小康实现程度为 36.3%，其中农民可支配收入全面小康实现
程度为 29.6%，第一产业劳动力比重实现程度为 61.3%，农村小城镇人
口比重实现程度为 38.4%。在农村社会发展方面，全面小康实现程度为
60%，其中农村合作医疗覆盖率实现程度为 83%，农村养老保险事业发
展实现程度为 10.7%，每万个农村居民拥有的农业科研人员数实现程度
为 23.3%，农村居民基尼系数实现程度为 100%；在农民生活质量方面，
全面小康实现程度为 53.1%，其中：农村居民居住质量指数实现程度为
44.7%，农村居民文化娱乐消费支出实现程度为 37.8%，农村居民恩格

表 5 - 26 2002—2007 年农村全面小康实现程度

（单位：%）

指标	2002	2007	贡献率
一、经济发展	5.7	36.3	30.60
1. 人均可支配收入	5.8	29.6	16.41
2. 第一产业劳动力比重	0	61.3	10.57
3. 小城镇人口比重	7.9	38.4	4.21
二、社会发展	23.6	60	25.10
4. 农村合作医疗覆盖率	2.5	83	22.21
5. 农村养老覆盖率	0.8	10.7	1.37
6. 万人农业科研人员数	13	23.3	1.42
7. 农村居民基尼系数	100	100	0.00
三、人口素质	11.8	15	1.66
8. 平均受教育年限	12.5	18.8	2.61
9. 平均预期寿命	9.1	0	
四、生活质量	14.4	53.1	30.69
10. 恩格尔系数	30	65.6	4.91
11. 居住质量指数	8.8	44.7	13.62
12. 农民文化娱乐支出比重	7	37.8	3.19
13. 农民信息化程度	18.8	70.9	8.98
五、民主法制	46.7	76	6.06
14. 对村政务公开满意度	33	80	4.86
15. 农民社会安全满意度	60	72	1.24
六、资源环境	-14.7	7.1	5.26
16. 常用耕地面积变动幅度	-56	-43.3	1.31
17. 森林覆盖率	15.4	26.2	0.74
18. 万元农业 GDP 用水量	16.6	63.6	3.24
综合实现程度	13.1	42.1	100.00

尔系数实现程度为 65.6%，农村居民的信息化实现程度为 70.9%；在农村人口素质方面，全面小康实现程度为 15%，其中：农村人均受教育水平实现程度为 18.8%；在农村民主法制方面，全面小康实现程度为 76%，

其中：农民对村政务公开的满意度实现程度为80%，农民对社会安全的满意度实现程度为72%；在资源环境方面，全面小康的实现程度为7.1%，其中：森林覆盖率实现程度为26.2%，万元农业GDP用水量实现程度为63.6%，常用耕地面积变动幅度全面小康实现程度还为负值。

综合来看，资源环境是六大方面中实现程度最低的，尤其是常用耕地变动幅度到2007年实现程度还是－43.3%。在各项指标中，对农村全面小康目标实现制约最大的仍是农民收入，如果2007年农民收入能够达到农村全面小康中经济发展实现程度或综合实现程度，当年农村全面小康实现程度就可以提高到43.44%或44.6%。如果将2002—2007年农村全面小康实现程度的变化的来源进行分解，可以发现对在此期间农村全面小康实现程度提高贡献率最大的五项指标分别是农村合作医疗覆盖率、农民可支配收入、居住质量指数、第一产业劳动力比重和农民信息化程度，其中农村合作医疗覆盖率的提高贡献了此间全国农村全面小康实现程度提高的22.21%。

分地区来看，东、中、西部三大区之间农村全面小康实现程度存在着很大的差距。由于没有2007年分区域的数据，这里仅使用2005年的数据对农村全面小康实现程度的地区差距进行分析。2005年全国农村全面小康综合实现程度为28.2%，同年，东部地区综合实现程度达到47.6%（表5-27），比全国平均高19.4个百分点，比西部地区高46.3个百分点；中部地区比全国平均低3.6个百分点，西部地区比全国平均低26.9个百分点。如果2005年西部地区农村全面小康综合实现程度达到全国平均水平，全国平均农村全面小康综合实现程度就可以提高到35.13%，或提高24.6%。导致西部地区与其他地区农村全面小康实现程度不同最主要的原因是：第一，经济发展比较落后，农民收入水平低，第一产业比重高；第二，人口素质较差，主要是平均受教育程度低，人口的平均预期寿命短；第三，森林覆盖率低。值得注意的是这三方面的差距都不是短期内可以缩小的，需要持续的努力。

表 5 - 27　2005 年东、中、西部农村全面小康实现进程

指标	单位	实际值			实现程度（%）		
		东部	中部	西部	东部	中部	西部
实现程度合计					47.6	24.6	1.3
一、经济发展					49.7	10.3	−9.3
1. 人均可支配收入	元/人	3633	2645	2029	44.5	11.7	−4.5
2. 第一产业劳动力比重	%	40	50	56	73.3	0	−40
3. 小城镇人口比重	%	23.7	19	17	46.3	15.8	5.3
二、社会发展					43.5	29.3	24.5
4. 农村合作医疗覆盖率	%	32.1	19	14	30	11.3	5
5. 农村养老覆盖率	%	13.3	6.2	5.1	20.1	7.6	5.7
6. 万人农业科研人员数	人	2.1	1.5	1.2	37.4	16.7	6.7
7. 农村居民基尼系数	—	0.37	0.32	0.34	100	100	100
三、人口素质					31.3	17.9	−49
8. 平均受教育年限	年	7.8	7.6	6.5	27.8	15.1	−56.3
9. 平均预期寿命	年	71.9	71	68.4	45.5	29.1	−20
四、生活质量					60.1	31.6	13.8
10. 恩格尔系数	%	44	46.3	50.5	66.7	30	−16.7
11. 居住质量指数	%	38.5	33	29	57.9	26.3	19.3
12. 农民文化娱乐支出比重	%	4	4	3.4	40	28.9	20
13. 农民信息化程度	%	48.4	42.7	35.1	71.9	45.9	22.2
五、民主法制					77.7	77.7	70.3
14. 对村政务公开满意度	%	79	80	78	83.3	83.3	76.7
15. 农民社会安全满意度	%	78	78	76	72	72	64
六、资源环境					18.7	16.4	−13.2
16. 常用耕地面积变动幅度	%	−0.7	−0.4	0.1	−77	−64	33
17. 森林覆盖率	%	31	27	13	100	100	−61.5
18. 万元农业 GDP 用水量	立方米	1980	1978	2976	64.5	56.5	−34.2

（资料来源：国家统计局农村社会经济调查司：《中国农村全面建设小康检测报告，2006》，中国统计出版社）

第六章

农产品和农业生产资料
市场的变迁

　　1949 年新中国建立以来，中国农产品和农业生产资料流通体制、主要农产品交易规模和商品化等发生了很大变化。改革前，通过国家干预由自由贸易逐渐形成了高度集中的计划购销体制。改革后，中国农产品和农业生产资料流通体制改革路径基本方向是渐进的市场化过程。中国渐进的农产品流通体制市场化改革从调整计划和市场调节开始，再过渡到计划和市场并存的"双轨制"，最终全面放开农产品市场；大致经历了调整价格、开放集市贸易的早期阶段，再到计划经济与市场调节相结合的阶段，最终全面引入市场机制的阶段；在市场建立过程中先放开农村市场，再放开城市农产品交易，先放开本地农产品市场交易，再逐步扩大到允许远距离贩运，现代化的农产品流通网络正在形成。农业生产资料流通体制改革路径也属于渐进的改革。从整个农产品和农业生产资料流通体制改革过程来看，采取"走走停停"的推进方式，条件成熟就快速推进市场化，而出现价格快速上涨等问题时就稳定或者调整市场化改革步伐。不同农产品，以及农产品和农业生产资料流通的市场化进程差异很大。一些农产品交易的市场化改革相对彻底，而一些大宗农产品流通的市场化改革则历经反复。

第一节 改革前农产品和农业生产资料
流通体制与交易规模变化

新中国成立后到改革前，中国农产品和农业生产资料流通体制大致经历了两个大的阶段。建国初期由于国营商业实力仍然相对薄弱，全国农产品和农业生产资料流通体制以自由贸易为主要特征。1953 年后，中国农产品收购环节实行统购派购体制，农产品销售环节实行统销体制，农业生产资料实行专营制度。尽管农村流通体制在不同时期有所调整，但是随着农业生产的发展，农产品和农业生产资料交易规模总量不断扩大，除粮食外其他主要农产品的商品率总体上逐步提高。

一、建国初期农产品自由贸易阶段

1949 年至 1952 年，新中国成立初期阶段，我国农产品流通体制属于国家干预下的市场调节。新中国成立初期，城市的农产品供应基本掌握在私商手中，粮食等主要农产品市场极不稳定，农产品市场秩序混乱，特别是不法粮商囤积居奇，市场粮食价格飞涨。这时，政府一方面允许私有农村商贩的存在，维持传统的自由购销；另一方面，大力调控市场，稳定物价。

国家为了调控市场，建立了由政府掌控粮源的粮食流通体制。1949 年，在财政部下设立粮食管理总局，作为中央粮食管理机构。1952 年成立粮食部，统一负责全国粮食的征购、分配、供应和调拨工作。同时，自上而下成立国营粮食经营系统，并对私营粮食企业实行利用、限制和改造。在掌控粮源环节通过农业税征收，要求农民交纳更多的公粮。

随着国家主导的粮食市场调控体系的建立，加上采取的粮食增产政策取得成效，建国后粮食市场供给逐步好转。据资料，1950—1952 年每年农业税征收占粮食总产量的 7.5%，1950 年国家财政收入中粮食收入占到

41.1%（毛育刚，2001）。在国家掌握粮源后，国家运用粮食储备有效地调控市场。1950—1952 年，国家向市场抛售的粮食占市场交易量的30%—40%（徐柏园，2000）。

建国初期，由农民自己筹集资金，以集镇为中心，按经济区域组建了集体所有制的供销合作社。在政府领导和扶持下，供销合作社迅速成为农村商业的主要力量，促进了农产品贸易的扩大和农业生产资料供应的增长。据《中国统计年鉴，1991》，1952 年社会农副产品收购总额140.8 亿元，另据《中国农业统计资料汇编，1949—2004》，按当年价格计算的农林牧渔业总产值为461 亿元，这样，社会农副产品收购总额占农林牧渔业总产值的比重为30.1%，表明主要由政府控制的农产品收购在农产品市场交易中已经占据了相当大的比重。

从主要农产品的商品量和商品率来看，社会收购量规模大，占当年产量比重已经相当高。根据国家统计局的资料，1952 年，社会上棉花收购量为108.7 万吨，占当年棉花总产量的83.4%；生猪收购量3742.7 万头，占当年出栏量的57.2%；水产品收购量91.8 万吨，占到当年产量的55.0%；尽管粮食的商品率相对较低，但粮食收购量达到3903 万吨，占当年总产量的23.8%（参见表6-1）。

表6-1　改革前主要农产品商品量及其商品率变化

年份	粮食		棉花		生猪		水产品	
	收购量（万吨）	占产量（%）	收购量（万吨）	占产量（%）	收购量（万头）	占出栏量（%）	收购量（万吨）	占产量（%）
1952	3903.0	23.81	108.7	83.36	3742.7	57.18	91.8	54.97
1957	4597.0	23.57	141.2	86.10	4050.0	56.87	171.7	55.03
1962	3242.0	20.26	63.2	84.27	1929.8	44.88	148.0	64.91
1965	3922.0	20.16	195.8	93.33	7859.5	64.60	183.1	61.44
1970	4649.0	19.37	203.0	96.76	7562.1	60.05	199.2	62.64
1975	5261.5	18.49	222.7	93.53	10281.0	63.35	255.5	57.94
1977	4767.0	16.86	198.0	96.63	10416.6	—	269.6	57.36

（资料来源：《中国统计年鉴，1991》和《中国农业统计资料汇编，1949—2004》，中国统计出版社）

二、农产品和农业生产资料计划购销阶段

经过 1953 年的社会主义改造，1954 年后中国农村商品流通建立起了高度集中的计划经济体制。在这种体制下，农产品实行分类管理。大多数农产品收购环节实行统购派购制度，农产品销售环节实行统销制度。一般将改革前中国的农产品流通体制简称为统购统销体制，农业生产资料实行专营制度。中国选择并多年延续这种体制既与当时人们对社会主义经济制度的认识有关，也受到农产品短缺和国家优先实现工业化等多种因素影响。这种体制对稳定价格，为工业化提供资金积累起到了促进作用，但是，对应的价格扭曲所带来的副作用十分明显，农产品相对短缺状况持续多年，无法从根本上解决。

（一）农产品计划购销实行分类管理

从 1958 年开始，主要根据当时农产品对国计民生重要程度的认识，把农产品划分为一类、二类、三类。不同类型的农产品采取不同的流通管制政策。大致来看，第一类属于关系到国计民生的重要农产品，主要是粮食、油料及其食用油和棉花，由国务院统一管理。第二类属于保证重点地区、工业、出口需要的农产品，如生猪、家禽、糖料，由省政府和国家商业主管部门共同管理。第三类是除了一、二类以外，产销变化大的农产品，这类农产品种类繁多，主要由省级以下商业主管部门管理。

1961 年，中共中央发布《关于目前农产品收购工作中几个政策问题的规定》，进一步规定了不同类型农产品的流通渠道。第一类农产品由国营粮食部门或者商业部门统一收购、统一经营，实行统购统销。第二类农产品由国营商业或供销社统一经营、统一管理，实行派购、统一管理。第三类农产品允许自由上市交易，议购议销，由国营或者合作商业部门与农业生产者协商议价交易。

（二）改革前实行粮油棉等一类农产品统购统销体制

改革前实行的粮棉油统购统销体制，首先从粮食开始。1953 年 10 月16 日，中共中央作出了《关于实行粮食的计划收购与计划供应的决议》，

对粮食计划购销提出了明确的要求。概括起来说，粮食计划购销制度主要包括：第一，在农村向余粮户实行粮食计划收购（简称统购）；第二，对城市居民和农村缺粮户实行粮食计划供应（简称统销）；第三，由国家严格控制粮食市场，对私营粮食工商业进行严格管制，严禁私商自由经营粮食，由国家指定的专营部门——国营粮食企业，对粮食计划收购和销售；第四，实行在中央统一管理下，由中央与地方分工负责粮食管理；第五，粮食在地区间流通要通过计划分配调拨进行。改革前的油料和食用植物油的流通体制基本上与粮食流通体制相同。

1954 年 9 月 4 日，政务院发布了《关于棉花计划收购的命令》，决定从当年秋季新棉上市起，在全国范围内实行棉花的计划收购，棉花收购全部由政府指定的供销社作为唯一的棉花经营部门，取消其他棉花流通渠道，棉花销售执行严格的计划分配，国家每年根据棉花可供资源量及其纺纱计划进行平衡，下达调拨供应计划。

与粮油棉流通体制相类似，国家于 1957 年还对水产品实行统购统销，只允许国营水产供销公司独家经营，实行统一收购、调拨、供应。

（三）改革前实行生猪等的派购制度

为了解决猪肉供应紧张问题，1954 年年初，华北和东北地区首先采用向农村摊派生猪的办法。1954 年政务院财政经济委员会拨出 12.9 亿斤原粮、油饼同农民交换或定购生猪，并正式提出了在交通方便、农民养猪较多的地区，选择派购办法，向农村的互助合作组织和个体农户统一制定生猪交售任务。在生猪派购制度基础上，逐步形成了其他一些副食品的派购制度。这种制度一直持续到改革开放后。

实行派购的主要是第二类农产品。除生猪外，还包括糖料、蚕茧、烟叶、黄麻和松香等。这类农产品只准国营、供销合作社收购，不准私商贩运。农民自给留用部分如有剩余，必须卖给国家委托的收购点，而不能在市场上自由交易。

（四）改革前实行农业生产资料专营体制

改革前，中国基本上实行全国统一的农业生产资料集中计划管理、分级专营的流通体制。在这种体制下，全国供销总社负责计划管理，各省、地（市）、县设立农业生产资料经营处或经营部，在基层供销社设立农业生产资料商店或门市部。供销社实行封闭的分配管理，化肥、农药只售集体不售个人。化肥和农药等农业生产资料不但在很大程度上实行计划分配，而且价格以国家、地方部门定价和国家指导价为主。

三、对改革前农产品和农业生产资料流通体制的评价

改革前我国选择农产品统购统销体制，政府的初衷目标可能与当时农产品相对短缺和社会主义经济体制等情况有关。新中国成立初期，随着经济建设的发展，城镇人口迅速增加，对商品农产品的需求量随之增加。

从 1949 年到 1953 年，全国年末人口由 54167 万人增加到 58796 万人，其中，城镇人口由 5765 万人增加到 7826 万人，相应地，城镇化率由 10.6% 上升到 13.3%。城镇人口的增加，必然对商品农产品，特别是商品粮产生明显的需求。但是，由于当时私商的投机倒把活动，加剧了市场粮食等农产品的供应紧张。市场农产品价格大幅度上涨，也带动了国家粮食收购价格的大幅度提高。按 1950 年收购价格水平计算，1953 年全国农副产品收购价格比上年上涨了 11%。尽管如此，国家收购粮食难度仍然相当大。从 1952 年下半年到 1953 年秋，国家直接掌握的粮食急剧减少（徐柏园，2000）。

以粮食为例，粮食实行统购统销体制的初衷一是要借助统购统销，解决粮食供求平衡问题，二是要通过统购统销促进农业社会主义改造。根据 1953 年 10 月 16 日中共中央《关于实行粮食的计划收购与计划供应的决议》，国家选择统购统销体制，其目的主要包括两个方面：一是希望借助统购统销体制能够妥善地解决粮食供求矛盾，稳定物价；二是与党在过渡时期总路线相配套，通过统购统销体制把分散的小农经济纳入国家计划建设的轨道，引导农民走上互助合作的道路和对农业实行社会主义改造。

改革前，中国长期实行的农产品统购派购制度曾在保证农产品供应和支持国家建设中发挥了积极作用。改革前，我国长期实行农产品统购统销

流通体制，通过低价收购农产品，形成工农产品价格剪刀差，为工业化积累了资金。据资料显示，1952—1978 年，农业净流出资金 3120 亿元，相当于同一时期国有企业非农固定资产原值的 73.2%（程漱兰，1999）。

在农产品统购统销体制下，粮食基本上由国有粮食企业独家经营，棉花基本上由供销社独家经营，并形成了自上而下的垄断经营体系，且分别与有关政府职能机制关系密切，政企甚至存在着利益关系。各部门独营一种产品，部门在各地的分支机构独据一方，从而形成了行业垄断和区域垄断。

中国长期实行的农产品统购统销体制，严重挫伤了农民的生产积极性，抑制了农业的发展，加剧了农产品的匮乏和农民的贫困。改革前农产品短缺经济的长期存在原因很多。其中，缺乏市场激励机制调动农民发展粮食生产的积极性是重要原因之一。

第二节　农产品和农业生产资料流通体制改革的市场化进程

回顾中国农产品流通体制改革的历程，改革开放初期，不断扩大市场调节，以激励农业生产。在全面农产品流通体制改革时期，针对不同的农产品，根据其在国民经济中的地位，以及在计划经济体制下管理方式等特征，中国选择了不同的改革途径。粮棉等大宗农产品交易的完全市场化经历了较多的反复。鲜活农副产品交易的市场化则推进的相对彻底。烟叶等工业原料基本上仍然保持着计划管理。不同的农产品，市场化进程存在着很大的差异。与农副产品流通体制相比较，农业生产资料流通体制改革进程则相对缓慢。

一、1979—1984 年：扩大市场调节

1978 年党的十一届三中全会的召开，开创了农村改革的新局面。改革初期，主要是在农村推行家庭联产承包责任制。粮油棉等继续实行统购体制。1978—1983 年，"菜篮子"产品基本上沿用过去高度集中的计划经济体制，农民生产的蔬菜必须按国家规定的相对较低的价格出售给国有商业企业，国有商业企业再以低价销售给城镇居民。改革初期尽管没有明确提出对农产品流通体制进行改革，但农产品流通领域内的计划管理总体上不断缩小，市场调节范围趋于扩大。从 1979 年起，中国粮食流通开始实行统购统销、超购加价和议购议销。其他农产品的管理方式都发生了一定的变化。

（一）在农产品收购环节缩小计划管理

从 1979 年开始，国家逐步减少了农副产品的统派购品种。在大幅度提高粮食等农产品的收购价格的同时，放开了农村集贸市场，恢复了议购议销。1979 年 9 月的《中共中央关于加快农业发展若干问题的决定》提出了根据不同的农产品在国民经济中的地位采取相应的流通管理形式。对国计民生的少数重要农产品继续实行统购派购，对农民完成统购派购任务后的农产品，如粮食以及非统购派购农产品，允许多渠道经营。

1980 年，国家开始缩小农副产品计划收购的范围，增加自由上市交易、议购议销的产品，调减统购、派购种类，扩大第三类农副产品的范围。除被认为关系国计民生的粮食、油料、棉花、甘蔗、烟叶、黄红麻、茶叶、水果、肉类、蛋类、水产品和木材等继续实行统购派购外，其他农产品都归为第三类农副产品。

1983 年又继续缩小农产品统购派购范围，把原属于第二类农产品管理的水果等调整为第三类。1984 年，进一步缩小统购派购农产品范围。改革后，随着农业生产的发展，越来越多的鲜活农产品生产出现"卖难"问题。面对鲜活农产品生产发展的新形势，1984 年 7 月 19 日，国务院批转原国家体改委、商业部、农牧渔业部《关于进一步做好农村商品流通

工作的报告》的通知，提出了继续减少统购、派购品种，将商业部系统管理的一、二类农副产品由 21 种减为 12 种，统购品种仍为粮食、油脂油料和棉花 3 种，派购由 18 种减为 9 种，主要包括生猪、海水鱼以及大中城市和主要工矿区的蔬菜，把原属于第二类的茶叶、花生、牛肉、羊肉、鲜蛋、苹果、柑橘等 9 个品种放开经营，自由购销。

（二）调减粮食等农产品征购基数

改革初期，虽然对于粮食等重要农产品的统购制度没有松动，但是，为减轻农民负担，提高农民扩大生产积极性，从改革开始，国家采取了稳定和减少统购农产品的征购基数的政策。1978 年年底的十一届三中全会决定，在今后一个较长时间内，全国粮食征购指标继续稳定在 1971 年到 1975 年"一定五年"的基础上。

1979 年国家减少了向农民统购粮食 25 亿公斤，对人均粮食生产量较低的一些地区停止计划收购粮食。水稻产区人均口粮在 200 公斤以下的，杂粮产区人均口粮在 150 公斤以下的，一律免征购。

（三）调整农产品价格及实行奖励政策

1979 年 3 月 1 日，国务院发布了《关于提高粮食、棉花、油料、生猪等 18 种主要农副产品收购价格的通知》，决定从当年夏粮上市起，将粮食统购价提高 20%，超购价按新统购价再加 50%。这次提价幅度大，不同农产品提高幅度存在一定的差异。对粮棉油和生猪等 18 种主要农产品的平均提价幅度达到 24.8%，其中小麦、稻谷、谷子、玉米、高粱和大豆 6 种粮食作物提价幅度为 20.9%。

为了鼓励农民扩大棉花生产，国家除提高棉花收购价格外，还实行奖售物资等手段，调动棉农积极性。1978 年，棉花收购价格提高 10%，1979 年棉花再提价 15.2%。并从 1979 年开始，对各地收购棉花以 1976—1978 年 3 年平均的收购量为基数，超基数收购部门再加价 30%（简称为"基数法加价收购"）。国家在提高棉花收购价格的同时，实行的物资奖售政策主要是棉肥挂钩和棉粮挂钩。1978 年，国家实行了每交售 50 公斤皮棉，奖售 40 公斤化肥的政策。1980 年，主要在缺粮棉区实行粮棉挂钩奖售政策。以 1980 年收购棉花为基数,超购 1 公斤棉花,奖售 2 公斤粮食。

自 1979 年棉花实行"基数法加价收购"后,收购资金压力增加和南北方新老棉区棉花价格差异过大的矛盾越来越突出,1984 年新棉上市后收购加价改为区分南北方按不同比例计算,其中南方棉花价格按 6 成牌价和 4 成超购加价计价,北方按 2 成牌价和 8 成超购加价计价。

(四)发展农产品集贸市场

1979 年 9 月 28 日,中国共产党第十一届中央委员会第四次全体会议通过的《中共中央关于加快农业发展若干问题的决定》指出,农村集市贸易,是社会主义经济的附属和补充,不能当作所谓资本主义尾巴去批判。社队集体生产的农副产品,以及属于国家统购的一类农产品,在完成征购任务后,可以在农村集市出售。从 1978 年到 1984 年,乡村集市数量由 3.3 万个稳步增加到 5 万多个。

从国家政策上看,1979 年开始中国在农村恢复了粮食集市贸易,允许开展粮食议购议销,在发挥国营粮食主渠道作用的同时,实行了多渠道经营。粮食集市贸易恢复后,全国集市粮食成交量虽然在全社会粮食交易量中所占比重不大,但是扩张迅速。据资料显示,全国集市粮食成交量由 1978 年的 25 亿公斤增加到 1984 年的 83.5 亿公斤,增长了 2.34 倍。

(五)扩大农产品流通渠道

改革开放初期,中国农产品流通经营主体基本上是国营商业和合作商业,形成了国营和合作商业的垄断经营,流通渠道不畅。经过几年的农业发展,计划经济体制下农产品流通体制的弊端不断暴露。万里在 1982 年的农业书记会议和农村思想政治工作会议上明确指出:"许多农副土特产品不能运销出来,造成产地积压,销地缺货,鲜活产品烂掉不少。这已成为一个突出的矛盾,成为一个迫切需要解决的问题。"

为了解决鲜活农产品流通不畅问题,1983 年《中共中央关于当前农村经济政策的若干问题的通知》中明确提出了要调整购销政策,改革国营商业体制,放手发展合作商业,适当发展个体商业,允许农民个人或者合伙等其他形式进入农产品流通领域,实现以国营商业为主导,多种商业形式并存的流通主体格局，以形成农产品多渠道经营的格局。

为了解决农产品流通中产地生产的鲜活农产品积压和销地缺货矛盾，1983 年《中共中央关于当前农村经济政策的若干问题的通知》中明确提出，要打破城乡分割和地区封锁。农民私人不但可以经营鲜活农产品，而且还可以进城、出县、出省从事国家确立收购任务以外的农副产品的流通，购销价格完全放开。农副产品外运由归口单位审批的规定也被撤销。

1984 年国家体改委等部门的《关于进一步做好农村商品流通工作的报告》中进一步强调国营、集体和个体多种经营主体和多渠道流通的重要性，明确提出要逐步减少粮食、食油、猪肉等的价格财政补贴，改革农副产品批发体制。

中国农副产品流通长期实行按行政区划、行政层次统一收购和供应的批发体制。这种流通体制无形中增加了不必要的流通环节，是造成农副产品流通不畅的重要原因之一。《关于进一步做好农村商品流通工作的报告》提出了在大中城市和商品集散地，要逐步建设农副产品贸易中心和批发市场，鼓励鲜活农产品产地同销地直接挂钩联营，逐步形成固定的产销关系。

二、1985 年彻底改革统购派购体制

改革开放后，在农产品产量连年增产和多数农副产品市场已经逐步放开，并基本实现了改革预期目标的基础上，以 1985 年为标志，中国对实行了 30 多年的统购派购农产品流通体制进行彻底改革。1985 年 1 月 1 日，中共中央、国务院发布了《关于进一步活跃农村经济的十项政策》，专门部署了农产品流通体制改革，标志着农村改革重点转到农产品流通领域。从此，除少数品种外，国家不再向农民下达农产品统购派购任务，改为按照不同情况，主要是针对不同农产品的收购环节，分别实行合同定购和市场收购。从此，中国在农产品价格形成机制方面沿着计划价格—双轨价格—市场价格的路子，逐步扩大市场定价的范围和程度。

（一）粮食棉花由合同定购最终转变为全面市场化

根据 1985 年的《关于进一步活跃农村经济的十项政策》，粮食和棉花取消统购，改为合同定购。由粮食和棉花收购部门在播种季节前与农民协商，签订定购合同。定购粮食的价格，三成按统购价，七成按原超购价确定（简称为"倒三七"比例计价）。定购的棉花价格南方棉区按"正四六"比例计价，北方棉区实行"倒三七"比例计价。合同定购以外的粮食和棉花自由上市。

1. 粮食流通体制改革简要历程

取消统购制度后，允许粮食经营渠道多元化，形成了国营粮食部门与其他组织并存的格局。粮食不再受原来经营分工的限制，除国营粮食收购部门外，粮食加工、消费单位都可以直接与农民签订收购合同。农民也可以通过合作组织或建立生产者协会，与有关单位协商签订销售合同。在国营粮食部门内部，计划内的定购统销与计划外的议购议销并存。与此相对应，粮食价格形成了"双轨制"，既有计划价格，又有市场价格。

从实际执行效果来看，1985 年将粮食收购制度由向农民强制性收购（统购）改为合同定购的条件并没有成熟，很多地方没有推行。粮食合同定购制度原则上应由国营粮食部门与农民在双方自愿基础上签订合同，并按约定的价格和数量收购。但是，1985 年，中国粮食出现了大幅度减产，市场粮价年末较上年同期上涨幅度超过 10%。由于当时粮食销售环节统销体制没有进行改革，约占政府收购粮食 80% 的城镇居民粮食供应价格没有变化，出现了市场粮价明显高于合同定购价。政府受到财力限制没能及时相应提高合同定购价。这样，农民既不愿意履行合同，又不愿在原有合同定购价条件下签订新的粮食定购合同。这种状况在 1987—1990 年粮食丰收的情况下才有所改变。

针对粮食流通体制改革只在收购环节进行而不顺利的实际，1991—1993 年，粮食流通体制改革的重点发生一定的转移，主要是在逐步放开了国家粮食定购计划的同时完全放开对城镇居民的粮食销价。这一期间粮食流通体制改革的主要任务是在粮食销售环节推行粮食平价销售，解决粮食销售价格与收购价格的"倒挂"问题及其给财政带来的负担问题。

1992年国家拟在放开粮食经营的同时，建立粮食风险基金、粮食收购保护价制度和国家粮食储备制度，作为国家对粮食市场宏观调控的重要手段。1992年，国家着手建立粮食风险基金，但资金一直没有落实。这种状况直至1994年才有所改变。

1993年，中国原计划放开粮食流通，对粮食购销体制进行彻底的改革。但是，1994年粮食流通体制改革又出现了反复。按照1993年2月15日的《国务院关于加快粮食流通体制改革的通知》，1994年将实行"保价放粮"，即逐步放开国家粮食定购计划，完全放开对城镇居民的粮食销价。但是，1993年下半年粮食市场价格出现了大幅度上涨，粮食市场化改革受阻。为了保证城镇粮食供给，国家对粮食收购市场再次进行管理，规定由国家经营，禁止私商经营粮食。

1994年，因农业受灾减产及农业生产资料价格大幅度上涨，主要农产品价格明显上涨，粮食收购在1993年基本放开的基础上，1994年又恢复了收购的计划性，强调完成国家定购任务是农民应尽的义务。个别地方还出现了关闭粮食市场，搞地区封销。

1998年，国务院多次召开会议，先后发出《关于进一步深化粮食流通体制改革的决定》、《当前推进粮食流通体制改革的意见》和《粮食收购条例》，改革粮食流通体制，重点是贯彻"三项政策、一项改革"，即：坚决执行按保护价敞开收购余粮、粮食收储企业实行顺价销售、农业发展银行收购资金封闭运行三项政策，加快粮食企业自身改革。1998年出台的《当前推进粮食流通体制改革的意见》中规定，严禁非国有粮食收储企业直接到农村收购粮食，管好粮食收购市场，保证国家掌握粮源。

尽管1998年粮食收购市场的管制没有松动，但是粮食收购渠道总体上逐步拓宽，销售市场完全放开，除收购市场在粮价过低时实行保护价收购外，粮食购销价格基本由市场调节，粮食产区和销区之间购销协作关系逐步发展和稳定，中央储备粮垂直管理体系初步建立，国家宏观调控能力有所提高。

2001 年和 2004 年是中国粮食流通体制改革的重要年份。2001 年国务院决定放开浙江、上海、福建、广东、海南、江苏、北京和天津 8 个粮食主销区的收购市场，价格由市场调节。2004 年，国家全面放开粮食市场，凡是符合条件的各类经营者均可参与粮食收购经销，粮食流通主体终于实现了多元化，标志着中国农业市场化进程迈入新的阶段。一般情况下，粮食收购价格由市场供求形成，当粮食供求发生重大变化时，可由国务院决定对短缺的重点粮食品种，在粮食主产区实行最低收购价格。取消粮食运输凭证制度和粮食准运证制度，严禁各种形式的粮食区域性封锁，形成公平竞争、规范有序、全国统一的粮食市场。

2. 棉花流通体制改革简要历程

1985 年 1 月，中共中央、国务院在《关于进一步活跃农村经济的十项政策》中明确规定，棉花取消统购，改为合同定购。但是，1985 年后棉花产量连续几年徘徊，各地纷纷关闭市场，回复到统购，通过行政性强制手段集中棉花资源。1992 年，国家再次明确棉花流通体制改革的目标是放开经营，放开市场，放开价格。但是，1992 年棉花大幅度减产，1993 年棉花购销体制出现反复，坚持了由国家统一价格，由供销社统一收购，统一经营，不放开市场。

1996 年 11 月，国家决定在仍然实行不放开价格、不放开经营、不放开市场的前提下，改革棉花供应体制，在郑州市召开了第一届全国棉花交易会。

1997 年 9 月，国家决定把全国棉花交易会转变为全国棉花交易市场。全国棉花交易市场由国务院决定设立，由中华全国供销合作总社承办。全国棉花交易市场中心市场设在北京，在 20 个棉花主产区和主销区设立工作站，作为全国棉花交易市场的分支机构。全国棉花交易市场同时组织棉花竞买竞卖、协商交易和定仓交易。

1998 年 4 月 20 日起将棉花收购价格由政府定价改为指导价，放开棉花销售价格，实行市场调节价。同年 11 月国务院作出《深化棉花流通体制改革的决定》，指出从 1999 年棉花年度起开始进一步改革棉花流通体制，主要内容包括：一是建立政府指导下市场形成棉花价格的机制。二是拓宽棉花经营渠道，减少流通环节，实行棉花收购、加工的资格认定制度。三是完善储备棉管理体制，实行储备和经营分开。四是培育棉花市场，促进棉花有序流通。但是，改革的实际效果与预期目标存在着相当大的差距。主要问题：一是棉花流通企业尚未真正成为自主经营、自负盈亏的经营实体；二是多渠道有序竞争的市场格局尚未形成；三是市场监管不严；四是宏观调控机制不够完善。

2001 年是棉花流通体制改革的重要年份。2001 年 7 月 31 日《国务院关于进一步深化棉花流通体制改革的意见》，提出进一步深化棉花流通体制改革，打破垄断经营，鼓励公平竞争，规范市场秩序，提高调控效率。按照放开棉花收购、鼓励公平有序竞争的改革思路，各地打破了棉花经营中的行业垄断和地区封锁，实现多渠道经营和有序竞争，充分发挥市场机制在调节棉花生产、流通中的基础性作用。严禁任何地区或单位利用划片、设卡等方式限制棉花购销活动，实行社企分开，加大供销社棉花企业改革力度。同时组建国家储备棉管理公司，实现储备与经营彻底分开。原国家计委对国家储备棉管理公司实行业务指导。加强和改进对棉花市场的宏观调控，综合运用进出口及储备等宏观调控手段，调节棉花供求关系和价格水平，稳定国内棉花市场。加强棉花市场管理和质量监督。发展订单农业，培育棉农合作组织，积极推进产业化经营。

（二）鲜活农产品取消派购

经过 1984 年农副产品流通体制的改革，派购的品种已经大幅度减少。1984 年以后，大中城市逐步放开了"菜篮子"产品的经营和价格。1985 年的《关于进一步活跃农村经济的十项政策》中提出了生猪、水产品和大中城市、工矿区的蔬菜，也要逐步取消派购，自由上市，自由交易，随行就市，按质论价。当年 4 月 12 日，全国物价会议决定放开生猪收购价格，同时放开销价。同年 6 月 1 日，大中城市的蔬菜供应价格放开。

1985 年起，"菜篮子"产品进一步引入了市场机制，放开了价格和经营，逐步形成了由市场供求关系形成价格的机制，建立了多渠道流通，多种经济成分相互竞争、共同发展的格局，形成了以批发市场为中心、集贸市场为基础的鲜活农产品市场网络。

1985 年，国家对水产品全面放开，实行市场调节，多渠道流通搞活了市场。随着各地将批发市场作为重点，水产品市场体系不断完善。

（三）农产品流通多渠道不断形成

农产品流通体制改革，打破了国有商业和供销社垄断经营的局面，形成了相互竞争的、多元化的流通主体。

油料购销体制的改革进程不同于粮食和棉花，多渠道流通形成得相对较早。1985 年食用油购销逐步放开。到 1991 年，国家平价油销售只保城镇居民定量供应和军供用油，其他各项用油均改为议价供应和市场调节。1992 年，除花生油和菜籽油继续实行国家指导价外，其他油料价格和购销放开。1993 年全部放开了油料市场和价格，实行多渠道流通。

主要畜产品派购制度改革后，除了传统的商业渠道外，全国县以上还建立了牧工商公司。基层畜牧兽医站在对生产者饲养的家畜、家禽进行防疫治病的同时，开展收购、加工、贮运和销售活动。

（四）农民进入流通领域显出活力

农产品统派购制度改革前，农民虽然允许从事农产品流通，但主要局限于到附近的农村集市出售国家不收购的某些非大宗农产品。随着农产品流通体制改革的不断推进，一部分农民便开始从生产领域分离出来，在政策允许的范围内专门从事农产品贩运活动。

据资料，1986 年全国有近千万农民从事长途贩运。山东寿光当时进入流通领域的农民大约有 3 万，运销蔬菜 90 万吨，占全县蔬菜总量的 45%（中国农业年鉴编辑委员会，1987）。

打破农产品垄断收购和垄断销售，允许农民和农民组织进入流通领域从事农产品经营，形成多元化市场主体，是 20 世纪 80 年代和 90 年代改革进展的重要标志。

一些地方农户在生产不断扩大的基础上，出现了专业户。他们也积极参与农产品流通。很多地方农村大批畜禽专业户以规模生产为基础，参与畜产品流通，或与农村个体工商户联合参与流通。据资料显示，1994年，1200万农民从事农产品运销业务，全国农村大约有650万个农民购销组织（中国农业年鉴编辑委员会，1994）。

农民进入流通领域，减少了流通环节，具有形式多、经营活、流转快的特点，在市场经济中显示了应有的竞争力，尤其是在克服流通设施不足、降低交易费用等方面显出优势。随着农民参与农产品流通规模的扩大，各地农产品流通的组织化程度普遍提高，经营活动由分散无序的自发状态逐步向有组织的合作性经营发展，在蔬菜、水果、畜禽等产业部门，农民在自愿基础上形成了专业合作社或专业协会，主要职能包括生产的农畜产品运输和销售。

（五）农产品流通体制市场化改革最终被正式确立

进入20世纪90年代，农产品流通体制改革的市场化取向更加明确。据资料，1990年，在社会农副产品消费量中，集贸市场提供了肉禽蛋的68.2%、水产品的89.1%、干鲜果的80.3%、干鲜菜的75.8%（中国农业年鉴编辑委员会，1993）。

1991年时农产品流通大致分为三种类型：除了继续强调粮食的国家定购任务和棉花以及部分中药材等专营外，少数农产品由国家提出指导性价格，其他多数农产品的经营放开。1991年10月28日《国务院关于进一步搞活农产品流通的通知》提出了农产品流通体制改革总的要求，适当缩小指令性计划，完善指导性计划管理，更多地发挥市场机制的作用。取消大米由粮食部门统一收购的规定，其他部门、单位和个人也可以经营。实行中央和地方的专项储备粮制度。棉花继续由供销合作社统一收购，统一经营。烟草、蚕茧，以及麝香、甘草、杜仲、厚朴四种中药材，继续由国家指定的部门统一经营。油料、糖料、生猪、绵羊毛、黄红麻等产品则只规定指导性价格，实行真正意义上的合同购销，并提出有条件的地方完全放开生猪经营。

长期以来，中国农产品外贸由国营企业垄断农产品的进出口，国家通过进口配额和许可证制度管理农产品进出口。2001年中国加入世贸组织。

按照世贸组织农业协议规则和中国入世的承诺，中国将放弃传统的农产品进出口管理方式，取而代之的是允许私营企业和外资企业从事农产品进出口贸易业务，实行关税配额管理。小麦、大米、玉米、棉花、豆油在配额数量内的进口将采取低关税税率，而超过配额部分的进口将采取高关税税率。

三、农业生产资料流通体制改革简要历程

改革初期，中国化肥等主要生产资料仍然沿袭着长期形成的统一计划、统一分配、分级管理的体制。以化肥为例，国内化肥企业生产的化肥和进口化肥全部由中国农业生产资料公司及基层供销社经营，国家对化肥生产环节、经营环节和进口化肥给予补贴，化肥的调拨价格和零售价格由国家统一制定。

1985 年，在农产品流通体制全面改革的同时，国家调整了化肥等重要农业生产资料的统配范围，实行生产资料国家定价、政府指导价和市场调节价相结合的价格管理制度，形成了化肥、农药的双轨制。对耕畜、中小农具以及农药器械等类别的农业生产资料相继放开了经营。

在农业生产资料允许多渠道经营之后，全国农村普遍出现了农资市场混乱、价格大幅度上涨，以化肥为主的倒买倒卖现象严重、农民购买平价化肥难的局面。国务院于 1988 年 9 月发出《关于化肥、农药、农膜实行专营的决定》，规定从 1989 年 1 月 1 日起委托原商业部中国农业生产资料公司和各级供销社的农业生产资料经营单位对化肥、农药、农膜实行专营，专营商品实行综合价。

化肥、农药和农膜专营政策使多头插手倒买倒卖的现象得到一定程度的遏制。但是，1993 年全国农村出现的农业生产资料价格过高和农产品收购价格过低所导致的农民经济负担过重问题相当突出。1993 年 2 月 20 日国务院《关于加强农业生产资料价格管理以及对其主要品种实行最高限价的通知》，要求计划内农业生产资料要严格执行国家定价，计划外化肥、农药、农膜和农用柴油实行最高限价。

1994 年，农业生产资料价格出现持续明显上涨。为了控制农业生产资料价格上涨，国家决定整顿农业生产资料流通秩序，农业生产资料流通再度出现专营和限价，国家特别强调了化肥实行一主两辅经营。同年 8 月，国务院召开全国化肥等农业生产资料流通体制改革工作会议，规定化肥只能由农资公司及基层供销社（为主渠道），以及农业植保站、土肥站、农技推广站和企业自销（为两个辅助渠道）经营，其他单位和个人一律不得经营化肥。同时，改革化肥计划管理，减少流通环节。中央调拨化肥由原来的四级批发一级零售改为二级批发一级零售，省级调拨化肥由原来的三级批发一级零售改为一级批发一级零售。基层供销社推行代销制，不得转为个人经营。小化肥厂产品实行地产地销。改革化肥价格管理体制，实行分级管理，统一费率，严格监审，零售实行最高限价。

1998 年，中国化肥等农业生产资料市场供求关系明显改善，11 月份国务院下发了《关于深化化肥流通体制改革的通知》，进一步放开了经营，加快农资流通的市场化进程，将化肥流通的管理由直接计划管理为主改为间接管理为主，取消国产化肥指令性生产计划和统配收购计划，由化肥生产和经营企业自主进行购销活动。化肥出厂价格由国家定价改为政府指导价，放开化肥零售价格。

在化肥等农业生产资料市场基本放开的情况下，1999 年在中国兴起了农资连锁经营。经过几年探索和稳步发展之后，2003 年农资连锁经营呈现加快发展态势。2003 年 12 月，农业部、国家工商行政管理总局、全国供销合作总社联合印发了《关于推进农资连锁经营发展的意见》，要求培育农资连锁经营龙头企业、建立和完善农资物流配送体系、搞好连锁经营规范化管理、培育农资连锁经营品牌、搞好农资售后服务。据资料，2004 年中国开展农资连锁的企业有近千家，连锁门店有 3 万多个，商品销售额在 10 亿元以上的农资连锁经营企业有 7 家（中国农业年鉴编辑委员会，2005）。

经过多年改革和发展，目前中国各地农资经营基本形成了以个体经营为基础，以供销社农资公司、农业技术服务部门为主体，以其他多种形式农资经销单位为补充的市场格局。

四、农产品和农业生产资料流通体制改革的评价

经过 30 年，人们已经普遍认识到市场化改革比较彻底的农产品流通体制的建立，已经取得了明显的成效。农产品流通市场化改革，让广大农民在取得生产经营自主权之后，又取得了产品交换的自主权，促进了农村从自给半自给的小农经济向市场经济的转化。农产品流通体制改革和其他农村改革，为中国农业发展作出了重要贡献。1998 年，根据当时农业生产能力状况和农产品供求关系的变化，中国提出已经进入农产品供求基本平衡和丰年有余的新阶段，这标志着经过多年的改革和发展，中国最终告别了农产品短缺时代。

（一）农产品流通体制改革的路径是渐进市场化

农产品流通体制的市场化改革，基本上是根据发展的需要逐步推进。改革以来的几次农产品流通体制的重大改革与解决农产品卖难相联系。改革后，至 1984 年，随着家庭联产承包责任制的普遍推行，国家在流通领域大幅度提高农产品收购价格，放开农村集贸市场，长期失调的工农产品比价得到改变，调动了农民发展农业生产的积极性，粮食等主要农产品明显增产。尤其是 1984 年，一些地方甚至出现了卖粮难问题。农产品普遍增产，农产品供求关系改善，农产品市场价格甚至出现下降，这进一步提出了改革农产品流通体制的要求，以发挥市场价格作用，调节农业资源的配置。在 1997 年之前，无论是政府，还是学术界，都没有将农产品卖难问题与农产品过剩问题联系起来。1985 年的重在收购环节的粮食等农产品流通体制改革和 1992 年重在销售环节的粮食等农产品流通体制改革，一个重要的核心是放开经营以拓宽流通渠道，解决农产品卖难问题。

随着农产品供给的增长，国家逐步扩大农产品市场交易范围，允许农民进入流通领域，全面推进农产品流通的市场化改革。改革初期，将市场机制引入农产品流通领域，多次调减粮食征购基数，逐步缩小农产品统购派购的品种范围，允许农民完成统购派购任务后自由出售剩余产品，国家

在大幅度提高农产品收购价格的同时，国有商业企业还可按国家规定的指导价格在市场上议购议销农副产品。从 1985 年开始国家取消农产品统购派购制度。除对粮食、棉花、油料、糖料和生猪等大宗农产品实行合同定购和市场收购外，其他农产品则放开经营，实行多家经营、多渠道流通、自由购销。

农产品流通体制的市场化改革，使农产品价格形成渐渐地发生了深刻变化。价格形成机制是农产品流通体制改革的重要内容。计划经济体制下政府主管部门对农产品和农业生产资料价格实行严格管制，交易主体往往是价格的被动接受者，流通领域内的供求关系对价格水平的确定影响相对较小。在统购统销体制下，中国农民只能按照国家规定的价格完成统购任务。随着改革的不断推进，中国逐步缩小计划价格调节范围，扩大交易主体参与价格形成或者直接有权决定价格水平。据资料显示，1978 年，国家计划管理的农产品有 113 种，到了 1985 年由国家定价的农产品已经减少到 38 种，到了 1991 年，由国家定价的农产品进一步减少到 9 种，实行国家指导价的农产品减少到 19 种，而到了 1993 年，只有棉花、烟草和蚕茧等少数农产品没有放开经营，粮食计划收购在农民出售的商品粮金额中只占到 1/3 左右。在农产品收购总额中，国家定价比重由 1978 年的94.4% 下降为 1997 年的 15% 以下。

随着中国农产品流通体制改革的深化，已初步形成了开放、统一、竞争、有序的农产品市场体系，适应社会主义市场经济发展要求的粮食流通体制初步建立；农产品市场主体已经从单一经营发展为农民、各种中介组织、国有流通企业等构成的多元化经营；流通渠道逐渐形成了零售、批发、期货等多层次并进；信息服务也正朝着不断满足生产者、经营者和消费者多方需要的方向发展。市场基础设施也取得显著成效，第二次农业普查结果显示，2006 年末，68.4% 的乡镇有综合市场，34.4% 的村地域内有 50 平方米以上的综合商店或超市。农产品市场网络建设更趋完善，目前已经形成了以中央批发市场为核心、以区域性地方批发市场为主体的农产品流通网络。农产品市场的组织化程度明显提高，各种形式的农产品专业运销组织、产业化组织、专业合作社、专业协会不断发展。

（二）农产品流通体制改革进程差异很大

虽然中国农产品流通体制改革取得明显成效，但是，一些农产品流通体制改革在起步阶段并不顺利。实际上，农产品市场化改革在起步阶段普遍存在着各种困难。流通基础设施的缺乏、交易制度的不完善，以及市场经营人才的不足，都可能阻碍农产品市场化进程的推进。1994 年《中国农业年鉴》在回顾 15 年农产品流通体制改革时认为，1985 年开始的农产品购销制度的改革进行得不顺利，"占我国农作物总播种面积 83% 的粮棉油，虽然宣布取消统购派购，实行合同定购和市场收购，但不少地方在执行中并没有真正走向市场"。

有研究表明，一些国家在快速放开价格，实行自由贸易后，农业产出出现下降（Roland et al.，1999）。有研究表明，1985 年中国推行的农产品市场化改革并不成功，甚至出现了全要素生产率的停滞，直到 20 世纪 90 年代，农业全要素生产率才重新增长（Wen，1993）。还有学者着重从农业生产领域资源配置的变化来评价农产品流通领域的市场化改革的成败（Alan et al.，2000），认为虽然 1985 年农产品市场化改革对农业资源配置的影响程度相对较低，但是，1990 年农产品市场化改革后，农业资源配置的效率则明显提高。

如果以 20 世纪 80 年代中期为界将 30 年农产品流通体制改革划分成两个阶段，则 1979—1984 年可以作为第一阶段，主要特征是农产品流通体制在继续实行统购统销体制的基础上，提高并不断地调整农产品收购价格，适当地减少了农产品统购统销的品种和数量，逐步放开了农产品集贸市场。通过这一阶段的改革，使不合理的工农产品比价得到改变，增加了农民收入，刺激了农业生产较快发展，但是，改革的力度和范围都非常有限。第二阶段可以从 20 世纪 80 年代中期算起，中国逐步放开了农产品市场。虽然农业总产出没有绝对减少，但是增长速度明显放缓，粮油等关系到国计民生的农产品总产量甚至较长时间出现徘徊，农产品价格出现明显上涨。

1985—1989 年 与 1981—1984 年相比，中国农业增长明显放缓。1981—1984 年中国农林牧渔业总产值较上年增长速度介于 6.5%—12.3% 之间，其中有 2 年超过 10%。而 1985—1989 年 5 年间，中国农林牧渔业总产值增长速度只介于 3.1%—5.8% 之间，仅只有 1987 年超过 5%。这种缓慢增长直到 1990 年才有所恢复（参见表 6-2）。

表 6-2　1981—1990 年农业产值和部分农产品产量以及食品价格指数

（上年＝100）

年份	产值		总产量		零售价格				
	农林牧渔业	农业	粮食	棉花	油料	猪肉	食品	粮食	副食品
1981	106.5	106.8	101.4	109.6	132.8	104.8	103.7	103.9	104.1
1982	111.3	110.9	109.1	121.2	115.8	107.0	102.8	100.2	101.0
1983	107.8	108.5	109.2	128.9	89.3	103.5	102.4	99.9	103.9
1984	112.3	111.5	105.2	134.9	112.9	109.8	102.6	99.8	104.3
1985	103.4	99.8	93.1	66.3	132.5	114.5	114.4	110.1	119.3
1986	103.4	102.7	103.3	85.3	93.4	108.5	107.4	109.3	108.4
1987	105.8	106.4	102.9	120.1	103.7	102.2	110.1	106.2	113.8
1988	103.9	101.3	97.8	97.6	86.4	110.0	123.0	114.1	130.4
1989	103.1	102.5	103.4	91.3	98.1	105.2	116.2	121.3	114.3
1990	107.6	108.0	109.5	119.0	124.6	107.5	100.3	95.2	101.3

（资料来源：产值指数来源于《新中国五十年，1949—1999》和《中国统计年鉴，2007》；总产量指数根据《中国农业统计资料汇编，1949—2004》计算；零售价格指数来源于年《中国统计年鉴，1991》）

农产品市场化，按理应会提高农业资源配置效率，节约交易费用，促进农业发展。但是，1985 年，中国粮食和棉花等发生了较大幅度的减产。粮食总产量由 1984 年的 40731 万吨减少到 1985 年的 37911 万吨，下降 6.92%。棉花总产量由 1984 年的 626 万吨减少到 1985 年的 415 万吨，下降 33.71%。1985 年的粮食和棉花大幅度减产，与推行合同定购制度之间是什么关系？粮食、棉花流通体制改革导致了这两类关系到国计民生重大农产品的大幅度减产，还是粮食、棉花大幅度减产是引起相应的流通体制改革反复的重要原因？

观察 20 世纪 80 年代农产品价格的波动，可以发现，改革前后农产品价格存在着明显差异。农产品市场化改革，通常带来农产品市场价格的明显上涨。对于这一现象，存在着不同解释。一般认为农产品统购派购统销制度下计划定价人为压抑了农产品价格，形成工农产品的剪刀差。在农产品流通体制改革早期阶段，主要采取的是放松管制，由市场供求双方议购议销形成市场价格。放开农产品市场，农产品价格逐步恢复到均衡水平。深入推敲这一观点，就会发现存在着值得商榷的地方。

如果农产品价格由人为压抑过低的水平上升到均衡水平，那么根据农产品市场的蛛网理论，理应相继会带来农产品产量的快速增加。但是，事实与理论的演绎存在着矛盾。分析表明，中国农业增长在 20 世纪 80 年代中后期经历了相对较长时期的徘徊。

可见，农产品流通体制改革初期，并不是所有农产品放开市场后立即取得预期效果，价格平稳，产量增长，消费者福利增加，农民增收。在国家实行有计划的商品经济体制下，农产品流通体制实行计划经济与市场调节相结合。从这一阶段改革对农产品供求影响来看，凡是放开的农产品，增长较快，市场交易活跃。而实行"双轨制"的农产品生产出现较大的波动，市场供求关系和价格不稳定。长期来看，正是率先进行农产品流通体制市场化改革产生成效后促进了其他农产品的流通体制改革，具有明显的渐进性改革特征。

回顾中国农产品流通体制改革进程，农产品流通体制改革起步阶段一般都出现过市场价格的剧烈波动。价格波动必然带来相关利益主体利益的重新分配。一般来说，市场价格波动程度加大，尤其是市场价格出现明显上涨或持续下跌，相关主体的利益显著地进行重新调整分配，农产品流通市场化改革往往受阻，改革进程推行得相对较慢。1985 年，农产品流通体制改革政策力度大，但实际进程小，粮棉流通体制出现明显的反复。这与当年市场价格明显上涨，消费者和棉纺企业利益面临调整，既得利益不愿遭受损失，改革受阻有相当大的关系。1998 年后相当长的时期内，粮食等农产品价格持续多年低迷。为了防止农民利益和国有粮食企业利益受到损害，粮食流通体制市场化改革进程出现明显的反复。

政府作为价格补贴的提供者，在农产品流通体制改革进程中同样面临着补贴负担问题，从而成为农产品流通体制改革进程快慢的重要决定者之一。一般来说，政府价格补贴支出多，负担重，农产品流通体制改革的压力就比较大。每次农产品流通体制的重大改革，都与事前政府价格补贴负担明显加重有关。1985 年推行的农产品流通体制全面改革，一个重要原因是以农产品各类价格补贴为主的财政支出大幅度增长。1978 年到 1984 年，政策性补贴由 11.14 亿元增加到 218.34 亿元，增加了 18.6 倍。其中，粮棉油价格补贴由 11.14 亿元增加到 201.67 亿元，增加 17.1 倍。农业增产，农产品供给增加，如果流通体制不进行改革，政府将不堪重负。改革后，由于粮食等农产品大幅度增产，一方面国家指定的农产品专营部门难以及时地将农民交售的农产品全部地收购，另一方面出现了粮食等购销的"倒挂"现象。据资料，1985 年，粮食统购价高于统销价 20%，超购价高于统销价 80%。粮价"倒挂"须由国家财政补贴，使财政支出不堪重负。同样地，1996—1998 年期间，国家用于粮棉油价格补贴的年均增长速度达到 35% 左右，在粮食流通体制改革多年实际上停滞之后，政府必然提出深化粮食流通体制改革的议题。

（三）农业生产资料流通体制改革进程相对缓慢

综观中国农业生产资料流通体制改革历程，基本上遵循了市场化的取向。回顾这一过程，化肥等流通秩序混乱和市场价格暴涨曾多次出现。1985 年后，伴随着农业生产资料产销体制的改革，曾出现了经营主体混乱、农业生产资料价格失控的严重局面。1994 年，尽管国家对化肥等实行"专营"和"限价"，但是化肥等农业生产资料价格大幅度上涨并没有得到有效控制。同一市场、同一时间、同品种化肥一货多价问题相当普遍。1995 年前后，中国一些地方化肥价格变动极其频繁，几天一变价，甚至一天一变价。每次出现的农业生产资料流通秩序混乱都严重地损害了农民的利益。

客观地说，化肥等农业生产资料价格大幅度上涨与其流通体制改革尽管存在着一定的关系，但最主要原因是化肥资源短缺、供求矛盾突出，生产经营企业成本上升，进口化肥价格高等非体制性原因。如果说相继1985 年后几年的农业生产资料价格大幅度上涨与放开农业生产资料经营有关的话，那么 1993 年农业生产资料价格连续几年大幅度上涨则与市场化取向的流通体制改革关系的一致性相对较弱。

1994 年，国家采取了专营和限价政策。但是，"一主两辅"的经营制度难以发挥作用，农业生产资料流通环节依然过多，流通费用依然过高。按当时政策规定，国家统配的化肥由中国农业生产资料公司统一调拨。中央调拨化肥由原四级批发一级零售（即中央、省、地、县批发，基层供销社零售）改变为两级批发一级零售，即中央级批发、省级批发，县农资公司与基层供销社批零结合，基层供销社推行代销制。但是，中国农业生产资料公司只需开一张票，就可拿 1.5% 的手续费，然后再由省、地区、县层层调拨，再到基层供销社，层层都要加上手续费和其他费用。可见，农业生产资料流通体制改革长期没有解决好政企不分，"官商"主管化肥等流通，造成流通中批发和零售经营主体，以及农民之间利益的冲突，使农业生产资料流通体制改革进程难以推进。

第三节　农产品和农业生产资料市场建设的展望

随着中国农产品流通体制改革和农业生产资料流通体制改革的不断深化，市场机制已经在农业资源配置中发挥着基础性作用。但是，中国农产品和农业生产资料市场仍然存在着一些明显的缺陷。这些缺陷中，有些是市场机制本身无法克服的，需要借助非市场的力量才能克服；有些需要通过进一步健全市场体制，完善市场机制，确保农产品和农业生产资料市场机制在农业资源配置中更好地发挥基础性作用，促进农业发展，建设具有中国特色的现代农业。

一、农产品流通体制改革的总体目标

农产品流通体制深化改革的核心目标是平衡好生产者和消费者利益。增强流通环节的竞争性，提高农产品流通体系的运行效率。传统的农产品，尤其是大宗农产品流通体制存在着行业垄断和地区分割的问题。要培育市场以形成多元化、多主体、多渠道的农产品流通体系，促进国内统一市场的形成。

农产品流通体制改革完善的方向：一是进一步培育市场主体，提高农民的组织化程度；二是提高市场建设和管理的水平；三是加强农产品产销的社会化服务体系建设；四是健全宏观调控体系。在国家宏观调控下，充分发挥市场机制对农产品购销和价格形成的作用，完善农产品价格形成机制，建立完善的粮食等重要农产品的国家储备体系和市场体系。

二、提高农民直接进入流通领域的组织化程度

作为农产品生产者的小规模农户在市场竞争中处于不利的地位，是中国现行农产品流通体制建设存在的主要难题之一。改变小规模农户在市场竞争中的不利地位，重要途径之一是提高农民的组织化程度。培育充分代表小规模农户利益的农产品营销合作组织，使他们拥有发达的营销网络，能够及时有效地收集和处理市场信息，具有与农产品需求的大型工商企业讨价还价能力。中国在农产品市场信息服务网络系统的建设和使用方面已经取得一定的进展。要不断完善农产品市场信息服务网络系统，促进农产品交易电子网络化等现代流通设施发展。

三、加快建设现代农产品市场体系

农产品市场体系是现代农业发展不可或缺的重要支撑。随着中国农产品流通体制改革的不断深化，包括粮食在内的绝大多数农产品购销市场已

经全面放开，以批发市场为中心、集贸市场为基础、直销配送和超市连锁为重要补充的农产品市场体系不断完善，农产品大市场、大流通格局正在逐步形成。但是，中国农产品市场基础设施水平总体上偏低、区域和品种发展不平衡、完善和健全的价格形成机制尚未建立起来。

为了建立适应现代农业发展，满足城乡居民不断提高的农产品消费需求，应积极推进农产品市场体系建设，完善以批发市场为中心，以集贸市场、连锁超市、便利店、单体零售经营门店为基础，布局合理、辐射力强的全国农产品流通网络，逐步建立产区与销区、国内与国际市场一体化的农产品市场体系。建立健全农产品市场体系，今后应重点加强农产品产地批发市场和国家级定点市场建设。要加快建设一批设施先进、功能完善、交易规范的鲜活农产品批发市场。加快落实鲜活农产品绿色通道省内外车辆无差别减免通行费政策。要积极推行直销配送、连锁经营、电子商务等现代流通方式，发展农产品会展经济。

要大力发展农产品期货市场。期货市场具有价格发现和套期保值功能，对现货市场和产业发展有积极的指导和促进任用。农产品期货市场在引导农业生产、稳定农产品市场和规避风险方面具有重要作用。中国农产品期货市场从 20 世纪 90 年代开始起步。2007 年中国农产品上市期货品种达到 12 个，其中：大豆（分为 1 号和 2 号）、玉米、豆粕、豆油和棕榈油在大连商品交易所上市，小麦（分为强麦和硬麦）、棉花、白糖和菜籽油在郑州商品交易所上市，天然橡胶在上海期货交易所上市。2006 年国内农产品期货成交量 3.85 亿手，成交金额 13.95 万亿元，约相当于农林牧渔业总产值的 3.3 倍。其中，中国大豆期货交易量是国内大豆产量的 10.98 倍。中国农产品期货市场尽管取得了显著的成绩，但与国际成熟市场相比，仍然在上市品种数量、市场规模和期现市场结合方面还存在较大的差距。为了更好地发展中国农产品期货市场，一要进一步增加农产品期货品种；二要积极培育农村中介服务组织和农业龙头企业，以期货市场引导龙头企业和农民签订合同，推动订单农业发展；三要加强对农民的期货知识培训，以利于农民更好地利用期货市场信息在农业生产决策中的作用。

四、完善农产品流通的宏观管理

改革后的长时期内，国家设立了商业部，作为农产品流通的宏观管理部门。随着中国农产品流通体制改革的深化和国家行政管理体制的改革，目前，中国农产品市场的宏观管理和调控分散在多部门。粮食国内市场的调控由发改委负责。肉类等传统副食品市场的管理由商务部负责。烟叶等特殊农产品计划管理由烟草局负责。分散的宏观管理很难在稳定农产品市场方面形成合力。有些农产品市场的宏观管理已经严重被削弱。为了促进农产品市场的稳定，改善农产品市场的宏观调控，迫切需要整合农产品市场的宏观管理。

五、进一步完善农业生产资料流通体系

农业生产资料是现代农业生产的根本和物质基础。农业生产资料市场的秩序和产品质量状况是决定农业发展和农民增收的重要因素之一。中国农业生产资料市场基本放开，农业生产资料经营主体多元化基本形成。这促进了农业生产资料经营的有效竞争，有助于降低农业生产资料价格，提高服务水平。但是，中国农民在识别农业生产资料质量方面处于劣势地位，在现实经济生活中，农民购买伪劣农业生产资料影响生产遭受经济损失时有发生。为此，必须大力发展现代农业生产资料流通组织方式，维护农业生产资料流通秩序。

传统农业生产资料流通体制存在着行业垄断和地区分割的问题。要增强流通环节的竞争性，提高农产品流通体系的运行效率。要坚持农资市场放开，经营主体多元化。依靠市场力量防止流通领域对农民利益的过多侵害。积极发展农资连锁和配送等新型流通形式，降低流通费用，提高流通效率。进一步完善国有及供销合作社农资流通企业法人治理结构，吸引各类投资主体通过新建、兼并、联合等方式参与农资经营。充分发挥农民合作社和各种社会化服务体系在农资流通中的任用。引进国外资金、技术和

管理经验改造提升农资经营网络，鼓励农资生产企业建立销售网络。积极发展农资连锁经营，建立以集中采购、统一配送为核心的新型营销体系。健全农业生产资料服务体系。

要继续加强政府主管部门对农业生产资料市场管理，以种子、农药、肥料和动物疫苗等为管理重点对象，严厉打击制售假冒伪劣农业生产资料等坑农伤农行为，规范农业生产资料市场秩序。建立健全农资价格监控机制，防止在流通环节随意抬高价格。健全农资损害赔偿机制。加强农资市场的监管工作，打击各种制售假冒伪劣农资的违法行为，依法严惩农资经营中的不正当竞争行为。完善农资市场监管体系，加快农资信用体系建设。支持具有技术服务优势的农资经营单位发展，鼓励在出售农资时提供有效信息。

第七章

农村基本经营制度和
管理体制的变迁

　　农村基本经营制度和管理体制的变迁是国家宏观经济发展战略和经济体制模式选择的产物。

　　建国初期，我国确立了优先发展重工业的工业化发展道路，并实行高度集中的计划经济管理体制。为了适应国家工业化的发展战略，保证工业化的原始积累，国家通过社会动员、行政命令，在农村发动了急风暴雨式的、大规模的农业集体化运动和人民公社运动，确立了"政社合一"的人民公社体制，彻底消灭了小私有生产者。农民成为人民公社体制下无法迁徙、没有退出权的单一生产劳动者。通过人民公社体制，政府将自己的农业行政管理系统直接深入到农村基层，排斥市场机制、使用单一的行政手段进行生产要素的配置和调控，确保了国家有效地完成工业化进程中的原始积累，同时也付出了沉重的代价。农业生产力水平低下、农民生活水平长期停滞不前，城乡差距巨大，最终导致二元经济格局。

　　20世纪70年代末，处在生存边缘的农户自我发动了一场以实施土地家庭联产承包责任制为标志的农村改革，掀开了中国市场化改革的序幕，彻底动摇了传统人民公社体制的根基。农民自发的制度创新得到了中央政府的认可、支持和引导，农村最终确立了以土地家庭承包经营为基础的农村微观经营主体。广大小农在开展商品化生产、参与市场竞争中，又自发地创新出了以农民专业合作社为代表的农民专业合作组织，通过合作社的载体，为农户提供社会化服务，降低农户的交易成本，提升农户的市场竞争力。但是，农民合作组织的发展还在初期阶段，对于完善以家庭承包经营为基础、统分结合的双层经营制度建设的作用还很有限，农村基本经营制度面临着进一步完善土地承包关系，实现多元化、多层次、多形式的统一经营，使农民专业合作社成为引领农民进入市场的现代农业经营组织的多方挑战。

伴随着中国经济体制由计划经济向市场经济转轨，农业管理体制改革也逐步从高度集中的计划经济管理体制向着建设市场经济体制下的宏观管理体制发展。改革 30 年，农业管理体制大致经历了三个阶段：20 世纪 80 年代还权于民、还权于市场，由农户自我决定农业生产和农产品的交易，由市场决定农产品的价格；20 世纪 90 年代建立政府宏观调控机制，主要利用价格信号、经济手段调节农业生产的间接调控机制；21 世纪以来，在统筹城乡发展战略下，全面建立政府的公共服务机制。核心是扶持，建立覆盖农业、乃至农村的全方位的政府公共服务体系，以弥补市场机制的供给不足。但是，政府与市场的关系问题，更具体地，政府在农业中的职能定位问题并没有真正解决，仍然在探索中，而政府利益部门化、部门条块化的现状强化了农业管理体制改革的艰巨性。

本章共分三节。第一节描述和简评改革开放前的农村基本经营制度和管理体制；第二节描述改革开放后农村基本经营制度和管理体制的改革创新；第三节对改革以来农村基本经营制度和管理体制的改革发展进行评价与初步的展望。

第一节　改革开放前的农村基本经营制度和管理体制

一、改革开放前的农村基本经营制度

改革开放前的农村基本经营制度经历了三次变革。

（一）建国初期建立小农家庭经营体制

1949 年新中国成立前夕，在党的七届二中全会上，毛泽东提出了"使中国稳步地由农业国转变为工业国，把中国建设成为一个伟大的社会主义国家"的战略构想。并指出，必须谨慎地、逐步地、积极地引导占国民经济总产值 90% 的分散的个体的农业经济和手工业经济向着现代化和集体化的方向发展。单有国营经济而没有合作社经济，我们就不可能领导劳动人民的个体经济逐步地走向集体化，就不可能有新民主主义社会发展到将来的社会主义社会。① 而后若干年的农村基本经营制度变革实际上就是此发展战略的产物。

新中国成立伊始，延续建国前在解放区取得的成功经验，中国共产党在广大农村首先领导了土地改革，消灭封建土地所有制，实现农民土地所有制，为解放生产力、迅速恢复接近崩溃边缘的国民经济，促进国家的工业化提供前提条件。

土地改革全面完成后，农民实现了"耕者有其田"。到 1952 年年底，约 3 亿无地少地的农民分得了 7 亿亩的土地，农民真正成为了独立经营的小生产者，在自有的小块土地上进行自给自足的家庭经营。农业领域小农家庭经营的基本经营制度最终得以确立，极大地促进了农民的生产积极

---

① 薄一波：《若干重大决策和问题的回顾》（上卷），中共中央党校出版社 1991 年版，第 27 页。

性，农业生产力也得到快速的恢复和发展。1952 年全国粮食产量比 1949 年增长 44.8%，达到了战前的最好水平。农民人均货币收入 1952 年增加到 26.8 元，比 1949 年增长 79.8%。①

（二）20 世纪 50 年代后期实行农业集体化模式

1953 年年底，中国共产党提出了过渡时期的总路线②，把对农业领域的社会主义改造提到议事日程。同年底，国家正式在农村领域实行粮食统购统销制度。1953 年 10 月—11 月，毛泽东在全国第三次互助合作会议上提出，要解决农产品的供求矛盾，就要解决所有制与生产力的矛盾，个体所有制必须过渡到集体所有制，过渡到社会主义，过渡时期总路线可以说是解决所有制问题的。

同期，中共中央发布了《关于发展农业生产合作社的决议》，通过农业生产的合作化运动完成小农经营体制改造的步伐加速。对农业基本经营组织的变革，中央以原有的个体小农之间自发开展的临时性换工的互助组和常年互助组为组织基础，引导其快速地朝着初级农业生产合作社（简称初级社）演进，并为过渡到消灭家庭经营的高级农业生产合作社（简称高级社）做好准备。

初级社保留了农户的土地和其他生产资料的个人私有，但是农户的土地作股入社，农户的耕畜和大农具也由初级社统一使用，社员参加初级社的统一劳动、接受初级社统一管理、并参加初级社统一分配。初级社自负盈亏，按劳分配为主，按股分红为辅。农户在初级社外，可以耕种合作社分给的少量自留地，经营家庭副业，其收入归社员个人所有。③

1954 年，全国发展初级社高达 48 万多个。④ 1955 年 7 月，毛泽东发

---

① 王贵宸编著：《中国农村合作经济史》，山西经济出版社 2006 年版，第 75—76 页。

② 过渡时期总路线的表述是：从中华人民共和国成立，到社会主义改造基本完成，这是一个过渡时期。党在这个过渡时期的总路线和总任务，是要在一个相当长的时期内，逐步实现国家的社会主义工业化，并逐步实现国家对农业、对手工业和对资本主义工商业的社会主义改造。

③ 杨坚白主编：《合作经济概论》，中国社会科学出版社 1989 年版，第 284 页。

④ 魏道南：《四十年来的农业生产合作社》，载秦柳方、陆龙文《中国各种经济合作社》，中国文史出版社 1994 年版，第 6 页。

表《关于农业合作化问题》的报告，作出了著名的"在全国农村中，新的社会主义群众运动的高潮就要到来"的基本判断，并批判"我们的某些同志却像一个小脚女人，东摇西摆地在那里走路"。同年10月，中共中央七届六中全会根据毛泽东此报告通过的《关于农业合作化问题的决议》，将农业合作化运动迅速推向高潮。在农业合作社的发展中，全国各地出现了一哄而起的局面。到1956年年底，全国1.20亿农户中，加入高级社农户达到了1.07亿户，占农户总数的89%；1957年，该比例增加到了96%。而在1955年全国1.19亿农户中，加入高级社的社员总量仅4万户，加入初级社的比例也只有14%。①

按照1956年6月全国人大通过的《高级农业生产合作社示范章程》规定，入社农民必须把私有的土地和耕畜、大型农具等主要生产资料转为合作社集体所有。允许社员有小块的自留地，但不得超过合作社土地总量的5%。②

在不到三年时间内，通过政府强制推动，我国的农村基本经营制度就快速完成了从家庭经营到高级社统一经营的农业集体化模式的转型。

（三）20世纪50年代后期到70年代末全面实行人民公社体制

1. 建立单一的公社所有制

农业集体化实现以后不久，1958年，中央发动了"大跃进"和人民公社化运动，中共中央通过了《关于在农村建立人民公社问题的决议》（简称《决议》），在短短的几个月内，农业集体化模式又被人民公社制度所取代。

与高级社相比，人民公社制度有如下特点：

第一，"政社合一"。即国家基层政权机构与农民集体所有制经济组织合二为一。按照《决议》，乡党委就是公社党委，乡人民政府就是社务委员会，管理本行政辖区内的工农业生产建设、贸易、文教卫生、治安、

---

① 杜润生主编：《当代中国的农业合作制》（上），当代中国出版社2002年版，第408页。
② 国家农委办公厅编：《农业集体化重要文件汇编》（上），中共中央党校出版社1981年版，第479—501页。

民兵等工作，人民公社成为经济、文化、政治、军事等的统一体。在实际运作中，是"以政代社"①。

第二，"一大二公"。"大"是指组织的规模大，公社成立之初，全国平均每个公社的农户数超过 5 千户；"公"是指生产资料实行单一的公社所有制。原来隶属于高级社的生产资料全部无偿归公社所有。社员的私有财产也全部转化为公社所有；农村中独立经营的供销合作社、信用合作社被合并到公社，成为公社的一个部门；而农村中原属全民所有制的银行、商店和一些企业等机构的财产也由公社使用，相应的人员也由公社管理。

第三，生产劳动组织军事化。公社成立民兵组织，劳动力按照军队编制全部编入民兵组织。民兵组织同时也是生产劳动组织，劳武结合，由公社统一指挥、调配。农业生产采取大兵团作战的方式。

第四，社员分配制度实行工资制与供给制相结合。社员分配首先支付社员的口粮（有的也包括伙食供给以及生活消费品供给），然后支付社员的工资。其中按照公社人口平均分配的供给制占到分配总额的 60%，甚至 70%—80% 左右。而工资制部分是将劳动力分为等级，按照劳动力的生产劳动日支付工资，由于工资总额差距很小，与劳动成果不联系在一起，结果是导致严重的平均主义，社员"出工不出力"现象严重，缺乏激励机制。

第五，社员生活集体化。每个公社创办公共食堂，社员按照统一标准就餐，公社不再向社员分配粮食、柴草、蔬菜等，而是分到各个食堂，此外，许多公社还建立托儿所、敬老院等。②

2. 实行"三级所有、队为基础"的人民公社制度

人民公社制度建立后不久，就暴露了制度安排上的众多问题，使之无法继续运行下去，不得不对之进行全面调整。1962 年 2 月，中共中央发

---

① 刘文璞、魏道南、秦其明等：《中国农业的社会主义道路再认识》，中国社会科学出版社1987 年版，第 97 页。

② 刘文璞、魏道南、秦其明等著：《中国农业的社会主义道路再认识》，中国社会科学出版社1987 年版，第 97—103 页。杜润生主编：《当代中国的合作制》（上），当代中国出版社2002 年版，第 526—533 页。

布《关于改变农村人民公社基本核算单位的指示》，提出将公社的基本核算单位下放到生产队，建立以生产队集体所有制为基础的"三级所有、队为基础"的人民公社制度。该制度在同年 9 月中共中央八届十中全会通过的《农村人民公社工作条例（草案）》（简称《六十条》）得以最终确立，并一直延续到 1979 年农村改革开放前夕。

"三级所有"是指公社内部由生产队、生产大队、公社三级所有制经济组成。其中，生产大队是由若干生产队组成的一个新的独立联合组织，公社是由若干生产大队组成的一个独立的联合组织①，生产队、生产大队、公社三级集体经济组织分别拥有各自独有的土地和其他生产资料，在经济上分别各自独立核算。"队为基础"是指生产队作为公社体制下的农业经营的基本单位，独立核算、自主经营。生产队直接组织社员开展生产经营活动。生产队范围内的土地和其他生产资料归生产队集体所有；劳动力由生产队统一组织支配、管理；收益分配由生产队自主进行，实行按劳分配，同工同酬。在上交国家税金、提取了公积金、公益金后，根据社员的劳动工分进行分配。取消供给制和公共食堂。社员可以耕种自留地，规模一般占生产队耕地的5%—7%②，因此，生产队模式实际是高级社的模式③。

生产大队在公社的领导下，管理本大队范围内各生产队的生产和行政工作。在生产方面，一是负责指导、检查、监督生产队的生产活动、财产管理和收益分配，以及按时完成国家的农产品征购、派购任务；二是组织开展兴修水利建设和其他农田建设；三是管好生产大队所有的大中型农机具、山林、企业；在行政方面，贯彻中央的政策、法律；负责本大队范围内的公共福利事业和文化教育卫生事业，以及社会治安等。④

---

① 其中，生产队相当于原来初级社的规模，生产大队相当于原来高级社的规模。1962 年，全国平均每个生产队的社员规模为 24 户；平均每个生产大队有 7.9 个生产队，191 户社员；平均每个公社有 9.4 个生产大队，1793 户社员。杜润生主编：《当代中国的合作制》（上），当代中国出版社 2002 年版，第 637 页。

② 郭铁民、林善浪：《中国合作经济发展史》（下），当代中国出版社 1998 年版，第 936 页。

③ 杨坚白主编：《合作经济概论》，中国社会科学出版社 1989 年版，第 298—299 页。

④ 王贵宸：《中国农村改革新论》，中国社会科学出版社 1998 年版，第 139 页。郭铁民、林善浪：《中国合作经济发展史》（下），当代中国出版社 1998 年版，第 931 页。

公社仍然是"政社合一"的组织。一方面行使国家基层政权的职能，管理公社范围内的生产建设、粮食、贸易、文教、卫生、民政、治安等各项事业，根据国家下达的粮食和其他农产品征购、派购任务，在各生产队之间进行分配，并督促生产队完成国家任务；另一方面，负责管理经营归公社一级所有的企业、山林、大型农机具、运输工具等。

"三级所有、队为基础"的人民公社一直持续到 20 世纪 70 年代末的农村改革前夕。①

二、改革前农业管理体制的变迁

农业管理体制的变迁实际是国家宏观经济管理体制变迁的产物。

（一）建国初期依靠价格政策对农业进行间接调控

建国后不久，我国就实现了统一财经工作，核心是统一财政收支，重点是统一收入，保证中央财政的需要。规定公粮、税收、库存物资和公营企业的利润（包括折旧基金）一律收归国库，实际上是确立了国家统一后的财经管理体制。② 但是国家对于农业生产采取了与工业生产不同的管理方式，即是一种间接的管理和调控。国家通过税收（征收公粮）从农民手中获得粮食，余缺部分通过自由市场进行收购。对此，1953 年 3 月，毛泽东在为中央起草的党内指示《解决"五多"问题》中曾指出，"目前我国的农业，基本上还是使用旧式工具的分散的小农经济"，"因此，我国在目前过渡时期，在农业方面，除国营农场外，还不可能实行统一的有计划的生产，不能对农民施以过多的干涉；还只能用价格政策以及必要和可行的经济工作和政治工作去指导农业生产"，"超过这种限度的所谓的农业'计划'，所谓农村中的'任务'，是必然行不通的，而且必然引起

---

① "文革"期间，受到"左倾"思想的影响，中央一直强调"三级所有"向大队所有制、公社所有制"两级所有"过渡的思想。认为取消生产队，将基本核算单位过渡到生产大队是人民公社的发展方向。到 1978 年春，全国过渡到大队基本核算单位的比例合计达到了 9.7%。杜润生主编：《当代中国的合作制》（上），当代中国出版社 2002 年版，第 748 页。

② 薄一波：《若干重大决策和问题的回顾》（上卷），中共中央党校出版社 1991 年版，第 83—84 页。

农民的反对，使我党脱离占全国人口百分之八十以上的农民群众，这是非常危险的"。

（二）农产品统购统销制度确立后，对农业实行直接控制

1953年，中央开始对粮食等主要农产品实行统购统销制度，由国家计划收购粮食、计划供应粮食、国家控制粮食市场，以及中央对粮食实行统一管理。随后，又将统购统销的范围扩大到食用油、棉花，直到生猪、禽蛋。主要农产品全面实行了具有行政强制性的统购统销制度。

在统购统销制度下，国家统一规定向农民收购的粮种、收购价格和收购数量，粮农要按照国家要求交售粮食。一切从事粮食经营和加工的部门统一归当地粮食部门领导，所有私营粮商一律不准私自经营粮食和加工粮食，需要在国家的严格监督和管理下进行。粮食实行中央统一的管理、指挥和调度。通过统购统销制度，国家牢牢控制了粮棉油主要农产品的生产和流通。1953年夏到1954年夏，国家共购入粮食709亿斤（含粮食税），而国家统计局的资料显示全国实际粮食购入达到784.5亿斤，超过计划75.5亿斤，比上年度多收177.9亿斤，增长近30％。[1] 国家与农民的关系也达到了建国以来的空前紧张。

1956年，国家全面实现了农业集体化，对农业的管理进一步强化。在农村的统购统销，国家不再与一亿几千万的农户发生直接关系，而是通过几十万个合作社完成，加快了粮食收购的进度。对于简化购销手段、推行合同预购等都带来了便利。[2] 国家初步形成了农业集体化基础上的计划管理体制。

（三）人民公社制度全面实行后，形成高度集中的计划管理体制

1958年，人民公社体制确立后，国家在农业领域形成了生产、供销、

---

[1] 薄一波：《若干重大决策和问题的回顾》（上卷），中共中央党校出版社1991年版，第271页。
[2] 薄一波：《若干重大决策和问题的回顾》（上卷），中共中央党校出版社1991年版，第277页。

金融三大系统，来直接控制、管理农业生产。[①]

在农业生产领域，中央政府通过各级地方政府的农业管理部门实施强制性的农业生产计划，将农业粮、棉、油的生产计划指标层层分解，下达到人民公社，由人民公社再分配到下属的各个生产大队，生产大队再将指标具体落实到每个生产队。生产大队直接指导、监督生产队完成上级下达的计划任务。在计划经济体制下，从中央到地方，各级农业经济管理部门的机构设置是单一的，即唯一的保障生产功能，俗称"催种催收"[②]。

在农产品流通领域，集市贸易被作为"资本主义的尾巴"几经取缔和关闭，个体商业也被过渡或淘汰，农产品流通渠道由建国初期的多渠道逐步演变为单一的国营商业和供销社渠道，国家通过国营商业和供销社系统基本垄断了农产品市场，而农村供销系统几经变革[③]，实际上已经蜕变成了国家在农村的产品分配系统，成为了"官商"，被称为"二国营"。以改革开放前国营和供销社粮食、棉花收购量占社会农副产品收购量的比例（%）变化就可以清楚地看到这一点（见表 7-1）。

表 7-1 1952—1980 年国营和供销社粮食、棉花收购量占
社会农副产品收购量的比例变化

（单位：%）

年份	1952	1953	1954	1955	1956	1957	1958—1960	1961	1962	1963	1964	1965—1980
比例	79.5	86.2	97.9	97.5	97.3	98.8	100.0	99.7	99.3	98.9	99.4	100.0

（资料来源：姚今观、纪良刚等：《中国农产品流通体制与价格制度》，中国物价出版社 1995 年版，第 58 页）

[①] 王贵宸：《中国农村改革新论》，中国社会科学出版社 1998 年版，第 154—156 页。

[②] 农业部政策体法规司：《中国农村：政策改革备忘录》（3），改革出版社 1992 年版，第 152—153 页。

[③] 供销社 1958 年曾一度与国营商业合并，成立人民公社供销部；1962 年，得到恢复，独立经营，但是主要业务转向接受政府委托的农副产品收购任务；1970 年，与商业部、粮食部、工商总局三家合并，共同成立商业部，直到 1975 年，再次得到恢复，取得独立经营地位。但是实际已经成为国家在农村的商业部。邱功甫等：《四十年来的供销合作社》，载秦柳方、陆龙文《中国各种经济合作社》，中国文史出版社 1994 年版，第 130、133、146—147 页。

在生产要素流通领域，国家通过国家银行将借贷计划由上至下层层下达到基层，由银行、信用社筹集资金和发放贷款，以保证农业生产。信用社历经多次变革①，实际上成为了国家银行在农村的基层机构。农村资金的流动牢牢掌控在国家银行机构手中。

而1958年实行的城乡分割的户籍制度，消除了劳动力合理流动的正常渠道，将农民死死地控制、限定在本生产队范围内进行统一劳动，没有退出权和转移权，也没有自主经营权。在此农业管理体制下，生产队实际上成为政府直接控制下的农业生产车间，丧失了生产经营的独立性和自主权。

三、改革前农村基本经营制度和管理体制变迁的评述

改革开放前的农村基本经营制度变革是国家外力推动下的强制性制度变迁。从初级社、高级社开始，中央政府就通过直接的社会动员、下达行政任务指标的行政推动甚至强迫命令开展了大规模的农业集体化运动，严重违背了农民的意愿，剥夺了农民的自我选择权，剥夺了农民的私有财产权，并且使农民长期以来"谈合色变"，对合作社制度产生错误认识。以一组数据为例，1950年，参加各种生产互助组织的农户占全国农户总数的10.7%，其中主要形式是互助组。全国只有18个初级社、社员共计187户；1个高级社，社员32户；到1951年，参加各种生产互助组织的农户占全国农户总数的比例上升到19.2%，主要形式仍然是互助组，初级社数量上升到129个，社员

---

① 与供销社相类似，信用社在1958年也被并入人民公社，成立了公社信用部。1959年又被下放到生产大队，人、财、资金使用权全部归生产大队，成为生产大队的"钱柜子"；1962年，国家恢复信用社的合作性和独立经营性，信用社业务归国家银行领导、监督，但信贷计划要经国家银行审查。文革中，信用社再次被下放到社队，直到1976年，恢复信用社，但是将其定位在集体金融组织和国家银行在农村的基层机构，实则为后者。路建祥：《四十年来的农村信用合作社》，载秦柳方、陆龙文《中国各种经济合作社》，中国文史出版社1994年版，第189—191页。

2000 户，高级社数量不变。① 但是到了 1954 年，全国发展初级社高达 48 万多个；1956 年，参加互助合作组织的农户占总农户的比例达到了 97.2%，其中参加高级社的比例达到了 91%，农业的集体化基本完成。② 小农家庭经营体制也不复存在。而随后的人民公社体制又将农民牢牢地束缚在土地上，没有自由迁徙权、就业选择权和经营自主权，成为一名任人摆布的被动的单一劳动者，农村中基本的经营组织生产队则蜕变成为了政府的一个劳动车间。生产计划、收益分配实际上基本由上级决定，没有经营自主权。

而中央急于快速实现集体化的基本目的是为了顺利完成工业化的原始积累。1953 年毛泽东在全国财经会议上的一次讲话非常有代表性，他指出，"个体所有制的生产关系与大量供应是完全冲突的"；"从解决这种供求矛盾出发，就要解决所有制与生产力的矛盾问题"，"改为集体所有制"。③ 并且他认为，农民自发的资本主义倾向严重，要通过合作社化、集体化将其消除。

建国后，实现工业化成为中国发展首要任务。在工业化的发展道路上，我国选择了前苏联模式的优先发展重工业的方针，农业的发展是为了适应工业化的道路，为工业化发展提供资金保障。农业集体化是实现工业化发展战略的重要制度保障。事实也证明，这种发展模式是非常有效的。通过农产品的低价交售，工农产品的剪刀差，农业对于国家的工业化作出了巨大的要素贡献。1952—1980 年工农业 5000 亿以上的剪刀差数值，恰好相当于 1953—1980 年间全民所有制各行业基本建设新增固定资产总额 5129 亿元④，从而保证了在短期内快速实现工业

---

① 魏道南：《四十年来的农业生产合作社》，载秦柳方、陆龙文《中国各种经济合作社》，中国文史出版社 1994 年版，第 3 页。
② 魏道南：《四十年来的农业生产合作社》，载秦柳方、陆龙文《中国各种经济合作社》，中国文史出版社 1994 年版，第 7 页。
③ 薄一波：《若干重大决策和问题的回顾》（上卷），中共中央党校出版社 1991 年版，第 362 页。
④ 程漱兰：《中国农村发展：理论和实践》，中国人民大学出版社 1999 年版，第 286 页。

化的国家战略目标。

但是这种违背农业生产基本特征的农村基本经营制度安排，也付出了沉重的代价：农村经济发展长期停滞不前，农业生产力水平的长期低下、农民生活水平长期停滞不前以及城乡差距巨大，最终导致二元经济格局。1954—1978 年，农民实际生产性收入年递增率仅有 1.05%，农民的纯收入始终在 550 公斤粮食上下徘徊。其中来自集体分配的占 65%，其余来自农民家庭副业。而农民家庭副业种自留地占集体耕地不足 10%[1]，相当多的农民基本温饱问题解决不了。到 1978 年改革前夕，全国农村贫困人口仍高达 2.5 亿。[2]

改革开放前的农业管理体制是高度集中的计划经济体制的一个缩影。它的最大特点是排斥市场机制，使用单一的行政命令手段实现对生产要素资源的配置。通过人民公社政社合一的计划管理体制，将政府的行政管理直接深入到农村基层，利用行政手段进行资源的配置和调控，确保国家有效地完成工业化进程中的原始积累。但是这种通过政治运动、行政高压来实现经济建设的统制经济，将政府对农民、农村的控制推向了一个极点。

第二节　改革开放后的农村基本经营制度和管理体制

一、改革开放后的农村基本经营制度演进

（一）引入各种形式的生产责任制

1978 年年底，具有历史意义的中共中央十一届三中全会召开，会议确立了实事求是的思想路线，通过了《关于加快农业若干问题的决定（草案）》（简称《草案》），基调是强调尊重农民自主权，"必须在经济上

---

[1] 程漱兰：《中国农村发展：理论和实践》，中国人民大学出版社 1999 年版，第 307—308 页。

[2] 陈佳贵总主编，张晓山、李周主编：《中国农村改革 30 年研究》，经济管理出版社 2008 年版，第 359 页。

充分关心农民的物质利益，在政治上切实保障农民的民主权利"，同时，重新肯定了农民自发开展的按工记分、联产计酬等各种生产责任制①。

1979 年 9 月，中央十一届四中全会在《草案》基础上通过的《关于加快农业发展若干问题的决定》，将原《草案》中的"不许包产到户"，改为了"不要包产到户"，并允许一些副业生产或交通不便的单家独户可以例外。1980 年中央 75 号文件《关于进一步加强和完善农业生产责任制的几个问题》，在坚持集体经济方向不动摇的前提下，明确贫困落后地区可以包产到户、也可以包干到户。并提倡生产队实行专业承包或田间管理承包到人、联产计酬。

中央政策放宽，大力推动了多种形式生产责任制的发展。1980 年年底，全国 561.1 万个基本核算单位中，93% 实行了生产责任制，主要形式有定额包工（占 39%）、联产到组（占 23.6%）、包产到户（占 9.4%）、联产到劳（占 8.6%）、包干到户（占 5%）和专业承包（占 4.7%）②。其中，包干到户最受欢迎，发展迅猛。三年时间内，从 1979 年的只占 0.1%，上升到 1982 年底的 80.9%（表 7-2）③。

表 7-2　1979—1982 年人民公社基本核算单位中实行包干到户的比例

年份	1979	1980	1981	1982
包干到户比例	0.1	5.0	38.0	80.9

---

① 改革开放前，以包产到户为主要形式的生产责任制曾在农村中三起三落。早在 1956 年，安徽芜湖、四川江津等地的农业合作社就实行了包工包产到组到户，之后，又推广到浙江永嘉、广西环江，以及广东珠三角、山西榆次、安徽阜阳、江苏盐城等多个地区。1957 年，"包产到户"在反右派运动中遭扼杀；1959 年，出于对公社体制的抵制，江苏等许多地方又出现了包产到户以至田间农活包到户的做法，再次受到批判；1960 年"三年困难时期"，为尽快恢复生产，安徽出现田间管理包工到田的"责任田"，1962 年 3 月，全省实行责任田的生产队高达 85.4%。与此同时，广西、湖南、贵州、甘肃、陕西等地又再次出现各种形式的生产责任制、包产到户。杜润生主编：《当代中国的合作制》（上），当代中国出版社 2002 年版，第 475、477、480、569、644、647、651、653 页。
② 杜润生主编：《当代中国的合作制》（下），当代中国出版社 2002 年版，第 39—40 页。
③ 杜润生主编：《当代中国的合作制》（下），当代中国出版社 2002 年版，第 47、49、50 页。

（二）确立家庭承包经营为基础、统分结合的双层经营体制

1982 年，五届全国人大第五次会议通过的新《宪法》，首次提出了农村集体经济组织实行家庭承包经营为基础、统分结合的双层经营体制。1983 年中共中央 1 号文件《当前农村经济政策的若干问题》，进一步肯定了联产承包到户生产责任制，指出它坚持土地等基本生产资料的公有制和某些统一经营的职能，是一种"分散经营和统一经营相结合的经营方式"，并认为"分户承包的家庭经营只不过是合作经济中一个经营层次"，"它和过去小私有的个体经济有着本质的区别，不应混同"。同时提出改革人民公社的体制，实行生产责任制，特别是联产承包制；实行政社分设。按照该文件精神，生产队或大队在实行联产承包以后仍然是劳动群众集体所有制的合作经济。它们还应当继续履行完成国家生产项目安排、保证完成交售任务，管理集体的土地等基本生产资料和其他公共财产，为社员提供各种服务。

到 1983 年底，全国农村实行包干到户的生产队数量为 576.4 万个，占全国总队数的 97.8%。[1] 在包干到户中，对集体土地的具体分配办法是，首先分配对象是土地集体所有制基本核算单位生产队或生产大队[2]中的成员；第二，分配原则是权利平等、平均分配。按照基本核算单位范围内的人口平均分配；第三，土地分配的方式是将集体土地分为两个部分，承包地和自留地。具体土地地块的分配是"好坏搭配"、而非连片分配。生产队或生产大队将集体土地按照肥力或区域位置分为若干等级，每个等级按照人口平均分配；第四，土地分配的顺序采取社员"抓阄"形式，以确保公平合理。据有关部门统计，1984 年，农户平均承包耕地 0.54 公顷，分为 8.7 块，每块平均 0.06 公顷。[3]

---

[1] 杜润生主编：《当代中国的合作制》（下），当代中国出版社 2002 年版，第 60 页。

[2] 部分地区在"文革"中已将人民公社的基本核算单位过渡到生产大队。

[3] 陈佳贵总编，张晓山、李周主编：《中国农村改革 30 年研究》，经济管理出版社 2008 年版，第 56 页。

与此同时，生产队和生产大队所有的中小型农机（具）、役畜、机井等农业生产资料也平均分到每户或几户共有，或直接低价出售给本队的农户。农户自己也可以在市场上购置农业生产工具。

至此，家庭承包经营取代生产队或生产大队，成为农村中的基本经营单位。

鉴于农村中普遍实施了家庭联产承包责任制，1984 年中央 1 号文件《中共中央关于一九八四年农村工作的通知》中，及时提出土地承包期一般应延长至 15 年以上的重大政策。又进一步明确了统分结合的双层经营体制。指出，"为了完善统一经营和分散经营相结合的体制，一般应设置以土地公有为基础的地区性合作经济组织。这种组织，可以叫农业合作社、经济联合社或群众选定的其他名称；可以以村（大队或联队）为范围设置，也可以以生产队为单位设置；可以同村民委员会分立，也可以一套班子两块牌子"。

该文件还对地区性合作经济组织的基本职能作了明确规定，基本目标是为农户服务。具体工作包括，"做好土地管理和承包合同管理；管好水利设施和农业机械，组织植保、防疫，推广科学技术，兴办农田水利基本建设以及其他产前产后服务"。

1986 年《中共中央、国务院关于一九八六年农村工作的部署》中，再次强调："地区性合作经济组织，应当进一步完善统一经营与分散经营相结合的双层经营体制。"

1987 年《中央关于把农村改革引向深入》中，将地区性的合作经济组织具体化为乡、村合作组织。并进一步阐明，"乡、村合作组织实行分散经营和统一经营相结合的双层经营制"。其基本职能进一步拓展，除了"承担生产服务职能、管理协调职能和资产积累职能"外，还要求"有条件的地方，还要组织资源开发，兴办集体企业"。

1988 年，据农业部对全国 26 个省、自治区、直辖市[①]统计，已经设

---

① 缺少安徽、贵州、西藏、新疆的数字。

置农业合作社、经济合作社、农工商合作社等乡、村合作组织 116.73 万个，涉及原生产队总数的 62.2%。绝大多数采取了村民委员会和村合作经济组织的两块牌子、一套班子的形式。①

（三）发展农民专业合作经济组织、完善农村基本经营制度

农村家庭联产承包责任制度确定后，农村市场化导向的改革步伐也不断深化，农产品统购统销制度出现松动，农产品市场逐步放开，农户开始成为面向市场独立经营的小商品生产者，自主经营、自负盈亏。改革初期，农业生产的重点是调整产业结构、大力发展经济作物、畜产品生产，改变长期以粮食生产为主的局面。农户面临的主要问题是市场信息不灵、新技术缺乏，而国家的农技推广部门长期以粮食作物生产为主，无法为农户提供相应服务。于是，一些从事商品生产的农户为了在市场竞争中占有一席之地，不断扩大自己的家庭经营规模，率先自发联合起来，按照自愿、互利、民主的原则，在不改变家庭承包经营地位、不改变个人生产资料私有制的前提下，开展了以技术交流、技术推广为重点内容的合作。

中央及时预见了广大农户在实施家庭联产承包责任制后，将联合起来发展各种类型合作组织。1983 年以来连续出台的 5 个中央 1 号文件中都强调了发展农民合作组织的必要性，以及政府需要坚持的支持和引导、但绝不干预的基本原则，从而为农民合作组织的创新和健康发展提供了良好的外部环境。1983 年中央 1 号文件《关于当前农村经济政策的若干问题》的通知提出，为适应商品生产的需要，将发展多种多样的合作经济。并指出，随着多种经营的开展和联产承包责任制的建立，出现了大批专业户，"经济联合是商品生产发展的必然要求，也是建设社会主义现代化农业的必由之路"。同时强调，"长期以来，由于'左'倾错误的影响，流行着一些错误观念：一讲合作就只能合并全部生产资料，不允许保留一定范围的家庭经营；一讲合作就只限于按劳分配，不许有股金分红；一讲合作就只限于生产合作，而把产前产后某些环节的合作排斥在外；一讲合作就只

---

① 杜润生主编：《当代中国的农业合作制》（下），当代中国出版社 2002 年版，第 68 页。

限于按地区来组织，搞所有制的逐级过渡，不允许有跨地区的、多层次的联合。这些脱离实际的框框，现在开始被群众的实践打破了"。

1985 年中央 1 号文件《关于进一步活跃农村经济的十项政策》，又强调"要按照自愿互利原则和商品经济要求，积极发展和完善农村合作制"，并指出"家庭联产承包责任制和农户家庭经营长期不变"。同时对于"有些合作经济采用了合股经营、股金分红的方法，资金可以入股，生产资料和投入基本建设的劳动也可以计价入股，经营所得利润的一部分按股分红。这种股份式合作，不改变入股者的财产所有权，避免了一讲合作就合并财产和平调劳力的弊病，却可以把分散的生产要素结合起来，较快地建立起新的经营规模，积累共有的财产。这种办法值得提倡，但必须坚持自愿互利，防止强制摊派"。

1987 年中央 1 号文件《把农村改革引向深入》中，对体现自愿互利原则，以懂技术、善经营的能人或企业为核心的农民专业性的经济联合体，又给予了充分肯定。认为它突破了个体经营的局限性，获得适度的规模效益，又不改变财产关系，承认各自的独立利益。政府应给群众以充分选择的机会，总结经验进行引导。但绝不可违背客观规律和群众意愿去妄加干涉，重复过去那种强制推行某种单一模式的做法。

在中央政策的正确引导下，农民专业合作组织伴随着农村市场化进程的稳步推进而缓慢健康发展。到 1990 年代初，全国以成员技术交流、技术合作为主的农村专业技术协会有 13 万个，其中有 1 万多拥有经济实体。会员农户 500 万户，占全国农户的 2% 左右。[1] 这 1 万多个经济实体，实际上就是经济实体型的农产品专业合作社的雏形。它们在满足会员技术服务要求的基础上，向着农产品生产的产前和产后链条延伸，由松散联合转向利益均沾、风险共担的紧密型联合体。

与此同时，在发展农业产业化经营中，涌现出了农产品销售专业合作

---

[1] 农业部农村合作经济指导司、农村合作经济经营管理总站：《引导农民进入市场的新型经济组织——农民专业协会》，中国农业出版社 1995 年版，第 22 页。

社。其特点是，以某种农产品为纽带，以专业生产农户为主体，合作社的领办人通常拥有某种特殊的生产要素资源，如农产品销售、农产品加工等，并负责合作社的主营业务，而普通农民成员则是按照领办人的要求提交农产品，其销售价格高于市场平均价格。据农业部1998年的一项调查，以合作经济组织带动型的农业产业化组织约占其总数的30%左右，而合作经济组织当中有60%是专业合作社。①

1991年，国务院发布《关于加强农业社会化服务体系建设的通知》，将农业专业技术协会、专业合作社作为农业社会化服务的形式之一，并要求各级政府对其要给予支持，保护它们的合法权益，要加强管理，引导它们健康发展。同时要求金融、科技、商业等部门在资金、技术、生产资料供应等方面给予支持。1994年中共中央4号文件强调："要抓紧制定《农民专业协会章程》，引导农民专业协会真正成为'民办、民管、民受益'的新型经济组织。"同年国家财政部和税务总局的有关文件规定对农民专业协会和专业合作社暂免征收所得税。1997年，财政部文件又规定，对专业合作社销售农业产品免征增值税。

21世纪初，中国加入WTO，农业发展进入新阶段后，农户面临国内、国际两个市场的竞争压力，农民收入增长缓慢成为"三农"问题的重中之重。中央的农业政策转向"多予、少取、放活"，并积极支持农民联合起来、发展专业合作经济组织。2003年7月1日起实施的《农业法》明确提出国家鼓励农民在家庭承包经营的基础上自愿组成各类专业合作经济组织；国家鼓励和支持农民专业合作经济组织参与农业产业化经营、农产品流通和加工以及农业技术推广等。2004年以来的5个中央1号文件都提出了要支持农民专业合作经济组织发展。2007年7月，《农民专业合作社法》正式实施。

随着政府扶持力度的加大，以及外部市场竞争环境的日趋严峻，

---

① 李惠安：《关于中国农村专业合作经济组织发展的若干问题》，载李惠安主编《'99农村专业合作经济组织国际研讨会文集》，中国农业科技出版社2000年版。

农村合作组织发展 21 世纪以来进入到了改革开放以来最快的发展时期。据国家工商总局统计，截至 2008 年底，依法新设立登记的农民专业合作社 11.09 万家，比 2007 年增长 316%；其中种植业 4.28 万家，占 39%；养殖业 3.42 万家，占 31%；成员 142 万人（户），其中农民成员 134 万人（户），占成员总数约 95%。山西、浙江、山东、江苏发展数量过万家；河南、辽宁、四川、江西、河北、安徽等省过 5 千家。前十个省份的农民专业合作社占全国总数的 70%。农民专业合作社的发展是在坚持家庭承包经营制度不变的基本前提下，围绕当地具有一定比较优势的支柱产业或特色产业生产基地建立，带动农户融入到农业产业化进程中和特色产业的建设中。近年来，农民专业合作社的业务领域和为社员的服务不断拓宽、深化。农产品初加工、民俗旅游、传统手工艺品制作等类型的专业合作社不断增多，占各类农民专业合作组织的比例超过了 20%；在服务内容上，为成员提供产加销服务占据首位，为 44.3%；其次是技术信息服务，占 20.2%；再次是运销服务，占 8.8%；加工服务 7.9%。此外，一些农民专业合作经济组织在组织内部自发开展成员间的资金互助、农业保险等新的业务。① 与之相伴，农民专业合作经济组织在推进农业现代化、促进农业的标准化、品牌化、专业化、增加农民收入等方面效果日益显著。农业部 2008 年的统计显示，农民专业合作经济组织拥有的注册商标有 2.6 万多个，取得的无公害、绿色、有机等"三品"（生产基地）认证 3267 个，占全国总数的近 1/4。入社农户平均增收 20% 以上。②

　　但是，从总体水平看，农民专业合作组织的发展仍是起步阶段，农民专业合作经济组织的整体实力弱，覆盖面小、承担风险能力差。农民专业

---

① 赵铁桥：《中国农民专业合作经济组织的发展态势》，"《农民专业合作社法》颁布后农民专业合作组织发展新动向"国际研讨会论文，2008 年 9 月，四川邛崃。
② 赵铁桥：《中国农民专业合作经济组织的发展态势》，"《农民专业合作社法》颁布后农民专业合作组织发展新动向"国际研讨会论文，2008 年 9 月，四川邛崃。

合作社的市场份额、入社农户占全国农户总量的比例均非常低。并且各类农民专业合作组织内部运行普遍存在不规范问题①。

2008 年中共十七届三中全会《关于推进农村改革发展若干重大问题决定》，提出要稳定和完善农村基本经营制度。统一经营要向发展农户联合与合作，形成多元化、多层次、多形式经营服务体系的方向转变，提出要"按照服务农民、进退自由、权利平等、管理民主的要求，扶持农民专业合作社加快发展，使之成为引领农民参与国内外市场竞争的现代农业经营组织"。

二、改革开放后的农业管理体制改革与发展

改革开放后的农业管理体制发展与变迁，是变革高度集中的计划管理体制、逐步走向市场化的过程，是由单一的行政计划、控制走向利用市场机制进行间接调节、提供公共服务的过程。

（一）开放集市贸易、引入市场机制

1978 年 12 月，中共十一届三中全会原则通过的《关于加快农业若干问题的决定（草案）》提出，"社员自留地、家庭副业和农村集市贸易，是社会主义经济的附属和补充，任何人不得乱加干涉"。1979 年正式通过的《决定》又进一步强调，"社员自留地、自留畜、家庭副业和农村集市贸易，是社会主义经济的附属和补充，不能当作资本主义尾巴去批判"。1979 年全国工商行政管理局长会议，对农村集市贸易管理作了具体规定，允许社员、生产队和社队企业等在国家允许的产品范围内，在完成国家任务的前提条件下、可以将自有剩余农副产品到集市销售。②

1979 年，国家先后大幅度地调整了粮食、油料、棉花、生猪、鲜蛋

---

① 核心问题是合作社基本原则得不到有效贯彻，没有形成民主控制的决策机制，没有真正建立按照盈余返还的收益分配机制，更多地反映出合作制原则与公司制原则的一种混合。在各类精英领办的合作社中，普通成员与精英没有形成利益共享、风险同担的利益共同体。一些农民专业合作经济组织甚至不过是"公司＋农户"的翻牌。

② 陈吉元、邓英陶等：《中国农村的变革与发展——回顾与展望》，广东高等教育出版社 1992 年版，第 14 页。

等 18 种农副产品的收购价格，缩小工农业产品价格"剪刀差"，到 1984 年，农产品收购价格比 1978 年提高了 53.7%，年平均提高 8.93%；而工业品零售价格指数 1984 年比 1978 年仅增长 7.8%，年平均提高 1.3%，工农业产品比价回落 29.9%。[①]

1981 年 6 月，《中国共产党中央委员会关于建国以来党的若干历史问题的决议》中提出，必须在公有制基础上实行计划经济，同时发挥市场调节的辅助作用。中央开始认可计划与市场可以结合。中央的精神在次年的中央 1 号文件中得到了贯彻，文件指出，农业经济是国民经济的重要组成部分，要以计划经济为主，市场调节为辅。进一步放开农民自主经营的范围。对粮棉油等以外的产品统购、派购农副产品，可以由社队和农民自行处理；其产品的收购价格，允许按照市场供求状况实行一定范围的浮动。并明确提出了在农副产品购销中要实行合同制。通过合同制把国家计划和农民生产协调起来。由此，国家长期以来对农业高度集中的管理制度开始松动。

（二）取消农产品统购统销制度、逐步转换农产品的价格形成机制

1984 年 10 月，中共中央十二届三中全会通过了《中共中央关于经济体制改革的决定》。该决定提出了"我国社会主义经济是公有制基础上的有计划商品经济"，并明确指出，"实行计划经济不等于指令性计划为主，指令性计划和指导性计划都是计划经济的具体形式"。中共中央十三大报告又进一步明确"社会主义有计划商品经济的体制，应该是计划与市场内在统一的体制"。"计划和市场都是覆盖全社会的。新的经济运行机制，总体上来说应当是国家调节市场，市场引导企业的机制。"

在市场化的改革取向下，1985 年我国的农业管理体制改革迈出了具有划时代意义的一步。以统派购制度向合同定购和市场收购相结合的转化

[①] 姚今观、纪良刚等：《中国农产品流通体制与价格制度》，中国物价出版社 1995 年版，第 82 页。

为标志，国家从根本上改变了对主要农副产品下达生产任务和进行收购的局面。1985 年的中央 1 号文件宣布，"从当年起，除个别品种外，国家不再向农民下达农产品统购派购任务，按照不同情况，分别实行合同定购和市场收购"。其中，粮食、棉花取消统购，改为合同定购。定购以外的，可以自由上市。在价格方面，绝大多数品种的购销价格都由市场自行调节，只有棉花等少数重要农产品实行国家定价，粮、油、猪等未放开的农副产品实行价格"双轨制"，即政府直接控制与市场自由交换并存的购销制度。所谓的"死一块、活一块"，守住合同定购，放开议购和市场收购。到 1991 年底，实行市场调节的农产品品种超过了 70%。[1] 国家对于农业的管理体制也向着逐步发挥市场在农产品价格形成机制的作用的方向转变。[2]

（三）建立市场经济条件下的宏观调控机制、依法管理农业

1992 年 10 月，中共中央十四大确立了建立社会主义市场经济体制的改革目标。江泽民同志在十四大报告《加快改革开放和现代化建设步伐，夺取中国特色社会事业的更大胜利》中提出，要发挥市场在资源配置中的基础性作用。通过建立有效的宏观调控体系，以保证市场经济的平稳运行。这意味着政府调节是针对市场不能解决的问题、出现"市场失灵"前提下的调节。正如十四大报告所指出的，要"依据客观规律的要求，运用好经济政策、经济法规、计划指导和必要的行政管理，引导市场健康发展"。报告还提出"深化农村经济体制和经营机制的改革，……抓紧进行农产品价格和农村流通体制的改革，继续强化市场在农村经济中的调节作用"。

1993 年《中共中央关于建立社会主义市场经济体制若干问题的决定》，进一步明确要转变政府职能，建立健全宏观经济调控体系。并具体

---

① 姚今观、纪良刚等：《中国农产品流通体制与价格制度》，中国物价出版社 1995 年版，第405 页。

② 2001 年，国务院发布《关于进一步深化粮食流通体制改革的意见》，完全放开主销区的粮食购销，粮食价格由市场调节；2004 年，国务院又发布了《关于进一步深化粮食流通体制改革的意见》，全面放开粮食收购市场，粮食收购价格由市场供求决定。从此，除了烟叶、蚕茧外，我国的农产品价格全部放开，农产品价格的市场形成机制得以实现。

指出，"政府运用经济手段、法律手段和必要的行政手段管理国民经济，不直接干预企业的生产经营活动"。

在十四大报告精神指引下，1993 年 7 月，第八届全国人大常委会第二次会议通过了具有里程碑意义的《农业法》，作为农业领域的基本法，它首次以法律条款形式明确了各级政府在农村中的基本职责是"做好发展农业和为发展农业服务的各项工作"，标志着政府对于农业的管理开始走向依法行政，为政府通过法律手段、而非政策手段指导农业发展迈出了坚实的一步。

1993 年，在十四大精神指导下，国家加快了以粮食为主的农产品流通体制的一系列改革，基本方向是政府逐步退出对农产品流通领域的直接行政干预，国务院《关于加强粮食流通体制改革的通知》宣布了粮食购销包干办法废止，农产品购销走出"双轨制"。除了只对 500 亿公斤粮食、棉花和烟叶、蚕茧由国家合同定购和主管部门统一收购外，其他产品由市场调节。[①] 农产品购销体制形成了以市场购销为主、合同定购为辅的格局。同一时期，通过建立粮食专项储备制度、风险基金制度以及实行农产品收购保护价政策，加强对农业的宏观管理。

（四）全面取消农业税、走向建设服务型政府的新轨道

2000 年，中央在安徽省实行农村税费改革试点；2001 年，江苏省政府自费开展试点。之后，农村税费改革快速发展，到 2004 年，除烟叶以外的农业特产税全部被取消；2006 年，农业税全面取消，农业发展进入无税时代。政府的农业管理体制改革也步入全面进入建设服务型政府的新阶段，从加强调控转向提供全面服务。

中共中央十六届三中全会提出了以人为本、实践科学发展观的新理念。"加快行政管理体制改革，建设服务型政府"成为农业宏观管理体制改革的重点。政府的经济管理职能正在逐步转变到为市场主体服务和为它

---

① 姚今观、纪良刚等：《中国农产品流通体制与价格制度》，中国物价出版社 1995 年版，第 405 页。

们创造良好的发展环境上来。政府更加注重发挥对市场的培育、规范和监管的功能，更加关注社会管理和公共服务。①

在中央"工业反哺农业、城市支持农村、多予少取放活"的农村发展方针下，政府为农业发展提供服务重点是：解决市场机制无法提供的公共物品和公共服务，加大财政对农业的转移支付力度，加强农业的基础设施建设、农业科技创新与推广体系建设以及农民培训制度、市场信息发布制度建设等。并通过加大良种补贴、粮食直补、农机具补贴以及生产资料补贴等经济手段，稳定农业生产。

第三节　农村基本经营制度和管理体制发展变迁的评述与展望

一、改革以来农村基本经营制度创新的评述与展望

20世纪70年代末以家庭联产承包责任制为标志的农村改革，是广大农户自下而上、自我发动的一场生产关系大变革，是处在生存边缘的农户对传统人民公社体制发起的挑战。农民自发的创新得到了中央政府的认可。中央政府通过权威的1号文件不断调整政策导向，日益向着有利于保护、增进农民经济利益的方向发展。1983—1987年的中央5个1号文件，根据农民的需求，对包干到户从"不许"、"不要"到有条件的"允许"，直至"完全放开"，农村基本经营制度最终确立为以家庭承包为基础的、统分结合的双层经营体制。

家庭承包经营是农村基本经营制度的核心。家庭承包经营的普遍实施，使集体土地的所有权与使用权相分离，农户最终成为了面向市场独立

---

① 陈佳贵总主编，张晓山、李周主编：《中国农村改革30年研究》，经济管理出版社2008年版，第55页。

经营、自负盈亏的市场主体，拥有对所承包土地的占有权、使用权、收益权和处分权；在完成国家计划任务后，农户可以根据市场信号，自我安排各种农产品的生产，可以从事非农产业生产和经营，从而获得了生产经营的自主权和自由交易权，并且对于自己的生产经营活动承担风险、并自享收益。农民从依附于人民公社旧体制下的单一生产劳动者，发展成为拥有私有财产的独立小生产经营者。

土地经营作为家庭承包经营的核心内容，改革开放以来，中央不断制定政策、法律，维护土地家庭承包经营的长期稳定性。1993 年，当第一轮土地承包期即将到期之际，中央《关于当前农业和农村经济发展的若干政策措施》又提出，土地承包期再延长 30 年不变。并提倡在承包期内实行"增人不增地，减人不减地"。20 世纪 90 年代末以来，国家又先后通过《土地管理法》（1998 年修订）、《农业法》（2002 年修订）以及《农村土地承包法》（2003）等法律形式，稳定和完善土地的家庭承包经营制度。2008 年 10 月党的十七届三中全会通过的《关于推进农村改革发展若干重大问题的决定》，再次提出了要稳定和完善农村基本经营制度。"赋予农民更加充分而有保障的土地承包经营权，现有土地承包关系要保持稳定并长久不变。"

随着农户家庭承包经营权的不断完善，传统的统分结合的双层经营制度也日益暴露出它的制度缺陷。正如有的同志所提出的，农村的现实是传统农村集体经济内部已经形成了"双层经济"，而不是"双层经营"①：农户已经成为一个独立的经济实体，不再是集体经济组织内部的一个经营层次，作为自主经营的独立实体，农户经营的范围不再仅仅局限在完成集体经济经营活动中的某些内容或某些环节，农户自身有着相当多的自主决策权和产业选择权，不少经营活动已经超出承包耕地上的活动。并且集体经济与合作经济是两个不同的概念。两者的根本区别在于合作经济的发展以承认私有制、保护农民私有财产、从而是保护小生产为前提，而集体经

---

① 陈锡文：《中国农村改革回顾与展望》，天津人民出版社 1993 年版，第 166—168 页。

济则是要消除财产的私人私有、消灭小生产。

因此，"统分结合、双层经营"体制并没有彻底脱离传统人民公社体制的窠臼，从其诞生之日起就深深地刻上旧体制的痕迹，尽管这种体制在改革初期有着必要性和可能性，并且发挥了一定的作用，但是由于相当多的社区合作组织是与村委会两位一体、甚至是与党支部、村委会三位一体，随着市场化改革进程的加快，其制度安排的缺陷日益突出。一方面农户的服务需求日益多样化和多层次，而社区合作组织受到动员资源有限、缺乏经营人才、难以捕捉市场变化，以及激励机制不足等多种因素的制约，难以满足农户的需求。1988 年，农业部进行的百县 1200 个村[1]地域性合作组织建设的调查显示，1984—1987 年，70% 的村组织设置了合作组织，其中东部地区高达 90%；在建立合作组织的村庄中，83% 是村社合一，单独设置的只有 17%。样本村合作组织为农户提供的机耕、生产资料购买、植保、农产品销售、农机服务、技术培训指导等各项服务全面不断下降，其中下降幅度最大的是农产品销售，从 1980 年的 63% 下降到 1987 年的 23%，而农民对产前、产中、产后服务的需求却在逐步提高。更为突出的是，在 20 世纪 90 年代前，地域性合作组织一直还肩负着为国家贯彻落实国家农产品生产计划、完成国家税收、维护国家利益，以及为农户家庭经营服务、增进农户个人利益的双重组织目标[2]，而国家利益是第一位的，从而导致组织目标的冲突。特别是一些地方名目繁多的摊派、提留常常以统一经营为由，因为在村社合一、政企不分的状况下，村组织履行"要钱（提留）、要粮（合同订购）、要命（计划生育）"等行政职能，导致干群关系的直接冲突[3]。

因此，建立在传统体制下的"统分结合"体制由于它成立的基础是

---

[1] 东中西部的样本比例为 3:4:3。农业部经济政策研究中心编：《中国农村：政策研究备忘录》，农业出版社 1989 年版，第 267—288 页。

[2] 魏道南、张晓山：《中国农村新型合作组织探析》，经济管理出版社 1998 年版，第 39—41 页。

[3] 郭书田主编：《中国农村改革与发展十年》，农业出版社 1989 年版，第 22 页。

政府自上而下、带有一厢情愿的设计，而不是来自农民自发、自愿的抉择，随着市场化改革的深入越来越不能适应新体制的要求，在许多地方已经是名存实亡，亟待深化改革。党的十七届三中全会的《决定》明确提出了，"统一经营要向发展农户联合与合作，形成多元化、多层次、多形式经营服务体系的方向转变，发展集体经济、增强集体组织服务功能，培育农民新型合作组织，发展各种农业社会化服务组织，鼓励龙头企业与农民建立紧密型的利益联结机制，着力提高组织化程度"。从而突破了"统一经营"只是局限社区范围内的传统理念，为完善统分结合的农村基本经营制度指明了改革方向。

从未来发展看，重点需要解决好以下三个问题。

第一，稳定和完善农村土地承包关系。农业生产的基本特点决定了家庭经营是最适宜的生产方式。农业生产过程的自然再生产与经济再生产交织在一起，造成生产时间和劳动时间的不一致；农业生产过程的季节性和空间分布，对农业劳动的监督非常困难、且费用极高。[1] 因此，古今中外，农业生产一直是以家庭为基本经营单位。今后土地的家庭承包经营仍然要长久坚持下去。具体包括两个方面，一方面要稳定农民的土地承包经营权长久不变，并通过修改和完善有关法律法规将其固定下来，赋予农民完整的土地承包经营权的占有、使用、收益和处分权；另一方面要完善土地承包经营权流转市场，引导土地适度规模经营，促进农业现代化。土地承包经营权的流转，一定是基于农户的自愿原则，而政府和村集体则是一种辅助的服务原则。[2] 即，实行农户作为当事人的自治原则，由承包权流转的农户自我决定是否转让承包权、转让给谁，交易双方通过谈判确定转让价格，政府和村集体不能干预。目前，在一些劳动力转移程度较高的地区，出现了农民自发形成的土地流转合作社，以合作社为服务平台，农户交易双方按照依法自愿有偿原则，开展承包土地经营权的转出、转入，不

---

[1] 林毅夫：《制度、技术与中国农业发展》，上海三联书店、上海人民出版社 1995 年版，第 45 页。

[2] 张红宇：《中国农村的土地制度变迁》，中国农业出版社 2002 年版，第 153 页。

仅降低了双方的交易成本，也保证了双方的基本权益，同时促进了土地向种田能手、专业大户的集中。但是，在土地承包经营权流转中，也出现了个别公司借此机会，大面积集中农户承包地，改变土地用途的现象，这种做法侵害了承包户的利益，而且损害了国家利益，值得高度关注。

　　第二，探索多元化、多层次、多形式的统一经营的有效实现形式。在中国加入 WTO，农户面临国内国际两个市场竞争挑战的严峻形势下，只有通过制度创新，突破村庄的限定，有效地利用各种社会资源，才能实现统一经营。从目前看，能够承担统一经营服务的主要载体具体包括以下几类组织。一是农民专业合作社。它将是组织农民参与市场竞争、为广大农民提供统一投入品购买、统一农产品销售、统一防疫、防病、技术推广、农业设施共同利用、资金融通、互助保险等服务的重要组织载体，也是最代表农民利益的组织。二是农业社会化服务组织。包括农机服务队、植保服务队、技术推广组织、专业技术协会、批发市场和各类市场中介组织等，为农户提供专业化的技术、信息、营销等市场服务。三是龙头企业。龙头企业最大的一个优势是能够解决农户的产品销售问题，企业本身往往就是农户产品的加工商、销售商，因此可以根据客户的需要，有针对性地为农户提供技术指导、技术推广、农业投入品供应、市场信息服务以及资金调剂等服务。但是龙头企业在为农户提供统一经营服务中，最关键的问题是如何建立双方稳定的合同关系，形成良好的商业伙伴关系。并且能够使部分龙头企业与农户的合作在市场竞争的高压下和政府优惠政策的诱导下，逐步走向利益共同体。四是集体经济组织。经过 30 余年改革与发展，目前农村中的集体经济组织已经明显分化。特别是 20 世纪 90 年代乡镇集体企业私有化改革、近些年取消土地承包费和其他各种摊派后，一个较为普遍的现象是，村集体没有了经济收入来源。有资料显示，2006 年，集体无收入的"空壳村"高达 45.1%。[①] 在此背景下，村集体为农户提供

---

① 陈佳贵总主编，张晓山、李周主编：《中国农村改革 30 年研究》，经济管理出版社 2008 年版，第 66 页。

统一服务职能将日益转向协调服务为主，主要利用村集体的社会信誉度、社会资本网络以及与政府的关系等无形资产，为农户开拓市场服务，探索集体经济的有效实现形式。

第三，大力发展农民专业合作社，完善农业社会化服务，使之成为引领农民参与市场竞争的一个重要载体。21 世纪以前，中国农民合作组织发展没有形成一种气候，其原因有以下几点：一是农民还没有真正成为"自由人"。农户的经营自主权是残缺的，没有获得充分的市场自由和就业自由。[①] 二是市场化改革不彻底，部门垄断的现象程度不同地存在着，合作经济组织难以进入。三是农户专业化程度低，农产品销售以传统的田头交易方式为主，农民的合作需求相对不强烈。四是法律、政策、社会环境不佳，农民合作组织的发展缺乏外部第一推动力，缺乏有效的合作知识供给。

展望未来，稳定和完善农村家庭承包经营制度在较大程度上取决于外部的社会化服务体系建设。而如前面所提到的，在各类社会化服务组织中，只有农民专业合作社是广大农民自己的组织，最代表农民的共同利益。但是农民专业合作社要成为现代农业经营组织载体面临着众多挑战。从近期看，主要有两点：一是拥有合作理念的企业家人才的培养。农民专业合作社需要企业家，需要企业家的创新精神，以保证农民专业合作社在市场经济的竞争中有立足之地。但是作为社会组织，农民专业合作社需要具有合作理念的企业家，以便充分理解合作经济组织的特殊组织性质，保证组织的经营目标是为社员提供所需要的服务，而不是抛开社员需求、单纯地追逐组织利润最大化。二是如何处理好政府与合作社的关系。中国的合作事业离不开政府的支持，政府是合作事业的第一推动力。进入 21 世纪，农民专业合作社呈现加速发展态势，一个重要的原因是法律、政策的引导，政府财政扶持力度的加大。但与此同时，出现一些地方政府为了追

---

① 杜润生：《农民应为"自由人"》，载杜润生自述《中国农村体制变革重大决策纪实》，人民出版社 2005 年版。

求数量，脱离实际定发展数量指标的苗头。另外也出现个别合作社为了获得政府扶持资金而设立的现象。因此，政府如何"扶上马，送一程"，帮助农民专业合作社提升自助能力；农民专业合作社如何坚持自主经营、独立经营，将直接影响到农民专业合作社的健康发展，也将直接关系到农村基本经营制度的完善。

二、改革开放后农业管理体制改革与发展的评述与展望

改革开放后的30年，我国的农业管理体制是一个不断与市场经济接轨、正确处理政府与市场关系的改革过程。大体可以分为三个阶段。20世纪80年代第一个阶段是改革传统计划经济体制。核心是放权、让位。将农业生产的决策权、经营自主权、农产品的定价权以及农产品的交易权还给农民、还给市场，完成从高度集中的农业管理体制向市场经济体制的基本转变；20世纪90年代第二阶段是初步建立政府的宏观调控机制。核心是间接调控，建立政府利用价格信号、主要通过经济手段调节农业生产的机制，解决市场机制的作用失灵问题，如价格波动过度、市场垄断等；进入21世纪后的第三个阶段是建立政府的公共服务机制。核心是扶持，建立覆盖农业乃至农村的全方位的政府公共服务体系，弥补市场机制的供给不足。

但是，社会主义的市场经济体制建设是一个长期的过程和不断探索的过程。特别是在我国经历了长期的高度集中的计划经济体制后，不论从政府的观念、还是政府的行政管理组织机构设置以及宏观调控方式，都带有较强的传统体制的烙印和痕迹，最终集中表现在政府对于农业领域职能发挥的越位、缺位和错位。

越位主要体现在对于微观经济活动领域干预过度的问题，造成不公平竞争。典型地，同类的不同企业之间享受不同的政策，政府对于某些企业给予过多保护的同时，对另一些则存在限制和不公平待遇；不合理的行政审批，造成企业之间无法平等竞争。此外，在生产要素市场发育上，政府对土地承包权流转市场、金融市场限制过多的问题，根据价格信号配置生

产要素的市场化机制没有形成。

缺位在三个方面的表现较为突出，一是维护市场秩序、加强市场监管、规范市场行为的机制还没有健全，政府没能真正成为公平经济秩序的建设者和保护者。二是提供一般性农业公共服务的总体水平还偏低，在农业基础设施建设、扶持农业科学研究和农民科技培训，以及完善农产品市场信息体系、建设农产品质量标准和检测体系等方面都在初期阶段，无论从资金投入、还是在制度建设上都需要加大改进力度。三是为市场主体没有提供基本的社会保障制度。突出表现在农业保险严重滞后。

错位最典型的表现在农业技术推广公益事业。农技推广部门以经营促推广的基本格局没有改变，农业技术推广往往与推销产品联系在一起，丧失了推广部门的公正性属性。

而这些问题背后反映的是政府有效运用经济、法律和行政手段有效进行宏观调控的体系还不健全，政府农业行政管理体制依旧处于从计划经济体制向市场经济体制的转型之中。指令性经济的运行模式给各级政府留下了难以在短时间内消除掉的制度遗产和路径依赖，它已经深深地侵入了政府的思维方式和行为方式当中。

展望农业管理体制改革的未来，核心问题仍然是政府与市场的关系问题。具体地讲，就是政府在农业中的职能定位问题。对此，《中共中央关于深化行政管理体制改革的意见》曾明确指出，加快推进政企分开、政资分开、政事分开、政府与市场中介组织分开，把不该由政府管理的事项转移出去，把该由政府管理的事项切实管好，从制度上更好地发挥市场在资源配置中的基础性作用，更好地发挥公民和社会组织在社会公共事务管理中的作用，更加有效地提供公共产品。

借助波特的钻石理论①为分析框架，笔者认为未来政府在农业领域的职能发挥应当围绕以下四个方面进行转型。一是生产要素条件培育。具体

---

① ［美］迈克尔·波特：《竞争论》，中信出版社 2003 年版，第 173—175、196 页。

包括对劳动力人力资源的培训、农业基础设施条件的改善、农业装备水平的提高、农业科技创新与技术推广的强化、生产资金供给状况的改善以及土地流转市场的健全和完善；二是需求条件创造。主要包括制定严格的农产品市场准入条件、加强农产品标准化建设，促进农户、专业合作社、农业公司等各类市场竞争主体改善产品品质、提升技术水平；三是支援产业或相关产业发展，促进产业簇群的形成。主要是引导农产品生产与其相关的产业和支援性产业紧密结合、发展以农业园区建设为代表的产业簇群或农业产业化经营；四是市场竞争主体培养。在坚持家庭承包经营制度长久不变的基础上，引导农民发展专业合作社、发展专业大户以及家庭农场、农业公司等各类市场主体，为其创造良好的公平竞争环境，鼓励这些市场竞争主体加速创新，增强市场竞争力。

在明确政府在农业中的基本职能前提下，加快政府农业行政管理体制的改革步伐。根据《中共中央关于深化行政管理体制改革的意见》所指出的，按照精简统一效能的原则和决策权、执行权、监督权既相互制约又相互协调的要求，紧紧围绕职能转变和理顺职责关系，进一步优化政府组织结构，规范机构设置，探索实行职能有机统一的大部门体制，完善行政运行机制。

事实上，近些年来，作为政府体制改革先头兵的农业行政部门管理体制改革，在多数各级地方政府一级已经完成，主要做法是通过调整和合并部分农业职能局、室，精兵简政，成立农业综合管理部门，力图实现政府资源的优化配置。但是作为国家农业行政管理体制改革到位的标志，将是对涉农行政管理部门的整体改革，对各部门权限、从而是部门利益的重新调整、整合，形成为农服务的合力，而不仅仅是在农业部门内的局部改革。这场触及部门直接利益的非帕雷托改进，将是未来政府农业管理体制改革的一场攻坚战。

第八章
农村土地制度的变迁

　　新中国成立 60 年来的农村土地制度变迁，总的来说，可以分为两个阶段：第一阶段是从建国后到改革开放前，我国农村土地制度经历了从封建半封建的土地私有制到农民个人土地所有制再到集体土地所有制的强制性的制度变迁过程；第二阶段是改革开放以来，我国农村土地制度发生了自下而上、从市场诱致到政府供给、土地使用权和土地所有权相分离、重新确立农民个人土地财产权利的制度变迁过程。

　　新中国成立后，农民个人土地所有制的建立，从经济上和政治上极大地解放了农民，在新中国成立后的经济恢复和社会稳定中发挥了重要作用。然而，受激进的意识形态影响，在合作化和集体化运动中农民又很快失去了个人的土地财产权利，此后长期依靠意识形态强制推行和维持集体所有、集体经营的土地制度。这种制度下，由于土地产权没有界定到农业经营的最小单位——家庭，土地利用和劳动投入缺少产权激励和约束，劳动监督成本高和劳动激励低，从根本上制约了农业生产的发展。改革开放后，实行农村家庭承包制的改革，赋予了农民从事家庭经营的土地承包经营权，建立了农民从事家庭经营"多劳多得"的激励机制，极大地调动了农民的生产积极性，彻底解放了农村生产力，从而创造了我国农业持续多年增长的奇迹。

　　60 年农村土地制度变迁的经验表明，土地制度建设和国家的土地制度供给必须充分尊重农民的制度变迁需求，尊重农民的创新精神，切实保护农民个人的土地财产权利；必须尊重市场经济规律，充分发挥市场在土地资源配置中的基础性作用；必须在保护农民个人土地财产权利的同时，建立健全国家对个人土地利用行为的管制规则体系。

改革开放以来，我国农村土地制度建设最大的成就就在于赋予了农民土地承包经营权，初步建立了保护土地承包经营权、宅基地使用权和集体建设用地使用权等农民土地财产权利的法律体系。然而，由于土地承包经营权的法定期限短，土地调整没有从农村内部得到有效约束，农民土地承包经营权的抵押仍然受到限制等原因，农民的土地承包经营权的权利内容仍不尽完整充分。由于政府征收土地的范围没有受到严格限制，征地补偿标准低且补偿费分配不规范，农民的土地承包经营权、宅基地使用权和集体建设用地使用权等财产权利很容易受到公权力的剥夺和侵害。由于农村集体建设用地使用制度改革滞后，城乡建设用地市场人为分割，在市场开放、财产补偿、财富增值等方面，农民的建设用地和房屋等不动产未能获得与城镇居民不动产同样的平等待遇。

展望未来，农村土地制度改革和制度建设，必须从单项改革向综合配套、从城乡分割到城乡统筹转变。这就要求跳出城乡分割管理的思维定势，强化政府作为公共管理者（而非土地所有者）的角色定位，改革与城乡居民身份和二元土地所有制相挂钩的不合时宜的土地政策，打破城乡二元土地所有制的框框，全面构建城乡一体的土地政策体系，建立和完善平等保护、同等待遇的土地产权体系，建立和完善平等开放、统一监管、城乡一体的土地市场体系，建立和完善符合我国国情和市场经济要求的土地管理制度。

第一节　改革开放前的农村土地制度变迁

新中国成立后到改革开放前，中国农村土地制度经历了一个强制性的制度变迁过程。这一制度变迁过程可分为三个阶段：第一阶段，改革封建地主土地私有制，建立农民个人土地所有制；第二阶段，对个体农民经济进行社会主义改造，将农民土地私有制改变为合作社性质的劳动群众集体所有制；第三阶段，开展人民公社化运动，建立"三级所有、队为基础"的集体土地所有制。

一、土地改革和农民土地所有制

新中国成立以前，全国解放区以外的地区实行封建地主土地所有制。新中国成立后，全国范围内将封建地主土地所有制改变为农民土地所有制的土地改革逐步全面展开。1949 年 9 月，中国人民政治协商会议第一届全体会议通过的《中国人民政治协商会议共同纲领》规定明确提出，要"有步骤地将封建半封建的土地所有制改变为农民的土地所有制"，要求"凡已实行土地改革的地区，必须发动农民群众，建立农民团体，经过清除土匪恶霸、减租减息和分配土地等项步骤，实行耕者有其田"。

从 1949 年冬开始，华北新区约有 1000 万人进行了土地改革。在土地改革中，将需要改革的地区分为三类：一类是纯新区，即未进行过土改的地区；二是恢复区，即曾经进行过减租减息、反奸清霸、调剂土地或农民自动分配土地的地区；三是重灾区，即暂不土改的地区。三类地区实行不同的土改做法。在纯新区，充分发动群众，建立健全群众组织，肃清封建势力，镇压匪特，摧毁国民党在农村的基层政权，在此基础上进行没收地主和富农土地、向农民分配土地的土地改革工作。在恢复区，镇压罪大恶极、群众痛恨的奸匪和恶霸分子，发动群众，对地主反攻倒算夺取的土地一律宣布无效，由农民收回并还给原有的田户。1950 年春，华北新区基本完成土改的村有 25000 多个，占新区村庄总数的 70%。

1950 年 6 月 9—19 日，中国共产党第七届中央委员会第三次全体会议通过了在全国范围内开展土地改革的决议。1950 年 6 月 14—23 日，中国人民政治协商会议第一届全国委员会第二次会议，讨论通过了《中华人民共和国土地改革法》，规定"废除地主阶级封建剥削的土地所有制，实行农民的土地所有制，借以解放农村生产力，发展农业生产，为新中国的工业化开辟道路"。此后，全国华东地区、华南地区、西北地区、西南地区等各大区结合本地区的实际情况，开始分期分批推行土地改革运动。此外，根据土地改革法，还制定和发布了若干土地改革的单行条例，如1950年11月6日政务院发布了《土地改革中对华侨土地财产的处理办法》，1950年11月10日政务院发布了《城市郊区土地改革条例》等。

土地改革分四个步骤进行：第一步反霸；第二步划分阶级；第三步没收、征收和分配；第四步复查。没收和征收的主要内容有：没收地主的土地；征收祠堂、庙宇、寺院、教堂、学校和团体在农村中的土地及其他公地；征收工商业主在农村中的土地；征收半地主式的富农出租的大量土地，《中华人民共和国土地改革法》第6条规定，"半地主式的富农出租大量土地，超过其自耕和雇佣耕种的土地数量者，应征收其出租的土地"；征收因从事其他职业或因缺乏劳动力而出租的超过当地每人平均土地数量200%以上的那一部分土地，这主要指革命军人、烈士家属、工人、职员、自由职业者、小贩等出租的土地；在某些特殊地区征收富农出租土地的一部分或全部。对于没收和征收来的土地，《中华人民共和国土地改革法》第10条规定："除本法规定属于国家所有者外，均由乡农民协会接收，统一地、公平合理地分配给无地少地及缺乏其他生产资料的贫苦农民所有。"

1953年春，除不进行土地改革的一些少数民族地区外，全国广大解放地区的土地改革基本完成。三年中，3亿无地少地的农民无偿得到4600多万公顷的土地，这些得到土地的农民对拥有的土地"有权自由经营、买卖和出租"，从而建立了农民土地所有制。

二、农业合作化运动和合作社集体土地所有制

建立农民土地所有制的土地改革结束后，在刚性的意识形态的影响下很快就开展了对个体农民经济的社会主义改造，将农民土地私有制改变为合作社性质的劳动群众集体所有制。

农业合作化运动分三步走。

第一步，建立农业互助组，即在土地和其他生产资料私有制和分散经营的基础上实行劳动互助。新中国成立前，在华北的一些省区和东北北部等老解放区，为了克服劳力少、耕畜不足、农具短缺等困难，最早出现 2—3 户或 3—4 户农户在农时季节互助的现象。新中国成立后的经济恢复时期，为了扩大生产、加强副业生产、建设小型水利等，一些老解放区的临时互助组开始向常年互助组发展。1951 年 10 月，中共中央发布《关于农业生产互助合作的决议（草案）》在各地贯彻执行，要求全党把农业互助合作当做一件大事去做，此后全国新解放区农业互助组开始快速发展。1952 年底，全国互助组达到 802.6 万个。

第二步，建立初级农业生产合作社，即在土地和其他生产资料私有的条件下，实行土地入股，统一经营，集中劳动，统一分配，合作社给予土地和其他生产资料一定的报酬。新中国成立后的初级合作社，是在老解放区换工互助的基础上发展起来的。1950 年北方老解放区有 19 个初级社。最早成立初级农业生产合作社，是为了解决互助组时期共同劳动和分散经营之间的矛盾，这种合作社有利于集中人力、物力、财力，开展副业生产，平整土地及建设小型水利设施，有利于合理使用土地和分工协作。1951 年 10 月，中共中央发布《关于农业生产互助合作的决议（草案）》后，各地开展了试办初级合作社的工作。1953 年 12 月 16 日，中共中央发布了《关于发展农业生产合作社的决议》，提出农民在生产上联合起来的道路是临时互助组—常年互助组—初级农业生产合作社—高级农业生产合作社，此后农业互助合作运动全面转向合作社运动，农业合作化的计划更加明确，农业合作化的步伐进一步加快。1951 年底，全国有 129 个初级社，到 1955 年发展到 190 万个。在初级农业生产合作社中，土地虽然仍归农民个人所有，但是土地使用权已经归合作社。

第三步，建立高级农业生产合作社，即在土地等基本生产资料公有制的基础上，实行统一经营，统一分配，分配原则为"各尽所能，按劳取酬"。1955 年 10 月党的七届六中全会后，高级农业合作社运动掀起高潮。

1956 年 6 月，第一届全国人民代表大会第三次会议通过的《高级农业生产合作社示范章程》第十三条规定："入社的农民把私有的土地和耕畜、大型农具等主要生产资料转为合作社集体所有。"第十六条规定："高级农业生产合作社抽出一定数量的土地分配给社员种植蔬菜……一般不能超过当地人均土地数的 5%"，这种菜地一般成为"自留地"。1957 年底，高级农业生产合作社达到 75.3 万个。随着高级社的增多，初级社的数量下降。高级社取消了土地报酬，农民个人的土地事实上无偿转归农业生产合作社集体所有。

表 8－1　农业互助合作发展情况

组织形式（万）＼年度	1950	1951	1952	1953	1954	1955	1956	1957
互助组数	272.4	467.5	802.6	745.0	993.1			
参加互助组户	1131.4	2100.0	4536.4	6847.8				
占总农户（%）	10.7	19.2	39.9	39.2	58.4			
初级社数	19（个）	129（个）	3634（个）	14171（个）	11.4	190	21.5	3.6
参加初级社户	187（户）	1588（户）	5.7	27.3	228.5	7000	1040.0	160.0.
占总农户（%）					1.9	58.7	8.6	1.3
高级社数	1（个）	1（个）	10（个）	15（个）	200（个）	13.8	54.4	75.3
参加高级社户	32（户）	30（户）	2000	2000	12000	400.0	10740.2	11945.0
占总农户（%）						3.4	88.4	95.6

（资料来源：王贵宸编著：《中国农村合作经济》，山西经济出版社 2006 年版）

1957 年，全国有近 97.0% 的农户加入了农业生产合作社，其中加入高级农业生产合作社的农户占全国总农户的 95.6%。至此，全国农村土地已基本上由农民的私有制变成了农业生产合作社的集体所有制。

三、人民公社化运动和"三级所有、队为基础"的集体土地所有制

1958 年春夏，在农业合作化运动中，各地农村掀起了合并高级社办大社的高潮。同年夏秋，又进一步发展成兴办大型的综合性的人民公社运动，在两三个月内全国农村普遍实现了人民公社化，实行土地等生产资料的公社所有制。公社所有制的变革，导致生产力的极大破坏。1960 年 11 月 3 日，中国共产党第八届中央委员会第十次会议通过《农村人民公社工作条例修正案》，规定"人民公社的基本核算单位是生产队"。"生产队范围内的土地，都归生产队所有。""集体所有的山林、水面和草原，凡是归生产队所有比较有利的，都归生产队所有。"由此正式确立了以生产队为基本核算单位的"三级所有、队为基础"的集体土地所有制。

"三级所有、队为基础"的集体土地所有制中的三级，是指人民公社、生产大队和生产队；三级所有是指人民公社范围内的土地及其他集体资产属于人民公社、生产大队和生产队三级所有，即有的属于公社所有，有的属于生产大队所有，有的属于生产队所有；队为基础是指生产队为基本核算单位，农村土地的基本部分属于生产队，一少部分属于公社和生产大队所有。其时，尚保留有一小部分农民家庭的自留地。

这之后直到改革开放前，在"三级所有、队为基础"的土地所有制基础上，农村土地实行以生产队为基本核算单位的集体经营制度。生产队范围内的土地归生产队集体所有，一律不准出租和买卖，由生产队组织本队的劳动力统一经营，农民个人和家庭不拥有独立的土地财产权利，也不是独立的生产经营单位。集体所有的山林、水面和草原，归生产队所有比较有利的，也都归生产队所有和经营。生产队作为基本核算单位，独立核算、自负盈亏，直接组织生产和收益分配。虽然，生产队在内部生产经营

管理和收益分配上拥有自主权，但是，由于在全国实行高度集权的计划经济体制和在农村实行基层政权组织和人民公社经济组织合在一起的"政社合一"制度，因此，生产队的自主权又服从于完成国家粮油统购、派购等计划任务的需要，生产队的生产计划和产品分配服从生产大队、人民公社和县的计划安排和统一规定。虽然，在生产队内部实行按劳分配、多劳多得的产品分配制度，但是，分配上的平均主义十分盛行。

在土地管理方面，生产队作为土地所有者和经营者为了完成国家计划任务直接管理着内部土地的利用。而从全国来看，在城镇土地国家所有和农村土地集体所有两种土地公有制下，城乡土地由农业、水利、建设、铁道、交通等多个计划管理部门分头管理。由于任何形式的土地交易都被禁止，土地转移的唯一合法途径是国家征收和划拨。凡城市建设和生产建设需要占用集体土地的，都通过国家征收的方式取得，然后再以划拨的方式予以供应，形成了集体土地国家统一征收取得制度。土地资源主要通过土地征收和土地划拨这两种行政手段来配置。

这种"三级所有、队为基础"、农民集体统一经营、依靠行政手段配置土地的制度安排，合乎当时国家意识形态和计划经济体制的需要，但是，从一开始就暴露出固有的制度缺陷。首先，由于土地产权没有落实到农业经营的最小单位——家庭，土地利用和劳动投入缺少产权上的激励和约束，在集体所有、统一经营的制度下，劳动监督成本过高和劳动激励过低的问题难以克服。其次，由于土地主要依靠行政手段配置，土地资源配置的决策权集中在多个政府管理部门，土地使用主体没有资源配置的自主决策权，导致土地资源利用方式粗放，土地利用缺少统一规划和统筹协调。再次，在政府强制供给和维持这种制度的情况下，由于社员和生产队都不可能拥有从这种制度中退出的"退出权"，使得这种制度的改进面临很高的成本和政治风险。

早在20世纪50年代末的人民公社化运动中，湖北、河南、陕西等地就兴起了包产到户的制度创新实践，但很快被指责为"企图用所谓'包产到户'之类的形式来破坏集体所有制，恢复单干，使农村重新走资本主义道路"。60 年代初期，面对农业危机，农民自发的包产到户在一些地方又一次兴起，后又被压了下去。总之，囿于意识形态上的束缚，农民推行包产到户、包产到组的制度创新实践都被打了下去。

第二节　改革开放以来的农村土地制度变迁

1978 年，国家政治上拨乱反正，为农民创造力的发挥和农村土地制度改革创新提供了历史机遇。中国农民成功地开启了包产到户、包干到户的土地承包制创新实践，自此出现了自下而上、从市场诱致到政府供给、土地使用权和土地所有权相分离、重新确立农民个人土地财产权利的制度变迁过程。

这一制度变迁过程可分为三个阶段：第一阶段，1978—1984 年，广大农民自发推行家庭承包制的制度变迁，这一市场诱致性的制度变迁获得国家政策上的认可，农民事实上获得了承包到户、相对独立的土地承包经营权，自主经营、独立核算的农业家庭经营的地位由此确立；第二阶段，1985—2003 年，在家庭承包制的基础上，许多地方不断进行频繁的土地调整，一些地方还开展了各种形式的制度创新实践，面对实践中出现的各种问题和频繁的土地调整，中央不断从政策上规范和稳定土地承包制和土地承包关系，农民在土地承包中获得的土地承包经营权不断从政策上得到强有力的保护；第三阶段，2003 年以后，《农村土地承包法》和《物权法》相继颁布并实施，国家正式制度的供给使得农村土地制度全面迈入法制化建设的新阶段，农民在土地承包中获得的土地承包经营权以及其他各类土地财产权利正式获得了国家法定的物权地位，农民个人的土地财产权利获得了法律的直接保护。

一、农村土地家庭承包责任制的市场诱致过程

农村家庭承包责任制是由农民自发推行的制度创新实践。1978 年秋，安徽省凤阳县小岗村的村民和干部达成了一项秘密协议，约定瞒上不瞒下地实行大包干到户。小岗村的做法得到了基层领导的默认，"大包干"终于在小岗村得以存续并迅速蔓延至其他地区，从而揭开了农村土地制度改革的序幕。虽然，一开始对实行何种责任制存在思想上的争论，但是，在安徽、四川、贵州、云南、广东、河南、内蒙、河北等全国大部分地区均出现了不同程度的包产到户。据统计，到 1980 年 1 月底，全国实行各种包工责任制的核算单位占到全国生产队总数的 84.7%（王贵宸、魏道南、秦其明，2001）。

1980 年 9 月，中共中央《关于进一步加强和完善农业生产责任制的几个问题的通知》提出："包产到户是联系群众，发展生产，解决温饱问题的一种必要措施。"国家从政策上对联产承包责任制给予了初步认可。与此同时，全国各种形式的联产承包责任制迅速发展。据统计，1981 年 10 月，全国农村基本核算单位中建立小段包工、专业承包、联产到组、联产到劳、包产到户、包干到户等各种生产责任制的占到 97.8%（王贵宸、魏道南、秦其明，2001）。

1981 年 12 月，中共中央召开了第一次全国农村工作会议，会议形成的全国农村工作会议纪要（1982 年中央 1 号文件）指出："目前实行的多种责任制，都是社会主义集体经济的生产责任制。其中包括小段包工等额计酬，专业承包联产计酬；联产到劳；包产到户；包产到组；包干到户；包干到组。"国家从政策上对联产承包责任制给予了正式认可。此后，生产责任制单位进一步由组向家庭单位转移，生产责任制形式从联产到组迅速向包干到户、包产到户"双包"责任制转变。据统计，在联产责任制中，"双包"比重由 1980 年 12 月的 14.4% 上升到 1981 年 10 月的 45.1%，1982 年 6 月底达到 71.9%；在"双包"责任制中，包干到户所占比重由 1980 年 12 月的 5% 上升到 1982 年 6 月的 67%，而包产到户则由

9.4% 下降到 4.9%（王贵辰、魏道南、秦其明，2001）。

1982 年 12 月 1 日，中共中央政治局在讨论通过的《当前农村经济政策的若干问题》（1983 年中央 1 号文件）中明确指出："联产承包制采取了统一经营与分散经营相结合的原则，使集体优越性和个人积极性同时得到发挥，这是在党的领导下我国农民的伟大创造"，提出要建立和健全承包制。1984 年 1 月 1 日中共中央发布的《关于 1984 年农村工作的通知》（1984 年中央 1 号文件）规定："土地承包期限一般应在 15 年以上，生产周期长的和开发性项目，如树、林木、荒山、荒地等，承包期应该更长一些。"至此，联产承包制作为农业基本经营制度正式确立。这一年，全国实行包干到户的队数占到 98% 以上，在短短的几年间，家庭联产承包责任制作为亿万农民的伟大创造，在中国大地上扎下了根（王贵辰、魏道南、秦其明，2001）。

二、农村土地家庭承包制的稳定和政策规范

以包干到户为主要内容的家庭承包制的改革，使农民获得了从事家庭经营的土地承包经营权，符合制度改进的效率方向，合乎亿万农民的意愿，极大地调动了农民的生产积极性，彻底解放了农村生产力。然而，受人多地少的资源禀赋约束和农产品长期短缺等条件的约束，土地家庭承包制在成功推行后依然面临着内在矛盾。一方面，持续增长的人口不断加重全社会对土地产出品的需求压力，这种需求压力引致土地制度必须朝着效率方向改进；另一方面，农村持续增长的人口又在强化着土地的生活保障功能，使得土地制度朝着效率方向改进面临着内在成本。为了协调这种矛盾，许多地方在家庭承包制的制度框架内不断进行土地调整，一些地方还进行了"两田制"、规模经营、"四荒地"拍卖、土地股份合作制等形式的制度创新实践，在此过程中有不少做法对农民的土地承包经营权造成了侵害，影响了家庭承包制和土地承包关系的稳定，对此国家先后多次出台政策进行引导和规范。

（一）"两田制"

"两田制"是指将农户承包的土地分为两部分，一部分是"口粮田"，一部分是"责任田"或称"商品粮田"。口粮田按人口数量平均分配，用来满足农户基本口粮所需，不交纳承包费，不负担国家粮棉定购任务，只负担农业税。责任田按人、按劳或招标承包，负担农业税、集体提留或租金以及国家的粮棉定购任务。

"两田制"产生于20世纪80年代中期。其时，在一些二、三产业比较发达的东部沿海地区，面对农业劳动力大量转移、土地撂荒、农业生产出现萎缩、农产品定购任务兑现难等问题，一些地方采用了"两田制"的土地承包经营方式，口粮田按人承包，责任田按劳或招标承包。由于责任田引入了竞争机制，在一定程度上促进了专业化分工、土地适度规模经营和农业的企业化经营。1984年中央提出土地承包期15年不变后，在第一轮承包后的土地小调整过程中，一些地方特别是中部地区为了解决人地矛盾、均衡农民的负担、调动农户对土地经营的积极性、更好地完成国家税费和集体提留任务，实行了"动账不动地"的"两田制"。进入1990年代，随着农村经济形势的好转，一些地方为了增加集体积累和收入，通过推行"两田制"来提高土地承包费。据农业部1997年对全国23个省（自治区、直辖市）统计，在"两田制"发生面最多的黑龙江、河北、吉林、内蒙古、山西等地，推行"两田制"的土地分别占承包土地总面积的89.5%、67.1%、97.2%、68.2%和76.1%（张红宇，2002）。

"两田制"对口粮田的安排保障了农村基本的公平，为农民提供了基本的口粮保障，对责任田的安排则在一定程度上促进了土地规模经营和专业化经营。然而，"两田制"是一种双轨制度，并不利于农村土地制度的统一建设；"两田制"的大面积推行本身受到有限的土地资源的约束；特别是，"两田制"并不利于长期稳定土地承包关系和保护农民的土地承包经营权，还会增加农业经营者的负担。在第一轮土地承包到期之前，中央明确宣布土地承包期再延长30年不变，营造林地和"四荒地"治理等进行开发性生产的土地的承包期可以更长。为了落实土地承包期延长30年不变的政策，1997 年，中共中央办公厅、国务院办公厅在《关于进一步稳定和完善农村土地承包关系的通知》中明确提出，中央不提倡实行"两田制"，没有实行"两田制"的地方不要再搞，已经实行的必须按中央的土地承包政策认真进行整顿；对原来为了平衡农户负担而实行的"动账不动地"形式的"两田制"，无论是"口粮田"还是"责任田"，承包权都必须到户，并明确 30 年不变，不能把"责任田"的承包期定得很短，随意进行调整。

（二）"反租倒包"和规模经营

实行土地承包制后，最初的土地规模经营主要有两种类型：一是集体企业式的土地规模经营；一是家庭农场式的土地规模经营。集体企业式的土地规模经营以北京市顺义县的集体农场为代表。这类规模经营按照集体企业的形式组织，土地通过集体化实现集中，农场内部实行以场核算、统收统支、承包到人、产品归场、以产定酬、工资包底的制度。家庭农场式的规模经营主要发生在华东一带的经济发达地区，这类规模经营是将责任田通过租赁、转包等形式集中到一些种植大户手中进行统一经营，其经营主体为家庭。

在后来的土地规模经营中，一些地方出现了"反租倒包"形式的规模经营。所谓"反租倒包"，是指一些乡镇政府或村级组织出面租赁农户的承包地，然后再进行转租或重新发包，或者一些农业经营企业向原承包农户承租土地后，对所租土地进行规划和水、电、路等基础设施统一建设后，分片、分块承包给农户经营。"反租倒包"多出现在沿海经济发达地区，以种植蔬菜、花卉等具有高附加值的园艺作物和经营畜牧业为主。

"反租倒包"虽然提高了土地规模经营程度，但是，在操作中存在不少违背农民意愿、侵害农民权益的问题。有的随意改变土地承包关系，强迫流转，侵犯了农民的土地承包经营权；有的把土地流转作为增加乡村收入的手段，损害了农民的利益；有的强行将农户的承包地长时间、大面积转租给企业经营，影响了农民正常的生产生活；有的借土地流转之名，随意改变土地的农业用途。总之，"反租倒包"形式的土地规模经营并不利于保护农民在土地流转中的主体地位，不利于保护农民的土地承包经营权。2001年12月，中共中央在《关于做好农户承包地使用权流转工作的通知》中明确指出："土地流转的主体是农户，土地使用权流转必须建立在农户自愿的基础上。在承包期内，农户对承包的土地有自主的使用权、收益权和流转权，有权依法自主决定承包地是否流转和流转的形式。这是农民拥有长期而有保障的土地使用权的具体体现。任何组织和个人不得强迫农户流转土地，也不得阻碍农户依法流转土地。由乡镇政府或村级组织出面租赁农户的承包地再进行转租或发包的'反租倒包'，不符合家庭承包经营制度，应予制止。"

（三）"四荒地"拍卖

"四荒地"是指农村集体所有的"荒山、荒沟、荒丘、荒滩"。包干到户后，许多地方把"四荒地"发包给农户，但由于在小面积的"四荒地"上进行投资可取得的收益十分有限，因此，农户对承包的"四荒地"的利用很不重视，包而不治、治而不管、掠夺式利用等现象十分普遍。可是，对大面积的"四荒地"进行稳定的长期经营所取得的收益，对于一个农户家庭来说却是十分可观的。1982年，山西省吕梁地区首开"四荒地"使用权拍卖的试验。"四荒地"拍卖的基本做法是："四荒地"的土地所有权不变，拍卖其土地使用权，谁购买、谁治理、谁收益，使用期限50—100年，使用权可以转让、入股、出租、抵押。农民通过拍卖获得的土地权利较之通过承包获得的土地权利要更加稳定、明晰和更有保障，因此，"四荒地"拍卖制度建立的激励机制也就更加有效，很快就在全国许多地方推广，并得到了国家政策上的认可和规范。

（四）土地股份合作制

1992年开始，广东省南海市最早成功开展了土地股份合作制的制度创新实践。其具体做法是，在明确土地承包权归农户的前提下，将土地承包经营权量化为股份，通过入股的方法，把承包到户的土地再集中起来，然后由村组统一规划农业区、工业区和居住区，并由组建的村或组一级的股份公司集中统一经营。农户通过土地股份享有来自土地的福利保障，股份公司则通过土地股份化实现了土地集中和规模经营。这种模式的土地股份合作制，事实上规避了对转用农用地的政府审批管理和国家对集体土地的统一征收。正因为如此，这种类型的土地股份合作制的成功实践主要发生在 1998 年国家实行严格的土地用途管制之前，主要发生在珠江三角洲和长江三角洲等地带的大城市郊区农村。

在国家越来越实行严格的土地用途管制之后，一些地方开展了主要针对农用地的土地股份合作制创新实践。比如，成都市郊区就试行了土地股份合作社模式的农用地流转。具体做法是，农民以承包地入股，建立独立于政府和村委会的土地股份合作社。合作社把土地集中起来，然后选择有实力的农业种植公司统一经营。合作社内部成立股东大会和股东代表大会，接受村民的入股申请，承办土地入股登记、核准、发放、变更以及红利分配等事务，代表农户与承租土地的公司进行谈判，向政府或其他有关部门反映农民的意见和要求。土地入股后，农民可以获得土地租金收入、在专业种植公司务工的工资收入和土地承包经营权入股后的分红等。由于合作社和农业种植公司之间签订的是土地出租合同而不是土地转让合同，因此，农民要求退出合作社时可以收回自己的承包地。也有一些地方，为了更好地保护农民的土地承包经营权，并不成立土地股份合作社，而是由农民自己成立农业专业合作社（不要求入社的农民带土地入社），然后由农业专业合作社再租赁农民的土地并组织开展专业化、规模化生产。这种类型的土地股份合作制或合作社，由于不改变农用地用途、不改变土地所有权、能够充分保障农民的自主决策权和土地权益，成为土地流转的重要补充方式。

总之，由农民自发推行的家庭承包制成功实施后，国家从政策层面不断进行了制度上的引导和规范，农民在土地承包中获得的土地承包经营权得到了政策上的认可、规范和保护。这集中体现在以下几个方面：第一，土地承包期限不断延长，第一轮承包时土地承包期规定 15 年以上，第二轮承包时土地承包期延长 30 年不变，农民的土地承包经营权越来越长期化。第二，对土地调整的频率和幅度进行规范，土地大调整得到限制，土地小调整的条件、程序越来越严格，机动地得到控制，农民的土地承包经营权越来越稳定化。第三，规范集体经济组织的土地发包行为，严格土地承包合同管理，向农民颁发土地承包经营权证书，限制集体经济组织随意干涉农民的土地经营。第四，取消国家农业种植计划，将捆绑在土地承包合同上的税费等义务与土地承包经营权脱钩，保障农户对承包的土地拥有自主的使用权、收益权和流转权，农民的土地承包经营权的权能越来越充分。第五，对不规范的土地流转形式进行限制，保障农民在土地流转中的主体地位，保障农民有权依法自主决定承包地是否流转和流转的形式，保障农民依法、自愿、有偿地流转土地，农民的土地承包经营权越来越市场化。当然，在规范、保护和强化农民的土地承包经营权的同时，1998 年修订的《土地管理法》确立了土地用途管制制度，初步形成了有用途管制的土地承包经营权制度。

三、农村土地制度的法制化建设

对土地承包制的政策规范，使农民的土地承包权趋向稳定化、长期化、市场化，土地承包经营权的权能更加完整，特别是取消了"三提五统"等的农村税费改革，彻底剥离了过去捆绑在土地承包经营权上的诸多债权性质的义务，这些都为依法赋予农民长期而有保障的土地使用权，按照物权界定和保护农民的土地承包经营权创造了条件。

而从人地关系变化来看，得益于计划生育政策，人口的快速增长势头得到有效控制，人口增长速度逐步下降；并且随着农村劳动力和人口不断向非农产业和城镇地区流动转移，自 20 世纪 90 年代后农村人口和农户家庭数量的增长速度明显放缓，农林牧渔从业人员数量也趋于稳定，1996 年为 32910 万人，2001 年为 32974 万人。即使同期中国耕地保有量在持续减少，但是，农林牧渔业从业人员人均耕地面积、乡村户均耕地面积、乡村人口人均耕地面积、乡村劳动力人均年耕地面积都趋于保持平稳。按照国家统计局提供的统计数据计算，1990 年至 1995 年，农林牧渔业从业人员人均耕地面积稳定在 0.29 公顷左右，乡村户均耕地面积稳定在 0.42 公顷左右，乡村人口人均耕地面积稳定在 0.11 公顷左右，乡村劳动力人均年耕地面积稳定在 0.22 公顷左右；按照国土资源部（原为国家土地管理局）1996 年组织完成的全国土地利用现状调查和后来逐年进行的土地变更调查提供的数据计算，1996 年后，农林牧渔业从业人员人均耕地面积稳定在 0.59 公顷左右，乡村户均耕地面积稳定在 0.80 公顷左右，乡村人口人均耕地面积稳定在 0.24 公顷左右，乡村劳动力人均年耕地面积稳定在 0.41 公顷左右。人地关系的这些变化，为减少频繁的土地调整、稳定土地承包关系、依法规范农村土地承包制提供了外部条件。

1986 年 6 月 25 日第六届全国人民代表大会常务委员会第十六次会议通过的《土地管理法》就对农村土地承包经营作了规范，但是，该法规定："发包方和承包方应当订立承包合同，约定双方的权利和义务。土地承包经营的期限由承包合同约定。"农民的土地承包经营权主要由土地承包合同约定而不是直接由法律界定，实践中农民的土地承包经营权的期限不统一，权利内容和权利义务不明晰，土地承包经营权的法律性质不明确，助长了发包方对承包方的各种侵权行为以及各种土地承包纠纷的发生。1998 年 8 月 29 日第九届全国人民代表大会常务委员会第四次会议修订通过的《土地管理法》废除了有关发包方和承包方之间的权利义务以及土地承包经营期限由承包合同约定的条款，明确规定"土地的承包经营权受法律保护"。

在第二轮土地承包后，2002 年 8 月 29 日第九届全国人民代表大会常务委员会第二十九次会议通过《农村土地承包法》，自 2003 年 3 月 1 日起施行。《农村土地承包法》对土地调整、土地承包权利义务、土地承包经营权流转、土地承包期限等进行了严格规范，改变了长期以来土地发包方和土地承包方的权利义务关系主要依靠土地承包合同来规范，农民在土地承包中获得的土地承包经营权的期限、权利内容、权利义务、权利效力也主要由土地承包合同约定的状况，使土地承包经营权成为法定的、农民对土地直接支配的权利，标志着农村土地制度全面进入法制化建设的新时期。

2007 年 3 月 16 日第十届全国人民代表大会第五次会议通过《物权法》，自 2007 年 10 月 1 日起施行。《物权法》明确规定了土地承包经营权的用益物权性质。无论是通过家庭承包取得的土地承包经营权，还是通过招标、拍卖、公开协商等其他形式取得的土地承包经营权，无论是集体所有农用地实行家庭承包经营形成的土地承包经营权，还是国家所有农用地由集体经济组织实行承包经营形成的土地承包经营权，都是土地使用者依法享有、受到法律保护的用益物权。至此，30 多年前农民在自发推行家庭承包制的制度创新实践中获得的土地承包经营权上升为国家《物权法》保护的财产权利。

第三节　农村土地制度变迁的经验和面临问题

一、农村土地制度变迁的经验

（一）必须始终尊重和保护好农民个人的土地财产权利

农村土地制度变迁的正反经验表明，土地制度建设必须充分尊重农民的制度变迁需求，尊重农民的创新精神，保护好农民个人的土地财产权利。新中国成立后，依靠意识形态强制推行和维持的农民土地集体所有、集体经营的制度之所以最终为农民创新的土地承包制所替代，就是因为依靠意识形态强制推行的农民土地集体化的制度变迁从根本上脱离了农民的制度变迁需求，农民失去了个人的土地财产权利。改革开放后，农村家庭承包制的改革之所以能够取得成功，根本的原因也就在于这种制度赋予了农民从事家庭经营的土地承包经营权。在土地承包经营权的基础上，以家庭为单位开展农业经营，生产、经营和劳动计量在同一单位进行，生产者的成本、收益趋向一致，这就自动建立起了"多劳多得"的激励机制，极大地调动了农民的生产积极性，彻底解放了农村生产力，从而创造了我国农业持续多年增长的奇迹。按照林毅夫（1994）的估计，以不变价计算，1978—1984 年中国农业总产值增加了 42.23%，其中 46.8% 来自家庭承包制实行所带来的生产率的提高。

（二）必须充分发挥市场在土地资源配置中的基础性作用

农村土地制度变迁的经验表明，市场机制是土地资源优化配置的基础手段，土地制度建设必须尊重市场经济规律，充分发挥市场在土地资源配置中的基础性作用。新中国成立后在实行计划经济时期，行政划拨成为土地资源配置的唯一方式。改革开放后，在赋予农民土地承包经营权的同时，开放了土地承包经营权流转市场，开辟了农村土地要素市场。从一开始，政策上就允许农民的土地承包经营权流转。但是，受农村人口和劳动力转移缓慢等外部条件的制约，土地流转的程度一直很低。据农业部1993 年进行的抽样调查，1992 年全国共有 473.3 万户农户转包、转让农地 1161 万亩，分别占承包土地农户总数的 2.3% 和承包地总面积的 2.9%（张红宇，2002）。进入 20 世纪 90 年代中期，随着工业化、城镇化发展，农村人口和劳动力向城镇和非农产业转移的进程加快，土地流转的外部条件不断改善，土地承包经营权流转的发生率在不同地区不同程度地提高。1998 年，据农业部对包括河北、陕西、安徽、湖南、四川和浙江省的抽样调查，有 9.8% 的农户转出了土地，转出土地面积占村组土地总面积的比例达 5.2%；有 8.4% 的农户转入了土地，转入土地面积所占的比例为6.0%。总体上看，有近 1/6 的农户、1/20 的土地进入市场交易。而在沿海发达地区，土地流转的比例则更高。2001 年，浙江省土地流转面积达300 万亩，占到全省耕地的 12.4%（张红宇，2002）。土地流转一方面促进了土地集中和农业规模化、集约化和产业化经营；另一方面为农村剩余劳动力转移和外出就业提供了便利，从多方面促进了农村经济的发展。

（三）必须不断以法律等正式制度的形式巩固制度创新成果

农村土地制度变迁的经验表明，国家的土地制度供给必须符合市场主体的制度变迁需求，在此前提下必须以法律等正式制度的形式不断巩固制度创新成果，规范土地制度建设，保护农民的土地财产权益。改革开放30 年来，在推进城乡土地制度改革的同时，我国逐步形成了包括《宪法》、《物权法》、《农村土地承包法》、《土地管理法》、《民法通则》、《草原法》、《森林法》、《〈土地管理法〉实施条例》等国家法律法规，《土地管理法》地方实施办法和《农村土地承包法》地方实施办法等地方法规以及有关司法解释和部门规章等在内的农村土地制度法律法规体系，基本建立起农村土地财产物权保护制度和土地管理法律体系，逐步将农村土地纳入了法治管理轨道。

在农村土地物权制度建设方面，完善和规范了农村多元化的农民集体土地所有权法律制度。1986 年通过的《土地管理法》，根据农村集体土地"三级所有"的现实，明确规定"集体所有的土地依照法律属于村农民集体所有，由村农业生产合作社等农业集体经济组织或者村民委员会经营、管理"。同时规定："村农民集体所有的土地已经分别属于村内两个以上农业集体经济组织所有的，可以属于各该农业集体经济组织的农民集体所有。"1998 年修订通过的《土地管理法》在规范村所有、组所有的同时，规定："已经属于乡（镇）农民集体所有的，由乡（镇）农村集体经济组织经营、管理。"后来的《农村土地承包法》、《物权法》等法律都对土地所有权作了同样的规定，从法律上规范了组所有、村所有和乡（镇）所有的农村集体土地所有制形式，完善了农村多元化的集体土地所有权制度，为依法规范土地发包、土地调整、征地补偿等提供了依据。

在依法规范土地所有权的同时，建立起了土地承包经营权、集体建设用地使用权、宅基地使用权等用益物权制度。《物权法》明确规定了土地承包经营权、集体建设用地使用权、宅基地使用权的用益物权地位。与《物权法》相配套，《农村土地承包法》规定了土地发包方和土地承包方的权利义务关系和土地承包期限，从法律上统一了土地承包经营权的权利内涵，统一规定了各类土地承包经营权的期限。规定发包方在享有发包土地、监督承包方合理利用土地、保护土地等权利的同时，不得非法变更、解除承包合同，不得干涉承包方依法进行正常的生产经营活动；明确规定土地承包经营权是承包方依法享有的、在土地用途管制下对承包土地占有、使用、收益和处分的权利，有依法获得征地补偿的权利。

（四）必须不断完善土地利用规划管理和耕地保护制度

农村土地制度变迁的经验表明，适应市场经济发展的需要，在明确界定、规范和保护农民的土地使用权如土地承包经营权、集体建设用地使用权、宅基地使用权的同时，必须不断完善土地利用规划管理制度、土地用途管制制度和耕地保护制度等，建立健全国家对个人土地利用行为的管制规则体系，严格保护耕地，保障土地资源的可持续利用。

《土地管理法》自 1987 年 1 月 1 日起施行，标志着我国城乡土地由多部门分头管理开始转向城乡土地统一管理，由此开始逐步建立和完善了土地统计制度、土地调查制度、土地利用规划管理制度、土地用途管制制度、耕地保护制度等一系列农村土地管理制度。1998 年修订通过的《土地管理法》及其实施条例明确规定了包括全国、省（自治区、直辖市）、省会城市和大城市、县、乡（镇）等多层级的土地利用总体规划体系，规定了规划的编制原则、审批程序、修改权限以及依据土地利用总体规划编制土地利用计划的审批程序等。此后，我国编制完成了包括全国、省（自治区、直辖市）、省会城市和大城市、县、乡（镇）五个层级的土地利用总体规划，将农村土地利用全面纳入了规划管理轨道。

1998 年修订通过的《土地管理法》，从法律上确立了土地用途管制制度。国家编制土地利用总体规划，规定土地用途，将土地用途分为农用地、建设用地和未利用地。严格限制农用地转为建设用地，控制建设用地总量，对耕地实行特殊保护。建设占用土地，涉及农用地转为建设用地的，应当办理农用地转用审批手续。这次修订通过的《土地管理法》明确规定建立包括占用耕地补偿制度和基本农田保护制度的耕地保护制度。占用耕地补偿制度要求，非农建设经批准占用耕地的，按照"占多少，垦多少"的原则，由占用耕地的单位负责开垦与所占用耕地的数量和质量相当的耕地；没有条件开垦或者开垦的耕地不符合要求的，应当按照有关规定缴纳耕地开垦费，专款用于开垦新的耕地。基本农田保护制度要求，将县以上政府批准的粮、棉、油生产基地、有良好的水利与水土保持设施的耕地、蔬菜基地等不低于行政区 80% 的耕地划入基本农田保护区，实行更加严格的管理和保护。

二、农村土地制度改革面临的问题

（一）征地制度改革进展缓慢

新中国成立后，在推行计划经济的过程中，形成了集体土地国家征收取得制度。改革开放后，随着城乡土地统一管理体制的建立和城市土地有偿出让转让制度的实行，土地征收很快发展成为对城乡土地实行统一管理和实施土地用途管制的重要手段。除了农民建住宅、乡（镇）村企业建设、乡（镇）村公共设施、公益事业建设等需要使用集体土地的可以经批准而无需征收转为国有外，任何单位和个人进行建设，需要使用土地的，必须依法申请使用经征收转为国有的土地。

在集体农用地转用中，无论是出于公共目的还是私人目的，都通过动用土地征收权取得集体土地。由于公开开放的土地市场的范围受到限制，土地市场价值没有充分显化，法定的土地征收补偿只包括农业租金价值，不考虑土地的预期成长性增值，补偿完全脱离土地的公平市场价值，在空间和时间上缺乏弹性，补偿安置不到位，补偿费分配不规范，使得大量被征地农民的生产生活得不到妥善安置。同时，征地补偿标准低也为地方政府获取土地增值收益留下更大空间，驱使地方政府盲目扩张建设用地。土地征收程序不规范，保障被征地农民参与的协商机制不健全，被征地者难以充分行使知情权、参与权和申辩权，征地补偿和安置方面的纠纷和矛盾冲突大量发生，并难以通过法定补偿等救济渠道得到妥善调处。

近几年来，国家在土地征收程序和征地补偿标准两个方面对征地制度进行了改革。在土地征收程序上，改革完善了征收土地公告和征地补偿、安置方案公告办法，建立了听证制度。要求征地所在地的市、县人民政府应当在收到征收土地方案批准文件之日起10个工作日内进行征收土地公告。在征收土地公告之日起45日内，有关市、县人民政府土地行政主管部门会同有关部门根据批准的征收土地方案，以被征地的所有权人为单位拟订征地补偿、安置方案并予以公告。为了充分听取公民、法人和其他组织的意见，保证其陈述意见、质证和申辩的权利，完善被征地农民参与的协商机制，要求拟定或者修改区域性征地补偿标准，主管部门应当组织听证；主管部门应当参照听证纪要依法制定规章和规范性文件；在拟定或者修改区域性征地补偿标准时，应当附具听证纪要；拟定拟征地项目的补偿标准和安置方案的，主管部门在报批之前，应当书面告知当事人有要求举行听证的权利。

在土地征收补偿方面，针对征地补偿标准低、安置不到位等问题，国家出台了一系列改革政策，要求土地补偿费和安置补助费的总和达到法定上限尚不足以使被征地农民保持原有生活水平的，当地人民政府可以用国有土地有偿使用收入予以补贴；各地开展了制订并公布各市县征地的统一年产值标准或区片综合地价的工作，要求征地补偿做到同地同价，国家重点建设项目必须将征地费用足额列入概算；在城市规划区内，要求将因征地而导致无地的农民纳入城镇就业体系，并建立社会保障制度；要求对于征地补偿安置不落实的，不得强行使用被征土地。同时，按照土地补偿费主要用于被征地农户的原则，各地制定完善了土地补偿费在农村集体经济组织内部的分配办法。

然而，已有的改革并没有打破传统土地征收制度的基本框架。由于对集体建设用地流转实行限制，对集体农用地转用仍然实行统一征收的管理，城乡建设用地市场人为分割，城乡一体的土地市场体系没有建立起来，土地征收的范围仍然没有受到严格限制，征地补偿缺乏公开市场价值作参照，征地补偿标准也不可能一步提高到位，因此，可以说，与市场经济要求相适应的征地制度和土地财产公正补偿机制还远没有建立起来。

（二）农村集体建设用地使用制度改革滞后

新中国成立后，在确立城乡二元土地所有制的基础上，逐步形成了与城乡企业、居民身份相挂钩的城乡分割的建设用地使用管理制度。改革开放以来，这种城乡分割的建设用地使用管理制度仍然没有从根本上打破。我国《土地管理法》规定，任何单位和个人进行建设需要使用土地的，必须依法申请使用国有土地；但是，兴办乡镇企业和村民建设住宅经依法批准使用本集体经济组织农民集体所有的土地的，或者乡（镇）村公共设施和公益事业建设经依法批准使用农民集体所有的土地的除外。农村乡镇企业、农民住宅、集体经济组织的公共设施和公益事业等的建设用地，只需办理用地批准手续和农用地转用审批手续即可使用集体土地，无需办理土地征收手续转为国有。用地者由于是集体经济组织本身或其内部成员，因此在取得集体建设用地的过程中无需向集体经济组织支付土地财产补偿费用，由此取得的集体建设用地的流转也就相应地受到法律限制。《土地管理法》规定，经批准农村集体经济组织以土地使用权入股、联营等形式开办企业，以及符合土地利用总体规划并依法取得建设用地的企业因破产、兼并等情形致使土地使用权依法发生转移等情形下，集体建设用地才可以发生转移；农户的宅基地则只能在集体经济组织内部的农户之间才可以流转。

在城镇建设用地供需矛盾不断加剧、乡镇企业改制、劳动力异地流动、人口迁移、城乡人口双向流动和村庄内部人口变化等因素的引致下，农村集体建设用地流转的需求和供给在不断增加，集体建设用地以转让、出租、土地使用权作价出资入股、联营、兼并和置换等形式隐形流转入市的现象大量发生；在利益诱导下，一些村组集体和农民个人私下改变土地用途或占用耕地用于非农建设，导致耕地流失严重；一些村组以土地股份合作社的名义与开发商联手私下占用土地开发建设"小产权房"、"乡产权房"对外销售。由于相关政策法律滞后，对集体建设用地的自发流转缺乏引导、规范和管理，造成土地市场秩序混乱、土地投机猖獗、土地收益分配不公和规划管理失灵等一系列问题。

集体建设用地的市场流转受到限制，意味着对集体建设用地事实上存在着不平等待遇。这表现在：一是集体建设用地不能按照完全的市场价格在对外开放的公开市场上出售，只能在农村集体内部成员之间流转，导致农民宅基地等集体建设用地发生价值贬损；二是与城市建设用地相比，由于农村集体建设用地流转市场的开放程度受到限制，如农民宅基地不能向城镇居民和集体经济组织外的居民流转，导致农民不能通过城乡一体的土地市场参与分享经济社会发展带来的土地增值；三是在集体土地征收中，由于征地补偿缺少公开市场价值作参照，法定标准低且缺乏弹性，加剧了征地引起的矛盾冲突。

集体建设用地流转受到限制，使得集体建设用地不能通过市场机制得到优化配置和合理利用，整体利用效率不高，闲置浪费严重。一些原有大队和生产队的库房、饲养场、晒谷场、卫生院、办公用房等，在后来的村组调整和乡镇体制改革过程中废弃闲置。一些乡镇企业用地由于企业破产而废弃闲置。一些公益性用地如学校用地、敬老院用地、卫生院用地等也因这些机构的调整和重建等原因而成为废弃地。由于宅基地经过批准后便可无偿取得、无偿使用，并缺少市场退出机制，随着人口流动迁移，不少宅基地废弃闲置，而不少农户则"一户多宅"。据国土资源部调查统计，截至 2003 年，农村存量集体建设用地有 2.7 亿亩，相当于 5 倍的城市建设用地；农村人均居民点用地 187 平方米左右，远高于城市人均用地水平。

（三）耕地保护面临诸多挑战

我国人多地少，又处于工业化、城镇化快速发展时期，耕地保护和建设用地之间的固有矛盾十分尖锐。在改革开放以来的 30 年里，各类建设占用耕地的数量一直很大，全国耕地保有数量持续减少。按照统计数据，1984 年全国耕地保有量为 9785.37 万公顷，1995 年减少到 9497.39 万公顷，平均每年减少 26.18 万公顷。其中，1985 年净减少达 100 万公顷。按照全国土地利用现状调查和土地利用变更调查公布的数字，1996 年耕地保有量为 13003.92 万公顷，2006 年减至 12180.00 万公顷（18.27 亿亩），平均每年净减少 82.3 万公顷。其中，在生态退耕数量比较大的 2002 年和 2003 年，耕地分别净减少 168.62 万公顷和 253.74 万公顷。2005 年以来，年净减少量维持在 20—40 万公顷。减少的耕地主要分布在沿海和中部地区的省份，多是一些耕作条件好的优质耕地。综合考虑我国的人口数量、人均消耗粮食量、耕地质量以及平均亩产等要素，在全国土地利用总体规划纲要（2006—2020）的编制中，国务院明确要求 18 亿亩耕地保有量要死守到2020年。2007年全国耕地面积为18.26亿亩，按照目前的减少量，要实现死守18亿亩红线的目标难度很大。

从制度和体制层面来看，耕地保护难的一个很重要原因是，在处理保护耕地和建设用地的关系问题上，中央政府和地方政府的优先目标不完全一致，中央政府更多关注的是带有全局性、战略性的宏观目标，如耕地保有量、国家粮食安全、农民利益保护和社会稳定等；而地方政府则更看重本地区局部的、短期的发展目标，如工业发展、城镇建设、土地资产性收益等。由于农用地转用过程中的土地增值收益必然要归入地方政府，形成了地方政府转用农地的利益激励机制。要求地方政府按照国家有关法律法规和土地利用总体规划来管理土地和保护耕地，缺少有效的制度和体制保障。在农地统征制度下，地方政府以公共管理者的身份动用土地征收权低价征收农民集体土地并将之变为国有土地，然后以国有土地所有权代理人的身份予以出让，从中获取土地增值收益充实地方财政。

为了约束地方政府盲目扩张建设用地，20世纪80年代中后期，中央就上收了县、市地方政府的用地审批权，建设用地的主要审批权上收到中央和省级政府来行使，实行集中化的分级管理。2003年底，国务院又作出决定实行省以下土地垂直管理体制，在省以下实现了土地管理机构人事权力的上收。2006年7月，国务院批准建立了国家土地督察制度，并授权国土资源部代表国务院对各省、自治区、直辖市，以及计划单列市人民政府土地利用和管理情况进行监督检查。此后，国土资源部向地方派驻了9个国家土地督察局，代表国家土地总督察，监督检查省级以及计划单列市人民政府耕地保护责任目标的落实情况、省级以及计划单列市人民政府土地执法情况等。这些体制方面的改革，虽然能够在一定程度上约束地方政府依法行政，有利于耕地保护政策目标的落实。但是，未来要实现死守18亿亩红线的耕地保护目标，仍然面临多方面的挑战。

（四）农民的土地承包经营权仍不完整

在现行法律下，土地承包经营权的权利内容仍不尽完整，土地承包经营权的流转在某些方面仍然受到限制。主要表现在：土地承包经营权的法定承包期短，而流转的期限又不得超过承包期的剩余期限；家庭承包土地的土地承包经营权向集体经济组织外的单位和个人流转的，受到集体经济组织成员优先购买权的限制；家庭承包土地的土地承包经营权的抵押没有得到法律许可；土地承包经营权的继承在法律上没有得到明确的表述，法律只是规定继承人可以继承承包人应得的承包收益和继续承包。

由于农民在家庭承包中享有的土地承包经营权与户籍相挂钩，并随着户籍变化而变化，导致进城农民、婚嫁妇女等农村迁徙人口的土地承包经营权得不到平等保护。《农村土地承包法》规定家庭承包的承包方是本集体经济组织的农民。按照《农村土地承包法》第二十六条规定，"承包方全家迁入小城镇落户的，应当按照承包方的意愿，保留其土地承包经营权或者允许其依法进行土地承包经营权流转。承包期内，承包方全家迁入设区的市，转为非农业户口的，应当将承包的耕地和草地交回发包方。承包方不交回的，发包方可以收回承包的耕地和草地"。该条款要求收回承包地的规定，既有失公平，同时在实际执行中由于涉及户籍登记等问题而难以操作。

（五）农村土地登记体系不完善

我国对城乡建设用地的土地使用权和农村集体土地所有权，由国土管理部门组织办理土地登记发证手续，对农村不同用途的农用地，由农业、林业、畜牧等不同部门组织办理土地使用权发证手续，至今没有颁布统一的土地登记法律法规，没有建立起专业化、规范化、属地化的城乡土地统一登记管理制度。土地登记是对土地财产权利进行统一公示并保障土地交易安全的重要手段，在我国仍然成为政府部门实施条条管理的工具。

由于土地登记机构不统一、不健全，土地登记和各类土地证书的发放缺乏统一的地籍调查作基础，土地登记程序不规范，导致初始土地登记重复或遗漏、土地变更登记缺失等问题，很容易使土地证书记载信息与实际情况相脱节。例如，就承包地而言，土地承包经营权证书的发放以户为单元而不是以宗地为单元进行，只记载了农户承包地的面积，没有分宗地对承包地的面积、位置等做详细记载，没有以宗地为单元按照"一宗地一证"的原则发放证书，对土地流转、土地互换、土地继承、土地财产分割、土地调整、土地整理、土地征收、退耕还林草等引起的土地权属、土地面积、土地位置、土地用途等的变化很少进行变更登记，在不少地方农户持有的土地承包经营权证已经不能反映农户拥有土地的实际情况。

第四节　农村土地制度展望

2008 年 10 月，中共十七届三中全会通过的《关于推进农村改革发展若干重大问题的决定》，对今后农村改革作了全面谋划和总体部署，对农村土地制度改革和制度建设提出了明确要求。《决定》的发布，表明我国进入了城乡统筹、综合配套、改革完善土地制度的新阶段。展望未来，农村土地制度改革和制度建设，必须从单项改革向综合配套、从城乡分割到城乡统筹转变。

城乡统筹、综合配套，关键在于跳出城乡分割管理的思维定势，强化政府作为公共管理者（而非土地所有者）的角色定位，改革与城乡居民身份和二元土地所有制相挂钩的不合时宜的土地政策，打破城乡二元土地所有制的框框，全面构建城乡一体的土地政策体系，建立平等保护、同等待遇、以土地使用权为核心的土地产权体系，建立平等开放、城乡一体、统一监管的土地市场体系，建立符合我国国情和市场经济要求的土地管理制度。

建立平等保护、同等待遇的土地产权制度，就是要在统一规划管制下对国家、集体和居民个人的土地财产进行平等保护，按照用益物权对城乡各类建设用地使用权、农民的土地承包经营权进行同等法律效力的保护，进一步完善以土地使用权为核心的土地产权体系；就是要完善城乡一体的土地税收、土地收益分配等政策体系，统筹协调和改革完善土地财产补偿办法和土地增值公平分享办法，并且这些公共政策不应与土地所有权形式以及城乡用地者身份挂钩，不因土地所有权形式的不同和城乡用地者身份的不同而差别化，也就是说，在财产补偿标准、税费义务和土地增值分配上对国有土地和集体土地实行同等待遇。

建立平等开放、统一监管的土地市场体系，就是要在统一规划管制下对经营性或私人性用地，无论是国有还是集体所有，不分城乡居民身份和城乡企业身份，只要土地使用性质相同，土地使用权的市场开放范围就应当一致，在市场开放上对国有土地使用权和集体土地使用权实行同等待遇，发展城乡一体的土地使用权市场，特别是要区分经营性用地和公益性用地，通过改革集体建设用地使用制度，逐步统一城乡建设用地使用权制度，统一城乡建设用地市场；就是要在平等开放土地使用权市场的同时，建立健全城乡一体的规划管制、土地交易许可、土地登记、土地有形市场等市场监管体系。

建立符合我国国情和市场经济要求的土地管理制度，就是要在建立平等保护、同等待遇的土地产权制度和城乡一体、平等开放的土地市场体系的同时，改革完善土地利用规划管理制度、耕地保护制度和农用地转用制度，完善城乡一体的土地市场监管体系，建立符合市场经济要求的、征转分离的新型征地制度。

一、改革完善土地承包经营权用益物权制度

（一）进一步延长土地承包经营权的期限

中共十七届三中全会通过的《关于推进农村改革发展若干重大问题的决定》提出："要赋予农民更加充分而有保障的土地承包经营权，现有土地承包关系要保持稳定并长久不变。"要进一步完善土地承包制，赋予农民更加充分而有保障的土地承包经营权，就必须修改完善有关法律，进一步延长土地承包经营权的期限，明确建立完善土地承包经营权无偿续期制度。

（二）扩大土地承包经营权的市场开放范围

放松对土地承包经营权流转的限制，平等开放土地承包经营权流转市

场，允许农户自由地跨村组流转土地承包经营权。在完善农村土地登记制度，培育、发展和规范土地承包经营权转让市场的基础上，适时开放土地承包经营权抵押市场。

（三）平等保护农民的土地承包经营权

对于农民进城后的承包地处置，无论是全家进入小城镇还是迁入大城市的，应允许、鼓励进城农户在一定期限内先将土地承包经营权转出，在一定期限内不转出的再强制收回。同时，要完善对农村土地整理开发新增土地、未发包地、预留机动地等的管理政策，将土地整理开发形成的新增土地、未发包的可利用土地、预留的机动地、交回和收回的承包地等优先安排给新增人口、失地少地的农民，建立由政府主导而不是由农民集体内部决策主导的新增人口、无地少地农民的土地保障制度，保证以农为生的人口拥有基本份额的承包地。

二、改革农村集体建设用地使用制度

中共十七届三中全会通过的《关于推进农村改革发展若干重大问题的决定》提出："逐步建立城乡建设用地统一市场，对依法取得的农村集体经营性建设用地，必须通过统一有形的土地市场、以公开规范的方式转让土地使用权，在符合规划的前提下与国有土地享有平等权益。"这为集体建设用地使用制度改革指明了方向并提出了具体要求。在这方面，今后应着力推进以下方面的改革。

（一）稳步开放农村集体建设用地流转市场

对于符合流转条件的农村经营性或私人性的存量集体建设用地，可比照城镇划拨用地入市进行市场准入管理，允许土地使用者或者受让者缴纳一定标准的土地增值收益后，在继续保留集体土地所有权的情况下取得出让土地使用权，并依法进行转让、出租、抵押和作价出资（入股）。按照由存量到增量、由规划圈外到规划圈内、由一般集体建设用地到宅基地的次序，推进开放集体建设用地市场和缩小征地范围的改革。

（二）建立完善城乡接轨的建设用地使用权制度

修改《土地管理法》关于任何单位和个人进行建设，需要使用土地的，必须依法申请使用国有土地的规定，允许符合流转条件的农村集体建设用地依法流转；加快制定和颁布农村集体建设用地流转管理办法，规范集体建设用地的流转条件、流转方式、流转收益分配办法和产权管理办法。对于村组兴办公益性事业的新增建设用地和存量集体建设用地，按照保留集体土地所有权形式的划拨土地加以管理。对于经交易许可流转入市的集体建设用地，一律纳入出让土地使用权的管理轨道。

（三）建立完善城乡一体的建设用地市场监管体系

按照对城乡建设用地市场进行统一监管的原则，完善城乡一体的建设用地"招拍挂"制度。对于城镇规划圈内和土地储备范围内的集体建设用地，经流转用作房地产用地、商业住宅用地等经营性用地的，纳入政府土地储备体系，然后以"招拍挂"的方式统一供应；对于城镇规划圈外或不要求纳入土地储备范围的集体建设用地，经流转用作工业用地、房地产用地等经营性用地的，可以无须征收，但必须以"招拍挂"方式在公开市场上流转，并要求土地使用权人或受让人缴纳有关税费和土地增值收益。建立集体建设用地交易许可管制制度。集体建设用地流转入市，必须进行条件审查和交易许可管制。凡是符合土地利用规划、用地性质合法、用地手续齐全、不存在权属争议的集体建设用地，才能经交易许可后依法流转。

（四）建立完善城乡统一的建设用地流转收益分配体系

对新增的集体建设用地，按照统一标准征收有关政策性税费。比照国有土地出让纯收益水平，对流转入市的集体建设用地按照统一标准由政府收缴土地流转增值收益。对于集体建设用地流转取得的增值收益，比照国有土地有偿使用收益进行管理。对农户通过合法审批取得的宅基地，由于是按照福利性质平均分配占有的，应确定农户为流转主体，土地流转收益在扣除归公的土地增值收益后归农户；对于农村乡镇企业用地、公共公益事业用地、村内空闲地等，从促进公平的角度出发，应界定集体经济组织为流转主体，流转收益在扣除归公的土地增值收益后留归村组集体。留归村组集体的建设用地流转收益，统一纳入村级财务管理，严格规范使用方向。

（五）配套改革农村集体建设用地供应和取得制度

对农村民办企业用地等新增的农村经营性产业用地，统一纳入有偿使用轨道，实行与城市企业同样的待遇，城乡经营性新增建设用地一律实行有偿使用制度。对于农民宅基地，严格实行一户只能享受一次带有福利性质的宅基地的政策；村民出卖和出租住房的，不得再申请新的宅基地。在有条件的沿海发达地区，先行探索将城乡私人住宅用地，特别是"一户一宅"之外的住宅用地统一纳入有偿使用和出让土地使用权管理轨道，并逐步取消农村宅基地福利配给制度。对于村组兴办公益性事业的新增用地，在农用地转用审批后可直接无偿划拨供应，并比照国有划拨土地统一纳入划拨用地目录实行统一管理。

三、改革征地制度

中共十七届三中全会通过的《关于推进农村改革发展若干重大问题的决定》提出："改革征地制度，严格界定公益性和经营性建设用地，逐步缩小征地范围，完善征地补偿机制。"这为征地制度改革指明了方向。在这方面，今后应着力推进以下方面的改革。

（一）对国有土地和集体土地实行同地同价的公正补偿

不断完善区片综合地价和征地统一年产值标准，通过每3—5年调整和更新一次，稳步提高农用地的征收补偿标准。从长远看，要在加快改革集体建设用地使用制度，培育和发展集体建设用地流转市场，统一城乡建设用地市场的基础上，充分显化土地的市场价值，逐步完善有客观市场价格作参照、有法定补偿标准保护的公正补偿办法。无论是集体农地、还是国有农地，无论是规划为公共用途、还是规划为经营性用途，无论是一般建设需要，还是国家重点工程建设需要，无论是被政府征收、还是被政府优先购买，只要土地的区位相当、自然条件相当，对其补偿就应当一致，实现同地同价补偿。无论是集体建设用地、还是国有建设用地，只要土地的区位、条件相当、土地使用权性质相同，对其补偿就应当一致，实现同地同价补偿。在稳步提高土地征收补偿标准和完善社会保障体系的同时，对于已经承包到户的土地，逐步扩大直接瞄准被征地农户的土地征收补偿方式，并最终让集体经济组织从这些土地的征地事务中退出。

（二）逐步缩小征地范围

中共十七届三中全会通过的《关于推进农村改革发展若干重大问题的决定》提出："在土地利用规划确定的城镇建设用地范围外，经批准占用农村集体土地建设非公益性项目，允许农民通过多种方式参与开发经营并取得保障农民合法权益。"这就是说，逐步缩小征地范围的改革，可以先在城镇规划圈外的地区探索。这些地区由于建设用地需求量相对较小、土地用途转换性增值比较低，可先行探索建立增量集体建设用地流转入市制度。在此基础上，再推进城镇规划圈内征地制度的改革，在城镇规划圈内探索建立以政府优先购买为主要方式的政府土地储备制度，将非公共目的的土地征收从政府土地储备方式中剔除，最终将土地征收严格限定在公共目的。

四、改革完善土地用途管制制度和耕地保护制度

（一）改革完善土地利用规划管理制度

首先要根据我国的国情科学划分中央和地方在土地利用规划管理中的职能权责。其次要改革完善包括不同层级规划、不同专项规划的土地利用空间规划体系。再次要制定完善规范土地利用规划的法律法规，将土地利用规划在法律上加以认可，成为政府实施用途管制、利用分区和开发许可管制的主要依据，让规划本身成为对土地开发利用的一种管制性规则，并依靠政府依法行政保障规划得以有效实施。最后要逐步探索建立和完善农村建设用地规划许可管理制度。总之，在今后相当长的一个时期，需要结合我国国情，继续探索建立和完善以土地利用规划为依托，包括对土地使用进行分区管理、对用地规模进行计划控制、对土地开发实行许可管制、

对土地利用行为进行经济奖惩、对相关损失进行合理补偿、对违法行为进行相应处罚的一整套规划管制规则和管理制度。

（二）改革完善占用耕地补偿制度和基本农田保护制度

在耕地保护的目标上，要从单一的基本农田保护向农用地综合保护转变，逐步对耕地、林地、草地、水域等农用地实行全方位的保护；从追求区域内耕地占补平衡的数量型保护，向以提高农业综合生产能力为中心的质量和数量并重型保护转变。建立和完善以基本农田保护为核心的耕地分级保护体系。生产条件较好、能集中连片耕种、产量较高的耕地，可以划定为一级保护的农用地予以重点保护；坡耕地、防洪区内的耕地、劣质低产耕地等，确定为二级保护的耕地予以保护。在农用地保护机制上，完善与耕地保护级别相挂钩的土地税费体系，提高农地征收补偿标准，压缩地方政府的土地增值收益空间，规范政府土地收益的使用，优先保障一定比例的政府土地收益用于农业土地整理开发，完善农用地转用的利益约束机制和耕地整理开发复垦的投入补偿机制。

（三）实行耕地的有偿保护制度

农业保护是一种普遍的国际现象，无论是发达国家还是发展中国家，都或多或少地对农业采取支持和保护措施。农地保护有利于保护农业生产力，对农业进行支持和保护也有利于农地保护。可以说对农业的支持和保护，是对被保护农地的一种经济补偿。改革开放以来，我国农业支持保护政策不断得到加强，但与成熟的市场经济国家相比，我国农业支持保护水平还很低，还没有形成完备的农业支持保护政策体系，农地保护缺少相应的经济补偿机制作支撑。今后，需要在完善农业支持保护政策体系的基础上，完善耕地的有偿保护制度。

五、统一城乡地政管理

（一）建立完善城乡统一的土地登记体系

逐步建立包括城市土地和农村土地、建设用地和农用地在内的城乡统一的土地登记管理制度。一是颁布统一的土地登记法，全面规范土地登记程序、登记申请人、登记机关等内容。尤其是，要明确赋予土地登记在土地权利设立和变动上的公示功能，明确土地登记在土地财产认定等方面具有的法律地位和效力。二是统一土地登记机构，实行城乡土地登记的统一管理。目前我国政府的土地管理部门，已经对城市土地和农村大部分的建设用地建立了比较规范的土地登记体系，在此基础上应逐步实现包括农用地在内的城乡土地的统一登记管理。三是统一土地登记程序，向城乡居民颁发统一的土地权属证书，完善动态登记管理，保证土地权属证书记载的内容与土地登记的内容相一致。

（二）改革完善城乡一体的土地税费体系

一是完善农用地转用环节的税费体系。无论是集体或国有农用地转为国有建设用地，还是集体农用地转为集体建设用地，按照统一标准征收有关政策性税费，完善农用地转用的利益约束机制。二是完善城乡一体的土地有偿使用收益公平分享机制。无论是集体农用地或国有农地转为国有建设用地，还是集体农用地转为集体建设用地，或是存量集体建设用地流转入市，对其中的经营性用地，按照统一标准收缴土地增值收益，完善土地收益分配使用管理制度，促进土地收益在城乡之间的公平分享。三是逐步统一城乡不动产税制。在集体建设用地使用权流转中逐步开征契税、印花税、土地增值税和营业税等，在集体建设用地保有环节逐步开征不动产税或物业税。逐步正税减费，实现土地税和房产税的并轨，统一城乡不动产税制。

第九章

农村劳动力市场的变迁

新中国成立以来，随着计划经济体系的建立和完善，逐渐形成了以人民公社和户籍管理等制度安排为基础的农村劳动力计划管理体制，从而阻断了农村人口身份转变和农村劳动力职业转换的渠道。而改革开放以来，随着家庭联产承包责任制的实行和人民公社的解体，农村劳动力的计划管理体制不复存在，市场化的管理体系正在逐渐形成。回顾起来，农村劳动力市场的改革大致包括四个方面：发展多种经营，优化农业内部就业结构；大力推动乡镇企业发展，促进农村劳动力就地转移；流动政策逐步放开，促进农村劳动力异地转移；规范农民工管理，探索城乡统筹就业。展望未来，今后的改革有望在以下几个方面获得突破：大中城市的户籍制度改革取得实质性进展；农村劳动力社会保障体系基本建立；市场服务体系基本建立；逐步完善劳动力市场监督调控体系。

第一节　改革前中国农村劳动力的管理体制

在建国初期，农村劳动力的就业是自由的，这一时期增加的城市人口大部分来自农村，与当时一般发展中国家没有什么区别。然后，随着农业社会主义改造的逐步深入，在农村逐渐形成了以人民公社为基础的劳动力集体管理体制。作为农村集体化最高形式的人民公社这一农村基层社会组织，集经济、政治、文化、军事等权力于一身，大大加强了计划体制对农村的社会控制力，整个农村的生产制度、就业制度和分配制度等都包含在农村集体化之中。

最初的农村集体化形式是互助组，相邻的四五户农户在农忙季节，将其劳力、农具、役畜等生产资料合并起来相互帮助，既可以是临时性的，也可以是永久性的。在这种互助形式中，要素的所有制性质并未发生变化，耕种决策权仍掌握在各农户手中。更进一步的合作形式是初级合作社，二三十户农户将其各项生产资料统一组织起来使用。合作社的净收入以两种方式进行分配，一是按提供土地、役畜、农具的多少支付红利，二是按提供劳力的多少支付报酬。其土地、役畜和农具仍归各农户成员所有。第三种合作形式被称为高级社，在这种合作社中，所有的生产资料统归集体所有，集体中个人的报酬，仅以劳动者提供的劳动贡献为依据，实行工分制。每家农户的收入取决于其家庭成员取得的工分数和一个工分的平均分值，后者反过来又是由整个合作社的净收入决定。高级社最初由约30 户农户组成，以后范围扩大到150—200 户左右。在人民公社化浪潮出现之前，全国共有高级社79.8 万个，平均每社规模在151 户左右（陈吉元等，1993）。

1958 年，随着"大跃进"运动的深入，农村集体化的步骤也迅速加快，高级社开始向人民公社过渡。全国性的公社化运动从1958 年 7 月份开始发展，经过 8 月份普遍规划和试办，9 月份已经进入全面高潮。根据新华社当年 10 月 1 日的报道，全国农村基本实现公社化，工农业生产建设和文化事业普遍开花，组织军事化，行动战斗化，社会集体化。全国共建成人民公社23384 个，加入农户112174651 户，占总农户的90.4%（陈吉元等，1993）。当时由于在意识形态和指导战略上受到"左"倾冒进思想的影响较深，普遍追求"一大二公"，人民公社规模很大，有的已大到脱离实际生产水平的程度，导致经营管理各方面的混乱，为不久以后所陷入的困境埋下了隐患。表9-1显示了1958年对11省区市7589个公社的情况统计，其中500户以上的公社竟占到总数的30%以上。

表9-1 1958年7589个人民公社规模统计

农户数（户）	公社数（个）	占总社数的百分比（%）
500以下	5287	69.7
500—1000	1718	22.6
1000—2000	533	7.0
2000以上	51	0.7

（资料来源：陈吉元等：《中国农村社会经济变迁》，山西经济出版社1993年版，第310页）

在人民公社内部则实行"政社合一"的制度。中共八届六中全会于1958年12月10日通过的《关于人民公社若干问题的决议》中将农村人民公社定义为"是我国社会主义社会结构的工农商学兵相结合的基层单位，同时又是社会主义政权组织的基层单位"。它既是经济组织，又是政权组织，既管理生产建设，又管理财政、粮食、贸易、民政、文教卫生、治安、民兵和调节民事纠纷及其他基层行政任务，实行工农兵学商结合，成为经济、文化、政治、军事等的统一体。包含在人民公社内的农村就业体系主要是两方面的内容（陈吉元等，1993）。

第一，生产与劳动方式。在人民公社中，作为生产活动主体的农民沦为单纯的劳动者，不能再保留任何形式的生产和劳动的自主权。在国家和社队关系上，强调统一和服从，社队自身也很少有主动权，社队干部成为国家意志的代言人和执行者，只对国家负责。在社队干部和社员个人的关系上，社员个人只在名义上是集体的主人，在现实中却对集体的生产和经营活动极少有发言权。在具体的日常生产活动中，则普遍采取"大呼隆"的集体劳动方式，十几、几十，甚至更多男女劳动力，在统一指挥下，在同一时间和同一地点，从事基本相同的作业。劳动者在具体作业活动中的自主权、主动权也就丧失了，什么时间出工和收工，做什么以及怎样做，田间休息安排在什么时候等，这一切都由生产队长确定，社员的唯一义务就是服从。

第二，分配制度。1958 年 12 月中共中央《关于人民公社若干问题的决议》中规定，"在分配给社员个人消费的部分，实行工资制和供给制相结合的分配制度"。当时的工资制部分，许多公社采用基本工资加奖励的办法，依公社实际收入水平按月或不定期发放工资。供给部分一般实行伙食供给制，有些公社还实行其他基本生活费用发放制度，包括医疗、学习、治丧费用等的供给。社员口粮依人定量，副食人均分配，由公社供给，不计价格，"吃饭不要钱"。当时在社员的分配额中，供给部分一般占 70%—80% 左右，工资比例很低。社员分配形式则一直采用劳动日工分制。依据劳动情况，评定劳动日工分，再以工分计酬。每家每户在按工分取酬的总额中扣除供给部分，剩下的以工资形式发放。对于缺乏劳力或完全丧失劳动能力的、生活没有依靠的老弱病残社员，公社给以适当照顾，供给他们的吃、穿、用等。

由于人民公社规模过大，所有制形式单一，不久就出现了管理混乱、群众热情下降的局面。1959 年 2 月至 3 月在郑州召开的政治局扩大会议上，提出了整顿人民公社的五十六字方针：统一领导，队为基础；分级领导，权力下放；三级核算，各计盈亏；分配计划，由社决定；适当积累，合理调剂；物资劳动，等价交换；按劳分配，承认差别。也就是说，农村人民公社一般地分为公社、生产大队和生产小队，以生产大队的集体所有制为基础的三级集体所有制。其中，公社在经济上是各生产大队的联合组织，生产大队则是基本核算单位，生产小队是直接组织生产和组织集体福利事业的单位，这套制度被称为"三级所有，队为基础"。后来，基本核算单位继续划小，1961 年 10 月 7 日中共中央就农村基本核算单位问题发布指示，生产小队成为人民公社中的基本核算单位，独立核算，自负盈亏，直接组织生产，组织收益的分配，这种制度一直延续到 1983 年人民公社最终解体。

表9－2 1958—1982 年农村人民公社情况统计

年份	公社数（个）	大队数（万个）	小队数（万个）	公社农户数（万户）	公社人口数（万人）	平均每个公社大队数（个）	平均每个大队小队数（个）	平均每个小队人口数（人）
1958	23630	—	—	12861	56017	—	—	—
1959	25450	51.8	329.9	12745	55443	20.4	6.4	168
1960	24317	46.4	289.2	12662	—	19.1	6.2	—
1961	57855	73.4	498.9	13199		12.7	6.8	
1962	74771	70.3	558.0	13410	—	9.4	7.9	
1963	80956	65.2	564.3	13424	56833	8.1	8.7	101
1964	79559	64.4	559.0	13388	57572	8.1	8.7	103
1965	74755	64.8	541.2	13527	59122	8.7	8.3	109
1966	70278	65.1	516.4	13661	60648	—	—	—
1967	70050	64.9	510.6	—		—	—	—
1968	59812	64.1	486.9			—	—	—
1969	53722	64.8	458.5	—		—	—	—
1970	51478	64.3	456.4	15178	69984	12.0	7.0	153
1971	52674	65.4	458.7	15387	71611	12.0	7.0	156
1972	53823	66.2	472.2	15601	73181	12.0	7.0	155
1973	54423	66.7	476.9	15829	74798	12.0	7.0	
1974	54620	67.1	480.0	16139	76389	12.0	7.0	—
1975	52615	67.7	482.6	16448	77712	12.9	7.1	161
1976	52665	68.1	482.7	16803	78745	12.9	7.1	163
1977	52923	68.3	480.5	17107	79688	12.9	7.0	166
1978	52781	69.0	481.6	17347	80320	13.1	7.0	167
1979	53348	69.9	515.4	17491	80739	13.1	7.4	157
1980	54183	71.0	566.2	17673	81096	13.1	8.0	143
1981	54371	71.8	600.4	18016	81881	13.2	8.4	136
1982	54352	71.9	597.7	18279	82799	13.2	8.3	139

（资料来源：历年《中国统计年鉴》，中国统计出版社）

尽管如有些研究文献所指出的那样，人民公社由于缺乏合适的激励结构，经济绩效一直很不理想。但是，政府正是通过人民公社的这种组织形式，一方面实现了对农村社会的控制；另一方面通过公社、大队、小队各级基层组织有效贯彻其计划意图，确保农产品尤其是粮食的供给。从农村劳动力安排来看，一方面充分利用传统耕种方式容纳劳动力弹性较大的特点，在农村通过集体化使农民成为生产资料名义上的主人，人人具备了劳动就业的权利；另一方面，通过供给制保证了农民的最低生活需要，人民公社又成为一种集体性的保险制度。在生产率低下和激励监督不足的情况下，强制实行名义上的按需分配政策，实际上割断了劳动努力程度与分配之间的关系，必然导致平均主义的倾向，在人民公社内部农民实际上只是获得了维持最低生活要求的平均工资。在农产品尤其是粮食供给趋于紧张的时候，政府甚至不惜压低农村的平均生活水平以保证城镇发展重工业的需要，如政府在粮食统购形势严峻的时候甚至会超购农民的部分口粮。此外，无限就业和平均工资制度使政府把农村视作容纳更多就业的蓄水池，如"上山下乡"运动使大批城镇无法解决的待业青年涌向广大农村。[①] 作为这种制度安排的代价，就是长期徘徊的低下的经济绩效和大量充斥农村的隐性失业。

　　与农村人民公社制度相关的是户籍制度。1958 年全国人民代表大会通过了《中华人民共和国户口登记条例》，确定在全国实行户籍管理体制，从此形成阻碍劳动力流动的制度框架。这种户籍管理与其他国家实行的居住地登记制度不同，其目的是把城乡人口的分布和劳动力配置固定。根据户籍管理规定，一个人出生后，依据其母亲的户籍所在地进行户籍登记。在一生中，除非政府认为有恰当的理由，或按照计划经济的统一安

---

① 事实上，在此期间，发生过两次城乡劳动力逆向流动的现象。第一次是 20 世纪 60 年代初，"大跃进"等导致农业严重萎缩，粮食供应严重短缺（人均占有粮食由 1957 年的 302 公斤下降为 1960 年的 108 公斤），进而迫使工业项目大幅下马，城市劳动力被强制性返回农村，就业结构产生了回流逆转。1961—1963 年的 3 年间，总共有 2000 多万人由城市返回或下放农村，农业劳动力比重由 1958 年的 58.2% 上升到 1963 年的 82.4%。第二次是 1966—1976 年，10 年"文革"使国民经济遭受严重破坏，导致城市就业压力巨大，期间不但农村劳动力得不到转移，城市的就业压力也转向农村，政府动员了大约 1700 多万人到农村安家落户。

排，经公安部门批准，才可以改变户籍登记地。从 20 世纪 50 年代末到改革开放前，户籍制度一直严格执行，人口迁移，特别是从农村到城市的迁移，受到严格的限制。具体而言，人口的区域迁移是由公安部门控制的，计划外的人口由农村向城市迁移几乎不可能；劳动力的产业转移则由劳动、人事部门计划调配，自发的劳动力市场也不存在。在此期间，迁移意味着户籍所在地的改变。由于户籍制度的实施，将农村劳动力牢牢地束缚在人民公社，农村劳动力资源的流动与配置从此就凝固化了，直到改革开放，这种状况才发生转变。

从表 9-3 看，在建国之初的 1952 年，我国第一产业就业比重高达83.5%，但到改革前的 1977 年，第一产业的就业比重依然高达 74.4%，从 1952 年到 1977 年的 25 年中，只降低了 9 个百分点，变化非常缓慢。改革后，第一产业的就业比重到 2007 年只有 40.8%，30 年间降低了 33.6个百分点，变化非常明显。而在 2003 年已稳定降低到 50% 以下，并且第一产业就业人数的绝对数也开始稳定下降。

表 9-3　1952—2007 年第一产业就业比重变化情况

年份	全社会就业人数（万人）	第一产业就业人数（万人）	第一产业就业比重（%）	年份	全社会就业人数（万人）	第一产业就业人数（万人）	第一产业就业比重（%）
1952	20729	17316	83.5	1980	42361	29117	68.7
1953	21364	17744	83.1	1981	43725	29771	68.1
1954	21832	18147	83.1	1982	45295	30853	68.1
1955	22328	18585	83.2	1983	46436	31145	67.1
1956	23018	18535	80.5	1984	48197	30862	64.0
1957	23771	19300	81.2	1985	49873	31105	62.4
1958	26600	15480	58.2	1986	51282	31212	60.9
1959	26173	16257	62.1	1987	52783	31614	59.9
1960	25880	16996	65.7	1988	54334	32197	59.3
1961	25590	19729	77.1	1989	55329	33170	60.0
1962	25910	21259	82.0	1990	56740	34049	60.0

续表

年份	全社会就业人数（万人）	第一产业就业人数（万人）	第一产业就业比重（%）	年份	全社会就业人数（万人）	第一产业就业人数（万人）	第一产业就业比重（%）
1963	26640	21948	82.4	1991	58360	34876	59.8
1964	27736	22778	82.1	1992	59432	34769	58.5
1965	28670	23372	81.5	1993	66808	37680	56.4
1966	29805	24273	81.4	1994	67455	36628	54.3
1967	30814	25141	81.6	1995	68065	35530	52.2
1968	31915	26038	81.6	1996	68950	34820	50.5
1969	33225	27092	81.5	1997	69820	34840	49.9
1970	34432	27786	80.7	1998	70637	35177	49.8
1971	35620	28365	79.6	1999	71394	35768	50.1
1972	35845	28248	78.8	2000	72085	36043	50.0
1973	36652	28820	78.6	2001	73025	36513	50.0
1974	37369	29180	78.1	2002	73740	36870	50.0
1975	38168	29415	77.1	2003	74432	36546	49.1
1976	38834	29398	75.7	2004	75200	35269	46.9
1977	39377	29294	74.4	2005	75825	33970	44.8
1978	40152	28313	70.5	2006	76400	32561	42.6
1979	41024	28629	69.8	2007	76990	31444	40.8

（资料来源：历年《中国统计年鉴》，中国统计出版社）

　　事实上，无论是人民公社制度还是户籍管理制度的设计和实施，都有着深刻的政治经济背景，并且政府还有与之相关的一系列制度安排。由于中国实行的是重工业优先发展战略，重工业的发展意味着需要投入相对多的资金和相对少的劳动力，而对于当时一穷二白的中国来说最缺乏的无非就是资金。为此，政府需要作出一系列相应的降低重工业成本的制度安排，其中最重要的就是号称抑制城乡资源流动的三驾马车，即农产品统购统销制度、人民公社制度和户籍管理制度。这三驾马车中的户籍管理制度则是将作为劳动力资源的农村劳动力限制于人民公社，不能随意改变居住地，也不能自行改变职业，从而导致城乡人口分布和劳动力配置凝固化。

这样既能使农业有足够的劳动力供给，又能使城市里享受低生活费的人数固定下来。

这种格局，导致了工业化过程中对劳动力吸纳的减少，阻断了农村人口身份转变和农村劳动力职业转换的渠道，使经济结构的变化滞后于经济总量的变化，就业结构的变化滞后于产值结构的变化。所以，重工业发展战略以及相应的制度安排，就造成了一个相对发达的工业经济与非常落后的农业经济并存的二元经济结构。结果是较大比重的农村劳动力，创造了较小比重的国民收入；而较小比重的城市劳动力，却创造了较大比重的国民收入。换言之，则是农村劳动力就业不充分和收入水平低下，这为改革开放后产生的大规模农村劳动力转移和流动积累了巨大的势能。

第二节 农村劳动力市场化改革的回顾

一、发展多种经营，优化农业内部就业结构

20 世纪 70 年代末 80 年代初，家庭联产承包责任制的实行，改变了激励机制，调动了农民的积极性，农业生产效率得到大幅提高，从种植业释放出大量剩余劳动力。在当时农村非农产业还很落后的背景下，只有通过调整和优化农业生产结构，在农业内部进行消化农业剩余劳动力。此时政府调整了农业政策，适时引导农民发展多种经营，农业剩余劳动力从种植业部门向林牧副渔部门转移。

1981 年 3 月 30 日，在中共中央和国务院就转发国家农委《关于积极发展农村多种经营的报告》的通知中，要求纠正"把绝大部分的注意力集中在有限的耕地上，而耕地又几乎只是集中于种粮食作物"的"左"倾错误做法，同时指出"多种经营，综合发展，应当作为我国繁荣农村经济的一项战略性措施"。

二、大力推动乡镇企业发展，促进农村劳动力就地转移

党的十一届三中全会决定把全党的工作重点转移到经济建设上来。1979 年，中央提出"社队企业要有一个大发展"，并在税收、信贷等方面给予一定支持。同时，家庭联产承包责任制的实行，促进了农业的发展，并且给予农村劳动力择业自由，从而为发展社队企业奠定了资金、劳动力、原材料等方面的基础，使社队企业具备了较快发展的条件。所以，尽管当时宏观经济形势不是很好，但社队企业仍获得了初步发展。

在社队企业经历了初步发展后，1984 年 4 月 3 日中共中央在《关于开创社队企业新局面的报告》中，"同意将社队企业名称改为乡镇企业的建议"，还把农民联办企业、个体企业都包括在乡镇企业的范围内，并在政策、舆论、资金、税收等方面给予大力支持。其实，这不是一个简单的改名和外延的扩大，而是标志着中央对乡镇企业的高度重视，是继家庭联产承包责任制后，中央对农村改革的又一重大举措。

政策上的春风化雨，使乡镇企业"异军突起"，出现了跨越式发展。从 1984 年到 1988 年，全国乡镇工业单位数由 481.2 万个增加到 773.5 万个，增长 60.74%；从业人员从 3656.1 万人增加到 5703.4 万人，增长 56%；工业总产值增长到 4529.4 亿元，比 1983 年增长 498%。农村工业产值占全国工业产值的比重达到 24.3%，比 1983 年翻了一番多，已经接近"四分天下有其一"的局面。这个时期，农村劳动力转移数量也是跨越式增长，其绝对数由 1980 年的 2000 多万人增加到 1988 年的 8000 多万人，8 年间增长了 3 倍多。值得一提的是，由于政策力度的加大，1984 年和 1985 年，农村劳动力转移发生了"井喷"，这两年的年增长率分别达到了 40.66% 和 56.76%，1983 年至 1985 年的两年中农村劳动力转移数量翻了一番多（张晓山、李周，2008）。

三、流动政策逐步放开，促进农村劳动力异地转移

政府对农民流动的政策是逐步演变的，在 20 世纪 50 年代末期到 80

年代初期，农村劳动力的流动受到严格的限制，80 年代中期以来，政策虽时有反复，但总的趋势是逐步放开。

（一）城乡分割的就业政策及其松动

20 世纪 70 年代末及 80 年代初的城市就业压力，使政府加大了控制农村劳动力流动和进城的力度，但是到 80 年代中期，政府开始放松了对农民进入城镇务工的限制。

1980 年的劳动就业工作会议，一方面解开了对城镇职工流动的禁锢，另一方面加强了对农村劳动力流动的限制。在会议发布的《进一步做好城镇劳动就业工作》文件中提出，对农业剩余劳动力，要采取发展社队企业和城乡联办企业等办法加以吸收，并逐步建设新的小城镇。要控制农业人口盲目流入大中城市，控制吃商品粮人口的增加。要压缩、清退来自农村的计划外用工，确需从农村招工的，须经省（自治区、直辖市）人民政府批准。

1981 年，中共中央、国务院在《关于广开门路，搞活经济，解决城镇就业问题的若干决定》中提出，在城市实行合同工、临时工、固定工相结合的多种就业形式的同时，进一步强化对农村劳动力流动的管理。文件要求对农村富余劳动力，要通过发展多种经营和兴办社队企业，就地适当安置，不使其涌入城镇。对于农村人口迁入城镇，应当按照政策从严掌握。农村人口迁入城镇的要严格履行审批手续，公安、粮食、劳动等部门要分工合作把好关，不要政出多门。要严格控制使用农村劳动力，继续清退来自农村的计划外用工。

直到 1984 年，农村改革取得巨大成功，城市就业压力有所缓解，此时政府才准许农民以自筹资金、自理口粮为前提，以在集镇有固定住所、有经营能力，或在乡镇企事业单位长期服务为条件进入城镇务工经商。1984 年元旦，中共中央在《关于 1984 年农村工作的通知》（1 号文件）中指出："允许务工、经商、办服务业的农民自理口粮到集镇落户。"1985 年 1 号文件《关于进一步活跃农村经济的十项政策》进一步指出："要扩大城乡经济交往，……允许农民进城开店设坊，兴办服务业，提供各种劳务，城市要在用地和服务设施方面提供便利条件。"这是城市为农村劳动力打开的一扇小小的城门，虽然只是一扇小门，却是农村劳动力流动政策变动的一个标志，它表明，实行了近 30 年的城乡人口流动就业管理政策开始松动。

政策的小小松动，导致农民工流动形成了一个小的高潮。从流动规模看，如果包括乡外县内部分，1988 年流动人数为 2600 万人，其中跨省流动人数为 500 万人；1989 年流动人数达 3000 万人，其中跨省流动人数为 700 万人（卢迈等，2003）。1989 年春运的拥挤引起了各方面的广泛关注，"民工潮"的提法也开始见诸报端。

（二）流动政策的反复

由于"民工潮"的出现，加上随着 1989 年新一轮经济紧缩的到来，政府又加强了对农村劳动力外出的管制。1989 年初，国务院发出《关于严格控制民工盲目外出的紧急通知》，要求"对农村劳动力进城务工，要实行有效控制，严格管理"。1991 年 2 月，国务院办公厅再次发出《关于劝阻民工盲目去广东的通知》，要求"各级人民政府要从严或暂停办理民工外出务工手续"。

1992 年春，在邓小平南方谈话的推动下，中国的经济体制改革重上轨道，政府对农村劳动力流动的政策也逐渐发生变化，其政策的基本点是：（1）承认流动、接受流动、鼓励流动；（2）在流动的方式上，反对无序失控的流动，要求多部门携手，采取多方面措施，加以引导、调控；（3）在流动的方向上，提倡就地就近流动和小城镇流动。1993 年，中共十四届三中全会在《中共中央关于建立社会主义市场经济体制若干问题的决定》中提出，要鼓励和引导农村剩余劳动力逐步向非农产业转移和在地区间有序流动。1994 年，劳动部颁布《农村劳动力跨省流动就业暂行规定》，这是国家第一个关于对农村劳动力跨地区流动就业实行规范化管理的文件，开始实施以就业证卡管理为中心的农村劳动力跨地区流动就业制度。中共十五届三中全会在《中共中央关于农业和农村工作若干重大问题的决定》中，再次明确了农村劳动力流动就业的政策思路，即立足农村，向生产的深度和广度进军，发展二、三产业，建设小城镇；开拓农村广阔的就业门路，同时适应城镇和发达地区的客观需要，引导农村劳动力合理有序流动。

20世纪90年代后期，中国政府推动经济结构调整，加上亚洲金融危机的影响，城市下岗和失业职工大量增加，农村劳动力外出就业又进入一个紧张期。这一时期，中央和地方政府在对待农村劳动力进城就业方面存在分歧：中央强调要根据城市及发达地区的需求，合理引导农村劳动力进城务工，但很多省市，尤其是北京、上海、广东、江苏、山东等沿海发达地区，出台了各种限制农村劳动力进城的规定和政策。这些规定大都包含着对招收农村劳动力就业的岗位限制和次序限制，即许多类别的工作只允许招收本地城镇户口人员，只有那些城市居民不愿意从事的苦累脏险工作才允许招收农村劳动力来做。在招工次序上则是"先城镇、后农村"、"先市内、后市外"，对城市用人单位使用农村劳动力进行审批管理，未经批准使用外来和农村劳动力，要限期清退，安置下岗职工顶岗。

（三）打破地区封锁，放开城市劳动力市场

进入新世纪后，围绕新五年计划的讨论，各界认识到要提高农民收入，扩大国内市场，就必须加快城市化进程。此时，政府对于农村劳动力流动就业的政策发生了转变。在《国民经济和社会发展"十五"计划纲要》中，政府提出"破除地区封锁，反对地方保护主义，废除阻碍统一市场形成的各种规定"。2001年5月，国家计委印发了《国民经济和社会发展第十个五年计划城镇化发展重点专项规划》，明确要"改革城乡分割的就业制度，取消各地区针对农民和外地人口制定的限制性就业政策"。可见，政府对农村劳动力异地转移就业的认识和政策已经有了转变，从限制流动到打破封锁。这意味着城市劳动力市场对农民全面开放。流动就业政策的转变，城市劳动力市场的全面开放，促进了农村劳动力异地转移数量的较快增长（见表9-4）。

表 9-4　近年外出农民工占农村劳动力比重的变化

（单位:%）

年份	2000	2001	2002	2003	2004	2005	2006
外出比例	15.53	18.00	19.76	21.41	23.20	24.75	26.21
其中出省比例	4.95	5.46	6.87	7.56	8.01	8.97	9.95

（资料来源：农业部：历年《中国农业发展报告》，中国农业出版社）

四、规范农民工管理，探索城乡统筹就业

城市劳动力市场虽然对农民开放了，但由于户籍制度等原因，农民工被歧视的现象仍然存在，农民工的权益难以得到有效保护。农民工虽然实现了职业转换，却不能实现身份转变。这些问题的解决，有赖于劳动力市场深层次的改革。

（一）维护农民工权益，规范对农民工的管理

由于需求的快速增长和供给的缓慢增长，农民工市场的供求格局已在发生转变，农民工无限供给的状况已经过去，在某种程度上已出现了供不应求的格局。2003 年以来，在我国许多城市，尤其是在沿海地区，出现了程度不同的农民工供不应求现象，即媒体所称的"民工荒"。

进入 21 世纪后，不仅城市的农民工市场格局发生了变化，历史遗留的城市下岗职工再就业问题已基本解决。也就是说，此时城市劳动力市场状况有了变化，在这种背景下，从解决农民工工资拖欠问题入手，政府加强了对农民工权益的维护。2004 年初，温家宝总理在政府工作报告中指出：切实保障农民工工资按时足额支付。当前要抓紧解决克扣和拖欠农民工工资问题。国务院决定，用三年时间基本解决建设领域拖欠工程款和农民工工资问题。清欠要从政府投资的工程做起，同时督促各类企业加快清欠。对拖欠农民工工资拒不支付的企业和经营者，要坚决依法查处。要建立健全及时支付农民工工资的机制，从源头上防止新的拖欠。

为了从根本上维护农民工的权益，政府还在进行相关的制度建设。2006 年颁布的《国务院关于解决农民工问题的若干意见》，要求对农民工

实行属地管理，把农民工纳入城市公共服务体系。输入地政府要转变思想观念和管理方式，要在编制城市发展规划、制定公共政策、建设公用设施等方面，统筹考虑长期在城市就业、生活和居住的农民工对公共服务的需要，提高城市综合承载能力。要增加公共财政支出，逐步健全覆盖农民工的城市公共服务体系。这是政府第一次系统地规范对农民工的管理，标志着农民工管理开始走向规范化。

（二）户籍制度改革

自 1984 年国务院发出《关于农民进入集镇落户问题的通知》，并规定农民可以自理口粮到集镇落户以来，户籍制度改革一直在探索之中，但直到 21 世纪才有了明显的进展。改革以小城镇为突破口。2001 年 3 月，国务院批转了公安部《关于推进小城镇户籍管理制度改革意见》，规定在县级市市区、县人民政府驻地镇以及建制镇，凡是"有合法固定的住所、稳定的职业或生活来源的人员及与其共同居住生活的直系亲属，均可根据本人意愿办理城镇常住户口"。近年来，河南、河北等很多地方在执行国家有关户籍管理制度改革政策的基础上，根据本地实际，又出台了进一步改革的措施，包括取消农业户口、非农业户口的划分，统称居民户口；以具有合法固定住所、稳定职业或生活来源为基本落户条件，放宽进城落户限制等。

综合看，户籍制度在不同层次的城镇其改革的性质是不一样的。小城镇户籍制度改革的特点是"最低条件，全面放开"。在全国两万多小城镇，入户的基本条件降低到只需"在城镇有稳定的生活来源和合法住所"。中等城市以及一些大城市户籍制度改革的特点是"取消限额，条件准入"。其做法是放宽申请条件，大幅度降低在城市落户的门槛。北京、上海等特大城市的户籍制度改革没有什么进展，其特点是"筑高门槛，开大城门"。

目前，国家有关部门、有关方面经过长期深入研究，已大致形成了户籍管理制度改革的基本思路：建立城乡统一的户口登记管理制度；以具有"合法固定住所"为基本条件，调整户口迁移政策；实行暂住人口居住登记制度；完善居民身份证制度，逐步实现从户口登记向人口登记的转变。从我国国情出发，在国家整个户籍制度改革目标、原则和政策大框架内，逐步地、有条件地分类解决长期在城市就业、居住的农民工的落户问题。

（三）城乡统筹就业综合配套改革试验

2007年，国家发展和改革委员会批准了重庆市和成都市设立全国统筹城乡综合配套改革试验区。试验内容主要包括：第一，着眼于统筹城乡劳动就业，大力推动农村富余劳动力转移。第二，着眼于统筹进城务工经商农民向城镇居民转化，大力加强农民工就业安居扶持工作。第三，着眼于统筹城乡基本公共服务，逐步提高农民社会保障水平。第四，着眼于统筹国民收入分配，大力加强对"三农"发展的支持。第五，着眼于统筹城乡发展规划，大力推进生产力合理布局和区域协调发展。第六，着眼于统筹新农村建设，大力促进现代农业发展和农村基础设施改善。第七，着眼于统筹城镇体系建设，大力打造城镇群。重庆市还将在全市范围内有计划、分步骤、有重点地推进户籍制度、土地管理和使用制度、社会保障制度、公共财政制度、农村金融制度、行政体制等方面的改革。

很显然，试验区的试验内容是综合性的，但涉及城乡劳动力市场方面的改革是其中的基本内容。可见，全国统筹城乡综合配套改革试验区的设立，标志着农村劳动力市场改革又迈出了新的重要步伐。

第三节　对农村劳动力市场化改革的评价与展望

一、改革的成效

（一）转移农村剩余劳动力，优化劳动力资源配置

传统的重工业优先发展战略及其派生出的一系列制度安排，导致了大量农村劳动力滞留在土地上，以隐形失业的形式存在。由于家庭联产承包责任制的实行，农业劳动生产率大幅提高，使农村劳动力的隐形失业显性

化。而一系列改革措施，使大量农村剩余劳动力转移到非农产业，首先是就地转移到农村二、三产业，然后随着流动人口政策的逐渐放开，转移到城市及沿海发达地区。一般认为，20 世纪 80 年代农村剩余劳动力为 1 亿—1.5 亿人，占农村劳动力的 1/3 左右（陈吉元、庾德昌，1993）。据推算，到 2005 年，农村劳动力剩余数量为 1.05 亿，为农村劳动力总数的 22%。而且真正剩余的农村劳动力中 50% 年龄在 40 岁及以上，也就是说，40 岁以下的农村剩余劳动力，绝对数量只有 5212 万，剩余比例仅为 10.7%（蔡昉，2007）。

在建国之初，我国是典型的农业社会，第一产业就业比重竟高达 83.5%（见表 9-3），但近 60 年来，这一比重逐渐降低，2007 年，只有四成左右。值得注意的是，建国以来，中国社会就业结构虽然变化巨大，改革前后的情况差别很大。表 9-3 表明，从 1952 年到 1977 年的 25 年中，第一产业的就业比重没有什么明显的变化，但改革后，这一比重快速下降，变化非常明显，至今已完全改变了第一产业就业比重占大头的局面。

劳动力从低劳动生产率的第一产业向高劳动生产率的二、三产业转移，意味着劳动力资源配置的优化，而 2 亿多劳动力的这种优化配置，则是经济社会发展的巨大推动力。事实上，农村劳动力已成为推进我国工业化进程的重要力量。农民工在传统体制之外开辟了一条工农之间生产要素流动的新通道，为非农产业发展提供了源源不断的低成本劳动力，满足了加快工业化进程对劳动力的需求。农民工的大量涌现，填补了制造业、建筑业、餐饮服务业等劳动密集型产业的岗位空缺，使中国非农产业在激烈的市场竞争中保持了整体的竞争力。这不仅为东部地区吸引外资和发展出口贸易创造了条件，也为其把握机遇承接国际劳动密集型产业转移创造了条件，使我国迅速发展成为"世界工厂"。根据第 5 次人口普查资料，农民工在各产业从业人员中所占比重，第二产业为 58%，第三产业为 52%；在第二产业中，制造业为 68%，建筑业为 80%。可见，农村劳动力已成为我国产业工人的重要组成部分。

（二）促进市场发育，提高农村劳动力市场化程度

我国劳动力市场发育就是在对传统计划配置方式进行制度突破的基础上向市场配置方式转化的过程。因此，在评估我国劳动力市场发育时，难以将我国劳动力市场同西方资本主义国家的劳动力市场直接进行比较分析，在对我国劳动力市场发育程度进行分析时，不仅要考虑市场机制本身的变量，也要考虑制度变量。下面将从市场主体地位的变化、择业与流动的自由度、企业用工的自由度、工资的变化趋势等方面考察市场机制发育情况；从市场服务体系及社会保障体系建设等方面考察劳动力市场制度发育情况。

1. **农民获得了劳动力市场主体的地位**

劳动力市场不同于一般的商品市场，也有别于其他要素市场，关键在于劳动者本身在劳动力交易过程中是能动的。劳动力市场化的过程，首先是劳动者个人经济自主权利逐步确立、有效实施和切实保障的过程，即劳动者成为市场主体的过程。因此，劳动者能否成为市场主体，或者说是否自由，能否自我支配，是劳动力市场化的一个前提条件。

在计划经济体制下，农民没有支配自己的权利，因此农民不能成为市场的主体。家庭联产承包责任制的实行，不仅使生产力获得了解放，农业生产效率得到了大幅提高，也使农民获得了自由，能够自我支配，自主经营，从而成为农村劳动力市场的主体。农民劳动力市场主体地位的确立，为日后农村劳动力的转移和流动奠定了基础。

2. **农民有了择业与流动的自由**

改革前，中国是典型的二元经济结构，农村劳动力束缚于人民公社体制，不仅在城乡之间、地区之间不能流动，在农村内部也是不能随意流动的，即使在改革开放后的20世纪90年代，农民进城就业仍然受到诸多限制。只是近年来，对农民进城就业的各种不合理规章制度才被清除。因此，劳动力在农村内部的流动畅通无阻，在城乡之间、地区之间的流动也不存在什么制度障碍。正是因为有了择业和流动的自由，现在农民非农就

业比例已经超过 40% （张晓山、李周，2008），其中外出的比例也超过四分之一。从表 9 - 4 看，外出农民工比例由 2000 年的 15.53% 提高到 2006 年的 26.21%，近年来外出的比例逐年提高，尤其是出省的比例提高更快，由 2000 年的 4.95% 提高到 2006 年的 9.95%。

3. 企业能够自由使用农村劳动力

上面从供给角度考察了农村劳动力市场主体的自由度，下面将分析这个市场上需求方的情况。在计划经济时期，对包括农村劳动力在内的劳动力的使用是按计划进行的，或者说对农村劳动力的使用是严格管制的。在改革之初的 1981 年，国务院下发的《关于严格控制农村劳动力进城务工和农业人口转为非农业人口的通知》中明确要求"严格控制从农村招工；认真清理企业、事业单位使用的农村劳动力"，尽管后来这种控制逐渐放松，但直到 20 世纪 90 年代，这种限制还依然没有完全取消。近年来，情况发生了变化，已经采取政策措施防止用工上的歧视行为。时至今日，尽管户籍制度改革还没有完成，但作为劳动力市场需求主体的企业，对农村劳动力的使用已基本不存在什么制度障碍，企业对农村劳动力的用工基本是自由的。

4. 工资有收敛的趋势

工资是劳动力的价格，工资的收敛性是反映劳动力市场发育程度的重要指标。在市场经济条件下，竞争性使具有相同技能的劳动力，在不同市场上有相同的劳动边际产出。因此，将劳动力配置于不同地区的企业，会使边际产出相等，进而工资相等。所以，劳动力市场上的单一工资率，是劳动力市场化的重要特征。

然而，在传统的计划经济体制下，劳动力在地区之间、部门之间及所有制之间的流动受到严格的限制。企业和其他雇佣单位更没有用工和决定工资水平的自主权。在这种情况下，劳动力市场化程度是非常低的。但随着改革的深入，总体看，"个人或企业自由进入"的条件越来越宽松，以至于现在农民已经有了择业与流动的自由，企业也能够自由地使用农村劳动力了。那么农村劳动力市场工资变化的趋势如何呢？当然，一个市场的发育不可能一蹴而就地完成，只能在某一特定的历史阶段，观察劳动力市场化程度的变化，而难以判断是否实现了市场化。由于全国性的一体化的劳动力市场，一般是在地区性劳动力市场的基础上形成的，所以，如果没有全国性的劳动力市场化变化的证据，只要地区之间表现出工资趋同的趋势，也能表明劳动力市场化程度在提高。蔡昉等使用制造业的工资数据，研究发现了地区间制造业工资收敛的趋势，也就是说，劳动力市场化程度在提高。研究进一步表明，国有经济本身对这种工资收敛并没有作出贡献，如果仅仅考虑非国有经济的情形，工资收敛趋势会更加明显（蔡昉等，2005）。目前，农民工主要在非国有经济部门就业，而且他们在人数上已成为产业工人的主体，占第二产业从业人员的比重为 58%，而在制造业中更是高达 68%。可见，农民工的工资有收敛的趋势，农村劳动力市场化程度在提高。

5. 市场服务体系逐步建立

劳动力市场服务体系的建立与完善是劳动力自主择业和自由流动的重要保障，它是反映劳动力市场程度的一个重要指标。长期以来，劳动力市场上的各种服务主要是为城镇职工提供的，农村劳动力是被排除在外的。改革后尤其是近年来，为农村劳动力提供的各种服务逐渐增多，农村劳动力市场的服务体系在逐步建立。城市劳动力市场的服务也逐渐向农村劳动力开放。以职业介绍机构为例，近年来，无论是职介机构数、职介机构的从业人数，还是招聘及求职人数等（见表 9-5），都是不断增长的。

职业培训也是劳动力市场服务的重要内容，是提高农村劳动力岗位工作技能的重要途径。尤其是农民工，存在从农业到非农产业职业的转换，需要获得更高的素质和非农工作技能，更需要职业培训。近年来，政府逐渐加大了对农村劳动力的转移培训力度，2004 年的中央 1 号文件对此提出了明确要求，国务院办公厅下发的《2003—2010 年全国农民工培训规划》对培训工作作出了具体部署。农业部等部委从 2004 年起，共同组织

表9-5　近年来职业介绍机构发展情况

（单位：个，万人）

年份	职业介绍机构个数	职业介绍机构人数	招聘人数	求职人数
2001	26793	8.4	1876.8	2439.5
2002	26158	8.5	2250.2	2684.2
2003	31109	9.7	3832	3060.2
2004	33890	10.7	3565.2	3582.8
2005	35747	11.2	4039	4128.9
2006	37450	12.3	4951.2	4735.9
2007	37897	12.9	5440.6	4938.6

（资料来源：历年《中国统计年鉴》，中国统计出版社）

实施农村劳动力转移培训"阳光工程"。"阳光工程"是由政府公共财政支持，主要在粮食主产区、劳动力主要输出地区、贫困地区和革命老区开展的农村劳动力转移到非农领域就业前的职业技能培训示范项目，按照"政府推动、学校主办、部门监管、农民受益"的原则组织实施。其目标是先试点探索，后在全国大规模开展农村劳动力职业技能培训，建立健全农村劳动力转移培训机制，加大农村人力资源开发力度，在此基础上，按照城乡经济社会协调发展的要求，把农村劳动力培训纳入国民教育体系，扩大培训规模，提高培训层次，使农村劳动力的科技文化素质总体上与我国现代化发展水平相适应。事实上，对于农村劳动力的培训，除了"阳光工程"外，还有包括农村劳动力技能就业计划、农村劳动力转移培训计划、星火科技培训、雨露计划等培训项目。针对2008年下半年以来国际金融危机对农民工就业的冲击，政府加大对农民工培训的投入，改进培训方式，突出培训的针对性和实用性，扩大培训效果。有的地方还给返乡农民工发放免费的培训券。

2006年8月，国家统计局在全国范围内开展的城市农民工情况专项调查表明①：农民工提高职业技能的主要方式是参加短期职业培训，快速

---

① 国家统计局服务业调查中心：《城市农民工生活质量状况调查报告（系列）》，中国统计信息网：www.stats.gov.cn/tjfx/fxbg。

上岗，一半的农民工参加过职业技能培训；近三成的农民工拥有专业技术证书，其中，拥有初级证书的占 59.43%，中级证书的占 34.45%，高级证书的占 6.12%。

6. 社会保障体系逐步建立

社会保障体系是劳动力市场平稳运行的基础，主要由失业保险、养老保险、医疗保险等社会保险内容组成。建立多层次、社会化的社会保障体系一方面有利于劳动力的合理流动，另一方面使全社会的劳动者在面临失业、生病、年老等风险时能得到基本的生活保障，实现劳动力市场的平稳运行，保持社会稳定。长期以来，对农民而言，养儿防老是天经地义，农民与社会保障无缘。所以，农村社会保障一直是中国社会保障体系中的薄弱环节。只是近年来，农民尤其是农民工的社会保障问题才引起政府的重视。十六大以来，党和政府十分关注和重视农村社会保障事业，把它作为实现科学发展、缩小城乡差别、加快社会主义新农村建设与和谐社会建设的重要举措，加大对农村低保、新型农村合作医疗试点、农村社会救助制度建设的投入，促进了农村社会保障制度的快速发展。

2005 年，全国已建立劳动保障工作机构的乡镇达 27001 个，占乡镇总数的 77.5%，乡镇劳动保障工作人员 6.4 万人。值得称道的是，农村最低生活保障制度的发展，截止到 2006 年，全国已有 27 个省份建立了该项制度，覆盖低保对象 1815 万人。2003 年开始的新型农村合作医疗制度试点是目前农村社会保障建设工作力度非常大的项目，已经覆盖了大部分农民；与之相配套的农村医疗救助制度也不断发展，使广大农民得到了一定程度的医疗保障。

为进城农民工群体建立某种程度的社会保障已开始提上日程。一些地方已经为农民工建立了一定程度的社会保障，如工伤保险、医疗保险等。有些地区将被征地农民逐步纳入城镇社会保障体系。2007 年末参加基本养老保险的农民工人数为 1846 万人，占农民工的比例约为 9%；参加医疗保险的农民工人数为 3131 万人，占农民工的比例约为 15%；参加失业保险的农民工人数为 1150 万人，占农民工的比例约为 6%；参加工伤保险的农民工人数为 3980 万人，占农民工的比例约为 20%；参加基本医疗保险的农民工人数为 2367 万人，占农民工的比例约为 12%。① 这些比例的数字虽然不是很高，但对长期与社会保障无缘的农村劳动力来说是巨大的进步。这也从一个侧面反映了农村劳动力市场制度建设的进步。目前，政府正在加紧社会保障在全国范围内的转续工作，农村劳动力尤其是流动农民工将大受其益。

可见，我国农村劳动力市场在市场机制方面发育得相对成熟，而在市场制度方面则发育得相对滞后，但在逐步形成制度体系。

（三）打破城乡分割的就业格局，促进城乡二元结构的转换

传统的计划经济分割了城乡劳动力配置，这种制度把城乡劳动力人为地分割开，城乡之间的人口迁移和劳动力流动几乎从不发生。当然这种就业体制对于避免国家工业化初期过多的农村人口向城镇流动所造成的城镇人口膨胀、工业化成本上升曾起过积极作用，但它不能适应市场经济的要求。

市场经济要求形成全国统一的劳动力市场，使劳动力资源在全国范围内、城乡之间进行有效配置。这不仅有利于农村劳动力在城乡之间合理流动，也有利于城镇人口就业。事实上，不仅有大量的农村劳动力流向城镇，也有城镇劳动力流向农村，形成了农村与城镇之间互相流动的所谓"双向流动"格局。目前有不少城镇劳动力到乡镇企业就业，也有一些城镇劳动力下乡承包"四荒地"、承包果园、菜地等。因此，统筹开发管理城乡劳动力资源，有利于城乡劳动力的合理利用。

劳动力市场的改革过程，不断减少了劳动力市场的分割，使不利于就业扩大和劳动力流动的制度障碍以渐进的方式得以清除。城乡就业分割制度的打破，还有利于促进城乡社会经济分割的格局的逐渐消除。目前，不仅存在城乡经济分割现象，包括城乡经济增长、城乡产业发展、城乡企业发展和城乡要素配置等方面的分割；也存在城乡社会分割现象，包括城乡

---

① 据劳动和社会保障部《2007 年劳动和社会保障事业发展统计公报》数据计算。

人口发展、城乡科教文化发展、城乡福利保障、城乡资源环境保护等方面的分割。公平竞争、全国统一、高效有序的现代市场经济体制在我国还未形成，城乡社会经济分割的局面还比较严重。城乡劳动力市场分割的打破，有利于消除城乡经济社会的这些分割现象，形成全国统一的市场和制度，从而推进二元结构的转换。

（四）为改革提供制度需求，是促进中国改革的重要动力

农村劳动力市场改革，农村劳动力就业问题的解决，尤其是跨地区流动就业的解决，蕴涵着深刻的体制变革因素，是推动改革和体制创新的重要力量。农民流动的巨大浪潮冲破了劳动力市场的城乡界限、地区界限和部门界限，使市场导向、自主择业的机制成为现实，促进了我国劳动力市场的发育，促进了劳动用工制度的变革，促进了通过市场合理配置劳动力资源机制的形成。同时，它也极大地推动了政府职能和管理方式的转变。农民这一庞大的社会群体冲开城门，大规模、大范围跨区域流动，增强了整个社会的生机和活力，对城市社会管理体制提出了挑战。在解决这些问题的过程中，各级政府的职能定位、管理理念、行为方式也都在悄然发生变化，传统的户籍制度、劳动就业制度和社会保障制度正在发生变革。

二、存在的问题

农村劳动力市场改革在取得巨大成效的同时，也存在不少问题，主要有：

（一）户籍制度改革进展缓慢，制约了农村劳动力市场改革的进程

作为计划经济产物的户籍制度，是影响劳动力市场化进程的一项基本制度。在户籍制度改革上，小城镇基本都放开了，但中国的小城镇户籍制度改革，并没有从根本上带来人的解放、经济效率的提高和产业分工及就业机会的增加。很多人确实是在小城镇买了房入了户，但并没有在当地得到任何基本社会保障，而青壮年也绝大部分没有留在小城镇，而是到更为发达的大中城市和沿海发达地区打工和创业。所以，改革的关键是城市的

改革。进入新世纪以来，很多不同类型的城市都进行了户籍制度改革试验，从试验情况看，小城市情况与小城镇比较接近，改革也比较容易成功，但大中城市改革难度大。比如从 2000 年底开始进行了 8 年的浙江省奉化市（县级市）户籍制度改革，迄今为止依然有序进行，效果不错。浙江奉化户籍制度改革半年后，宁波市把奉化的经验推广至整个宁波市的 11 个县（市）、区。尽管宁波的门槛很高，但目前改革还是暂停了。郑州的户籍制度改革进行了一年，几十万人口涌进来，后来被迫叫停。其他一些城市的情况基本类似。城市户籍制度改革叫停的直接原因在于城市公共资源的承载能力有限，根本原因则在于附着在户口上的福利太多。而目前无论是城市公共资源的承载能力，还是附着在户口上的过多福利，短时间内都难以有大的改变。所以，户籍制度改革进展缓慢，进而制约了农村劳动力市场改革的进程。

（二）社会保障制度建设滞后

目前，针对农村劳动力的社会保障制度虽在建设中，但与其就业状况不协调，影响了农村劳动力转移。现阶段农村劳动力转移就业大致有四种情况：一是就地向乡镇企业转移；二是向城市转移；三是在城市之间流动；四是向农村回流。

目前，乡镇企业职工这一处于农民和工人"边缘"的特殊群体，如何加入社会保障体系尚未有一个明确的规定，其社会保障如何与农村或城镇社会保障体系相衔接仍然处于探索阶段。乡镇企业职工社会保障制度不明确的状况已经影响到了乡镇企业的发展。

从农村向城市转移的农民工，基本未被城镇社保体系覆盖。农民工虽然也属城镇非农劳动者，但由于各种原因，大多数农民工没有被现行城镇职工基本社会保险制度所覆盖。这种情况不利于农村劳动力向城市的转移，也不利于城市化的顺利推进。

在城市之间流动的农民工，其社会保险跨地区接续难。我国还没有一个具体法律来规范农民工的社会保障问题，农民工社会保障处于法律真空状态。一些地方政府已经认识到农民工社会保障的重要性，并根据当地的实际情况探索、制定适用于本地的农民工社会保障的办法，农民工的社会保险制度呈现"百花齐放"的局面，并出现了"北京模式"、"上海模式"、"深圳模式"等，而各地出台的农民工社会保险制度的复杂程度，远不是用几个模式就能简单概括的。没有一个统一的农民工社会保险制度，最直接的后果就是农民工社会保险的转移通道被堵塞、社会保险关系跨地区接续困难、实际保险待遇受到损害等实际问题。

从城市向农村回流的农民工，其城乡保险无法衔接。我国农村社会保险制度建设的滞后，使得农村社会保险制度与城市社会保险制度无法接轨，农民工在城市缴纳社会保险，回到户籍地既无法续保也不能享受相应待遇，从而限制了农村劳动力从城市向农村回流，影响了农民工返乡创业的积极性。

（三）市场服务体系建设滞后

目前，我国在逐步建立就业服务体系，但还存在一些严重缺陷，主要是：

一是就业服务机构不健全，各项服务功能不完善。公共就业服务机构应有政策咨询、职业指导、创业指导、信息提供、技能培训等功能，它是开展各项就业服务的载体。因此，各项服务工作要有相应职责明确的机构和一定数量的稳定的干部队伍。但目前，我国公共就业服务机构不健全，各项服务功能不完备。有些机构职责不明确，工作关系未理顺，人员素质较低，服务工作覆盖面窄，服务作用发挥不充分。

二是服务工作不规范。就业服务的各项工作都应建立相应的工作制度，做到服务工作规范化和制度化。但是，当前我国公共就业服务工作还很不规范，对服务机构没有统一的规范要求，导致一些服务机构只顾赚取服务费，不顾求职者是否真正落实就业。另外，有的服务机构缺乏工作规章制度，导致工作人员服务态度差，纪律松弛，工作效率低，服务质量差。

三是服务手段落后，工作方式单调。各项就业服务工作都应有相应的工作手段（包括资金、技术、设施等），而且应不断改善，努力实现工作手段高效化。但是，在我国许多地方，就业服务机构的服务工作手段十分落后，依靠手工操作的状态还大量存在，工作方式死板单调。例如，职业介绍主要是通过大型的招聘会的形式，工作难以深入细微，影响服务质量。

四是各类服务组织和服务活动缺乏相互联系，处于相互分割的状态。各类服务组织之间存在相互推诿、扯皮现象，工作效率低，服务质量不高，大大限制了就业服务整体功能的发挥。

（四）农村劳动力市场监控体系建设滞后

发挥市场机制配置劳动力资源的基础作用，有利于人力资源的开发利用，有利于与世界开放经济及市场的融合，但单纯的市场配置会产生劳动力市场的失灵。为此，有必要借助于政府的宏观调控力量，加强对劳动力市场的宏观管理，通过深化用工制度改革，完善工资机制，健全统一的社会保障体制，加强劳动立法等综合配套措施，弥补劳动力市场本身存在的局限性，为统一开放的劳动力市场的形成和顺利运行创造良好的宏观环境。

市场监控体系是劳动力市场制度体系的重要内容。总体而言，我国目前尚未形成调控与引导农村劳动力市场有序运行的有效方式；而且，对劳动力市场运行中存在的无序、混乱、争议及纠纷，更缺乏法律手段加以约束和纠正，致使一些职介机构唯利是图，大搞非法职业中介活动，违反标准高收费，提供不实信息，诈骗钱财，严重损害劳动力市场的声誉。完善的劳动力市场必须有健全的市场秩序。健全的市场秩序至少包括法律、法规、政策的制定、实施和监督。而完善的劳动法律体系一般包括劳动基本法、劳动关系法、劳动保护法、职业保障法、劳动争议处理法、劳动监察法六大类型。显然，目前我国劳动法律、法规体系尚未形成。

三、农村劳动力市场化改革的展望

包括农村劳动力市场在内的劳动力市场改革的基本目标是消除劳动力市场上的二元结构，实现城乡一体化的统一劳动力市场。当然，要实现这一改革目标任重道远，但目前改革面临较好的机遇：首先是历史遗留的城镇下岗职工再就业问题已基本解决；其次是农民工市场的供求格局已在发生转变，农村劳动力无限供给的状况已经过去，在某种程度上已出现了供不应求的状况；再次是"和谐社会"氛围的营造有利于消除对农民工的歧视，加速农民工与当地社会的融合。展望未来，只要抓住机遇，在农村劳动力市场方面的改革将获得新的突破：

（一）大中城市的户籍制度改革有实质性进展

目前，小城镇的户口基本放开，特大城市的户籍制度改革没有什么进展，而各地在大中城市户籍制度的改革上，积累了不少经验，有望获得突破，使长期在大中城市就业、居住的农村劳动力和农村人口在当地落户的问题得到解决。从各地的实践情况看，改革的难点在于城市公共资源的承载能力有限，户口上附着的福利太多，因此需逐步剥离各种附加的福利待遇，使户籍制度回归"本位"。计划经济时代形成的以户口登记为依据，城乡分割的劳动就业、社会保障、计划生育、退伍安置、公务员录用等行政管理工作，给户籍管理附加了过多的不合理社会管理功能，使户籍登记失去了本来面目，也严重制约了户籍管理制度改革的进程。应逐步改变现行户籍制度附加的多种社会福利待遇的不合理状况，使户籍管理只成为像世界各国普遍采用的国家行政管理制度。其主要功能是：政府职能部门通过对公民基本情况的登记管理，确认公民的民事权利能力和民事行为能力，证明公民的身份，方便公民参加各种社会活动；通过户籍登记，为政府制定经济社会发展规划、实施包括治安管理在内的各项行政管理提供人口数据及相关基础性资料。这可以说是户籍制度的"本位"。对于农村劳动力而言，就是作为普通公民应该享受的各种权益逐渐得到保障，包括法律身份平等的权益、自由流动及居住的权益、就业及劳动保障的权益、教育及医疗的权益、政治等方面的权益。

（二）农村劳动力社会保障体系基本建立

从各国建立和完善农村社会保障制度的过程来看，经济发展水平在一定程度上决定了社会保障制度的发展状况和完善程度；工业化、城市化水平则决定了现代社会保障制度的覆盖范围，随着工业化、城市化水平的逐步提高，现代社会保障制度则由城市逐步扩大到农村。显然，目前在我国农村完全推行以社会保险为核心的现代社会保障制度的条件尚未成熟。要建立城乡一体化的现代社会保障制度，还需要较长时期的发展过程。在这一较长的发展过程中，农村社会保障制度的建立和完善将经历一种渐进式的发展过程，这是由我国的国情决定的。在现有农村劳动力社会保障基础上，今后一个时期，将本着"低水平、广覆盖、灵活多样"的原则，基本建立农村劳动力社会保障体系。

"低水平"是指各项社会保障的支付水平不应脱离当时的社会生产力水平。社会保障的支付水平高不仅会降低个人参与劳动力市场的积极性，也会降低中国产品在国际市场上的竞争力。"广覆盖"则应该包含两个方面的内容：其一，社会保障应该覆盖社会的所有劳动者，不应该在城乡之间、地域之间和所有制之间存在差异；其二，社会保障体系应该健全，对于每一个劳动者，都应该享受包括工伤、医疗、生育、失业和养老等在内的各项基本保险。这样，才能有效地构建安全网络。在公共资源有限的情况下，"覆盖"和"水平"之间的矛盾可能比较突出，保障的水平高，覆盖的范围自然就会小，故需要找到其中的平衡点。在操作层面则需要"灵活多样"，根据农村劳动力的特点，针对进城务工经商、在乡镇企业就业及务农的不同情况，分类指导，灵活实施。

（三）市场服务体系基本建立

近年来，尽管市场服务体系在逐步建立，但还是满足不了现实需要，市场服务体系建设明显滞后。今后一个时期，全国各地将建立健全县乡公共就业服务网络，为农民转移就业提供服务；城市公共职业介绍机构完全向农民工开放，免费提供政策咨询、就业信息、就业指导和职业介绍。而且输出地和输入地不断加强协作，开展有组织的就业、创业培训和劳务输出。总之，将为农村劳动力基本建立一个多层次、多渠道的市场服务体系。

在实现这一目标过程中，着重需要做好下面的工作：一是健全就业服务机构，完善服务功能，重点完善公共就业服务机构的政策咨询、职业指导、创业指导、就业信息提供、技能培训、接续社会保险关系等功能；二是建立畅通的就业信息发布渠道，通过网络发布、媒体发布等多种形式，建立全方位、多层次、广覆盖的信息发布渠道，充分满足用人单位和劳动者对就业信息的需求；三是推进服务规范化和制度化，健全工作制度，明确职责范围，规范职业介绍服务，更好地帮助求职人员和用人单位，促进就业；四是建立公共就业服务工作平台，为求职者提供便捷高效的服务；五是进一步规范民办职业中介机构，完善劳动力市场建设；六是实现失业保险、失业救济、就业培训、职业介绍等服务的一体化。

（四）在建立工资监控体系基础上，逐步完善劳动力市场监督调控体系

劳动力市场监督调控体系由法律体系、失业预警体系、工资监控体系和监察与劳动争议仲裁体系组成。尽管农村劳动力市场监控体系建设滞后，但这一体系的建立需要循序渐进，分步进行。目前宜从工资监控体系建立入手，在此基础上，逐步完善劳动力市场监督调控体系。工资监控体系建立重点在于以下几个方面：一是建立行之有效的劳动工资协调、制衡机制，由政府的劳动行政部门、工会组织、企业组织组成的三方协调机制作为调整劳动关系的基础格局和主要运行机制。二是大力推动集体合同和劳动合同制度，集体协商和集体合同是实现劳动关系双方充分合作，保证劳动关系稳定运行的基本制度之一，也是调整劳动关系的主要方式之一。三是积极建立企业劳动保障诚信制度，建立企业劳动执法档案，将劳动用工和支付职工工资、社会保险情况作为评价企业诚信等级的主要依据之一。四是完善符合现代企业制度的工资宏观调控制度，包括工资指导线制度及人工成本预警预测制度。

第十章

农村金融体制的变迁

新中国成立 60 年来，作为中国经济体制发展和改革的一部分，中国农村金融体制的变迁也经历了从计划经济到市场经济转变的过程。从时间段上看，可以划分为两个明显的时期，即改革前的 30 年和改革后的 30年。前 30 年是农村金融体制从合作制转向国家控制的 30 年，后 30 年是不断深化改革，建立多元化、竞争性的农村金融体制的 30 年。伴随农村金融体制建立和改革历程的，是我国对合作金融思想的认识变化。

中国的合作经济思想有两个来源：一是西方传统的合作制思想，这一思想经过 150 多年的演变和实践，目前已形成了公认的合作社发展的七条基本原则，分别是：自愿和开放、社员民主管理、社员经济参与、自主和独立、教育培训和信息、合作社间的合作、关心社区。这七项原则已在 2003 年国际合作社联盟会员大会通过。

中国合作经济思想的另一个来源是马克思主义的合作经济理论，经过马克思、恩格斯、列宁、斯大林以及中国共产党理论家的发展和总结，这一合作思想有以下的特点：一是小农是没有出路的，二是改造小农的组织是合作社，三是合作社有一个从初级到高级的过程，初级的合作社是以私有制为基础，中级的合作社是集体所有制为基础，高级的合作社是以全民所有制为基础。合作社是建设社会主义和向共产主义过渡的中间环节。

在中华人民共和国成立以前，在国民党统治区成立和发展的信用合作社基本上是继承了西方传统的合作思想，而在共产党领导的革命根据地，建立和发展的信用合作社基本上来自马克思的合作思想。在中华人民共和国成立以后，按西方传统合作思想建立的信用合作社基本消失，信用合作社的建立和发展基本上遵循了马克思等经典作家的合作经济思想，并且很快从初级阶段过渡到高级阶段。

改革前 30 年的经验证明，经典作家的合作金融思想在中国农村的金融实践中没有取得成功。30 年的改革开放在农村金融体制变革方面也没有一个明确的理论指导，而是在实践中不断探索。由于原有的意识形态和不成功的农村金融实践没有得到清理和反思，导致近 30 年的农村金融体制改革和发展经历了坎坷和反复，迟迟未能破题，以致在 2006 年出台的《农民专业合作社法》中，依然没有涉及农民的金融合作。

在建国 60 年之际，反思和总结农村金融体制 60 年的变迁对于今后中国农村金融的发展具有重要的借鉴意义。本章由四个部分组成。第一节描述和讨论改革开放前的农村金融体制的变迁；第二节描述农村金融体制的改革历程；第三节描述新型农村正规金融组织和民间金融的发育；第四节是对农村金融体制改革的评价和展望。

第一节　改革前的农村金融体制的变迁

改革开放前，中国实行的是高度集中的计划经济，在农村，正式的金融组织只有两类：国家银行和农村信用社。国家银行时而打人民银行的牌子，时而打农业银行的牌子，但二者始终是替代关系，从未共同经营农村存贷业务。农村信用社 30 多年的时间里隶属关系多变，一会儿隶属于银行，一会儿隶属于人民公社，一会儿又单独存在。但信用社始终活跃在农村。可以说，改革开放前，人民公社体制下的中国农村金融组织结构是农村信用社和国家银行并存。

一、改革前的农村金融体制①

(一) 中国农业银行的体制变迁

1978 年以前，中国农业银行经历了几上几下的曲折发展过程。1949年，在接收旧政权遗留下来的农民银行和合作金库的基础上，成立了农业合作银行，不久并入中国人民银行，成为中国人民银行的农业放款处。1951 年 5 月，在人民银行内自上而下设置了主管农村金融工作的职能部门和单位。1951 年 8 月，为加强农村金融工作，经政务院批准成立农业合作银行，但只建立了总行，在其业务尚未开展、机构尚未建立时，1952年在精简机构中即被撤销，并入中国人民银行。1955 年 3 月，为支援农业合作化，由国务院批准，再次成立中国农业银行，实行四级建制，中央设总行，省设分行，专区设中心支行，县设支行，办理农业信贷业务。由于在县以下业务活动中，中国人民银行和中国农业银行的工作很难分清，且中国农业银行县级支行尚未建立，业务难以展开，因此在 1957 年 4 月中国农业银行再次被撤销，其人员、机构和业务并入中国人民银行。与此同时，各级人民银行也都相应恢复了管理农村金融工作的职能局、处、科、股。三年经济困难时期后，全党大办农业，国家支农资金数量增加，渠道增多。为了加强国家对支农资金的管理，1963 年 11 月 9 日，全国人大批准再次建立中国农业银行，其机构设立从中央到省、地、县，一直到基层营业所，但在 1965 年 11 月机构精简过程中，中国农业银行再次被并入中国人民银行。

中国农业银行几上几下的原因在于，人民公社体制下对农村金融服务的要求相对单一，而当时的中国人民银行既执行中央银行职能，又兼办储蓄、信贷等具体金融业务，完全可以满足当时比较单一的金融服务需求，而且中国农业银行本身并不是一个经济实体，中国人民银行的存在使得农业银行的独立没有必要。

---

① 王贵宸编著：《中国农村合作经济史》，山西经济出版社 2006 年版。

（二）农村信用社的体制变迁

建国以来，农村信用社经历了一个曲折发展的历史，尽管没有像农业银行那样几次被撤销，但是却从农民的合作组织演变成了中国人民银行的基层组织。这一演变历史不仅影响到农村信用社是否是合作组织的性质问题，还因为路径依赖，影响到了改革开放后农村信用社的几次改革的效果。回顾这一历史对于理解农村信用社的几次改革是非常必要的。

新中国的农村信用合作社有两个传统资源：一是民国时期的农村信用合作社。二是共产党在革命根据地开展的农村信用合作。

1. 国民党统治地区的信用合作社

中国最早的信用合作社由华洋义赈会于 1923 年成立。该会于 1923 年起草了《农村信用合作社示范章程》以供办社之用。根据《章程》，首先在河北省香河县成立了香河县第一信用社，接着又成立了涞水县信用社。到 1927 年底，华洋义赈会在河北省共发展了 561 个信用社，社员 13000 人，占全国农村信用社总数的 96%。当时的信用社的资金主要来自华洋义赈会。据 1933 年统计，华洋义赈会对信用合作社的拨款占信用合作社资金的 55%—88%。

1927 年南京国民政府成立后，在早期合作主义者和华洋义赈会支持的农村合作运动的影响下，国民政府接受了薛仙舟关于合作社是实现民生主义举措的意见，对合作社采取了支持的态度，因此，信用合作社事业有了发展。

1927 年，江苏省由陈果夫主持颁布了《合作社暂行条例》，筹组江苏省农民银行，并举办合作社人员养成所，培养合作立法、合作金融、合作管理等方面的人才。此后，山东、浙江、江西、湖南等省先后公布了各自的合作社规程，并在省政府中设置合作指导机构。特别是 1931 年湖北、河南、江西、安徽四省成立了农民银行。后来，各大商业银行如中国、交通、金城、浙江兴业、中南、大陆、国华、新华等银行的资金纷纷注入农村，向农村信用社、农村运销合作社贷款，为农村信用社的发展提供了有利的条件。

1932 年，国民政府实业部公布了《农村合作法暂行规程》，1934 年颁布了《中华民国合作社法》，1935 年又公布了《合作社法实施细则》，使合作社进入有法可依的轨道。到 1936 年，全国已有合作社 37318 个，社员达 164 万人，其中，信用合作社占 58.1%。到 1948 年 2 月底，国民党政府统治区尚有农村合作社 17 万个，社员 2400 万人，其中，信用合作社最多，占 31%，其次是农业生产合作社占 20%，消费合作社和运销合作社占 14% 和 13.7%。随着国民党的失败，这些合作大部分随着全国的解放而垮掉，部分进行了改造。

除了民国政府支持的信用合作社之外，当时还有地方政府支持下的合作社运动。如梁漱溟于 1931 年在河南和山东主持的乡村建设实验和晏阳初 1932 年在河北定县的乡村建设运动。这二人也分别建立了一些信用合作社。

上述这些信用合作社的建立和运行基本上都继承了西方传统的合作主义理论，遵循了传统合作社的原则，即自由和自愿、不以营利为目的，民主管理等，而且信用合作社的发展路径也与多数国家的信用合作社的路径相似，即公益组织或公益人士发起，政府或地方政府扶持，目的在于帮助农民。

2. 革命根据地的信用合作社

土地革命时期（第二次革命战争时期），中央苏区于 1928 年进行了土地改革，为了保卫革命胜利果实，减轻国民党经济封锁和围剿造成的破坏，在中国共产党和苏区政府的支持组织下，成立和发展了消费合作社、购买合作社、贩卖合作社、粮食合作社等供销领域的合作社和信用合作社。1932 年 2 月 8 日，中华苏维埃临时中央政府发布的《关于春耕问题的训令》中即已提到"各地必须创办信用合作社"。1932 年 4 月，又颁布了《合作社临时组织条例》，指出"建立信用合作社是为了便利工农群众经济周转和借贷，以抵制私人高利贷的剥削"。1933 年 6 月，苏区国民经济人民委员部颁布了《发展合作社大纲》，指出"信用合作社是专门管理社员金融之借贷及储存的机关"，规定：凡工农劳动群众，只要将社章、股本、社员人数和经营项目向当地政府报告，经审查登记后，领取合作社证书即可开业。信用合作社只以劳动群众为限，富农、地主、资本家、商人及其他剥削者不得入社。

抗战时期，共产党在边区和根据地也重视发展合作社。当时的合作社类型有生产合作社、消费合作社、信用合作社、综合性的合作社等。其中，信用合作社发展较好的是 1943 年 3 月成立的在陕甘宁边区的延安南区沟门信用合作社，这个信用合作社深入到各家各户开展储蓄业务，把零散的资金集中起来，然后贷出，解决了农民生产和生活的困难，有力地支持了边区的生产。

解放战争时期，即 1946—1949 年期间，共产党更加重视合作社的发展与建设。1946 年 1 月 17 日，《解放日报》发表题为《超过以往任何一年——论 1946 年解放区生产运动》的社论，指出"首先必须发展农业"，而"发展农业的中心环节在于互助合作和改良农业技术"。1948 年 8 月 14 日，新华社发表题为《把解放区的农业生产提高一步》的社论，社论强调了合作的原则：即必须是自愿结合的，必须严禁强迫加入；第二，必须是平等互利、等价交换的；第三，一切劳动人民都可以成为互助合作的对象，农民与农民间的互助固应提倡，转向劳动的旧地主，参加农民的互助合作也是允许的；第四，互助合作本身必须具有民主监督；第五，组织妇女参加。

从上述介绍中可以看出，共产党在苏区、根据地、解放区都建立和发展过信用合作社，但是与国民党统治区的合作社还有不同，一是直接由共产党组织和领导，而不是由公益组织和公益人士发起和组织；二是目的是动员农民，发展生产，为革命服务，而不是只为农民获益；三是在发展过程中尽管强调自愿和平等，但在操作上还时有强迫和限制。究其原因在于共产党的合作思想继承的不是西方传统的合作主义思想，而是马克思主义的合作经济理论。中国共产党继承了马克思主义的合作经济思想，认为合作社只是把农民经济和国营经济联系起来的桥梁和纽带，是对千千万万散漫的小农实行有力领导的工具，最后还是要过渡到集体化，使农民走上社会主义的道路。这种合作思想在建国后很快就付诸实践，甚至于在改革开放以后这种思想还对农村金融体制的改革造成了思想意识上的混乱。

3. 建国后的农村信用社

新中国成立后到改革开放前的30年，农村信用社经历了明显的三个发展阶段，按马克思主义的合作理论，即经历了一个从初级到高级的过程。这一过程明显表现在产权关系的变化上。

第一阶段：私人产权基础上的合作金融阶段。建国后，国家开始积极发展供销合作和信用合作。1950年6月20日，中国人民银行在《关于重要城市郊区农村金融工作的意见》中提出，首先在京、津、沪、穗、宁、汉、渝、青等大中城市郊区农村开展金融工作，其中的一项重要工作就是先在有条件的蔬菜区和经济作物集中区组织信用合作社，并在基础较好的供销合作社内部成立信用部，或在有条件的村成立信用小组。1951年5月到6月初，中国人民银行召开了第一届全国农村金融工作会议，讨论了农村金融工作的形势、方针、任务和储蓄、保险、放款以及发展农村信用合作等一系列问题。

（1）关于信用合作组织。会议认为：①信用合作组织是农民自己的资金互助组织，不以营利为目的。主要靠自己力量，以农民的闲散资金，解决农民自己的问题。银行只是在信用合作组织发生困难时，给予必要的支持。②加入信用合作组织以人为单位，每人至少一股，多者不限，贫苦社员可以分期交纳。信用合作社要民主办社。③信用合作组织以经营存贷款业务为主。④对社员的存贷利息，应本着存贷两利的原则，信用合作组织既要有合理的利润，也要低于私人借贷。⑤信用合作组织要对社员、组员服务，但经银行同意或委托，可以吸收非社员的存款。⑥信用合作组织在收入可以维持其职员的开支时，才有半脱产或全脱产人员。⑦信用合作社的存款增多时，根据合同可转存银行。银行对信用社的转存款，其利息可高于私人存款利息的10%以内。

（2）关于信用合作组织的章程。会议讨论了《农村信用合作社章程准则草案》和《农村信用小组公约》，关于信用合作社的组织形式，主要有三种：①信用合作社。一般以行政村或邻近几个村为范围建立，是农村信用较高形式，信用社之下可以成立信用小组。信用社要实行民主管理。②信用部。信用部是在供销合作社内部设立的。它借鉴老解放区原有的一些做法，属于供销社所属的一个经济组织。其资金、人员由供销社提供，其工作由供销社领导。③信用互助小组。这是在群众自发基础上在一个行政村内组织的信用互助，订有简单的互助公约。信用互助小组是农村信用社的初级组织形式，在业务经营较好时，就可改组为信用社。

（3）关于国家与信用合作组织的关系。中国人民银行在农村金融政策及业务上对农村信用社实行领导，同时指导信用社建账及有关业务工作，对信用社给予优惠等。

这次全国农村金融工作会议以后，农村信用社得到了很快的发展。1952 年年底，全国信用合作组织已经达 5497 个，其中，信用社 2271 个，信用小组 1648 个，信用部 1578 个。到 1955 年年底，信用社发展到 15.9 万个，比 1953 年增加了 15 万个，参加信用社的农户达 7600 多万户，占农户总数的 65.2%。全国有 85% 的乡实现了一乡一社，基本上实现了农村信用合作化。到 1955 年年底，信用合作社的存款余额达 6 亿元，比 1953 年增长 54 倍。当年贷款余额为 3 亿元，比 1953 年增长 19 倍。农村信用社贷款已占农村贷款总额的 32%。1956 年年底，信用合作社经过整顿，合并为 10.3 万个，入社农户达 1 亿户，全国各地信用社发放的贷款总数达 10 亿元，有力地支援了农业生产（见表 10-1）。

表 10-1　1954—1957 年农村信用社发展情况

	信用社（个）	入社农户（万户）	股金（亿元）	存款余额（亿元）	贷款余额（亿元）
1954	124068	—	1.29	1.59	1.19
1955	159000	7600	2.05	6.07	3.00
1956	103000	10000	2.7	10.8	10.2
1957	88000	—	5.0	20.7	9.5

（资料来源：转引自陈前恒：《农村信用社产权制度改革研究》，打印稿，2003 年 5 月）

第二阶段：升级到集体产权的农村信用社。1958 年的"大跃进"和人民公社化，信用合作社被升级，由合作制变成了集体所有制，成为人民公社体制的组成部分。信用合作社与人民银行营业部合并，同时下放到人民公社，成为人民公社的信用部。1959 年 4 月，银行信用部又被从公社收回，进一步被下放到生产大队，改名为信用分社，信用分社的工作人员由大队管理，大队统一核算统计盈亏，业务由人民银行营业部和大队共同领导。这样一来，信用分社的资金任由生产大队挪用，正常的信用关系也遭到破坏。1959 年底，全国信用社的 16 亿元贷款中，有 8 亿元是生产大队挪用、占用，其中，50% 搞了各种基建，还有些用于社员分配，或其他财政性开支，甚至有的被大队干部挪用和挥霍。此外，很多信用分社的干部被公社、大队抽调做其他工作，致使信用分社工作无人负责，业务受到很大影响。到 1962 年底，全国信用社存款和贷款均大幅下降，存款由 1958 年的 20.1 亿下降到 9.8 亿，贷款由 1958 年的 24.7 亿下降到 15.6 亿（见表 10 - 2）。在这一期间，信用社的社员股金被冻结，直到 80 年代初，社员的股金没增加、也没减少，更没分红。

第三阶段：成为国家所有的农村信用社。1962 年 10 月，中国人民银行根据中共中央、国务院发布的《关于加强银行工作的集中统一、严格货币发行的决定》精神，拟定了《农村信用合作社若干问题的决定》，指出"我国的农村金融组织只有两种所有制：一种是全民所有制的国家银行；一种是集体所有制的合作社。信用合作社是农村人民的资金互助组织，是国家银行的助手，是我国社会主义金融体系的重要组成部分"。同年，中共中央批转了这个规定，明确信用合作社的业务统一归人民银行领导，任何单位和个人都不准抽调、挪用信用社的资金，不能长期抽调信用社的干部去搞其他的工作，信用社的亏损无法自行弥补的，由人民银行补助。此外，还规定信用社干部的口粮、副食品及其他用品的供应，按人民公社同级干部对待。这样，人民银行成了信用社的唯一领导。此后，信用社已经完全脱离了农民的合作组织性质，变成了官办的金融组织，亦即国营经济组织。这主要表现在：①把信用社逐渐转为中国人民银行在农村的基层机构；②信用社开展业务的做法，基本上采用银行的一套规定；③信用社干部的工资福利待遇与银行一致。1977 年，中国人民银行正式规定，信用社既是集体金融组织，又是中国人民银行在农村的基层组织。

二、对改革前农村金融体制的评价

我国建国后形成的农村金融体制尤其是农村信用合作社体制可以说是继承了马克思主义的合作经济理论，并延续了共产党在苏区和解放区、革命根据地的合作经济实践，将合作社只看成是动员农民、发展经济、建立社会主义的一种手段，只有工具性价值，而不是为了服务于农民。在实际发展中，比苏区和解放区的实践更进一步，通过合作化运动和人民公社体制很快将建立在个人产权上的信用合作社经济过渡到了集体经济，最后进一步地变更为国家所有，完成了马克思主义合作思想指出从初级到高级的过程，即从私人产权到集体产权再到国家产权的过渡。从实际效果看，农村信用社成为国家实现工业化战略、建设社会主义的工具，而农民则没有从中受益。

（一）农村信用社成为国家从农村抽取资金的工具

根据马克思主义和中国共产党的合作经济理论，发展合作社的目的不是为农民获得生产和生活的发展资金，解决农民的经济困难，而只是建设社会主义的手段。建国后，国家确立的工业化的赶超战略，不论是农村的供销合作社，还是信用合作社都要服务于这个战略，农村信用社因而成为国家从农村抽取资金的工具（见表 10 - 2）。

表 10 - 2　1953—1978 年间信用社的存款与贷款

（单位：亿元）

	农村信用社各项存款合计	农户储蓄存款	农村信用社各项贷款合计	农户贷款	农村信用社的存贷比
1953	0.1	0.1	0.2	0	2
1954	1.6	1.6	1.2	0	0.75

续表

	农村信用社各项存款合计	农户储蓄存款	农村信用社各项贷款合计	农户贷款	农村信用社的存贷比
1955	6.1	3	3	0.00	0.49
1956	10.8	4.3	10.2	6.10	0.94
1957	20.7	7.3	9.5	5.30	0.46
1958	40.3	20.1	24.7	11.10	0.61
1959	45	21	22.9	6.90	0.51
1960	43.1	15.2	22.3	9.60	0.52
1961	47.1	16.2	17.6	8.10	0.37
1962	28.2	9.8	15.6	7.70	0.55
1963	31.4	10.1	13.8	8.20	0.44
1964	42.8	10.7	14.1	9.90	0.33
1965	48	12.9	13.5	10.40	0.28
1966	60.9	14.6	15.2	11.40	0.25
1967	73.2	14	14.6	11.00	0.20
1968	75.7	16	16.5	12.50	0.22
1969	73.3	14.9	17.8	13.30	0.24
1970	76.4	15	18.8	13.20	0.25
1971	90.3	17	19.4	12.60	0.21
1972	90.9	20.1	21.1	12.00	0.23
1973	104.8	27.1	20.8	11.50	0.20
1974	121.2	30.6	22	11.30	0.18
1975	135.1	35.1	26.7	11.30	0.20
1976	141.2	36.9	35.8	11.70	0.25
1977	151.3	46.5	39.7	11.40	0.26
1978	166	55.7	45.1	11.20	0.27
1979	215.9	78.4	47.5	10.90	0.22
合计	1941.4	554.2	529.6	248.6	0.27

（资料来源：中国人民银行调查统计司编：《中国金融统计》（1952—1987），中国金融出版社1988年版，第118—120页）

从表10-2中可以看出，农村信用社成为国家从农村抽取资金向工业和城市输送的工具，从1953年到1979年27年间，农村信用社累计存款达1941.4亿元，而发放的贷款累计只有529.6亿元，存贷比只有0.27，净流出资金达1411.8亿元。而农民27年的累计存款554.2亿元，而得到的贷款只有248.6亿元，仅是存款的45%。

（二）农村信用社存贷款中，农民的地位迅速下降，集体经济占主导

为了实践马克思和共产党的"合作社只是向共产主义过渡的中间环节"，"合作社只是把小生产和国营经济联系起来的桥梁和纽带，最后还是要过渡到集体化"的思想，我国建国后不到10年，就通过高级社和人民公社迅速将合作社升级为集体所有制。农民不仅被剥夺了股东的权益，更在信用社存贷款中的地位迅速下降（见表10-3）。

表10-3　1953—1979年农民在信用社存贷款中的地位

（单位：亿元，%）

	农村信用社存款合计	集体存款占比	农户存款占比	农村信用社贷款合计	集体贷款占比	农户贷款占比
1953	0.1	0	100	0.2	100	0
1954	1.6	0	100	1.2	100	0
1955	6.1	51	49	3.0	100	0
1956	10.8	60	40	10.2	40	60
1957	20.7	65	35	9.5	44	56
1958	40.3	50	50	24.7	55	45
1959	45.0	53	47	22.9	70	30
1960	43.1	65	35	22.3	57	43
1961	47.1	66	34	17.6	54	46
1962	28.2	65	35	15.6	51	49
1963	31.4	68	32	13.8	41	59
1964	42.8	75	25	14.1	30	70
1965	48.0	73	27	13.5	23	77
1966	60.9	76	24	15.2	25	75
1967	73.2	81	19	14.6	25	75
1968	75.7	79	21	16.5	24	76

续表

	农村信用社存款合计	集体存款占比	农户存款占比	农村信用社贷款合计	集体贷款占比	农户贷款占比
1969	73.3	80	20	17.8	25	75
1970	76.4	80	20	18.8	30	70
1971	90.3	71	19	19.4	31	65
1972	90.9	68	22	21.1	37	57
1973	104.8	64	26	20.8	38	55
1974	121.2	64	25	22.0	49	51
1975	135.1	63	26	26.7	58	42
1976	141.2	63	26	35.8	48	33
1977	151.3	59	31	39.7	46	29
1978	166.0	57	34	45.1	48	25
1979	215.9	46	36	47.5	47	23
合计	1941.4	60.9	35.5	529.6	48	47

（资料来源：中国人民银行调查统计司编：《中国金融统计》（1952—1987），中国金融出版社1988年版，第130—132页）

从表10-3中看，农户的存款和贷款的比例都经历了一个从高到低的过程，存款比例最低时只有19%，贷款占比最低时只有23%。从1953年到1979年，农户的存款比例平均为35.5%，贷款比例为47%，而农村集体的存款比例平均为60.9%，贷款比例为48%，从农村信用社存贷款的结构看，农村经济也进入了集体经济占主导的时期。

（三）反映在储蓄上的城乡差距达到了惊人的水平

由于工业化赶超战略和农村信用合作社体制的变异，农村信用社成为将农村资金向城市输送的桥梁和管道。加上供销合作社体制的统购统销，以及工农产品价格剪刀差，农民的利益受到了巨大的损害，城乡差距惊人并固化，直到改革初期才得到扭转（见表10-4）。

表 10 - 4　城乡储蓄的构成及差距

（单位：亿元）

年份	储蓄总计	城镇储蓄	城镇储蓄占比	农户储蓄	农户储蓄占比	城镇与农村之比
1953	12.3	12.2	99%	0.1	1%	122
1954	15.9	14.3	90%	1.6	10%	8.94
1955	19.9	16.9	85%	3.0	15%	5.63
1956	26.7	22.4	84%	4.3	16%	5.21
1957	35.2	27.9	79%	7.3	21%	3.82
1958	55.2	35.1	64%	20.1	36%	1.75
1959	68.3	47.3	69%	21.0	31%	2.25
1960	66.3	51.1	77%	15.2	23%	3.36
1961	55.4	39.2	71%	16.2	29%	2.42
1962	41.4	31.4	76%	9.7	23%	3.24
1963	45.7	35.6	78%	10.1	22%	3.52
1964	55.5	44.8	81%	10.7	19%	4.19
1965	65.2	52.3	80%	12.9	20%	4.05
1966	72.3	57.7	80%	14.6	20%	3.95
1967	73.9	59.8	81%	14.1	19%	4.24
1968	78.3	62.3	80%	16.0	20%	3.89
1969	75.9	61.0	80%	14.9	20%	4.09
1970	79.5	64.5	81%	15.0	19%	4.30
1971	90.3	73.3	81%	17.0	19%	4.31
1972	105.2	85.1	81%	20.1	19%	4.23
1973	121.2	94.1	78%	27.1	22%	3.47
1974	136.5	105.8	78%	30.7	22%	3.45
1975	149.6	114.6	77%	35	23%	3.27
1976	159.1	122.2	77%	36.9	23%	3.31
1977	181.6	135.1	74%	46.5	26%	2.91
1978	210.6	154.9	74%	55.7	26%	2.78
1979	281.0	202.6	72%	78.4	28%	2.58
1980	399.5	282.5	71%	117.0	29%	2.41
1981	523.7	354.1	68%	169.6	32%	2.09

年份	储蓄总计	城镇储蓄	城镇储蓄占比	农户储蓄	农户储蓄占比	城镇与农村之比
1982	675.4	447.3	66%	228.1	34%	1.96
1983	892.5	572.6	64%	319.9	36%	1.79
1984	1214.7	776.6	64%	438.1	36%	1.77
1985	1622.6	1057.8	65%	564.8	35%	1.87
1986	2237.6	1471.5	66%	766.1	34%	1.92
1987	3073.3	2067.6	67%	1005.7	33%	2.06

（资料来源：中国人民银行调查统计司编：《中国金融统计》（1952—1987），中国金融出版社 1988 年版，第 22—26 页）

从表 10-4 看，储蓄中城乡储蓄的比例与城乡人口的比例基本上是倒过来的。即约 20% 的城镇人口占有 80% 的储蓄，而 80% 的农村人口只有 20% 的储蓄。只有到了改革开放的 20 世纪 80 年代，这一比例才有所扭转。

第二节　农村金融体制的改革历程

改革开放以来农村正规金融机构的体制改革，从存量改革看，主要是农村信用社和中国农业银行的恢复及不断改革。从增量发展看，在 2000年前的创新主要是农村合作基金会、中国农业发展银行的建立和发展。

一、中国农业银行的恢复与改革

1979 年 2 月，国务院下达《关于恢复中国农业银行的通知》，要求中国农业银行自上而下地建立各级机构，同时将中国人民银行农村营业所和农村信用社一律划归中国农业银行领导。中国农业银行于 1979 年 3 月 13 日正式恢复，它不仅办理农村各项存款和农业各项贷款，而且办理农村工业贷款、农副产品收购贷款、供销合作社系统贷款，领导农村信用合作社。从中国农业银行和农村信用社的关系上来看，农村信用社在这个时期成了中国农业银行管理的基层机构。中国农业银行恢复之后，成为农村地区唯一一家国家银行。

中国农业银行的独家垄断引发了各种矛盾和冲突，引发了对中国农业银行的业务改革。1994 年 4 月 19 日国务院发出通知，正式成立中国农业发展银行，政策性金融业务开始从中国农业银行剥离，并要求农村信用社与农业银行脱钩。1994 年，根据国务院提出的国有专业银行应办成真正的国有商业银行的要求，中国农业银行在自己的《1995—1997 年改革与发展纲要》中，确立了将自己改造成商业银行的发展战略，即收缩乡镇，巩固县城，拓展城区。1996 年，农村信用社与中国农业银行脱钩。与农村信用社脱钩后，中国农业银行开始实行商业化发展战略，所做的主要工作有：

在经营管理方面：①改"四级管理、一级经营"模式①为"四级经营"模式，以适应经济体制的变化和满足不断增长的金融服务的需求。②组建总行营业部，重点办理全国大型企业集团、经济联合体等的存贷款和结算业务。

在信贷资金管理方面：①按照"系统性、自律性、效益性、区别对待"的原则，在系统内推行资产负债比例管理。②建立信贷资产风险管理体制，主要措施有：建立以行长为中心的管理责任制，按"谁经营，谁决策"的原则将贷款风险落实到人；对新项目和科技贷款实行严格的资本金和资产负债率管理；成立贷款审批委员会，对风险和金额较大的贷款实行集体审批、行长决策；推行审贷分离制度；建立风险补偿制度，及时足额提取呆账准备金。

从近些年情况看，中国农业银行虽然规模庞大，业务发展迅速，但也

---

① 长期以来，中国农业银行实行的是总行—分行—中心支行—支行四级管理体制，除县（市）支行既是管理行又是经营行外，其余均是没有经营职能的管理行。

存在以下问题：①不良资产的规模仍然很大，效率和效益在国内几家大银行中处于较低水平。②业务仍然受到一些政策因素干扰，特别在农村金融业务方面。兼营的农村政策性贷款业务与正常商业业务之间不协调，扶贫贷款到户缺乏基层人员和网点支持，贷款回收率不够理想。③农村地区的一些重点客户如产业化龙头企业等的发展很大程度上取决于相应的政府政策，潜在风险可能比较集中，而且难于预见。

近几年，中国农业银行又面临着新的改革和市场定位。2007 年全国金融工作会议决定，农业银行改革要本着面对"三农"整体改制、商业运作、择机上市的整体原则，要求农业银行成为农村体系的骨干和支柱，更好的为"三农"和县域服务。2008 年 10 月，国务院原则审议通过《中国农业银行股份制改革实施总体方案》。截至 2008 年年底，中国农业银行不良贷款率 4.3%，资本充足率 9.4%，基本完成财务重组工作。

二、农村合作基金会的发展与消亡

随着农村家庭联产承包责任制的实行和农村经济的发展，已有的农村金融组织已不能满足农村经济发展对资金的需求，1983 年有的地区已开始尝试建立农村合作基金会。同时，中央政府也开始考虑发展新的农村金融组织形式，1984 年中央 1 号文件《关于 1984 年农村工作的通知》明确指出："允许农民和集体的资金自由地或有组织地流动，不受地域限制。" 1985 年中央 1 号文件《关于进一步活跃农村经济的十项政策》提出："放活农村金融政策，提高资金的融通效益。" 1986 年中办发 27 号文件《关于清理农村集体财产的意见》对此予以有条件地认可："近年来，一些农村合作经济组织自愿把集体闲置资金集中起来，采用有偿使用的办法，用于支持本乡、本村合作经济组织和农户发展商品生产。这种办法只要不对外吸收存款，只在内部相互融资，应当允许试行。" 1987 年中央 5 号文件《把农村改革引向深入》进一步指出："一部分乡、村合作经济组织或企业集体建立了合作基金会；有的地方建立了信托投资公司。这些信用活动适应发展商品生产的不同要求，有利于集中社会闲散资金，缓和农业银

行、信用社资金供应不足的矛盾，原则上应当予以肯定和支持。"这一精
神推动了各地农村合作基金会等新的农村金融组织的成立和发展。特别是
1987 年 1 月 22 日，中共中央政治局通过了《把农村改革引向深入》的文
件，明确提出"搞活农村金融，开放生产要素市场"的要求。1991 年 11
月 29 日，中共十三届八中全会通过的《关于进一步加强农业和农村工作
的决定》特别强调"继续办好农村合作基金会"，"引导农民正确处理生
产与生活、长远利益与眼前利益的关系，把资金尽可能用于发展生产"。
到 1991 年年底，全国农村就有农村合作基金会、互助基金会、储蓄会、
扶贫储金会等各种金融组织形式。其中农村合作基金会的发展规模最大。

农村合作基金会始于 1983 年，其资金来源于村组集体经济组织的集
体资金。1985 年年底，全国村组集体经济组织有各种资金 820 亿元，平
均每个行政村集体 10 多万元，加上每年 100 亿元的提留，这些资金为发
展农村合作基金会提供了条件。到 1992 年年底，全国已有 1.74 万个乡镇
成立了合作基金会，占全国乡镇总数的 36.7%，成立基金会的村（队）
达到 11.25 万个，占村总数的 15.4%。集资额由 1988 年的 56.6 亿元增加
到 1992 年的 164.9 亿元（成思危，2005）。

在农村合作基金会的发展过程中，有些基金会脱离了原来的经营轨
道，以招股名义大量吸收居民存款，入股人不参加管理，不承担风险，又
由于基金会的经营行政干预严重，管理混乱、贷款随意性强，手续不健
全、超比例放贷等，造成资产质量差。一些地方的合作基金会在已经暴露
或将要暴露支付风险的情况后，又以高息揽储来维系支付，形成了高息吸
储—高息放贷—资金周转失灵—又高息吸储的恶性循环。

1999 年 1 月 8 日，国务院发布 3 号文件《清理整顿农村合作基金会
工作方案》，正式宣布在全国范围内统一取缔农村合作基金会，在该文件
中明确提出：停止所设农村合作基金会；现有农村合作基金会必须立即停
止以任何名义吸收新的存款，停止发放新的贷款；停止存贷款业务后，要
立即开展清产核资工作，并积极清收贷款；经清产核资冲销实际形成的呆
账后，资产大于负债的农村合作基金会，可以申请并入农村信用社，报人

民银行分支机构进行审批。对资不抵债又不能支付到期债务的农村合作基金会，由当地人民政府组织机构予以清盘、关闭。到 2000 年年底，成立 10 多年的农村合作基金会被完全关闭，农村金融市场又形成了信用社垄断的局面。

三、中国农业发展银行的建立与发展

1994 年以前，全国粮棉油收购资金采取"地方财政、购销企业和中国农业银行各三分之一"的办法解决。但一些地区地方财政和购销企业的资金经常出现缺口，收购粮棉油时出现了给农民"打白条"的现象。这种侵害农民利益的问题引起了国务院高度关注，由此决定成立农业发展银行。1994 年 11 月 18 日，中国农业发展银行在北京正式挂牌。中国农业发展银行被确定为"国务院直属的政策性金融机构"，业务上由中国人民银行指导。中国农业发展银行的主要任务是：按照国家法律法规和方针政策，以国家信用为基础，筹集农业政策性信贷资金，承担国家规定的农业政策性金融业务，代理财政性支农资金的拨付，为农业和农村服务。因此，农业发展银行的贷款主要分为两大部分：一部分是工商业贷款，占全部贷款的 90% 以上；另一部分是农业开发性贷款。"工商业贷款"主要是粮、棉、油等农副产品的收购、储备、调销贷款和粮食系统政策性的粮油加工贷款；"农业开发贷款"主要包括扶贫贷款、农业综合开发贷款、小型农业基本建设贷款、林业贷款、治沙贷款、节水灌溉贷款、山区综合开发贷款和南亚热带作物贷款等。1996 年，中国农业发展银行的分支机构延伸到了县，建立起了自己的营业网点，原来委托中国农业银行办理的业务改为自营。1998 年，为了加强对粮棉油等收购资金的管理，国务院对中国农业发展银行的职能做了重大调整，将农业开发贷款划归中国农业银行管理；而粮棉油收购资金全部由中国农业发展银行负责，资金来源为中央银行的再贷款。由此，中国农业发展银行成了专注于粮棉油流通领域的政策性银行。

从中国农业发展银行多年来的运行情况看，农业发展银行的实际运作同目标模式之间有很大差距，主要表现在以下几个方面：一是被动执行政策性功能，银行功能受到了忽视；二是资金来源单一。中央银行再贷款是农业发展银行的主要资金来源，占到农业发展银行整个资金来源的 85% 以上。根据"谁出政策，谁出资金，谁补贴"的原则，财政还要对农业发展银行的政策性贷款进行利息补贴；三是业务单一，农业发展银行只能以粮棉油购销企业为服务对象，这对防范风险不利。2001 年，为了适应中国加入 WTO 以后的市场环境，中国对粮食流通体制和棉花流通体制进行了实质性的市场化改革，此后，粮食市场和棉花市场相继放开。棉花和粮食流通体制改革使中国农业发展银行的传统业务开始萎缩。最近几年，中国农业发展银行开始扩大业务范围。主要有两大方面：一是对现有业务进行必要的延伸，即围绕粮食的产业化经营，由支持粮食购销环节向粮食产前、产后领域延伸，包括开办粮食种子工程建设贷款，开办粮食产业化龙头企业贷款，开办粮食批发市场基础设施贷款，扩大贷款对象，允许中国农业发展银行在试点地区对承担当地储备和调节任务、效益好的民营企业择优扶持。二是扩大围绕农业结构调整和产业化经营的贷款，主要包括优势农业和特色农业开发等农业贷款；林业、治沙、草场建设等生态建设贷款；国家确定的中小型农、林、牧、水利等基本建设和技术改造贷款；农村通讯、道路、能源建设贷款和小城镇建设贷款等。在资金来源方面，中国农业发展银行也开始突破单纯依靠央行再贷款的路径，通过发行债券，向资本市场直接融资。

四、农村信用社的改革与发展

自 1978 年末改革开放以来，农村信用社的改革分为四个阶段。

（一）第一阶段（1979—1984）：农村信用社是农业银行的基层机构

1978 年年底，全国共有信用社 6.1 万个，职工 23 万人，股金 4.7 亿元，存款 166 亿元，与 1959 年相比，20 年几乎没有什么发展。1979 年 2 月，国务院《关于恢复中国农业银行的通知》中指出，农村信用社是集体所有制组织，又是农业银行的基层机构。1983 年起，为了适应家庭承包制的需要，一些地方成立了县联社，明确了农业银行县支行通过县联社负责信用社的日常管理，而县支行通过县联社来实现对信用社的领导（王贵宸，2006）。1983 年中共中央 1 号文件《当前农村经济政策的若干问题》指出，信用社应坚持合作金融组织的性质。同年 2 月，中国农业银行下发《关于改革信用社管理体制试点的通知》，提出恢复信用社的“三性”，即组织上的群众性、管理上的民主性和经营上的灵活性。1984 年中共中央 1 号文件《关于 1984 年农村工作的通知》更加明确指出：“信用社要进行改革，真正办成群众性的合作金融组织。”到 1984 年年底，全国信用社新扩股金 1.9 亿元，有 1136 个县建立了县联社（王贵宸，2006）。但是，由于信用社实际上是农业银行的基层组织，使信用社的改革不可能取得大的进展。

（二）第二阶段（1985—1995）：农村信用社实行独立经营，自负盈亏

1985 年中央 1 号文件《关于进一步活跃农村经济的十项政策》指出，信用社实行独立经营，自负盈亏。其所组织的资金按规定向农业银行交提取准备金之外，为自己使用。到 1995 年年底，全国已有独立核算的农村信用社 50219 个，非独立核算的分社和储蓄所 57900 个，信用代办站 257367 个，县联社达到 2409 个，县联社营业部 2242 个。信用社有正式职工 63.4 万人，代办员 276591 人，信用社的所有者权益达 741 亿元（实收资本 380 亿元，股金 289 亿元，资本公积金 22 亿元，盈余公积金 50 亿元），利润分配 1.1 亿元，固定资产总值为 340 亿元，固定资产净值达 259 亿元（王贵宸，2006）。

（三）第三阶段（1996—2000）：农村信用社与中国农业银行脱钩

1996 年，国务院下发《关于农村金融体制改革的决定》，要求把农村信用社逐步改为由农民入股、社员民主管理，主要为入股社员服务的合作性金融组织。当年底，农村信用社与农业银行完全脱钩，改由人民银行领

导。1996年后，农村信用合作社与中国农业银行脱钩，开始了按合作制原则重新规范信用社。一是开展清资扩股工作，在对原有股金进行清理、分红的基础上，改变以前的单一股金结构，增加团体股，吸收农民、个体工商户、乡村集体企业入股，扩充股本金。1998年年末，全国农村信用社股本金已达217亿元。二是逐步建立民主管理制度，发挥社员代表大会、理事会、监事会的积极作用。三是对社员实行贷款优先、利率优惠，加强对社员、农户的服务。四是中国人民银行自上而下建立了合作金融监管机构，并承担了对农村信用社的金融监管和行业管理工作。五是逐步组建市（地）联社。到1999年年末，已组建市（地）联社12家，批准筹建21家；省级联社的组建工作也开始进行。六是在一些发达地区逐步开始农村商业银行和联社一级法人等方面的改革试点。七是为了解决农民贷款难问题，大力推行农户小额信用贷款政策，并配合推广基础信用评级制度和建立信用档案体系。

与农业银行脱钩后，农村信用社成为了农村金融服务的主力军。其中，小额信用贷款得到了农民的拥护。但是这些改革总体收效甚微，农村信用社产权不清、支农服务不到位、资产质量差的状况没有改变，成为农民自己的合作金融组织的改革目标最终未能实现。

（四）第四阶段（2003—2005）：农村信用社新一轮产权改革

为解决农村信用社存在的一系列问题，2003年8月，国家决定在浙江、山东、江西、贵州、吉林、重庆、陕西和江苏8省市进行新一轮的农村信用社改革试点。2004年以后，在试点省改革的基础上，全国其余的省份也进行了信用社改革，改革方案与做法基本上与试点省相同。改革内容主要有：一是管理体制变革，由省级政府承担辖内农村信用社的管理和风险责任，通过建立省联社实现指导本地区农村信用社加强自律性管理；二是实行产权改革，各地结合实际选择股份制、股份合作制以及合作制等多种制度形式，推行股权结构多样化、投资主体多元化，大力吸收各类经济主体和自然人入股；三是花钱买机制，国家除给予部分农村信用社（亏损社）保值储蓄利息贴补，并在税收政策上给予适当优惠外，对农村信用社改革将给予资金扶持（包括中央银行专项票据和专项借款），以帮助农村信用社消化历史包袱，转换经营机制，逐步走上良性循环轨道；四是统一法人，将以前的县乡（镇）两级法人统一为县联社为统一法人；五是转换经营机制，要形成"自主经营、自我约束、自担风险、自我发展"的良性运行机制，具体措施有竞争上岗、末位淘汰、绩效挂钩、奖罚并举等劳动用工制度和工资分配制度等改革；六是加强支农服务，无论采取何种产权形式，都要坚持为"三农"服务的宗旨，结合实际，简化贷款手续、增加信贷投入、扩大支农贷款面等。

到 2007 年，农村信用社改革已基本完成。截至 2007 年 9 月末，全国 27 个省联社，北京和上海农村商业银行、天津农村合作银行已经相继挂牌开业。共计组建统一法人机构 1715 家，农村银行类机构 132 家。农村信用社法人机构从 2002 年的 35540 家减少至 9932 家。①

第三节 新型农村正规金融组织和民间金融的发育

改革开放 30 年来，除了正规农村金融机构的改革与发展外，中央政府还重视培养新型农村金融组织的培育和发展，对民间借贷持宽容和肯定意见，并将世界上成功的小额信贷方式引入中国，这些举措，使中国目前的农村金融市场初步形成了多元化、竞争性的市场格局。

一、小额信贷的引入与推广

20 世纪 90 年代，小额信贷被引入中国，经过近些年的发展，小额信贷作为一种金融服务形式已得到认可并纳入农村金融体系中。不仅农村信用社和中国农业银行开始发放小额信贷，借鉴小额信贷经验的新型农村正

---

① 新华网访谈：银监会谈"中国银行业全面开放一周年"，2007 年 12 月 19 日。

规金融组织如村镇银行、小额贷款公司、农民互助资金组织都开始试点和运行。

小额信贷最早出现在以服务于穷人为目标的国际援助项目中。从 1981 年到 1993 年，小额信贷作为国际援助机构扶贫项目的一个组成部分和一种特殊的资金使用方式，只在较小的范围内试验（吴国宝，2001）。中国有完整意义的小额信贷最早出现在 1993 年底，中国社会科学院农村发展研究所在孟加拉乡村银行信托投资公司（GT）和福特基金会的资金和技术支持下，在河北省易县组建了我国第一个由非政府组织操作的专业化小额信贷机构——易县信贷扶贫合作社（简称扶贫社），这标志着我国小额信贷发展的开端。此后，外国政府和国际组织援助的 NGO 小额信贷组织还有过很多。这些小额贷款实践在部分地区取得了成功，取得了高于 90% 的还款率（吴国宝，2001）。小额信贷的成功实践，得到了中央以及金融主管机构的重视，他们不仅参与了小额信贷的讨论和操作，还把"要总结推广小额信贷等扶贫资金到户的有效做法"写入了 1998 年中共中央十五届三中全会通过的《中共中央关于农业和农村工作若干重大问题的决定》之中。以后由政府部门和正规金融机构开展的小额信贷项目都借鉴了这些 NGO 小额信贷的经验和技术，这正是 NGO 小额信贷的历史贡献。

从 1998 年、1999 年前后，我国的大部分扶贫信贷资金也由中国农业银行以小额信贷的方式直接向农户发放。但是与非政府组织小额信贷的利率政策不同，政府机构和农业银行的扶贫性小额信贷实行贴息优惠，实际利率远低于当时实行的正常利率，这导致了各方力量对这部分信贷资金的过分追逐，真正到达贫困户手中的信贷资金寥寥无几，只有 0.69%（吴国宝，2003），而且这些扶贫贴息贷款大部分难以收回。据中国农业银行统计，截止到 2002 年年底，全行扶贫信贷资金的不良贷款率达 38%，其中，发放到户的扶贫贷款不良比率高达 60%，而到了 2004 年年末，全行 381 亿元的扶贫贴息贷款余额中，贷款不良率上升到 70%。1998—2000 年，江西省到期扶贫信贷资金总额为 13 亿元，按期收回的仅 1.3 亿元，按期还贷率只有 9%（焦瑾璞、杨骏，2006）。

2000 年 1 月 24 日，中国人民银行在《农村信用社农户联保贷款管理指导意见》中规定，小额信贷采用"多户联保，按期存款，分期还款"的风险管理技术。2001 年 12 月，中国人民银行制定了《农村信用合作社农户小额信用贷款管理指导意见》，要求全面推行农户小额信用贷款，开展创建信用村（镇）活动。这些政策的出台标志着中央银行已经开始在正规金融制度框架内试验主要由非政府组织实行的社会担保贷款方式，并考虑通过金融创新来改善对缺乏抵押和担保能力的农民金融服务。从此，正规农村金融机构开始大规模介入小额信贷领域，而小额信贷的目标也从扶贫领域扩展到"为一般农户以及微小企业服务"的广阔空间。

二、新型农村正规金融组织的发展

2005 年以后，中国小额信贷进入探索"商业性小额信贷"的新阶段。其背景是：国有银行在商业化改革以后大部分撤出农村金融市场，农村信用社依然没有发挥出对农村经济应有的积极作用，相反，信用社还充当了农村资金向外流动的主要载体，农村金融的覆盖面不到 25%，农民从正规渠道得到的资金不足其全部借款的 1/3（焦瑾璞、杨骏，2006）。这使得中央开始正视农村金融市场由于垄断造成资金供给不足的现实，又着手开始进行农村金融组织的增量发展。2004 年中共中央 1 号文件《中共中央国务院关于促进农民增加收入若干政策的意见》指出：应"加快改革和创新农村金融体制……通过吸引社会资本和外资，积极兴办直接为'三农'服务的多种所有制的金融组织"。2005 年中共中央 1 号文件《中共中央国务院关于进一步加强农村工作提高农业综合生产能力若干政策的意见》要求："构建功能完善、分工合理、产权明晰、监管有力的农村金融体系……培育竞争性的农村金融市场，有关部门在抓紧制定农村新办多种所有制金融机构的准入条件和监管办法，在防范金融风险的前提下，尽快启动试点工作"，还指出："可以探索建立更加贴近农民和农村需要、由自然人或企业发起的小额信贷组织"。2006 年中共中央 1 号文件《中共中央国务院关于推进社会主义新农村建设的若干意见》又进一步指出：

"鼓励在县域内设立多种所有制的社区金融机构，允许私有资本、外资等参股。大力培育由自然人、企业法人或社团法人发起的小额贷款组织……引导农户发展资金互助组织，规范民间借贷。"

（一）邮政储蓄银行的建立

适应 2005 年中共中央 1 号文件的新要求，首先是以前只存不贷的邮政储蓄开展了小额贷款业务。2005 年 12 月，中国银行业监督管理委员会批准福建、湖北、陕西 3 省开办邮政储蓄定期存单小额质押贷款业务试点。2006 年 3 月，3 个试点省相继推出了小额贷款业务。邮政储蓄的这项创新性的业务，增加了农村信贷的供给渠道和农村信贷市场的竞争，打破了农村信用社垄断信贷市场的格局；建立了邮政储蓄回流农村的渠道，缓解了农村资金外流的压力。经国务院同意，银监会 2006 年 12 月 31 日正式批准中国邮政储蓄银行开业，同时小额贷款业务可以扩展到全国范围。2008 年，中国邮政储蓄银行分支机构组建工作基本完成。截至 2008 年年底，36 家一级分行、312 家二级分行和 19564 家支行全部核准开业。公司治理进一步完善，总行层面公司治理结构、内部制衡与约束机制初步建立，内设职能部门建设进一步加强，基本完成与邮政企业的分离经营、分账核算和成本费用追溯调整，初步建立财务会计预算、核算体系，开始按照商业银行要求独立运行。2008 年，累计发放小额存单质押贷款和小额贷款 600 多亿元，余额 300 多亿元，其中 70% 以上用于农村地区。[①]

（二）村镇银行、小额贷款公司和社区互助资金组织的成立和发展

除了邮政储蓄的加入外，2006 年 12 月，银监会出台了《关于调整放宽农村地区银行业金融机构准入政策更好支持社会主义新农村建设的若干意见》（银监发〔2006〕90 号），并选择四川、青海、甘肃、内蒙古、吉林、湖北 6 省（区）的农村地区开展试点工作。《意见》规定，将允许新设立三类新型农村银行业金融机构：一是村镇银行，包括设在县及县级市

---

① 银监会网站。

的村镇银行，以及设在乡镇的村镇银行；二是社区性信用合作组织，主要设在村和乡镇一级；三是专营贷款业务的子公司，由商业银行和农村合作银行设立。

自银监会放宽农村地区金融机构准入政策两年来，新型农村金融机构试点工作进展顺利，成效明显，试点机构运行平稳、服务良好。截至2008年年底，全国共有107家新型农村金融机构开业，其中村镇银行91家，贷款公司6家，农村资金互助社10家。已开业的107家机构共吸纳股金41.2亿元，吸收存款64.6亿元，贷款余额34.2亿元，96%的贷款投向农村小企业和农户（见表10-5）。

表10-5　新型农村金融机构基本情况（截至2008年年底）

（单位：家，亿元）

数额项目	已开业新型农村金融机构				实收资本	存款	贷款	
	村镇银行	贷款公司	农村资金互助社	合计			农户贷款	小企业贷款
家数、余额	91	6	10	107	41.95	64.6	13.98	18.8

（资料来源：银监会网站）

三、农村民间金融的发育

由于正规农村金融机构的资金外流和供给不足，我国农村经济发展处于严重的资金不足状态，中小企业和农户经济发展所需的资金主要不是来源于正规金融机构，而是来源于民间金融和地下金融。中国人民银行对全国农户家计抽样调查的统计数据表明，我国农村民间借贷的人均借贷规模由1984年的25.40元增长到1990年的56.64元，年平均增长14.3%。从1984年到1990年，全国农户的民间借贷规模约为500亿—700亿元，而正规金融机构中农户贷款总规模约为300亿—400亿元。民间借贷占据了农户信贷的主导地位，在规模上是正规借贷的2倍左右。此后，不论是在20世纪90年代还是进入新世纪，民间借贷的规模与正规借贷相比，也一直保持着同样的水平。大量的研究表明，在农村金融市场上，正规金融与民间金融的比例大约是 30∶70。

与国外一些发展中国家民间金融的形式类似，我国民间金融活动也可以分为两类：一是以个人为主体的借贷行为，二是以组织为主体的民间金融活动。

（一）以个人为主体的借贷

根据我们的多年调研，以及国内一些机构和组织对民间金融的调研结果，以个人为主体的民间借贷在我国民间金融市场上占据主导地位。其中农户个人之间的借款占非正式渠道借款的 90% 以上。[①] 具体看来，主要有三种类型的个人借贷。

1. 互助性的借贷

即不以赢利为目的纯属于互助性的农户间借贷。这一借贷形式在个人之间的借贷中占主要部分，其中又分为有息借贷和无息借贷两部分。总体上看，无息借款比例高于有息借款，但全国东、中、西部地区呈现不同情况。根据 2003 年全国农村固定观察点农户的借款数据，全国被调查农户户均无息借款分别占户均借款的 53.3%，东、中、西部地区农户户均无息借款分别占户均借款的 44.1%，70.3%、47.1%。与此相应，全国被调查农户中户均有息借款占农户借款的 46.7%，东、中、西部地区农户户均有息借款分别占农户户均总借款的 55.9%、29.7% 和 52.9%（袁平等，2006）。但多数有息借款的利率并不高，只是体现了资金的使用成本，并不是为了获利。

2. 高利贷者或职业放贷人

新中国成立后，中国共产党采取高压政策从各个方面打击高利贷，使高利贷一度从中国绝迹。改革开放以来，伴随着农村政策的开放与农村市场经济的发展，在正规农村金融机构的金融服务远不能满足农村需求的情况下，农村高利贷在一些地方又活跃起来。但专门的高利贷者的数量在各

[①] 李建军：《八千亿地下信贷蛰伏民间金融风险不容忽视》，http://finance.sina.com.cn，2004年 12 月 26 日。

地并不多。根据曹力群的调查，靠放贷吃利息的民间放贷人占极少部分（曹力群，2001）。

3. 中间人

中间人是在借款人和贷款人之间充当介绍人或担保者的角色。另外，有的农户从农村信用社贷款并不是为了自己用，而是为其不符合信用社贷款条件的亲戚或朋友使用，这类农户也属于中间人角色。根据我们的调研，在多数地区，很少有出于获利目的的中间人，大多数的中间人都是出于亲情友情等而尽的无偿责任。为了获利而进行中介或担保的中间人主要出现在浙江、福建、广东、四川等地区。在这些地区，这类中间人俗称"银背"，银背都要收取一定的中介费。

（二）以组织为主体的借贷

民间借贷组织依活动目的不同，也可分为三类：一是资金互助组织，如各种"会"，二是地下钱庄，三是一些从事过集资活动的公司。

1. 资金互助组织

在我国最典型的资金互助组织就是在东南沿海地区普遍存在的各种"会"。会的名称繁多，比如互助会、帮会、标会、呈会、成会、抬会、跟会、搭会等。但其主要的形式与国外的"循环储蓄贷款协会"（ROSCA）是相同的。它是协会内部成员的一种共同储蓄活动，也是成员之间的一种轮番提供信贷活动，是一种成员之间的民间借贷和成员之间的资金互助，同时涉及了储蓄服务和信贷服务。

2. 地下钱庄

自20世纪80年代起，从事融资和高利贷的私人钱庄开始活跃，在90年代末，地下钱庄的发展出现转折。国务院1998年7月13日发布的《非法金融机构和非法金融业务活动取缔办法》宣布了一系列机构属于非法金融机构。近年来，从事融资和高利借贷的私人钱庄逐渐被弱化。私人钱庄的"非法集资"与高利借贷这两项功能，总体上表现为互为进退[①]：在

---

① 《国际金融报》2003年6月20日。

国家大规模打击非法集资之前，私人钱庄的"非法集资"功能表现十分突出，高利借贷功能比较弱；"非法集资"被打压之后，私人钱庄的高利借贷功能就凸现出来。但这种两分法只是相对而言，不能一概而论。由于我国对非法金融活动、高利贷、地下钱庄等一律禁止，并严厉打击，所以基本上所有的地下钱庄都是非公开运行的，没有称自己是钱庄，都是以信息公司、寄售行、服务部、当铺以及各种有限公司的名义私下里进行金融活动。据报道，1995 年年底，浙江省义乌市"当铺"总数达 118 家，其中许多实际上为私人钱庄。①

3. 企业集资

我国多数农村企业集资是由于从正规的金融机构难以得到贷款，为了企业的生存和发展而进行的融资。从中国乡镇企业发展的历史看，企业集资是企业发展资金的一个重要来源，全国中小企业约有 1/3 强的融资来自非正规金融途径。从地区分布看，西部 6 省中小企业 43.18% 的融资来自地下借贷，中部为 39.8%，东部最低为 33.99%。② 这种融资方式多限于企业内部的职工和周边的村民，借贷双方的信息基本上是对称的，利息一般等于或略高于银行存款利息。因此，这种集资应属于民间借贷范畴。但是近些年来，一些不法分子和不法企业利用企业集资名义进行集资诈骗，其集资的目的不是出于生产和经营所产生的正常的融资需求，而是以非法占有集资款为目的。主要形式有：一是成立健康俱乐部、养老协会等以"会"、"社"等民间组织的形式进行集资；二是签订商品经销等经济合同的形式进行集资，如种植或养殖经济型动植物等；三是利用造林或者庄园开发的形式进行集资，如亿霖木业的合作造林。

政府对民间金融的政策包括两个方面：一是严厉打击非法设立的金融机构、非法吸收或者变相吸收公众存款以及非法集资活动。对经调查认定的各类形式的地下钱庄和高利贷活动，要坚决取缔，予以公告，没收其非

---

① 《南方报》2001 年 3 月 31 日。

② 李建军：《八千亿地下信贷蛰伏民间金融风险不容忽视》，http://finance. sina. com. cn，2004 年 12 月 26 日。

法所得，并依法处以罚款；构成犯罪的，由司法机关依法追究刑事责任。金融机构为非法金融机构和非法金融业务开立账户、办理结算和提供贷款的，应当责令该金融机构立即停止有关业务活动，并依法给予处罚。二是严格规范民间借贷行为。民间个人借贷活动必须严格遵守国家法律、行政法规的有关规定，遵循自愿互助、诚实信用的原则。出借人的资金必须是属于其合法收入的自有货币资金，禁止吸收他人资金转手放款。民间个人借贷利率由借贷双方协商确定，但双方协商的利率不得超过中国人民银行公布的金融机构同期、同档次贷款利率（不含浮动）的 4 倍。超过上述标准的，应界定为高利借贷行为，超出部分的利息不予保护（王曙光等，2006）。

第四节　农村金融体制改革的评价和展望

总体上看，改革 30 年来农村金融体制改革已取得很大成就，但还存在一些不足。按 2005 年中共中央 1 号文件《中共中央国务院关于进一步加强农村工作提高农业综合生产能力若干政策的意见》要求"构建功能完善、分工合理、产权明晰、监管有力的农村金融体系——培育竞争性的农村金融市场"来衡量，可以说"功能完善、分工合理、产权明晰、监管有力的农村金融体系"初步成型，但"培育竞争性的农村金融市场"还存在不足。展望未来，农村金融体制改革成功的关键在于进行真正遵循市场规律，减少政府干预，保护市场化的自发创新。

一、农村金融体制改革与创新的成就

改革以来出台的各项农村金融改革与发展政策，采取了市场化的取向，符合建立和完善社会主义市场经济体制要求，合乎亿万农民发展经济和改善生活的要求。伴随着农村金融机构准入条件的放宽，特别是农村金

融机构、金融工具和金融产品的不断创新，农村金融市场已初步形成了合作性金融、商业性金融、政策性金融等多元化的金融服务体系。具体来说有以下三方面的成就。

（一）农村信用社改革取得阶段性成功

2003 年启动的农村信用社改革，历时 4 年，根据中国银监会的介绍，到 2008 年，农村合作金融机构从"深化改革试点"阶段全面转入"深入实施和攻坚"阶段，步入全新发展时期。信用社改革已取得的成果有以下方面：

一是管理体制和产权制度改革加快推进。重庆市和宁夏自治区农村信用联社成功组建为农村商业银行。截至 2008 年年底，改制组建银行类金融机构 185 家，其中农村商业银行 22 家，农村合作银行 163 家，组建以县（市）为单位统一法人机构 1966 家，地（市）统一法人社 7 家。

二是跨区域投资发展实现重大突破。江苏和浙江等省农村商业银行和农村合作银行战略投资异地农村合作金融机构；宁波鄞州农村合作银行成功入股秦皇岛城市商业银行；常熟、张家港和天津滨海 3 家农村商业银行设立异地支行，一批农村合作金融机构发起设立新型农村金融机构。

三是专项票据发行兑付考核工作取得重要进展。截至 2008 年年底，全国 2176 家农村合作金融机构兑付专项票据 1530.3 亿元，分别占应兑付家数和额度的 90.5% 和 90.6%，其中浙江、山东、江西、上海和广西 5 个省（市、区）全部完成专项票据兑付工作。①

（二）市场管制政策不断放松

通过发展农村合作基金会等新型金融组织和金融活动，中国农村金融在 20 世纪 90 年代曾经一度呈现出多元竞争的态势。1997 年亚洲金融危机后，出于防范金融风险的考虑，政府对合作基金会等实行清理关闭，对国有银行实行撤出农村的政策，使农村金融市场重回垄断和高度管制。最近几年，对农村金融的管制又开始放松。主要是利率管制放松和市场准入条

---

① 银监会 2008 年年报，第 40—41 页。

件放松。

一是放松对正规金融机构的利率管制。1980年浙江省温州市金乡镇农村信用社为了吸引储蓄，开始实行浮动利率，信用社的存款迅速增加。金乡镇农村信用社的改革迅速扩大到其他乡镇的信用社，并扩展到农业银行以及城市地区。1987年中国人民银行总行批准温州市作为全国第一个利率改革试点城市，允许其利率在基准利率20%的范围内浮动。1990年，利率浮动基本停止，利率改革告一段落（王晓毅等，2004）。从1998年开始，县以下金融机构和农村信用社贷款利率的浮动范围一直高于其他金融机构。2004年1月1日，人民银行将农村信用社贷款利率的浮动范围从基准利率的1.5倍扩大到2倍。2004年10月29日，中国人民银行报经国务院批准，决定不再设定金融机构（不含城乡信用社）人民币贷款利率上限。但考虑到城乡信用社竞争机制尚不完善，经营能力有待提高，容易出现贷款利率"一浮到顶"的情况，仍对城乡信用社贷款利率实行上限管理，但贷款利率浮动上限扩大为基准利率的2.3倍。所有金融机构人民币贷款利率下浮幅度保持不变，下限仍为基准利率的0.9倍。至此，除城乡信用社以外，我国金融机构人民币贷款利率已经基本过渡到上限开放，实行下限管理阶段。在人民币存款利率浮动方面，2004年10月29日以后，存款利率可在不超过各档次存款基准利率的范围内下浮，但存款利率上浮目前仍只限于个别试点信用社。

二是放宽农村金融市场准入条件。2006年12月20日，中国银监会印发了《关于调整放宽农村地区银行业金融机构准入政策的若干意见》，并决定在四川、内蒙古、吉林、贵州、甘肃、青海6省（区）进行试点。2007年3月1日，我国第一家村镇银行四川仪陇惠民村镇银行和四川仪陇惠民贷款有限责任公司开业，成为第一批新型农村金融机构。放宽农村地区金融机构准入，让农村设立村镇银行、贷款公司和农村资金互助社等新型银行业金融机构，标志着我国农村金融市场正式向各类资本开放，这是农村金融改革的最大亮点，也是放开搞活农村金融的核心。这些新型机构的诞生，将促进农村地区形成"投资多元、种类多样、治理灵活、服务高效"的金融机构，将进一步改善广大农村地区的金融服务。

（三）政策性金融、商业性金融、合作性金融分工的农村金融体系已初步形成

1994 年 4 月，国务院下发的《关于组建中国农业发展银行的通知》以及《关于组建中国农业发展银行省级分行有关问题的通知》，使中国农业发展银行承担国家规定的农业政策性金融业务，代理财政性支农资金的拨付，这使农业信贷的商业性业务和政策性业务相分离。1996 年 8 月 22日颁布的《国务院关于农村金融体制改革的决定》，又将农村信用社与中国农业银行分开，实现了商业性金融机构与合作性金融机构之间的分离。2003 年，农村信用社新一轮的改革使农村信用社内部也开始分化，一部分转化为商业性银行，一部分转化为合作性银行和信用联社。2006 年年底实行放宽农村地区金融机构准入政策后，村镇银行、贷款公司和农民资金互助社等新型金融机构也有不同的市场定位。至此，合作性金融、商业性金融、政策性金融"分工明确、覆盖全面"的金融体系正在初步形成。

二、对农村金融体制改革与发展的评价

30 年来，中国农村金融不断改革与创新的目标是使农村金融能为农民和农村经济发展提供有力的服务和支撑。然而，从现状看，这一目标还远未达成，农民和中小企业贷款难的问题依然严重存在于各个地区。而国家多年来却为农村信用社、农业银行、农业发展银行、农村合作基金会等投入了高昂的改革与发展成本。而且，我国目前的农村金融机构依然普遍处于潜在财务危机之中，不具备持续发展的能力（焦瑾璞、杨骏，2006）。可以说，30 年的改革与创新并未使农村金融体制发生根本性的改变。而导致这一问题的原因可能在于改革和创新的方式不是由市场力量自下而上推动，而是由政府和主管部门由上而下推动。纵观中国农村金融体制改革的历史，可以看出中国农村金融体制改革和创新的主体是政府及有关部门。20 世纪 90 年代，农村合作基金会的创新主体是基层政府和农业部，农村信用社的改革主体在 20 世纪末是中国人民银行，在 2003 年新一

轮的改革中是中国银监会,这种改革和创新方式导致了以下的问题。

(一)农村金融改革缺乏农民参与

农村金融是为广大农民群众服务的,但改革以来,农民对金融改革和创新都没有参与,尽管农村信用社以及以前的农村合作基金会都号称是农民的合作金融组织,实际上,不论是以前的合作基金会还是目前的信用社,农民主动参与的股份都极少。在农村信用社改革前的农民股份中,有的股份是为了取得贷款不得已入股的,有的是在贷款时被信用社强行从贷款中扣留的。近几年所增加的股份也多是信用社为了得到优惠政策而吸收的存款,并不是真正意义上的股份,顶多是农村信用社的集资。实际上,多数信用社的产权改革的结果都是经营者持大股,强化了信用社的离农倾向,也加剧了信用社的内部人控制。

(二)改革过程充满了信息不对称

改革以来,农村金融改革与创新的设计、目标、标准都是由政府和有关部门决定,例如银监会对农村信用社的改革有一套明确的标准,对于村镇银行等新型农村金融组织设立和定性也有非常明确的指标和门槛。这种政府部门主导的改革使得农村金融机构或组织为了得到上级政府和部门的奖励和重视,也为了"政治上正确",有可能提供虚假信息,蒙蔽上级,这使得改革和创新过程中可能有很多的谎言,使得呈现在上级领导和学术界眼前的改革和创新成果并不是真实情况。

(三)产权改革的目标很难实现

由于政府部门拥有超经济权力,在这种超经济权力下,产权的功能得不到真正实现和发挥。反观过去的农村合作基金会、目前的农村信用社以及目前的村镇银行等,我们会看到,这些金融组织的产权即使是明晰的,也不可能行使出资人产权主体的权力,因为在超经济权力下,一切经济权力会被剥夺。在这次新一轮农村信用社的改革中,明确提出由省级政府承担辖内农村信用社的管理和风险责任,具体管理工作由各省的信用联社负责。按照中国银监会《农村信用社省(自治区、直辖市)联合社管理暂行规定》,省联社是由所在省(自治区、直辖市)内的农村信用合作社市

（地）联合社、县（市、区）联合社、县（市、区）农村信用合作联社、农村合作银行自愿入股组成，实行民主管理，主要履行行业自律管理和服务职能，具有独立企业法人资格的地方性金融机构。但实际操作上，省联社对下级联社的行业和服务管理已演变成为行政管理。

（四）忽视地区差异和金融组织个体间的差异

政府主导的改革和创新，往往忽视了地区间经济发展的差异和基层金融组织发展中个体间的差异，常常是政策一刀切。这恰恰忽视和扼杀了农村金融组织真正的、自发的改革和创新，并容易形成鞭打快牛的局面，挫伤了那些真正会经营、有进取心的组织和个人的积极性。

三、对农村金融体制改革的展望

按中国银监会的说法，今后中国农村金融体制改革已进入"深入实施和攻坚"阶段。而攻坚是否成功的关键在于深化产权改革，保护市场化的自发创新。

（一）破除思想误区，深化产权改革

长期以来，我国在合作经济发展中一直受马克思主义合作思想的影响，在产权制度上一直存在着一个误区，认为合作制体现社会主义性质，体现公有制，并把合作制等同于集体所有制，把合作制当成"政治上正确"。这种认识上的误区使得农村金融组织的产权制度陷入混乱，明晰产权的改革还远没有完成。改革开放 30 年了，很多人还是坚持认为合作经济就是集体经济，始终把农村信用社当成合作金融组织。

实际上，合作社是基于私人产权基础上的私人自愿组织，与集体所有制或公有制在性质上是完全不同的，根据国际合作社联盟在 100 周年大会上产生并通过的合作制准则，自愿、民主是合作制的基础和本质。而集体所有制是对应于私人产权的社会化财产，是一种公有产权，公有产权的特征是财产属于一个封闭的群体的所有成员共同所有，而且这些成员的身份具有强制性，因此，集体所有制的两个基本特征——封闭和强制，与合作制下的自愿和民主是完全对立的。在未来的农村金融体制改革中，一定要

破除这一产权认识上的误区，反思以往的合作经济思想，对合作制、股份制、集体所有制进行正本清源。

（二）农村金融的管理体制还要进一步深化改革

目前，农村信用社的省联社管理体制不是真正的行业管理，而是政府的行政管理。这一体制的弊端已日益明显，已阻碍了农村信用社的改革和发展。因此，在进入改革的攻坚阶段，要进一步对省联社的管理体制和目前的金融监管方式进行改革和创新。

（三）私人资本有望加快进入农村金融领域

多年来，我国政府严格限制私有资本进入金融领域，即使是在中央3个1号文件强调"吸引社会资本和外资，积极兴办直接为'三农'服务的多种所有制的金融组织"（2004）、"抓紧制定农村新办多种所有制金融机构的准入条件，……探索建立更加贴近农民和农村需要、由自然人或企业发起的小额信贷组织"（2005）、"鼓励在县域内设立多种所有制的社区金融机构，允许私有资本、外资等参股"（2006）之后，政策上对私有资本进入农村金融市场还是设置了限制。2006年出台的《农民专业合作经济组织法》中，依然没有赋予农民进行金融合作的权利。

但是，在2008年5月银监会与人民银行出台《关于小额贷款公司试点指导意见》（以下简称《指导意见》）后，小额贷款公司发展迅猛。据不完全统计，截至2009年3月末，全国已开业583家小额贷款公司，筹建573家。按照《指导意见》关于"小额贷款公司依法合规经营，没有不良信用记录的，可在股东自愿的基础上，按照《村镇银行组建审批指引》和《村镇银行管理暂行规定》规范改造为村镇银行"。最近银监会发布《小额贷款公司改制设立村镇银行暂行规定》，这些政策调整对于私人资本进入农村金融市场具有十分重要的意义。

第十一章

农村财税制度的变迁

    农村财政税收制度直接和间接反映了国家与农民以及城乡之间的利益分配关系和格局。

    改革开放前，农村财税制度和政策是高度计划经济体制下的产物，带有明显的城乡二元体制的色彩，总体上表现为重工业、偏城市，以保证实现国家工业化发展战略的需要。在这种制度背景下，尽管坚持实行农业税的轻税和稳定负担政策，农民（集体）的税负很轻，但国家通过价格管制、农产品统派购制度从农业中攫取了大量剩余，导致农业自我积累能力低下，限制了农业发展。

    另一方面，虽然国家财政对农业给予了大力支持，特别是以农田水利设施建设为重点的农业基本建设。但与此同时，国家财政对整个农村公共事业发展的投入有限，农村公共产品和服务供给以及公益事业发展相当大程度上依赖于农村人民公社内部的积累和自筹。受农村经济发展水平较低的限制，农村集体可用于公共事业发展的资源非常有限。因此，尽管农村公共事业和社会福利事业覆盖了广大的农民，但质量却很低。

    改革开放后，在相当长时期里，农村财政税收制度改革不尽如人意，"二元"体制得到延续。改革以后，虽然农村经济得到了迅速发展，农民收入水平和生活水平得到较大提高，但由于公共财政支出上重城市、轻农村的偏向没有得到很好的纠正，农村公共产品和服务供给严重不足，城乡差距不断扩大。

从 20 世纪 90 年代末以来，特别是以 2000 年开始的农村税费改革以及 2003 年中央明确提出统筹城乡发展的战略后，城乡分割状况发生了巨大的改变。在不断的调整和改革中，目前已初步建立起与社会主义市场经济制度相适应、体现构建和谐社会理念的农村财政税收制度。由财政税收制度所反映的国家与农民之间的分配关系由"多取少予"初步转变为"多予少取"，公共产品和服务供给由城乡分割的二元格局初步走向城乡统筹。但是，农村财政税收制度仍然存在着一些不完善的地方，需要通过进一步深化改革来解决。

本章由四个部分组成。第一节描述和讨论改革开放前的农村财税制度；第二节描述乡镇财政制度的建立和发展；第三节描述农村税费制度的改革历程；第四节对农村财政税收制度改革进行评价，并对农村财政政策的发展作简要展望。

第一节 改革开放前的农村财税制度

一、农村财政体制的演变

农村财政管理体制指的是乡镇政府与上级政府在财政管理权限、特别是财政收支上的划分。改革开放前的农村财政体制演变大体可以划分为三个阶段。

（一）1950—1958 年人民公社化之前："统收统支"

建国之初，全国相继建立了大区、省、市、县、乡人民政权组织。当时的财政非常分散，国家财政支出的大部分由中央政府承担和依靠增发通货，但公粮（农业税）和税收却大多由各大区、省、市、县政府管理。为了克服国家财政收支不平衡和制止通货膨胀，1950 年 3 月，政务院先后颁布了《关于统一国家财政经济工作的决定》和《关于统一管理 1950

年度财政收支的决定》，决定将国家财政统一于中央政府，各地所征收的公粮、关税、盐税、货物税、工商业税的一切收入，均归中央政府统一调度使用。由此建立了高度集中的"统收统支"的财政体制。

当时，农村基层政权并没有设立一级财政机构，而是将在战争年代设立乡财粮助理员的制度延续下来。乡财粮员负责征收公粮、筹措和管理乡村的公益事业经费（李海、苏明，1991）。在"统收统支"的体制下，公粮（即农业税）全部上缴中央财政，而乡村各项经费则根据《关于统一管理 1950 年度财政收支的决定》规定，由县人民政府征收地方附加公粮解决。但地方附加公粮，不得超过国家公粮的 15%。

高度集中的"统收统支"财政体制仅仅实行了一年。1951 年 3 月，国家财政的收支系统采取统一领导、分级负责的方针，将高度集中的财政体制改为统一集中基础上的分级管理，实行中央、大行政区和省（市）三级管理。尽管中央与地方财政管理体制发生了变化，但由于农村基层仍然没有设立一级财政，乡村财政制度仍然保持原有制度不变。1952 年 6 月，政务院发出《关于 1952 年农业税收工作的指示》，根据这个指示中确定的有关方针，决定从 1952 年夏征开始，农业税只由中央统一征收一道农业税，地方附加一律取消，并由中央统一供给乡村财政的需要。

1953 年，全国财政管理层级发生变化，取消了大区一级财政，建立了县（市）一级财政，全国划分为中央、省（市、自治区）和县（市）三级财政，乡（镇）财政列入县级财政预算。乡镇财政的收入正式纳入国家预算，支出中的经常费用由国家包下来，非经常费用则由乡镇人民政府根据需要提出筹款办法，并经乡人民代表大会通过，报县批准，在不超过当年公粮负担 7% 的范围内自筹（李海、苏明，1991）。1954 年颁布的《中华人民共和国宪法》将乡（镇）列入国家行政区域，赋予乡（镇）一级行政权力，并赋予乡级人民代表大会审查和批准乡（镇）政府预算和决算的权力，各地逐步建立乡镇财政机构。

（二）1958—1961 年："包干制"下的公社财政

1958 年人民公社化后，形成了"政社合一"的人民公社体制。人民公社既是国家基层政权组织，又是基层经济组织；相应地，人民公社财政体制诞生，其特点就是将属于国家基层政权收支的财政和属于公社集体收支的财务合并。

1958 年 12 月，中共中央、国务院作出《关于适应人民公社化的形势改进农村财政贸易管理体制的决定》，决定要求：农村财政贸易体制应当根据统一领导、分级管理的方针，实行机构下放、计划统一、财政包干的办法，即"两放、三统、一包"的办法。所谓一包，就是包财政任务。将国家在农村中的农业税、工商业税、下放企业事业的收入、地方附加和其他收入，统一计算，扣除原来由国家开支的行政费和事业费，如乡干部、学校教职员、技术推广员等人员的工资，农业、林业、教育、卫生等事业的费用，由公社按收支差额包干上缴。

实行财政包干的体制也是以 1957 年 11 月《国务院关于改进财政管理体制的决定》为标志的扩大地方财政管理权限的继续和体现。但是，1961 年 1 月，中共中央批转了财政部党组《关于改进财政体制、加强财政管理的报告》，认为当时的财政管理体制导致财权分散，专署、县、公社的财权过大，下放的权限过多，需要适当收回一部分。重新强调财政集中统一，缩小专区、县、公社的财权。国家对农村人民公社中属于国家的财政收支部分，实行"收入分项计算，分别上交；支出下拨，包干使用，结余归社"的办法，对收入和支出分别进行管理，公社财权大大缩小。

（三）1962 年以后："统收统支"与部分地区恢复公社财政

人民公社包干制的财政体制仅仅实行了 3 年。1962 年，随着人民公社体制的调整，即实行"三级所有、队为基础"的管理体制，原来的公社财政机构逐渐撤销，基本上恢复财粮员制度，公社财政体制由"包干制"改为"统收统支"，收入和支出都被纳入到县财政预算中，公社财政名存实亡。

1970 年代，在一些经济发展较快的农村，公社财政机构又相继建立起来，但在当时整个国家财政体制以"统收统支"为主导的情况下，公社财政体制仍然实行"统收统支"（李海、苏明，1991）。

二、农业税

改革开放前，除农业税外，还有针对非农生产和经济活动的工商税等税收。但是，改革开放前，农村经济以农业为主，非农经济薄弱。社队企业在 1960 年后才开始出现，但其发展受到限制，直到 70 年代才在一些经济相对发达的地区得到较快恢复和发展。1978 年，公社和大队企业收入占到人民公社三级总收入的 26.9%；社队企业上缴国家税金 22 亿元，约占当年全国财政收入的 2%，而当年农业税为 28.4 亿元。从改革开放前整个时期看，社队企业的税收要大大少于农业税。[①] 同时，有关改革开放前非农税收的资料非常有限。因此，本文对改革开放前的农村税收的讨论集中于农业税。

（一）农业税制的演变及特点

农业税在中国存在了数千年。建国前，在中国共产党领导下的各革命根据地也征收这种税，统称为公粮，只是税制和计征方式有所不同。建国后，农业税被沿袭下来。

1952 年全国完成土地改革前，农业税具有两个鲜明特点。

第一，具有重要的筹措财政收入的功能。建国初期，农业在国民经济中占有重要地位。1950 年，农业占社会总产值和国民收入的比重分别为 56.2% 和 67.4%，因此，农业税是国家财政收入的重要来源。1950 年，农业税占国家财政收入（不包括国内外债务）的比重为 30.7%；1950 年至 1952 年 3 年合计，农业税占财政收入的比重为 19.3%。

第二，区别对待政策。建国初期，各地区土地改革进程不同（广大新解放区于 1950 年初开始实行土地改革），存在着新老解放区的差别；同时也为了体现中国共产党的阶级政策，在这一时期对农业税采取了区别对待的政策，即对新老解放区以及不同经济成分的人采取不同的税制和征收

[①] 在当时的经济体制下，社队企业基本上可以代表整个农村非农经济，因而，社队企业税收也就大体可以视为整个农村非农经济活动的税收。

办法。老解放区按1948年在各根据地所进行的税制改革的办法实行比例税制，新解放区则实行累进税制。1950年9月，中央人民政府颁布《新解放区农业税暂行条例》，将农业税定为40级的全额累进制，按农业人口人均农业收入累进计征，以人均150市斤主粮为起征点，税率从3%到42%。新解放区实行累进制的目的在于限制地主、富农经济。1951年6月，政务院颁布《关于1951年农业税收工作的指示》，根据地主阶级已经被消灭的变化，对农业税进行了一些调整，即新解放区已完成土地改革的地区，实行缓进的累进税制，下调了最高税率，最高不超过30%，最低不少于5%（房维中，1984）。实行缓进的累进税的主要目的是限制富农经济的发展。

1952年底全国范围的土地改革基本完成后，全国农村即开始了农业合作化运动。[①] 从生产互助合作开始到组织农业合作社（包括初级社和高级社），1956年农业合作化运动达到高潮，年底参加农业合作社的农户占总农户的比重达到96.3%，1957年则达到97.5%。为了适应农业合作化的发展和巩固农业合作化制度，1958年6月3日，第一届全国人民代表大会常务委员会九十六次会议通过了《中华人民共和国农业税条例》（以下简称《农业税条例》）。

《农业税条例》废除了原来在一些地区实行的累进税制，实行全国统一的比例税制，由此形成了全国统一的农业税制。《农业税条例》规定，农业税根据常年产量计征，全国的平均税率规定为常年产量的15.5%；各省、自治区、直辖市的平均税率，由国务院根据全国平均税率，结合各地区的经济情况，分别加以规定。各级政府可以根据所属地区的实际情况制定税率，县级以上政府对所属地区规定的税率，最高不得超过常年产量的25%。

《农业税条例》还规定，省、自治区、直辖市政府为了办理地方性公益事业的需要，经本级人民代表大会通过，可以随同农业税征收地方附

---

① 实际上，1951年12月，中共中央就作出了《关于农业生产互助合作的决议（草案）》。

加。地方附加一般不得超过纳税人应纳农业税税额的 15%，最高不得超过 30%。

（二）农业税税负

尽管改革开放前农业税是农村中的主要税种，建国后一段时期中在全国财政收入中占有比较重要的地位，但农业税税制的设置、调整以及征收等基本贯彻遵循了"稳定负担、增产不增税"的原则，虽然个别年份负担率有所波动，但总体上呈逐步减轻的趋势。改革开放前的 1977 年与建国初期相比，农业税负担大幅度减轻。1950—1977 年，虽然全国粮食总产量增长了 1 倍多，农业总产值增长了 2 倍多，但农业税税额仅增长了 53%。农业税税额最高的年份发生在 1954 年，为 33.13 亿元，1977 年只有 29.3 亿元；农业税（包括正税和附加）占实产量的比重由 1950 年的 12.3%下降到 1977 年的 4.9%；农业税占农业国民收入的比重由 1952 年的 8.04%下降到 1977 年的 2.99%（见表 11-1）。

表 11-1　农业税税负情况

（单位:%）

年份	农业税税额 （亿元）	年均农业税 （亿元）	农业税占农业 实产量比重	农业税占农业 国民收入比重
1950	19.10	19.10	12.29	
1952	27.35	27.35	12.24	8.04
1950—1952	69.80	23.27	12.99	—
1953—1957	150.68	30.14	11.64	7.38
1958—1962	138.13	27.63	11.93	6.82
1963—1965	75.67	25.22	7.47	4.62
1966—1970	150.06	30.01	6.43	4.16
1971—1975	149.26	29.85	5.35	3.42
1977	29.33	29.33	4.9	2.99

注：农业税占农业实产量的比重包括正税和附加，其他指标只包括正税。
（资料来源：国家统计局：《中国统计年鉴，1993》，中国统计出版社；《中国财政年鉴，2007》，中国财政杂志社）

三、国家对农业的财政支持[①]

改革开放前，尽管国家财力有限，但为了支持农业、特别是粮食生产，国家财政仍然给予了农业大力支持，这一时期，财政支农具有三个特点。

第一，财政支农支出增长较快。1950—1977 年，财政支农支出年均增长 14.6%，国家财政支出年均增长只有 9.8%，年均相差 4.8 个百分点。从环比增长来看，在改革开放前的多数年份，财政支农的增长快于财政支出的增长，或下降低于财政支出的下降。虽然财政支农支出增长较快体现了国家对农业的重视，但财政支农支出的基点太低也是一个重要原因。1950 年财政支农支出 2.74 亿元，仅占财政支出的 4.03%。

1965—1970 年，财政支农占财政支出的比重发生了比较大幅度的下降，由 1964 年的 17.01%（历史最高水平）下降到 1970 年的 7.61%，下降了 9.4 个百分点。除此之外，总体上看，在改革开放前的大多数年份，财政支农比重呈逐步提高或稳定的态势（见图 11－1）。

（单位：%）

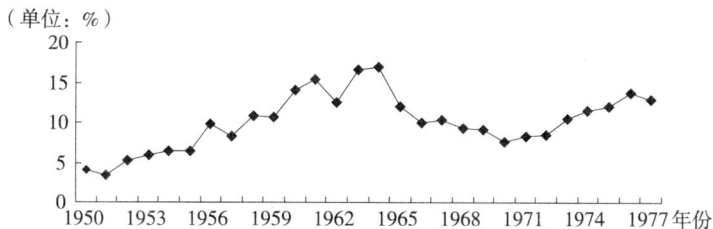

图 11－1　财政支农支出占财政支出的比重

（资料来源：《中国财政年鉴，2007》，中国财政杂志社）

[①] 改革开放前，国家财政支农主要包括农业基本建设支出、支援农村生产支出、农林水利气象等部门事业费、农业科技三项费用、农村救济费以及其他支出。改革开放后，财政支农已经超出这个范围，但为了便于比较，本文将统一使用这个口径，这不会对结论产生方向性的改变。

第二，财政支农中基本建设比重较大，并主要集中在水利设施建设上。建国后，鉴于我国农业基础设施薄弱，自然灾害频繁对农业生产的危害巨大，国家十分重视农田水利建设。国家在财政困难的情况下，依然将水利建设作为投入重点，1953—1977 年，农业基本建设占财政支农支出的比重平均为 41.46%，"二五"时期达到最高的 44.64%（见表 11-2）。

在国家财政的支持下，改革开放前的农田水利建设取得了巨大成就。1952—1977 年，农田灌溉面积增长了近 1.3 倍，灌溉面积占耕地面积的比重由 18.5% 提高到 45.3%，提高了近 27 个百分点，其中机电灌溉面积占灌溉面积的比重由 1.6% 提高到 54.1%，提高了 52 个百分点。农业生产条件得到有效改善，农业抗御自然灾害的能力大幅度提高。

表 11-2　财政支农支出构成

（单位：%）

年份	支援农村生产支出与农林水利气象等部门的事业费	农业基本建设支出	其他
1950—1952	52.29	24.05	23.67
1953—1957	37.39	41.08	21.53
1958—1962	39.96	44.64	15.40
1963—1965	33.70	38.51	27.79
1966—1970	33.95	42.72	23.33
1971—1975	40.13	43.55	16.32

（资料来源：《中国财政年鉴，2007》，中国财政杂志社）

第三，财政支农支出与农业在国民经济中的地位仍然不相称。尽管财政支农增长快于财政支出增长，但是，从改革开放前的整个时期看，国家对农业的财政支持与农业在国民经济中的份额地位仍然很不相称，财政支农支出占财政经济建设费的比重以及农林水利气象占基本建设投资的比重均大大低于农业占国民收入的比重（见图 11-2）。

四、对改革开放前农村财政税收制度的简要评价

改革开放前，虽然国家对农业税采取了轻税和稳定负担的政策，投入

（单位：％）

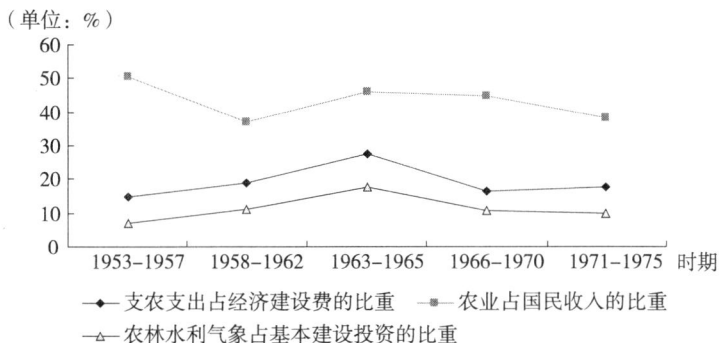

图 11－2　农业在财政支出、基本建设投资和国民收入中的地位

（资料来源：《中国财政年鉴，2007》，中国财政杂志社）

大量财力用于农业基础设施建设，并对农村公共事业发展给予了一定的财力支持，但在非均衡的工业化发展战略以及城乡分割并向城市倾斜的社会经济体制的约束下，农村财政税收制度和政策不可避免地带有浓厚的二元结构色彩。

（一）乡镇（人民公社）没有形成一级真正独立的财政（体制）

在高度集中的计划经济体制和财政体制（"统收统支"）以及"政社合一"的人民公社体制下，公社的财权十分有限，但在国家财政投入有限的情况下，人民公社又要承担提供公共产品和服务、发展农村公共事业的主要责任，事权与财权严重脱离，农村并没有形成真正独立的财政（体制）。也就是说，财政并没有也不可能承担起根据农村居民的需求偏好提供公共产品和服务、发展农村公共事业的责任和功能，相当一部分财政职责和功能是由人民公社内部的分配机制来承担的。

（二）农业税的轻税政策并不能真实地反映出国家与农民在农业上的分配关系，实际上，这种关系表现为"取"大于"予"

尽管农业税是农村中的主要税收来源，但税负水平呈不断减轻之势，1970 年代末的农业税额大体只相当于 1950 年代初期的水平。农业税提供财政收入的功能大大减弱，农业税占全国财政收入的比重由 1950 年的 30.7% 下降到 1977 年的 3.4% （见图 11-3）。

（单位：%）

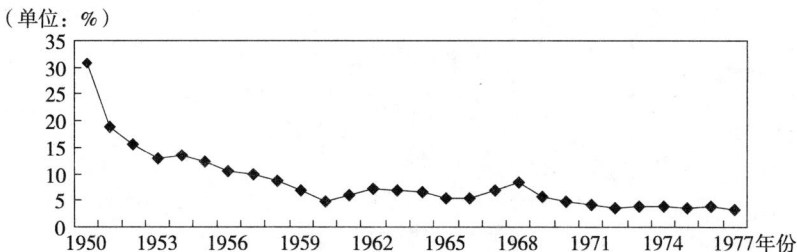

图 11-3 　农业税占财政收入的比重（%）

（资料来源：《中国财政年鉴，2007》，中国财政杂志社）

比较农业税与财政支农支出，自 1958 年后财政支农支出开始超过农业税，财政对农业表现为净投入。1950—1977 年，财政支农支出总额为 1426.5 亿元，农业税总额为 792.1 亿元，前者高出后者 80%，"予"大于"取"。但是，为了保证工业化战略，国家采取了价格管制、农产品统派购制度，从而从农业攫取了大量剩余。众多研究虽然对到底有多少剩余从农业部门转向工业部门有不同的测算，具体的数额也不相同，但比较一致的是，这个剩余大大超过农业税，累计达数千亿元。例如，有人测算，1952—1957 年从农业部门聚集的净积累为 475 亿元，占同期财政收入的 30.9%；1959—1978 年为 4075 亿元，占同期财政收入的 21.3%（郑有贵，2007）；两者分别相当于同期农业税的 2.7 倍和 7.2 倍。农业税与攫取的农业剩余合计大大超过财政支农支出，"取"大于"予"。这种发展方式虽然为工业发展提供了大量的积累，加速了工业化的进程，但却极大地限制了农业的自我积累能力和农业的发展。

（三）依赖于农村集体自我积累、自我发展的模式，发展农村公共事业

改革开放前，我国农村教育以及医疗卫生和社会保障等公共事业得到

了较大发展。教育方面，学龄儿童入学率、小学升学率、初中升学率等大幅度提高，农村人口文盲率大幅度降低。1978 年，全国农村小学校数达到91.6 万所，全国平均每个生产大队有 1.3 所小学。医疗卫生方面，建立了正规医疗机构与合作医疗相结合的医疗网络。1977 年，全国平均每个公社有一个卫生院，实行合作医疗的大队占全国生产大队的 91.6%。农村医疗卫生事业的发展使农村人口的健康水平得到较大提高，农村人口死亡率从 1957 年的 11.07‰下降到 1978 年的 6.42‰（农业部政策法规司、国家统计局农村司，1989）。在其他社会保障方面，还建立了农村灾害救济、"五保"供养等制度。

但是，农村公共事业发展带有明显的二元结构色彩，即国家财政所给予的支持十分有限，更主要是依赖于农村内部的积累和自筹。当时，大多数农村中小学由农村集体举办，"五保"供养、合作医疗则主要来源于集体提留的公益金。1970—1977 年，全国农村人民公社基本核算单位提留的公益金累计达 115.6 亿元，年均 14.45 亿元。

依靠农村内部积累和自筹发展农村公共事业，不仅主要源于那一时期重工业、偏城市的发展战略，也源于当时的国际环境。改革开放前，国家财政支出明显地具有建设性和国防性的特征，相应地，用于社会事业发展的支出比重受到限制。1950—1977 年，经济建设费和国防费占财政支出的比重分别为 57.3% 和 19.23%，合计占 76.53%，而社会文教费仅占 12.58%（见表 11－3）。在这样一种财政支出结构以及城乡二元体制下，财政不可能为农村公共事业发展提供更多的支持。

另一方面，人民公社内部的集体统一分配制度是集体能够获得一定资源提供公共产品和服务的重要保障，即集体可以在社员分配之前优先获得部分收入用于发展公共事业。然而，由于整个农村经济发展水平低下，集体经济薄弱；同时，农民从集体分配的收入有限，负担能力差，因此，农村公共事业发展只是也只能是实现低水平下的广覆盖。但是，毋庸置疑，在当时的历史条件下，人民公社体制使广大农民在获得享受最基本公共服务的权利方面得到了一定程度的保障。

表 11-3　按功能性质分类的财政支出

（单位:%）

	经济建设费	社会文教费	国防费	行政管理费	经济建设费和国防费合计
1950—1952	34.71	11.62	38.24	12.72	72.95
1953—1957	50.80	14.49	23.83	8.50	74.63
1958—1962	66.64	13.50	12.19	5.95	78.83
1963—1965	53.82	15.20	19.06	6.44	72.88
1966—1970	56.07	11.06	21.89	5.35	77.96
1971—1975	57.71	10.88	19.15	5.02	76.86
1950—1977	57.30	12.58	19.23	5.97	76.53

（资料来源:《中国财政年鉴,2007》,中国财政杂志社）

（四）人民公社制度在农业投入和农业基本建设方面的作用不可或缺

人民公社制度下,采取了行政命令、"平调"方式大规模动员劳动力从事农田基本建设,虽然这种方式在资源的合理配置、激励机制等方面存在种种缺陷,但在当时条件下,这种体制在形成农业资本方面发挥了重要作用,有其合理性（马尔科姆·吉利斯、德怀特·H. 帕金斯等,1989）。人民公社制度下的公积金制度和劳动积累制度也在农业基本建设和增加农业固定资产、提高农业生产能力方面发挥着重要作用。1958—1965 年和 1970—1977 年,人民公社基本核算单位提取的公积金累计分别为 219.82 亿元和 456.7 亿元,分别相当于同期国家财政用于农业基本建设支出的 1.1 倍和 1.7 倍。

第二节　乡镇财政的建立与发展

一、乡镇财政建立与乡镇财政管理体制演变

1978 年中共十一届三中全会后,中国农村进行了重大的经济体制改

革，随着以家庭承包制为核心的农村经济体制改革的不断深入，实行多年的人民公社体制已越来越不适应农村社会经济发展的要求。1982年，全国人大《关于中华人民共和国宪法修正草案的报告》提出"改变农村人民公社的政社合一的体制，设立乡政权。人民公社将只是农村集体经济的一种组织形式"。1983年，《中共中央、国务院关于实行政社分开建立乡政府的通知》提出："随着乡政府的建立，应当建立乡一级财政和相应的预决算制度，明确收入来源和开支范围。"从1983年开始，我国农村正式开始建立乡政府和乡财政的工作。到1986年年底，全国7.2万个乡镇中，80%以上的乡镇建立了乡财政（李海、苏明，1991）；1992年年底，全国96.1%的乡镇建立了乡财政；1996年年底，这一比重达到97.5%。

乡镇财政建立以后，不同时期的乡镇财政管理体制采取了不同的形式。

（一）1983—1993年：包干制财政体制为主

在乡镇财政建立之初，主要采取的是"统收统支"和"定收定支，收入上缴，超收分成，支出下拨，超支不补，结余留用"体制，但后来更多的乡镇采取"核定收支，收支挂钩，总额分成"和"划分收支，核定基数，收支包干"体制。截至1990年年底，实行这两种体制的乡镇占设立有财政所的乡镇的60%以上。这两种形式基本上属于包干制的财政体制。

（二）1994—2000年：分税制与包干制并存

1994年，我国对财政体制进行了重大改革，开始实行分税制的财政体制。实行分税制的主要目的是建立与社会主义市场经济体制相适应的财政体制，提高财政收入占GDP的比重以及中央财政占全国财政收入的比重，以此提高中央政府对经济和社会发展的宏观调控能力。在中央与地方实行分税制财政体制后，地方之间的财政关系也相应进行了一些调整，但在中央财政收入集中程度提高的情况下，省以下各级政府也都纷纷采取了集中财力的措施。因此，大多数地方乡镇财政管理体制仍然沿用1994年以前的财政体制，即便是实行分税制，也或多或少带有包干制体制的痕迹。

（三）2000 年以后：乡镇财政职能的弱化

2000 年开始实施农村税费改革后，虽然一些地方对乡镇财政体制进行了调整，但基本上还维持原有的体制。然而，由于以下两个方面的原因，乡镇财政的职能不断弱化。

1. 为配合农村税费改革，许多地方进行了"乡财县管"的试点

"乡财县管"首先在安徽省试行，至 2006 年，全国已有 28 个省份推行这项改革。虽然在改革中实行"三权不变"的原则，即乡镇财政资金所有权不变、乡镇财政资金使用权不变以及乡镇财政审批权不变，但实际上乡镇政府的财权受到极大的削弱，"一级财政"弱化为"半级财政"（张斌，2007）。

2. 农村义务教育管理体制由"以乡为主"改为"以县为主"

在改革开放后很长一段时期，虽然法律和政策规定农村义务教育由地方负责、分级管理，但实际上主要由乡镇政府负责，乡镇政府不仅承担农村义务教育的管理职责，还承担着筹资的主要职责。按照 1985 年《中共中央关于教育体制改革的决定》要求，乡财政收入应主要用于义务教育。因此，在绝大多数乡镇，教育支出在乡镇财政支出中占很大比重。例如，1992 年，在全国乡镇财政预算内支出中教育事业费占 48.5%。2002 年，根据《国务院办公厅关于完善农村义务教育管理体制的通知》，农村义务教育管理体制实行地方负责、分级管理、以县为主，这种体制在 2006 年修订的《中华人民共和国义务教育法》中以法律的形式确定下来，乡镇政府的义务教育管理和筹资的职能大大弱化。2005 年，教育支出占乡镇财政预算内支出的比重已经下降到 22.2%。义务教育管理体制的实质性改变导致了整个乡镇财政职能的弱化。

二、乡镇财政在全国和地方财政中地位的变化

乡镇财政建立后，财政规模不断扩大。乡镇财政预算内收入由 1986 年的 194.31 亿元增加到 1992 年的 471.95 亿元，增长了 1.43 倍，年均增

长 15.9%，远高于同期全国财政收入 8.6% 和地方财政收入 10.9% 的年均增长速度，表明那个时期以分权为特征的财政体制改革延伸到了乡镇一级。1994 年后，乡镇财政的相对地位不断下降。2002 年，乡镇财政预算内收入 1459.4 亿元，比 1992 年增长了 2.09 倍，年均增长 12%，大大低于同期全国财政收入 18.4% 的年均增长速度，也低于地方财政收入 13.0% 的年均增长速度。这种变化表明，1994 年以提高财政集中程度为特征的分税制财政体制改革同样波及乡镇一级。1986 年至 1993 年，乡镇财政预算内收入占全国、地方和县乡财政预算内收入的比重不断提高，1994 年后则呈下降趋势。2005 年，乡镇财政预算内收入占全国财政预算内收入的比重为 6.2%，比 1993 年下降了 8.7 个百分点；占地方财政预算内收入的比重为 13.2%，比 1994 年下降了 8.3 个百分点；占县乡两级合计财政预算内收入的比重为 31.9%，比 1995 年下降了 17.8 百分点。

三、乡镇制度外财政的产生与演变

（一）制度外财政的产生

制度外财政是指乡镇政府以各种形式筹集的自筹资金以及由此发生的政府支出（孙潭镇、朱钢，1993）。制度外财政收入是伴随着乡镇财政建立而产生的，其形式虽不断变化，但却一直延续至今仍然存在。乡镇制度外财政与农村公共产品和服务供给、农民负担、乡村债务、农村税费制度等问题密切相关。

乡镇制度外财政产生的原因是：（1）随着农村经济发展和农民收入水平的提高，对公共产品和服务的需求数量和质量不断增长。（2）在公共产品和服务需求日益增长的同时，财政管理体制不完善导致乡镇政府提供公共产品和服务的能力严重不足。一方面，在包干制的财政体制下，虽然乡镇政府的财权得到扩大，然而，由于农村除一部分乡镇企业发展水平较高的地区外，大多数乡镇仍以农业为主，以工商税收为主的预算内收入总量少，税源也不稳定。因此，按财政体制规定所获得的收入十分有限。另一方面，在许多地方，虽然当时的财政体制规定完成承包上缴任务后的超收部分由乡镇自行支配，但同时实行"收入全部上缴，支出按核定数额下拨"等明显带有"统收统支"痕迹的办法，因此，实际可供乡镇自行支配的预算内财政收入也会因各种原因大打折扣。（3）税收体制不完善诱使地方扩大制度外财政收入规模。在实行分税制前，地方财政收入主要依赖于地方企业税收，由产品税、营业税和增值税构成的工商三税占了较大比重，而上述三税为中央与地方分成税种；同时，当时政策规定地方政府享有一定的税收减免权，因而形成了地方政府将这种分成税种收入转为地方收入的利益机制，在此驱使下，地方政府充分运用手中的税收减免权，将税源留在应税主体中，乡镇政府再通过其他途径，如上交乡镇企业利润和管理费、集资、摊派、强制性赞助等，将税源转化为乡镇制度外收入。

（二）制度外财政收入形式的演变

在乡镇财政建立初期，制度外财政收入主要由乡镇企事业单位上缴利润和收入、乡镇统筹收入[①]以及向农民无偿性的集资、摊派构成。例如，1992 年，乡镇办企业收入和乡镇统筹收入占乡镇自筹收入的 73.4%。[②]乡镇制度外收入在不同地区具有不同的形式。一般说来，经济发达地区、集体经济实力较强地区，制度外财政收入主要依赖于集体乡镇企业上缴利润、管理费和乡镇统筹收入。而在经济不发达地区，制度外财政收入主要依赖直接来源于农民家庭可支配收入的乡镇统筹收入和土地承包费以及其他临时性集资、收费和摊派。

在 1994 年税收体制改革、20 世纪 90 年代中期乡镇集体企业改制后，乡镇制度外财政收入中来自乡镇企业上缴收入的比重下降，2000 年，乡镇办企业收入占乡镇自筹收入的比重由 1992 年的 29.7% 下降为 19.8%。

[①] 乡镇统筹收入是由乡镇政府统一向全乡镇范围内农民收取的费用，主要用于民兵训练、计划生育、教育、乡村道路、优抚等。

[②] 但是，由于大部分针对农民的各种集资、摊派、收费以及政府债务并没有包括在官方统计中，而且这些收入也缺乏权威性的全国数据，因此，这里所说的乡镇制度外财政收入构成只能依据官方统计的乡镇自筹收入，而不是完整意义上的乡镇制度外财政收入。

乡镇统筹收入和各种形式的收费、集资、摊派以及政府举债成为制度外财政收入的主要来源。

在 2000 年开始实施农村税费改革后，乡镇统筹收入被取消，专门针对农民征收的行政性事业收费、政府性基金、集资、摊派等也被取消，制度外财政收入规模也随之大幅度缩小，其来源主要表现为政府新增各种债务。

实际上，乡镇制度外财政是改革开放前由农民和农村自我提供公共产品和服务这种城乡二元体制的延续，但不可否认，它在为农村居民和农村生产提供公共产品和服务，促进农村社会经济发展方面发挥了重要作用。

第三节 农村税费制度的改革历程

一、农业税制度和非农产业税收制度演变

改革以来，针对农村生产和经营活动的税收大体可以分为两类，即农业税和农业特产税以及针对以乡镇企业为主的非农生产和经营活动的税收。两类税收制度改革的进程和结果体现了逐步走向城乡统一税制的发展目标。

（一）农业特产税的设立

1983 年以前，对农林特产收入的税收是按照《农业税条例》的有关条款征收的。1983 年，国务院颁布了《关于对农林特产收入征收农业税的若干规定》，对农林特产单独征收农林特产农业税，其目的是为了平衡农业各种作物的税收负担，促进农业生产的全面发展。

农林特产税的征收范围包括：园艺收入（包括水果、茶、桑、花卉、苗木、药材等产品的收入）、林木收入（包括竹、木、天然橡胶、木本油料、生漆及其他林产品的收入）、水产收入（包括水生植物、淡水养殖、滩涂养殖产品的收入）。

农林特产税的税率一般定为 5%—10%。在此范围内，由各省、自治区、直辖市人民政府按照不同农林特产产品的获利情况，在不低于粮田实际负担水平的原则下，分别规定不同产品的税率。

1994 年的税制改革时，将农林特产税与原产品税和原工商统一税中的农林牧水产品税目合并，改为农业特产税。农业特产税的征收对象包括：烟叶收入、园艺收入、水产收入、林木收入、牲畜收入和食用菌收入以及省级人民政府确定的其他农业特产品收入。农业特产税税率包括全国统一税率和地方自定税率。

尽管 1983 年国家决定开始征收农林特产税，但直到 1989 年才全面征收，之后征收规模不断扩大。1988 年，农林特产税征收额为 4.95 亿元，占农业税和农林特产税两税合计的比重为 9.55%；1997 年，农业特产税的征收规模达到 150.27 亿元，占农业税和农业特产税的比重达到 45.17%。尽管当初设置农林特产税的目的是平衡农业内部的收入差距，但由于实际操作复杂等弊端，实际上提高了农业生产者的税负水平。

（二）农业税、农业特产税的调整

自 1958 年《农业税条例》颁布以后，在长达 40 多年的时间里没有进行大的调整和变化，尽管农业生产和农业经济发生了巨大变化以及农业税本身存在着种种弊端，改革开放后也只是在税收减免和起征点方面进行过微小的调整。

2000 年，我国开始进行以省为单位的农村税费改革试点。农村税费改革试点的一项重要内容就是对农业税和农业特产税进行调整。

农业税调整的基本做法是：按照农作物的常年产量和规定的税率依法征收。计税土地面积原则上以农民第二轮土地承包用于农业生产的土地为依据，计税常年产量一般以税费改革前 5 年平均产量为依据，农业税税率最高不超过 7%。

农业特产税调整的基本做法是：按照农业税和农业特产税不重复交叉征收的原则，对在非农业税计税土地上生产的农业特产品，继续征收农业特产税；对在农业税计税土地上生产的农业特产品，由试点地区省级政府决定只征收农业税，或只征收农业特产税；也可以决定在农业特产品集中的产区只征收农业特产税，在其他地区只征收农业税。对部分在生产、收购两个环节征税的农业特产品，合并在生产或收购一个环节征收。农业特产税税率按照略高于农业税税率的原则进行适当调整。

（三）农业税的最终消亡

2004年，国务院总理温家宝在第十届全国人民代表大会第二次会议所作的《政府工作报告》中正式提出，从2004年起，农业税税率平均每年降低1个百分点以上，5年内取消农业税。同时，国家决定从2004年起取消除烟叶外的农业特产税。2004年，吉林、黑龙江两省先行进行免征农业税改革试点，河北、内蒙古、辽宁、江苏、安徽、江西、山东、河南、湖北、湖南、四川11个粮食主产省农业税税率降低3个百分点，北京、上海则暂停征收农业税。2005年，除河北、山东和云南3省外，全国28个省份完全停止征收农业税。2005年12月，十届全国人大常委会第十九次会议决定，自2006年1月1日起废止已实行了近半个世纪的《农业税条例》，农业税最终被取消。

（四）乡镇企业税收从优惠到基本城乡统一

与专门针对农业的农业税和农业特产税不同，国家没有设置专门针对乡镇企业的税种，乡镇企业税收在税种等方面与城市工商企业等并无不同。但是，在改革开放后一段时期里，为了鼓励和推动乡镇企业发展，国家对乡镇企业采取了相对优惠的税收政策。

1979年7月，国务院发布《关于发展社队企业若干问题的规定（试行草案）》，《规定》指出，要按照党的十一届三中全会的决定，大力发展社队企业，并明确要求全国社队企业总收入占人民公社三级经济总收入的比重，要由1978年的29.7%，到1985年争取提高到50%左右。《规定》为此提出国家对社队企业实行低税、免税政策。

以后，中共中央、国务院还在多个文件中强调对乡镇企业实行税收优惠。国家虽然对乡镇企业的税收政策进行过一些调整，但对乡镇企业给予若干税收减免的政策未发生变化。乡镇企业税收优惠主要有：（1）对新办企业，在政策上需要扶持或开办初期有困难的，在一定期限内减征或免征工商税。（2）对新办企业，纳税确有困难的，从事某些需要扶持的生产企业，"老、少、边、贫"地区企业，定期给予所得税减征或免征，期限一般 1—3 年。（3）允许一些企业在减免期满后还可继续享受减免的优惠。（4）较为优惠的税前列支项目和标准。考虑到乡镇企业要承担大量的社会性支出，国家规定乡镇企业可以按计税利润总额的 10% 提取补助社会性支出，并在税前列支。除此之外，乡镇企业还有其他一些项目可以在税前列支。（5）以税还贷，即企业可以用产品税或增值税归还贷款。

由于国家对乡镇企业实行了较为优惠的税收政策，乡镇企业的实际税率不仅大大低于名义税率，也低于国有企业。例如，1991 年，乡村集体企业所得税的实际税率仅为法定适用税率的 40.7%（朱钢，2000）。税收优惠政策也是改革后乡镇企业能够迅速崛起的重要原因之一。

国家通过税收优惠等政策扶持乡镇企业、特别是乡村集体企业的发展，其重要原因在于乡镇企业的发展有利于解决农业剩余劳动力、增加农民收入。另一个重要原因则是为了鼓励乡村集体企业通过"以工补农（建农）"的形式增加对农业和农村社会事业的投入，弥补国家财政对农业和农村投入的不足。在有关乡镇企业的政策文件中，几乎都将乡村集体企业发展看成是支持农业生产发展的重要因素，并十分强调发挥这一作用的重要性（朱钢，2000）。1978—1994 年，乡村集体企业用于补农建农资金 900 多亿元，相当于同期国家预算内财政支农支出的 23%；用于农村各项事业建设资金 1000 多亿元（农业部，1995）。

1994 年，为了建立与社会主义市场经济体制相适应的税收制度，我国对税收体制进行了重大改革。这些改革涉及乡镇企业的许多方面：（1）对生产和销售环节普遍征收增值税，且一般不准对增值税予以减免，减免权高度集中于中央。（2）取消对乡镇企业实行的八级超额累进所得税税制，统一实行 33% 税率的所得税。（3）取消乡镇企业按计税利润总额 10% 提取补助社会性支出的税前列支，改成减免 10% 的所得税用于社会性支出。（4）基本上取消了对乡镇企业所得税和其他税收的减免政策。
（5）取消了对乡镇企业实行的以税还贷的政策。

总体上看，1994 年的税收制度改革基本上取消了乡镇企业的税收优
惠政策，在非农产业的税收制度上基本实现了城乡统一，这体现了公平税
负、平等竞争的市场经济原则，有利于完善的社会主义市场经济制度的建
设，也有利于乡镇企业在公平的市场竞争中健康发展。

二、农村税费改革

改革以来，我国农村税费制度的一个突出特点是各级地方政府利
用行政性权威向农民强制征收各种费用，这些不合理的收费制度导致
了农村社会的不稳定，对农村社会经济和谐和可持续发展构成了极大
威胁。

20 世纪 90 年代，一些地方就已进行了以县为单位的农村税费改革试
点，比较典型的有湖南省武冈市的"费改税"、河北省正定县的"公粮
制"、安徽省太和县等地的"税费合一"以及贵州省湄潭县等地的"税费
大包干"等。各地进行的改革试点虽然存在着很多问题，但对于推动农
村税费改革却具有积极作用，为 2000 年由中央启动的全国性农村税费改
革积累了宝贵的经验。

2000 年，根据《中共中央、国务院关于进行农村税费改革试点工作
的通知》，安徽省率先在全省范围进行了农村税费改革试点，其他许多省
份也各自选择了若干县（市）进行改革试点，由此拉开了大范围进行农
村税费改革试点的序幕。按照政策制定者的目标设计，农村税费改革的主
要目的是从根本上理顺农民与国家之间的分配关系，彻底减轻农民负担；
对政府提供公共产品和服务的成本费用分摊方式和机制进行改革。同时，
农村税费改革不仅要减轻农民负担，还要在农民负担减轻的同时，维持基
层政权组织的正常运转。

（一）农村税费改革的主要内容

农村税费改革的主要内容概括为："三个取消，两个调整，一项改

革"。

三个取消：取消乡镇统筹费、农村教育集资等专门面向农民征收的行政事业性收费和政府性基金、集资，取消屠宰税，逐步取消劳动积累工和义务工。

两个调整：调整农业税政策，调整农业特产税政策（详见前述农业税、农业特产税调整的相关内容）。

一项改革：改革村提留征收使用办法，即：原村提留采用新的农业税附加方式统一收取，农业税附加比例最高不超过农业税正税的20%；农业税附加全部返还给村级组织，用于村干部报酬、五保户供养、办公经费等，农业税附加实行乡管村用；村内兴办其他集体生产公益事业所需资金，实行"一事一议"制度，筹资实行上限控制。

（二）配套改革措施

为了使农村税费改革顺利进行，还采取了一些配套改革措施，主要有：（1）精简乡镇机构和人员，按照中央精神，乡镇机构精简人员20%；（2）教育体制改革，主要是将农村教师工资改由县财政统一发放，调整教育布局，扩大教育规模；（3）一些地方还进行了县乡财政管理体制的改革和调整。

（三）改革过程

2000年，安徽省进行全省范围的改革试点。2001年，江苏省自费进行了全省范围改革试点。[1] 2002年，以省为单位进行农村税费改革的范围进一步扩大到河北、内蒙古、黑龙江、吉林、江西、山东、河南、湖北、湖南、重庆、四川、贵州、陕西、甘肃、青海和宁夏16个省份，上海市和浙江省自费进行农村税费改革试点。2003年，其他11个省份开始以省为单位进行农村税费改革试点。至此，农村税费改革试点在全国范围展开。

---

[1] 自费改革是指中央不给予试点省相应的转移支付。

第四节　农村财税制度改革评价和展望

在不断的调整和改革中，我国已初步建立起与社会主义市场经济制度相适应、体现构建和谐社会理念的农村财政税收制度。财政税收制度所反映的国家与农民之间的分配关系由"多取少予"初步转变为"多予少取"，公共产品和服务供给由城乡分割初步走向城乡统筹。但是，农村财政税收制度仍然存在着一些不完善的地方，需要通过进一步深化改革来解决。

一、国家与农民之间的分配关系由"多取少予"初步转变为"多予少取"

改革以前，国家通过统派购制度等从农业攫取剩余以支持劳动力低成本下的工业发展战略，这一时期，国家与农民的分配关系表现为"多取少予"。改革初期，国家虽然大幅度提高农产品收购价格，统派购制度也逐步取消，但是，以"多取少予"为特征的国家与农民之间的分配关系在很长时期并没有得到根本转变，表现为农民在交纳农业税、农业特产税的同时，税外负担长期居高不下。

在农村实行家庭承包制以及人民公社制度解体后，农户成为独立的生产经营单位，农村的分配制度也随之发生了重大变化，农户成为向国家交纳农业税的主体。除此之外，农民还要交纳由中央各部门、地方各级政府和村级组织所收取的各种费用、基金等。改革以后，农民直接承担的税费包括：（1）农业税、农业特产税、屠宰税等①；（2）乡统筹和村提留；

---

① 这里所说的农民负担中的纳税负担仅指农业生产者向国家交纳的税收，不包括农村中的个体工商户以及从事其他非农经营（如运输）的农户交纳的税收，如个人所得税、营业税。

（3）"两工"，即义务工和积累工，是农民以劳务的形式向乡村政府和组织提供的社会负担；（4）各种形式的集资、收费、摊派。

国家统计局农村住户调查显示，农民承担的三项负担（国家税收、上交集体承包任务、集体提留和摊派）[①] 在 20 世纪 80 年代中期以后急剧增加，1985—1995 年期间，大多数年份农民负担增长快于农民人均纯收入增长（见图 11-4）。

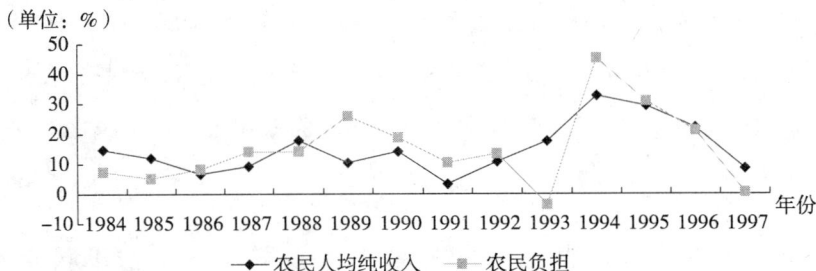

图 11-4　农民人均纯收入增长率与农民负担增长率比较（名义）

（资料来源：孙梅君：《减轻农民负担，重在治本》，载中国社会科学院农村发展研究所、国家统计局农村社会经济调查总队：《1997—1998 年：中国农村经济形势分析与预测》，社会科学文献出版社）

农民负担不仅增长快，而且还表现为税外负担十分沉重。1991 年，国务院颁布了《农民承担费用和劳务管理条例》，《条例》规定，乡统筹和村提留不得超过上年农民人均纯收入的 5%（以乡为单位），但实际上许多地方采取各种手段而突破这一规定（例如，虚报农民人均纯收入）。除乡统筹、村提留外，各种集资、收费、摊派更是名目繁多，难以控制。1993 年，中共中央、国务院曾明令取消了中央国家机关 37 项涉及农民负担的收费、集资和基金项目以及 43 项达标升级活动，纠正了 10 种错误的收费方法。但这仅是冰山一角，各级地方政府还有各自的集资、摊派和收费项目，税外负担构成了农民负担的主体。根据国家税务总局的调查，20 世纪 90 年代，

---

① 农民负担问题非常复杂，其真实数据难以统计，这三项负担只能部分反映农民的负担状况。

在农民各项负担中，农业税、农业特产税、屠宰税负担只占20%多一点，而税外负担高达75%以上（国家税务总局农税课题组，2000）。

20世纪90年代末，国家与农民之间的分配关系发生了重大改变，由"多取少予"开始转向"多予少取"。1998年，中共十五届三中全会通过的《中共中央关于农业和农村工作若干重大问题的决定》提出，要坚持"多予少取"，让农民得到更多的实惠。在中共十六大提出统筹城乡发展、十六届三中全会明确提出"五个统筹"的科学发展观以后，国家采取了一系列实质性的政策和措施，保证了"多予少取"的贯彻落实，农民得到很大的实惠，收入和福利水平明显提高。

在"少取"方面，首先，始于2000年的农村税费改革大大减轻了农民交纳的各种税外负担。2003年与1999年相比，全国农民人均税费负担由99.8元减少到67.3元，减少了32.6%；税费负担占当年农民人均纯收入的比重由4.4%下降到2.6%。其次，从2004年开始实施的农业税减免政策大大减轻了农民的税内负担，并在农业税取消后最终使农民的税费负担彻底减轻。2005年，在绝大多数省份取消农业税后，全国农民人均税费负担由2003年的67.3元减少到13元，下降了80.7%，税费负担占当年农民人均纯收入的比重由2.6%下降到0.4%，2006年进一步分别下降到11元和0.3%。为保证农村税费改革的顺利进行，中央财政统筹考虑税费改革对地方财政的影响，通过转移支付对地方财政净减收部分给予适当补助，以保证乡村政府和组织维持正常运转、确保义务教育投入水平不低于改革前并力争有所增加，确保农民负担不反弹。2001—2003年，中央财政预算专项用于农村税费改革的转移支付达550亿元。为弥补地方财政因农业税减免和取消而减收，中央财政也给予了必要的转移支付。2004—2006年，中央财政用于农村税费改革、农业税减免的转移支付达1900亿元。

在"多予"方面，一方面，国家财政对农业的支持发生了实质性的变化。虽然改革以来，财政支农支出占财政支出的比重总体上呈下降趋势，但这一指标并不能真实地反映财政对农业的实际支持，必须考虑农业占GDP比重以及国家对农业"取"和"予"的相对变化情况。从表11-4

中可以看出，在第一产业占GDP比重不断下降的过程中，无论是财政支农支出占第一产业增加值的比重、财政净投入占财政支农支出的比重（财政支农支出—农业税收/财政支农支出），还是第一产业增加值占GDP比重与农业支出占财政支出比重的比值（指第一产业增加值在GDP中每占一个百分点所对应的农业支出在财政支出中所占的百分点，它反映的是农业在国民经济中相对重要性的变化与农业支出在财政支出中重要性变化之间的关系），都充分表明国家财政对农业的支持不断提高，特别是在取消农业税后，财政支农表现为几乎完全的净投入。

另一方面，财政、特别是中央财政对"三农"的投入和转移支付大幅度增长。2003—2008年，中央财政总支出年均增长18.3%；同期，中央财政对"三农"的支出由2145亿元增加到5955亿元，年均增长达到22.7%，明显超过中央财政总支出的增长速度。"三农"支出占中央财政总支出的比重由13.7%提高到16.4%。中央财政对"三农"支出中相当比例直接用于农民，使农民得到实惠。例如，退耕还林补助；农业4项补贴

表11−4　财政对农业的支持

（单位：%）

	第一产业占GDP比重	农业支出占财政支出比重	净投入占财政支农支出比重	财政支农支出占第一产业增加值比重	第一产业增加值占GDP比重与农业支出占财政支出比重的比值
1977	—	12.82	—	—	—
"五五"	—	13.13	79.2	—	0.37
"六五"	31.47	8.80	74.6	6.46	0.28
"七五"	26.31	9.08	75.7	6.08	0.35
"八五"	20.66	9.32	71.1	5.70	0.45
"九五"	17.24	8.66	68.7	6.77	0.50
"十五"	13.19	7.48	84.9	10.24	0.57
2006	11.34	7.85	98.6	13.20	0.69

（资料来源：根据《中国统计年鉴，2008》、《中国财政年鉴，2007》有关数据整理）

（粮食直接补贴、购买大中型农机具补贴、良种补贴以及对种粮农民因农业生产资料价格上涨增支实行的综合直补）；农村义务教育的"两免一补"（免学杂费、课本费以及对家庭困难寄宿学生生活补助）；新型农村合作医疗补贴等。2005 年至 2008 年，用于 4 项农业补贴的资金由 173.7 亿元增加到 1030 亿元，增加近 5 倍，年均增长 42.7%；从 2003 年起，中央财政对中西部地区除市区以外的参加新型合作医疗的农民每年按人均 10 元安排合作医疗补助资金，从 2008 年起，中央财政的补助水平提高到 40 元。

二、公共产品和服务的供给从城乡分割初步走向城乡统筹

（一）公共产品和服务供给上的城乡差别以及成本费用分配方式上的城乡差异

相对于改革开放前，改革开放后，财政扩大了对"三农"的投入规模和转移支付，但在很长一段时期里，财政资源配置仍然没有充分考虑到农村人口的规模、农村社会经济发展的落后状况以及巨大的城乡差距，没有充分考虑农村人口在享受公共产品和服务方面的社会公平。财政体制、行政管理体制、考核机制等的不完善以及政府间财政转移支付制度建设滞后等，使改革前固有的公共产品和服务供给上的城乡二元结构和差距得以延续甚至强化，这主要表现在两个方面。

一方面，农村公共产品和服务的供给水平大大落后于城市，不能满足农民的需要、甚至最基本的需要。公共产品和服务供给上的城乡差别是全方位的，这里仅以义务教育和卫生为例。

我国于 1986 年开始实行 9 年义务教育制度。但是，财政投入上的城乡差距较大。1995 年，按官方统计，农村初中在校生占全国初中在校生的 57.1%，但预算内教育经费中的公用经费支出以及基建支出却分别只占 39.2% 和 18.4%；同年，农村普通小学在校生占全国普通小学在校生的 70.5%，但预算内教育经费中的公用经费支出以及基建支出却分别只占 47.2% 和 22%。农村义务教育的公用经费和基建大量依赖于向农民的集资、摊派和收费。

医疗卫生方面的服务水平更是明显低于城市居民。虽然政府对农村卫生资金投入从 1991 年的 48.71 亿元增加到 2000 年的 124.59 亿元，但按 1990 年的不变价格计算，只增加到 67.79 亿元，年均增长速度为 4.49%，大大低于同期全国卫生总费用年均增长 13.1% 和全国农村卫生总费用年均增长 12.8% 的速度。同期，农村卫生总费用中，政府投入比重由 12.54% 下降到 6.59%。2000 年，农村居民个人卫生支出占卫生总费用的比重为 90.15%，而全国居民平均为 60% 左右；1997 年，城市人均卫生事业费为农村的 4.5 倍（李卫平、赵都馨、石光，2004）。

财政投入上的城乡差距导致农村教育、卫生等事业的发展水平远远落后于城市。

另一方面，农村与城市在公共产品和服务供给的成本费用的分配方式上存在着不公平，即同一类型的公共产品和服务，城市居民无须支付费用或支付很少的费用，而农民却要支付相当比例的费用。政府为了履行职能需要筹集一定的资金。但是，这种筹资需要遵循两个基本原则，即受益原则和支付能力原则。支付能力是指政府所提供的产品和服务的成本费用的分配，要与社会成员的支付能力相联系，它的含义在于，成本费用的分配应该依据社会成员的支付能力进行（王传纶、高培勇，1995）。但是，改革后很长一个时期，在政府提供的公共产品和服务的成本费用分配上存在着严重违背支付能力原则的城乡不平等的问题。

改革以后，农民承担的税外负担大多数用于本应由政府提供的公共产品和服务。虽然大量的政府税外筹资弥补了预算内资金的不足，提供了一部分公共产品和服务，但这些筹资极大地加重了农民的经济负担，农村人口在享受公共产品和服务时所承担的比例大大超过城市居民。在公共产品和服务供给成本费用分配方式的城乡差异方面表现最为典型的是义务教育。20 世纪 90 年代，与教育有关的收费、集资和摊派成为农民负担中最主要的部分，从某种程度上说，我国过去农村义务教育目标的实现、农村义务教育的发展是以违背支付能力原则、增加农民负担为代价的，或者说，作为实现社会公平目标的义务教育等是以牺牲另一种公平为代价的。

（二）城乡分割的公共产品和服务供给二元体制的转变

在 2000 年实行农村税费改革、特别是 2003 年中央提出统筹城乡发展的科学发展观后，城乡分割的公共产品和服务供给二元体制发生了较大的改变。

第一，公共产品和服务供给的成本费用分配方式发生了根本转变。农村税费改革和取消农业税后，农民除交纳非农经营税收以及通过"一事一议"的方式来进行部分村级公益事业建设外，直接承担的公共产品和服务供给的成本费用大幅度减少。

第二，财政资源在城乡之间的分配开始向农村倾斜，农民享受的公共产品和服务的数量增加、质量提高。财政新增教育、卫生、文化等公共事业支出主要用于农村，财政、特别是中央财政大幅度增加对农村社会事业发展的投入。

经过几年的努力，财政资源在城乡之间配置不合理的状况得到了比较大的改善。以义务教育为例，1995 年，全国小学生均预算内教育经费支出比农村小学高 22.5%，2000 年为 19.7%，仅下降了 2.8 个百分点；而 2000—2005 年则下降了 9.5 个百分点，全国仅比农村高 10.2%。1995 年，全国初中生均预算内教育经费支出比农村初中高 27.7%，2000 年为 29.3%，提高了 1.6 个百分点；而 2000—2005 年则下降了 15.3 个百分点，全国仅比农村高 14%（见表 11-5）。

表 11-5　生均预算内教育经费支出比较

年份	1995	2000	2001	2002	2003	2004	2005
农村小学（元）	221.6	417.4	558.4	723.4	823.2	1035.3	1204.9
全国小学（元）	271.5	499.8	658.5	834.3	952.6	1159.3	1327.2
全国比农村高（%）	22.5	19.7	17.9	15.3	15.7	12.0	10.2
农村初中（元）	397.8	539.9	666.7	816.0	889.7	1101.3	1314.6
全国初中（元）	508.0	698.3	839.4	998.4	1097.3	1296.4	1498.3
全国比农村高（%）	27.7	29.3	25.9	22.4	23.3	17.7	14.0

注：2005 年未包括基本建设支出。

（资料来源：根据历年《中国教育经费统计年鉴》整理）

三、国家与农民、农村与城市之间分配关系转变的主要原因

首先，党的执政理念发生了重要变化。按照统筹城乡发展的科学发展观来制定社会经济发展政策，从重视和解决农民的生存权开始转变为重视和解决农民的发展权。唯此，国民经济和社会才能可持续和谐发展。这是国家与农民、农村与城市之间分配关系发生转变的根本原因。

其次，国家财政收入快速增长，占 GDP 的比重不断提高。2008 年，国家财政收入已达到 61300 亿元。1995—2008 年，国家财政收入年均增长 19.2%，占 GDP 的比重由 10.3% 提高到 20.4%。与此同时，中央财政收入占全国财政收入的比重保持较大比重，"十五"时期平均达到 53.8%。财政收入的快速增长以及中央财政收入比重维持在较高水平，使中央财政有能力增加对农村公共产品和服务的供给。

再次，转移支付制度不断调整和完善。我国于 1994 年分税制改革时开始建立转移支付制度。分税制实施初期，转移支付制度非常不完善，以照顾改革前各地既得利益的税收返还（增值税和消费税）比重过大，难以实现公共服务的均等化。随着社会主义市场经济体制的不断完善和公共财政制度的不断健全，转移支付制度不断调整和完善，以实现公共服务均等化目标的转移支付比重不断提高。1994 年，中央财政对地方的财力性转移支付和专项转移支付占中央对地方税收返还和补助支出的比重仅为 19.3%，到 1997 年仅提高到 25.1%，至 2005 年已经达到 63.9%，比重明显提高。转移支付制度的调整和完善一定程度提高了县级政府为农村提供公共产品和服务的能力。

四、农村财税制度尚待完善

（一）公共财政阳光更多地照耀到农村，但还缺乏有效的制度安排

1. 地方政府增加收入的权力有限，与其职责不相称

改革以来，政府层级间职能的科学划分问题一直未得到很好解决。尽

管县乡政府财政十分困难，但仍然要承担大量与其财政能力不相称的职责。然而，在增加地方政府的权限方面，在法律层面以及制度安排上都没有给予地方政府增加收入的空间和选择权。例如，地方政府没有设税权，所有税种、税率设置几乎完全由中央政府控制，地方政府、主要是县乡政府缺乏满足其基本需要的主体税种；地方政府也没有发债权。虽然包括县乡政府在内的地方政府通过向银行和农村信用社等金融机构、个人等借款，以债务人身份筹措了大量资金，但由于没有制度约束，监督机制也不健全，形成了大量的不良债务，导致了较高的政府财政风险。

2. 转移支付制度尚不完善

对于大多数中西部地区县乡政府来说，上级政府转移支付构成了其可支配财政收入的主体。近几年来，中央财政明显加大了对农村的转移支付，过去长时期严重依赖于县乡财政供给公共产品和服务的状况发生了很大的改变。但是，转移支付制度尚存在着许多需要完善的地方，主要表现在三个方面：一是专项转移支付比重仍较高；二是虽然近几年转移支付力度逐步加大，但缺乏法律层面上的制度安排，存在着不确定性；三是转移支付更多依赖于中央转移支付，使一部分转移支付在满足农民的实际需求偏好上存在着效率问题。这三个问题的实质是，目前财政增加对"三农"的支出主要解决的是城乡之间的分配比例问题，农村公共财政的决策机制并没有真正建立，财政资金的投入完全是自上而下的，缺乏自下而上的需求表达和决策机制。

（二）财政体制受制于政府层级间行政管理体制的状况未能得到根本改变

1994年实行分税制财政体制后，虽然仍然维持了改革后一直实行的分权型的财政体制，但分权程度得到削弱，集权程度提高。然而，无论是分权还是集权，县乡政府的财政体制都严重受制于政府间行政管理体制，从而对县乡政府的财政资源和提供公共产品和服务的能力产生重大影响。改革以来，我国行政管理体制始终没有进行根本性改革。现行政府层级间行政管理体制的一个重要特征是上级政府对下级政府具有强制性的行政权威，这种制度决定了下级政府对上级政府强烈的行政依附关系。政府层级间的关系通过领导人任命制等制度表现为强烈的领导与被领导关系，即便是具有自治性质的村级组织也是如此。

这种领导与被领导的行政隶属关系与分权型财政体制极其矛盾，表现为：（1）上级政府对下级政府的财政资源具有控制权，财政资源配置往往有利于上级政府而不利于下级政府；（2）上级政府对具体的财政体制具有制定权，下级政府只能在有限的范围内讨价还价；（3）上级政府对财政体制调整具有决定权，不仅在收入与支出的具体划分的调整上具有决定权，而且往往将体制的实施年限变动限定在短期内，使体制的调整随时朝着有利于自己的方向变动。

按照公共财政理论，政府层级间财政支出的配置主要取决于：（1）公共产品和服务供给的规模经济；（2）公共产品和服务的外部性，即受益的外溢范围的大小；（3）居民对公共产品和服务的需求偏好。但是，行政管理体制与分权型财政体制之间的矛盾所导致的后果是下级政府的财权与事权不一致，政府间支出职责配置的背离。在现行行政管理体制下，下级政府的实际可支配财力以及支出职责基本上由上级政府确定，这就非常容易导致下级政府收入与支出之间的背离，下级政府的支出职责常常超出其财力，政府层级越低，这种背离的程度越大，很难按公共财政的原则来配置政府间的支出职责。上级政府或行政部门往往利用其行政权威，通过各种方式和手段强制性地表示上级政府和领导人的政策偏好或政策目标，而在要求下级政府完成各项任务的同时，上级政府往往并不给予相应的财政支持。这种制度的结果是，县乡政府不能很好地根据辖区内居民的需求偏好来提供公共产品和服务，降低了财政的使用效率。

为了缓解基层财政困难，扩大县级政府的权限，一些省份进行了"省直管县"的财政体制改革试点。截至 2006 年，已有 18 个省份进行改革试点（张斌，2007）。"省直管县"改革缩小了地（市）级政府对县级政府财政的管理权限，但由于这种改革游离于行政管理体制改革，地（市）政府仍然可以利用其行政权威干预县级政府的事务，从而使"省直管县"的实施效果大打折扣。

（三）"一事一议"制度难以实践

对于如何解决村一级公益事业建设和发展，农村税费改革采取了"一事一议"的办法，但是，从农村税费改革以来的实践看，实施效果很差。要么根本就没有搞"一事一议"；要么将"一事一议"变成了固定向农民收取的费用，许多地方采取了按人等额筹资的方法，实际上变成了"人头税"；要么就是由村干部等少数人决策，缺乏民主基础。

"一事一议"实际上是要解决村一级范围内公共产品和服务的供给问题，它同样要涉及提供多少、向谁提供以及如何提供的问题。理论上说，"一事一议"是一种通过民主政治制度来提供公共产品和服务的制度安排。应当说，"一事一议"是构建农村基层公共财政框架的制度创新，它构成了民主财政制度的雏形。

但是，"一事一议"制度的实施效果取决于以下三个方面：（1）基层民主制度是否健全；（2）村内居民是否能真实显示他们的偏好以及为此愿意承担的费用，否则将面临"搭便车"问题；（3）能否选择比较好的决策程序（例如，投票方式和程序），否则将带来不民主决策、决策成本过高、效率过低甚至无法决策而导致不提供任何公共产品和服务的问题。从目前来看，上述三个方面都存在很多问题，这是导致"一事一议"制度难以实践的主要原因。

1. 基层民主政治制度

改革以来，我国农村基层民主政治制度建设有了较大的改进，法律、法规等制度建设取得了比较大的进展（如《村民委员会组织法》的颁布等），村民选举制度在不断进行探索，农民的民主意识也在不断提高。但是，总体上看，农村基层民主政治制度仍很不完善，《村民委员会组织法》明确规定村民委员会实行民主选举、民主决策、民主管理、民主监督，但目前除在民主选举方面取得了一定的进展外，民主决策、民主管理和民主监督方面仍很不健全；即使是在民主选举方面也仍存在着许多问题，例如，一些地方的村委会选举仍由乡镇政府和领导所操纵。由于农村基层民主制度尚不健全和完善，导致农民即使对村级事务有参与的热情和愿望，但实际参与程度并不高，这无疑给"一事一议"的实施带来一定的困难。

2. 居民显示偏好

在一个村范围内，农民的收入水平存在着差异以及由此导致税收能力差异，公益事业的受益程度也不一样。而且每个人都有隐瞒自己收入以及对公益事业的偏好，从而获得"搭便车"好处的动机。同时，在许多地方，村的范围很大，这就为以民主方式筹资带来技术上的困难。"一事一议"的效果在很大程度上要取决于居民偏好显示的程度。

3. 决策方式和程序

"一事一议"能否实施的另一个重要因素在于是否有比较好的决策方式和程序，其中很重要的一个方面是选择什么样的投票规则来决定村级公共产品的效率供给。投票规则不同，其结果也不同。《村民委员会组织法》对如何决定村内重大事项作出了如下规定："召开村民会议，应当有本村十八周岁以上村民的过半数参加，或者有本村三分之二以上的户的代表参加，所作决定应当经到会人员的过半数通过。"公共选择理论对投票规则进行了大量的研究，并认为还没有显示任何一种投票规则可以是最优的。如果选择多数投票规则（简单多数），其优点是决策成本相对较低。但公共选择理论已经证明多数投票规则的结果也并不理想，有时，这种结果所选择的公共支出数量不是效率支出数量（即个人的边际收益总额不等于边际生产成本），不是超出就是低于效率支出，或者说不是多数人的意愿选择和支出数量。在一个村范围内，如果某个项目只有部分人收益，但却要全村所有人来分担成本（例如，在许多地方，"一事一议"事实上已成为"人头税"），则这种公共产品有可能过度供给，然而，这个项目由于可能采取简单多数的投票规则而获得通过。如果投票规则采取全体一致通过，其优点是所有人的意愿选择得到满足。但是，要达成全体一致，必须做大量的游说工作，而且由于每一个人都有否决权，因此，决策成本相当高昂。

五、未来展望

（一）基本公共服务均等化，公共财政将全面覆盖农村

基本公共服务均等化是实现社会公平和经济社会可持续发展的基础，是全体公民应该享有的基本权利。同时，它也是一个制度安排，能够使全体公民能够自由地选择和享受诸如公共安全、基础教育、基本医疗和公共卫生服务、必要的社会保障、必要的基础设施和最低限度的行政管理服务等基本公共服务。

随着经济发展和财政收入规模的不断扩大，特别是"以人为本"、统筹发展理念的不断深入，以及中央和地方、地方各级政府之间财政体制和转移支付体制的不断完善，基本公共服务均等化目标的实现将会不断加快，公共财政将逐步全面覆盖农村。

未来基本公共服务均等化和公共财政覆盖农村的主要内容是：（1）进一步增加农村地区公共产品和服务的供给，实现城乡之间基本公共服务的均等化；（2）进一步增加对广大中西部地区农村的公共产品和服务的供给，实现农村不同区域之间基本公共服务的均等化；（3）进一步完善基本公共服务均等化的结构。目前公共财政覆盖农村主要表现在农村义务教育方面，财政资源在农村内部的配置还存在一些不合理、不完善的地方，主要表现为社会发展事业投入失衡，农村卫生以及其他社会保障方面的投入不足，远远不能满足农民的需要。为此，政府将会增加对农村卫生事业、农村社会保障等方面的投入，公共财政将逐步全面覆盖农村。

（二）建立使县乡政府事权与财权相统一的转移支付制度

一般来说，政府财政具有三大职能，即：稳定职能（保证良好的就业率、稳定的物价水平以及适度的经济增长率等）、配置职能（公共产品供给和生产）和分配职能（合理的收入分配等）（理查德·A. 马斯格雷夫、佩吉·B. 马斯格雷夫，2003），而这三种职能在中央财政和地方财政之间是有所分工的。一般来说，中央财政主要履行稳定职能和分配职能，地方财政则更多地履行资源的配置职能，即为本地居民提供公共产品

和服务。因此，对本辖区居民需求偏好最为清楚的县乡政府，将主要承担为本辖区居民提供公共产品和服务的职责。同样，作为我国基层地方政府的县乡两级政府，其基本和主要职能也主要体现在资源的配置方面，即为居民提供公共产品和服务。

为了保证县乡政府能够很好地履行公共产品和服务供给的职责，就必须有保证其财权与事权相统一的制度安排，使其有顺畅的筹资渠道和方式。地方政府可以通过四种渠道和方式筹措资金，即：一般税收、收费、借款举债和上级转移支付。但是，从短期看，特别是在广大的中西部地区，由于县域经济和农村经济还较为落后，税收收入水平低导致财政自给率低下。以 2002 年为例，中西部地区县（市）以全部财政资源（即来源于本地的全部财政收入）占财政支出的比重分别只有 65.9% 和 54.6%（朱钢、贾康，2006），这意味着，即使调整财政体制，将全部税源留给本地也无法满足本地居民对低水平公共产品和服务的需要；如果政府提供的公共产品和服务的对象能够比较容易和明确地被确定，并且可以较为容易地排他，通过收费是一个有效率的筹资方式。但是，收费的最主要问题是如何定价。在基层民主尚不健全和完善，农民收入水平还不高的情况下，利用收费作为重要的筹资方式将可能产生乱收费或变相人头税；借款举债受到现行法律的约束，同时，在现行政治体制下，如果允许县乡政府举债提供公共产品和服务将会导致过度的政府债务，风险较大。因此，短期来看，健全转移支付制度是提高经济不发达地区县乡政府提供公共产品和服务能力的最主要途径。近几年来，中央财政对地方的财力性转移支付、特别是一般性转移支付的规模不断扩大。可以预计，未来这一类转移支付的绝对规模和相对规模（占全部转移支付的比重）都将继续扩大，真正实现县乡政府财权与事权的统一。

第十二章

农村自然资源与环境
管理体制的变迁

中国农村自然资源与环境管理体制 60 年的变迁,与中国经济社会发展的步伐相一致。

60 年来,中国农村自然资源与环境管理始终面临着有限的土地资源与人类社会不断增长需求之间的矛盾。通过利用和保护自然资源来增进人类福利,是驱动农村自然资源与环境管理体制变迁的动力,在这个进程中,粮食保障始终是重要和最基本的政治和政策目标。改革前,表现为强调"以粮为纲";改革以来体现为强调国家独立自主的"粮食安全"。这决定着资源管理体制变迁的基本格局,伴随着生产力水平的提高、社会经济政治体制的变革和分配机制的变迁,实现粮食保障目标的自然资源管理体制安排和管理方式逐步地发生着变化,改革前和改革开放以来呈现出明显的差异。

改革前,以自然资源的广度和深度开发利用为自然资源管理目标,人民福利改善表现为有饭吃和有衣穿;由此,自然资源管理的行动是最大化地开发利用耕地资源以生产出更多的粮食和棉花,"以粮为纲"成为全社会的中心任务,以利用、改造自然和"人定胜天"为理论基础,以开垦荒地、农田水利建设和增产肥料为实现途径。由于管理体制的扭曲、对自然规律认识的偏差和生态目标的缺失,结果是为了粮食生产目标,损失了经济效率和生态安全，造成森林和草地资源的破坏。

改革以来，伴随着人民福利的改善和国家经济实力的增强，自然资源管理可区分出两个阶段。第一，以实现生态平衡为自然资源管理目标，人民福利改善表现为吃好、穿好和住好，由此，自然资源管理的行动是多层次地利用自然资源以生产粮食、畜牧产品、蔬菜、水果、木材，即农林牧渔全面发展和农村非农产业的发展，以最大化物质产出、提高经济效益和生态效益为实现途径，结果是出现工业化和城市化过程中的占用农地资源和农村环境污染问题。第二，以生态安全和环境安全为自然资源管理的目标。人们需要新鲜的空气、洁净的水源、安全健康的食品、赏心悦目的风光，自然资源管理中表现为对环境质量和生态服务的需求，以专门强化稳定耕地面积实现粮食安全目标和大规模的生态建设工程为实现途径。在农村自然资源管理中仍面临着跨部门合作、跨流域管理、跨学科研究的挑战，需要按照自然资源单元来配置经济资源，诱导出基于自然规律的经济政策，而不是在一个行政单元内采用统一经济行为，更不是在更大区域乃至全国采取统一的经济行为。这需要评价指标和价值体系理论探索以及管理体制的实践创新。

贯穿本章的主线是：围绕水土资源、生态资源和环境保护的管理体制变迁展开，涉及农、林、水、国土和环境部门的管理。就组织机构而言，改革前 30 年中，是农、林、水的行业机构直接管理资源的利用及保护和资源行业的生产；而改革以来，资源管理的职能逐渐与生产职能分离。就制度而言，改革前以"指令"、"指示"、"社论"、"纲要"等为行动的指南；改革以来，逐步建立和完善了自然资源和环境管理法律、法规体系，实现了大规模的群众运动进入到规范化的日常管理的转变。就项目而言，从利用水土资源提高粮食产量，到充分利用自然资源发展农林牧渔，到大规模的农村生态工程建设以发挥生态系统的保障和服务功能：即实现从重点注重资源的生产力，逐步扩展到注重生态系统的承载力和环境容量；从自然资源的直接利用，逐步扩展到注重生态系统的保障和服务功能。

第一节　改革开放前的农村自然资源与环境管理体制

1949—1979 年的 30 年，中国农村自然资源和环境管理是伴随着经济总量的供给不足和人民温饱没有满足的背景发生的；是在社会主义计划经济的宏观管理体制和合作化及人民公社的微观经营体制下实现的。这样的宏观格局和微观机制决定着农村自然资源和环境管理体制的基本特征。

一、改革前自然资源管理的机构和制度

（一）管理机构

解放初期，农村自然资源管理的核心目标是通过开发利用来实现物质产出的最大化，以满足饱受饥荒之苦的广大老百姓的生存需求。在改革开放前的 30 年中，自然资源管理机构的重要职能是改善农业生产条件。由此，农村自然资源管理机构实际上是生产的行业管理部门，即农业部、林业部和水利部。

农业部承担着耕地资源的管理职能，通过扩大耕地面积和提高土壤肥力而增加粮食产出，是改革前耕地资源管理的目标。1952 年 10 月成立国营农场总局；1956 年 5 月成立农垦部，其背景是：1955 年毛泽东在《关于农业合作化问题》的报告中，提出了"大规模的移民垦荒"的问题和"三个五年计划期内垦荒四亿亩至五亿亩"的安排；由毛泽东主持制定的《1956—1967 年全国农业发展纲要》中，要求国有农场的耕地面积，要从当时的 1000 多万亩增加到 1 亿亩这样重大艰巨的任务，原来设在农业部内的"国营农场管理总局"显然已不能适应形势发展的需要。[①]

[①] 刘良玉：《农垦部的成立和农垦事业的发展》，《共和国农业史料征集与研究报告》（第 2 集）。

林业部承担森林保护和林业生产的管理职能。在解放初期为林垦部,1951 年底林垦部改为林业部,原林垦部的垦务工作移交农业部主管;1952 年 12 月 31 日,政务院财政经济委员会决定由林业部统一领导全国国营木材生产和木材管理工作。1970 年将林业部与农业部合并成立农林部;1979 年成立国家林业总局。反映出不同阶段林业管理的中心工作的变化。

水利部始终是农村水利资源开发利用和建设的管理机构,在缺少食物、缺乏抵御影响农业生产的洪灾和旱灾能力的背景下,水利建设成为新中国农村自然资源管理的重中之重。在新中国前 30 年农村发展中,为改善农田水利设施条件和防洪抗旱发挥着重要的作用。

中国的环境保护管理起步于 1972 年。在此之前,中国政府没有设立专门的环境保护管理机构,环境管理工作是由相关的行业行政管理部门承担的。除了自然资源利用和保护的内容之外,环境管理基本上是环境卫生和城市建设的概念,所以主要是由卫生部门和建设部门承担。为了更好地开展资源综合利用,1971 年在国家计委内成立了"三废"利用领导小组。1972 年,中国政府派代表出席在斯德哥尔摩召开的联合国人类环境会议,是我国环境保护管理的重要转折点。1973 年,我国成立了国务院环境保护领导小组及办公室,省市级政府也设置了相应的环境保护管理机构。改革初期,环境保护管理重点在城市,农村环境保护列入环境管理的政策目标中已经是 1990 年代的事情。

(二)管理制度

1949—1978 年间,我国农村自然资源管理中以法律和法规形式出现的制度比较少,其中:1957 年 5 月 24 日,国务院举行第 19 次会议,会议通过了《水土保持暂行纲要》,并决定设立国务院水土保持委员会,负责领导全国水土保持工作的开展;1963 年 5 月 27 日,国务院颁布《森林保护条例》。

改革前农村自然资源管理的突出特征,是以"通令"、"指示"、"社论"、"方针"、"规定"等作为重要的管理制度,而不是以法律法规保证来实现管理职能。例如:1953 年 9 月 30 日,政务院发布《关于发动群众开展造林、育林、护林工作的指示》，成为我国群众性植树造林运动的序幕。又如：1965 年 9 月全国水利会议提出"大寨精神，小型为主，全面配套，狠抓管理，更好地为农业增产服务"的基本方针。1970 年 9 月 23 日，《人民日报》发表社论：《农业学大寨》。文章指出，把大寨经验迅速推开，必须抓住阶级斗争这个纲。由此，掀起了农业学大寨高潮。

二、改革前的水土资源管理

水土资源管理的目标是提高耕地粮食产量，重要举措包括：（1）以农田水利建设为核心的水土资源管理；（2）以扩大耕地面积为核心的开荒造田；（3）以提高土壤肥力为核心的土壤改良。

（一）以农田水利建设为核心的水土资源管理

1. 解放初期的农田水利建设

1950 年 10 月，政务院发布《关于治理淮河的决定》，是新中国治理大江大河的开端。1952 年 3 月政务院发布《中央人民政府政务院关于 1952 年水利工作的决定》，要求继续加强防洪排水，减轻水灾，以保证农业生产；大力发展灌溉面积，加强管理，改善用水，以防止旱灾并增加单位面积产量；重点疏浚内河，整理水道，以发展航运，便利物资交流，进一步加强流域性、长期性的计划的准备工作，特别注意根治水害与灌溉、发电、航运的密切配合，以适应人民经济发展的需求。1953 年 8 月在政务院举行的政务会议上，水利部报告说，三年来，共兴修小型塘坝涵闸等工程 310 多万处，凿井 73 万眼，恢复及新建大型灌溉工程 214 处，排水工程 30 余处，添置抽水机 23000 多马力，共计扩大灌溉面积约 4600 万亩，并在原有 2.1 亿亩的农田上，改善了灌溉排水设施。

1956 年 3 月 23 日，新华社报道：我国第一个五年计划期间兴修农田水利的计划已经超额完成。国家原计划五年内扩大农田灌溉面积 480 万公顷，现在已扩大了 800 万公顷。

1957 年 7 月 24 日，《人民日报》发表社论：《关于发展农业的四点建议》。社论说，根据我国第一个五年计划执行的经验和第二个五年计划即将开始的情况，向国家机关的有关部门和地方当局提出四点建议。第一，兴修水利，以中、小型为主。第二，增产肥料。用多种多样的办法增积肥料，是当前我国增加肥料来源的有效办法。第三，增产粮食和增产棉花兼顾。在我国还不能大量扩大耕地面积以前，为了增产粮食，适当保证人民消费增长的需要，一般地不再扩大工业原料作物的种植面积。第四，国家机关的有关部门和地方当局，必须采取坚决的和有效的步骤，改变基本建设中浪费耕地的严重情况，严格执行国务院公布的关于国家建设征用土地办法和严格执行审批制度。[①]

2. "大跃进"式的农田水利建设

1958 年发动的"大跃进"是从农业开始的。1957 年 9、10 月间召开的中共八届三中全会，揭开了发动农业"大跃进"的序幕，全会基本通过了《一九五六到一九六七年全国农业发展纲要（修正草案）》，提出：5 年内粮食产量按全国人口平均每人达到 2000 斤，半个世纪内做到亩产 2000 斤。中央和国务院于 1957 年 9 月 24 日发出的《关于在今冬明春大规模开展兴修农田水利和积肥运动的决定》，投入水利的劳动力，10 月份两三千万人，11 月份六七千万人，12 月份八千万人，1958 年 1 月达 1 亿人。空前规模的农田水利建设运动的掀起，实际上吹起了农业"大跃进"的号角。[②]

1957 年冬天以来，毛主席重视的农业增产措施，除大兴水利建设之外，就是耕地深翻改土、合理密植、工具改革、养猪积肥等。著名的"农业八字宪法"（土、肥、水、种、密、保、管、工），就是毛主席在 1958 年致力于抓农业增产措施基础上总结概括而成的。

1957 年，党中央、国务院对水利建设提出："必须切实贯彻执行小型为主，中型为辅，必要和可能的条件下兴修大型工程"的水利建设方针。并提出："还必须注意掌握巩固与发展并重，兴建与管理并重，数量与质

---

① 农业出版社编：《中国农业大事记》（1949—1980），中国农业出版社 1982 年版。
② 薄一波：《若干重大决策与事件的回顾》，中共中央党校出版社 1993 年版。

量并重"的原则。但随后到了 1958 年"大跃进"的特殊历史时期，在"左"的口号和方针下，违反自然规律，急于求成，高指标，瞎指挥，在淮北地区大搞河网化，使水利建设处于失控状态，这个时期，虽然修建了一批水利工程，但在高速发展的同时，掩盖了工程设计标准低和质量比较差的问题。

3."农业学大寨"式的农田基本建设

大寨是人民公社化后，生产实现了"大跃进"的特殊典型，即人民公社制度安排实施农田基本建设的样板。

大寨自然条件极其恶劣，全村 800 亩土地散布在七沟八梁一面坡上，1952 年建立初级社后，大寨人开始依靠集体的力量进行大规模的农田基本建设，1958 年人民公社化后，又进一步加大了建设力度，逐渐把 4700 块土地连成了 2900 块，将"三跑田"变成了"三保田"，彻底改变了生产条件。应该承认，在当时，如果不是实现了集体化，单凭一家一户的力量是难以进行如此大规模的农田基本建设的。[①] 但在当时的政治背景下，大寨的"成功"，在全国数以十万计的社队中具有相当的特殊性。1965 年11 月 1 日，《人民日报》题为《农业靠大寨精神》的社论中明确指出："大寨道路就是中国社会主义新农村的道路，大寨模式就是中国人民公社化的样板，大寨这面红旗就是三面红旗伟大胜利的典范！"由此，大寨已经不是农田基本建设的典范，而成为人民公社化的样板和"一大二公"的社会主义模式。尽管如此，大寨农田基本建设的方式在一些村庄还是发挥了作用。

1972 年我国北方地区大范围少雨，受旱面积 4.6 亿亩，成灾率 44%，重旱区在华北。对此，1973 年国务院召开了北方十七省（自治区、直辖市）的抗旱工作会议，对解决北方农牧区的缺水问题进行全面部署。这两次会议掀起了北方地区打井开发利用地下水、发展农田灌溉、大搞治

[①] 温晋生、杜晓风：《人民公社化与农业学大寨运动的兴起》，《共和国农业史料征集与研究报告》（第 6 集），2001 年。

水、改土为中心的农田基本建设的热潮，加上 1963 年海河大水以后，根治海河的基础，1978 年是特大干旱年，范围广、时间长，全国受旱面积高达 4017 万公顷，成灾率达 44.7%，但由于水利设施抗旱能力的提高，全国粮食总产量比上一年还有所增长。经过 30 年的水利建设，华北地区的干旱缺水有了一定的缓解，70 年代末"南粮北调"的局面从根本上得到了扭转，应该说水利发挥了巨大的作用。

（二）以扩大耕地面积为核心的开荒造田

1. 开垦荒地

1954 年年底，农业部决定从 1955 年开始三年内在黑龙江开垦荒地 300 万公顷。1956 年 3 月 6 日《人民日报》发表社论：《开垦荒地》。1956 年 5 月农垦部成立，由此开始了中国农业发展史上大规模开垦荒地的篇章。1958 年农垦部提出《关于开垦荒地建立国营农牧场的 10 年规划建议书》，同年，在毛主席、党中央提出的"上山下乡"的号召下，几十万转业官兵参加农垦建设。其中，有十万转业官兵奔向"北大荒"，大规模地开垦建场。同时，全国各地也出现了上山下乡开垦荒地的热潮。1959 年年底，中央批准在内蒙古呼盟开荒四百万亩，并责成农垦部协助内蒙古办理，开始进入牧区开荒阶段。1970 年 7 月 15 日，《人民日报》刊登新华社专文：《牧民不吃商品粮》，进一步加大了牧区开荒的力度。

全国农垦系统 1952 年开荒 39 万亩，1957 年开荒 332 万亩，1970 年开荒 318 万亩，1979 年开荒 175 万亩；到 1979 年农垦系统的国营农场耕地面积为 6500 万亩。

2. 围湖造田

在片面强调"以粮为纲"的政策诱导下，有的地方提出"向水面要粮"；有的地方把围湖土地产的粮食算作原耕地产量，补其上"纲"，称为"补纲田"，形成围湖造田生产粮食"戴红花"。盲目地围湖造田、毁塘种粮，致使江河湖泊的水面逐年缩小。据统计，解放以来全国围湖造田减少湖泊水面达 2000 万亩以上。素有"千湖"之称的湖北省，原来境内湖泊是星罗棋布，全省有千亩以上的湖泊 1065 个，因 1958—1978 年间的围湖造田，到 1980 年时不到 500 个，水面面积减少四分之三。八百里洞庭，解放初期高水位面积 653 万亩，60—70 年代围湖造田 230 万亩，1980 年只有高水位面积 423 万亩。鄱阳湖 60—70 年代共建圩 331 座，围湖面积达 130 万亩，湖内原有保护鱼类繁殖水面 78 万亩，1980 年时已缩小到 39 万亩。

（三）以提高粮食产量为核心的土壤改良

以提高粮食产量为目标的自然资源管理中，如何能够增产是核心问题，自然土壤的肥力成为关注的重点。

1950 年 4 月，农业部在北京召开首届全国土壤肥料会议，足见农业部对土壤肥料工作的重视。1957 年，农业部在北京召开全国肥料会议。会后，农业部发出通知，组织全国 25 个省、自治区、直辖市有关农业研究单位在 157 个点建立了全国肥料试验网，目的是在全国范围内找出不同地区、不同土壤、不同作物需要什么肥料和最经济的施用技术。1958 年 8 月，中共中央政治局扩大会议在北戴河举行，会议讨论了农业生产问题，发布了《关于肥料问题的指示》和《关于深耕和改良土壤的指示》。各地为开展深耕和改良土壤，为开辟肥料来源，以适应"大跃进"的要求，进行群众性土壤普查、摸清土壤底细，乃是重要的基础工作。

农业部于 1958 年开展了全国第一次土壤普查，当时称为"全国群众性土壤普查鉴定工作"，前后历时 7 年，于 1964 年年底结束，完成了《中国农业土壤志》和 1/250 万中国农业土壤图，初步摸清了耕地土壤情况，为合理利用土地提供了大量的土壤资料，对农田基本建设起了推动作用，促进了农业生产，发展了中国农业土壤科学。在前 30 年的发展中，耕地化肥的施用量快速增加，从 1952 年化肥施用量约 29 万吨（亩均 0.4 斤）增加到 1979 年的 5247 万吨（亩均 70.3 斤），为粮食增产作出了贡献。

与此同时，盐碱地改良一直在进行。1975 年新华社报道，目前全国耕地中的盐碱地，已有一半以上改造成肥沃良田。

三、改革前的森林资源管理

在改革开放前，我国林地资源管理的主要任务是发展用材林和生产木材，以满足社会主义经济建设对木材的需求。

（一）国营林场和集体林场

1950 年，林垦部在北京召开第一次全国林业会议，会议确定林业工作的方针和任务是：普遍护林，重点造林，合理采伐和合理利用。会议确定筹备开发大兴安岭林区。中财委颁布《西南区森林收归国有实施办法》。1951 年，政务院发布《关于适当地处理林权明确管理保护责任的指示》；1952 年 2 月林业部发出《关于 1952 年春季造林工作的指示》，重申了谁种归谁政策和民造公助的方针，并要求积极推动合作造林和封山育林。由此翻开新中国森林资源管理的第一页。

改革前 30 年，我国先后建立了 3900 个国营林场和 22 万个社队林场，林地资源实行国营林场和社队集体林场管理体制。国营林场经营面积 69000 多万亩，社队林场经营面积 24000 多万亩。

我国国有林区，1958 年以前是先由各大行政区后由中央集中管理，1959 年起全部下放省、区管理，多数林业企业下放到县，1963 年又收回中央集中管理，1969 年下放省、区管理。集体林区和木材销区一直由地方管理。

集体林业在林业发展中占有重要的地位。1961 年 6 月国务院发布了《中共中央关于确定林权、保护山林和发展林业的若干规定（试行草案）》，主要是明确山林一般归生产大队所有，固定包给生产队经营；不便于生产队经营的，组织专业队经营；大队和生产队每年编制采伐计划，实行按计划采伐，不在计划之内的采伐，大队和生产队有权制止。集体林业基本上由农村社队经营管理，它同农业的关系十分密切。

（二）砍伐森林

新中国前 30 年，全国新造林保存面积为 42000 万亩。1979 年年底，全国森林面积 183000 万亩，覆盖率为 12.7%，森林总蓄积量为 95 亿立方米，其中可供采伐的只有 35 亿立方米。到 1979 年，全国的森林大多分布在东北、西南等边远地区，华北、西北地区森林极少，有些省、区森林覆盖率还不到 1%。全国 2200 多个县，植树造林搞得好和比较好的县也不过十分之一。相当多的地方仍然是光山秃岭，赤地一片，少林缺材的面貌没有多大改变。

1950 年，政务院颁布《关于禁止砍伐铁路沿线树木的通令》，政务院、中央军委发布《各级部队不得自行采伐森林的通令》，政务院发布《关于春季严禁烧荒烧垦防止森林火灾的指示》。1955 年 3 月 14 日，《人民日报》发表文章《制止破坏森林资源的行为》，批评东北森林工业部门采伐不合理的现象。

1958 年以来林业体制的"两下"出现过大砍大伐木材，使森林资源遭到严重破坏。从公社化以来，山林遭到三次大破坏：第一次是 1958 年大炼钢铁；第二次是 1960 年县、社、队大办木炭窑；第三次是 1961 年春开始的毁林开荒。此外，还有社员的乱砍滥伐从未间断。山林破坏的原因，第一，公社化后，山林名义上归大队所有，但大队实际上管不了，上面平调不能管，下面砍伐管不住；第二，公社化前一套严格的行之有效的山林管理制度废掉了，出现了无人负责现象；第三，山林的经营管理体制没有确定。

1962 年 6 月，在北京召开华东、中南、西南三大区及所属各省、市、自治区林业工作会议。会议要求各省林业厅建立国营林场管理机构，掌握全省国营林场的计划和财务，同时直接管理大型林场。1962 年 8 月，国务院农林办公室发出"通知"，要求各地迅速采取措施，严格禁止毁林开荒，陡坡开荒。1974—1978 年间，广东省曾推行"大造林、造大林"扩并林场，建立"采育场"，万人上山成片砍伐，刮起林业过渡的"共产风"，毁坏了很多林木。[1]

---

[1] 崔力群：《云浮县划定自留山、承包责任山的调查》，《农业经济情况》（第二期），1983 年。

1978 年农村经营体制开始改革，种植业的家庭承包制度是适应当时生产力水平的，但是林权划回生产队后，由于多年极"左"路线的恶果，农民对政策不信任，林木到手砍了卖钱用上才放心，致使森林又遭受一次破坏。

四、改革前农村自然资源管理的评价

新中国前 30 年农业自然资源管理的成绩，表现为重视农田水利建设和粮食总产量的稳步提高；突出的问题是管理制度缺失和管理决策中没有尊重自然规律，导致生态资源遭到破坏。成绩的取得是以破坏资源为代价的。

（一）改革前 30 年自然资源管理的成效

1. 农业基本建设投资

30 年来，水利建设一直是我国农业基本建设的重点。水利投资一直占农业投资的大部分。全国水利建设投资额和占国民经济总投资的比重：1952 为 4.11 亿元，占 9.4%；1962 年为 8.27 亿元，占 12.2%；1979 年为 34.96 亿元，占 7%。1979 年与 1952 年相比，全国水利投资数额增加了 30.85 亿元。农业投资总体呈增长的趋势，但占国民经济总投资的比重经历了由上升到下降的过程。全国农业投资额和占国民经济总投资的比重，1952 为 1.67 亿元，占 3.8%；1962 年为 5.02 亿元，占 7.4%；1979 年为 6.14 亿元，占 1.2%。林业基本建设投资一直都非常少（见表 12 - 1）。

2. 耕地生产力提高

改革前决定耕地生产力的重要因素是有效灌溉面积和化肥施用量。1952 年，全国农田有效灌溉面积为 29938 万亩，占耕地总面积 18.5%；1957 年为 41008 万亩，占耕地总面积 24.4%；1979 年为 67505 万亩，占耕地总面积 45.2%。与 1952 年比较，1979 年全国农田有效灌溉面积增加 37567 万亩，增长 125.5%；有效灌溉面积占耕地总面积的比重提高了 26.7 百分点。化肥施用量，1952 年为 29.5 万吨，平均每亩 0.4 斤；1957 年为 179.4 斤，平均每亩 2.1 斤；1979 年 5247.6 斤，平均每亩 70.3 斤。

表12-1　全国农业基本建设投资

（单位：亿元）

	农业基建投资合计	占国民经济总投资（%）	其中					
			农业	占比（%）	林业	占比（%）	水利	占比（%）
1952	5.83	13.3	1.67	3.8	0.02		4.11	9.4
1957	11.87	8.6	4.26	3.1	0.25	0.2	7.3	5.3
1962	14.39	21.3	5.02	7.4	1.08	1.6	8.27	12.2
1965	24.97	14.6	7.38	4.3	1.93	1.1	15.15	8.9
1975	38.4	9.8	8.55	0.7	2.14	0.5	25.66	6.6
1979	57.92	11.6	6.14	1.2	3.62	0.7	34.96	7

（资料来源：《中国农业年鉴，1980 年》，中国农业出版社）

1957 年到 1979 年，全国粮食总产量从 3901 亿斤增加到 6642 亿斤，同期粮食耕地面积由 140355 万亩减少到 116527 万亩，粮食耕地亩产从 1957 年的 278 斤增加到 1979 年的 570 斤（见表 12-2）。

表12-2　改革前的耕地生产力

	总产量（亿斤）	播种面积（万亩）	粮食耕地（万亩）	耕地复种指数（%）	耕地亩产（斤/亩）	有效灌溉面积（万亩）	有效灌面占耕地面积比重（%）	化肥施用量（按标准肥①）（万吨）	每亩耕地施用化肥（斤）
1952	3278	185868				29938	18.5	29.5	0.4
1957	3901	200459	140355	142.8	278	41008	24.4	179.4	2.1
1962	3200	182431	135268	134.9	237	45818	29.7	310.5	4
1965	3891	179441	135303	132.6	288	49582	31.9	881.2	11.3
1970	4799	178901	128112	139.6	375	54000	35.6	1535.1	20.9
1975	5690	181593	123758	146.7	460	64925	43.3	2657.9	35.5
1978	6095	180881	115274	156.9	529	67448	45.2	4368.1	58.6
1979	6642	178894	116527	153.5	570	67505	45.2	5247.6	70.3

（资料来源：《中国农业年鉴，1980 年》，中国农业出版社）

---

① 关于化肥施用量，根据《中国农业年鉴（1980）》的数据，在改革前的化肥施用量是按标准肥统计，1978 年施用量为 4368 万吨；而改革后按折纯量计算，1978 年为 829.4 万吨。而根据《数据中国三十年》的数据，1978 年化肥施用量（按折纯量计算）为 884 万吨。

（二）改革前30年农村自然资源管理的问题

解放以来，我国社会主义经济建设取得了辉煌成就。但是长期以来，对于维护生态平衡，促进社会经济持续发展的问题，并未给予足够重视。[①]

1. 管理制度缺失和决策缺乏科学性

改革前30年，中国农村自然资源管理是以"指令"、"指示"、"社论"、"纲要"等为行动的指南，没有建立起自然资源和环境管理法律、法规体系；在决策中以政治目标为中心，往往作出不符合自然规律的资源管理决策；在行动上是以大规模的群众运动来推进。结果是：自然资源遭到破坏，农业可持续发展能力被削弱。

2. 森林破坏

改革前，我国的森林资源管理由于政策的偏差和经营管理制度的缺陷，毁林的行为时轻时重，从未停止。造林的速度和森林生长的速度赶不上砍伐的速度，使森林资源遭到破坏。

我国造林面积，1952年为1628万亩，1957年上升为6533万亩，1962年又下降为1798万亩，1979年上升为6734万亩。受到政策和运动的影响，造林面积年度之间差异极大，而且森林面积构成不合理。到改革初期的1978年，在我国18亿亩林地中，用材林占80.3%，防护林占6.5%，薪炭林占2.7%，经济林占7.1%，特种林占0.5%，竹林占2.7%。

在改革前的30年里，中国至少有25%的森林被砍伐了。[②] 例如云南省，1950年森林覆盖率为50%，至1980年森林覆盖率已下降到24.9%；全国重点木材产区伊春林区森林蓄积量比解放初期减少了38%；广东省海南岛解放初期有1295万亩热带原始森林，二十多年来被砍掉了近3/4，

[①] 许涤新：《生态经济学要为社会主义建设服务》，载《生态经济问题研究》，上海人民出版社1985年版。

[②] 李周、孙若梅：《中国环境问题》，河南人民出版社2000年版。

破坏了水源涵养。[①] 30 年来，广西由于毁林开荒，滥伐森林，失去了森林对自然生态平衡的杠杆作用而带来了灾难性后果，全自治区 40 大片水源林区的 364 条小河流中，有 21 条断流，103 条流量减少一半，146 条流量减少 1/3，只有 94 条变化不大。水土流失面积不断扩大，1960 年代为 1800 万亩，1970 年代就扩大到 3200 万亩。河流输沙量增加，1954—1975 年 21 年间，西江年平均输沙量为 6900 万吨，而后十年平均值为 8000 万吨，比前十年又增加了 36%。[②]

3. 草原破坏

到 1979 年，我国天然草地因滥垦、滥牧、滥采集，引起退化、沙化、盐碱化的面积约 1—1.33 亿，占天然草地面积的 1/4—1/3。[③] 黑龙江省是我国草原较为丰富的省份之一，在 1960—1980 年期间，由于片面强调扩大耕地面积，毁草开荒 64.65 万公顷，占草原总面积的 9.5%。根据内蒙古自治区有关部门的统计，从 20 世纪 60 年代末到 70 年代中，共开垦草原 362.8 万公顷，相当于自治区牧区草原的 1/10。河北坝上地区的 4 个牧业县张北、沽源、康保和尚义，原有草原 80 万公顷，由于滥垦，只剩下 13 万公顷，减少了近 84%。我国草原大部分分布在内蒙古、新疆等干旱地区，年降雨量在 400 毫米以下，如果没有灌溉，草原开垦后，不仅农作物长不好，而且会引起大面积沙化。例如，内蒙古的伊克昭盟累计开垦 70 万公顷草原，沙化面积由 150 万公顷扩大到 450 万公顷。土地沙化反过来又影响了产草量。据有关部门估计，伊克昭盟产草量下降了 30%—50%。我国牧区共开垦草原 3000 万公顷，占可利用草场面积的 13.35%，引起沙化、退化、盐渍化面积 6667 万公顷，占可利用草原面积的 29.7%。草原生产力下降 30%—40%。

---

① 关百钧：《我国林业发展战略之探讨》，中国社会科学院农业经济研究所全国林业经济研究会《全国林业发展战略探讨》，1983 年。

② 中国社会科学院农业经济研究所科研处编：《全国林业经济理论讨论会纪要》，《农业经济情况》1981 年第 4 期。

③ 中国社会科学院农业经济研究所科研处编：《全国林业经济理论讨论会纪要》，《农业经济情况》1981 年第 4 期。

第二节　农村自然资源与环境管理体制的改革历程

改革以来的 30 年，中国农村自然资源与环境管理体制的改革是伴随着经济快速增长、工业化和城市化进程不断加快、人民福利逐步改善发生的，是在由计划经济向社会主义市场经济转型的宏观管理体制和农村家庭承包制度的微观经营体制下实现的。

一、组织和制度建设

（一）成立自然资源和环境管理机构和组织

随着市场取向改革的不断深化，政府管理机构的规模不断变小，职能不断弱化，但负责自然资源和环境管理的政府机构是少数不断得到加强的管理机构。例如，在改革之初的 1979 年 2 月，为了将森林资源和林业产业管理从大农业管理中分离出来，国家成立了林业部；1986 年，为了将土地资源管理从大农业管理中分离出来，农业部的土地局被升格为国家土地管理局，国家土地管理局最主要的任务是管理耕地资源。为了加强环境保护工作，1988 年，国家环保局从原国家城乡建设环保部分离出来，成为国务院的直属局。1993 年升格为副部级直属局，1998 年升格为正部级直属局，并更名为国家环境保护总局。2008 年，又更名为国家环境保护部。有关部门还设置了一批司局级的管理机构，例如，农业部设立了草原监理中心，水利部设立了灌溉排水发展中心、水土保持监测中心，国家林业局设立了一批负责重大生态工程管理的办公室，等等。

在改革的过程中，民间组织发挥着越来越重要的作用。我国自然资源管理中的民间组织包括两类：第一类是政府机构直接成立的一些官方社团组织，如 1985 年国务院批准成立中国绿化基金会，2006 年设立中国治理荒漠化基金会。第二类是非政府组织。如由正规机构（地方水利部门和外部专家技术支持相结合）发起成立的农民用水户协会，由企业家发起成立的自然资源、生态与环境保护组织。虽然现实中这些组织的运行存在一些问题，但发育这类组织很可能是今后农村自然资源和环境管理改革的方向之一。

（二）制定自然资源和环境管理的法律和法规

20 世纪 80 年代初，我国开始出台与耕地资源、森林资源、天然草场资源和灌溉水资源相关的法律和法规，它们分别是《森林法》（1984）、《草原法》（1985）、《土地管理法》（1986）、《水法》（1988）、《野生动物保护法》（1988）、《环境保护法》（1989）、《水土保持法》（1991）、《农村土地承包法》（2002）等。

20 世纪 90 年代中期以来，我国一方面继续颁布新的法律和法规，另一方面对已出台的法律进行修订，并对一些法律制定了实施细则，使它们更具有可执行性。例如，1998 年，制定了《水土保持法实施细则》、《森林法实施细则》和《土地管理法实施条例》；1998 年和 2004 年，分别出台了《基本农田保护条例》和《退耕还林条例》，对《土地管理法》进行了修正和修订。

（三）完善自然资源和环境管理制度

除法律、法规外，我国还为农村自然资源管理制定了一系列制度，包括基本农田保护制度、耕地占补平衡制度、森林采伐限额制度和林地许可证制度、森林生态效益补偿制度、草地保护制度等。

1. 基本农田保护制度

我国自 1989 年开始划定基本农田保护区。1990 年，以划定基本农田保护区为主要形式，在全国范围内全面展开基本农田保护工作，并建立基本农田保护区制度。1994 年国务院颁布《基本农田保护条例》，明确基本农田概念、分等定级方法等内容，把基本农田保护工作进一步纳入法制化管理的轨道。2002 年，我国基本农田保护区调整划定工作基本完成。国土资源部的数据显示，全国调整划定基本农田保护区面积 17.2014 亿亩，其中基本农田面积 16.315 亿亩，保护率为 83.64%。

2. 耕地占补平衡制度

耕地占补平衡是 1998 年确定的一项保护耕地的基本制度，即：非农建设经批准占用的耕地，由占用耕地的单位负责开垦与所占用耕地数量和质量相当的耕地；没有条件开垦或者开垦的耕地不符合要求的，应按照省、自治区、直辖市的规定缴纳耕地开垦费，专款用于开垦新的耕地。从 2001 年起，全国实现省域内耕地占补平衡。但它是区域内所有新增耕地与建设项目占用耕地之间的平衡，而不是建设项目的耕地占补平衡；它只是数量上的平衡，而不是质量上的平衡。2004 年，《国务院关于深化改革严格土地管理的决定》指出：要利用农用地分等定级的方法，对补充耕地与被占用耕地进行折算，以实现耕地占补数量和质量平衡。

3. 森林采伐限额制度和使用林地许可证制度

1985 年，林业部颁布了《制定森林年采伐限额暂行规定》，确立了森林采伐限额制度。"七五"期间，只是从总量上执行采伐限额制度；"八五"期间，除了对木材采伐进行总量控制外，还按照森林资源消耗结构，分别核定了商品材、农民自用材、培殖业用材、生活烧柴、工副业烧柴和其他用材等分项限额指标，对国有林业局和国有林场也分项列出采伐限额指标。"九五"期间，进一步从采伐类型上对森林采伐限额进行分类。为了有效控制非农建设占用林地，1995 年 1 月，林业部发出《关于实行使用林地许可证制度的通知》，决定从 1995 年起在全国实行使用林地许可证制度。2000 年 12 月，国家林业局发布了《林木和林地权属登记管理办法》；2001 年 1 月，颁布了《占用征用林地审核审批管理办法》。

4. 森林生态效益补偿制度

2001 年 11 月，国家财政投入资金 10 亿元，启动森林生态效益补偿的试点工作。试点范围涉及 11 个省（区）的 685 个县（单位）和 24 个国家级自然保护区，涉及重点防护林和特种用途林 2 亿亩，每亩补助 5 元，以期通过试点探索建立森林生态效益补偿制度的经验。

（四）完善自然资源和环境管理政策

我国农村自然资源管理政策包括管制性政策和激励性政策两大类。其中，管制性政策主要集中在耕地资源和林地资源管理上，激励性政策主要体现在产权制度改革上。

1. 禁止滥占耕地资源的政策

改革以来，针对不同类型的耕地被占用的问题，中国政府了出台了若干个强制性管理耕地资源的政策。1980 年代，针对经济发展水平较高的农村出现农民建房滥占耕地的问题，1982 年 1 月，中共中央、国务院转发了《关于切实解决滥占耕地建房问题的报告》。80 年代中期，针对乡镇企业发展占用耕地的问题，1986 年 3 月，国务院发出了《关于加强土地管理，制止乱占耕地的通知》。90 年代中期以来，针对城市化、工业化加速造成的占用耕地问题，1997 年，《中共中央国务院关于进一步加强土地管理切实保护耕地的通知》，作出了冻结非农业建设项目占用耕地一年的决定。1999 年，国务院办公厅《关于加强土地转让管理严禁炒卖土地的通知》提出 6 点要求。进入 21 世纪后，在《国民经济和社会发展第十一个五年规划纲要》中明确提出，要对耕地实行最严格的保护政策，并确定了到 2020 年保持 18 亿亩耕地的目标，18 亿亩耕地成为不可逾越的一道"红线"。从总体上看，在 2003 年以前并没有解决耕地被占用的问题。2004 年以后，基本遏制了乱占滥用耕地的势头。

2. 禁止乱砍滥伐森林的政策

禁止乱砍滥伐一直是森林资源管理的重要内容。20 世纪 80 年代初期，曾经出现过体制起因的乱砍滥伐。当时，木材存在着两种价格。规格材按国家价，非规格材实行议价。对集体林的这两种产品界限可以说既清楚又不清楚，因为规格材可以人为地变成非规格材。这具体表现为国家收购的规格材收不上来，而所谓非规格材则大量上市。这样一来，引起了一些地方的乱砍滥伐，使森林资源遭到破坏。1980 年 12 月，国务院发布《关于坚决制止乱砍滥伐森林的紧急通知》；1982 年 10 月，中共中央、国务院又发出《关于制止乱砍滥伐森林的紧急指示》；1987 年 6 月，中共中央、国务院发布《关于加强南方集体林区森林资源管理坚决制止乱砍滥伐的指示》；1998 年 8 月，国务院发出《关于保护森林资源制止毁林开垦和乱占林地的通知》；2001 年 12 月，国家林业局印发《关于违反森林资源管理规定造成森林资源破坏的责任追究制度的规定》和《关于破坏森林资源重大行政案件报告制度的规定》；2004 年 1 月 13 日，国家林业局出台《关于严格天然林采伐管理的意见》。

3. 自然资源产权制度改革

（1）森林产权制度改革

南方九省区是以集体林为主的林区，自改革之初农村耕地实行家庭承包制度以来，经历了两次森林产权制度改革。20 世纪 80 年代初期，集体林区效仿耕地产权制度改革的做法，进行了集体林权制度改革，即林业"三定"（稳定山权林权、划定自留山、确定林业生产责任制）工作。1981 年 7 月，国务院办公厅转发林业部《关于稳定山权林权，落实林业生产责任制情况简报》，要求各地在 1982 年春以前完成这项工作。到1984 年年底，林业"三定"工作基本完成，全国有 77.5% 的县和 88.2%的生产队完成了林业"三定"任务。但是，林业"三定"完成以后，集体林的发展并没有取得显著的改进。在这样的背景下，从 2003 年开始，又开始了新一轮的集体林权制度改革。2008 年 6 月颁布《关于全面推进集体林权制度改革的意见》，提出用 5 年时间，在全国基本完成集体林权制度改革。按照中央的部署，这项重大改革正在有条不紊地全面推进。截至 2009 年 6 月，全国有 5 个省基本完成明晰产权、承包到户的主体改革任务，正在积极推进配套改革，14 个省区市的改革已全面铺开，其他省区市也正在进行试点。全国已确权到户的林地面积 12.7 亿亩，占集体林地的 50%。

这两次林改的主要区别在于：20 世纪 80 年代初的林改，多大比例的林地必须由集体经营，农民按什么形式经营都是政府决定的，而农户的经营权却没有清晰的界定。这次林改，农户的经营权有了清晰的界定，如转让、抵押的权利等。更重要的是，林改方案是由村民大会或村民代表决定的，特别强调了得到 2/3 村民或村民代表认同方能通过的原则。对同时具备生产功能和生态功能的森林资源的产权制度改革，需要特别尊重森林资源的生态特征和当地社区居民的利益，需要区分出不同的类型而设计出不同的制度安排，这可能意味着林权制度改革还需要相当长的时间。

（2）草地产权制度改革

20 世纪 80 年代初，牧区也借鉴农区耕地产权制度改革的做法，开始推行草、畜家庭承包制。1981 年到 1983 年，推行了牲畜家庭承包制，1984 年推行了草、畜双承包制。90 年代，又推行草地有偿承包制；农业税取消后，又回到草、畜双承包制。目前，承包到户的草地占可利用草地面积的 50%。草地产权制度改革以来，我国草地出现了日益严重的退化，这引起了对草地家庭承包制的争论。中国草地的沙化和退化，多大程度是由气候变化造成的？多大程度是由产权制度安排不当造成的？需要进一步探索和分析。

（3）"四荒地"产权制度改革

"四荒地"是荒山、荒坡、荒沟、荒滩的简称，它们是农村自然资源的重要组成部分之一。改革初期，一些地方采用耕地分户承包的办法分配"四荒地"，但它们的治理进展极为缓慢。主要原因有两个：一是一般农户的治理能力有限，二是"四荒地"治理见效的时间长，农民担心其治理投入会因政府的政策变化而得不到回报。为了让有治理能力的农户或企业获得"四荒地"的治理权，为了确保治理者的收益权，实施了"四荒地"拍卖的产权制度改革。据初步统计，通过拍卖，全国有 3.5 亿亩"四荒地"明确了治理开发的主体，拍卖"四荒地"使用权土地面积 9800 多万亩，乡村集体经济组织收取拍卖金 20 多亿元，参与购买户近 310 万户，"四荒地"拍卖土地已有一半以上面积得到治理。

（4）水权制度改革

水权界定是水资源管理的重要措施之一。水权没有界定清楚，就难以调动起用水者节水的积极性，就无法建立水市场，就难以实现水资源的优化配置。目前，灌溉水资源的产权改革仍处于探索阶段，还没有建立起有效的水权转让制度。

农村水利到底归谁所有，应该由谁来管？多年以来计划经济、政府代办的管理模式的弊端已被充分认识，必须走政府扶持指导，用水户自主管理的道路。目前，一些地方把具有经营效益的电灌站、土地、厂房和水厂交给私人经营，暂时缓解了农村公用设施维护管理中的矛盾，但其所有权归集体经济组织所有。此外，农村水利中的水土资源以及堤防、排水河道、灌溉渠系等公益性工程亦无法分割。因此，总体来看，农村水利是一种不宜私有化的特殊基础设施，需要有一个能贯彻国家公共管理目的，代表广大农民利益和意愿的集体组织作为"业主"。农民之间以水以及水利服务的利用为媒介形成利益共同体，协同互助自主地管理农村水利，其实现形式就是参与式管理——农民用水合作组织（主要形式为农民用水协会）。[①]

二、农村生态工程

我国农村生态工程是以 1978 年启动"三北"防护林工程为标志。20世纪 80 年代，农村生态工程的主要内容是建设十大防护林体系；随着综合国力的增强，特别是积极的财政政策的实施，90 年代末，中国启动了一批大规模的生态工程，包括天然林保护工程、退耕还林（草）工程、防沙工程、水土流失重点治理与生态修复工程等。

（一）林业生态工程

改革以来，国家实施了以森林资源管理为主的六大林业重点工程，即天然林资源保护工程、退耕还林工程、京津风沙源治理工程、三北及长江流域等重点防护林体系建设工程、野生动植物保护及自然保护区建设工程、重点地区速生丰产用材林基地建设。六大林业重点工程覆盖了全国97% 以上的县，规划中央总投资 5525 亿元。

1. 防护林体系工程

1978 年 11 月，国务院批转国家林业总局《关于在"三北"（东北、

---

① 陈菁、冯广志：《基于物权理论的农村水利资产所有权拍卖的分析》，水利部农水司网站，2008 年。

华北、西北）风沙危害、水土流失的重点地区建设大型防护林的规划》，并将其列为国民经济和社会发展的重点项目。该工程建设范围占国土陆地面积的42.2%，覆盖了中国95%以上的风沙危害区和40%的水土流失区。按照总体规划，该工程到2050年结束，共造林3560万公顷，将把"三北"地区森林覆盖率提高到14.95%。"三北"防护林工程启动后，又陆续实施了一系列区域性的防护林工程，如沿海防护林工程、长江中上游防护林工程，太行山绿化工程等，后来，这些工程统称为"三北"及长江流域等重点防护林体系建设工程。

2. 天然林保护工程

鉴于原始林过度采伐带来的严重的资源危机和生态恶果，我国于1998年在四川省启动天然林保护工程试点工作。2000年，全面启动了涵盖中国各个林区和长江、黄河中上游地区的天然林保护工程，它的目标有二：第一，长江上游、黄河上游地区年减少商品材产量1239万立方米，使该区域的9亿多亩森林得到切实保护；到2010年新增森林1.3亿亩，森林覆盖率提高3.72个百分点，使这一地区的生态环境得到明显改善。第二，东北、内蒙古等重点国有林区年调减木材产量751.5万立方米，使4.95亿亩森林得到有效管护。森工企业产业结构实施战略性转移，使48.3万富余职工得到妥善安置。从2000年到2010年，工程总投资达962亿元。

3. 退耕还林还草工程

25°以上坡耕地的退耕还林还牧工作，始于20世纪80年代中期。尽管这项工作在小流域治理中取得了成效，但由于没有配套政策，未能得到推广。1999年8月，我国提出了"退耕还林（草），封山绿化，以粮代赈，个体承包"的生态建设方针，且当年就在四川、陕西、甘肃三省开展退耕还林还草的试点工作。2002年4月，国务院印发《关于进一步完善退耕还林政策措施的若干意见》和《关于完善退耕还林粮食补助办法的通知》，明确了如下扶持政策：一是粮食补助，每退耕1亩，长江流域及南方地区，每年补助原粮150千克，黄河流域及北方地区，每年补助

100 千克。年限为：还经济林补助 5 年，还生态林补助 8 年，还草补助 2 年。二是现金补助，退耕 1 亩，补助现金 20 元，补助年限与粮食补助年限相同。三是造林补助，每造林 1 亩，补助 50 元。到 2005 年年底，工程覆盖全国 25 个省（自治区、直辖市）及新疆生产建设兵团，共 1897 个县（市、区、旗），2 万多个乡镇，10 万多个村，3200 万农户、1.23 亿农民受益，人均获得粮食和生活费补助 700 多元。[①]

　　2007 年 8 月，国务院《关于完善退耕还林政策的通知》指出：国务院决定安排 2000 多亿元资金，用于今后 8 年延长退耕还林补助期限，巩固退耕还林成果，解决退耕农户长远生计问题。补助标准为：长江流域及南方地区每亩退耕地每年补助现金 105 元；黄河流域及北方地区每亩退耕地每年补助现金 70 元。原每亩退耕地每年 20 元生活补助费，继续直接补助给退耕农户，并与管护任务挂钩。补助期为：还生态林补助 8 年，还经济林补助 5 年，还草补助 2 年。根据验收结果，兑现补助资金。各地可结合本地实际，在国家规定的补助标准基础上，再适当提高补助标准。配套措施是：对基本口粮田建设，西南地区每亩补助 600 元，西北地区每亩补助 400 元。退耕农户基本口粮田的目标是：西南地区人均不低于 0.5 亩，西北地区人均不低于 2 亩。采取中央补助、地方配套和农民自筹相结合的方式，搞好退耕还林地区的农村能源建设。对居住地基本不具备生存条件的特困人口，实行易地搬迁。对少数民族人口较多，生态位置重要的贫困地区，巩固退耕还林成果专项资金要给予重点支持。

4. 京津风沙源治理工程

　　2002 年 3 月，国务院批准《京津风沙源治理工程规划》。工程计划用 10 年时间，通过采取多种生物措施和工程措施，增加森林覆盖率，治理沙化土地，减少风沙和沙尘天气危害，最终使京津及周边地区生态有明显的改观，从总体上遏制土地沙化扩展的趋势。"十五"期间，该工程累计完成造林面积 259.96 万公顷，累计完成林业投资 116.56 亿元，其中国家

---

① 国家林业局：《2005 年林业重点工程统计公报》，2006 年 12 月。

投资 100.61 亿元，占林业总投资的 86.32%。

5. 速生丰产用材林基地建设工程

2002 年 7 月，国家计委正式批复《重点地区速生丰产用材林基地建设工程规划》。工程总投资规模 718 亿元，该工程的目标是：到 2015 年，新造和改造低产林 1333 万公顷，提供国内生产用材需求量的 40%，保证国内木材供需基本趋于平衡。"十五"期间，共营造速生丰产用材林 35.70 万公顷，其中，荒山荒地造林 18.67 万公顷。工程的实施，对于缓解我国木材供需矛盾，促进林业生态体系和林业产业体系协调发展，具有重要作用。

（二）治沙工程

1991 年 10 月，国务院批转了《1991—2000 年全国治沙工程规划要点》。1992 年，治沙工程列入国家计划，每年安排预算内投资 3000—4000万元。该工程覆盖全国 27 个省（区、市）的 596 个县（旗、市）、6205个乡（镇），沙区土地面积 2.64 亿公顷，占国土面积的 27.5%。到 2004年，全国已有 20% 的沙化土地得到不同程度治理，重点治理区林草植被覆盖度增加 20 个百分点以上，沙区植被明显增加，流动沙地、半固定沙地在沙化土地中的比重由 1999 年的 36.1% 下降到 2004 年的 33.9%。沙化土地面积减少的省份由 19 个增加到 27 个。一些地方生态状况明显改善，大江大河泥沙淤积逐年减少，有力地推动了全国生态状况的持续好转。但是，全国还有近 32 万平方公里土地具有明显沙化趋势。

（三）水土流失治理工程

我国是世界上水土流失严重的国家之一，每年土壤流失量约 50 亿吨，水土流失强度超过中度以上的面积达 193.08 万平方公里，超过强度以上的面积达 112.22 万平方公里。改革以来至 90 年代中期，水土流失治理工程主要采用小流域综合治理模式。按照"谁所有，谁治理，谁管理，谁受益"的政策，治理者有明确的土地权属、治理责任和收益权利，治理中新增的耕地，从受益年算起，3—5 年不承担粮食征购任务。2000 年以来，一方面扩大了水土流失治理工程的规模，另一方面推广了水土保持与生态修复相结合的治理模式，试图通过充分发挥生态自我修复功能的作用，加快水土流失治理的速度。

三、农村环境管理的进展

1998 年 10 月，在《中共中央关于农业和农村工作若干重大问题的决定》中，对农村生态环境保护与建设作了重要论述。2006 年，《国民经济和社会发展第十一个五年规划纲要》提出：加强农村环境保护，开展全国土壤污染现状调查，综合治理土壤污染，防治农药、化肥和农膜等面源污染，加强规模化养殖场污染治理。推进农村生活垃圾和污水处理，改善环境卫生和村容村貌。禁止工业固体废物、危险废物、城镇垃圾及其他污染物向农村转移。同年，国家环保总局制定并实施《国家农村小康环保行动计划》。2007 年 5 月，国家环境保护总局在《关于加强农村环境保护工作的意见》中指出，农村环境保护的重点是：（1）保护好农村饮用水源地；（2）加大农村生活污染治理力度；（3）严格控制农村地区工业污染；（4）加强畜禽水产养殖污染防治；（5）控制农业面源污染；（6）积极防治农村土壤污染；（7）加强农村自然生态保护；（8）加强农村环境监测和监管。2007 年 11 月，国务院办公厅转发的《关于加强农村环境保护工作的意见》，是做好农村环境保护工作的行动纲领和总体部署。2009 年 2 月，环境保护部、财政部和发改委发布《关于实行"以奖促治"加快解决突出的农村环境问题的实施方案》，以激励和促进地方人民政府及社会各界加大农村环境保护投入，稳步推进农村环境综合整治。

（一）农村工业污染管理的进展

中国农村环境保护始于乡镇工业污染防治。1983 年，国家城乡建设环境保护部在广东顺德县主持召开全国第一次研究乡镇企业环境污染问题的会议，它是中国环境保护工作拓展到农村的标志。1984 年 9 月，国务院颁布了《关于加强乡镇、街道企业环境管理的规定》，这是第一个关于乡镇企业环境管理的规定。1985 年，农业部在乡镇企业局设立了农村环境保护管理机构，主要负责乡镇企业的环境管理和污染防治工作，提出防治对策，起草法规，开展乡镇企业污染调查、乡镇企业环境保护宣传教育和技术培训，推广"三废"综合利用和防治措施，组织经验交流。1985年，农业部组织了第一次全国性的乡镇企业环境污染普查；1989年，国家环境保护局、农业部和国家统计局共同组织了第二次全国性的乡镇企业环境污染普查；1995年，国家环境保护局、农业部、财政部和国家统计局联合开展第三次全国性的乡镇企业环境污染普查。

农村工业污染管理的主要行动是：（1）把乡镇企业的排污量纳入区域污染物排放总量目标；（2）取缔或关闭15类小企业；（3）禁止乡镇企业新建依法必须取缔或关闭的生产项目；（4）公布乡镇企业污染控制的重点行业和地区；（5）发展乡镇工业小区；（6）乡镇企业建设项目必须在环境影响报告书审批合格后方能开始建设；（7）依法建立乡镇企业排污申报登记和环境统计制度；（8）为乡镇企业提高污染防治能力提供扶持和创造技术条件；（9）完善乡镇企业环境管理的各项制度。

（二）农业污染管理的进展

1. 畜禽养殖业污染防治

近10年来，随着畜禽养殖业特别是规模化的畜禽养殖快速发展，畜禽养殖污染呈现总量增加、范围扩大和程度加剧的趋势。国家环境保护总局的调查显示，2000年，我国畜禽粪便产生量为19亿吨，是当年工业废弃物产生总量的2.4倍；90%以上的规模化养殖场没有污染防治设施，粪便、污水不经任何处理直接排入水体，加速了我国水体富营养化的趋势。2007年底，畜禽粪便产生量增加到30亿吨，一些地区的养殖总量已经超过当地土地负荷警戒值。鉴于此，2001年5月，国家环境保护总局发布了《畜禽养殖污染防治管理办法》。2005年11月，国家环境保护总局要求各地依据《畜禽养殖业污染物排放标准》和《畜禽养殖业污染防治技术规范》，对集约化禽类养殖场（区）的污水处理设施、粪便堆存场地与处理设施运行状况、污染物排放达标情况进行全面检查和监测。通过畜禽养殖污染防治示范工程，推广经济适用的畜禽养殖污染防治和废弃物综合利用技术和模式。2007年，国家环境保护总局会同农业部启动了《畜禽养殖污染防治条例》等法规的制定工作，目前已进入征求意见阶段。

2. 农业面源污染防治

农业面源污染防治始于 1998 年，具体内容包括防治秸秆焚烧污染、化肥和农药污染以及土壤污染等。针对农业面源污染问题，2003 年，国家环境保护总局在《加强农村生态环境保护工作的若干意见》中提出：要积极探索防治农药、化肥、农膜污染的有效途径，促进农用化学品的合理使用。有条件的地区要加强农药和化肥使用的环境安全监督管理，重点区域要开展农药残留和化肥流失状况的监测。2005 年，《国务院关于落实科学发展观加强环境保护的决定》中提出了"以防治土壤污染为重点，加强农村环境保护"的具体要求。

（三）农村生活环境管理的进展

农村生活环境保护包括农村饮用水安全、环境卫生整治、农村生活垃圾和生活污水处理、村容村貌建设等多项内容。农村生活环境保护已经出现了一些可借鉴的做法。例如，浙江省从 2003 年起实施了以农村环境综合整治为主题的"万村整治、千村示范"工程，计划用 5 年时间，从治理"散、小、乱"和"脏、乱、差"入手，对全省 1 万个行政村进行全面整治。具体措施包括布局优化、道路硬化、村庄绿化、路灯亮化、卫生洁化和河道净化六个方面。

在保证农村饮水安全方面，国家计划投入数百亿元，用 10 年时间基本解决 3.23 亿农村人口因高氟、高砷、苦咸、水污染及血吸虫等水质问题造成的饮水不安全问题，其中，"十一五"时期解决 1.6 亿农村人口的饮水不安全问题。

第三节　农村自然资源与环境管理改革的评价和展望

一、农村自然资源与环境管理的评价

改革 30 年来，中国农村自然资源与环境管理是成绩和挑战并存，表

现为：第一，全国耕地面积从 80 年代 20 亿亩左右①减少到 2006 年的 18
亿亩；第二，森林覆盖率从 1981 年的 12% 提高到 2006 年的 18.21%，活
立木蓄积量从 95 亿立方米增长到 136.18 亿立方米；第三，截止到 2006
年，全国 90% 的可利用天然草原仍处于不同程度的退化状态，并以每年
200 万公顷的速度递增，草原退化趋势尚未得到根本扭转；第四，全国沙
化土地从 2005 年开始缩减，沙化土地扩展面积由 20 世纪末年均 3436 平
方公里缩减到目前的 1283 平方公里；第五，农村环境问题日益突出，形
势严峻。

（一）农村生态环境得到改善

1. 耕地面积快速下降趋势得到扭转

从 1996 年到 2007 年，全国耕地面积从 13003 万公顷减少到 12173 万
公顷，净减少量在年度间变化较大，2003 年以前为增大趋势，2003 年以
后为下降趋势（见表 12-3）。

表 12-3　1996—2007 年中国耕地面积变化

（单位：万公顷,%）

年份	1996	1998	2000	2001	2002	2003	2004	2005	2006	2007
面积	13003	12930	12824	12762	12593	12339	12247	12208	12180	121733
净减少量		60	97	62	169	254	92	36	27	4

（资料来源：2000 年以前数据来自唐健等：《全国耕地保护制度与政策研究》，中国
社会科学出版社 2006 年版；2001 年以来数据来自：《中国国土资源公报，2001—
2007》）

2. 耕地粮食产出稳定增长

改革以来，有效灌溉面积在 80 年代出现过徘徊，90 年代开始稳步增
加；化肥施用量快速增加和农业技术进步，保证了耕地粮食总产量和播种

---

① 在 20 世纪 80 年代初期，对于我国耕地面积到底有多少，存在争议。按照当时的统计数据
为 15 亿亩，按照当时的估计数据为 18 亿亩。1984 年国家农委、国家计委使用数为 21.5 亿
亩；1986 年农业部土地概查总数为 21.1 亿亩；全国第二次土壤普查数据为 19.88 亿亩。

面积亩产稳步提高（见表12－4）。

表12－4　改革以来的耕地生产力

	有效灌溉面积（万亩）	粮食作物播种面积（万亩）	粮食作物产量（亿斤）	播面亩产（斤/亩）	化肥施用量（按折纯量）（万吨）
1978	67448	180881	6095	337	884
1980	67332	175851	6411	365	1269.4
1985	66054	163268	7584	465	1775.8
1990	71105	170199	8925	524	2590.3
1995	73922	165090	9332	565	3593.7
2000	80730	162695	9244	568	4146.4
2005	82544	156417	9680	619	4766.2
2006	83626	157437	9961	633	4927.7
2007	84777	158457	10032	633	5107.8

（资料来源：中国经济景气月报杂志社编：《数字中国三十年》，《中国经济景气月报增刊》，2008年12月）

3. 水土流失面积减少

我国在1985、1995和2000年开展了三次全国水土流失普查。结果表明，1985、1995和2000年全国水土流失面积分别为367.03万、355.56万和356.92万平方公里。15年间，我国水土流失面积有所减少，但变化不大。其中，东部地区水土流失面积由14.29万平方公里减少到9.11万平方公里，减少了36.2%。西部地区水土流失面积由286.77万平方公里增加到296.65万平方公里，增加了3.4%。[①] 到2000年年底，长江中上游水土流失重点防治工程初步治理面积已达800万公顷，增加小流域蓄水能力20亿立方米，减少土壤流失约1.5亿吨。梯田、坝地、乔木林、灌木林、经济林和人工草地等水土保持措施累计保水量117.45亿立方米，保土量3.08亿吨。黄河中上游水土流失重点治理工程共开展164条试点小

[①] 李智广等：《我国水土流失状况与发展趋势研究》，《中国水土保持科学》2008年第1期。

流域综合退耕还林工程，其生态效果直接反映为加快了水土流失和沙化土地治理的步伐。

4. 森林面积和蓄积实现双增长

第 6 次森林清查数据显示：2005 年全国森林面积 17490.92 万公顷，森林覆盖率 18.21%，活立木总蓄积 136.18 亿立方米，森林蓄积 124.56 亿立方米，实现了森林面积和蓄积双增长。

国家林业局的监测数据显示，在 2001—2007 年的 7 年间，天然林保护、退耕还林工程等林业重点工程，平均每年造林面积 4514961 公顷，重点工程占全国造林总面积的 84%（见表 12－5）。

表 12－5　全国和林业重点工程造林面积

（单位：公顷）

	全国造林总面积	重点工程造林总面积	重点工程造林占全国造林比重（%）	天然林保护工程	退耕还林工程	三北及长江流域等防护林建设工程	京津风沙源治理工程	速生丰产用材林基地建设工程
2001	4953038	3160181	64%	948081	870986	1034924	217320	88870
2002	7770971	6777364	87%	856077	4423607	775625	676375	45680
2003	9118894	8262781	91%	688257	6196128	533544	824427	20425
2004	5598079	4802849	86%	641446	3217542	448320	473272	22270
2005	3647942	3109105	85%	424808	1898360	368202	408246	9488
2006	2717925	2810800	103%	774815	1050526	566823	409541	9095
2007	3907711	2681646	69%	732882	1056020	574219	315132	3393
平均	5387794	4514961	84%	723767	2673310	614522	474902	28460

（资料来源：中国经济景气月报杂志社编：《数字中国三十年》，《中国经济景气月报增刊》，2008 年 12 月）

（二）实现管理目标的战略转变

改革前，农村自然资源管理战略存在重大偏颇，突出表现为：自然资源利用目标与经济政策和生态规律不相匹配，由此损失了经济效率，侵蚀了自然资源基础，破坏了生态环境。

改革以来，自然资源的保障功能逐步趋于稳定，生态系统服务功能越来越得到重视，农村自然资源和环境管理正在由部门资源利用战略向国家生态安全和环境安全战略转变。从资源和环境视角看，实现粮食安全和生态安全目标，需要依赖水土资源和生态资源作为支撑，为了处理好这两个目标的关系，必须设计出一套旨在促进这两个目标的互补性、化解这两个目标的互斥性的制度安排。

1. 从"以粮为纲"到粮食安全的战略转变

新中国成立以来，粮食安全一直是中国农业政策的基本目标，为了实现这样的政策目标，在改革前后实施了不同的自然资源管理战略，面临着不同的自然资源管理的挑战。

在改革前，为了实现"以粮为纲"的目标，采取的措施是扩大耕地面积、投资于农田水利建设和增加肥料投入。促进生产力提高的愿望与超越自然资源可持续利用规律的行动之间出现矛盾，结果出现了大量的生态破坏后果。

改革开放以后，尤其是融入全球化进程以来，为了更加明确地勾勒粮食安全与两种资源、两个市场的关系，1996 年政府发表的《中国粮食问题》白皮书，确立了粮食自给率不低于 95%、净进口量不超过国内消费量的 5% 的目标。必须指出，这个目标的设定，是为了追求长期粮食供需均衡的最稳健，而不是短期粮食供给成本的最小化。为此，稳定耕地面积和保障水土资源，成为实现新时期粮食安全目标中重要自然资源管理的内容。从资源的视角看：需要对耕地和农业用水实行严格的管理，通过地力的培育来提高耕地的质量；通过改善农业水利设施来提高水土资源的匹配程度，提高农业用水的利用效率。

2. 从以木材产量为中心到国土生态安全的战略转变

改革前，增加木材产量保障生产和生活是林地资源管理的目标，由此造成乱砍滥伐严重和森林覆盖率难以提高；改革以来，林地资源的生态安全保障功能发挥着越来越重要的作用。所谓资源生态安全保障功能是指：农村自然资源不仅能持续地生产出各种农产品来满足全体国民的生活需求，而且能保障国土生态安全来满足全社会的生态需求。

30 年来，我国森林资源管理的政策目标不断提升，实现林业发展战略由增加森林覆盖率向保障国土生态安全目标转变。特别是 1998 年长江、松花江发生特大洪水后，国家陆续实施了一系列生态保护工程；2003 年，国务院在《关于加快林业发展的决定》中确立了以生态建设为主的林业可持续发展道路，以及建设山川秀美、保障国土生态安全的目标，从而实现了从砍伐天然林到保护天然林的重大历史转折，实现了中国林业发展指导思想由经济利用思想向生态利用思想的转变，林业部门开始具有产业部门和环保部门的双重职能。天然林资源保护、退耕还林等林业重点工程被整体列入国民经济和社会发展"十五"计划，初步建立了以公共财政支持为主的林业生态建设投入体系。

3. 从通过增施化肥提高产量到环境安全的战略转变

改革前，为了增产粮食，将通过增加耕地化肥施用量作为增产的重要手段和农业现代化的重要标志。在中国农业发展的 60 年中，化肥的确为粮食增产作出了重大贡献；与此同时，化肥与其他农业化学品对耕地土壤质量、水体富营养化和食品安全构成的威胁，成为重要的农业面源污染来源，环境安全成为农村自然资源和环境管理的重要目标。"国家农村小康环保行动计划"提出：到 2020 年，有效控制农村环境污染的趋势，基本解决农村"脏、乱、差"问题，农村生活与生产环境得到切实改善，为建设"清洁水源、清洁家园、清洁田园"的社会主义新农村和全面小康社会提供环境安全保障。

（三）构建起农村自然资源和环境管理的框架

改革 30 年来，中国已经初步形成了农村自然资源和环境管理的政策框架。

第一，制定出一系列有关农村自然资源管理的法律法规，彻底扭转了改革前靠"指示"和"纲要"革命式和运动式的做法，使农村资源与环境管理具备了法律的保证；并且为了适应中国经济的快速增长，不断地对相关的法律法规条文进行修订和修正。

第二，农村自然资源管理的宏观政策目标日渐清晰，制定出确保粮食安全目标的耕地资源和灌溉水资源的政策，以及实现国土生态安全目标和保障木材市场稳定的森林资源政策。组织体系逐步健全，制度日趋完善。

第三，政策工具日益多元化，从改革初期的以强制性禁止政策为主，到逐步开始运用多种激励性政策工具。随着改革的深入，我国于 1998 年提出农村环境保护的要求，而 2007 年出台《关于加强农村环境保护工作的意见》，标志着农村环境保护已经正式起步。

（四）农村生态工程的科学性增强

改革以来，中国农村生态工程的发展有以下特点：一是从全国性的"三北"防护林体系建设工程，发展为不同流域、不同区域的防护林体系建设工程，工程的规模和管理的尺度都在缩小，而可操作性不断增强；二是从 20 世纪 80 年代的防护林体系建设拓展到 90 年代末的天然林保护工程，森林资源管理战略发生了由人为干预措施增加森林数量到依靠自然资源可再生特征扩大森林数量的变化；三是自然资源管理由单一追求数量（如森林覆盖率）到尊重区域差异性和自然资源要素差异性的演变。同时需要指出，我国现在的农村生态建设仍是数量扩张型和投资拉动型的工程，与建立农村生态工程可持续性机制仍有相当大的差距。

二、农村自然资源与环境管理展望

中国农村发展的 60 年，实现了由粮食生产不足到生产能力过剩的转变。在这样的历史背景下，农村自然资源和环境管理经历重大的转变，包括：（1）从土壤肥料不足、促进化肥投入增加粮食产量，到化肥成为农业的污染源；（2）从毁林毁草开荒种粮、解决饥荒和温饱，到保护土地资源实现生态系统的服务功能；（3）从传统农业的单一粮食生产，到农林牧渔全面发展，实现了由粮食生产和供给不足到粮食保障供给的转变，从传统农业到高投入与高附加值的现代农业产业的转变；（4）在工业化和城市化进程中，农村环境污染日益突出；（5）在保障粮食安全和国土生态安全的管理中，试图构建新型农业和农村自然资源核算制度，创新价值体系和理论基础。展望未来，中国农村自然资源和环境管理，仍然面临着农村环境污染的挑战，仍然需要不断地完善管理体制框架和创新管理体制。

（一）农村环境保护的挑战

在二元经济结构下，我国农村环境管理工作具有起步晚和涵盖内容多的特点，农村环境保护的政策框架仍未完全建立，农村环境保护战略仍在研究和制定之中。

目前，中国农村环境管理面临着管理体系薄弱、环境质量监测体系缺失、环境基础设施投入机制尚未建立等众多难题。中国农村环境保护战略仍然承载着过多的理想，将农村环境卫生、村镇建设规划、农村工业污染防治、农村农业污染防治、农村生活垃圾处理、农村能源、农村基础设施建设等相关方面的内容都列入这个框架中，这其中既包括农村环境保护工作的内容，也包括农村发展战略的内容。所以，在农村环境保护工作中，首先需要识别出多种问题的优先次序和相关性；而在实践中开展多项工作和实现多个目标，需要多个部门的配合和多项配套政策的支持，需要更广泛的管理部门和专业人员的参与。

从长远看，中国农村环境保护战略是中国环境保护战略的一个有机组成部分，在工业化和城市化过程中，有些农村环境问题可以在城乡统筹发展的战略中得到解决。但在短期内，由于我国的环境保护战略建立在偏向城市和工业环境保护的基础之上，农村环境管理需要得到特殊的关注和制定专门的战略。

（二）管理体制框架

农村自然资源管理体制的框架，由粮食安全、生态安全、环境安全保障体制和改善人民福利机制四部分组成。为此，在国家层面制定出 2020年的自然资源与环境管理目标。

第一，为了实现粮食安全的水土资源保障目标，全国耕地保有量到 2020 年保持在 18.05 亿亩、确保 15.6 亿亩基本农田数量不减少、质量有提高。

第二，为了实现生态安全的生态系统保障目标，到 2020 年，森林覆盖率达到 23%，全国生态状况整体步入良性循环，进入可持续发展新阶段；全国草原退化趋势得到基本遏制，草原生态环境明显改善，草原可持续发展能力有效增强；全国新增水土流失综合治理面积 45 万平方公里，重点治理区大见成效，植被覆盖率大幅度提高，建立健全水土保持预防监督体系和水土流失监测网络，形成完善的水土保持法律法规体系，全面控制各种人为造成的新的水土流失。

第三，实现环境质量安全的农村环境污染防治，包括农业污染防治、农村非农产业污染防治和农村生活污染防治。

第四，实现农村人口资源环境福利改善的社会发展目标，包括洁净饮用水的可获得性、基本环境卫生设施的可获得性和基本的食品安全。

（三）管理体制创新

1. 开展农村自然资源管理的跨部门合作

农村自然资源具有系统整体性和区域差异性的特征，这决定了自然资源管理政策目标的整体性和区域差异性，而我国目前管理自然资源的组织是在自然资源产业体系的基础上衍生而来的，尽管各个部门已经和正在实施着重大的战略转变，但所制定出的政策目标和所采取的措施仍具有部门利益的烙印和割裂自然资源之间联系的问题。这突出表现为以下四方面。

第一，目前我国耕地资源和灌溉水资源的行政主管部门分别是国土资源部和水利部，而耕地资源和灌溉水资源管理共同服务于国家粮食安全目标。在行动层面，国土资源部门以提高耕地质量的土地整理项目为重点，以实现"耕地面积不减少和质量不下降"的目标，其中包含着与耕地配套的农田排灌设施；而灌溉水资源管理和小型农田水利工程由水利部门管理。这样，在同一地块的项目中计划和资金安排上的割裂，可能导致项目实施中的效率损失。由此，在水土资源管理中需要部门间的合作。

第二，森林资源和天然草场资源管理共同服务于国土生态安全目标，在行动层面同样存在着林草争地和林草争水的矛盾。在天然草场的管理中缺乏草原生态系统建设的目标，天然草场的生态服务功能需要给予重视，并在农村自然资源管理的总体战略中得以体现。

第三，水土流失防治中缺乏部门协调联动机制，各级政府部门间的利益冲突，导致国家水土流失防治政策贯彻不力。从各部门自身设计出台的政策，其效应常常相互抵消。

第四，目前，我国农村自然资源和环境管理的组织机构以政府行政机关主导为基本特征，在与非政府组织合作和充分发挥社区作用方面尚有巨大的改进空间。

农村自然资源管理的跨部门合作，首先和最基本的原则是各部门之间的长期战略和近期措施不冲突；其次是在行动层面合作，包括各种横向和纵向的合作，即政府部门之间的合作以及政府与非政府组织的合作与发挥社区的作用，这个过程必然伴随着重大的组织和制度创新，需要建立与自然规律相适宜的组织和制度框架。

2. 深化农村自然资源的产权制度改革

人类在长期的利用自然资源的过程中，为了追求最大产出、最高效率、最低成本、最小风险这些经济社会目标，衍生出不同的产权制度安排，这些制度安排又反过来对自然资源系统产生影响。改革以来，中国的农地产权制度改革是农村自然资源管理的重要内容之一，其中有成功的经验，更有需要进一步探索的领域。

以家庭承包制为起点的耕地产权制度改革取得成功，对耕地资源管理具有深刻的影响。由于耕地资源的可分割性，加上耕地上的农作物生产是自然资源和人工投入系统的合成体，以满足人口增长的基本需求和满足国家粮食安全为目标，因此，这种耕地资源的经营制度安排能够适合耕种业的特征，也符合当时的生产力和技术水平。这种经营制度安排决定了耕地资源管理涉及广大农户，也涉及非农化进程中的各个利益相关方。

但是，将耕地产权制度改革的做法简单地推广到森林和草地，却遇到了很多挑战。从政府公布的数据看，草地产权制度改革已推行多年，却只完成了50%，而且到2006年，90%的草场出现退化。这唤起实践者、决策者和学者进一步思考：农村自然资源的产权制度安排是否首先内生于自然资源的特征？需要诱导出与自然规律相匹配的经济政策和制度安排。

2008 年开始的农村水价和水权制度改革，试图解决农村小型水利工程多年来所有权主体不明确，土地的经营权私有与"大锅水"的矛盾，以更好地提高农村水利工程效益，实现资源的可持续利用与农业的可持续发展。刚刚起步的农村水权改革仍处于理论探索和试点的初期阶段。

3. 以促进生计实现资源保护目标

由于改革以来我国农村生态工程追求的最重要目标是国家生态安全和城市人口生态环境改善，采取的是自上而下的政府行政管理方式，而往往没有将农村当地居民生计的可持续性纳入生态工程管理的目标中。尽管近年来开始实施森林生态效益补偿和退耕还林还草补偿等措施，但是，生态工程中忽视弱势群体利益的问题仍明显存在，农村生态工程实施社区当地人口生计的可持续性，自然保护区与社区可持续发展的关系，仍是我国农村自然资源管理所面临的重大挑战之一。

第十三章
农业科技体制的变迁

　　农业是自然再生产与经济再生产交织的"二合一"过程，自然的力量在一定程度上给农业活动的广度和深度划定了前提条件，但现代科技极大地放大了人的力量，使得人类能够不断拓展资源利用的空间，深化资源利用的程度，上移生产可能性曲线的边界。历史地看，农业发展的过程实质上也是科技应用得到不断加强的过程，这使得农业"变为一种越来越带科学特征的工业"；而且，每一次农业科技的重大突破，都带来了农业发展新的飞跃。在现代农业发展中，科学技术已经成为了核心战略性资源。现代农业可以说就是一种建立在科技进步基础之上的产业形态，是科技密集型的产业。

　　放眼当今世界，农业与科技创新的关系更为紧密。以生物技术和信息技术为主导的世界新科技革命给农业发展带来了巨大的变化。资料显示，进入 21 世纪以来，全球生物技术产业的年增长率高达 30% 左右，已成为增长最快的经济领域。过去 10 年，全球转基因农作物的种植面积增加了40 倍，显示了巨大潜力和不可阻挡的发展趋势。20 世纪初，一些经济发达国家的农业增长中只有不到 20% 是依靠科技进步实现的。但到现在，这个比重已经提高到 80% 左右。

　　国际经验表明，农业科技进步不仅体现为农业科技成果的增加，更主要地体现为应用于农业生产实际的技术改进。只有当农业科技成果应用于农业生产实际，转化为现实生产力时，农业科技对农业发展的推动作用才得以真正发挥。而农业科技的创新和成果的推广应用从根本上取决于农业科技体制安排。

在新中国 60 年的历史中，农业科技体制的变迁经历了两个大的阶段。改革开放前，农业科技体制的基本特点表现为，政府强力主导和计划配置科技资源，农业科技体系建设经常受到政治因素的影响甚至干扰，科技进步自身规律得不到尊重，技术变迁方向也存在偏差；农民没有成为技术选择的主体，但被广泛地动员起来参与科技活动；农业科技事业取得了一些成果，但总体上缺乏效率。改革以来，随着经济体制由计划转向市场，农业科技的体制和机制也发生了重大变化，科技供给主体日趋多元化，科技活动的组织方式和动力机制得到不断创新，初步形成了政府支持、市场主导、农民自主的农业科技新体制，农业科技的活力和效率得到了提高，有效地促进了农业科技进步，进而在农业增长中发挥了越来越重要的作用。但是，我国的农业科技体系建设、制度安排和机制设计等方面，仍然存在不少问题，不能满足发展现代农业的需要，必须进行进一步的改革和完善。

第一节　改革前的中国农业科技体制

一、中国农业科技的历史遗产

中国传统农业发端于春秋战国，定型于秦汉，发展于隋唐，深化于明清，形成了一套完整成熟的农业体系。这套体系，以地产私有为主要制度安排，以男耕女织为基本经营方式，以精耕细作为技术特点，在整体上比西方国家具有优越性，对于维系中华农耕文明起到了基础性的支撑作用。

在农业技术上，我国以精耕细作为核心的技术体系，可以说在世界范围内达到了传统农业的高峰。根据考古发掘和文献记载，我国精耕细作的农业技术特点早在春秋战国时代就已开始孕育形成。其主要标志，就是铁制农具和牛耕的出现。从此之后，精耕细作的农业技术分别在黄河流域的旱农和长江流域的泽农中得到了持续不断的积累和发展，形成了内容丰富的技术体系。总的说来，该技术体系是建立在人与自然和谐关系和充分认识农业发展规律的基础之上，在长期的资源选择和历史的自然发展过程中，通过诱致性变迁而形成的。这套技术体系的主要内容包括：以轮作复种和间作套种为主要内容的种植制度；以深耕细作，因地、因时、因物耕作，以及以北方旱地保墒抗旱、南方稻田整地排水技术为主要内容的一整套耕作技术；以中耕除草，追肥灌溉，整枝摘心为主要内容的田间管理技术；以在外部投入非常有限的条件下，增施有机肥，维持土壤肥力为主要内容的土地利用技术；以及以多种经营构成生物间良性循环和综合利用自然能源的生态协调技术，等等。其主要特点可概括为：（1）劳动密集的精耕细作；（2）充分用地，积极养地，用养结合；（3）物质能量循环利用，注重生态平衡。其主要目的，则都是要在反复循环的耕种之中，达到永续利用土地的目的，并在特定的土地资源禀赋下尽量提高生产可能性曲线的边界。

近代以来，我国沦为半殖民地半封建社会，受到西方列强军事和经济的双重入侵。在严重的内外压力下，传统农业也发生了深刻的变化。一方面，自然经济逐步走向了瓦解之路，自给性生产向商品化生产转变，某些农业部门的商品化，引起了农业生产的专业化、区域化程度的加深，而农业生产专业化和区域化的发展，又势必促进了农业内部各部门分工和交换关系的扩大，从而使整个农业经济都不同程度地卷入到商品化大潮之中。另一方面，一大批仁人志士和农业科学家为了提高我国的农业科技水平，强化国家发展的基础，作出了艰苦的努力，并取得了不小的成就，促使中国传统农业开始由经验农学向实验农学转变，由使用畜力和手工工具向机械化农具转变，标志着现代农业生产技术已经萌芽，中国传统农业向现代农业的转变迈出了第一步。具体表现是，引进了一批西方的农业科学和技术，建立了一批农业研究机构和农业院校，培养了一批农业高中级人才，编著了一批农业科学著作，育成了一批新的品种，仿制和研制了一批化肥、农药和农机，从而为 1949 年新中国成立以后我国的农业现代化建设打下了初步的基础。①

二、农业科研机构的衰荣兴废

1949 年，中华人民共和国成立前夕，中国的农业科学研究机构大致分为三大块。一大块是国民党政府建立起来的农业科研机构。主体是 1931 年在南京成立的中央农业实验所，当时包括农、林、牧和农业经济，除南京外，还在苏、皖、浙、鄂、湘、赣、川、粤、鲁、晋、豫、冀、陕等省办有与地方合作的试验农场或工作站；一大块是原属日本占领地建立的农业科研机构，主要是在东北沦陷后成立的伪满洲国立公主岭农事试验场及其在东北三省成立的分支机构，以及在北京成立的华北农事试验场及其在河北、河南、山东、山西设置的分支机构，抗战后由国民党政府中央农业实验所派人接收，重组为公主岭农事试验场和北平农事试验场，其分支机构则下放给所在地；还有一块是原陕甘宁、晋察冀、山东等老解放区在控制区域建立的一些农业试验场、示范农场。在全国解放时，国民党政府农林部所属的设在南京的农业科研机构有：中央农业实验所、中央畜牧实验所、中央林业实验所、中央水产实验所和中央农业经济研究所。中国共产党采取了把国民党政府的所有农业科研单位包下来的政策，也就是人员全部留用，机构全部接收，成为后来发展形成新中国农业科学研究体制的基础。

新中国成立后，农业科学研究体制最早与国家的"大区"行政建制紧密相关。最初的设想是成立一个综合的、中央与大区结合、集研究与管

---

① 比如，1907 年（光绪三十三年）清朝农工商部在北京西直门外建立农事试验场，场内设农林、蚕桑、畜牧等科，这是我国第一所国家级农业科研机构。1932 年，国民党政府在南京正式成立中央农业实验所，并在作物育种和施肥技术研究方面取得一定成绩。19 世纪末、20 世纪初，我国近代农学的先驱、京师大学堂第一任校长罗振玉创办了我国最早的一份农学杂志《农学报》，大力宣传普及农业技术和知识。

理为一体的全国农业科学网。1950 年前后，各大区政府在接收原有农业科研机构的基础上，相继成立了 7 个大区农业科学研究所。1957 年 3 月 1 日中国农业科学院成立，标志着我国农业科学事业走向了统一部署、全面发展的阶段。当时，中央明确指出，"中国农业科学院是全国农业科学研究中心和领导中心"，并要求围绕这个中心，把各农业科学研究机构和高等农业院校组成一个全国农业科学工作网。

此后几年，中国农业科学院经过建设、胀缩多次反复，逐步形成中央与省两级的农业科研体制。1958 年 "大跃进" 中，在各大区研究所划归所在省领导的带动下，各省、自治区、直辖市也纷纷筹建自己的农业研究机构。在 1960 年的中央机构大精简中，当时是精简上层、充实下层，地方农业科研机构迅速膨胀，中央与地方农业科研机构的发展形成反差，大部分省都将原有的农事试验场改为省级农业科学院，许多省农业科学院下边都相应地建立起一套专业科研所，只是规模小些，一般多的有十几个研究所，少的有几个研究所。各省、自治区、直辖市还加强了地区一级农科所的建设。经过一段时间的调整和整顿，农业科研体系结构逐渐确立，并相对稳定下来。它基本上是这样一种框架：一层是中央一级的农业科研机构，即中国农业科学院及其直属专业研究所；再一层就是省一级的农业科研机构，包括省级农业科学院及其所属专业研究所，以及地区级的农业科研机构。到 1965 年，中国农业科学院的科研机构由 1960 年的 24 个增加到 32 个，职工人数增加了一倍多，达 6364 人，其中，科研人员增加近一倍多，达 3284 人。

1966 年开始的长达十年之久的 "文化大革命"，使农业科技事业受到严重摧残。科研机构撤销下放，常规的科研工作基本停顿，大批图书、资料、仪器、设备丢失毁坏，许多珍贵种质资源和试验材料遭到无法弥补的损失。1970 年 5 月 14 日，中国农业科学院被正式撤销建制。原农口各部所属科研单位 62 个、职工 13963 人，下放后合并成立中国农林学院，暂定编制 620 人，组成 35 个科技服务组，分别派到一些革命圣地和 "红旗点" 蹲点，接受再教育。这种所谓的 "拆庙搬神" 和 "下楼出院"，即拆散专业研究机构、下放科研人员的做法波及全国各地，当时省级农业科学院（所）中，8 个被撤销（福建、江西、安徽、广东、甘肃、江苏、辽宁、陕西），21 个被下放。由此造成了农业科技机构瘫痪、运行机制混乱的恶果，带来了难以估量的损失。

当时，在决策上，基本上分不清农业生产与农业科学研究的区别，试图以生产斗争取代科学实验，违背了科学发展的基本规律。比如，提出"农业研究要彻底走群众路线，不是靠 48 个研究所"，随意弱化专业队伍的作用，批判"专家路线"，盲目推崇和夸大群众的智慧和作用，强调"广大贫下中农占领科学技术阵地"。这实际上是致力于农耕社会的经验科学，而不是现代农业的实验科学。这是"左"的表现，也是问题的要害。

三、农业推广："样板田"和"四级农科网"

新中国成立后，农业部门即开始组建农业技术推广管理机构和技术推广站。1950 年前后，部分省农业厅、局和一些国营农场设立了技术推广处、科，对农业生产进行一般性的技术指导。1952 年，为了适应农业迅速恢复和发展的形势，农业部发布了《关于充实农业机构，加强农业技术指导的意见》，规定：县级农林水利局设 10—15 名技术人员；区级设农林水利技术推广站，编制 10 人左右；乡或村组建农业合作生产委员会，吸收技术能手参加。1954 年，农业部拟定《农业技术推广站工作条例》，对推广站的性质、任务、组织领导、工作方法、工作制度、经费、设备等都作了规定。农业技术推广站的建设进入了普及阶段，经过几年的努力，全国普遍建立起了基层农业技术推广站、畜牧兽医工作站和水产技术推广站。到 1956 年底，全国共建立了 16466 个农业技术推广站，配备干部94219 人，除边远山区外，基本做到每区 1 站，每站平均 5 人左右。同时，全国良种繁育网络、基层植保网络也相继建立。

1959 年以后，由于农村建立了人民公社，农业技术推广机构的设置相应发生变化，有的省取消了县以下的行政区，改为以公社为单位建立农业技术推广站；有些省仍保留区一级建制，区技术推广站也继续保留。另外，有的省还建立了一批集体性质的公社农业技术推广站；有的从县综合性技术推广站中划出植保站、土肥站；有的单独建立了种子站和畜牧兽医站等。

1965 年 2 月，国务院召开全国农业科学实验工作会议，提出在全国范围开展以"样板田"为中心的农业科学实验运动，要求省、专区、县、公社四级，都要办好一、二个或三、五个"样板田"；在农村普遍建立干部、老农和知识青年"三结合"的科学实验小组，大搞"三田"（实验田、示范田、丰产田）活动。据 1965 年 24 个省、自治区、直辖市统计，省一级农业科研单位到"样板田"工作的研究人员占研究人员总数的 50.5%。

1966 年"文革"开始后，大部分技术推广机构被撤销，技术人员有的下放到农村插队，有的改行转业，技术推广工作陷于停顿状态。但是，在动乱中广大农民群众继续进行农业生产，仍然迫切要求技术指导。有的地区在群众中成立了科学实验站，吸收一些有经验的农民作技术员。湖南省华容县于 1969 年创办了"四级农业科学实验网"（简称"四级农科网"），即县办农科所、公社办农科站、生产大队办农科队、生产队办农科小组。这种做法引起了湖南省有关领导的重视，积极在省内推广。接着，在其他一些省也迅速建立。1974 年 10 月，农林部和中国科学院在华容县召开的《全国四级农业科学实验网经验交流会》，会议形成的文件中规定："四级农科网"要开展科学实验、总结推广先进经验和技术、繁育良种和选育新品种、做好病虫测报和防治技术指导；做到出成果、出高产、出良种、出人才，带动大面积增产；还要求在全国大部分农业区，争取三年左右时间，基本普及"四级农科网"。1975 年华国锋同志在"第一次全国农业学大寨会议"上进一步指出，各县都要建立和健全县、社、大队、生产队"四级农科网"，广泛开展群众性的科学试验活动。到 1975年底，全国有 1140 个县建立了农科所，26832 个公社建立了农科站，33万多个大队建立农科队，224 万多个生产队建立了农科组。参加"四级农科网"活动的科研队伍有 1100 多万人，试验地达 280 多万公顷。为了推动"四级农科网"的发展，财政部自 1976 年起，每年补助社队农科组织 2000 万元，逐步把"四级农科网"装备起来。

在当时特定条件下，由于受"左"的思想影响，不分层次地大搞群众性科学实验运动，混淆科研与推广的性质，以群众运动代替专业队伍，不仅许多科研、推广任务无法完成，也造成了人力、物力的极大浪费。1978 年党的十一届三中全会明确指出农村的"四级科技网"就是"四级推广网"。

但是，历史地看，"四级农科网"也不乏合理的因素，其推广机构和体系的相对完整性，乡土科技人才的培养机制（如当时提出实行"两种教育制度，两种劳动制度"，通过"社来社去"的方式培养植保员、种子员、兽医员、护林员、农机员等"赤脚农技员"），以及农民对农业科技的可及性等，都有明显的可取之处。它在当时对普及农业科技知识、提高科学种田水平，起到了积极的作用，也为改革以来农业推广体系重构提供了历史经验。

四、农业科技在艰难复杂的环境中曲折前进

改革之前，正规的农业科研机构一再受到冲击、削弱，甚至被解散，违背了立足于实验基础之上的现代农业科学发展的基本规律；农业推广机构设置也不规范，存在着大轰大嗡和简单化地搞群众运动的弊病。总体上讲，这一时期我国没有形成合理的农业科技创新体系，农业科技体制无疑是低效的，对农业发展的支撑能力也相对较弱。根据朱希刚（1997）的研究，"一五"期间广义的农业科技进步贡献率为 20%，"二五"及三年调整时期竟然为负值，"三五"时期为 2.3%，"四五"时期为 15%，"五五"时期为 27%，说明农业发展主要是依靠传统的要素投入，而科技含量不足。

但是，由于：（1）一些农业科学家在不利的环境中能够坚定科学信念，专注于科研，想方设法地坚持科研；（2）这个时期，我国农业中传

统成分还占主导地位,"二牛抬杠"之类的传统农活是农田作业的普遍景象,充分发挥农村中良农良圃的经验和智慧,也不失为低成本的可行之举;(3)利用强大的动员能力,把农民组织调动起来,参与科学试验,学用科技,让农民在"干中学",有利于提高农民的科技素质。因此,这一时期取得了一些足值称道的重大科技成果,如杂交水稻、矮秆抗锈小麦品种、玉米杂交优种和棉花新品种的培育成功,家畜冷冻精液的人工授精技术和"马传贫"诊断技术的成功突破,都是我国农业科技发展史上的重大成就。

(一)农业育种和推广

这主要表现在以下两个方面:

1. 大力选育和推广地方良种

早在1950年8月,全国种子工作会议就决定,要开展群众性选种运动,建立良种繁育推广制度。1958年4月,第二次全国种子工作会议则确定了依靠农业生产合作社自选、自繁、自留、自用辅之以调剂的"四自一辅"的工作方针。据估计,1950—1959年,全国共推广了各种农作物优良品种1200多个。1960年代后,在复杂多变的环境中,农民参与选种和推广,继续得到了政府的鼓励和支持,取得了新的进展。

2. 一批农业科学家经过艰苦努力,培育出一系列重要的优良品种

特别值得一提的是籼型杂交水稻的育成和推广,使我国的水稻育种走在了世界的前列,为我国和世界的水稻生产和粮食安全作出了重大贡献。我国杂交稻的研究,始于1964年,当时在湖南安江农校任教的袁隆平曾从洞庭早籼、胜利籼等品种中找到了能遗传的自然雄性不育株。1970年冬,袁隆平的助手李必湖在海南岛崖县的普通野生稻群落中,发现一株花粉败育株(即野败)。1972年10月19—30日,中国农林科学院和湖南省农业科学院在长沙召开第一次全国杂交水稻科研协作会,确定以利用野生稻雄性不育细胞质选育雄性不育系作为主要途径,开展协作攻关。1973年,江西、湖南、福建等省先后育成开花习性较好、配合力高的野败型雄性不育系。在育成雄性不育系后,随即开展了恢复系筛选的全国性协作攻

关。1973 年，广西农学院等先后筛选出一批恢复系，具有较强的恢复能力。至此，我国野败型杂交籼稻三系已基本配套，并选配出一批强优势组合，宣告了我国杂交稻的育成。1974 年和 1975 年连续两年，经湖南、广西、江西等省、自治区进行杂交稻组合优势鉴定，结果表明，杂交稻的产量一般比当地栽培品种增产 20% 以上。1975 年 12 月，农林部在广州召开推广杂交稻会议。接着，南方稻区进一步开展了不育系的繁殖、制种和栽培技术的研究，逐步探索出了一套较完整的相应的技术措施，使杂交稻在我国大面积推广。

在杂交水稻的选育中，袁隆平作出了突出的贡献。1973 年 10 月，他发表了题为《利用野败选育三系的进展》的论文，正式宣告我国籼型杂交水稻"三系"配套成功。这是水稻育种史上具有划时代意义的重大突破。1975 年，该项技术多点示范 5600 多亩，亩产比常规品种增产 20% 以上，到 1976 年，示范推广迅速扩大到 208 万亩。以杂交水稻为首的种子革命，作为农业生产的"第二次绿色革命"，对 20 世纪 80 年代初农业产量的大幅增加起到了不可忽视的重大作用，同时也对世界农业发展作出了积极的贡献。根据袁隆平先生介绍①，1976—2006 年，杂交水稻累计推广 56 亿亩，每年的增产量可养活 7000 万人。杂交水稻的大面积推广主要是改革以来的事，但核心技术突破要归功于改革之前。

（二）化肥施用量显著增加

一是大力号召农民积累有机肥，种植绿肥。1957 年，全国绿肥种植面积比 1949 年扩大约 50%，1978 年又比 1957 年增加了 167.26%。二是建设了大量的小化肥厂，引进 13 套大型化肥成套设备并陆续投产，化肥生产能力显著提高，国家还从国外进口了一定数量的优质化肥，使化肥施用量迅速增加。1957—1978 年，化肥施用量由 37.3 万吨（折纯）增加到了 884 万吨，年均递增 16.27%。一般认为，农业增产既要靠良种，也要

---

① 2008 年 6 月下旬，中国社会科学院国情调研课题组与袁隆平先生进行了座谈，袁隆平详细介绍了杂交水稻的培育和推广问题。

靠良法，二者的贡献各占 50%，施肥是耕作与栽培中非常重要的环节，这一时期施肥量的增加，有效地促进了农业增产。

（三）农业机械装备水平得到明显提高

改革前，我国提出了实现农业现代化的宏伟目标，并把农业现代化理解为机械化、水利化、化肥化、电气化，其中又特别把农业机械化放在首要位置，认为"农业的根本出路在于农业机械化"（1959 年 4 月 29 日毛泽东在《党内通信》中提出这一判断）。与 1965 年相比，1976 年拖拉机、手扶拖拉机产量增长 5.7 倍和 65 倍，农用排灌动力机械拥有量增长 4.9 倍，全国农田灌溉面积增长 41%，成灾面积由 53.9% 下降到 26.9%。这些基本装备条件的较大改善为农村改革之后农业的较快发展提供了重要的基础。

第二节　中国农业科技体制改革：完善体系与创新机制

1978 年以来，我国农业科研和技术推广的制度环境与传统计划经济体制时期相比，发生了重大转变。其最突出的变化表现为两个方面：一是农业基本经营制度由人民公社体制转变为以家庭承包经营为基础、统分结合的双层经营体制，农村微观经济的主体是农户，农户有了经营自主权，相应地，农户也成为技术选择的主体；二是随着市场化改革的不断深化，市场机制对包括科技在内的资源配置起着重要的作用。

在新的背景下，原有农业科技体制成了重要的改革对象。30 年来，农业科技体制改革围绕促进科技与经济结合，以加强科技创新、促进科技成果转化和产业化为目标，以完善体系、调整结构、转换机制为重点，采取了一系列重大措施，取得了重要突破和可观的成就。目前，我国农业增长中来自于科技进步的贡献率已经达到 48%，为农产品总量增长和农业增效，促进传统农业向现代农业的转变，提供了有力的支撑。

一、农业科研体制改革

（一）市场化改革与调整

1978 年，国务院批准恢复中国农业科学院建制，下放迁到外地的研究所全部搬回北京原址，下放给地方管理的研究所也收回实行以部为主的领导体制，完全恢复了中国农业科学院的原有机构。与此同时，各省、自治区、直辖市农业科学院及其专业研究机构，也恢复了建制或开始新建工作。1980 年 8 月，国家农委和农业部在《关于加强农业科研工作的意见》的文件中，提出调整各级农业科研单位的方向任务，使之各有侧重，形成特色。部属科研单位要面向全国，以应用研究和应用基础研究为主，也要重视开发研究，侧重解决生产上具有战略性、基础性、综合性的问题；省级农业科研单位以应用研究和开发研究为主，着重解决本省生产上需要解决的科技问题，并承担一部分全国性的科研任务；地、市级农业科研单位要在本省统一规划下，以开发研究为主，有条件的也可开展具有本地特点的应用研究工作；高等农业院校着重应用基础研究和应用研究。

但是，这些农业科研机构是在特定的政治、经济、社会背景下演变整合而成，存在着明显的体制弊端，主要表现为：一是农业科研机构依附于各级政府，科研机构由各级政府设置；二是条块分割，部门所有；三是各级各类研究机构都追求"大而全"和"小而全"，社会化协作程度很低。所以，整体科研效率低，很难满足改革后农业经济变化和快速发展的要求，不能为新的制度基础上农业发展提供足够的科技支撑。

为了适应市场化改革的趋势，1985 年 3 月正式公布了《中共中央关于科学技术体制改革的决定》。《规定》明确提出："现代科学技术是新的社会生产力中最活跃的和决定性的因素"；"经济建设必须依靠科学技术、科学技术工作必须面向经济建设"。这标志着中国农业科学研究体制进入全面改革的新时期。按照《规定》部署，当时科技体制改革的主要内容包括：在运行机制方面，要改革拨款制度，开拓技术市场，克服单纯依靠行政手段管理科学技术工作，国家包得过多、统得过死的弊病；在对国家重点项目实行计划管理的同时，运用经济杠杆和市场调节，使科学技术机构具有自我发展的能力和自动为经济建设服务的活力。在组织结构方面，要改变过多的研究机构与企业相分离，研究、设计、教育、生产脱节，军民分割、部门分割、地区分割的状况；大力加强企业的技术吸收与开发能力和技术成果转化为生产能力的中间环节，促进研究机构、设计机构、高等学校、企业之间的协作和联合，并使各方面的科学技术力量形成合理的纵深配置。这个文件是在国家科委主持下制定的，其核心是要整合科技资源，更多地依靠市场机制，提高科技工作的效率和对经济的支撑能力。但是，由于农业科技本身具有独特性，故在农业科技体制改革的内容上，一度存在较大分歧。例如：农业科研与生产脱节程度的估计；农业科研单位是否只搞开发研究；农业科研单位是否也要"断奶"、"断粮"，执行"由事业费开支改为有偿合同制"；改变拨款方式是否为改革的突破口；各个研究所是否作为独立单元直接到社会上去竞争，优胜劣汰；等等。针对文件制定中存在的一些问题，农业部何康部长直接给中央写信，强调了农业科学研究的重要性，建议对农业科技工作要有特殊政策，因而在最后公布的文件中专门写了有关农业科技工作的"第五部分"。增加的这段文字包含了两个要点：一是提出省以上农业科研机构要用较多力量搞基础研究；再一点是暂时保留农业科研机构和技术推广部门的事业费包干。

1986年7月，农业部召开了一次农业科技体制改革研讨会，讨论制定了《关于农业科技体制改革的若干意见》（试行），《关于贯彻国务院"关于扩大科学技术研究机构自主权的暂行规定"实施办法》（试行）、《关于科研事业费包干试行办法》三个文件，并以部文下达。随后，根据国务院和国家科委的统一部署，1987年农业科技体制改革的重点是放活科研机构、放活科技人员，促进科研、生产的横向联合（即产学研结合），加强技术开发，增加科技单位的横向收入；1988年，科研机构内部在实行院、所长负责制、扩大研究所自主权的基础上，进行了各种形式承包经营责任制的试点；以后又提出"一院两制"，"稳住一头，放开一片"，即稳住基础研究、应用基础研究，组织新技术研究和重大技术攻关；同时，让一大批从事技术开发和技术服务的机构面向市场，逐步走上自我发展的道路。这些举措推动了农业科技体制改革的深入。

（二）建立国家农业创新体系

1999 年，中央决定启动新一轮科技体制改革，确定了"结构调整、人员分流、机制转变、制度创新"的改革原则，要求科研机构按进入企业、进入大学、转制为企业、转制为中介机构、转制为非营利性科研机构等模式进行改革。2002 年 10 月 10 日，科技部、财政部、中央编办在国科发政字〔2002〕365 号《关于农业部等九个部门所属科研机构改革方案的批复》文件中，提出了中国农业科学院下属 39 个机构的改革方案：转为非营利性科研机构 19 个、转为科技型企业 12 个、转为农业事业单位 4 个、进入学校 4 个。可以看出，整个改革体现了先侧重机制性改革，再进行结构性改革的特点。

2001 年 4 月 28 日，国务院正式公布《农业科学技术发展纲要 (2000—2010)》，要求建立新型农业科技创新体系。主要内容包括：建设具有国际先进水平的农业科学研究与技术开发体系，专业队伍与农民科技组织相结合的农业科技推广与服务体系，精干高效的农业科技管理体系，以及强有力的农业科技保障体系；根据农业科技周期长、公益性和区域性强的特点，将农业研究机构分为三类，采取不同的支持方式进行改革，其中，从事农业基础研究、高技术研究和农业资源保护等农业基础性工作的单位，按非营利机构运行和管理。根据这个精神，中国农业科学院提出：建设具有国际先进水平的农业科技创新中心、国内一流的农业科技产业孵化中心和国际农业科技合作与交流中心的战略目标，组建作物科学、畜牧兽医科学、应用微生物科学、农业环境与资源、食品科学、农业经济与农村发展、农业信息、农业质量标准与检测 8 大学科。2004 年初，中国农业科学院提出了农业科技创新体系新方案。包括三个内容：一是在北京建设国家农业科技创新中心；二是整合国家、部门、地方农业科技力量，建立 9 个区域性国家农业科技创新分中心；三是建立 50 个左右国家级、300

个左右省级农业科研综合试验站。

2004 年公布的《国家中长期科学和技术发展规划纲要 2006—2020》则进一步明确了科研体制改革的思路，主要内容包括：完善市场机制，支持鼓励企业成为技术创新主体；以健全机制为重点，进一步深化管理体制改革，加快建设"职责明确、评价科学、开放有序、管理规范"的现代科研院所制度；建设一批世界知名的高水平研究型大学；加强科技管理，等等。为了贯彻《规划纲要》，2007 年 7 月，农业部发布了《农业科技发展规划（2006—2020 年）》，提出"稳定支持，适度竞争"的农业科技体制改革原则，改革的重点是完善体系和创新机制。在完善体系方面，要求以深化农业科研体制改革为基础，尊重农业科技工作的基本规律和自身特点，以提高科技创新能力和效率为核心，通过重大科技基础设施投入和科技创新项目的带动，以任务带团队，以团队促网络，以网络建体系，优化配置国家农业科研机构和相关农业高校的科技资源，建设国家基地。根据农业综合区划和优势农产品区域布局规划，在省级农业科研机构和农业大学中，建设一批区域性主导技术和产品开发实验室、实验基地、改良中心和产品创制中心。依托创新能力较强的科教机构，建立科技成果扩散站点，鼓励与支持企业建立农业技术研发中心。在创新机制方面，要求完善财政科技经费投入与绩效考评机制，改革立项机制，完善分工协作和联合攻关机制，建立团队与人才队伍培养机制、成果分类评价与快速转化机制，以及农业科技合作与交流机制。

在进行体制改革的同时，我国政府用于农业科研的投入也有了大幅度的增加。除了常规性的事业费增加外，国家还投入巨资启动实施了一批重大农业科技项目，诸如"863"、"973"、"948"、"重大农业科技专项"、"丰收计划"、"农业科技跨越计划"、"农业结构调整重大技术研究专项"、"优质专用农作物新品种选育及繁育技术研究专项"，等等，对于支持农业基础研究和应用研究，提高农业科技水平，起到了重要作用。

二、农业多元化推广体系的形成及其问题

（一）市场主导，多方参与，政府调控

农村实行土地家庭承包经营以后，一方面，农业技术推广需要直接面对数量庞大的分散农户；另一方面，随着农村市场经济发展和农业产业结构调整，农户的科技需求也日趋多样化，这给农业技术推广工作提出了新的任务和要求。1985 年《中共中央关于科技体制改革的决定》公布后，我国农业技术推广体制进入了一个较快的改革时期，许多基层农技推广部门结合技术推广工作，供应生产技术所需的农药、化肥、农膜等农用生产资料，被群众称为"既开方，又卖药"，受到农民的普遍欢迎。在一些经济发达地区，还出现了包病虫防治、包育秧供秧等技术服务的新形式。随着改革的深化，各级推广机构，根据农业产前、产中、产后的服务要求，兴办经营实体，按照"立足推广搞经营，搞好经营促推广"的原则，积极开展综合经营服务。

经过改革初期的探索，从 1988 年开始，我国开始致力于建立多形式的农业技术推广体制。1988 年 5 月，国务院颁布《关于深化科技体制改革若干问题的决定》，要求大力支持农村各种专业合作组织、技术协会、研究会以及村办、联户办、户办等各种形式的民间技术推广组织。鼓励农民通过集资、入股等方式，兴办各种所有制的农业技术服务组织或经济实体。与此同时，除了国家专业的农业技术推广系统外，涉农部门也纷纷积极参与推广活动，农业科研机构和农业教学部门都努力推广本单位科技成果，农资部门、供销合作社开办"庄稼医院"，农村金融机构配合集团承包开展金融服务，等等。

1991 年 10 月 28 日，国务院发出《关于加强农业社会化服务体系建设的通知》，指出农业社会化服务，是包括专业经济技术部门、乡村合作经济组织和社会其他方面为农林牧副渔各业发展所提供的服务，主要有五个主要方面：一是村级集体经济组织开展的以统一机耕、排灌、植保、收割、运输等为主要内容的服务；二是乡级农技站、农机站、水利（水保）

站、林业站、畜牧兽医站、水产站、经营管理站和气象服务网等提供的，以良种供应、技术推广、气象信息和经营管理为重点的服务；三是供销社和商业、物资、外贸、金融等部门开展的，以供应生产生活资料，收购、加工、运销、出口产品，以及筹资、保险为重点的服务；四是科研、教育单位深入农村，开展技术咨询服务、人员培训、集团承包为重点的服务；五是农民专业技术协会、专业合作社开展的专项服务。

1995 年 9 月，中共中央、国务院《关于加速科学技术进步的决定》中，进一步提出了农技部门要按照"围绕服务办实体，办好实体促服务，搞好服务促发展"的原则，积极兴办各种服务实体，大力发展技、工、贸一体化的农业社会化服务体系，逐步实现农业服务市场化、服务组织实体化、服务实体企业化、企业群体产业化。从此，农业技术推广部门的经营服务由原来的技物结合、开方卖药，向兴办经济实体、实现产业化的高层次方向发展。

1995 年 8 月，农业部将全国农业技术推广总站、全国植物保护总站、全国土壤肥料总站、全国种子总站等多部门合并组成"全国农业技术推广服务中心"，从而在中央一级农业技术推广体制改革上迈出关键一步，促进了省级、地市级也建立相应的综合性农业技术推广机构。1996 年，农业部要求各地农业部门根据《中华人民共和国农业技术推广法》等的精神，按时完成乡镇农业技术推广机构定性、定编、定员的"三定"工作，并组织"三定"专项工作组，深入各地进行检查，督促落实，以巩固和发挥基层农业技术推广机构的作用。

进入 21 世纪后，为了推进改革，建立新型农业技术推广体制，国务院于 2001 年 4 月 28 日发布了《农业科技发展纲要（2001—2010 年）》。2002 年修订后公布的《农业法》（其中第 50、51、52 条直接涉及农业技术推广）明确提出："建立政府扶持和市场引导相结合，有偿服务与无偿服务相结合，国家农业技术推广机构与社会力量相结合的农业技术推广体系。"在稳定农业技术推广机构的同时，大力发展农民、企业技术推广与服务组织，支持农村各类专业技术协会的发展。鼓励推广机构、科研院所、大中专院校、协会、企业及农民，以农业技术开发、技术咨询、技术服务和技术转让等多种形式，从事技术推广工作。这"三个结合"勾画出了我国农业技术推广体系多元化的基本格局，在"三个结合"原则的指导下，在农业推广事业由国家办的同时，群众组织、企事业单位可以不同的形式开展农业技术推广服务，形成多元化的农业技术推广体制；农业技术推广事业可以从上到下建立起覆盖整个农村的、庞大的技术推广组织和系统，形成上下相通、左右相连的网络体系，使先进的农业技术尽快转化为现实生产力。

经过 30 年的改革与发展，农业科技推广体系由政府独家承担的一元化局面被打破，农业科技推广的市场供给主体呈现出多样化的发展态势，机制也越来越灵活。"专家大院"、"科技特派员"、"科技 110"等新型农技服务形式在许多地方得到了推广，科技人员"重心下移"，为农民提供便捷的技术服务，深受农民的欢迎。一大批涉农公司（特别是大型农业产业化龙头企业）、农民专业合作组织和专业协会及其他民间科技组织越来越多地加入到农业技术推广领域中来，农技推广服务开始走向社会化。在各级农技部门与技术人员的协助下，全国建立了 10 万个农村专业技术协会，培育了成千上万的专业户、科技示范户，推动农村民间农业科技工作的进步与多种类型民间科技组织的发展，明显地提高了农民的科技水平。此外，政府部门和社会机构的一系列行动计划，诸如教育部的"燎原计划"，全国妇联开展的"双学双比"，团中央、全国科协的"科技下乡"、"三下乡"活动，民主党派和工商联的"智力扶贫"以及爱德基金会等国内外基金会的科技扶贫项目，都取得了一定的成效。

（二）农业技术推广体系存在的问题

我国农业技术推广体系已具一定的规模，机制上也有了明显的转变，取得的成就不容否定。这个体系存在的最大问题是国家办农技推广机构不健全、不完善，普遍存在"上实下虚"、"头重脚轻"的现象。不少老、少、边、穷地区的乡村农业推广站，多数只是一站一人；有些行政村、乡，名义上已建立了农业技术推广服务组织，实际上只是流于形式。20
世纪 90 年代后，特别是 1994 年实行分税制后，有的地方借国家机构改革
之机，把乡技术推广站完全下放给乡政府管理，改变农业技术推广机构的
性质，使它们变成了公司或被"精简"、"撤销"；有的地方片面理解市场
经济，导致将农业技术推广机构完全推向市场，实施"断奶"、"脱钩"，
从而导致"线断、网破、人散"，基层农技推广体系残缺不全，不能满足
农业和农村经济发展的需要。

　　针对上述情况，2006 年，国务院下发了《关于深化改革加强基层农
业技术推广体系建设的意见》，明确要求"基层农业技术推广体系改革应
在 2007 年底前基本完成"。2008 年中共十七届三中全会再次提出"力争
三年内在全国普遍健全乡镇或区域性农业技术推广、动植物疫病防控、农
产品质量监管等公共服务机构"。然而截至 2008 年 12 月，全国 60% 以上
的县农业技术推广体系还没有进入实质性改革阶段，县乡两级普遍没有解
决农技推广经费保障和人员编制等问题。[①] 这其中既有改革涉及面广、触
及矛盾多、协调任务重的原因，也有相关规定比较原则和笼统、缺少具
体刚性实施细则的原因，更主要的是一些地方政府对农技推广的公益
性职能认识不足，缺乏对农技推广体系必要的、长期稳定的支持和投
入，导致其在市场化与公益化之间反复，不能正常发挥应有的作用。
具体而言：

　　一是管理体制不顺。不少地方县级农业部门管不了乡镇农技推广机构
的人、财、物，难以确保农技人员专职从事推广工作。调查表明[②]，县级
以下农技人员平均每人每年从事公益性技术推广的时间仅为 89 天，而更
多时间是从事党政工作（122 天）、经营创收（49 天）、行政执法（21
天）等。

　　二是人员素质不高。由于编制限制等原因，基层农技推广人员严重老

---

① 据全国政协第 11 届 2 次会议大会发言材料。
② 据全国政协第 11 届 2 次会议大会发言材料。

化。2003 年以来，60% 的基层农技推广机构没有农口院校毕业生进入。截至 2007 年年底，编制内基层农技推广人员中具有大专以上学历的仅为 45.9%，而其中 40% 以上的人所学专业与农技推广无关。同时，在职农技人员参加专业学习和技能培训的机会也不多。2003—2007 年，每年只有约 8.7% 的基层农技推广人员参加过培训，其中，培训时间在三个月以上的仅为 2%。

三是保障条件不足。我国农技推广投入强度（农技推广投资与农业增加值的比例）徘徊在 0.42% 左右，而发达国家在 0.6%—1.0% 左右，发展中国家平均也在 0.5% 左右。到 2007 年年底，乡镇农技推广机构中，95% 没有试验示范基地，70% 没有办公用房和计算机，85% 以上没有下乡交通工具。

目前，我国农业科技成果转化率还远低于发达国家 65%—85% 的水平。这既有农业科技自主创新能力不强、科研与生产结合不紧的原因，也有农民素质呈结构性下降、对新技术吸纳能力弱的原因，但最主要的还是由于基层农技推广体系改革与建设滞后，导致科技供给传输不下去，生产需求反馈不上来，技术成果的示范推广缺乏工作依托。因此，必须在大力推进农业科技自主创新、增加技术源头供应的同时，更加注重成果转化和应用推广，注重基层农业技术推广体系的建设。

三、农民科技教育与培训的新发展

（一）政府举办了大量的培训工程

在农业和农村经济社会发展中，几乎所有的发展因素都是以提高劳动者的素质为前提的。针对农民科技素质较低的现实，改革以来，各地各级政府在不同程度上开展了农村科技教育和职业培训。一方面，对农民实行农业技术培训，发展现代农业，让农民当好农民；另一方面，对农民实行劳动力就业技能培训，让农民不当农民，推动农村劳动力从"体力型"输出为主向"技能型"输出转变。

1994 年，农业部开始在全国全面组织实施"绿色证书工程"。"绿色证书"培训是我国农民科技培训的一项基本制度，主要是按农业生产岗位规范要求对广大农民开展培训，培养骨干农民，为促进农业增效、农民增收作出了巨大贡献。仅"九五"期间，年均培养约110万"绿证"学员。到2002年为止，全国已有31个省（区、市）的1994个县组织开展了"绿色证书"培训工作，有1300多万农民参加了培训，600多万农民获得了"绿色证书"。

2003年，由科技部、农业部、劳动和社会保障部、共青团中央联合实施了"星火科技培训专项行动"。通过三年多的实践，在全国实现70多万个村"村村有科技带头人"，4万多个乡（镇）"乡乡有'星火课堂'"，2000多个县"县县有'星火学校'"的目标，造就一大批既懂科技、懂生产，又懂法律、懂市场经营的农村复合型人才。

2003年，农业部颁布了《2003—2010年全国新型农民科技培训规划》，要实施"绿色证书工程"、"跨世纪青年农民科技培训工程"、"新型农民创业培植工程"、"农村富余劳动力转移就业培训工程"和"农业远程培训工程"五大工程，建立健全农民科技教育培训体系，全面推进新型农民科技培训工作。

1. "绿色证书"工程

计划2003—2005年培训600万人；2006—2010年再培训1000万人。8年共培训1600万人，届时，在农村达到每8户农民中有1人参加"绿色证书"培训。

2. 跨世纪青年农民科技培训工程

由农业部、财政部和团中央共同组织实施，主要是对农村优秀青年开展以科技为主的综合性培训，培养农村致富带头人和建设社会主义新农村的中坚力量，已培训154万人。计划2003—2005年培训300万人；2006—2010年再培训500万人。8年共培训800万人，届时，基本达到每个村民小组有1—2名优秀青年农民参加培训。

3. 新型农民创业培植工程

主要是从参加前两大工程培训的学员中，选拔能开展规模化生产和具有创业能力的优秀学员,通过政策引导、信息服务、创业资金扶持和后援技术支持,将其培植成规模化和专业化生产经营的农场主和农民企业家。该工程从2003年开始启动,计划2003—2005年培植农民3万人;2006—2010年再培植7万人。8年共计培植10万人,届时,达到每个乡(镇)培植2—3人。

4. 农村富余劳动力转移就业培训工程

主要是对农村富余劳动力转移就业进行引导性和示范性培训,提高农民进城务工就业素质和技能,促进农村富余劳动力合理有序流动。该项工程会同有关部门共同实施。计划2003—2005年培训300万人;2006—2010年再培训1000万人。8年共计培训1300万人。

5. 农业远程培训工程

主要是运用现代教育手段,加大传播覆盖面,快捷有效地向广大农民提供技术、信息和咨询服务,使农业科技成果迅速走进千家万户。2003—2010年,农业远程培训工程计划开发培训课程400门,录制广播电视节目4000小时,编译少数民族语言广播电视节目800小时,向全国播出100000小时,向农民发送农业科技光盘1000万张。同时,继续加大"农业科技电波入户计划"实施力度,到2010年,全国90%以上的县能实现电波入户。

从2000年开始,农业部还组织实施了"农业科技电波入户计划",到2001年年底,约覆盖298个县(市)、1192万户。通过电视等媒介指导农业生产、推广农业科学技术、提供市场信息、传播致富经验、宣传农业政策法规、开展农民科技培训,使农业科技成果迅速走进千家万户。

2006年年初,国务院颁布了《全民科学素质行动计划纲要》,突出强调了提高农民科学素质是提高全民科学素质的重要任务,并成立了由农业部、中国科协作为牵头部门的14个部委组成的"农民科学素质行动"协调小组。同年7月全面启动了"农民科学素质行动",作为推进社会主义新农村建设的一项紧迫而艰巨的任务。该行动计划着重提高广大农民四个方面的能力:一是崇尚科学、反对愚昧、移风易俗、文明生活的能力;二是珍惜资源、节约能源、保护环境、防治污染、发展循环农业、建设生态家园的能力；三是掌握、运用现代技术和管理方法发展农业生产、进行生产管理和农产品经营，实现增收致富的能力；四是向工业、服务业转产转岗和进城务工的能力。

2006 年作为"农民科学素质行动"开局之年，农业部组织广大农业科技人员，通过科技下乡、技术服务、科技直通车、农民科技书屋、农业广播电视等方式，向农民广泛开展科技培训和技术服务，全年培训农民达到 1 亿人次以上。其他参与行动的部委也都开展相应的工作。

（二）农民科技教育培训任重道远

改革 30 年来，特别是进入 21 世纪后，农民科技教育和培训越来越受到重视，投入的力度不断加大，农民整体科技素质有了一定的提高。但是，农民科技教育和培训体制还存在不少问题。主要表现在：一是我国农村职业教育和培训是整个国民教育体系中最薄弱的环节。教育部举办的"211"工程，100 所左右的高校每所增加投资平均 3 亿元以上；"985"工程，在 38 所高校中每所投入 4 亿—8 亿元。而由农业部等六部委举办的农村劳动力转移培训"阳光工程"声势浩大，资金却只有区区数亿元。两相比较，天壤之别。二是十几个部委都在从事农民教育培训，都有各自的专项，缺少统一领导规划，彼此之间缺乏衔接和资源整合，导致资源浪费。三是培训项目大多是短期的行动计划，缺乏稳定性和长效机制。四是对项目实施情况缺少规范合理的评价体系和机制，存在较多的走过场和形式主义。

根据有关资料[1]，目前我国农民平均受教育年限不足 7 年（发达国家已达到 12 年），全国 92% 的文盲、半文盲在农村，农村劳动力中小学文化程度和文盲半文盲的占 40.31%，初中文化程度的占 48.07%，高中以上文化程度的占 11.62%，具有大专以上文化水平的仅占 0.105%。这种农村劳动力数量庞大而又素质低下的状况，严重制约着现代农业的发展，

---

[1] 全国政协十届三次会议第三次全体会议大会发言资料。

制约了农村工业化和城镇化的进程，说明我国农民教育培训还任重道远。

第三节　未来的农业科技进步与体制改革

改革 30 年来，我国农业科技体制进行了一系列重大改革，取得了重要突破和进展，农业科技进步的贡献率得以不断提高，为保证农产品供给和增加农民收入提供了有力的支撑。但是，我国现行农业科技体制与发展现代农业和建设新农村的要求，还存在着诸多不相适应之处，需要进一步改革。其目标是要形成符合农业科技发展规律、适应现代农业发展需要的功能完善、运转高效、支撑有力的新型农业科技创新和转化应用体系。这个体系应当是以政府为主导，充分发挥市场配置资源的基础性作用，各类科技创新主体紧密联系和有效互动的系统。

一、农业发展对科技的需求

我国农业发展面临着三大战略目标：一是基础性目标，即确保粮食供求的基本平衡，实现立足于国内的粮食安全，同时不断提高食品质量安全水平；二是核心目标，即提高农业的质量、效益和国际竞争力，增加农民收入；三是长期性目标，即保育和合理利用资源，实现农业可持续发展。实现这些战略目标，需要有一整套有的放矢而又切实可行的政策措施，如合理的土地制度、支农的财政政策和利农的金融政策；同时，也离不开科技的创新和推广应用，对科技提出了更高的要求。

（一）粮食安全需要科技支撑

根据我国国情以及资源禀赋特点，农业发展首先要确认的一个目标就是粮食安全，全力动员资源，增加本国粮食产量，是政府解决粮食安全问题的基本政策取向。粮食的生产能力取决于播种面积和单产水平，所有的相关因素最终都是通过作用于播种面积和单产水平而对粮食总产产生影响的。今后，工业化和城市化不可避免地要继续占用耕地，通过增加播种面积而增加粮食产量的途径已庶无可能，所可做的只能是采取严格的耕地保护制度，确保耕地数量的底线。这意味着，未来中国的粮食增长最主要的是要靠科技来解决问题，实现以科技为基础的粮食增长和粮食安全。

（二）提高农业竞争力需要科技支撑

党的十六大把建设现代农业作为全面建设小康社会的重大任务之一，这是在总结世界农业发展规律的基础上，立足我国国情和农情作出的重大战略决策和部署。现代农业是以保障农产品供给、提供劳动力就业、增加农民收入、实现农业可持续发展为主要目标，以现代科学技术、现代工业装备、现代管理手段、现代经营理念为支撑，以政府对农业的宏观调控和支持保护为保障，充分发挥市场在资源配置方面的基础性作用，产供销一条龙和贸工农一体化等农业再生产的各环节相衔接，由现代知识型农民和现代企业家共同经营，具有较强市场竞争力的一体化、多功能的农业产业体系。

在这个体系中，农业科技无疑是核心战略性资源。建设现代农业，必须通过农业科技成果的密集使用来提高农业资源开发利用的广度、深度和精度，从根本上改变农业资源配置的机制、结构和效率，实现农业资源的合理开发利用，变资源的粗放经营为技术和资本密集的集约经营，不断提高农业的科技含量。

我国加入WTO后，农业面临着激烈的国际竞争。农业国际竞争表面上是价格竞争，品种和质量竞争，服务竞争，而最关键的是科技的竞争。提升我国农业的国际竞争力，首要的选择就是要不断进行农业科技创新，大力推进农业科技进步。同时，我国农业参与国际分工与合作，不仅要依托科技进步，而且更应该瞄准国际农业科技发展的趋势，在前沿领域上有重点地开展农业科学研究和农业技术创新，加快农业技术的普及与推广。

（三）农业可持续发展需要科技支撑

随着经济的快速发展和社会的不断进步，农业发展的目标已经从传统的保障食物供给的单一目标转向了促进自然、经济、社会协调发展的多元目标，农业的多功能性日益彰显。

但是，我国农业的发展面临着资源、生态、环境压力，实现农业可持续发展的难度不断加大。这就要求我们重新审视和安排农业生产和经营活动，有选择性地利用自然资源，把国内资源利用、保护和保存结合起来，防止我国自然资源数量基础的缩减和退化，保持自然资源基础完整，实现可持续发展。在这个过程中，越来越需要科技进步提供有力的支撑，需要科技开发和推广应用在更高层次和更广泛领域取得新的突破，提高资源综合利用效率，拓展资源利用的空间和边界，从而缓解和减轻农业发展的资源环境压力，恢复人与自然的和谐关系，实现农业可持续发展。

二、农业科技发展的重点领域及主攻方向

为满足农业发展的三大目标，未来20年农业科技水平必须在整体上得到较大提升，其中，特别需要在一些重点领域和关键技术上取得突破，以发挥战略带动作用，突破制约农业和农村发展的瓶颈制约。

（一）增强农业综合生产能力

为实现粮食安全目标，需要在农作物超高产新品种选育、动植物良种繁育技术、规范化栽培技术、规模化集约化养殖技术、重大动植物疾病防治技术等方面取得重大突破，以确保农产品高产稳产，实现农业由资源依赖型向技术驱动型转变，特别是要通过节水技术的创新，打破水资源短缺对粮食安全的约束。

（二）提高农产品质量安全水平

对粮棉油等大宗农产品，以优质化、专用化生产为重点，选育一批优质新品种，建立专业化、规模化和标准化的生产技术体系。对蔬菜、果品、畜产品等在国际市场上有价格竞争优势的农产品，进行技术改进和创新，提高产品质量和标准化水平。同时，要重点开发环保型、无公害型农作物生产技术；加强农产品质量检测技术的开发，建立完善规范的农产品质量监测管理体系，在农产品生产及质量的主要技术标准上逐步与国际接轨。

（三）优化农产品区域布局与发展特色产业

按照优势农产品的区域布局，建立规范化、标准化种养技术体系；积极发展特色产业，建立技术服务—生产基地建设—龙头企业培育—市场服务一体化的特色农业生产经营体系；围绕制约主要农产品竞争优势形成的重大科技问题，组织联合攻关，尽快突破一批关键技术，集成和推广一批节本增效配套技术，延长优势产品产业链，提高农业整体效益。

（四）农业资源高效利用及生态环境保护

鉴于我国严重的资源约束和生态环境问题，必须建立起一整套低耗、高效的农业生产技术体系，实现由低效高耗型产业向高效低耗型产业的战略性转变。在农业和农村资源的高效和综合利用（如生物质能）、控制农业外源污染和农业自身污染、解决农药残留超标和有毒有害物质污染方面，取得显著技术进步。也即未来农业科技必须具备生态环境友好型的特点。

（五）农业高新技术研究与产业化

我国农业发展不仅要依靠常规技术的升级，还必须加快以现代生物技术和信息技术为主要内容的高新技术的应用，这是我国农业的希望所在，是我们建立对未来信心的基础。

1. 加快生物技术的研发和应用

现代生物技术已经成为新的农业科技革命的强大动力，它为突破资源约束，解决食物安全和多样化的消费需求，以及减少环境污染和实现能源替代等重大问题提供了最具潜力的技术手段。目前，生物技术已经成为世界各国科技研发投入的重点，产业化的进程不断提速，成为各国科技、经济竞争的焦点。其中，特别引人注目的是转基因作物开始走向大规模推广。国际上抗虫、抗病、抗除草剂的转基因棉花、玉米、大豆、油菜等已进入大规模商业化应用阶段。据统计，全世界转基因作物种植面积从1996 年的 170 万公顷猛增到 2006 年的 1.02 亿公顷。

我国在农业生物技术方面已经取得了举世瞩目的成就。比如，2006年我国转基因作物种植面积为 350 万公顷，位居世界第 6；我国科学家在基因组测序、分子标记、体细胞克隆等方面的研究成果也处于世界一流水平。综合考虑我国农业和生物技术发展的现状，应着重加强生物技术与常规技术的结合，扩大农业生物技术的推广应用，战略重点是：（1）以分子标记辅助育种为主的动植物分子育种技术；（2）农作物与林木的转基因育种技术（抗病虫与品质改良等）；（3）农业微生物（生防、环保、食品与饲料用酶制剂等）。中长期（2010—2020）主要着眼于高附加值新兴农业的开拓和农业生物技术的大规模产业化。战略重点是：（1）高效节水与抗旱作物品种的选育；（2）植物功能与保健食品的开发；（3）优良畜禽品种的体细胞克隆；（4）动植物生物反应器；（5）新兴可再生生物能源及生物材料。

2. 加快农业和农村信息化进程

我国农业的信息化尽管得到了持续推进，但与国外相比，我国农林数据库建设比发达国家落后了 20 多年；与其他产业相比，农业无疑已是国民经济中信息化程度最低的产业。

因此，加快农业和农村信息化进程，实现"鼠标加黄土地"的理想，是我国农业和科技发展的重大战略选择。具体而言，未来 20 年，我国农业信息化发展的战略目标是：运用信息技术改造传统农业，提高生产、管理、决策的信息化程度，信息技术成为新技术示范、推广和应用的主要形式，成为农村教育的重要手段，成为农业科研的基本方法。战略重点是：（1）建设农业信息标准化体系和基础信息平台；（2）建立全国与全球农情监测与决策支持系统；（3）建立现代农业信息服务体系；（4）进行农村教育的信息化改造。

三、进一步深化农业科技体制改革

（一）深化农业科技体制改革的基本原则

1. 构建新型农业科技创新和转化应用体系必须以农民为本

农民是农业生产的主体，是农业科技的直接应用者、获益者，因此，农业科技的推广应用，必须贴近农民，把服务基层、服务农民作为核心任务，在科技成果的推广扩散过程中，要为农民提供便利化的条件，为农民提供低成本、实用易学的技术成果，增强农民对科技的可获得性，并对贫困地区农民给予特别关注，让科技的阳光普照中国农村的每一片土地。

2. 协调发展，重点突破

我国地域发展很不平衡，不同地域农业科技应用水平相差甚远，西部地区"二牛抬杠"还是常见的景象，而东部的一些农民已经开始网上冲浪，率先实现了现代化。未来农业和农村科技的发展必须要有助于区域经济社会的协调发展，成为消除区域差距的重要力量。这就要求今后科技资源的配置过程中，在提高整体创新和应用水平的同时，必须加快中西部地区农业科技进步的速度，特别是要加快粮食主产区、生态脆弱地区和老少边区的科技进步。这些地区财政实力和科技基础薄弱，需要通过财政转移支付、税收信贷优惠以及力度更大的人才引进政策和加强政府项目的组织实施，给予重点倾斜和支持，充分发挥其后发优势，提升其科技水平，实现经济社会的快速发展。

我国作为一个发展中国家，总体科技资源有限，而农业科技发展又面临着层出不穷的问题，这种条件下，科技资源不可能等量齐观平均分配，而必须要有所为有所不为，必须以重大战略需求为导向，选择重点领域和核心技术，集中力量解决一些有全局影响和战略带动作用的科技难题，突破制约农业发展的科技瓶颈，实现科技资源的最优配置。比如，节水农业技术之于缓解水资源短缺和确保国家粮食安全，现代生物技术之于改造传统农业、增加农产品产量、改善农产品质量、提高农业的竞争力和效益，生物质能开发技术之于有机废弃物的资源化利用和能源替代，农产品加工技术之于农业产业化经营以及农业整体效益和农民收入的提高，都具有举足轻重的战略性作用，都是今后农业科技发展中需要取得重点突破的优先领域。

（二）农业科技体制改革的基本思路

构建新型农业科技创新与转化应用体系，不是要把现有的体系推倒重来，而是要在已有基础上进行改进和完善，重点是要解决能力和效率问题，关键是要建立和完善"稳定支持、适度竞争"的投入机制、顶层设计与生产需求紧密结合的立项机制、"资源共享共用、权益合理分享"的协作机制和同行认可与实际检验相结合的科技评价机制。

这要求明确界定政府和市场的边界。鉴于农业科技成果外部性较大以及我国农业生产规模小而分散的特点，必须加强政府在基础性和公益性科研和农技推广领域的主导地位，加大政府对农业科研和推广的支持强度，增加财政投入，完善体制内农业科研及推广的组织方式和利益机制。

对于农业科研机构改革而言，主要的是要通过体制改革，解决科研单位机构臃肿、人浮于事、力量分散、课题重复、科研与生产结合不紧的问题。通过改革用人制度、分配制度、科技管理制度、经费使用方式等，提高科研质量和效益。要加强对农业科技工作的组织和协调，以集中力量，抓好重点，以期最终形成布局结构合理、治理结构规范、微观运行高效、监管制度健全的现代农业科研体系。

关于农业技术推广体制改革，重要的是要适应现代农业发展和新农村建设的需要，尽快按照强化公益性职能、放活经营性服务的总体要求，建立起以国家农业技术推广机构为主导，农村合作经济组织为基础，农业科研、教育等单位和涉农企业广泛参与、分工协作、服务到位、充满活力的多元化基层农业技术推广体系。特别要指出的是，农业发展必须有国家公益性的服务体系做支撑，因此要建设一支国家公益性农技推广队伍。今后一段时期，要结合基层政府职能转变和机构改革，加强政府的转移支付支持，通过新的利益机制和运作方式，合理设置县乡农业技术推广机构，重新"织网、连线、聚人"，将原有的农业技术推广资源进行整合和重新调配，构建高效、协调、灵活的基层农业技术推广新机制。再就是，要鼓励、支持和引导广大科技人员深入农村，深入田间地头，与农民结成利益共同体，以共同利益为纽带，建立双方的良性互动关系，在科技与农民之间建立起直接联系的机制与平台，构建新型的社会化综合服务体系。

关于农民教育培训改革，根据我们的长期研究，主要是要解决以下问题：

第一，深化认识，把农民教育培训工作作为一项重要的基础性建设任务来抓。不仅要开展农业职业技术教育和培训，提高农民科学种养水平和农业生产经营能力，发展现代农业，让农民当好农民；也要开展专业技能培训，提高农民转业就业能力，推进农民向非农产业转移，实现长期稳定就业，让农民不再当农民。这既关系到农民本身的福祉，也直接关系到整个国家的发展和现代化。所以，我们在对农民"多予、少取、放活"的同时，还要加上"提高"二字，既要关注农民的民生，也要开启农民的民智；既要强化农民的生存权，也要更为充分地赋予农民发展权。为此，应尽快制订全面的农民培训规划和实施方案。

第二，加大投入，增加对农民教育培训的财政支持力度。这不仅是促进教育公平的需要，而且相对于农民的生产补贴和收入补贴，更能促进内生的农业增长，实现投入的收益最大化。具体而言，新增投入应主要用于：一是教育培训基础设施建设，重点是要加强县及县以下农民教育培训基础设施建设，构建天网、地网和人网三网合一的公共服务平台，及时把优质教育资源送到农村；二是提高从事农民教育培训人员的待遇，激励农业科技人员深入基层为农民服务；三是对接受培训教育的农民给予补贴，鼓励农民自觉接受培训，尤其要鼓励农民参加"绿色证书"培训。农民教育培训经费的增长幅度应不低于教育经费整体的增长幅度。应将那些不离土、不离乡、不离岗农民参加非全日制中等职业教育，纳入国家助学政策体系。

第三，完善体系，建立健全农村职业教育培训网络。其重点是，依托县级职教中心、乡镇成人教育学校、农业广播电视学校和普通中学构建农村职业教育培训网络，并实现资源共享，优势互补。在重点建设县级职教中心的同时，出台政策解决乡镇成人教育无人管事和无钱办事的难题；可以考虑整合乡镇农技部门、成人教育学校、乡镇文化站和农民科技书屋，成立乡镇科教文化中心。

第四，整合渠道，加快农民教育信息化建设。充分利用电话、广播、电视、互联网等多种渠道，发挥现代农业远程教育的作用，形成现代信息网络与常规媒体优势互补的农村信息服务网络，把农民需要的新技术、新品种、新信息及时转化为农民看得见、学得会、通俗易懂、生动形象的图书、音像等多种形式的教学媒体资源。以农业广播电视学校和农村党员干部现代远程教育体系为依托，加强现代农民远程教育及信息服务平台建设，加快基层信息技术人才的培养。

解决农业问题的长远大计与根本之道，在于科技创新。党的十七大报告和近年来的连续 6 个中央 "1 号文件" 中，都把农业科技放在突出地位加以强调。可以预期，农业科技体制改革的深化，将会有力地促进现代农业的发展，有效地打破资源和市场的双重约束，实现 "优质、高产、高效、生态、安全" 的农业发展目标。

第十四章

乡村治理结构的变迁

一般地说，乡村治理是指以乡村政府为基础的国家机构和乡村其他权威机构给乡村社会提供公共品的活动。乡村政府或乡村其他权威机构构成了乡村治理的主体。在乡村治理活动中，治理主体的产生方式、组织机构、治理资源的整合以及它和乡村社会的基本关系，构成了乡村治理机制。

乡村治理的基本目标是维护乡村社会的基本公正、促进乡村社会的经济增长以及保障乡村社会的可持续发展。乡村治理活动要向乡村社会提供以下公共物品：（1）乡村社会安全与秩序；（2）乡村社会的基本平等，包括乡村社会的基础教育、居民健康保障、低收入人群扶助、养老计划支持等；（3）对农业生产的必要支持，包括农业科学技术的普及应用、农产品市场开拓与价格稳定计划以及农业生产基础条件的改善等；（4）乡村社会的基础设施；（5）乡村地区的环境保护等。

广义地说，乡村治理机制包括以下内容：（1）乡村治理权威机构的产生方式，其中可能的方式包括民主选举、上级派出、民间协议产生等；（2）乡村治理权威机构中政府机构和其他准政府机构、民间机构之间的关系；（3）乡村治理中的财政关系，包括财政收入的筹措方式和财政支出使用的基本规则等；（4）乡村治理机构的基本职能与部门分工等。

鉴于分析乡村财政关系、乡村社会保障、乡村基础设施以及乡村农民专业合作社等问题在本书已有专章论述，本章除必要情形之外将不再讨论这些内容。本章讨论的主要内容包括：（1）"计划经济"时代的中国乡村治理；（2）改革开放以来我国乡村治理基本方式的历史沿革；（3）我国乡村治理的现状分析与评价，特别是关于我国乡镇机构改革和村民自治工作的现状分析；（4）我国乡村治理的未来趋势。

按历史经验，城市化过程加速、市场力量的冲击以及国家权力结构的变化，是导致乡村治理结构发生变化的最主要的外部因素；如果没有这些外部因素出现，乡村治理结构仅仅靠内生因素不容易发生突变。1949 年以后的前 30 年，影响乡村治理的最大外部因素是国家权力结构的变化；1978 年以后，城市化速度加快，农村经济全方位地卷入了市场化过程，国家对农村经济发展的政策也有重大调整，由此形成乡村治理外部环境的巨大变化。与此同时，国家的乡村治理政策也开始作出调整，尝试作出治理模式的转变。本章对 1949 年之后我国乡村治理结构变迁的讨论将围绕这些历史线索的变化展开。

第一节 "计划经济"时代的中国乡村治理

领导中国革命的中国共产党素以极强的乡村动员能力见长。1949 年新中国成立以后，国家的乡村治理基本上沿袭了"革命动员"的手段，适应革命战争的农民组织形式仍然是国家实现乡村治理的基础。即使革命政权已经建立，仍然因为乡村地区生产力基础变化的缓慢性，使得乡村地区未产生对于新型乡村治理模式的内在需求。总体看，1949 年以后的乡村治理采用了一种适应"继续革命"要求并兼顾经济发展目标的体制模式。

一、20 世纪上半叶的中国农村社会

中国作为一个大国，其农业经济状况在不同地区有很大的差异，20世纪上半叶也是如此。据毛泽东在长沙的调查，那里的"乡村人口中，贫农占百分之七十，中农占百分之二十，地主和富农占百分之十。百分之七十的贫农中，……全然无业，即既无土地，又无资金，完全失去生活依据，不得不出外当兵，或出去做工，或打流当乞丐的，都是'赤贫'，占百分之二十"①。

但全国其他地方的情况并非都与湖南相似。在土地肥沃的陕西中部地区，租佃关系并不发达，这里"几乎是一个自耕农的世界，地权极为分散。地主不是没有，但的确很少"②。华北还有其他一些地方与陕西中部相类似。③

综观旧中国农村的社会经济关系，如果说各地之间还有某种相似性的话，那就是官方对农村社会的高度控制。这种控制在交通不发达的地方较为松弛，而在交通发达的地方则较为严密。中国过去有"王权不下县"的说法，但这并不表明官方对农村社会的控制很弱。据毛泽东对湖南农村的调查，被称作"都团"的农村政权机关管辖的人口有一万至五六万之多，有独立的武装和财政征收权，还有独立的司法权。毛泽东说，这些机关由土豪劣绅把持，是"乡里王"，农民对他们的惧怕超过了对总统、督军的惧怕。

在 20 世纪上半叶的华北，官方力量对农村的渗透已经相当深入。④官方试图建立一种对提高征税效率有更大作用的社会结构，但官方目标客观上没有能够替代传统的乡村宗法关系，最后形成的实际的乡村社会的权

---

① 毛泽东：《湖南农民运动考察报告》，1927 年。
② 秦晖：《田园诗与狂想曲》，中央编译出版社 1996 年版，第 45—66 页。
③ 黄宗智：《华北的小农经济与社会变迁》，中华书局 1986 年版，第 27 页。
④ 杜赞奇：《文化、权力与国家——1900—1942 年的华北农村》，江苏人民出版社 1995 年版，第 97—102 页。

威结构，是一种宗法关系和官僚控制系统的结合体。在这个结合体中，哪一种因素更为强大，主要取决于当地的经济发展程度和某些历史因素。中国社会的这种历史基础对后来的农村社会结构转变有长远影响。

官方对农民的掠夺主要是下述两个渠道。第一，农村地主和城市工商业资本与官方权力相结合，使权力渗入了地主与农民的租佃交易和工商业主与农民的商品交易和服务交易，农民在交易中受到掠夺。中国上世纪前半叶农村的地租率是比较高的，全国一般水平在30%—50%之间，这个水平比欧洲国家要高出3—5倍。第二，官方对农民通过赋税直接进行掠夺。民国时期对农业征收的土地税称为"田赋"，分为正赋和附加两个部分。这方面的情况缺乏可靠的资料，主要是隐蔽的赋税不很清楚，但在中国工业不发达的情况下，可以肯定农村田赋是政府的主要收入。

国民党统治时期曾在农村推行保甲制度作为基层政治制度。1932年，国民党政府在河南、湖北和安徽三省颁布《各省编查保甲户口条例》，规定"保甲之编组，以户为单位，户设户长，十户为甲，甲设甲长，十甲为保，保设保长"，并实行各户相互监视、告发的连坐办法。

总体上来看，在20世纪上半叶的很长时期内，中国处于内外战争之中，国民党政府并没有实现对全国的有效统治，农村经济基本处于凋敝状态。当时的农业生产条件极为落后，农田耕作主要依赖人力和畜力，现代农业机械几乎没有采用。当时主要农作物的单位面积产量大体是目前中国的1/4左右。由于长期的战争，1947年农业生产无论在总量上还是效率上，都明显地低于1936年的水平。

在中国共产党控制的革命根据地，先后实行过一系列土地改革政策，其中包括抗日战争时期的"减租减息"，以及其他时期没收地主土地分给无地少地农民的政策。这些政策提高了革命根据地的农业生产效率，增产了粮食，对共产党军队获得军事上的胜利起了重要作用。

二、建立适应巩固革命政权需要的乡村治理结构

1949年，中华人民共和国成立，革命政府在全国各地陆续建立，乡

一级政府成为国家的基层政府。村一级社区的实际领导机构是党在农村的基层组织，但在革命政权成立之初，农会发挥了重要作用。

1949 年全国革命政权建立之前，共产党武装力量在革命根据地普遍建立了农会。在农民起义中，一些革命领袖提出了"一切权力归农会"的口号，农会实际上成为具有基层政权职能的乡村行政机关。新中国成立以后，全国农村开始普遍建立农会。1950 年 7 月 5 日，中华人民共和国政务院公布的《农民协会组织通则》，以法律文件的形式提出了建立除中央以外的各级农民协会，规定了农民协会的性质是"农民自愿结合的群众组织"，要求建立从乡或相当于乡的行政村、县、专区一直到省的农民协会。农会实际上是一种政治组织，而非经济上的合作组织。①

在土地改革过程中，农民协会事实上已经被行政化，成为新生的政权体系的一部分。《农民协会组织通则》中规定农会的任务包括实行反封建的社会改革，保护农民利益；组织农业生产，举办农业生产合作社；保障农民的政治利益，参加人民民主政权的建设工作等。农会的经费来源主要是人民政府提供，所需要的办公设施也由人民政府拨给。这一时期发表的中央文告肯定了村级农会的行政管理职能，而村以上各级农会则被纳入政权体系建设。

农会会员主要是贫农和中农，富农按规定在土改完成后也可加入农会。农会会长多由共产党员担任。

随着革命政权的巩固和土地改革任务的迅速完成，急风暴雨式的阶级斗争基本结束，农会的政治使命也随之消亡。1954 年开始，各地陆续撤销了农会组织；到 1956 年，全国范围内农会组织基本不再存在。

在农村基层组织中，曾短时期存在过贫下中农协会（简称"贫协"）。1963—1965 年，在分批开展的社会主义教育运动中，根据《中华人民共和国贫中农协会组织条例（草案）》，各地陆续在农村地区成立了贫协。贫协的基层组织设立在生产大队，生产队则设立了贫协小组。在各级政府

① 范立、张举：《建国初期农民协会兴起与隐退原因探析》，《经济史》2007 年第 5 期。

也建立了贫协组织，省市政府以下还召集有贫协代表大会。"文化大革命"期间，一些地方成立了"贫下中农代表会"（简称"贫代会"），取代贫协，并组织贫下中农宣传队，分别进驻城市的学校、机关等部门，开展"斗、批、改"、"清理阶级队伍"等政治活动。贫代会以及农村社队的贫协组织，到 1976 年 10 月粉碎"四人帮"之后，陆续在全国范围停止了活动，也有少数地方存续到 1980 年前后。贫协和贫代会仍然是国家实现对农村控制的政治组织。

除农协、贫协等组织外，农村还建立有妇女组织、共青团组织和民兵组织等。这些组织一般随 1949 年革命政权的建立而建立，并至今存在。民兵组织在特殊年代充当过阶级斗争的工具，但也在维护农村治安方面发挥了一定作用。

革命形势稳定以后，中央政府开始通过法制途径组织农村基层政权。1953 年 2 月，中央人民政府委员会第二十二次会议通过《中华人民共和国全国人民代表大会及各级人民代表大会选举法》，这部法律规定乡镇人民代表由选民直接选举。1954 年 9 月，第一届全国人民代表大会第一次会议通过了《中华人民共和国各级人民代表大会和地方各级人民委员会组织法》，这部法律规定了乡镇一级人民委员会组成人员选举和乡镇长选举的有关事项。这部法律的通过也意味着乡镇政权成为我国最基层的新生革命政权。

三、从农业合作化到农村人民公社制度的建立

1949 年新中国成立以后，中国政府开始大规模没收地主土地，将土地分给了无地和少地的农民，建立了一种分散的小农土地所有制。在1950—1952 年，全国大约有 3 亿农民分得了 7.3 亿亩土地。

一切现代国家都经过不同形式的土地革命，但中国的此项革命有自己的显著特点，就是对武装力量的高度依赖。革命政权把乡村地主视作敌人，地主的土地大部分被无偿没收。1947 年颁布的《中国土地法大纲》包含了一些过于激进的内容，以至于后来在实际工作中出现了严重侵犯一

般农民利益的倾向，用当时的话来说，叫做"打击过宽，斗争过火"，"侵犯了中农利益"。在一些自耕农较多的地方，例如陕西关中地区，土改工作队从阶级斗争理念出发，一定要找到一定数量的地主和富农，结果使普通农民遭受打击。中共中央后来发现了工作中的"左"的错误，开始部署纠正。1950 年，中央人民政府通过了《中华人民共和国土地改革法》，决定保护富农财产，但规定了某种例外。这个法律对一些极端做法做了纠正，但不良影响已经产生，在相当大的程度上影响了以后政府和农民的关系。

小农制度没有实行多久，到 1953 年年底，革命政权开始在农村推动合作社运动，主要依靠行政命令建立了大量的农业合作社，形成了土地的集体所有制。到 1956 年，全国不再有分散占有土地的小农，几乎所有农民都成为农业合作社的成员。1958 年，政府又开始在农村大规模建立"人民公社"，从生产、交换和产品分配等方面全面控制了农村经济，农民不再有自主生产和交换的自由。

在农业生产合作社制度之下，土地和其他重要生产资料归村集体共同所有，但村民退出这个结构的权利受到极大限制；村集体的共同财产没有在财务上归于每个成员的名下。村集体的范围在 1978 年之前的大部分时间被限制在一个或几个自然村落，村集体之间的财产与产品不能无偿转让或调拨。农业生产合作社的产品分配部分地依据村民的劳动量，部分地依据村民的家庭人口数量。但由于集体生产活动中对村民的劳动贡献很难实现监督和计量，导致生产合作社中普遍存在"偷懒"现象。这是合作社产出效率低的主要原因。合作社生产的粮食在满足村民分配需要之后，余粮统一由国家收购。此外，合作社还向国家缴纳"公粮"，相当于国家向农业合作社征收的一种所得税。

上述制度在 1958 年开始的"人民公社化"运动中有了一些变化，主要是打破了生产资料所有权原有的村集体界限，扩大了分配核算的范围。起初，农村的一般管理体制由三个层次构成，分别是公社、管理区和生产大队。后来，"左"的思想开始蔓延，在不少地方，一个县成了一个"人民公社"，容纳了十几万以上的人口。到 1958 年年底，全国 74 万个合作社被改组为 2 万多个人民公社。一些地方的农村喊出了"吃饭不要钱"的口号。农民还普遍按照军事化的原则组织起来从事炼钢等工业活动，以致许多粮食烂在地里没有被收获。一些省的领导人为了获得"政绩"，把本省的粮食产量加以夸大，向国家交了"过头粮"。由于这些原因，1959年春全国普遍发生了饥荒。人民公社运动的极端政策直到 1960 年年底才开始被纠正。

1962 年 2 月，中共中央发出《关于改变农村人民公社基本核算单位问题的指示》，农村开始实行"政社合一"、"三级所有，队为基础"的制度，并着手把管理区改为生产大队，大队改为生产队。所谓"政社合一"，是指农村基层政权组织与人民公社的经济组织合并为一体，公社的公共服务职能与直接经济活动职能不再区分。按照这个制度，除了极少数经济条件较好的公社保留生产大队为基本核算单位以外，绝大多数的公社都实行了以生产队为基本核算单位的制度。这个制度将基本核算单位划小了，方便了经营管理，使人民公社社员的积极性有了一定程度提高，其显示的效果是 1965 年的粮食产量恢复到了 1957 年的水平。但是，这种调整仍然没有消除人民公社制度的根本弊端，而当时的主流思想仍然强调要最终过渡到人民公社统一核算。①

在人民公社经济组织内部，实行了一种按"工分"计量工作量并据此获得报酬的分配制度。工分多，年终分配产品多；反之，则分配少。分配大多以生产队为基本单位。在经济条件好的生产队，年终还可以分配到一定的现金。生产队的大部分耕地都由集体统一耕作，农民以作业小组为单位集体劳动。大部分生产队也给农户分配了小块土地作为"自留地"，由农民自主安排播种收获。

人民公社化改变了建国初由国家法律确认的乡镇人民代表大会代表和乡镇人民委员会组成人员选举的制度。1959 年，全国开始了人民公社社

---

① 王贵宸：《中国农村合作经济》，山西人民出版社 2006 年版，第 452 页。

员代表大会代表的选举；由社员代表大会选举产生公社管理委员会，成为人民公社的领导机构。1978 年中共十七届三中全会以后，我国四川省开展了"改社为乡"的试点。1982 年 10 月，中共中央、国务院发出《关于实行政社分开建立乡政府的通知》，肯定了"改社为乡"试点的经验。当年全国有 12702 个人民公社摘掉了牌子。1992 年，我国宪法再次修订，正式将人民公社的提法从宪法中删除，这意味着我国农村人民公社制度彻底退出历史舞台。

四、城乡分治体制的确立

中国在 20 世纪 50 年代以后，逐步建立了户籍制度，把全国人口分为城市居民和农村居民两种类型，并限制农民在城市自由择业和居住；城市经济部门吸收农民劳动力，严格在国家计划下进行；农民就业大部分限制在农业部门，也有少部分在农村工业和服务业中就业，这些农村工业和服务业都是由农民自己兴办的。

二元户籍制度是通过一系列法律或政令的调整逐步确立的。1954 年，中国颁布实施第一部宪法，其中规定公民有"迁徙和居住的自由"。1955 年 6 月，国务院发布《关于建立经常户口登记制度的指示》，规定全国城市、集镇、乡村都要建立户口登记制度，开始统一全国城乡的户口登记工作。1956 年、1957 年，国家连续颁发 4 个限制和控制农民盲目流入城市的文件。1958 年 1 月，以《中华人民共和国户口登记条例》为标志，中国政府开始对人口自由流动实行严格限制和政府管制。第一次明确将城乡居民区分为"农业户口"和"非农业户口"两种不同户籍，在事实上废弃了 1954 年宪法关于迁徙自由的规定。在 1975 年、1978 年和 1982 年先后三次修订的宪法中就取消了"公民有居住和迁徙的自由"的规定。

不能说对农民的歧视是中国政府施政的本意，更不能说这种制度有意识形态的根据。中国户籍制度的推行与过去国家推行计划经济、实行对全社会安全控制的施政方针有关。一开始，户籍制度也只是一般的人口登记制度，后来随着国家计划经济体制的加强，户籍制度便逐渐有了限制人口流动的作用。再后来，由于国家经济效率提高缓慢，可供分配的社会资源越来越紧张，天平便向着城市人口倾斜了。于是，户籍制度逐渐染上了一种对农业人口的歧视性色彩。它维持了一种社会不平等关系，把以农民为主体的一个庞大的人口群用户籍固定下来，并使他们事实上受到歧视。在20 世纪 70 年代以后，城市户籍人口与农村户籍人口在利益关系上越来越处于严重不平等地位，农村户籍人口在就业、教育、社会保障，甚至在消费等方面，不享有城市居民所拥有的权利。可以说，这一时期对农民的控制程度，超过了以往任何历史时代。

城乡二元体制实际上是一种对农民过度剥夺的社会利益结构，在这种结构之下，农民的土地财产权、自由迁徙权、民主自治权、生产经营自主权和基本公共服务平等享有权都受到极大侵害。1978 年以后发端的中国改革开放，反映到农村地区，就是要改变不合理的社会利益结构，将农民应有的权利归还农民。

第二节　改革开放以来乡村治理改革回顾

一、乡村治理改革的背景

1976 年 10 月，在经历了粉碎"四人帮"这一巨大政治变革后，新的领导人在短时期内清理了政治阻力，确立了新的国家治理指导思想，为经济体制改革创造了条件。经济体制改革首先在农村领域发起，并很快导致农村经济形势发生显著变化。经济形势变化产生了对乡村治理方式进行改革的要求。

（一）改革开放以来农村市场经济深入发展，经济活动的货币化程度极大提高

改革开放以来，我国农村经济结构发生了重大变化，其突出标志是乡村经济的市场化程度和农业专业化水平迅速提高。表 14 - 1 表明，我国

68.4%的农村乡镇已经有了综合市场，其中24%的乡镇市场交易规模达到1000万元以上。拥有储蓄所的乡镇也达到了88.4%。

表14-1 有金融商业机构的乡镇或村比重①

（单位:%）

	全国	东部	中部	西部	东北
有综合市场的乡镇	68.4	78.8	73.7	59.0	69.5
其中：有年交易额超过1000万元以上综合市场的乡镇	23.9	36.9	25.9	15.7	20.2
有专业市场的乡镇	28.2	36.0	38.5	18.2	24.2
其中：有年交易额超过1000万元以上专业市场的乡镇	10.5	19.0	12.4	4.7	9.6
有农产品专业市场的乡镇	23.0	27.8	33.9	14.7	16.5
其中：有年交易额超过1000万元以上农产品专业市场的乡镇	7.6	13.4	9.4	3.3	6.4
有储蓄所的乡镇	88.4	95.0	95.0	79.5	94.3
有50平方米以上的综合商店或超市的村	34.4	40.6	35.1	22.3	57.2

　　农民生活水平和收入的货币化程度随着市场经济的发展而显著提高。2006年年末，农村居民平均每户拥有住宅面积128平方米。99.3%的住户拥有自己的住宅。其中，拥有1处住宅的20450万户，占92.5%；拥有2处住宅的1421万户，占6.4%。农村居民平均每百户拥有彩电87.3台、固定电话51.9部、手机69.8部、电脑2.2台、摩托车38.2辆、生活用汽车3.4辆。② 农民生活的总自给率目前为14.6%，其中食品的自给率也降低到13.5%。这说明，农民的生活已经高度依赖市场。在农民的开支构成中，显著增加的是交通运输开支和文教娱乐用品开支，农民生活的开放

---

① 《第二次全国农业普查主要数据公报》，中华人民共和国国家统计局发布，2008年2月21日。

② 《第二次全国农业普查主要数据公报》，中华人民共和国国家统计局发布，2008年2月21日。后面未注明出处的数据均来自此公报。

度在迅速提高。

（二）农村社会结构发生重大变化，居民的社会流动性显著增强

改革开放以来，特别是近 10 年来，我国社会的城镇化进程不断加速，乡村常住人口每年减少约 1.6%。2006 年，我国农村外出劳动力 13181 万人。其中，男劳动力 8434 万人，占 64%；女劳动力 4747 万人，占 36%。在外出从业劳动力中，20 岁以下占 16.1%；21—30 岁占 36.5%；31—40 岁占 29.5%；41—50 岁占 12.8%；51 岁以上占 5.1%。这说明，外出农村劳动力年龄在 50 岁以下的占到外出总量的比重近 95%。[①]

留在农村的人口也与城市发生千丝万缕的联系。根据我们对相关数据分析，我国农民支出的第二大项（住房支出的总规模）与农民在城市务工收入汇回农村的总额基本一致。留在农村的妇女、儿童和老人与城市做工的青壮劳动力形成依赖关系。

伴随城市化进程，我国的部分村庄出现衰落趋势。从表 14－2 可以看出，尽管地方政府实行了大规模的行政村合并，使行政村的数量在 7 年时间里减少了 10 万个，但平均每个行政村的常住人口数量基本没有变化，这说明自然村的人口数量在大大减少。按初步匡算，全国平均每一个自然村减少人口数量达到 18% 左右。据案例调查，在一些大城市的郊区，村庄人口减少的数量在 30%—50% 之间，导致大量农民住房空置。

由于农村基础设施的改善，农民的商业活动半径有了明显扩大。目前，全国能在 1 小时内到达县政府的乡镇占到总数的 78.1%。全国通公路的村达到 95.5%。98.7% 的村通电，97.6% 的村通电话，97.6% 的村能接收电视节目。这表明农民的公共活动半径也大大扩张了。但这种情况对乡村社会治理的影响比较复杂。按民政部课题组的调查，从调查情况看，外出务工村民参与本村村委会选举的比例较低，且在参与选举的流动村民中，当时尚未外出打工者的比例较高，但由于无法回村参与选举及不知道

---

① 《第二次全国农业普查主要数据公报》，中华人民共和国国家统计局发布，2008 年 2 月 21 日。后面未注明出处的数据均来自此公报。

换届选举等客观原因未参加选举的占大多数，明确表示不关心本村村委会选举的比例较低。在流动村民中，81.1%的人表示没有参加家乡的第三届村委会选举，而参加选举的占18.9%。

从未来趋势看，随着城镇化进程的深入以及农村社会结构变化的加速，村一级行政组织的公共职能将逐渐减弱，乡镇一级公共职能的覆盖范围将更加扩大。

表14-2　中国乡村人口、就业和基层组织情况

指标	1999	2000	2002	2003	2004	2006 年末
乡镇数（个）	44741	43735	39054	38028	36952	34756
村民委员会（个）	737429	734715	694515	678589	652718	637011
总人口		80837	78241	76851	75705	
行政村平均人口（万）		0.110025	0.112656	0.113251	0.115984	
乡村户数（万户）	23810.5	24148.7	24569.4	24793.1	24971	20016
乡村从业人员（万人）	46896.5	47962.1	48526.9	48971	49695	47852

（资料来源：《国家统计年鉴》，中国统计出版社；全国第二次农业普查资料，国家统计局发布）

二、乡村治理改革的主要历程

（一）乡镇机构改革的主要历程

我国乡镇机构改革实际上在改革开放之初已经开始，近年在农村税费改革的影响下速度有所加快。改革的突出特点是大量撤并乡镇机构。乡镇个数由1992年的48250个减少到2005年的35509个，平均每年减少约2.2%，而80年代初我国的乡镇数量超过了7万个。这一期间乡的数量平

均每年减少 5.29%，而镇的数量在 2002 年之前保持稳定增长，增长速度达到 3.43%。2002 年之后，乡数量的减少的速度开始放慢，镇的数量由增长转为减少。2004 年，镇的数量比前一年减少 417 个，减少幅度为 2.13%。1999 年以后，行政村数量减少的速度加快，年平均速度达到 2.41%。

值得注意的是，农村总人口在 12 年里逐步减少情况下，乡镇平均人口和行政村平均人口都有所提高。据我们调查，一些地方鼓励农民搬迁到新村庄或更大村庄，一些自然村消失了。2003 年开始，浙江省在一年多时间里大规模并村，村庄的数量从原来的 4 万多个缩减到目前的约 3.8 万个。丽水的 400 多个自然村消失了，温州撤并了 500 来个自然村。

大规模的撤乡并镇并村是在政府主导下进行的。中央 2004 年 1 号文件对撤乡并镇并村提供了政策支持，这个文件要求"进一步精简乡镇机构和财政供养人员，积极稳妥地调整乡镇建制，有条件的可实行并村，提倡干部交叉任职"。中共中央关于制定国民经济和社会发展第十一个五年规划的建议中提出，要"巩固农村税费改革成果，全面推进农村综合改革，基本完成乡镇机构、农村义务教育和县乡财政管理体制等改革任务"。机构改革的主要做法是：（1）党、政和人大机构实行合署办公，通过主要领导兼职，减少领导职数。湖北省在全省推广乡镇党委书记兼任乡镇长的做法。（2）精简机构，减少干部职数。一个乡镇党政机构的数量通常 2—5 个，"党务行政办公室（或综合办公室）"、"经济办公室"和"社会事务办公室"是常见的机构设置。（3）传统的"七站八所"的职能实行分解，公共服务职能转移到县级业务部门，其他职能实行市场化运作，县级业务部门可以通过有偿委托"站所"开展业务的办法实现其公共服务职能。（4）乡村中小学调整布局、压缩校点。

响应中央的号召，同时也出于地方经济发展考虑，各地都对撤乡并镇并村采取了积极态度。浙江省温州市作出了"人口达不到 500 人的小村庄一般都予以撤并"的决定。云南省政府 2004 年 8 月作出决定，到 2005 年年底全省乡镇总数在原有基础上减少 15% 左右。四川成都市 2004 年 9 月开始乡镇行政区划调整，短期内将乡镇数目由 316 个减少为 240 个，调整比例达到 24.1%。其他许多省市区也都在近两年出台了类似的改革措施。

地方政府在撤乡并镇并村方面与中央政府难得地保持高度一致，与地方利益诉求有直接关系。动力主要来自两个方面，一是农村城市化的冲动，二是取消农业税所产生的财政压力。为了鼓励房地产业的发展和扩大对城市基础设施的利用，全国许多中小城市降低了农民进城落户的门槛，通常农民只缴纳些许正常费用就可以办理完毕落户手续。县域经济规划通常会确定 3—5 个镇作为重点发展对象，为了支持这些镇的发展，镇的周边乡往往会成为被兼并的对象。在并村过程中，常常会置换出土地，给地方政府招商引资提供土地资源。

农业税取消以后，加重了地方财政特别是乡镇财政的困难。一些地方不仅眼下的财政支出发生更大的财政赤字，旧债务的归还也成了问题。在农业税费改革之前，村干部的工资通过"村提留"收入项目得以发放；农业税取消之后，很多地方的村干部工资也由财政支付。这种背景下，通过撤乡并镇并村有可能减少干部职数，节约开支。

从 2005 年开始，中央部署了农村综合改革，其中的任务之一是乡镇机构的全面改革。推进乡镇机构改革的基本方针是，转变政府职能为重点，坚持政企分开，精简机构人员，提高行政效率，建立行为规范、运转协调、公正透明、廉洁高效的基层行政体制和运行机制。中央要求，各地要积极稳妥地合理调整乡镇政府机构，改革和整合乡镇事业站所，精简富余人员。中央提出五年内乡镇机构编制只减不增是必须坚守的一条底线。

（二）村民自治制度建立的主要历程

在一个较为封闭、稳定的熟人社会，人们对权威的认同不见得需要民主政治的方式。但是，即使在这样的社会，人们在决定一些事务时，仍有可能采用投票的方式。例如，在人民公社时期，一些农村生产大队或生产小队用投票或"点豆子"的方式产生队长。但投票活动不一定是民主政治活动；民主政治的实质是政治家的高度专业化和竞争。

20 世纪 80 年代初，广西罗城、宜山一些地方农民自发组成的村委会，在组织群众发展生产、兴办公益事业、制定村规民约、维护社会治安上发挥了显著作用。1982 年五届全国人大第五次会议颁布的新《宪法》，明确了村委会是群众性自治组织的法律地位。1982 年中共中央在下发的第 36 号文件中，要求各地开展建立村委会的试点工作。1987 年 11 月 24 日，六届全国人大常委会第二十三次会议审议通过了《村委会组织法（试行）》，对村委会组织和村民自治作出了具体规定。1988 年 6 月 1 日该法正式试行。1990 年民政部下发了《关于在全国农村开展村民自治示范活动的通知》，自此，国家民政部成为村民自治工作的主管部门。经民政部的大力推动，村民自治工作在全国普遍展开。截至 1998 年年底，全国共确定村民自治示范县（市、区）488 个；示范乡镇 10754 个；示范村20.7 万个，占村委会总数的 25%，形成了省有村民自治示范县、地（市）有示范乡（镇）、县（市）有示范村的格局。全国农村普遍举行了 2—3届的村委会换届选举工作。

1998 年 10 月，中共十五届三中全会提出要全面推进村民自治，将其确定为我国农村跨世纪发展的重要目标。1998 年 11 月 4 日，九届人大常委会第五次会议正式颁布了修订后的《村民委员会组织法》，为全面推进村民自治提供了法律保障。据民政部提供的数据，截至 2003 年，全国 28个省、市和自治区制定了村民委员会组织法实施办法，25 个省、市和自治区出台了《村民委员会选举办法》。全国有 579 个县和 7457 个乡镇达到了民政部确立的村民自治要求的标准。

村民自治工作经过十几年的发展，工作的难点逐步得到反映，深层次的问题开始暴露。为推动这项工作继续向前发展，国家民政部基层政权建设司的官员作出了艰辛努力，高层领导也给予了很大重视和支持。中共中央总书记胡锦涛曾就村民自治工作多次发表重要意见，特别对“两委关系”（指村民委员会和党的支部委员会之间的关系）的处理提出了重要建议，成为此后有关具体政策出台的依据。

从直接表象上看，村民自治工作中有两个问题较为突出。一个是村党支部委员会和村民委员会的关系很难处理好，另一个是实行村民自治制度以后，赋予农民群众的各项民主权利的未能真正落实，农民利益受侵犯的情形仍比较普遍。在这两个问题中，前一个问题是关键。后一个问题在一定程度上是"假问题"。农民利益仍然受到侵犯并不能证明村民自治对于保障农民权利没有意义，而只能说明完全实现农民的民主权利尚需时间，不可能一蹴而就。

针对上述两个问题，中央有关部门做了努力，并促成了两个重要文件的颁布。

2002 年 7 月，中央办公厅和国务院办公厅发布《进一步做好村民委员会换届选举工作》的通知，提出了处理好"两委关系"的重要意见。文件指出：提倡把村党支部领导班子成员按照规定程序推选为村民委员会成员候选人，通过选举兼任村民委员会成员。提倡党员通过法定程序当选村民小组长、村民代表。提倡拟推荐的村党支部书记人选，先参加村委会的选举，获得群众承认以后，再推荐为党支部书记人选；如果选不上村委会主任，就不再推荐为党支部书记人选。提倡村民委员会中的党员成员通过党内选举，兼任村党支部委员成员。这个意见对一部分地区村民自治工作产生了积极影响，但因为意见没有转变为可操作的法律文本，大部分农村社区的两委关系还未能理顺。

2004 年 6 月，中共中央办公厅和国务院办公厅发布《关于健全和完善村务公开和民主管理的意见》，这个文件要求各地在抓好村民自治、民主选举工作的基础上，下大力气建立民主决策、民主管理和民主监督机制。文件特别就村民自治工作中一些难点问题的解决提出了意见，其中包括对健全村级财务管理的规定，换届选举后权力移交的规定，以及确立对村干部评议制度、责令辞职制度和依法罢免制度等。文件甚至对村级财务的收支审批程序也作了规定，实在是用心良苦。

比较 20 世纪 80 年代以推动土地承包制为主体的农村经济改革和 90 年代以村民自治为主体的农村政治改革，可以发现二者有显著不同。前者实际上是农民主导型，且村干部和普通群众有基本一致的关于改革方向的意见；后者实际上是政府主导型，村干部甚至乡干部与普通农民群众有相当大的分歧。在农民为主导的改革中，政府的主要任务是松绑；农民在松绑以后自己会创造出分配土地的具体办法。乡村干部在土地承包方面中的违法乱纪会受到农民激烈反对。但在政府主导型的改革中，除少数农村精英之外，大部分农民是被动的，由改革赋予农民的权利往往难以落实，以至于中央高层不得不作出很细致的政策规定。我们不能简单地认为中国农民不需要民主政治，但在中国社会结构和整个国家政治经济体制的约束之下，农民还无法成为改革的主导力量。可以判断，在未来一个时期，乡村民主政治的发展仍将采取政府主导的形式。

三、地方政府在乡村治理改革中的新探索

在中国这样一个大国，历史上就有从民间产生政治家的土壤和制度，尽管中国社会曾长期实行家族专制制度。在政治改革的基本面没有展开的情况下，乡村民主自治的发展给地方政治家提供了一个发挥创新才干的舞台。尽管作出创新活动的主要是地方党和政府的领导人，但其中也不乏热心政治活动的农民所做的积极努力。

（一）海选产生候选人

如何提出候选人，对于选举的意义十分重大。以往，在实践中有党的基层组织提名、村委会换届领导小组提名、村民联名提名、村民自荐等多种提名方式。1886 年，吉林梨树县创造的"海选"，即不内定和指定候选人，由每一个选民根据条件自主确定候选人，便是村民提名的重要方式。在 1998 年的村委会选举中，吉林省 85% 的村庄采用了这种方式。

（二）组合竞选制

现行的《村民委员会组织法》没有关于竞选的规定，但中国农民在村民自治活动中自发地开始采用了竞选方式。

"组合竞选制"是一种由候选人"组阁"并参加村委会主任竞选的制度。其程序是：首先由村民民主投票推选村委会主任候选人 3—4 人，每

位村委会主任候选人提出各自的村委会组成人选名单；候选人在竞选大会
上发表竞选演说的同时，公布自己提名的村委会组成人选名单；村委会主
任由村民再投票，从这3—4位村委会主任候选人中产生；当选村委会主
任的"组合"成员作为村委会其他成员候选人进行差额选举，得票过半
数当选。

实践证明"组合竞选制"是一种较好的村委会选举模式。1992年，
安徽社科院的研究人员在岳西县莲云乡腾云村进行村委会"组合竞选制"
试验。经过两轮无记名投票，一名农民技术员当选为村委会主任。1995
年4月和1998年5月，腾云村采取"组合竞选制"模式，又先后对村委
会进行了改选，均获得成功。后来将试验扩大到一个乡的范围。1998年3
月，在中共滁州市委和来安县委的支持下，安徽社科院的研究人员辛秋
水等在安徽来安县邵集乡也进行了"组合竞选制"试点，对全乡8个
村同时进行了换届改选。从宣传发动到最终竞选投票，一共10天时
间，顺利完成了试点任务。近几年，"组合竞选制"的试点范围有了
扩大。村民选举中明确鼓励竞选，在其他一些地方也已经出现。在1998
年的村委会选举中，吉林省梨树县336个村的608名村委会主任竞选人，
全部发表了竞选演讲。

但是，从总体上看，村民自治工作中还没有普遍的竞选，有关竞选的
规范也没有立法的支持。

（三）乡镇选举试验

从现有官方文献看，在乡镇一级的乡镇长直接选举设想最早在深圳市
提出。1997年11月，深圳市向广东省委请示，拟在该市镇一级政府的换
届选举中进行直接选举试点。鉴于这种做法与《宪法》相悖，广东省人
大向全国人大的这项报请没有获得批准通过。①

1998年5月，四川省遂宁市市中区政府在保石镇进行镇长公开选拔
试点，随后，又在另外三个乡镇分别进行党委书记和镇长公开选拔试点。

_____

① 詹成付：《乡村政治若干问题研究》，西北大学出版社2004年版。

1998 年 12 月，市中区政府在步云乡用直接选举的办法选举乡长，12 月 31 日乡长选出。为了与《宪法》规定保持一致，保石镇由选民投票产生唯一镇长候选人，提交镇人大选举认定。这种选举是事实上的直接选举。1999 年初，深圳市在龙港区大鹏镇进行了"两票制"选举镇长试点，办法与四川保石镇相似。另外还有四川绵阳市、山西临猗县等地进行了类似的试验工作。

2003 年 12 月 7 日，成都市新都区木兰镇 639 名党员以公推直选的方式，从 11 名初选候选人中选出镇党委书记，此举开创了全国直选镇党委书记的先河。2004 年 7 月，重庆渝北区龙兴镇也进行了镇党委书记由全体党员直接选举的试验，两名正式候选人的产生经历了公开报名、演讲答辩等程序。

2004 年 4 月，云南省红河哈尼族彝族自治州在下辖的石屏县推行乡镇长选举改革，7 个乡镇的乡镇长均由选民直接选举产生。这是迄今为止我国最大规模的乡镇长"直推直选"试验，在全国为首创。

（四）"两委合一"改革试验

鉴于"两委关系"是村民自治中的一个公认难题，许多地方党和政府对解决这一问题做一些探索。

近几年，有的地方搞了"两票制"，即先由老百姓投票产生党支部书记的候选人，再由全体党员选举党支部书记。这个办法增加了老百姓在产生党支部书记过程中的影响力，有利于增强党支部书记在农村社区的认同感和权威。但是，有些地方在推动这项工作中把重点放在加强党组织对村委会的控制能力方面，致使农民只重视党支部书记的产生，把村委会选举不当一回事了。这与我们建立村委会自治选举制度的初衷是不尽一致。

2002 年中央发布有关政策以后，山东、广东和湖南等省采取了类似"两委合一"的改革办法，用以解决"两委"之间的矛盾。具体做法如前面介绍的"四个提倡"。据一些案例调查，在基层实际工作中，乡镇领导常常简单地支持党支部书记兼任村委会主任，结果是虽然实现了"两委合一",但完全没有了村民自治的内容。湖北恩施的做法是:如果直选的村委会主任是党员,同时也自然担任党支部书记,否则,再由党员选支部书记。

(五)建立乡村志愿者协会试验

江西省从 2001 年 5 月开始,先后在几个县(市)开展了名为"农村村落社区建设"试点工作,该项工作的主要内容是成立以老党员、老干部、老复员军人、老教师和老农民为主体的"农村村落社区志愿者协会",在协会下面设立若干工作机构,推动农村公共事务活动和公益事业的发展。这项工作的意义在于利用了传统农村社会对权威认同的特殊方式,降低了权威发挥作用的成本。志愿者是近代乡村社会处理公共事务的重要力量,只要条件成熟,现代社会仍然有志愿者活动的极大空间。从这个意义上说,江西的试验可能具有很好的前景。

(六)以村民代表会议为核心的村民自治运行机制

许多经验表明,即使在村民自治制度之下,村委会的权力也可能过于集中。在经济发达地区尤其如此。为了避免这种情况发生,一些地区创造了一种"村民代表会议主导型"的村民自治运行方式,其主要特点是将村务决策权集中在村民代表会议,而村委会只是村民代表会议决议的执行机构。

这种模式在我国有两家典型代表,一是天津武清的做法,一是河北青县的做法。河北省青县通过在农村建立村民代表大会,构建出"党支部领导、村代会作主、村委会办事"的村治模式,有效实现了加强党的领导、扩大农民自主权利、依法办事三者的有机统一。其核心是通过村民代表会议的运行,整合了现有的制度资源,使村代会成为村民自治的决策平台,较好地避免了"两委"争权,有利于解决"两委"矛盾,确保"两委"有效开展工作。村民按区域或者自由结合,5—15 户推选(选举或推荐)一名村民代表,村委会主任不得担任村民代表会议的主席。重大问题由村代会决定,村代会一般每月召开一次,三分之一以上村民代表提议或者遇有特殊情况也可随时召开，明确规定任何决议三分之二以上村民代表通过方为有效。从中国社科院农村发展研究所的研究报告看，青县的做法取得了一些积极成绩。[①]

第三节　乡村治理改革的评价

一、乡村民主政治发展的基本判断

在中国民主政治的发展历史上，乡村民主政治的发展将具有特殊意义，尽管我们现在还很难判断乡村民主政治的发展在整个中国社会转型中究竟具有何种历史地位。也许中国社会转型和民主政治的成功还在于城市民主政治的发展，但中国作为一个农民为主体的大国，她已经在乡村民主政治发展上迈开了脚步，并取得了相当的成绩，不由得我们不去关注。事实上，在过去一个历史时期，中国相当一部分致力于推动中国民主政治发展的先锋人士将自己的工作重点放在了中国农村，其工作异常艰辛，其成果也异常引人注目。

我们自然可以从多方面刻画中国乡村民主政治发展的成绩和问题，但更有意义的可能是用历史的眼光审视它的成绩和问题。在这种审视中，我们更看重下列几方面的意义。

第一，规范中国乡村民主政治发展的基本法律规范已经初步建立。1982 年 1 月，中央批转了《全国农村工作会议纪要》，明确提出"党的农村基层组织是团结广大群众前进的核心和战斗堡垒"。1987 年颁布的《中华人民共和国村民委员会组织法（试行）》，规范了村民委员会的工作。1998 年中央下发了《关于在农村普遍实行村务公开和民主管理制度的通知》，2000 年下发了《关于在全国乡镇政权机关全面推行政务公开制度的

---

① 于建嵘等：《农民组织与新农村建设》，中国农业出版社 2007 年版。

通知》，这两个文件对规范村、乡两级公务活动，改善农村干群关系起到了积极作用。2002 年 7 月，中央办公厅和国务院办公厅发布《进一步做好村民委员会换届选举工作》的通知，提出了处理好"两委关系"的重要意见。2003 年，中央印发了《关于深入开展农村党的建设"三级联创"活动的意见》，对在新形势下进一步加强农村基层组织建设，建立健全常抓不懈的工作机制，提出了明确的目标和要求。2004 年下发了《关于健全和完善村务公开和民主管理制度的意见》，对村务公开的内容、方式作了详尽规定。2005 年 1 月，中共中央颁布了《建立健全教育、制度、监督并重的惩治和预防腐败体系实施纲要》，这个文件也对农村党风廉政建设起到了积极指导作用。以上这些法规和党内文件对于规范乡村基层党和政府的施政行为以及村民自治组织的行为、克服党内腐败现象发挥了积极作用。

第二，尽管乡村民主政治的发展在部分地方的工作中遭到抵触，但仍有相当一些地方的党和政府官员在乡村民主政治发展中倾注了热情，作出了创造性的贡献，更多的政府部门官员积累了工作经验，一些民间人士也作出了极大的贡献。

第三，尽管乡村民主政治的发展，在提高农民收入和保障粮食生产这个中国农村工作的重点上，的确没有显示明显功效，这成为一些人士鄙夷乡村民主政治的理由之一，但民主政治发展在本质上对社会进步的作用已经初露端倪，其意义不可忽视。

第四，乡村民主政治的发展还面临着诸多困难，而且它也不可能独立解决它所遇到的困难。但在既定体制下仍有很大空间来推动这项工作向前发展。

事实上，中国在 1978 年以后开始了一场新的乡村社会动员运动。这场运动的经济内涵是农村家庭联产承包责任制度的推广，而政治内涵则是乡村民主自治选举的实行。

由于中国的现实情况，乡村民主政治的发展有下述特点。

第一，我国乡村经济发展极不平衡，东部发达地区部分农村的经济社会结构发生较大变化，事实上已经成为一个开放性社会。这些地区的乡村居民对民主政治有强烈需求，并对更高一级的乡政府领导人的选举表现出强烈的政治关注。这本来是民主政治发展的题中应有之意。在大部分落后农村地区，由于其社会经济的封闭性，农民对民主政治并没有强烈需求。这些农村地区的民主选举活动容易受到上级政府的干预，民主选举制度形同虚设。这些地区的某些乡村可以有组织良好的民主选举活动，可以选出好的领导人，但这种情形对某个上级领导人的个人素质有很大依赖性。

第二，就整体而言，乡村民主治理在中国是史无前例的政治事件，无论村民还是政府官员都缺乏民主政治的知识，许多技术性的工作也需要逐步掌握。因此，乡村民主政治的发展在相当长的时期内将是不规范的。就眼下而言，对大部分落后乡村的民主自治制度不能估计过高。政府干预选举将是普遍现象；因为贿选成本低廉，金钱政治将广泛存在；家族势力乃至地方恶势力也容易影响选举活动。

第三，乡村社会新崛起的富人阶层对民主政治有着最强烈的需求。

第四，农村经济发展所引起的人口变动对我国农村民主政治发展将会产生越来越大的影响。随着经济发展，农民将迁居万人以上的小城镇和大中城市，传统村落将逐步收缩为小的农场主居民点。这个过程在总体上将相当漫长，但局部变化已经发生，鉴于这种变化的出现，民主选举必须扩大到小城镇。

第五，乡村民主政治的发展在一定时期将受家族或宗族势力的影响，有时候这种影响还会很大。为了竞选村委会主任职务，竞选者将会以最低的成本取得投票人的认同，而在乡村社会，血缘关系是获得认同的最重要的、也是成本最低的资源，竞选者一定会大力利用这种资源。在乡村社会其他认同条件发育不足的情况下，血缘关系的资源将更显得重要。只有在农村社会经济分工得到深化，农村人口显著减少的情况下，血缘关系在政治活动中的意义才会降低。随着乡村"熟人社会"的逐步解体，宗法势力对选举的影响将会越来越小。

二、乡村社会已经产生对民主政治的需求

（一）乡村经济市场化程度大大提高，熟人社会正在解体

从我国市场经济发展的程度看，应该说我国乡村社会已经产生了对民主政治的需求。如前面所述，熟人社会的解体是民主政治产生的社会条件，而熟人社会解体的重要标志是人口的流动程度和农民生产的市场化程度。表 14-3 和图 14-1 反映了这种情况。我国农民现金支出已经从 1990 年的 60% 左右上升到 2006 年的 86%，这说明农民生活已经高度依赖市场。从表 14-3 还可以看出，农民的恩格尔系数由 1990 年的 58.8% 降低到 2006 年的 43%。农民生活的总自给率目前为 14.6%，其中食品的自给率也降低到 13.5%。这说明，农民的生活已经高度依赖市场。在农民的开支构成中，显著增加的是交通运输开支和文教娱乐用品开支，农民生活的开放度在迅速提高。

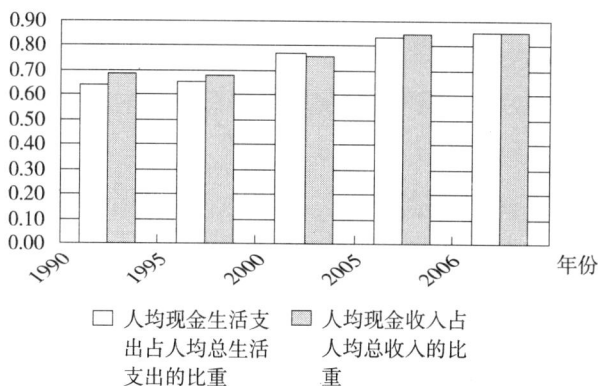

图 14-1　从农村居民的收支情况看农民生产生活的市场化程度

表 14 - 3　农村居民家庭平均每人生活消费支出构成

（单位：亿元、%）

指标	1990	1995	2000	2005	2006	2006 绝对数
生活消费总支出	100	100	100	100	100	2829.02
食品	58.8	58.6	49.1	45.5	43.0	1216.99
衣着	7.8	6.9	5.7	5.8	5.9	168.04
居住	17.3	13.9	15.5	14.5	16.6	468.96
家庭设备用品及服务	5.3	5.2	4.5	4.4	4.5	126.56
交通通信	1.4	2.6	5.6	9.6	10.2	288.76
文教娱乐用品及服务	5.4	7.8	11.2	11.6	10.8	305.13
医疗保健	3.3	3.2	5.2	6.6	6.8	191.51
其他商品及服务	0.7	1.8	3.1	2.1	2.2	63.07
生活消费现金支出	100	100	100	100	100	2415.47
食品	41.6	41.1	36.1	36.1	34.6	835.48
衣着	11.7	10.3	7.4	6.9	6.9	167.34
居住	21.7	17.2	18.0	16.0	18.1	438.31
家庭设备用品及服务	8.2	7.9	5.8	5.2	5.2	126.07
交通通信	2.2	3.9	7.2	11.5	12.0	288.76
文教娱乐用品及服务	8.4	11.9	14.5	13.8	12.6	305.13
医疗保健	5.1	4.9	6.8	7.9	7.9	191.51
其他商品及服务	1.1	2.7	4.1	2.5	2.6	62.87

（资料来源：2007 年《国家统计年鉴》，中国统计出版社）

（二）广大农民群众已经在较大程度上参与了农村选举活动

2002 年，中国社会科学院农村发展研究所的一项课题设计了 4 项总指标，约 50 项分指标，对全国约 500 户农民做了一项调查，经统计分析，得出一些结果，这些结果与预先的设想有一定差异，但还是有分析和解释的价值。①

表 14 - 4 反映了农村居民对政治的参与倾向，从中可以作出的判断

---

① 我们的调查数据与民政部最新披露的相关数据不尽相同，其中有的比较接近，有的差距较大。产生这种差距自然有一定的原因。

是，农村居民对民主政治的参与倾向较强。从"你对谁当支部书记有影响吗?"这个问题的回答看，只有20.3%的家庭主人对这个问题说不清楚，275人大概因为不是党员，对谁当选书记没有影响力，但他仍知道这件事情。从其他指标看，农民的民主政治参与倾向也是比较强的，尽管他们的参与不一定有自觉的民主政治的理念。我们在一些地方的典型调查表明，农民参与选举，常常是为了非常现实的利益，比如说，谁能拍胸脯敢去查集体账务，就有农民愿意投票支持他竞选村委会主任。

表14-4　受调查农户的政治权利状况

	选举乡人民代表情况			对村长选举评价	选举方式						政府发放农民负担卡			你认为谁当支部书记有影响?		
	不了解	选过	没选	是否选举重要与否	选举重要与否	自己是否投票	是否流动票箱	是否发生竞选	是否秘密画票	是否大会唱票	重要	不重要	没有	有影响	没有	说不清
是	31	209	242	400	388	389	337	213	280	318	239	80	163	109	275	98
%	6.4	43.3	50.2	83	80.4	80.7	70	44.2	58	66	50	16.6	33.8	22.6	57	20.3
否				82	94	93	145	281	202	164						

（三）乡村民主政治的发展对农村经济发展和社会稳定发挥了积极作用

20世纪80年代初，中国农民创造了村委会这种自我管理的方式，1982年《宪法》对此予以确认。1988年6月1日，《村民委员会组织法（试行）》开始实施。1998年11月4日，《村民委员会组织法》正式颁行，摘掉"试行"的帽子。至2007年年底，全国已建村委会62万多个。①

中国的村委会选举已经走向"常态化"，进入"平稳期"。据民政部的不完全统计，2005—2007年，全国31个省份应参选村委会626655个，占村委会总数的98.4%；其中623690个村已完成选举，全国平均选举完

---

① 《中国村官选举走向"常态化"》，《人民日报》2008年1月9日。

成率达99.53%。据不完全统计，这一轮选举中，设立秘密画票间的村的比例达95.85%；一次选举成功率约占参选村的85.35%。秘密画票间的设立在一定程度上有助于投票人在投票中不受干扰，使选举过程具有公正性。

从现有数据看，新一轮换届后，村委会成员学历大大提高，高中及以上学历的平均比例为44%，比上届高出8.37%；中共党员比例、村主任和村支书"一肩挑"比例也大大提高，前者平均为66.49%，后者已达35%。2005—2007年，农民参选率约为90.7%，比上一轮低0.66%，比再上一轮低0.6%。参选率的降低不仅不是选举发生问题的标志，反而可能说明选举走向某种"常态化"。这标志着我国农村民主选举的广度和深度都在增加。

选举方式从"推荐候选人选举"到"自荐候选人选举"的变化有很大的积极意义。"推荐候选人选举"，是由村民先投票推选若干候选人，再对选出的候选人直接差额选举；而"自荐候选人选举"，是符合条件的选民均可"自荐"参选，辅以竞选演说、竞职承诺等形式，由全体村民一次投票，按得票多少直接产生"村官"。后一种方式的主要意义在于加强了选举中的竞争，更符合民主制度的本意。民政部报告显示，2005—2007年，全国已有17个省份试点或较大规模实行"自荐候选人选举"。其中，上海、浙江、广东、江西和重庆已将其列为重要选举方法之一。

在我们的调查中，未能取得能够将"农村社会稳定"进行量化分析的数据，但从理论上可以证明，乡村民主政治的发展有利于农村社会稳定。中国农村的状况仍然是中国社会发展的一个风险较大的因素，但在民主政治不发展和发展的两种条件下，前一种条件下的风险更大。我们担心的是所谓农村社会稳定，从经济学的角度看，所谓冲突，不过是一种不能达成交易的状态，以至要消灭或剥夺交易对方的权利。降低冲突可能性的办法其实也就是扩大交易可能性的办法。选举的意义倒不在于什么"人民当家做主人"，而在于解决对话机制问题。农民容易相信自己选出来的人，如果不相信，他也可以寄希望于下一次选举改变局面。选举让农民学会少数服从多数这个制度，而社会稳定必须仰赖这个制度。对地方政府来说，与农民选举的领导人对话，要比对一个一个的农民对话容易得多。对中央政府来说，村民自治制度也大大减轻了自己与基层政府的协调控制成本——原来要管许多事，现在主要是管一件事：维护选举秩序，制裁选举违法活动。

三、当前乡村民主政治发展的问题及其根源

我国乡村民主政治发展的实际水平究竟如何，是一个饱受争议的问题。多数批评者主要针对乡村民主政治发展中的种种问题，提出了自己对发展乡村民主政治必要性的怀疑。批评者提出的许多问题的确在不同程度上是存在的。

（一）乡村民主政治发展中的一些现实问题

第一，农民群众参与民主政治活动的质量还不高。从表14－4可以看出，只有约50%的农民参与了乡人民代表的投票选举，村干部选举中的投票率虽然达到了80%，但这是在使用流动票箱达70%的情况下发生的。可以判定，如果不使用流动票箱，农民的投票率可能会显著降低。从民政部发布的数据看，全国大部分村庄在选举中设立了"秘密画票间"，但不能保障它能被广泛使用。

第二，选举方式不规范，一些地方的问题还相当严重。我们在一些个案调查中还发现，选举主持者甚至会在不同的投票点上使用不同的候选人名单，具体做法是将不同村民小组提名的候选人分列在不同的候选人名单上，使农民提名的部分候选人丧失了当选机会。这是一种完全违规的做法。

第三，竞选还不普遍。候选人之间的竞选是民主政治发展走向成熟的重要标志之一；只要发生竞选，选举程序的公正性就容易保证。从表14－4可以看出，村级选举中发生竞选活动的仅仅占到44%。

第四，农民对于村级社区的真正领导者——村党支部的领导人的产生，还没有足够的影响力。从表14－4可以看出，能够对村党支部书记产

生发挥影响力的农民仅占到农民总数的 22%。这种情况会使农民低估村级民主政治的实际意义。

第五，村级选举中存在较多的贿选问题，但这方面的问题尚没有数据反映。

（二）现行法规方面的缺陷对村级民主政治的消极影响

《村民委员会组织法》规定的权力结构隐含着给了村干部腐败的可能性。从《村民委员会组织法》的内容看，村委会是执行机构，村民会议是权力机构，同时行使监督职能。但《村民委员会组织法》对具体的权力结构没有明确规定，如第 2 条规定，"村民委员会是村民自我管理、自我教育、自我服务的基层群众性自治组织"，村民委员会的地位由此得到显著强化。第 19 条又规定了"涉及村民利益的下列事项，村民委员会必须提请村民会议讨论决定，方可办理……"，但村民会议的召开程序复杂，法律并未同时解决召开村民会议的具体程序性问题，导致两者在实际运行中权力不对等，使村委会更容易专权，逃避监督。相对于村委会，村民会议没有任何资金支持，它自身也不掌握财权，没有任何法定的独立工作人员。

《村民委员会组织法》在工作程序的规定上不利于村民代表会议发挥作用。法律一方面规定"村民委员会向村民会议负责并报告工作。村民会议每年审议村民委员会的工作报告，并评议村民委员会成员的工作"（《村民委员会组织法》第 18 条），另一方面又规定"村民会议由村民委员会召集"（《村民委员会组织法》第 18 条）。但是实践中村干部常常不愿意召集村民代表会议，使村民代表会议对村委会的监督流于形式。

《村民委员会组织法》在村委会干部的罢免方面缺乏可操作性的规定。这项法律实施以来，各地常常发生村民要求罢免村委会干部的事件，但因为在操作程序上没有可依循的法律条文，引起了村民和村干部之间的冲突。正因为如此，一些村干部当选以后便为所欲为，在任期内给自己捞好处。

现行法规对违法选举的处罚办法不明确。调查表明，村民自治选举中的违法现象比较普遍，有时还有贿选等严重违法现象。对于这种现象，现行法律没有被援引加以制裁；现行法律只是针对人民代表选举以及各级人民代表大会选举政府官员的。一些通过贿选上台的村民委员会负责人必然会有腐败恶行，通过不法手段捞回自己的政治"投入"。

现行法规对"两委"关系的规定模棱两可。按照现行法律，村党支部要发挥村庄领导核心的作用。法律规定：中国共产党在农村的基层组织，按照中国共产党章程进行工作，发挥领导核心作用；依照宪法和法律，支持和保障村民开展自治活动、直接行使民主权利。《中国共产党农村基层组织工作条例》规定，村党支部"领导和推进村级民主选举、民主决策、民主管理、民主监督，支持和保障村民依法开展自治活动。领导村民委员会、村集体经济组织和共青团、妇代会、民兵等群众组织，支持和保证这些组织依照国家法律法规及各自章程充分行使职权"。按照这些规定，村党支部事实上是村庄事务的最高领导。在实践中，究竟党支部还是村委会主持村务，则受制于人际关系、当事人财产状况等因素，但在多数情况下，还是党支部书记会成为最高领导。2002 年，中央曾经下发文件，提出了村委会和党支部主要领导"一肩挑"的改革意见，但也没有在根本上解决"两委"关系问题。鉴于这种情况，村民往往不关心村委干部的工作状况，而对于党支部书记，他们又没有好的办法进行监督，由此便难以保证正常的监督机制能够建立起来。

（三）经济发展水平和经济体制对乡村民主政治发展的制约

经济发展的不平衡性会引起民主政治发展的不平衡性。在比较偏僻封闭的乡村地区，大体上也就是社会学所说的"熟人社会"，农民对民主政治的需求不强烈，乡干部沿用传统办法管理乡村社会，大体上能为农民所接受。这些地区的乡镇干部往往对村民自治选举有抵触。在经济发达地区，农民参与选举的热情比较高，乡镇干部积极推动这项工作，往往能收到良好效果。

社区内部因为公权和私权没有分离，不利于建立外部公共品的承接机制（包括民主制度和协商制度）。由于土地承包经营改革只是一种"半截子"产权改革，所以，农民的土地财产权至今不能确立。农民的土地财产权充分确立以后，将大大缩小乡村干部的事权范围，有利于精简公务人员的数量。同时，将农民的土地财产权归还农民，将减少乡村干部的权限，有利于志愿者参与公务活动。农民土地财产权的确立还将促进农村经济发展，扩大乡村公共产品的供应与需求，从而提高乡村生活的质量。

第四节　乡村治理改革的趋势

根据社会经济转型的国际经验和我国的现实情形，未来我国乡村治理改革的关键是要坚持城乡社会经济一体化发展战略，大力推动乡村民主政治的发展，以乡镇机构改革为核心，搞好农村综合配套改革。

一、注重城乡统筹治理，实现城乡社会经济一体化

一切国家的社会转型过程同时也是人口结构的变化过程，变化的基本趋势是城市化。在未来几十年里，我国乡村人口的绝对数量将稳步下降，一大批自然村将消失，更多的小城市将逐步成长起来。乡村治理应促进这个过程有序地推进，而不是为这个过程的推进设置阻力。未来真正的农村将是专业农民的居住区域，大量农区将以小型专业农民的居住点为主。社会主义新农村的建设也不是要广大农民永远定居在农村。专业农民将以农产品和农业生产资料的交易以及各种农业服务与城市经济建立密切联系，实现城乡经济的一体化。适应这种经济上的一体化，乡村治理也要实现城乡统筹安排。要将县辖小城市、小市镇建设成沟通城乡经济的纽带，将中心村建设成基础设施完善的居民点，并支持专业农民投资建设生产和生活设施并举小型居民点。在这样一种乡村人口布局的基础上，要在更大的范围里以新的机制部署乡村基本公共品的供应；公共服务功能主要由小城市、小市镇来承担。

2008 年 10 月召开的中共中央十七届三中全会提出了加快我国城乡经济社会一体化步伐的战略构想，这对于深化乡村治理改革具有重大意义。会议通过的"决定"在乡村治理方面提出了重要政策主张，其主要内容是：2020 年之前中国农村经济体制更加健全，城乡经济社会发展一体化体制机制基本建立；农村基层组织建设进一步加强，村民自治制度更加完善，农民民主权利得到切实保障；城乡基本公共服务均等化明显推进，农村文化进一步繁荣，农民基本文化权益得到更好落实，农村人人享有接受良好教育的机会，农村基本生活保障、基本医疗卫生制度更加健全，农村社会管理体系进一步完善；资源节约型、环境友好型农业生产体系基本形成，农村人居和生态环境明显改善，可持续发展能力不断增强。落实中央这些意见将是未来乡村治理改革的长期任务。

二、深化乡村民主改革的主要任务

深化乡村民主政治改革主要应解决下述问题。

第一，促进经济发展，提高农村经济的市场化程度。如本章前面的分析，民主政治的社会需求是农民跨出"熟人社会"以后产生的，要巩固民主政治的基础，必须通过乡村经济的发展，提高农户的经营规模和专业化水平，以形成公共权威产生和运行的经济基础。

第二，大大缩小农村干部的权力，使农村干部的权力只限于十分必要的公共事务。为此，一定要创造一种制度，把支配土地资源配置的权力从干部们手中剥离出来，使农民成为土地的主人。要发育农民的各种合作组织和专业协会，把一些公共事务交由这些组织处理。

第三，向农民充分赋权。要杜绝各种对农民行使选举权的非法干扰，充分保障农民的选举自主权。同时要创造由农民选举产生的村委会干部独立行使必要权力的制度环境。

第四，修订《村民委员会组织法》。修订法律时要考虑建立更合理的选举和罢免程序。对违反选举法规的行为要有制裁办法，刑法的有关条款要适用农村自治选举中发生的违法行为。要修订村委会的任职时间，使之和县乡选举时间相适应，以节约选举成本。要对贿选等违法行为给予界定。

三、乡镇机构改革的主要任务

从改革的目标出发，乡镇机构改革要有一个中长期的筹划。从长远考虑，要解决的问题是：

第一，不仅要实行村民自治制度，还要把自治制度逐步推进到乡镇一级。没有自治，就无法形成非货币化的公共品交易的社区合作。在村级社区走向衰落的背景下，乡镇一级社区将是农民进行公共品交易的基本平台，如果自治停留在村一级，其意义会大打折扣。有人提出要取消乡镇一级政府，恢复已被世界政治经验所否定的派出制。从政治学规律看，除非某项公共职能具有高度的专业化性质，否则实行派出制会产生严重的官僚主义弊端。[①] 如果一个社区需要综合的权威机构，那么，这个机构就必须通过民主的方式来产生。我国不少地方已经进行了乡镇一级民主选举，产生了积极结果。在一个相当长的时期里，乡镇一级自治政府的行政经费要由上级政府通过转移支付解决。

第二，把乡镇政府之上的各级政府行为改过来，并合理调整行政层次，扩大乡镇政府的财政自主权。取消省和县之间的行政层次。放宽设市标准，把 10 万人左右的镇改为县辖市，但这样的市不再管辖其他乡镇。

第三，随着劳动力转移加快，逐步取消村一级的公共职能，所有农村公共事务转移到乡一级，同时把村民自治选举自然推广到乡镇一级。乡镇（乃至县一级）一级实行"议政合一"，不设人大、政协等机构。

第四，要大力发展农村民间组织，如文化活动协会、专业经济协会、志愿者服务组织等，在条件适当的时候恢复农会。可以让这些组织替代相

[①] 举一个例子，如果在乡间有一个大学城，聚集了 1 万—2 万人口，或者设立了一个特殊企业，有几千人口，对这样的社区，许多公共事务通过大学或企业就可以处理，只要少量的公共事务需要大学或企业之外的权威机构来处理，这种情况下，也许需要上级政府派出一个机构来处理公共事务。

当一部分政府的功能，通过这个办法减少政府的开支。

第五，实行财政改革，允许乡镇政府完全以自己的财政收入（包括上级政府的转移支付）来确定自己的机构和人员编制，坚决堵死赤字财政的发生。限定一个时间界限，用法律规定在这个时间以后发生的乡镇债务，一律由主要负责人负担。在承担这个责任的同时，也要扩大官员们设置机构的权力，县级政府不可一刀切。

第六，改革乡镇事业站所体制。实行政事分开，将其原来承担的行政管理职能交给乡镇政府，行政执法职能交给县政府有关部门。将公益性服务和经营性服务分开。公益性服务由政府购买，经营性服务由用者付钱。在改革中，可以考虑将某些站所转轨为农村中介组织或公益性服务机构。一些乡镇机构如果不承担公共服务职能，则完全推向市场。政府的农业技术推广一类的经费可以转变为"专用支付券"发给农民，由农民在市场上用这种"准货币"购买服务，促成有关组织的竞争。接受"专用支付券"的组织可以向发行者（政府机构）兑换货币。

第十五章
镇村建设体制的变迁

　　镇村建设体制与行政管理体制、基本经济制度以及国家对城乡关系建构的整体战略等紧密相关。60 年来的镇村建设体制经历了复杂的改革和变迁的历程。

　　1978 年改革开放前的镇村建设体制是一个受制于传统计划经济体制、重城轻乡、国家从镇村索取多而投入少、主要依靠镇村内部筹措建设资金、镇村建设被国家宏观建设边缘化的体制。

　　经过 1978 年以来 30 年在建立镇村多元建设主体、多元投资主体以及镇村建设民主监督机制等方面的改革，特别是随着社会主义市场经济体制的建立和完善、农村工业化城镇化进程加快、政府行政管理体制及相应财政体制的调整和变革以及以人为本城乡统筹的科学发展观指导下的和谐社会建设目标的确立，镇村建设体制初步形成了镇村建设被纳入国民经济发展规划、纳入政府管理和服务范围、多元建设机制形成、多渠道资金来源并存、多种建设模式并举、多主体建设和管理的格局。

　　从长远看，鉴于镇村为农村工业化发展提供支持平台、为农村城市化发展提供支持平台和形成合理的城市结构、为农村社区发展提供支持平台、为合理配置农村地区经济和社会发展资源提供支持平台、为实现城乡一体化和城乡基本公共服务均等化提供载体的重要地位和作用，镇村建设体制仍需不断改革和创新。改革和创新需要围绕镇村行政区划体制、基础设施建设体制、建设用地体制、投融资体制、行政管理体制等方面进一步推进。改革和创新的路径则应循着建立健全市场化镇村建设经济体制、建立以履行政府职能为基础的公共财政支出制度和建立调动社会各界参与镇村建设的长效机制来展开。

第一节　改革开放前的镇村建设体制

乡（镇）政府是我国政府行政层级中位阶最低、直接与老百姓发生日常联系的政府，其所在地是所辖行政区域的政治、经济与文化中心。乡镇建设得好与不好，不仅可以反映其引领地方经济和社会发展的能力，而且，也决定了其在更大经济区域中的作用和地位。

村虽然不属于我国政府行政层级系列，但由于其具有的"自治地位"，它在农村经济与社会发展过程中具有很重要的基础性作用。在过去的几千年里，农民一般都是以村为单位居住、生活和生产，并产生浓厚的归属意识。村庄建设不但可以增强村民的归属意识，而且，还可以加强其在乡镇政治、经济和文化发展中的主导地位，从而更多地获得发展需要的资源。

1978 年农村改革开放前高度集中的计划经济时期，我国镇村建设受城乡二元结构和政策的影响，表现为先城市、后镇村建设的突出特征。所有的镇村建设资源首先要集中到上一级政府，甚至是中央政府手中，然后，再通过层层政府的审批，方可最终使资源落实到镇村建设项目上。镇村建设在这样一种机制下，很难得到发展和建设需要的资源。当然，也存在一些例外，如果镇村建设一旦被纳入需要在全国树立典型的计划内，那么，这些被树立的典型镇村，就可以比其他镇村容易获得建设发展的资源，并由此形成具有计划经济色彩的镇村建设模式。

一、镇村行政体制建立及特点

从国家宏观行政管理控制的角度出发，行政控制效率最大化的前提是增加更多的行政管理层级和行政管理工作人员。因此，我们看到，1949—1982 年，国家几次大的行政管理组织的设置变动，无不都是出于这样一种目的。并且，每一次变动都意味着国家行政控制能力的进一步加强。

（一）镇村行政管理体制的变革

我国镇村行政管理体制的建立与新中国成立以来国家行政体制的演变密不可分。1949 年至今国家行政管理体制的设置共发生过三次比较大的变革，这一时期的镇村行政管理体制的变革发生了两次。

在第一次国家行政管理体制的变革中（1949—1957），乡镇作为国家在农村中基层政权的单位被固定下来。[①] 1954 年 9 月颁布的《中华人民共和国宪法》中，首次明确取消过去区村体制和区乡体制并存的行政体制现象。受此影响，我国农村的乡和镇的数量在这一时期有了较为明显的增长。[②] 在这次行政体制变革中，村的设置没有发生明显的变化。

1958—1980 年是中国行政体制变化最大，也是最突出的时期。乡和镇作为国家政权在农村的基层机构，不再仅仅具有行政管理职能。[③] 如乡镇改为人民公社，行政村变为生产大队以后，就成为政社、政经合一的既负责履行国家行政管理职能，又肩负发展生产职能的混合体。在本时期行政管理体制变革中，村的设置也发生了明显的变化。行政村变成人民公社下属的生产大队，自然村变成生产大队下属的生产小队。

---

① 1954 年之前沿袭民国时期的管理体制，部分村也行使过一段基层政府的职能。如，1950 年 12 月政务院制定《乡（行政村）人民代表会议组织通则》和《乡（行政村）人民政府组织通则》，原则规定乡和行政村并存，同为农村基层行政区域。

② 这一时期建制镇数量增长十分迅速，从 1950 年的 2000 个左右增加到 1954 年的 5402 个，年均递增 30%；城镇人口增加也相应较快，由 5765 万人增加到 9957 万人（朱守银，2000）。

③ 严格地说，1966—1976 年十年"文革"时期的乡镇"革命委员会"管理体制有其特殊性。1979 年 7 月 1 日，五届全国人大二次会议通过的《关于修正"中华人民共和国宪法"若干决定的决议》"将地方各级革命委员会改为地方各级人民政府"，"革命委员会"式行政管理体制最终退出中国的历史舞台。

（二）镇村行政体制的特点

1949 年中华人民共和国成立至 1978 年改革开放前，镇村行政管理体制经过数次变革，形成了以下几个特点。

第一，"政不下县"的传统被打破。秦始皇统一中国、设立郡县制以来，县以下的镇村就一直实行自治管理。杨纳的研究表明，元代把县以下的自然村作为县政权以下的社会区化单元实行自治。明朝在继承元朝农村村庄自治的基础上，更是通过颁布条令的形式，从制度上将村自治制度化（杨纳，1965；清水盛光，1935）。清代初期，虽然仍实行地方自治以专办地方公益事宜，辅佐官制为主的"以乡人治其乡之事"的政策，并于光绪三十四年颁布了《城镇乡地方自治章程》，其中对城镇乡自治范围、内容、自治机构和人员任期作了比较详细的规定。但是，清末实行镇乡自治的本质已经与清初以前历代各朝实行的自治有了很大的不同。这个不同主要体现在：清末的地方自治开始将地方自治机构纳入国家政权的组织体系内，并使自治机构的负责人成为政府机构的成员，实现国家政权的向下延伸和对农村社会的完全控制。

国民党政府效仿清末实行的乡村自治形式，于 1930 年颁布了《乡镇自治实施法》。所不同的是，国民党政府在县以下的镇乡设置了县政府的派出机构村公所，而在村实行保甲长制度。相对以往任何年代的政府来说，国民党政府对农村社会的控制得到了极大加强。实际上，在国民党执政时期，自秦以来"政不下县"的行政控制体制已有打破的趋势。

1949 年，中华人民共和国成立。新的国家行政管理体制在某种程度上，更坚定地行使了中央到地方、以至农村每一个角落的垂直领导和控制。这个时期不仅各种行政控制权力都向中央集中，而且，为了国家工业化和城市化的需要，国家行政管理不仅必须下县，而且还要控制到农民家庭的生产和生活。

第二，实行以中央集权为核心的垂直一体化行政管理。这种行政管理体制主要有三个特点：一是实行从中央到地方的垂直领导，即中央政府作为全国最高的行政管理单位，拥有经济社会建设和管理方面的决定权力。

从镇村行政层级往上，高级别的行政层级比低级别的行政层级具有较大的权力。层级越往上行政权力越大。二是计划经济是这一行政集权模式的基础，即政府管辖内的一切活动，都要纳入计划经济的范畴。地方政府在经济和社会事业建设上的自主权力被最大限度的压缩了。三是地方政府担负的职能与分享经济和社会事业发展的好处明显不对称。最典型和突出的表现就是资源型地区的地方政府，例如以煤炭生产为主的山西省，为贯彻中央政府的要求，尽自己最大的能力为国家生产出成千上万吨煤炭，但自己却很少能够从中得到应有的分享利益。

第三，镇村行政管理实行的是一种"党政合一"、"政经合一"的体制。中央集权为核心的行政管理体制，是一种"党政合一"、"政经合一"的体制。镇村的行政管理体制不会、也不可能脱离这一制度背景，所以，"党政合一"、"政经合一"也是镇村行政体制的一个鲜明特点。在"党政合一"、"政经合一"的体制下，政府的主要职能是领导经济建设，但又不对经济建设的结果负责，是这一体制的最大特点，也是最大的弊端。

第四，村比镇在行政管理上具有较大的灵活性和自主性。[①] 与镇相比，由于村不属于国家政权单位，因此，村在行政管理上的灵活性和自主性就更强。国家对村的行政管理一方面是通过党团组织和人民公社体制，另一方面是通过人民公社社员代表大会或生产队委员会这些带有自治性的机构来进行管理。

二、镇村建设体制的特点及形成原因

镇村建设体制的形成和发展，既受国家行政管理体制的影响，也受工业化和城市化建设模式的影响。

（一）镇村建设体制的特点

镇村既是一个空间概念，也是一个行政层级和管理层级的概念。作为一个空间概念，它是指一个有明确边界的区域。在这个区域内，有一定数

---

① 这种自主性主要体现在部分村由建国初期的一级政权组织向民主自治组织的转变。

量的常住人口和国土面积，客观上存在对经济和社会事业不断发展的要求。因此，也存在一个如何建设的问题。镇村作为一个行政和管理组织，一方面要服从上级政府的领导和执行上级政府的决议；另一方面也要肩负本辖区经济和社会事业发展、基本公共服务供给的重担，承担起建设的职能。所以，无论是从空间区域的发展要求来看，还是从行政管理层级应承担的职能来看，客观上都存在一个镇村建设体制的问题。所不同的是，不同时期影响镇村建设体制形成的因素不同，镇村的建设体制也会发生相应的变化。换句话说，在不同的经济和行政管理体制下会形成截然不同的镇村建设体制。

1949—1978 年近 30 年里，尤其是 1958 年实行人民公社体制后，镇村建设体制由于行政体制的相对稳定而固定下来，并形成了以下主要特点：

第一，在国家宏观建设体制中，镇村建设体制逐渐被边缘化。国家用于城市的基本建设投入远远高出国家对农村镇村基本建设的投入，从农业上取得的财政收入要远远大于财政对农业的投入。财政收支渠道较少，财政支农的资金来源渠道和投向都比较单一（陈锡文等，2005）。另外，从社会事业的建设投入上看，城市也远远超过农村。人民公社时期的农村公共服务供给既有财政渠道又有集体经济组织渠道。整个农村公共产品的正常供给除了依赖有限的公社财政外主要要靠制度外供给（林万龙，2002）。集体经济组织在农村公共品特别是农村社区公共品供给中发挥了极为重要的作用。如凡是社队自己有力量全部负担的小型农田水利工程自筹解决，国家不予以补助（李燕凌，2008）。据估计，从 1950 年到 1978 年的 29 年间，国家动员和组织农村大量劳动力从事农田水利建设，通过劳动积累弥补了资金累计的不足，累计有效劳动积累折价在 1000 亿元以上（张忠法，2008）。在整个国家建设体制上先城市后农村建设的格局和特征十分明显。镇村建设基本上被边缘化了。

第二，计划经济是镇村建设体制的体制基础。镇村建设体制形成的基础是高度集中的计划经济。因此，镇村建设的项目，无论大小都要事前制订计划并报上级政府相关部门审批，经上级政府相关部门批准后，方可获得资金和物资实施项目建设，镇村政府无权自主决定建设项目。受此影响，镇村建设体制必须服从于整个国家的建设体制，并在建设项目的选择上与国家的建设需要保持一致。尽管有时候有些项目并不是镇村发展最迫切需要的项目，也要服从于国家的建设需要。

第三，先生产后生活的建设特点。国家宏观建设体制是服从国家工业化、现代化发展需要的一种建设体制，这种体制体现的是先生产后生活的建设排序。在这一大背景下，镇村建设项目也不可能脱离这一建设排序而另有所安排，即使镇村建设中可能最迫切需要建设的项目是公共服务和生活项目也是如此。这一时期，政府也开始在农村主要着手建立以社会救助、社会福利和优抚安置为内容的集体保障制度。但这一时期我国农村公共品供给主要靠国家财政安排少量资金支持恢复农业生产，很少有其他支出用于农村教育、卫生、文化等与民生相关的农村社会公共事业。

第四，建立了"一平二调"的镇村建设模式。镇村建设与城市建设的一个突出不同是建立了"一平二调"的建设筹资机制。在国家财政资金无力顾及农村镇村建设的情况下，允许人民公社采用特殊手段，实行有别于城市建设的模式，是制度上为镇村建设开的一个口子，或者说是一种迫不得已的制度安排。在大家的事大家办、集体的事集体办的指导方针下，形成了公社"平调"生产大队、生产小队人财物，生产大队"平调"生产小队和社员人财物来进行建设的模式。在这种模式执行的带动下，虽然部分缓解了镇村建设人财物不足的矛盾，推动了镇村经济和社会事业发展，但它产生的破坏性作用，显然要比它所带来的积极作用大。

（二）镇村建设体制形成的背景

计划经济时期我国农村镇村建设体制形成的特点主要与以下三个背景有关：

第一，国家工业化战略的选择。采用低工资、高福利政策，减少国家实现工业化的劳动力工资成本，让农业为工业化和城市化提供必要的积累，是在短时期内将一个农业国变为工业国的必然选择，而我国工业化和城市化发展正是选择了这样一种模式。这种模式对镇村建设的影响，主要表现在：一是在国家工业化发展中，将城市与农村截然分成两个功能完全不同的区域，并且赋予城市对农村的支配地位。同时，农业为城市居民提供口粮，农村为工业发展提供积累。根据已有的研究资料，在这一时期，我国农村共向城市、向工业发展提供积累达到10243.74亿元（张军、王晓毅、王峰，2003）。受此影响，有工业的城市地区比没有工业的农村地区发展快，客观上形成了中心（城市）—边缘（农村）的建设格局。二是在城市实行工资总水平的控制和提供一个较好的社会福利环境，为国家工业化尽可能创造一个低劳动成本的条件。受此影响，在公共基础设施和服务等各项社会事业建设上，城市也优先于农村。三是从利益集团在国家工业化过程中的力量对比看，代表工业和城市居民利益集团的力量，远远强于代表农业和农民的利益集团。因此，建设上城市优先于农村，农村被边缘化也就不可避免。

第二，中央集权模式下地方政府的财政能力有限，无力顾及农村镇村建设。按照一级政府一级财政的原则，1949年以后我国在县以下地方建立起来的镇（乡）政府，都应该相应地建立一级财政，以保障镇（乡）政府的正常运转。虽然在农村建立了镇（乡）政府，但相应的镇（乡）财政建设却远远滞后。在某些发展时期，例如，实行"政社合一"的人民公社时期，不仅没有建立同级的财政，相反还出现了倒退。一些经济发展比较好的人民公社，虽然具备了较强的积累能力，但又受到国家工业化发展和财政向中央集权的体制限制，也缺少规范的财政制度建设。而通过财政渠道被大量上调的资金，又都用于城市建设，结果农村镇村建设滞后于城市建设。

第三，人民公社体制为实行"一平二调"的建设模式创造了条件。人民公社是一个超越生产力水平发展的集政治、经济和社会职能为一身的组织。它在所有制上属于公有制的一种形式，在具体的生产和建设实践中，是以全体社员的集体性质出现，人民公社全体社员共同生产，享受均等的收益分配，集体占有公社的资产，因而在这样一种体制下，生产大队、生产小队之间的劳动、物资和资金的使用可以"一平二调"的形式进行。

当然，除了人民公社体制本身给"一平二调"的建设体制创造了条件外，财政体制本身也为其创造了条件。根据已有的研究，1953 年，在乡镇财政制度建立的同时，又针对乡镇财政预算收入不能满足支出的现象，在制度安排上允许乡镇实行部分自筹，这实际上是开了预算外收入的制度口子。这个口子一开，为人民公社的"一平二调"提供了正当的理由，成为人民公社时期建设筹资的一项重要内容，并一直延续和影响到 20 世纪 90 年代的镇村建设（张军，2002）。

第二节　镇村建设体制改革的历程

农村经济体制改革对镇村建设体制的影响，首先是在制度上对城乡二元结构发出了挑战；其次从建设模式上为多模式发展创造了条件；第三是从筹资建设上提供了多重选择；第四是从物质基础上提供了建设的保障；第五是从区域发展上强调并突出城乡统筹、和谐发展理念。受上述影响，自农村经济体制改革以来，我国农村镇村建设发生了前所未有的变化，取得了巨大的建设成就，这些变化和成就，都是在建设体制改革的背景下出现的，因而，与改革密切相关。

镇村建设体制的选择，在很大程度上与国家工业化和由工业化推动的城市化发展模式密切相关。1980 年以前的国家工业化，是以重化工业优先发展为模式的工业化，它强调了农业为工业化积累，农村为城市化发展提供服务的功能。同时，它又将农业、农村置于被工业和城市支配的位置，因而在国家建设体制上形成了重视大中城市发展，轻视农村镇村发展，农村镇村建设在整个国家城市化建设中被边缘化的结果。1978 年以来进行的经济体制改革，对国家工业化和城市化发展的模式进行了修正。以市场经济取代计划经济的改革，对镇村建设体制产生了深远的影响，从而使镇村建设进入了一个快速发展时期。

一、镇村建设体制改革的主要举措

市场经济体制的建立，要求镇村建设在以下三个方面进行改革，也就是说，镇村建设体制改革的主要举措，包括三个方面的内容。

（一）明确责任、划分职能，建立镇村多元建设主体

首先是打破人民公社"政社合一"的体制，建立并完善乡镇政府和村民委员会行政组织体制，通过合理划分各级政府职能，廓清乡镇和村级行政组织在镇村建设中的责任。其次是在明确镇村行政组织作为镇村建设主体的同时，调动所有可依赖、可借用的社会力量，参与镇村建设，形成镇村建设主体的多元化，更好地推动镇村建设发展。

（二）建立多元化镇村建设筹资体制，为镇村建设筹集更多的资金

市场经济体制改革、政府行政体制改革和持续 30 年的经济快速发展，为镇村建立多元化的筹资体制提供了保障。建立多元化镇村建设筹资体制改革的举措是：第一，明确各级政府是镇村建设筹资的主要渠道，完善并更加突出政府筹资作用；第二，强调村庄自主建设，完善村庄全体成员共建的筹资体制；第三，建立鼓励社会各界和国内外团体及个人捐助镇村建设的机制，缓解镇村建设资金不足的问题。

（三）建立民主监督机制，提高镇村建设资金的使用效率

权利的下放和筹资的多元化，对镇村行政组织使用建设资金的能力提出了考验。为了提高筹集资金的使用效率，防止资金被挪做它用，必须相应地建立镇村建设的民主监督机制。主要是完善镇（乡）级政府的人民代表大会制度，以及建立相应的上级政府审计部门对下级政府的资金使用的审计制度，保证镇（乡）级层面的建设资金处在一个能够被掌控的范围内，使建设资金使用更符合广大群众的利益。同时，在村庄层面上推行"一事一议"制度，把村庄建设资金的使用置于全体村民的监督之下。

以上改革路径见图 15－1。

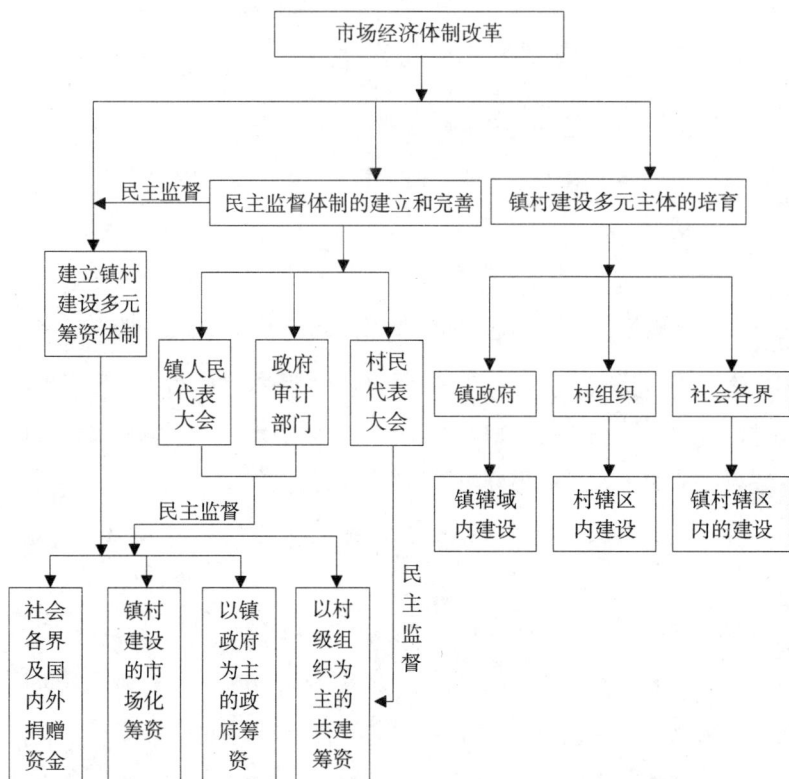

图 15-1　镇村建设体制改革主要举措的路径

二、镇村建设体制的演变与特点变化

1978 年至今，也是国家行政管理体制变革较为明显的时期。以建立市场经济为目标的改革，不仅推动了经济领域内的全方位深层次的改革，而且，也相应地推动了国家行政体制的改革。"政社"和"政经"合一的人民公社模式，已经不能适应市场经济下国家行政管理的要求，因此，出现人民公社向乡和镇行政权力机构的回归，即撤销人民公社，恢复原来乡和镇的行政管理体制。1982 年 12 月修订的《中华人民共和国宪法》规定，乡、民族乡和镇是我国最基层的行政区域，乡镇行政区域内的行政工作由乡镇人民政府负责。1983 年 10 月，中共中央、国务院发布《关于实行政社分开建立乡政府的通知》，到 1985 年年底，全国所有的人民公社都完成了向乡和镇行政管理单位的复归。受此影响，生产大队、生产小队也完成了向行政村和自然村的复归，同时对村级组织的行政职能定位也开始向村民自治组织的转化。①

1985 年以来，乡和镇的行政管理体制继续处于改革过程中。改革的主要内容有三项：第一是撤乡改镇。我国农村的镇比乡更具有行政区划上和城市化上的意义。第二是撤乡并镇。这是基于国家行政管理体制改革的需要，目的在于提高办事效率，精简机构和人员，科学的设置管理单位。第三是镇改为街道办事处。街道办事处是城市中最基层的政权单位，镇改街道办事处是基于农村城市化的需要，是农村城市化发展的结果。就村庄的行政管理改革来说，这一时期的改革主要集中在由过去的政府行政领导和管理为主，向以村民自治为主的转变，目前，这种改革还在进行当中。镇村行政设置和管理体制的改变，对其建设体制的形成产生了积极的作用。

（一）镇村建设体制的演变

1978 年以后，在农村工业化和城市化浪潮的推动下，镇村建设取得了显著的发展，主要表现在以下几个方面。

第一，农村建制镇数量不断增加，建制镇人口规模不断扩大。1999 年与 1985 年相比，农村建制镇数量由 1985 年的 7956 个增加到 1999 年的 17805 个；建制镇人口也增加到 9114.8 万人。建制镇数量增长了 123.79%（见图 15－2）。

第二，农村经济和各项社会事业快速发展。与 1949—1980 年相比，1980—2004 年的 24 年时间里，农村经济和各项社会事业建设取得了显著的成绩（见表 15－1）。

---

① 1981 年，党中央在《关于建国以来党的若干历史问题的决议》中首次提出"在基层政权和基层社会生活中逐步实现人民的直接民主"的方针。在总结部分地区村民自治诱致性制度创新实践的基础上，1982 年，村民委员会这一群众自治性组织被正式写入宪法，合法地位得到确认，农村基层民主进入了一个全新的发展阶段。

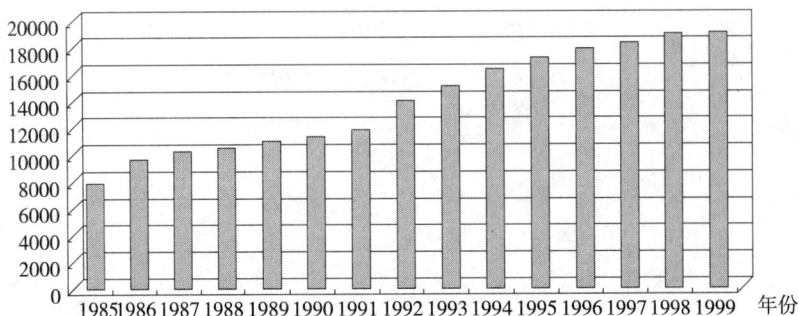

图 15－2　1985—1999 年建制镇发展情况

（资料来源：《新中国五十年农业统计资料》，中国统计出版社）

表 15－1　　1980—2004 年中国农村经济和社会各项事业发展速度的比较

	单位	1980	2004	2004 年比 1980 年增减（％）
农村国内生产总值	亿元	4517.8	136875.9	2930
农民人均纯收入	元	178	2936	1549
适龄儿童入学率	％	78.8	98.9	26
农村乡镇通车比重	％	90.5	99.0	9

（资料来源：1985 年和 2005 年《中国农村统计年鉴》，中国统计出版社）

　　1978 年以来镇村经济发展取得的显著成就，为镇村建设打下了坚实的物质基础。同时，新的与市场经济发展运行相吻合的镇村建设体制，也在改革开放的推动下初步形成，并在推动农村镇村建设上发挥了日益明显和突出的作用。

　　与计划经济时期镇村建设被边缘化不同，经济体制改革以来镇村不仅在国家工业化发展进程中发挥了巨大的作用，而且在包括城市化进程在内的社会各项事业建设中，也发挥了前所未有的作用，并成为国家建设体系中的重要支撑点。在深化市场经济改革的推动下，逐渐奠定了以市场经济为基础的镇村建设体制在整个国家建设体系中的位置。

以市场经济运行为基础的镇村建设体制的形成经历了一个不断发展和完善的过程。概括说来，它经历了以下三个发展阶段，才形成了今天的模式。

第一阶段是"离土不离乡"的镇村建设。允许镇村建设有限发展的"离土不离乡"的镇村建设，实际上是计划经济时期镇村建设被边缘化体制的延续。从全国来看，工业化和城市化建设体制中的重点依然放在了城市，镇村只是由于这一时期乡镇企业发展需要有一个增长载体，才被允许在制度上有一个不同于计划经济时期的建设。实际上，镇村建设能够纳入整个国家建设体制中并给予一定的重视，完全是由于农村非农产业发展推动的结果。这种重视体现在当时中央关于"离土不离乡、进厂不进城"发展农村非农产业的各种文件中。例如，1984年中共中央、国务院转发农牧渔业部和部党组《关于开创社队企业新局面的报告》的通知指出：乡镇企业发展，必将促进集镇的发展，加快农村的经济文化中心的建设，有利于实现农民离土不离乡，避免农民涌进城市。

第二阶段是"离土离乡、进厂进城"，重点发展小城镇的镇村建设。农村非农产业的快速发展，以及大量农业剩余劳动力从农业开始转向非农产业，在客观上推动了农村城市化的步伐。那种"村村点火，家家冒烟"的工业化和"离土不离乡、进厂不进城"的逆城市化发展的倾向，已经不是推动，而是阻碍了农村工业化和城市化的发展，并越来越明显地成为生产力发展的桎梏。因此，打破束缚生产力发展的"离土不离乡、进厂不进城"的建设模式，实行"离土离乡、进厂进城"的建设模式，便成为农村镇村建设的一种新选择。在农村生产力发展要求离乡和进城的大背景下，原有镇村建设体制发生了根本性变化。首先是城市（中心）—农村（边缘）的失衡建设体制得到修正，镇村发展被边缘化的格局得到一定程度上的改变。其次是将农村小城镇和中心村的建设纳入国家建设体制的范畴，与发展和建设大中城市具有同等的重要位置。例如，在2000年中共中央、国务院《关于促进小城镇健康发展的若干意见》中指出：加快我国城镇化进程，实现城镇化与工业化协调发展，小城镇占有重要的地位。发展小城镇，可以吸纳众多的农村人口，降低农村人口盲目涌入大中城市的风险和成本，缓解现有大中城市的就业压力，走出一条适合我国国情的大中小城市和小城镇协调发展的城镇化道路。

尽管镇村建设从制度上被纳入国家城市化建设的体制内，但在建设上，它还不可能像大中城市那样，得到国家物力财力的大力支持。即使这样，也已经为镇村建设的发展提供了一个制度空间。

第三阶段是城乡协调发展和建设社会主义新农村的镇村建设。城乡协调发展的重要体现就是农村工业化与城市化的协调发展，其核心内容之一是镇村建设。改革开放以来，农村经济虽然快速发展，但社会事业发展受投入限制仍然落后于经济发展。即使小城镇有了一定的发展，但与大中城市相比，依然是低水平的发展。城乡社会发展的"二元格局"，比城乡经济发展的"二元格局"还要明显和突出，城乡经济社会发展的不平衡，已严重影响到国民经济的全面协调可持续发展。因此，中共十六大提出了以人为本协调发展的科学发展观，提出了建设社会主义新农村的目标。第一次不但从城乡关系上，从城市建设体制上，把农村镇村建设摆在了国民经济发展的重要位置，而且从投入上也给予了巨大的支持。

镇村建设体制在经历了计划经济时期优先发展重化工业和大中城市，镇村建设被边缘化，到"离土不离乡、进厂不进城"，再到"离土离乡进厂进城"，最后发展成目前的城乡协调发展、新农村建设的变革，最终形成了一个顺应市场经济发展要求，符合工业化和城市化发展规律的建设体制，是生产力发展的必然要求，是改革的必然结果。

（二）镇村建设体制的特点

1978 年以来，在改革开放推动下形成的镇村建设体制，是各种因素共同作用的结果。它的特点主要有：

第一，镇村建设被纳入国民经济发展规划，已成为与大中城市具有同等重要作用的建设重点。与计划经济时期镇村建设被边缘化相比，目前，

镇村建设不仅不再被边缘化，而且已纳入国民经济"五年发展规划"；与
2000 年以前相比，国家不再仅仅是从制度上支持村镇建设，而是从人财
物方面进行了大量的投入。2005 年以来，小城镇和新农村建设被纳入国
民经济中长期发展规划，使得镇村发展不仅有了一个明确的指导思想，而
且有了一个中长期发展的依据和保障。这是镇村建设发展史上的一个突出
特点。

第二，加强对镇村建设的政府管理和服务。随着镇村建设任务的加
重、政府对村镇建设事业的重视程度增强，政府开始设置专门部门管理和
规范镇村建设。2005 年当时的建设部根据中央机构编制委员会办公室
《关于建设部独立设置村镇建设办公室的批复》（中央编办复字［2004］
183 号），独立设置了村镇建设办公室，主要职责是承担建设部村镇建设
指导委员会的日常工作，综合协调村镇规划、建设、管理工作；指导农房
建设；研究提出村镇建设的法规、方针和政策的建议，以及全国小城镇发
展战略；组织村镇建设试点工作，指导全国重点镇的建设。2008 年，该
办公室又进一步升格为村镇建设司，职能明确为"拟订村庄和小城镇建
设政策并指导实施；指导镇、乡、村庄规划的编制和实施；指导农村住房
建设、农村住房安全和危房改造；提出进城定居农民的住房政策建议；指
导小城镇和村庄人居生态环境的改善工作；组织村镇建设试点工作，指导
全国重点镇的建设"。省以下各级政府也相应组建了相同或类似的政府管
理和服务部门。

第三，多元建设机制的形成。完善的建设机制是镇村建设的基础和保
障。改革开放为扫除影响镇村发展和建设的不合理机制奠定了基础，同
时，也为新的镇村建设机制的形成创造了条件。从全国镇村发展的实际结
果看，镇村建设机制主要有三种类型：第一种类型是完全以市场机制为基
础，采用市场化手段进行镇村建设。镇村的经济发展基本上以民营为主，
镇村的公共基础设施和各项社会事业建设，也主要是通过市场化手段进
行，最典型和突出的案例就是浙江省苍南县的龙港镇，以及湖北省汉川县
的福星村。第二种类型是以国家行政体系为主，采用行政体系内的手段进

行镇村建设。第三种类型是以市场机制和行政体制内的建设机制相结合为基础的镇村建设，即政府主要负责公共基础设施和服务的建设，履行政府的基本职能，而能够通过市场化方式进行建设的就采用市场化手段进行建设。镇村建设体制和机制的多元化，符合市场经济发展的规律和要求，也符合镇村发展的实际情况。

第四，多种建设模式并举。根据国家统计局最近公布的数据，我国人均国民生产总值已超过 2000 美元，跨入中等收入水平国家的行列，并已进入工业化中后期和城市化加速发展阶段。受此影响，我国镇村建设表现为各不相同的模式。这些模式主要有以下三种：第一是城市化带动型的镇村建设模式。这种模式主要是指地处大中城市边缘的镇村，受大中城市快速城市化的影响，即城市快速向外围扩张，使镇村快速城市化。镇村利用城市快速扩张的机会，在被纳入城市发展规划的同时，共享城市扩张带来的公共基础设施和公共服务，以及城市化资源，完成镇村的建设与发展。这种建设模式在大中城市郊区的镇村普遍存在。第二是都市化发展带动型的镇村建设模式。这种建设模式与城市化带动型的镇村建设模式有很多相似的地方，但也有明显的区别。这种建设模式是指在一个较大的空间区域内，大量经济和社会发展水平相同的镇村，在少数几个特大城市的带动下，实现基础设施共建，公共服务共享。珠江三角洲和长江三角洲地区的镇村建设普遍采用的就是这种模式。第三是就地工业化带动型的镇村建设模式。这一建设模式与上述两种建设模式的最大区别，就在于它既不能利用城市化扩张的资源，也不能利用都市化过程中的城市群、镇村群的资源，实现共建共享，而只能依靠自身工业发展的实力来完成镇村建设。这三种不同的镇村建设模式，对应的是三种不同地区的镇村，实际上也是对应三种经济发展水平的区域，因此镇村建设模式的形成和选择，也有一个因地制宜的问题。

第五，多主体建设和管理。如果以投资主体来划分镇村建设体制特点，那么，我们可以观察到，我国镇村建设和管理具有主体多元的现象。按建设和管理主体来划分，镇村建设和管理体制可以分为：以政府投资和管理为主的镇村建设体制；以集体经济组织投资和管理为主的镇村建设体制，如江苏省江阴县的华西村；以民营企业投资建设但由政府行政部门管理的镇村建设体制，如浙江省东阳市的花园村；以村民共建、共管为主的镇村建设体制。多主体建设和管理，丰富了我国镇村建设的体制，缓解了镇村建设资金的不足，提高了管理镇村的效率，解决了镇村建设缺少主动性和积极性的问题，推动了我国镇村建设又好又快地发展。

第六，多渠道筹资。市场经济体制的建立，以及农村工业化带来的镇村经济实力的加强，为多渠道筹集镇村建设资金创造了条件。在镇村建设过程中，按资金的筹集来源划分，可以有以政府职能划分为依据，以公共财政为基础的政府行政筹资；以市场化手段进行的筹资；以社会团体为主的非政府组织筹资；以境外国家、国际组织为主的筹资；以农村企业、居民个人为主的筹资。在镇村不同项目建设上采用不同的筹资形式，使镇村建设收到了很好的建设效果。

三、镇村建设体制改革的因素分析

我国农村镇村建设体制之所以发生了与1978年以前不同的变化，其根本原因在于以下六个方面。

（一）市场经济体制的建立

城市（中心）—农村（边缘）建设与发展格局形成的基础是计划经济。因此，当1978年实行以市场经济取代计划经济的改革后，包括镇村在内的农村发展被边缘化的格局也就同时失去了存在的基础，特别是当市场经济体制的建立，要求镇村建设体制必须适应市场经济运行规律时，这其中包括：第一，新的镇村建设体制要以市场经济为基础进行建设和发展资源的配置，而不再是以人的主观来划分城市与农村，城市优先于农村进行资源配置。第二，新的建设体制要以全面、协调、可持续发展为基础，实行城乡、区域、经济与社会的协调发展，而不再是将城市与农村，工业与农业对立和分割为两个功能完全不同的板块，并使城市、工业人为地取得对农村、农业的支配地位。第三，新的建设体制要以经济规律为基础，顺应发展的要求，而不再是逆经济规律来发展。正是市场经济体制的建立才得以在最根本性和基础性的制度方面，改变了计划经济时期的镇村建设体制。

（二）农村工业化的推动

计划经济体制运行时期的工业发展，主要是以重化工业为主并主要集中在城市地区。1980 年以来的经济体制改革在国家工业化上形成的一个突出特点，是农村工业化—乡镇企业的"异军突起"。改革开放以来，农业劳动力向非农产业转移，以及农村非农产业的发展，推动了农村工业化的进程，客观上也形成了一股镇村建设高潮。在农村非农产业和劳动力并不具有进入大中城市比较优势的情况下，进入农村地区的镇村就成为一种必然的选择。受此影响，就存在一个加强镇村建设的要求。在这样一个大背景下，如果仍然坚持优先或重点发展大中城市，农村镇村依然被边缘化的发展政策，将对整个国家工业化，对农村发展不利。因此，必须改变原有的建设体制，按照国民经济发展和国家工业化进程的需要，把农村镇村建设纳入整个国家城镇建设的规划中，给以统筹考虑。

（三）城市化发展的需要

改革开放以来，中国的工业化进程发展十分迅猛，第二产业在国民经济三次产业中的比重，从 1982 年的 45.9% 上升到 2006 年的 48.9%。中国目前已经进入到工业化快速发展阶段的中后期（魏后凯，2001）。工业化的快速发展，也推动了城市化进程。1982 年，中国的城市化率只有20.8%，而到 2006 年，中国的城市化率已经达到 43.9%。城市化水平的不断提高，不仅仅是城市人口的增长，还伴随着城市规模的扩大和新城市的出现。但是，我国现有的大中城市基础设施薄弱，不能一味地吸纳农村迁移人口，因此，存在迁移人口向小城市、农村小城镇迁移的问题；同时，我国现有城市结构中存在大中城市过多，小城镇发展不足，城市结构严重失衡的现象。因此，城市化发展过程中农村人口向城市迁移，尤其是向小城镇迁移，以及改变我国城市结构失衡现象，都要求将小城镇和村的建设放在一个重要位置来给予强调。

（四）政府行政管理体制改革的需要

政府行政管理体制改革，对市场经济下镇村建设体制的形成，具有重要和积极的作用。政府行政管理体制改革对镇村建设体制形成的影响主要表现在：第一，简政放权赋予了基层政府相应的建设自主权，使镇村政府能够在建设中按照经济与社会发展的要求来进行镇村建设。第二，政府从直接参与经济建设到按照职能要求，主要承担和履行社会公共产品和服务供给的职能，为基层政府进行镇村建设提供了一个制度规范，使镇村建设中的公共基础设施等项目，成为政府的硬约束建设项目。这样一来，就在建设方向、建设内容和建设目标上，为新的建设体制提供了基本依据。

（五）财政体制改革的影响

计划经济时期实行的是中央集权的财政管理体制，基层政府没有自主支配财政收支的能力，因此也没有进行自主建设的物质基础和保障。1978年以来的财政体制改革，使这一状况有了根本性的改变。首先是财政体制改革使基层政府有了较大的财政资金的支配权，为自主进行建设提供了物质保障。其次是政府财政资金逐渐从生产性领域退出，为政府履行公共产品和服务的建设职能奠定了资金支持基础。第三是农村经济的发展也为镇村建设提供了必要的资金和物质支持。这些支持推动了镇村建设的发展。

（六）以人为本的科学发展观指导下的和谐社会建设的需要

长期以来，广大农民为国家工业化和现代化建设作出了巨大贡献，但较少享受工业化和现代化带来的利益，农民实际福利水平远远落后于城市居民。这既不符合以人为本的科学发展观的要求，更不利于全面小康社会建设和社会主义和谐社会建设目标的实现。党的十六大以后，逐步明确地提出必须切实保障农民的物质利益和民主权利，始终把实现好、维护好、发展好广大农民根本利益作为农村一切工作的出发点和落脚点。为此提出了巩固和加强农业基础地位，要始终把解决好十几亿人口吃饭问题作为治国安邦的头等大事，加强农村各项基础设施建设，完善新型农村合作医疗和免费义务教育、最低生活保障制度，让广大农民享受越来越多的公共服务，不断完善村民自治制度，确保广大农民的民主权利的实现等具体措施。镇村在推进农村经济社会科学发展，使广大农民学有所教、劳有所得、病有所医、老有所养、住有所居，保证农民安居乐业方面承担最直接的任务。为了实现农村科学发展观指导下的和谐社会建设，改革和完善镇村建设体制也就成为历史的必然。

总之，改革开放以来镇村建设体制发生了深刻变化。相对于镇的建设体制来说，村的建设模式更为灵活和多样。在新农村建设的推动下，我国镇村建设又将进入一个新的高潮，镇村建设也将在市场经济体制完善的基础上不断推进。

第三节　镇村建设体制改革的评价和展望

改革为农村镇村建设提供了制度性和政策性保障。如何在科学发展观的指导下，建立一个符合科学发展观思想和要求，同时又有利于城乡和区域统筹发展，有利于我国工业化进程中城市化发展的镇村建设体制，是农村镇村建设体制发展所需要亟待解决的新问题。

一、镇村建设体制改革路径选择的评价

1978 年以来的改革和对外开放，实质上是以建立市场经济体制为目标的改革。农村镇村建设体制改革，不可能脱离这一改革的大背景和大趋势。因此，在"摸着石头过河"式的市场经济改革模式下，镇村建设体制的改革也具有"摸着石头过河"的特点。换句话说就是，在镇村建设体制改革路径的选择上形成了以下特征：

第一，严重阻碍生产力发展的体制和政策率先成为改革的对象。1978年开始的改革，主要是从经济领域开始，然后逐渐深化并演变为包括经济、社会和政治领域在内的综合改革。改革的目标是解放生产力并使国民

经济顺利发展。所以，那些严重阻碍生产力发展的经济体制和政策，便成为改革的对象。在镇村发展上，其建设体制也毫无例外地成为改革的首选对象。例如，当镇村的基础设施影响到招商引资，影响到经济发展的时候，计划经济时期形成的建设体制，就成为镇村建设的障碍。无论是"离土不离乡，进厂不进城"还是"离土又离乡，进厂又进城"，都要求镇村在建设上有自己相对独立的决策权、自主筹资权和建设权，以便改善影响经济发展的外部环境。因此，凡是影响上述镇村建设的体制和政策都成为了改革的对象。受此影响，我国镇村建设体制改革的路径又表现为先生产领域内的体制改革，后社会事业领域内的改革的特征。

第二，选择了渐进式改革方式。正如农村经济改革选择了渐进式改革那样，镇村建设体制改革，也走了一条渐进式改革的道路。这种渐进式改革，也是一种单一改革模式，即哪里阻碍了生产力发展就改革哪里。因此也是就事论事的改革，它缺少综合性配套改革的思路。这样的改革一旦被实践证明是成功的便可以马上推广。但一遇到强大阻力，改革就会选择绕着走的方式，回避改革的难点，并把问题留到后面去解决，结果给后面的改革造成更大的阻力和困难。计划经济向市场经济体制转轨过程中的改革对象，往往都具有相当复杂的因素，改革要想取得实质性的进展就需要进行综合配套改革。如果我们不是选择单一形式的渐进改革，而是选择综合性的配套改革，那么，我们今天的镇村建设体制改革有可能少走很多弯路。例如，如果我们当初选择经济与社会发展并举的镇村建设体制配套改革，那么也不会形成现在这种经济发展远远超过社会发展，农村镇村社会建设不仅滞后于城市建设，而且也严重滞后于农村经济发展的格局。

二、镇村建设体制改革的制度模式评价

1978 年以来镇村建设取得了显著的成绩。但是，由于以市场经济为基础的镇村建设体制改革，是在原有计划经济体制上的改革，因而，无论在改革的方式、手段，还是在克服改革阻力上，都遇到了很多不确定因素。这些不确定因素，对镇村建设体制改革形成了一定程度的干扰。回顾

和总结镇村建设体制改革走过的历程，有利于未来镇村建设体制的建设和完善。

镇村建设发展在很大程度上仍然受制于镇村建设体制。要想使镇村建设能够按照市场经济的要求进行，首先必须在建立市场经济体制的同时，对现有的镇村建设体制进行全面和根本性的改革，以使镇村建设适应市场经济发展运行要求。

根据制度经济学的理论，当要素相对价格及谈判力量对比发生变化以及组织的偏好发生变化时，制度会发生变迁。制度变迁的过程，实际上就是实施制度的各个组织在相对价格或偏好变化的情况下，为谋取自身的利益最大化而重新谈判，达成更高层次的和约，改变旧的规则，最终建立新规则的全部过程（罗必良，2005）。制度变迁又分为诱致性制度变迁和强制性制度变迁两种类型。综观 1978 年以来我国镇村建设体制发生的制度变迁，可以十分清晰地观察到，镇村的制度变迁是由自下而上的诱致性制度变迁开始，然后转向自上而下的强制性制度变迁。

我国镇村建设体制的制度变迁，体现了改革自下而上与自上而下的结合过程，这种制度变迁的好处在于：第一，它完全是根据生产力发展的需要，根据镇村建设发展的需要，根据农村工业化和城市化发展的需要来破除不合理的、束缚生产力发展的制度桎梏；第二，它符合市场化改革的运行要求。这样的制度变迁，遵照的是市场经济规律，因而变革后的镇村建设体制是以市场经济为基础，符合改革的要求；第三，这种制度变迁也是一种摸着石头过河的循序渐进式的制度变迁，是建立在实践基础上并被实践检验的制度变迁，实践的结果可以上升到理论层面，并用来指导实践。

然而，与任何一种诱致性制度变迁所要克服的体制障碍相同，在诱致性制度变迁还没有完全转变为强制性制度变迁之前，诱致性制度变迁的顺利进行必须付出成本和代价，也就是说，它存在着为使制度变迁顺利进行而必然要发生的某种制度妥协，严重的时候，这种妥协还可能影响到制度变迁的进程，而不仅仅是使制度变迁成本加大的问题。这是因为在我们选择新体制的同时，我们面对的是一个强大的旧体制的压制，自下而上的诱致性制度变迁，在改革之初往往很难得到政府的全面支持，因此，妥协就成为诱致性制度变迁顺利进行的关键。而妥协本身又是改革得以推进，或者说是渐进式改革的必然过程。例如，在自下而上的诱致性制度变迁没有变为自上而下的强制性制度变迁之前，违背工业化和城市化发展规律，实行"离土不离乡，进厂不进城"，将农村工业和农村劳动力严格限制在村庄区域内，就是镇村建设体制诱致性制度变迁向原有计划经济体制的一种妥协。这种妥协虽然违背了农村工业化和农村城市化发展的规律，但却在制度上获得了一定的发展空间，推动了当时农村非农产业的发展。

这一妥协的成本主要体现在以下三个方面：第一，它使农村工业化走了弯路。由于采用了"离土不离乡，进厂不进城"的政策，大量农村工业集中在缺少比较优势的村庄层面，加大了农村工业化的成本；第二，导致工业化和城市化进程的扭曲。工业化的结果是产业和人口的积聚，城市化是工业化的延伸和必然结果。但是，人为地将农村工业限制在村庄层面、分散的工业化难以形成工业人口的集中，也不能形成城镇，更加固化和强化了计划经济体制下形成的城市化落后工业化进程的格局；第三，破坏了环境，加大了生态环境保护和修复的成本。

我国镇村建设体制改革形成的上述结果，是制度变迁过程中的一种必然现象。随着镇村建设体制改革从诱致性制度变迁转变为强制性制度变迁，也就是说，决定镇村建设制度形成的主要方面，主要是政府逐渐认识到工业化和城市化发展的规律，认识到生产力发展的需要，自觉地按照生产力发展的要求和遵循市场经济发展的规律，对原有不合理的镇村建设体制进行制度上的改革。这样，一方面把自下而上的制度变迁与自上而下的制度变迁结合起来，减少了制度变迁的冲突与摩擦。另一方面，也顺应了镇村建设发展的需要。这为后来的以市场经济为基础的镇村建设体制的形成奠定了基础。

三、镇村建设决策机制的改革评价

计划经济体制下的镇村建设决策机制，是以上级政府审批为主的一种决策机制。这种决策机制的最大问题，突出表现在决策权的高度集中和人为的主观意志。最不了解镇村建设需要的上级政府，具有建设项目审批的"生杀大权"。而最接近生产和生活的镇村行政组织，却没有建设的自主决策权力，客观上为镇村建设脱离现实需要创造了条件。在现实发展过程中，上级政府审批的镇村建设项目，往往并不是镇村发展最迫切需要的项目。因此，当我们用市场经济体制取代计划经济体制的同时，对镇村建设决策机制也进行了以下改革。

（一）镇村自决策机制替代上级组织决策机制的评价

根据政府管理职能的划分和财政支出的原则，从中央到地方，从省到县市镇村，不同层级的政府之间都有明确的管理职责分工，以及相应的财政支出安排。按照这样的职能分工原则，一般说来，与老百姓接触最密切，也最直接的县、镇（乡）政府负责区域内具体的与老百姓生产和生活密切相关的建设，而层级越高的政府所负责的事务则是下一级政府无力解决，需要通过具有更广泛协调能力的政府来解决的事情。中央政府则负责全体人民共同关注和需要的建设。这样一来，计划经济时期形成的中央政府集权式的审批建设体制就不能适应市场经济发展的要求。因此，必须进行建设决策机制的改革。

决策机制的改革突出了市场经济与政府调控相结合的原则，并首先从行政管理体制改革入手。行政管理体制改革，即通过下放权力和还各级政府应有自主决策权的方式，变原来以中央政府决策为主的机制为以职能分工为主的多级政府的决策机制，形成了多元结构的决策模式。在这一改革的推动下，镇村行政组织获得了相应的，或者说是史无前例的建设自主决策权。

应该说，这种改革符合市场经济的要求。从已有的改革效果看，这种改革有利于调动不同层级政府进行建设，以及合理安排建设资源以满足经济与社会发展的需要，但也同时存在以下一些问题：

第一，在其他制度没有相应建立起来，以制衡政府建设决策的时候，建设决策机制容易被政府乱用以至造成严重的后果。例如，建设上容易出现资金不到位的情况下上马项目；容易出现建设项目投入规模的随意扩大，使建设预算超计划，形成举债建设。根据已有的研究表明，在乡镇和村庄形成的债务中，有相当大的部分就是因为建设决策不合理造成的。这些债务已严重影响到镇村的发展（朱钢、谭秋成、张军，2006）。

村庄受制度约束的刚性要比镇更弱，因此在建设决策上更容易出现不合理的现象。例如，村庄建设在很多情况下就是书记一个人来决定，很少受到制度制衡。

第二，决策受经济发展的制约，容易表现为"越位"进行决策。所谓"越位"决策是指政府将更多的财政资源投入竞争性领域，从而使经济建设与社会事业发展建设严重失衡。政府在建设决策上的先经济后社会发展的选择，是计划经济体制形成的建设决策机制没有得到根除的反映。

第三，建设决策权力下放过程中，上级政府对下级政府事权的不对称下放，造成了下级政府或基层镇村行政组织承担了不应承担的建设职能。在过去较长的时间里，农村义务教育发展这一建设职能主要由地方政府承担，而地方政府又层层将这一建设职能最终下放给了财政能力十分薄弱，根本就无力承担其建设重任的镇村行政组织，严重影响了镇村行政组织科学合理的决策。

（二）"一事一议"决策机制替代集中决策机制的评价

村级层面上的"一事一议"决策机制，以保障建设项目是村民最迫切需要的项目。同时，"一事一议"的决策机制，有利于解决建设项目资金不足的问题。

"一事一议"的决策机制，是针对村庄共同体这样一种有别于镇政府体制而设计的一种建设决策机制的制度安排。1998年颁布《村民委员会组织法》规定：涉及村民利益的下列事项，村民委员会必须提请村民会议讨论决定，方可办理：乡统筹的收缴方法，村提留的收缴及使用；本村享受误工补贴的人数及补贴标准；从村集体经济所得收益的使用；村办学校、村建道路等村公益事业的经费筹集方案；村集体经济项目的立项、承包方案及村公益事业的建设承包方案；村民的承包经营方案；宅基地的使用方案；村民会议认为应当由村民会议讨论决定的涉及村民利益的其他事项。"一事一议"的决策机制，赋予了村民充分发表对建设项目意见的民主权利和投票决定权力，它是防止建设项目脱离村民发展需要的制度安排，并有利于村民对建设项目的进展及最终完成进行监督。目前的问题是：一是如何将"一事一议"的决策机制推广到镇建设层面。二是如何在"一事一议"决策机制外，建立与之相关联的科学决策机制。目前实行的村财乡管，乡财县管的体制，是一种防御性的控制与管理体制，是在建设决策机制没有建立起来的情况下，通过控制支出来控制建设项目预算的不得已而求其次的做法。这种做法虽然有利于对镇村建设项目的性质和预算进行控制，但它的负面影响也逐渐在镇村建设决策过程中显露出来。例如，官僚主义的审批，镇村决策自主权力的削弱等。因此，要尽快在深化改革的基础上探讨和建立适合市场经济运行要求，同时也符合国情的镇村建设决策机制和管理机制。

（三）市场决策机制替代计划决策机制的评价

在建设项目的决策过程中，引入市场化决策机制既是市场经济体制运行的要求，也是深化建设决策机制改革的必然结果。市场化建设决策机制对镇村建设的影响主要体现在以下方面。

第一，建设资源向有区域发展比较优势的镇村集中。一些镇村逐渐发展成为小城市，另一些镇村被合并或消亡，是我国镇村发展的必然趋势。从区域增长极的角度看，有些镇村的设置并不合理。市场决策机制在分配镇村建设资源上，不会像计划经济体制那样过多地考虑行政建制的因素，而更多地是考虑资源配置的合理性。那些不具有区域增长极条件的镇村，一般很难获得建设资源的配置。而具有区域增长极条件的镇村，就会获得更多的建设资源。市场决策机制可以保障那些具有比较增长极优势的镇村发展成为城市，从而改变我国目前不合理的镇村行政设置，使镇村的空间结构日趋合理。

第二，提高建设项目的建设效率。市场决策机制与计划经济体制下的镇村决策机制最大的不同就在于，它从一开始就按照市场规则运行，强调建设项目设计的合理性，建设项目资金安排的刚性，建设管理的科学性，以及建设的效率，杜绝了计划经济条件下忽视项目核算、建设资金效率低下等种种弊端。

在我国目前的镇村建设过程中，完全运用市场决策机制来进行建设的镇村还并不多，这主要是因为目前的镇村建设还主要是以政府主导为主，一些镇村虽然出现了以企业为主的建设形式，那毕竟还是少数。况且，有些镇村建设具有一定规模后，或者初步具有小城镇雏形时，国家就给予行政层级上的承认，例如将其设置为镇的编制，并纳入行政领导或管辖范畴。这样一来，原来镇村建设的自主决策权力就因为镇村进入国家行政序列而丧失。最典型的案例就是浙江省苍南县的龙港城。因此，接下来的镇村建设体制改革，就是要逐渐将镇村的行政决策建设特色，转变为市场决策。

四、镇村建设筹资机制改革评价

市场经济体制的建立，不仅为镇村建设资金的筹集提供了灵活的选择，而且还为镇村建设筹资机制的形成奠定了基础。

（一）改变了筹资形式

在镇村建设过程中引入了市场筹资和其他筹资方式，虽然它对镇村建设筹资主体形成了一定的压力，但这种压力迫使筹资者更合理、更有效率地使用这些有偿或需要还本的资金。目前的问题是，由于市场经济体制建设的程度不同，不同地区镇村在利用不同形式筹资上的能力，表现出明显的差异性。一般来说，东部地区的镇村利用市场筹资的能力最强，而中西部镇村的能力较弱。

（二）增加了筹资渠道

对镇村建设来说，计划经济时期的筹资渠道只有两个：一个是来自各级政府的财政拨款，另外一个是来自对人民公社的"一平二调"。筹资渠道不仅单一，而且带有浓厚的政府行为特征，镇村缺少自主支配资金的权力。市场经济改革为镇村建设的筹资提供了更多的渠道。从目前我们对镇村建设资金来源构成的调查看，镇村建设筹资渠道主要有政府、市场和其他三大渠道。

多渠道筹资的形成，缓解了镇村建设资金不足的困境。同时，也增加了镇村自主支配资金的权力。随着中共中央提出的以科学发展观为经济和社会发展的指导思想，实行五个统筹，构建和谐社会以来，以往城市化建设过程中镇村建设被边缘化的现象有了根本性的改变。但是，镇村建设过程中有一些看似市场经济的筹资手段，例如，通过出售所在地户籍筹集建设资金的手段，其负面作用大于正面作用，应该在镇村建设的过程中谨慎使用。

（三）扩大了筹资范围

镇村建设既包括经济建设，也包括社会事业建设。从科学发展观的角度看，经济与社会事业建设应具有同等重要的位置。市场经济体制的建立，改变了以往只有经济建设项目的筹资范围比较广泛，而社会事业建设项目筹资范围狭窄，甚至很少进行政府以外筹资的格局，为镇村经济与社会事业建设在更大范围内的筹资创造了条件。由于镇村建设项目可以采取多种建设和管理模式，使得筹资建设的选择性大为加强。

（四）提高了筹资效率

在镇村建设体制改革中，镇村自决策机制替代了上级组织决策机制，"一事一议"决策机制替代了集中决策机制，市场运作机制替代了计划运作机制，以及筹资方式发生了重大变化，使筹资效率相对改革前有了大幅度提高，主要表现在以下几个方面。

第一，明确了筹资主体。不同的建设项目，其建设主体不同。筹资主体明确，使筹资责任，包括资金筹集、资金使用和资金偿还可以在一个刚性的制度框架下落到实处，因而避免了以往筹集资金过程中环节过多、使用不规范、偿还责任难以落实的体制性问题，大大降低了筹资成本和提高了筹资效率。

第二，增加了筹资形式。市场经济体制的建立，为镇村建设筹资提供了广泛的选择，尤其是建设和管理模式的多样化，在增加多种渠道筹资的基础上，提高了筹资的效率，避免了改革前仅仅只有政府一条筹资渠道产生的官僚主义审批、环节过多、成本高和低效率的问题。

第三，加强了筹资管理。筹资主体明确，筹资决策的民主化程度以及筹资过程的透明化程度不断提高，一方面使出资人收集筹资主体信息和筹资使用信息的成本大为降低，让出资人更容易地了解筹资的使用情况和使用目的，便于出资人对资金使用的监督；另一方面也使筹资主体的筹资过程置于公开和民主的监督之下，从制度层面迫使筹资主体必须加强对筹资过程的管理，从而达到提高筹资效率的目的。

五、镇村建设体制改革的展望

中共中央总书记胡锦涛在中共十七大报告中指出，走中国特色城镇化道路，促进大中小城市和小城镇协调发展。形成面向大中城市群，培育新的城市增长极，是未来我国城市化发展的重点。

（一）未来镇村发展目标

我国正处在城镇化发展的关键时期。坚持大中小城市和小城镇协调发展的方针，逐步提高城镇化水平，优化城乡经济结构、促进国民经济良性循环和社会协调发展，都具有重大意义。根据对我国工业化和城市化发展阶段的判断，我国正进入城市化快速发展时期。在这个时期，镇村建设如何进行，镇村发展目标如何确定，都会对城市化发展产生重要影响。有鉴于此，未来我国镇村发展的目标主要应体现在以下方面：

第一，为农村工业化发展提供支持平台。我国农村正处在快速工业化发展的阶段。工业化的快速发展，必然要在空间上形成一个承载工业快速发展的区域，这个区域也就是经济学上称之为的"增长极"。在"增长极"作用不断扩大和发展的推动下，必然会带来城市化发展，使一些具备"增长极"条件的镇村，最终发展成为小城市，成为推动工业化进一步发展的重要载体。

第二，为农村城市化发展提供支持平台和形成合理的城市结构。我国现有65万个左右的行政村，有将近4万个乡（镇）。从长远的发展趋势看，行政村和乡（镇）的数量将会不断减少，而小城市和小城镇的数量会不断增加。另一方面，从我国城市结构的分布看，小城市和小城镇的数量明显不足，造成了我国城市结构体系中，大中城市偏多而小城市和小城镇偏少的比例失调的现象。城市化发展不仅要有大中城市，也要有小城市和小城镇，要有一个合理的大中小城市结构体系。发展农村小城市和小城镇，可以解决目前我国城市体系失衡的现象，也可以解决城市与乡村之间的失衡现象，形成合理的农村镇村体系。

第三，为农村社区发展提供支持平台。我国新时期社会发展的一个突出特点是社区的出现。农村城市化不仅是工业化和城市化发展的结果，也是农村社会转型与发展的必然现象，是农村社区发展的要求。社区是各种社会群体生产、生活的聚集点，也是各种社会矛盾和冲突集中暴发的地方。社区的发展要求有一个好的经济发展环境，要求有一个好的生活环境，要求有一个能够在关键时刻帮助解决各种社会矛盾和冲突的环境。在中国，能够满足这一发展条件的最小行政单位就是镇村，所以，镇村是社区发展所依赖的载体。镇村发展要体现支持社区发展的内容。

第四，为合理配置农村地区经济和社会发展资源提供支持平台。无论是农村经济发展还是社会事业发展，其资源的配置合理与否对农村的发展影响巨大。经济和社会发展资源的配置，需要有一个"集聚效应"。这个"集聚效应"可以使经济和社会发展的配置获得马歇尔所说的"中间投入品的共享，劳动力共享和知识溢出"效果（魏后凯，2006）。而能够通过资源配置实现这种效果的空间区域就是农村地区的镇村。因此，未来我国农村镇村发展就是要引导经济和社会资源进行合理配置。

第五，为实现城乡一体化和城乡基本公共服务均等化提供服务载体。农村基本公共服务资源可以来自上层政府的财政预算，但资源运用、公共服务供给不可能由县以上政府来承担，由此决定了镇村将是农村基本公共服务的主要提供者，承担公共服务供给载体功能。

以人为本、统筹发展的科学发展观，是未来农村镇村建设体制改革的指导思想；循序渐进、节约土地、集约发展、合理布局，是镇村发展的原则；推动镇村建设由粗放型向集约型转变，提高镇村综合承载能力，发挥镇村集聚和扩散效应，优化镇村布局，提高镇村整体实力，是镇村发展的主要目标。

（二）未来镇村建设体制改革的主要内容

镇村在农村发展历史上从来没有像今天这样有如此重要的位置。深化镇村建设体制改革，是农村工业化和农村城市化发展的进一步要求，也是推进镇村建设和发展的保障。根据工业化和城市化发展的趋势及要求，结合目前镇村建设过程中遇到的体制性障碍，我们认为，未来镇村建设体制改革的主要内容有以下五个方面。

1. 推进镇村行政区划体制改革

从改革开放的 30 年实践以及从工业化和城市化发展的趋势看，行政村和镇（乡）的数量将会出现空间结构性调整。这种调整是工业化和城市化对传统农村镇村体系结构调整的必然结果。通过这种调整，将会在空间上形成新的镇村分布。与以往镇村的空间分布不同，新的镇村空间分布应该以市场经济为基础。为了推动镇村建设的发展，需要从以下方面深化镇村行政区域体制改革：首先是改革镇村行政单位设置的体制，按照区域增长极功能来定义镇村行政单位，突出有增长极功能的、能够引领区域发展的镇村的作用；其次是顺应市场经济发展的要求，从行政区划的体制上鼓励镇村按照市场化和城市化发展的规律进行重组与合并。

2. 推进镇村基础设施建设体制改革

镇村基础设施分为生产服务性基础设施和生活公益性基础设施两种类型。由于这两种基础设施建设的服务对象不同，所依赖的建设方式也有较大差异。

（1）公益性基础设施建设体制改革的内容是：第一，以科学发展观为指导思想，将镇村建设纳入国家城市化发展建设规划内，给予重点支持，以偿还镇村建设上的"欠账"。第二，各级政府要落实以职能分工为基础的公共产品建设责任，大力支持镇村公益性基础设施建设。第三，建立以中央财政转移支付为主，面对中西部不发达地区镇村公益性基础设施建设的财政转移支付建设机制，支持这些地区的镇村基础设施建设发展。第四，积极引进市场机制，建立政府支持与市场机制相结合的镇村建设体制。

（2）生产性基础设施建设体制改革的内容是：第一，完善市场经济体制建设，利用市场机制调动生产者投入并建立以生产受益者为主体的建设机制。这一体制的建立必须体现谁投资谁受益，投资与受益高度一致的原则，并在法律上给予投资者和受益者保护，从政策上给予必要的支持。第二，要建立统筹城乡发展的基础设施建设机制，改变以往重视城市、轻视农村的做法，重点向关系国计民生的镇村生产性基础设施建设倾斜。

3. 推进镇村建设用地体制改革

镇村建设离不开对土地的使用，进行镇村建设体制改革应当包括土地使用制度改革的内容。镇村建设用地主要依靠两个方面来解决：一是提高原有土地的使用效率，二是占用农业土地。在基本农田保护日益严格的背景下，提高已占用土地的使用效率便成为解决镇村建设用地的重要来源。例如，北京农村居民居住用地为 800 多万公顷，如果采用镇村合并和让农民"转居上楼"，那么可以节约建设用地 100 多万公顷，占农村居民已有居住用地面积的 13% 左右。节约出来的土地可用于镇村建设。但是，目前的土地使用制度和政策对这部分节约出来的土地如何使用，并没有在政策上给予详细的说明。深化村庄土地使用制度改革，尤其是集体建设用地的改革，对推进镇村建设和城镇化发展具有重要的影响。

4. 推进镇村建设投融资体制改革

资金是镇村建设的保障，没有足够的资金支持，镇村建设就不可能实施。深化镇村建设投融资体制改革，就是要建立与市场经济运行相适应的镇村建设长效筹资机制，使镇村建设能够在资金的支持下，保持稳定、长期、协调的发展。

深化镇村建设投融资体制改革，一要在城乡统筹的基础上，逐渐加大对镇村建设的投入，扭转目前大中城市投入过多、镇村建设投入过少的格局。二要发挥政府的导向作用，建立政府调节与市场经济相结合的筹资机制，充分利用市场经济融资平台，例如实行直接和间接融资方式，为镇村建设筹集资金。三要在改革开放的推动下，通过政策引导社会各界参与农村镇村建设。要鼓励不同经济类型的企业和社会团体、个人，采用不同模式进行新农村建设的投入，采用不同的模式进行镇村建设。四要加强中央财政对中西部经济不发达地区镇村建设转移支付体制建设。五要积极利用境外各种资金为农村镇村建设服务。

5. 推进镇村行政管理体制改革

镇村行政管理是整个国家行政管理体系的重要组成部分。如何行使对镇村的行政管理，对镇村建设有着重要影响。大力推进镇村行政管理体制改革，一要在完善市场经济体制的基础上，建立与市场经济相协调并满足农村经济与社会发展需要的镇村行政管理体系。包括深化简政放权，进一步扩大镇村的行政管理自主权限。二要深化村民自治的行政管理改革，让村民真正参与村庄的发展和建设，自主决定村庄的事务。同时，将村民自治的形式逐渐延伸到镇范围的自治，提高居民及社会团体自主建设、自我管理的参与式发展程度。三要在村庄层面实行多种管理模式，尤其要根据目前我国村庄发展模式中公司化村庄的特点，鼓励以公司化的形式实行对村庄的治理，等等。

（三）未来改革的路径选择

改革开放 30 年的经验表明，任何一项改革的路径选择，对改革的成功有着十分重要的影响。对镇村建设体制改革来说，未来改革的路径选择，对改革的影响也至关重要。结合镇村建设体制改革的内容，我们认为镇村建设体制未来改革的路径选择有以下三个方面。

1. 进一步建立健全市场化镇村建设经济体制

对镇村建设体制改革来说，建立健全市场经济体制，就是建立和完善与市场经济运行相适应的行政区划设置和管理体制，按照市场经济规律来进行镇村合并和建设，以市场为基础配置和使用镇村建设资源，尤其是要以科学发展观为指导思想，建立与镇村发展需要的土地使用制度、财政税收制度、投融资制度，保障镇村建设能够在市场经济的基础上可持续发展。

2. 建立以履行政府职能为基础的公共财政支出制度

建立与市场经济体制运行相适应的镇村建设体制，需要深化政府行政管理体制改革。要把简政放权的改革，引导到以职能分工为基础、履行政府职责的行政改革层面。建立以履行政府职能为基础的公共财政支出制度，形成财政与市场融资相结合的镇村建设长效筹资机制。同时，在横向和纵向的各级政府之间，建立和完善以财政转移支付为主要形式的镇村建设资金支持机制。

3. 建立调动社会各界参与镇村建设的长效机制

镇村建设能否顺利进行，能不能实现中央提出的又好又快发展，除了要不断完善市场经济体制和深化政府行政管理体制改革外，还需要深化建立调动社会各界广泛参与镇村建设机制的改革，即：第一，建立谁投资建设谁受益的投融资建设机制，最大程度地调动社会力量参与镇村建设。第二，采取更为灵活的建设和管理体制，实行多种混合型投融资建设和管理形式。第三，鼓励建设模式的创新，在行政管理上给予多种建设模式以生存、发展的制度空间。

第十六章

中国农村社会保障
制度的变迁

社会保障是指以政府为主体并由政府主导实施、包含国民财富再分配的生活保障体系。社会保障的核心作用是保证社会公正，并具有维护社会稳定以及促进经济发展等多种功能。

1949年新中国成立后，为获取快速工业化所需的资本积累，政府实行工业和城市导向的发展战略。基于这一发展战略的需要，中国的社会和经济被人为地分割成城市和农村、市民和农民的二元结构。城镇职工享受由单位提供、国家兜底的社会保障。农民的生活保障是以土地为基本手段和以血缘关系为基础的家庭保障，国家在向农民提供社会福利中仅仅承担补救的角色。但政府采取了具有再分配性质的公共行动和制度安排，主要包括：农民农户公平占有土地的新型土地保障、农业生产和分配中的社会保障功能、农村五保供养制度、农村合作医疗、农村灾害救济制度等。

1978年开始的农村改革，使得原有的农村社会保障机制失去了存在的基础，从而弱化乃至解体。但除了在土地分配中保证起点公平的土地分配外，政府重构农村社会保障体系的公共行动不足。因为缺乏公共支持，政府试图恢复合作医疗及建立农村社会养老保险的探索都没有取得预想的成果，农民的生活保障面临着严重的被剥夺和脆弱性。

进入新世纪后，以农村税费改革为起端，公共财政的阳光逐渐照耀到农村，农村社会保障体系的改革开始进入新阶段。主要表现为，建立农村社会保障制度成为决策层和理论界的共识，中央明确提出了建立覆盖城乡的社会保障制度；公共财政对农村公共事业的投入越来越多；新型农村合作医疗、农村最低生活保障等社会保障项目从局部试点转向整体推进，日趋完善。

展望未来，我国农村社会保障体系的改革进程将加快，但影响农村社会保障事业发展的制度性、体制性障碍依然存在。应通过政策调整和制度安排，逐渐克服那些不利于农村社会保障事业发展的因素。农村社会保障体系改革应循序渐进，有重点、有计划、有步骤地逐步推开、分步实施。建立新型农村社会养老保险制度将是农村社会保障体系改革的重点和难点。

本章共分三节，第一节介绍改革开放前的农村社会保障体系。第二节阐述改革开放后农村社会保障体系的改革历程。第三节是对农村社会保障体系改革的评价和展望。

第一节　改革开放前的农村社会保障体系

一、改革开放前农村社会保障制度的内容

社会保障是指以政府为主体并由政府主导实施、包含国民财富再分配的生活保障体系。1949 年新中国成立后，为获取快速工业化所需的资本积累，政府实行工业和城市导向的发展战略。基于这一发展战略的需要，中国的社会和经济被人为地分割成城市和农村、市民和农民的二元结构。城镇职工享受由单位提供、国家兜底的社会保障。农民的生活保障是以土地为基本手段和血缘关系为基础的家庭保障，国家在向农民提供社会福利中承担补救的角色。但政府采取了具有再分配性质的公共行动和制度安排。这些具有再分配内容、含有社会保障功能的公共行动及制度安排主要

有以下几种形式。

（一）农户公平占有土地的新型土地保障

在农业社会中，土地是农民基本的生存保障手段。但是，由于占有土地的不公平，那些无地、少地农户难以从土地中得到基本的生活保障。资料显示，在解放初，农村中 50%以上的耕地归地主、富农所有，贫雇农没有土地或者仅仅拥有很少的土地（见表 16-1）。对于占农村总人口一半以上的贫雇农来说，劳动力是其重要的甚至唯一的禀赋资源。由于当时中国农村的分工分业不发达，贫雇农难以找到适宜的非农就业门路，从而也就失去了依靠就业收入来交换食品的可能性。这样，绝大多数贫雇农就只能受雇于地主，在地主所拥有的土地上耕作。但受供求关系等多种因素的影响，地主将土地租给农民家庭所索取的租金很高，往往达到主要农作物产值的 50%，农民的基本食物需求得不到保障。1949 年，中国人均占有粮食 209 公斤。其中，地主阶级和政府从中拿走一半以上，农民实际占有粮食平均每年仅有 100 公斤左右，经常要缺半年的粮食（牛若峰，2000）。

表 16-1　全国土地改革前农村各阶级、阶层占有耕地情况

	占总户数比例	占总人口比例	占总耕地比例	每户平均占有耕地（亩）	每人平均占有耕地（亩）
地主	3.79	4.75	38.26	144.11	26.32
富农	3.08	4.66	13.66	63.24	9.59
中农	29.20	33.13	30.94	15.12	3.05
贫雇农	57.44	52.37	14.28	3.55	0.89
其他	6.49	5.09	2.86	6.27	1.83

（资料来源：《中国农村统计年鉴，1989》，中国统计出版社）

新中国成立后，政府进行了废除地主土地所有制的土地改革，在农户中依据人口数量公平分配土地，实现"耕者有其田"。所以，尽管新中国成立后农村社会保障制度的基本内容仍然是以土地为基本手段的和血缘关

系为基础的家庭保障，但新中国的土地保障与历史上的土地保障有根本不同。这种新型的土地分配制度，使得所有的家庭都可以得到基本的食物、就业和养老保障；有利于刺激农民的生产积极性，从而提高土地保障水平；可以促使农民更好地回应更自由的市场提供的机会。而且，为保障全体居民最低生存的土地分配制度，实际包含了重要的减少风险机制，农民借此应对气候和环境带来的生产风险，使得生产风险扩散。①

（二）生产和分配制度中的社会保障功能

从1956年起，政府在农村实行社会主义改造运动，经过互助组、初级社、高级社和人民公社化运动，确立了农村集体所有制，实行"三级所有、队为基础"的生产管理体制。在这种体制下，农村人口达到了劳动年龄后就必须参加集体劳动，农民拥有在集体所有的土地上劳动的权利。相应地，集体主要依据家庭成员的劳动量，以家庭为单位分配集体的劳动剩余。分配的内容主要包含两个方面，一是粮食等农副产品。生产队在完成了统购产品收购、留足种子粮及饲料粮后，剩余的产品依据各个家庭的人口和劳动量，在集体内部分配。二是现金。生产队向国家缴纳的统购派购产品，可以得到一些货币收入。同时，生产队也有一些副业、工业收入。年终，生产队依据每个家庭的累积劳动量分配现金。如果挣的工分多，就分得多；工分少，就分得少。可见，在改革开放前，我国农民具有与生俱来的就业权和分配权，能够享受由集体提供的相对普遍的社会保护。

但上述保障机制面对的问题是如何保证那些没有劳动能力以及劳动力少家庭的社会保障权。为此，我国农村普遍实行农村五保制度②，同时也采取了与按劳分配相结合的另外两种分配形式。一是按劳分配与按人分配

---

① 在农业集体化时期乃至改革开放后，这种公平占有的土地保障依然存在。在集体化时期，农民对生产队的土地具有与生俱来的使用权，劳动力与土地在生产队的范围内自动结合。改革开放后，集体土地按照家庭人口或劳动力的多少实行了平均分配，土地是农民的就业、收入和养老的基本手段。

② 下文将详细介绍这一制度。

相结合。很多农村在分配粮食等农副产品时，除了依据家庭所挣工分（劳动量），也依据家庭人口的多少。这种分配办法有利于人口多、劳动力少的家庭。二是集体内部的困难户可以向集体借粮、借钱。一些农户因为人口多、劳动力少而生活困难，或因家庭成员生病等原因而急需用钱，可以从集体预支或借款。其中有的在次年的分配中扣除，有的因为没有偿还能力而常年挂账。可以看出，辅助于按劳分配的这两种分配措施，具有保护弱势困难群体的机制，社区内部的困难家庭得到了一定程度的社区保护。

（三）农村灾害救济制度

如果某一农村社区发生了比较严重的自然灾害，社区内部的互济互助将难以保证维持农民的基本生活。从历史上看，我国农村一直存在着救灾救济制度，国家向灾民发放实物或者资金以帮助社区。这是一种弥补社区自我保障不足的保障制度。新中国成立后，我国政府延续了传统的农村救灾救济制度，在因自然灾害而导致农民吃、穿、住、医等方面的困难时，由国家或社会提供急需的维持最低生活的资金或物资。据统计，1958—1978 年，国家下拨救灾款 94.5 亿元，保障了救济对象的基本生活。[1]

（四）农村五保供养制度

农村五保制度是适应集体经济而产生的农村社区互济互助制度，其内容是保障农村居民中无法定扶养义务人、无劳动能力者和无生活来源者的吃、穿、住、医、葬。农村五保制度形成于农业合作化时期。我国《1956年到1967年全国农业发展纲要》明确提出："农业合作社对于社内缺乏劳动力、生活没有依靠的鳏寡孤独的社员，应当统一筹划……在生活上给予适当照顾，做到保吃、保穿、保烧（燃料）、保教（儿童和少年）、保葬，使他们生养死葬都有指靠。"此后，人们将吃、穿、烧、教、葬这五项保证简称"五保"，将享受"五保"的家庭称为"五保户"，形成了独具我国特色的农村五保供养制度的雏形。

---

[1] 民政部政策研究室编著：《中国农村社会保障》，中国社会出版社 1997 年版，第 71 页。

从 20 世纪 50 年代起，我国各地相继兴办了敬老院，将部分五保对象集中供养。这样，在农村五保供养形式上，逐步形成了集中供养和分散供养相结合的五保供养模式。据统计，1958 年，全国农村享受"五保"待遇的有 519 万人。

在人民公社时期，五保制度主要是以生产大队和公社内部剩余积累为基础的互助共济为主，辅以国家财政的必要的救济。也就是说，五保制度是农村集体内部的共济，仍然属于集体保障的范畴。但是，与农村集体在分配上的共济机制相比，农村五保制度更加正式。政府以政策的形式，明确规定了集体有义务供养五保对象，五保对象享受"五保"是其自身的权利。我国农村改革后，农村五保供养制度延续了下来，至今仍然是农村困难群众生存保障的最主要方式之一。

（五）农村合作医疗

建国后，我国政府着手建立了县乡村三级卫生服务体系，以解决卫生服务的可及性问题。到 1965 年，我国农村绝大部分地区的县、公社和生产大队都已建立了医疗卫生机构，形成了较为完善的三级预防保健网。从一般情况看，公社卫生院的运行在很大程度上依赖于社、队财务的支持，大队卫生室则几乎完全靠集体经济维持。卫生室的房屋、药品、医疗器械等投入由生产大队承担。卫生员的报酬实行单一工分制，年终的工分由其所在的生产队根据当年收成分配粮食、折合现金。

同时，随着农业合作化的兴起，我国广大农村实行了合作医疗制度，以解决农民医疗卫生服务的可得性问题。集体化时期的农村合作医疗制度一般是以生产大队为单位，由生产大队、生产队和社员共同集资办医疗的集体医疗保健制度。从性质上看，农村合作医疗是在村庄范围内，由农村集体生产、行政组织和个人共同出资购买基本医疗保健服务、实行健康人群和患病人群之间医药费用再分配的一种互助组织形式（朱玲，2000）。农民生病后，可以在村卫生室和乡镇卫生院就诊，仅仅需要支付很少的诊疗费用，甚至全部免费。据统计，到 1978 年，全国有"赤脚医生"4777469 人，卫生员 1666107 人，合作医疗覆盖率达到了 90% 以上。

人民公社时期的村级（生产大队及生产队）卫生服务供给体系和农村合作医疗制度均依存于当时的农村产权制度，村集体承担了制度的运行成本。随着家庭承包制的实施，集体对农村经济活动的控制力急剧下降，原有的分配制度也随着农户获取剩余劳动产品的支配权而不复存在。在这一背景下，原有的农村卫生服务体系和合作医疗制度也就难以维持了。

二、对改革开放前我国农村社会保障体制的简要评价

（一）较好地体现了公平，但保障能力偏低、权利保障模糊

我国改革开放前的农村社会保障制度属于社区内部分散生活风险的互济互助，比较有效地照顾和保障了社员及其家庭成员最基本的生活需要，特别是农村五保户，以及人口多、劳动力少的社员家庭口粮的基本需要。但这种社区内部的互济机制的一个显著特征是其保障范围和保障程度主要基于供给的能力，而不是社区农民的需求状况。同时，由于社区内农户数量相对比较少，从而就影响了社区保障分散风险的能力。

社区保障的另一特征是权利保障的模糊性。社区内部的互济互助具有隐含性和随机性，农民不能够明确预测到在自己遇到困难的情况下是否能够得到集体或群众的救助，以及得到多大额度的救助。以农村五保供养为例，虽然当时的国家政策规定了农村五保户由社区供养，但实际上五保户生活保障的权利由所在集体的能力所决定，其供养水平取决于社区内部（在多数地方是生产队）可分配粮食和现金的多寡。如果普通社员的食物保障得不到满足，五保户供养问题也就自然得不到解决。

（二）失当的社会经济政策削弱了农村社会保障制度的功能

改革开放前，在快速工业化战略的驱使下，政府基本上没有履行其本应在农村社会保障事业领域的责任，而把这一责任转嫁给农村集体组织。所以，当时的农村社会保障实质上是集体保障。同时，以快速工业化为目的的社会经济政策又进一步削弱了农村集体保障功能的发挥。

1. 低效率的农业生产经营形式

在"三级所有，队为基础"的体制下，农民在集体所有的土地上以

生产队为单元统一经营，集中劳动，统一分配劳动成果。这种生产形式面临严重的成员偷懒现象，监督成员劳动投入非常困难，从而形成了农业生产效率低下。经验研究显示，集体制的全员要素生产力比家庭制低20%—30%。

2. 偏向城市居民的食物分配体制

改革开放前，农村集体内部的分配和共济是从属的第二层次的分配。农民只有以国家规定的价格完成强制性上缴任务（统购、派购）之后，才享有对其劳动成果的分配权。这种分配制度减少了可供社区分配的总量，从而进一步削弱了社区保障的能力。政府的粮食统购，不但价格低，往往还购"过头粮"。就当时农村的状况，全国可划分为三类地区，大体各占三分之一。一类是经济状况较好的，一类是处于中间状态的，一类是较差的"三靠队"（即是"吃粮靠返销，生产靠贷款，生活靠救济"的，据考最多时达到 2.5 亿人）（杜润生，2005）。

3. 城乡分割的户籍制度

政府通过户籍制度，剥夺了农民通过挣得工资收入来获取生存和发展保障的机会。中国改革开放之前，不存在劳动力市场。统购统销政策、人民公社制度和户籍制度体制，把城乡劳动力人为地分割开，城乡之间的人口迁移和劳动力流动渠道被堵塞了，农村人口只能从事农业尤其是粮食生产。这既增加了农业生产的风险，也限制了农民从交换中获得保障的可能性。

（三）在较低的生产力发展水平上，促进了人类发展指标的提升

在改革开放前的 30 年中，我国的人类发展指标有很快的提升，健康和教育指标在发展中国家名列前茅，处于中等人类发展水平，优于世界上三分之二的国家（中国海南改革发展研究院，2008）。

从健康改进情况看，解放前，全国人口的期望寿命为 35.0 岁；1957年为 57.0 岁，1981 年达到了 67.85 岁，其中男性 66.4 岁，女性 69.3 岁。解放前，我国的婴儿死亡率为 200‰左右；1958 年降低到了 80.8‰；1973—1975 年为 47.0‰；1981 年进一步下降到了 34.7‰。1949 年，全国

人口的死亡率为 20‰；1970 年下降到了 7.60‰；1975 年又下降到
7.32‰；1980 年进一步下降为 6.34‰。[①]

健康状况的改进得益于经济发展的涓滴效应，但与政府的公共行动更
加密不可分。这些公共行动包括建立农村卫生供给体系、农村合作医疗制
度、土地改革、农民公平享有食物的生活保障制度、在初次分配和再分配
中，扣除农村公益事业发展资金的制度安排，等等。让德雷兹、阿玛蒂
亚·森（2006）以 1960—1985 年为参照期，得出中国如果没有显著的公
共行动，为了达到 1985 年观测到的五岁以下儿童死亡率的标准，就不得
不在整个时期内将人均 GNP 的年增长率提高 7%—10%（即如果真实的
发展率为 4%，那么它将不得不提高到每年 11%—14%）。

第二节　农村社会保障体系的改革历程

改革开放后，我国废除了集体经营、统一劳动、平均分配的农村生
产、分配体制，实行家庭承包责任制。这种制度改革提高了农业生产效
率，提升了农民通过直接生产获取生存保障的能力。政府逐渐放开农村流
通市场，改变了农村与城市不利的交换条件；政府支持农民多种经营和产
业结构调整的政策。这些政策改变，促进了农民通过交换获得保障的
能力。

但是，随着家庭承包制的实施，农村社区在生产和分配中的公平机制
不复存在；依托于集体经济组织的农村合作医疗和五保户供养制度也面临
着严峻的挑战。针对这一新情况、新问题，我国在农村社会保障领域进行
了诸多的探索性改革。

---

① 中国协和医科大学：《中国卫生统计年鉴》（2006），中国协和医科大学出版社 2006 年版。

一、农民养老保障制度改革

改革开放后，我国农民传统的养老方式面临着新情况的挑战：集体向贫困家庭倾斜的分配机制消失了；计划生育政策的实施，增大了农民依托代际交换的风险；农民从业结构、收入来源的多样化，弱化了传统社区对不孝子女的约束和惩罚机制；土地的收入保障功能面临着土地数量有限、新增人口没有土地等方面的困境。

针对这些挑战，我国政府提出了"家庭养老，集体扶持，稳定农村土地政策"的解决思路。同时，由政府主导，开展了多种机制性养老的探索。其中建立农村社会养老保险制度是开展时间较早、影响大、持续时间长的改革措施。

（一）"旧农保"的探索和发展

从 20 世纪 80 年代中期，我国开始探索开展农村社会养老保险（简称"旧农保"）。1990 年 7 月，国务院明确了由民政部主管农村社会养老保险制度建设。1992 年，民政部颁布实施《农村社会养老保险基本方案》。此后在政府的强力推动下，农村社会养老保险逐步开展起来。"旧农保"的主要做法是：以个人缴费为主、集体补助为辅、国家给予政策扶持；采取个人账户基金储备积累的保险模式，个人缴费和集体补助全部记在个人名下；基金以县级为平衡核算单位，根据国家政策规定管理运营（主要是存银行和买国债）；参保人满 60 周岁，根据其个人账户的积累额领取养老金。

为了推动农保工作，我国自上而下建立了组织网络，配备了适当的工作人员。2002 年，全国农村社会养老保险的省级机构 33 个，其中行政机构 20 个，事业机构 13 个；地级机构 210 个，其中行政机构 70 个，事业机构 140 个；县级机构 1832 个，其中行政机构 101 个，事业机构 1731 个；乡镇机构 12996 个。全国农村社会养老保险机构的从业人员共有 10387 人。省级机构共有 206 人，其中行政人员 67 人，事业人员 105 人，自收自支 34 人。地级机构共有 1097 人，其中行政 141 人，事业 670 人，自收自支 286 人。县级机构共有 14483 人，其中行政人员 318 人，事业 9086 人，自收自支 5079 人。乡镇人员 21971 人，其中专职 5098 人，兼职 16873 人。村及乡镇企业代办人员 117960 人。①

在政府的强力推动下，我国开展农村社会养老保险的地区和单位逐年增多；农民参加保险的人数和保险机构每年收取的保险费增长很快。到 1998 年，投保人数达到了 8025 万人，占当年农村人口总数 86868 万人的 9.24%，占当年农村劳动力 46432.2 万人的 17.28%。当时，全国共有 2123 个县、65% 的乡镇开展了这项工作，全年收取保险基金 31.4 亿元，支出 5.4 亿元，累计积累保险基金 166.2 亿元，有 50 多万农民开始领取养老金。

（二）"旧农保"的整顿与停滞

我国农村实行的个人账户形式的"旧农保"在实质上是农民个人的长期储蓄，是一种特殊性质的农民自我养老保险方式，它不能列入国民收入再分配的范畴，不是真正意义上的社会养老保险。一些地方的典型个案显示，参加农保的对象主要集中在村干部、乡村私营企业主和部分职工、农村义务兵、村医和部分高收入阶层。一般农民参加的比例低，而且缴费很少。在养老保险基金的管理、运营和监督方面存在较多的问题，直接影响基金的保值和增值。针对各地在开展农保中存在的问题，1999 年 7 月，国务院提出，目前我国农村尚不具备普遍实行社会养老保险的条件，决定对已有的业务实行清理整顿，停止接受新业务，有条件的地区逐步向商业保险过渡。

此后农村社会养老保险处于停滞和萎缩状态。参保人数呈现下降趋势，每年的新参保人数减少，退保人数增加，不同省份之间不平衡。1993

---

① 资料来源：《中国劳动统计年鉴》（2002）。下文中有关农村社会养老保险 1998 年之前的数据均来自相关年份的《中国民政统计年鉴》，1998 年后的数据均来自相关年份的《中国劳动统计年鉴》，2007 年的数据来自劳动社会保障部《2007 年劳动和社会保障事业统计公报》，下文将不再逐一注明资料来源。未注明的农村社会救助方面的数据来自《中国民政统计年鉴》及《2007 民政事业发展统计公报》。未注明的卫生方面的数据来自《中国卫生统计年鉴》及《2007 年卫生事业发展统计公报》。

年年末，全国参加农村社会养老保险人数为 3027 万人，1998 年达到了
8025 万人。但之后农村社会养老保险的参保人数呈现下降趋势，每年的
新参保人数减少，退保人数增加。2006 年年末参保人数下降到了 5373.7
万人，2007 年年末进一步下降到 5171 万人（见图 16 -1）。2006 年，全国
开展农村社会养老保险工作的省份有 31 个。但是山东省高达 1066.7 万
人，江苏省 869.0 万人，浙江省 443.8 万人，三省合计达到了 2379.5 万
人，占全国农村社会养老保险总参保人数的 44.3%。

（单位：万人）

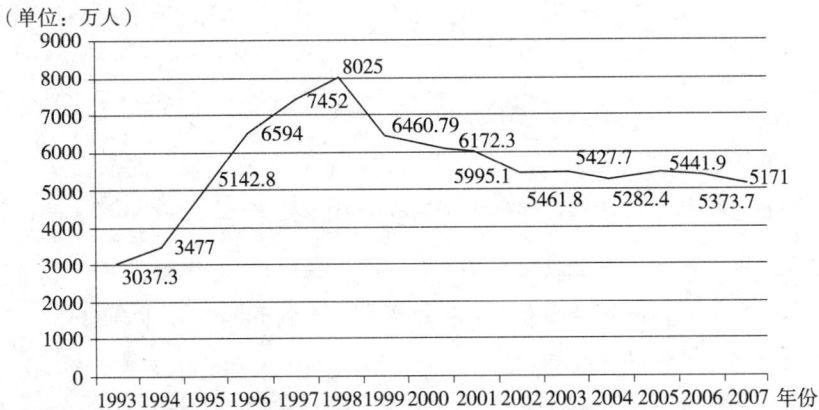

图 16 - 1　1993—2007 年参加农村社会养老保险人数

（资料来源：2000 年以前的数据来自《中国民政统计年鉴》；之后的数据来自《中国
劳动统计年鉴》及劳动社会保障部：《2007 年劳动和社会保障事业发展统计公报》）

（三）近年来"新农保"的探索、发展及其特点

中共十六大报告提出，"在有条件的地方，探索建立农村养老、医疗
和最低生活保障制度"。在这一政策的指导下，我国农村社会养老保险从
2003 年起进入了探索新型农村社会养老保险模式（简称"新农保"）的
发展阶段。但这种探索主要集中在江苏省苏州市、广东省东莞市等地方财
政实力比较雄厚的沿海发达地区，多数地方的改革进展缓慢。十七大报告
提出，到 2020 年建立覆盖城乡的社会保障制度，"探索建立农村社会养老

保险"。在这一背景下，"新农保"的探索呈现出加速推进的态势。

2003 年，江苏省苏州市出台了《苏州市农村基本养老保险管理暂行办法》，打破了原来由农民和村集体承担保险费的做法，通过地方法规的形式明确规定政府财政必须对纯农人员参加养老保险进行补贴，补贴比例要达到50%左右。

2006 年，劳动和社会保障部选择北京市大兴区、山东省烟台招远市、菏泽市牡丹区、福建省南平市延平区、安徽省霍邱县、山西省柳林县、四川省巴中市通江县、云南省南华县 8 个县市区，启动新型农村社会养老保险制度建设试点工作。北京市从 2008 年开始实行新型农村社会养老保险。2008 年年底，江苏省政府下发了《关于建立新型农村社会养老保险制度的指导意见》，明确在先行试点的基础上，用四年左右时间，在全省逐步建立新农保制度，切实保障农村老年居民的基本生活。山东省决定自2009 年起加快推进农村新型社会养老保险制度建设，每个市至少选择 1—2 个县（市、区）开展试点，确保到 2012 年适龄农民养老保险参保率达到 70% 以上。

在中西部欠发达地区，各种形式的探索也在进行中。陕西省制定了新农保实施意见，并从 2008 年开始在宝鸡市的 3 个县进行试点。山西省《关于开展新型农村社会养老保险试点工作的指导意见》指出，2008 年要在全省 22 个县（市、区）启动新型农村养老保险试点工作，从 2009 年开始逐年扩大试点，争取 2012 年试点县（市、区）达到 50% 以上，2015 年覆盖所有县（市、区），适龄参保人数达到 80% 以上，2020 年基本实现全覆盖。

"新农保"与"旧农保"的根本区别在于，其保险费来源于国民收入的再分配，由国家、农村集体和农民个人共同负担，明确了在保险费的筹集中国家财政的职责，具有了社会保险的性质。由于从事家庭经营的农户是一种自我就业的独立劳动者，"新农保"与一般的社会保险的差别在于现阶段它不是通过国家立法强制推行，而是一种诱致性的制度变迁；在自愿的前提下，引导农民参保。"新农保"的具体特点是：

1. 多样化的资金运行模式

社会养老保险的资金运行包括现收现付、完全积累和部分积累三种模式。"旧农保"实行的是完全个人积累模式,个人缴费和集体补助完全计入个人名下。"新农保"主要采取了以下几种方式:

(1) 个人账户。这种模式沿袭了"旧农保"的方法,但政府财政给参保农民一定的补贴。个人缴费、集体补助、政府补贴直接纳入个人账户,最后按个人账户积累总额和平均余命来计算养老金。

(2) 个人账户与社会统筹相结合。其筹资方式仍然是个人缴费、集体补助和政府补贴,但是个人缴费和集体补助计入个人账户,政府补贴则纳入社会统筹。这种模式仿照了城镇职工社会养老保险的方法,是仿城模式。

(3) 个人账户与政府直接提供的基础养老金相结合。个人缴费、集体补贴、基层政府补贴全部纳入个人账户。在老年农民领取养老金时,由政府直接提供"基础养老金"。

2. 以县(市、区)为主的地方财政承担了部分筹资责任

在保险费的筹集中,"新农保"在继续强调农民个人缴费为主的前提下,政府财政提供了一定的资金支持。例如,北京市新农保的资金来源由个人缴费、集体补助、财政补贴三部分构成。2008 年,北京市、区(县)两级财政支出接近 2 亿元。江苏省苏州市把从事农业生产(种植业、养殖业)为主的务农人员纳入了农村基本养老保险制度,对所有参保的务农人员,县级和镇级财政补贴 50% 左右,有的县(市)达到 60%。在2003—2005 年间,全市各级财政对务农人员的参保补贴额达到 13.28 亿元,且每年的补贴资金呈上升趋势。

3. 缴费标准趋于规范

"旧农保"中农民的缴费办法是既可以趸交也可以逐年缴纳,缴费标准由农民自行确定。各地正在探索的"新农保"主要采取两种缴费办法。第一种办法是以上年农民人均纯收入的一定比例作为最低缴费标准。这是一种动态的缴费机制,农民每年的缴费额随当地平均纯收入水平的变化而

变化。北京市、苏州市等地均采用这种办法。例如，北京市规定2008年
新农保实行按年缴纳，最低缴费标准为上一年度本区县农村居民人均纯收
入的10%，参保人员可根据经济承受能力提高缴费标准。参保人员每年
个人缴费和集体补助的总额，不得低于本区县的最低缴费标准。第二种办
法是以保障农民可以领取的养老金水平达到或者高出当地农村最低生活保
障标准为目标，然后通过测算倒推出农民的缴费标准（最低缴费标准）。
参保人根据自身经济状况选择，在最低缴费标准之上可以缴纳更多的保险
费。缴费标准的规范化，解决了原有制度缴费起点过低、保障水平过低等
弊端，从而可以保障农民随着经济发展水平的提高而获得更多的养老金。

4. 建立了待遇调整机制

"旧农保"的领取待遇取决于个人账户中资金的积累，在实质上是农
民个人的长期储蓄。各地的"新农保"的实施方案，改变了养老金主要
依靠个人账户积累的办法。例如，北京市参保农民享受待遇由个人账户养
老金和新增加的基础养老金组成，并且基础养老金还有增长机制，会随着
社会经济发展而逐步调整。2008年，北京市的农民基础养老金为280元。

二、农村五保供养制度改革

改革开放后，农村的五保供养制度延续了下来。但是，由于农村经济
体制的变化，农村五保供养的保障方式、资金来源、保障程度都相应发生
了根本性的变化。总结农村五保制度30年的历程，我国农村五保供养制
度大体包含两个时期。

（一）税费改革前的五保供养制度的改革

农村家庭实行联产承包制后，由于农村集体经济瓦解，农村五保供养
制度失去了依托。资料显示，一些农村五保户的生活水平大幅度降低，很
多地方保而不全。针对这种新情况，党和政府出台了一系列文件，要求要
对五保户进行妥善照顾。1985年国务院明确规定，乡和村供养五保户的
费用，"实行收取公共事业统筹费的办法解决"。1991年12月国务院颁布
的《农民承担费用和劳务管理条例》规定，"村提留包括公积金、公益金

和管理费"，其中"公益金用于五保户供养……"，"乡统筹可以用于五保户供养……"，明确了五保户供养的资金来源。一些省市都制定供养办法。1994年，国务院颁布实施了《农村五保供养工作条例》，正式通过法规的形式对五保的性质、五保对象的确定程序、供养的内容、形式和标准、经费的来源与筹措办法、监督和管理措施等作出了明确的规定。

与改革开放前相同，改革后农村五保供养的形式仍然包括分散供养和集中供养两种形式。但是，农村五保户供养的资金来源，由主要来自社区内部筹资转变为村提留和乡统筹，资金统筹的范围扩大了。

（二）税费改革后的农村五保供养制度改革

2000年，我国开始在部分地区实施农村税费体制改革试点。2002年，农村税费改革在全国范围内普遍推行。到2006年，全国范围内取消农业税以及面向农民的各种收费。农村税费改革取消了"村提留、乡统筹"，原有的五保供养经费来源中断了。虽然当时相关政策要求农村五保供养经费由财政转移支付解决，但是由于缺乏制度的保障以及许多基层政府财政困难，五保经费实质上得不到保障，五保工作又陷入困难境地。至2002年底，全国真正获得保障的五保对象只有296.82万人，约占应保对象的52.04%，即有将近一半的五保对象没有获得保障。[1] 据民政部救灾救济司的数据显示，在全国范围内，敬老院集中供养标准从2001年的2173元下降到2002年的1691元，分散供养标准从1262元下降到958元[2]，降幅分别达22.2%和24.1%[3]。

针对新情况与新问题，2004年，国家民政部、财政部和国家发改委下发了《关于进一步做好农村五保供养工作的通知》，不再强调五保供养的"集体福利事业"性质，而强调了县乡财政及上级转移支付的责任，

① 洪大用等：《困境与出路：后集体时代农村五保供养工作研究》，《中国人民大学学报》2004年第1期。
② 民政部：《2007年民政事业发展统计公报》，www. gov. cn，2008年1月24日。
③ 顾昕、降薇：《税费改革与农村五保户供养融资体系的制度化》，《江苏社会科学》2004年第3期。

以"确保供养资金"。2006 年 3 月 1 日，我国颁布实施了新的《农村五保供养工作条例》。新《条例》规定，受益人的保障水平不低于当地居民平均生活水平。在资金来源上，把农村五保供养的资金来源从过去的乡统筹、村提留中筹集，修改为要由财政保障。在中央和地方财政的关系上，明确规定了五保供养资金应在地方人民政府预算中安排，中央财政对财政困难地区的农村五保供养给予补助。这标志着农村五保供养制度由农民集体内部的互助共济向现代社会保障体制的历史性转变。实行新《条例》后，我国农村五保供养的标准提高了。2007 年，我国农村五保分散供养平均标准为 1432.0 元/人、年，农村五保集中供养平均标准为 1953.0 元/人、年。

三、农村困难群体社会救助制度构建

适应农村经济体制改革后集体保障弱化的现实情况，我国政府尝试建立新的农村救助体系。自 20 世纪 90 年代，我国政府开始建立农村特困户救助制度和农村最低生活保障制度。

（一）建立农村最低生活保障的探索

针对传统农村社会救助的随意性，1996 年民政部印发了《关于加快农村社会保障体系建设的意见》，明确指出农村最低生活保障制度建设应该成为工作的重点。就农村低保资金的来源，该文件提出由当地政府和村集体分担的筹资原则。从 1997 年开始，中国部分有条件的省市逐步建立了农村最低生活保障制度。广东、浙江等经济发达省市相继出台实施《农村最低生活保障办法》，以法律形式将农民纳入社会保障的范围。

中共十六大报告提出，在有条件的地区，探索建立农村养老、医疗和最低生活保障制度。十六大以后，党中央的若干文件又要求有条件的地方积极探索建立，不断推进农村低保制度的探索与实践。例如，2006 年中央 1 号文件《中共中央、国务院关于推进社会主义新农村建设的若干意见》强调，"有条件的地方，要积极探索建立农村最低生活保障制度"。因此，十六大以来，一些省、自治区和直辖市，按照本地经济发展水平和财力状况，陆续建立了农村最低生活保障制度。

（二）农村最低生活保障制度的整体推进

中共十六届六中全会通过的《中共中央关于构建社会主义和谐社会若干重大问题的决定》提出，"要逐步建立农村最低生活保障制度"，去掉了之前"在有条件地区"的限定词。2006 年中央农村工作会议上首次明确提出，将积极探索建立覆盖城乡居民的社会保障体系，在全国范围建立农村最低生活保障制度。鼓励已建立制度的地区完善制度，支持未建立制度的地区建立制度。

2007 年是我国全面建立农村最低生活保障制度的标志，农村低保工作开始由地方探索发展到在全国范围的整体推进。当年的《政府工作报告》要求在全国建立农村最低生活保障制度，将符合条件的农村贫困人口纳入保障范围，重点保障病残、年老体弱、丧失劳动能力等生活常年困难的农村居民。建立农村最低生活保障制度以地方人民政府为主，实行属地管理，中央财政对财政困难地区给予适当补助。中共中央、国务院下发了《关于在全国建立农村最低生活保障制度的通知》，在农村低保制度的建设上，规定了农村低保建设的目标任务、保障标准、对象范围、操作程序、资金筹集的方式和渠道；同时也对开展这项工作提出了一系列的原则要求和组织领导的保障。十七大报告进一步要求，"完善城乡居民最低生活保障制度，逐步提高保障水平"。2007 年农村工作会议提出，加大农村最低生活保障补助力度，将符合条件的农村贫困家庭全部纳入低保范围，做到应保尽保。

（三）农村社会救助制度改革的进展情况

目前，我国农村社会救助制度改革具有突破性进展，主要表现为：（1）公共财政资金成为农村救助资金的来源主体，农村社会救助由社区和乡镇的互济转变为公共财政的覆盖范围。（2）覆盖面扩大。2001 年，我国农村困难群体救助总人数 385.3 万人，占农村人口（79563 万人）的 0.48%。2007 年，农村困难群众救助总人数 4007.6 万人，是 2001 年的 10 倍，占农村人口总数（72750 万人）的比例达到了 5.5%（见表 16－2）。

根据国家民政部的摸底排查，目前全国共有符合农村五保供养条件的农村困难群众 577.5 万人。2007 年已保五保户 525.7 万人，基本实现了应保尽保。（3）救助形式逐渐规范化，救助标准有所提高。目前，我国已经在全国范围内普遍建立了农村最低生活保障制度，我国农村低保的覆盖人数快速增长（见图 16－2）。绝大多数农村特困户转为享受农村最低生活保障，农村低保成为了社会救助的主要形式。截至 2007 年年底，共有 30 万（14.7 万户）农村人口享受了农村特困救济，比上年同期减少 699.2 万人，降低 95.9%。

表 16－2　农村社会救助人口

(单位：万人)

	农村困难群众救助总人数	最低生活保障保障人数	特困户救助人数	五保户
2001	385.3	304.6	80.7	
2002	497.8	407.8	90.0	
2003	1160.5	367.1	793.4	
2004	1402.1	488.0	914.1	
2005	1891.8	825.0	1066.8	
2006	2987.8	1593.1	775.8	503.3
2007	4007.6	3451.9	30	525.7

（资料来源：民政部：历年《中国民政统计年鉴》；《2007 年民政事业发展统计公报》）

四、农村医疗保障制度改革

（一）恢复农村合作医疗的尝试与失败

农村实行家庭承包制后，因为农村生产方式和分配方式的变化，农村合作医疗失去了支撑。从 20 世纪 80 年代开始，农村合作医疗逐步萎缩。据统计，1985 年全国实行合作医疗的村由 1980 年的 90% 急剧下降到了 5%。1989 年，农村实行合作医疗的行政村仅占全国行政村总数的 4.8%。90 年代初，全国仅存的合作医疗主要分布在上海和苏南等集体经济发达

（单位：万人）　　　　　　　　　　　　　　　　　　　　（单位：%）

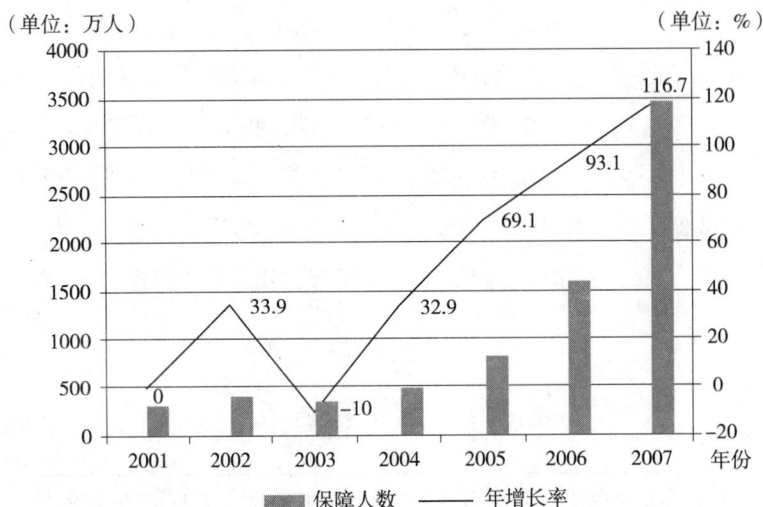

图 16 - 2　农村最低生活保障的保障人数和增长速度

（资料来源：历年《中国民政统计年鉴》；民政部：《2007 年民政事业发展统计公报》）

的农村地区。

　　农村合作医疗制度的萎缩，影响了农民医疗服务的可获得性，也引起了国家的高度重视。1996 年，在《关于国民经济和社会发展"九五"计划和 2010 年远景目标纲要》以及《关于卫生改革与发展的决定》等文件中，中央进一步明确提出要"发展和完善农村合作医疗"，同时提出要到2000 年在农村实行合作医疗制度。

　　由于缺乏有效融资机制等多种原因，中央提出的目标并没有实现。卫生部 1998 年进行的"第二次国家卫生服务调查"结果显示，全国农村居民中得到某种程度医疗保障的人口只有 12.56%，其中合作医疗的比重只有 6.5%，87.44% 的农民是完全自费医疗（见表 16 - 3），与 70 年代 90%以上的合作医疗覆盖率相比有很大差距。相当规模的农村居民失去了社区和社会提供的集体保障，不得不依赖家庭和自我保障。1998 年城市居民自费医疗的比重为 44.13%，农村居民自费医疗的比重达到了 87.44%。

即使到2003年，我国农村人口中自费医疗者所占比例仍然接近80%。

表16-3　1998年我国农村医疗保障制度构成

（单位:%）

	合计	一类	二类	三类	四类
公费医疗	1.16	1.07	0.76	1.98	0.26
劳保医疗	0.51	1.40	0.52	0.15	0.03
半劳保医疗	0.19	0.64	0.10	0.07	0.05
医疗保险	1.39	2.39	1.57	1.16	0.12
统筹医疗	0.04	0.15	0.03	0.01	0.00
合作医疗	6.57	22.22	3.61	1.61	1.83
自费医疗	87.32	.71.39	92.53	94.78	81.49
其他形式	2.81	0.34	0.88	0.23	16.22

（资料来源：《中国卫生统计年鉴，2002》，中国协和医科大学出版社）

（二）建立新型农村合作医疗制度

为了减轻农民的疾病经济负担，缓解农民"因病致贫、因病返贫"问题，2003年，中央决定在部分县（市、区）建立以大病统筹为主的新型农村合作医疗制度试点。在资金来源上，2003—2005年，中央财政对中西部地区，除了市区以外，参加新型农村合作医疗的农民，每人每年按平均10元安排补助，地方财政对参加新型合作医疗的农民补助每年不低于人均10元。从2006年起，中央财政对中西部地区参加合作医疗农民的补助提高到20元，地方财政也相应提高补助标准，同时将中西部农业人口占多数的市辖区和东部部分省份困难地区的县（市）纳入中央财政补助范围。从2008年起，中央财政的补贴标准提高到了40元，地方财政的补贴不低于40元，农民个人每人每年缴纳20元。

新型农村合作医疗制度的进度很快。我国2003年开始新型农村合作医疗的试点，按照中央的要求，2006年，全国新农合试点县（市、区）数量达到全国县（市、区）总数的40%左右；2007年扩大到60%左右；2008年在全国基本推行；2010年实现新型农村合作医疗制度基本覆盖农村居民的目标。但是，我国新型农村合作医疗的进展情况远远快于预期的安排。2006 年，试点县（市）的个数已经达到了 1451 个，占全国总县（市）个数的 50.7%，参合农民 4.1 亿人，占全国农民数量的 47.2%。截止到 2007 年年底，全国已有 2451 个县（区、市）开展了新型农村合作医疗，参合农民 7.3 亿人，参合率为 86.2%。与上年比较，开展新农合的县（区、市）增加 1000 个，参合农民增加 3.2 亿人，参合率增长 5.5 个百分点。2007 年全国新农合基金支出 346.6 亿元，补偿支出受益 4.5 亿人次（见表 16-4）。2007 年，新农合制度开始从试点阶段转为在全国范围内全面推进和制度完善的新阶段。最后，农民受益程度提升快。自 2003 年至今的 6 年中，筹资的最低标准从每人每年 30 元增加到 50 元和 90 元，农民补偿比例也有了大幅度提高。

表 16-4　我国新型农村合作医疗的进展情况

	试点县（市）（个）	占全国总县（市）的比例（%）	参合农民数量（亿）	占全国农民数量的比例（%）	试点县农民的参合率（%）
2003	304	10.62	0.645		69
2004	333	11.64	0.804	9.07	75.2
2005	678	23.7	1.79	20.18	75.7
2006	1451	50.7	4.1	47.2	80.7
2007	2451	85.5	7.3	83	86

（资料来源：历年全国卫生工作会议、全国政府工作会议、年度卫生事业发展统计公报等）

（三）建立与新型农村合作医疗制度相配套的农村医疗救助制度

为了解决贫困人口的看病就医问题，在建立新农合制度的同时，也同步建立了农村医疗救助制度。通过两项制度的衔接，使一部分贫困人口由医疗救助资助参加了新农合，进而可以享受到新农合的报销。截至 2006 年年底，全国含有农业人口的县（市、区）基本都建立了农村医疗救助制度。2003—2006 年，中央财政共投入 18.5 亿元，支持农村医疗救助制度建设，农村医疗救助的瞄准对象主要是两类人群。一是农村贫困人口，二是虽然不属于贫困人口但因为医疗开支很大而导致沉重家庭负担的非贫困农户。就贫困农户而言，各地主要采取两种方式。一是减免人均 10 元钱的合作医疗费。二是实行二次补偿的办法，即对于在原有报销的基础上仍然难以承担自付医疗支出的家庭给予一定数额的报销。

五、农村特殊群体社会保障制度改革

改革开放后，我国农村的异质性越来越强。相应地，我国政府建立了一些针对农村特殊群体（如失地农民、计划生育户、农民工）的社会保障项目，并取得了一定进展。

（一）农村计划生育家庭奖励扶助制度

2004 年初，我国决定对农村部分计划生育家庭实行奖励扶助制度。国家计生委首先在四川、云南、甘肃、青海、重庆五省市以及承德、晋中、四平、齐齐哈尔、宜春、芜湖、焦作、常德、宜昌、遵义等十个地市进行试点，同时鼓励东部省份自行试点。国家试点地区政策覆盖人群有 31 万，其他自行试点地区政策覆盖人群有近 50 万，涉及计划生育家庭人口约 180 多万。

农村部分计划生育家庭奖励扶助制度的主要内容是：对响应国家号召只生育一个子女或两个女孩、年满 60 周岁的农民夫妻，由国家财政设立专项资金，按人年均不低于 600 元的标准发放奖励扶助金，直到亡故为止。在资金负担比例上，对西部地区，中央财政负担 80%，地方财政负担 20%；对中部地区，中央财政和地方财政各负担 50%；对东部地区，由地方财政安排资金自行试点。在 2004 年部分地区试点的基础上，2005 年中央财政安排了 4 亿元专项资金、地方财政安排 2 亿元用于扩大试点工作。纳入国家试点范围的奖励扶助人群大约为 93 万人，加上东部自行试点地区，奖励扶助制度覆盖的受益人群在 135 万以上。[①] 这一制度标志着

---

① 详见"国家计生委副主任潘贵玉介绍农村计划生育家庭奖励扶助制度试点情况并答记者问"，新华网，2006 年 6 月 10 日。

我国的计划生育政策从"处罚多生"为主转向"奖励少生"和"处罚多生"并举，是公共财政覆盖农村的新思路、新方式。而且，由于其瞄准实行计划生育的老年农民，对探索具有我国特色的农民社会养老保障制度具有积极影响和启发。

（二）农民工社会保障制度

目前，我国农民工总数约为 2.3 亿人，其中在城市就业的约 1.4 亿人，与用人单位有劳动关系的 7000 多万人。截至 2008 年年底，全国有 2400 多万农民工参加城镇企业职工基本养老保险，4200 多万农民工参加城镇基本医疗保险，4900 多万农民工参加工伤保险，1500 多万农民工参加失业保险。

各地把农民工纳入社会保险制度的主要做法有以下几种模式。

1. 将农民工纳入统一的城镇职工社会保险体系

广东省从 1994 年开始就将农民工纳入统一的城镇职工社会保险体系。2001 年，劳动和社会保障部发布的《关于完善城镇职工基本养老保险政策有关问题的通知》，对农民合同制职工参保、转移及退保作出了规定。部分省市制定了相应的政策，逐步将农民工纳入城镇企业职工社会保险覆盖范围。

2. 对农民工参加城镇职工社会保险采取"双低"办法

浙江省在 2003 年前要求农民工参加统一的城镇企业职工社会保险，把农民工纳入养老保险和失业保险的覆盖范围。2003 年 7 月，省政府下发了《关于完善职工基本养老保险"低门槛准入，低标准享受"办法的意见》，降低了农民工参加社会保险的门槛。其中，参保企业和个人的缴费比例分别下降到 12% 和 4%。这一做法基本沿用了城镇职工养老保险的制度框架，不增设新的机构。

3. 对包括农民工在内的外来职工或非城镇户籍职工实行综合保险

这是上海市等地所采取的办法。2002 年 9 月，《上海市外来从业人员综合保险暂行办法》开始实施。综合保险包括工伤（或者意外伤害）、住院医疗和老年补贴三项保险待遇。凡用人单位使用外来从业人员和无单位的外来从业人员，都要缴纳综合保险费。缴费基数为上年度全市职工月平均工资的 60%。缴费数额是缴费基数的 12.5%。上海市的综合保险在险种结构、费率及分摊比例、享受待遇、基金管理等方面都有别于城镇职工社会保险，在一定程度上起到了化解农民工职业风险的作用。

（三）被征地农民社会保障制度

工业化、城市化是经济结构调整的必然要求，也是全面建设小康社会的必由之路；而工业化、城镇化的推进必然导致土地的非农使用，使部分农民永久失去土地。采取"一脚踢"的货币安置方式有缺陷，很多地方都实行土地换保障，把失地农民纳入城镇社会保险体系。例如，上海市建立小城镇社会保险（简称"镇保"）。具体做法是"24＋X"，以上年社会平均工资的60％作为基数，"镇保"的基本费率为它的24％。"X"是补充保险，企业和个人在参加"镇保"并按24％的缴费比例缴纳社保费后，根据自身情况，自愿选择缴纳补充保险。失地农民强制性参加小城镇社会保险。他们的安置补助费首先用于支付一次性缴纳不低于15年的基本养老、医疗保险费。[①] 这种办法实际上设置了给失地农民补偿的底线，有利于维护失地农民的利益。而且，由于失地农民在一次性缴费年限内就业的，基本养老、医疗保险费可以免缴，能够减轻企业的负担，所以有助于失地农民尽快找到就业岗位。

从1999年到2003年年底，浙江省被征地农民已超过200万人。以往，浙江对被征地农民一般采取一次性补偿的方式，不少被征地农民在用完了土地补偿金后，生活便得不到保障。针对这一情况，浙江省2003年上半年出台了《关于建立被征地农民基本生活保障制度的指导意见》，对被征地农民的养老、就业、医疗、低保和培训等提出明确要求。到2003年年底，浙江全省已有10个市、50多个县（市、区）建立了被征地农民基本生活保障制度；有30多万被征地农民参加基本生活保障，其中有10万名达到条件的参保对象开始领取基本生活保障金。该省的湖州市于2003年3月份出台了《关于建立市区被征地农民基本生活保障制度的通知》，2003年1月1日后的被征地农民必须强制性参加生活保障制度，一

---

① 上海市劳动和社会保障局：《小城镇社会保险政策选编》（一）。

次性缴纳基本生活保障费 23000 元，其中个人 17800 元，集体 5200 元，60 岁后每月可以享受每月 220 元的养老金。对于 2003 年以前被征地的农民自愿参加生活补助制度，根据被征地的时段和年龄缴纳 3000—8000 元不等的费用，60 岁后每月享受 150 元。浙江省的嘉兴市是国土资源部的土地征用制度改革试点城市。嘉兴市把失地农民纳入了城市社会养老保险体制，对不同年龄段的安置对象分别进行安置。例如，在征地时达到退休年龄（男年满 60 岁，女 50 岁）的被征地农民，为其一次性缴纳 15 年的养老保险统筹费（2003 年的标准为每人 3.5 万元），从次月开始按月领取养老金 398 元；对在征地时男 45—59 周岁、女 35—49 周岁的被征地农民，为其一次性缴纳 15 年的养老保险统筹费，到达退休后按退休时的标准发放养老金，退休前每月发给 160 元的生活补助费。

到 2006 年年底，全国有 15 个省级政府或部门及青岛、宁波、西安等计划单列市政府出台了被征地农民社会保障政策性文件，探索建立适合被征地农民特点的社会保障制度。已有 800 多万被征地农民被纳入基本生活保障或养老保障制度。[①] 例如，北京市政府制定了"逢征必转、逢转必保"的政策，建设用地农转居人员全部纳入城镇社会保险统筹范围，其补缴社会保险费用全部由征地补偿款提供，并享受与城镇居民促进就业优惠政策。

第三节　农村社会保障体系改革的评价和展望

一、决策层和理论界对建立农村社会保障制度重要性的认识逐渐提高，但仍存在着一些认识上的误区

近年来，先城市、后农村乃至忽视农村社会保障制度的倾向得到了一

[①] 劳动和社会保障部农村社会保险司：《2006 年农村社会养老保险工作的主要进展及 2007 年工作安排》。

定程度的遏制。中央明确提出了"建立覆盖城乡居民的社会保障体系"的发展目标。在农村社会保障体系建设的筹资上，从主张"减轻国家负担"转变为"加大财政对社会保障的投入"；在社会保障功能上，从强调"低水平"转变为"合理确定保障标准和方式"。

但是，我国农村社会保障改革的特点之一是部门主导，诸多的保障项目由不同的部门负责实施，中央政府并没有明确的农村社会保障改革政策。部门改革采取了"摸着石头过河"做法，对于农村社会保障的项目构成、保障主体、保障水平以及实现路径等宏观目标模糊。

而且，在农村社会保障事业的改革与发展中，我国理论界与决策层存在着一些似是而非的认识。一是过分扩大土地、家庭的保障功能而否认农民的社会保障需求。二是过分强调社会保障在缓解贫困、维护社会稳定等方面的工具性功能，忽视了其本身所具有的促进人的发展的建构性作用。三是把社会保障事业视为奢侈品，认为只有在经济发展到一定程度才能发展农村社会保障事业。四是认为农村社会保障事业延缓经济发展进程。这些认识上的误区阻碍了改革的广度和深度，阻碍、延缓了农村社会保障事业的发展。

二、政府在农村社会保障领域的投入主体地位逐渐显现，但尚未建立稳定、长效的筹资机制

在农村社会保障的筹资上，我国政府由不承担责任逐渐演化为筹资的责任主体。在新型农村合作医疗的筹资结构中，农民每人每年只需缴纳20元，政府补贴达到了80元，政府财政是筹资的主体。改革开放前，农村五保供养的经费来自社区内农民，改革开放后转变为从乡统筹和村提留中列支，经费统筹层次提高了。农村税费改革后，新的五保供养条例把农村五保供养纳入了财政保障范围，建立了以财政投入为主的资金来源渠道，供养资金在地方预算中安排，中央财政对困难地区进行适当的补助。农村低保制度的资金来源也由初期的政府与农村集体共同负担转变为政府财政统一安排。在计划生育奖励扶助制度等社会保障项目中，资金也全部来自中央和地方财政。

但是，我国尚未形成稳定、长效的农村社会保障体系建设筹资机制，主要表现是：

（一）政府责任的不确定性

农村社会保障制度改革的核心问题是确立政府、集体、社会以及家庭等相关方在提供中的责任，并以机制化的形式明确下来。但我国农村社会保障制度改革中，相关方的责任分担界限模糊，政府、集体以及农民家庭和个人的社会保障责任边界不清晰。例如，中央规定了新型农村合作医疗制度的资金分担渠道。但是，近年来新型农村合作医疗资金投入的快速增长，并非是一种固定机制，而是在很大程度上带有随意性。今后的筹资标准如何调整，如何建立稳定的筹资增长机制，各地都没有稳定的预期。政策的多变和过度灵活，实际上损害了制度应有的稳定性。

（二）地方政府责任与能力的不匹配

我国农村低保、五保等救助制度的资金主要由地方政府承担，中央财政仅对困难地区进行适当补贴。新农合筹资中，地方政府承担与中央财政相对等的份额。计划生育奖励扶助制度、农村医疗救助等保障项目中，地方政府要承担一定的筹资责任。从我国目前的财权和事权及中央财政转移支付的现状看，"地方政府为主"的资金来源制度可能仍然不足保障农村社会保障制度的有效运行。贫困人口众多的地方通常是经济不发达，地方财政赤字、集体经济薄弱的地方，制度的资金来源得不到保障。

（三）地方政府投入的弱激励性

科学发展观要求政府关注民生，加大农村社会保障事业的发展。但是目前的财税制度、干部选拔、政绩考核制度、金融制度、土地制度等，都不利于地方政府转变片面追求 GDP 的行为模式。

三、农村社会保障制度在改善民生中发挥了积极作用，但保障水平仍偏低

（一）农村社会保障制度在改善民生中的作用

改革开放后，我国实行市场化方向的改革。这种改革对农民的社会保

障需求具有双重效应。一方面，由于经济效率和农民收入的提高，农民自我应对风险的能力增强了，其社会保障需求降低了。但另一方面，弱势群体获取收入的能力低，不能有效实施自我保障；普遍存在的市场风险也增大了所有农民的脆弱性。可以说，我国农村社会保障制度的改革以及农村土地政策在缓解市场导向改革的负面效应、保障农民的生存权和发展权中发挥了积极作用。

新型农村合作医疗和农村医疗救助制度部分缓解了农民看病的经济负担，在一定程度上解决了农民因病致贫和因病返贫现象，促进了农民更多地利用医疗卫生服务。对比2003年的国家第三次卫生服务调查和2008年的第四次调查结果，可以看到，2003年，农村中应就诊而未就诊的比例为45.8%，2008年，这一比例下降到35.6%，比2003年下降了10个百分点；2003年，农村中医生诊断应该住院而没有住院的占30.3%，70%是由于经济困难，2008年，这一比例下降到20%，也下降了10个百分点。在住院病人中，36.8%的病人是自己要求出院的，比2003年下降了6.5个百分点。在自己要求出院的病人中，经济困难或花费太多而要求出院的病人占54.5%，比2003年减少了9.4个百分点，该情况的改善主要发生在农村地区。

农民卫生服务利用的增加与农民收入增加、对健康重要性认识提高、医疗服务价格与质量等因素密不可分。新型农村合作医疗和农村医疗救助无疑也有积极效应。调查显示，2003年，近80%的农民是自费医疗群体。到2008年，农村地区拥有各种社会医疗保险人口的比例达到92.5%，89.7%的调查居民参加了新型农村合作医疗、2.9%拥有其他社会医疗保险。在新型农村合作医疗制度覆盖的居民中，有33.5%的门诊患者得到报销或从家庭账户中支付，65.6%的门诊患者需完全自付医药费用；有85.3%的住院患者的医疗费用得到报销，获报销费用占其住院总费用的34.6%。

以五保户救助和农村低保为主要形式的农村社会救助制度，对解决部分没有能力的极端贫困人口的温饱问题起到了重要作用。否则，我国农村贫困的广度和深度都将更加严重。到2008年年底，全国农村低保对象

4284.3 万人，占全国农业人口的 4.9%。全国农村五保供养对象 543.4 万人。我国的农村低保和五保制度，基本实现了应保尽保。截至 2008 年年底，全国农村低保标准为每人每月 82.3 元，月人均补助 49 元，比 2007 年增加了 19 元。五保供养资金逐步落实，供养标准不断提高。2008 年年底，全国平均分散供养标准为 1624 元，集中供养标准达到每人每年 2176 元，分别比上年提高 13.4% 和 11.4%。

（二）农村社会保障水平低

尽管我国新型农村合作医疗和低保等社会保障项目均有很高的覆盖面，但其保障程度较低。

1. 城乡社会保障水平差异

农村居民所享受的社会保障水平与城镇居民有很大的悬殊。2005 年，我国企业离退休职工年末人数 3842.4 万人，离休退休费 3280.3 亿元，人均 8803 元。而当年共有 302 万农民领取农村社会养老保险养老金，人均领取大约 696 元。前者是后者的 12.6 倍。

城镇居民最低生活保障的保障水平是农村居民的 2 倍以上。例如，2007 年，全国各城市低保的平均标准为每人每月 182.4 元，而农村的标准只有 70 元。城市低保对象平均每人每月实际得到补差 102 元，而农村低保对象所得只有 37 元。前者是后者的 2.76 倍（见表 16 - 5）。即使把城镇生活成本比农村高的因素考虑在内，这个差距仍显过大。

表 16 - 5　我国城乡低保的平均标准与平均支出水平

（单位：元/人、月）

	2003	2004	2005	2006	2007
城市低保平均标准	149	152	156	169.6	182.4
城市低保平均补差	58	65	72.3	83.6	102
农村低保平均标准			76	70.9	70
农村低保平均补差		30	38	34.5	37

（资料来源：民政部：历年《中国民政统计年鉴》；《2007 年民政事业统计发展公报》）

近年来，我国新型农村合作医疗进展快，农民得到了切实的实惠。但其保障水平与城镇医疗保险相差悬殊。城镇医疗保险对住院、门诊、大病、小病都报销，而新型农村合作医疗只以大病统筹为主。城镇职工基本医疗保险参保职工可以报销 70% 以上的医疗费，而参加新农合农民住院报销还不足 40%，60% 以上的医疗费仍需自付。

2. 农村社会保障水平与农民需求差异

农村社会保障项目的保障水平与农民的生存需求之间有一定的差距。例如，我国农村救助的标准仅仅是保吃饭的最低生存标准。2007 年，农村五保分散供养平均标准为 1432.0 元／人、年，农村五保集中供养平均标准为 1953.0 元／人、年。而全国农民人均生活消费支出 3224 元，两者相差悬殊。在一些贫困人口多的地区，救助人口的多少是依据当年的资金量和救助标准确定的，然后下达给各个村。这样，农村特困户救助制度在执行中演化成了"轮流救助"。农村社会养老保险的领取标准与农民的人均生活消费支出之间的差距更大。

3. 农村社会保障水平的区域差异

我国区域之间农民享有社会保障差距拉大。我国区域之间的经济发展水平和人们生活水平有很大差异。越是落后地区，人们的生存风险越大，应对手段越少，对社会救助等社会保障的需求越强烈。但是，从目前的改革结果看，落后地区社会保障制度的改革力度小，农民享有的社会保障水平低。

四、不同项目的进展不平衡，而且项目之间的衔接、整合存在较多问题

农村社会保障体系由诸多的保障项目所组成。在以往的改革中，不同项目改革的进展及效果有较大的差异。新型农村合作医疗、农村低保、五保制度已经比较规范；有的制度刚刚试点起步，如农民工社会保障制度；但有的制度长期找不到切实可行的办法，如农村社会养老保险已经经历了20 年的探索，但仍然进展缓慢。

另一方面，农村社会保障体系的改革和发展中，呈现"碎片化"现象。主要表现在三个方面。（1）农村社会保障以县（市、区）为单位组织实施，"一县一策"，但各县（市、区）的制度模式、保障水平各不相同，地区分割，无法衔接，不利于劳动力的充分流动，而且也为将来建立省级乃至全国的统一制度带来了困难。（2）改革开放以来，在我国农村社会保障改革中，建立了许多社会保障项目。但因为部门主导的原因而导致了项目之间的衔接不畅。例如，新型农村合作医疗与农村社会救助之间存在着明显的衔接不畅现象。目前衔接两种制度的措施主要有两个。一是贫困家庭免交新农合费用。二是对于贫困家庭给予二次补偿。但是，现在所面临的问题是，一些贫困家庭即使免缴参合费用，他们仍然难以从该制度中获益。同时，由于他们因病不治疗，获取二次补偿也就自然无从谈起。又如，各地在探索建立新型农村社会养老保险制度时，也遇到了如何与最低生活保障制度相衔接的问题。例如，北京市大兴区在探索建立新型农村社会养老保险中，把最低生活标准作为农民领取养老金的最低标准，并依据这一标准来确定农民的交费额。这种办法实际上潜藏了由农村社会养老保险替代低保的问题。再如，目前我国正在全面推进农村最低生活保障制度。这就产生了传统的"五保"制度是否可以并入最低生活保障制度的问题。（3）在很多县域内部，同时存在着诸多功能相似的多种制度安排，如、农村社会养老保险、农村五保供养制度、失地农民养老保险、计划生育独生子女和二女户的养老保险、农民工养老保险等。各种制度安排将来的整合和对接将是一个较为困难的问题。

五、未来展望

（一）农村社会保障体系改革的进度将加快，但影响农村社会保障事业的体制性制度性障碍依然存在

从将来的趋势看，我国农村社会保障体系建设的速度将加快。（1）科学发展观要求政府关注民生，加大农村社会保障事业的发展。中共十七大报告提出，社会保障是社会安定的重要保证，应加快建立覆盖城

乡居民的社会保障体系。（2）我国总体上已进入以工促农、以城带乡的发展阶段，初步具备了加大力度扶持农村社会保障事业的能力和条件。（3）由于农村社会保障属于地方政府的事权，地方政府出于社会稳定及地方间竞争等多种考虑，快速发展农村社会保障事业的激励因素增加了。

　　但是，农村社会保障体系改革及其成效具有不确定性因素。（1）目前的财税制度、干部选拔、土地制度等，都不利于地方政府转变片面追求GDP的行为模式。地方政府依然会优先考虑经济发展、税收收入、FDI（外商直接投资）以及全国性的包含政治和政策导向性的硬性目标（如计划生育、社会稳定）。（2）诸多农村社会保障项目的投资大、见效慢、在效果上难以测量、难以量化。由于干部任期短，农村社会保障事业的成效难以在任期内显现，忽视农村社会保障发展的恶果也难以即刻显现。（3）从中央与地方的关系看，中央的经济发展指标需要地方的较高指标来保证。这会导致中央政府在一定程度上纵容地方政府忽视农村公共事业的行为。同时，由于信息不对称、不公开和不透明的因素，上级政府很难发现地方政府不执行或不努力执行上级政策的行为，地方政府采用机会主义行为，利用信息优势欺骗上级并逃避上级的监督、检查。（4）从农民的参与、压力及监督作用看，基层政府在与农民关系中的强势地位，无组织的农民不能约束地方财政的投入方向和结构；在农民异质化的背景下，农民在监督公共财政资金的用途、效率方面存在着"搭便车"倾向，影响其参与的主动性。

　　针对上述趋势，在政策选择上应弱化GDP和财政收入等经济发展类指标，加大农村公共产品和服务在地方政府绩效考核中所占的比重，推动地方政府加大财政投入的力度。对于各类农村公共产品和服务，应该分门别类建立绩效考核的标准。通过这些考核指标的变化，引导地方政府的财政支出竞争向正确的方向发展，形成竞相发展社会保障事业的良性循环。

　　（二）城乡之间和区域之间农民享受的社会保障水平差距有继续扩大的可能

　　东部沿海发达地区尤其是大中城市郊区，农村社会保障体系的改革和发展速度可能更快。这一判断的主要依据是：在快速工业化和城市化的过程中，沿海发达地区农民有更强的对社会保障的需求，也具备相应的缴费能力；土地稀缺、价值高，地方政府希望尽快通过社会保障，从而剥离土地对农民的社会保障功能；地方政府有雄厚的财力；农村集体经济实力相对雄厚。

在中西部欠发达地区，农业人口及贫困人口的比例高，对社会保障支出的需求大，但可支配财力少。这种地区间财政能力和需求的差异，使其在同样的努力下无法提供与其他地区所能提供的社会保障。

缩小区域间基本社会保障差距关键在于政府的政策导向和制度安排。在目前我国的财政体制还难以改变的情况下，可以考虑把筹资责任移交到高层次的政府，通过转移支付的办法以保证地区间的公平。这种做法也是国外的经验之一。

（三）建立新型农村社会养老保险制度将是农村社会保障体系改革的重点

在今后一个时期，应把建立新型农村社会养老保险制度作为农村社会保障体系改革的重点。最主要的理由是家庭养老已经几乎瓦解，并失去了存在的基础。[①] 由公共财政支持建立新型农村社会养老保险制度的主要理由有三。一是保护老年人口生存权的要求。在老年农民中，有一部分丧失了通过劳动获取收入的能力，同时也没有足够的积蓄以及获得外来保障，从而有可能陷入生存危机。基于保护这些老年人生存权的要求，公共财政有理由支持建立农民老年保障制度。二是老年保障的正外部效应。老年生活保障可以解决农民的老年生活之忧，从而有利于计划生育工作的开展，促进国家人口规模和素质水平的调整；为中青年提供了终生的安定性；减轻了子女的养老负担（义务）。三是促进经济发展的工具性作用。养老保

[①] 从激励性看，随着社会经济的变迁，老年农民所拥有激励子女履行赡养义务的资源及重要性都下降了（包括土地、知识技能、信誉、威望等），从而在与子女的交换中处于不利的地位。从约束机制看，以孝道为核心的伦理价值观念及社区的约束与惩罚机制弱化乃至消失；法律途径不适用于约束子女的不孝行为，难以真正发挥作用。

险不仅有助于实现社会公正的目标，而且也是促进农村经济发展的工具。例如，通过养老金和农村经济管理结合起来，可以促进农民放弃承包地，促进农业现代化，减少农民数量。

1. 积极稳妥地开展"新农保"试点

在目前情况下，试点应稳妥进行。要避免不顾条件的大面积推广；在开展时也不能制定过高的参保指标和参保标准。

社会保障的主要内容是社会保险，社会保险中最重要的部分是养老保险，因为这是一个涵盖面最广（涉及每一个人）、资金积累期最长（至少需要二三十年）的保障项目。由于农民就业的自我雇佣性、间歇性和收入的不稳定性等特征，国际经验表明在农民中开展社会养老保险难度较大。大多数发达国家都是先建立经济发展和社会安定必须的雇员和公务员社会养老保险，尔后再将范围慢慢扩大到独立劳动者和农民。如日本在1941年开办厚生年金保险，1959年建立国民年金保险，1970年才建立农工年金保险；德国在1889年就建立了工人养老保险，直到1957年才扩大到农民；美国在1935年举办职工养老保险，直到1981年仍有25%的农民及农业工人没有政府的养老保险保障。我国农民基数较大，收入较低，政府的财力有限，而且养老是将来的需求，在农民的需求序列中相对靠后。这种情况就决定了我国建立新农保以及把多数务农的农村居民纳入该制度将是一个非常缓慢的渐进过程。

2. 以增加政府财政支持为重点，建立可持续的筹资机制

建立新型农村社会养老保险的关键是形成多元化的筹资机制，其中政府应该承担主要责任。

中央政府应确定最基本的养老保险标准，然后根据这一标准确定政府应承担的资金数额以及中央政府与地方政府之间以及各级地方政府之间的分摊。中央财政应向中西部地区倾斜，为新农保划出专项资金，扶持经济欠发达地区建立新农保。从国际经验看，德国1957年建立了针对农业人口的社会保险制度。农业社会保险基金的资金来源于参加保险的人的保险税和政府补贴，其中后者占2/3。法国农民社会养老保险基金来源中国家

支持部分约占 37%，包括国家财政预算补贴、国家对家庭的补贴、税收政策上的补贴等。

应弱化村集体在资金分摊中的责任。目前多数地方正在探索的新农保强调个人缴费、集体补助和政府扶持。我们认为，不宜在文件中明文规定集体的责任。原因是：我国多数村集体没有收入来源，由集体承担费用的可操作性差；从将来的趋势看，即使目前集体实力比较强的村社，也将因为集体产权明晰化的改革等因素而使得集体收入大大减少；在农村人口异质化的背景下，集体向农民提供保障的意愿非常小；在农村民主制度不完善的情况下，强调集体补贴，很容易使补贴落入村干部等农村强势群体。

在弱化行政村建立农村养老保险制度的组织载体尤其是筹资功能的同时，可以探索由在社区的再合作、再组织基础上的农民自助组织或合作社来承担组织内成员的部分养老保险缴费。

3. 防止个人账户空账、空转的风险

以江苏省苏州市为代表的较多地区试点开展的新农保采取了个人账户积累和社会统筹调节相结合的部分积累制资金运行方式。这是一种"仿城模式"，与我国目前城镇职工养老保险相类似。与完全个人账户的"旧农保"相比，这种模式可以体现公平，并有利于实现城乡养老制度的衔接与转换。但是，从现实的情况看，由于制度启动初期缺乏必要的基金积累等多种原因，极有可能出现个人养老账户的基金积累不得不被挪用于支付新农保实施之初已经"退休"那部分农民的养老金，由此而形成参保农民养老金账户的"空账"。个人养老账户的"空账"及其账户的"空转"，使国家和政府对社会成员的养老支付矛盾不断积累和后移，潜藏着不可持续的风险。应充分认识到这一风险，并采取相应的防范性或纠正性干预措施。

4. 不宜提倡将政府补贴挪用于农民的参保费用

目前，中西部地区有的试点县因为自身财力有限，采取了将国家粮食直接补贴等支农资金用于农民参加新农保的补贴。这种做法虽然有助于新农保的开展，但偏离了直补政策的初衷，也与部分农民的愿望相背离，从

而导致了农民的抵触情绪。在政策导向上不宜提倡这种做法。

要十分谨慎地对待一些地方实施的"以土地换保障"、"以土地换养老保险"的做法，避免以给农民保障为借口而损害农民利益的行为。

5. 加强养老保险资金的运营和监管

农村社会养老保险基金适宜由县（市）管理，不应片面强调上收。但是，应要建立制度、经办、监督三位一体的社会保障体系，把基金监督工作贯穿到社会保障的每个环节。充分发挥行政监督、专门监督和社会监督的作用。

（四）进一步完善农村最低生活保障制度和新型农村合作医疗制度

农村的低保、新农合、社会养老保险是农村社会保障体系中三个最基本的制度。目前，农村低保和新农合均取得了突破性进展。在今后一个时期，应采取措施，进一步完善这两项制度。

完善新型农村合作医疗的措施是：（1）加强资金的管理与监督，保证资金确实用于农民的医疗补偿，不被挪用或侵占；（2）通过设计更好的补偿方案最大限度地减轻农民的经济负担，并有效地约束医疗机构过度提供服务和消费者过度利用服务的行为；为了降低新型合作医疗基金的不合理支出，建议逐步取消新型合作医疗基金中的家庭账户和强制体检。目前中西部地区广大农民还拥护家庭账户制度，但实际作用并不明显。对于利用合作医疗基金承担体检费用的做法也要检讨，不要使有限的资金花到实际效果不大的服务项目中去，尤其要取消强制性体检措施。（3）加强医疗卫生机构改革，防止医疗价格的不断攀升。（4）建立政府筹资的制度保障机制，逐步提高新型农村合作医疗的保障水平。新型农村合作医疗的保障水平应与经济发展、农民收入以及医疗费用的自然增长相适应。为此，关键在于建立政府筹资的制度保障机制。在政府筹资上需要建立三项制度。一是政府筹资随经济发展或财政收入增长而增加的制度。二是地方政府承担管理经费的保证制度。三是政府资金及时、足额到位的保证制度，明确规定中央和各级政府资金的拨付时间，并规范支付程序。

完善农村最低生活保障制度的措施是：应以应保尽保为目标，在评估、核定贫困县（市）所需资金以及供给能力的基础上，由上级财政弥补供需之间的缺口。在最低生活保障制度的基础上，建立低保与单项救助、分类救助相结合、覆盖农民主要生存风险的救助保障体系。应该建立另外两种类型的救助制度。一是针对农村特殊群体（如残疾人、五保户、孕产妇）的救助；二是满足农民特殊需求（如住房、疾病、教育而产生的特殊开支）的救助。当前，最急迫的是加强和完善农村医疗救助制度建设。目前的农村医疗救助资金量太少，与新型农村合作医疗制度没有很好衔接。要加大政府对医疗救助资金的支持力度，扩大救助范围，提高救助水平，重点解决好农村五保户等贫困家庭的医疗救助问题。

参考文献

1. 毛泽东：《毛泽东选集》，人民出版社 1991 年版。

2. 清水盛光：《满铁调查月报》第 17 卷第 6 号，1935 年。

3. 斯大林：《论工业化和粮食问题》，《斯大林全集》第 11 卷，人民出版社 1955 年版。

4. 斯大林：《第一个五年计划的总结》，《斯大林全集》第 13 卷，人民出版社 1956 年版。

5. 杨纳：《元代农村社制研究》，《历史研究》1965 年第 4 期。

6. 国家农委办公厅编：《农业集体化重要文件汇编》（上），中共中央党校出版社 1981 年版。

7. 杜润生：《农业现代化与乡村综合发展》，《中国农业年鉴 1980》，农业出版社 1981 年版。

8. 何迺维：《开展森林生态经济研究：为实现农业现代化而奋斗》，《农业经济情况》1981 年第 1 期。

9. 农业出版社编：《中国农业大事记》（1949—1980），中国农业出版社 1982 年版。

10. J. D. 贝尔纳著，伍况甫译：《历史上的科学》，科学出版社 1983 年版。

11. 房维中主编：《中华人民共和国经济大事记（1949—1980 年）》，中国社会科学出版社 1984 年版。

12. 肖湘：《发展中的我国社队工业》，《乡镇企业研究资料》1984 年第 2 期。

13. 国家统计局：《光辉的三十五年统计资料》，中国统计出版社 1984 年版。

14. 国家统计局农村抽样调查总队编：《各省、自治区、直辖市农民收入、消费调查研究资料汇编》，中国统计出版社 1985 年版。

15. 宋继善：《林业体制改革若干问题》，载中国社会科学院农村发展研究所编《农业经济研究文集（二）》，学林出版社 1986 年版。

16. 黄宗智：《华北的小农经济与社会变迁》，中华书局 1986 年版。

17. 刘文璞、魏道南、秦其明等著：《中国农业的社会主义道路再认识》，中国社会科学出版社 1987 年版。

18. 郭书田主编：《中国农村改革与发展十年》，农业出版社 1989 年版。

19. 马尔科姆·吉利斯、德怀特·H. 帕金斯等：《发展经济学》，经济科学出版社 1989 年版。

20. 农业部政策法规司、国家统计局农村司：《中国农村 40 年》，中原农民出版社 1989 年版。

21. 国家统计局综合司编：《全国各省、自治区、直辖市历史统计资料汇编（1949—1989）》，中国统计出版社 1990 年版。

22. 薄一波：《若干重大决策和问题的回顾》（上卷），中共中央党校出版社 1991 年版。

23. 李海、苏明：《乡财政的理论与实践》，中国财政经济出版社 1991 年版。

24. 于驰前、黄海光主编：《当代中国的乡镇企业》，当代中国出版社 1991 年版。

25. V．W．拉坦：《诱致性制度变迁理论》，载于《财产权利与制度变迁》，上海三联书店 1991 年版。

26. 朱荣：《当代中国的农业》，当代中国出版社 1992 年版。

27. 中国农业科学院：《中国农业科技之研究》，中国农业科技出版社 1992 年版。

28. 林毅夫、蔡昉、李周：《制度、技术与中国农业发展》，上海三联书店 1992 年版。

29. 陈锡文：《中国农村改革：回顾与展望》，天津人民出版社1993年版。

30. 中国农业年鉴编辑委员会：《中国农业年鉴》，中国农业出版社1993年版。

31. 陈吉元等：《中国农村社会经济变迁》，山西经济出版社1993年版。

32. 陈吉元、庾德昌：《中国农业劳动力转移》，人民出版社1993年版。

33. 薄一波：《若干重大决策与事件的回顾》，中共中央党校出版社1993年版。

34. 孙潭镇、朱钢：《我国乡镇制度外财政分析》，《经济研究》1993年第9期。

35. 周彬彬：《中国人民公社时期的贫困问题》，《经济开发论坛》1993年第6期。

36. 《中国21世纪议程——中国21世纪人口、环境与发展白皮书》，中国环境科学出版社1994年版。

37. 姚今观、纪良刚等著：《中国农产品流通体制与价格制度》，中国物价出版社1995年版。

38. 杜赞奇：《文化、权力与国家——1900—1942年的华北农村》，江苏人民出版社1995年版。

39. 王传纶、高培勇：《当代西方财政经济理论》，商务印书馆1995年版。

40. 中华人民共和国财政部税政司编：《中国税收制度（1995年）》，中国财政经济出版社1995年版。

41. 中华人民共和国农业部：《中国农业发展报告95》，农业出版社1995年版。

42. 秦晖：《田园诗与狂想曲》，中央编译出版社1996年版。

43. 胡必亮、郑红亮：《中国的乡镇企业与乡村发展》，山西经济出版社1996年版。

44. 朱希刚：《我国农业科技进步贡献率测算方法》，中国农业出版社1997年版。

45. 郑有贵、李成贵：《中国传统农业向现代农业转变的研究》，经济科学出版社 1997 年版。

46. 刘文璞：《中国地区经济增长和贫困的历史回顾》，载刘文璞、吴国宝《地区经济增长和减缓贫困》，山西经济出版社 1997 年版。

47. 袁志刚、方颖：《中国就业制度的变迁》，山西经济出版社 1998 年版。

48. 王贵宸：《中国农村改革新论》，中国社会科学出版社 1998 年版。

49. 郭铁民、林善浪：《中国合作经济发展史》（下），当代中国出版社 1998 年版。

50. 王洛林主编：《经济周期研究》，经济科学出版社 1998 年版。

51. 张晓山、齐莉梅：《农村社会保障制度建设》，载《中国农村改革二十年》，河北科学技术出版社 1998 年版。

52. 马泉山：《新中国工业经济史（1966—1978）》，经济管理出版社 1998 年版。

53. 国家统计局：《新中国 50 年》，中国统计出版社 1999 年版。

54. 程漱兰：《中国农村发展：理论和实践》，中国人民大学出版社 1999 年版。

55. 李炳坤：《农产品流通体制改革与市场制度建设》，《中国农村经济》1999 年第 6 期。

56. 国家统计局：《新中国五十年统计资料汇编》，中国统计出版社 1999 年版。

57. 甘藏春主编：《农村集体土地股份合作制理论与实践》，中国大地出版社 2000 年版。

58. 徐柏园：《半个世纪来我国农产品流通体制变迁》，《北京社会科学》2000 年第 1 期。

59. 宋洪远等：《改革以来中国农业和农村经济政策的演变》，中国经济出版社 2000 年版。

60. 李周、孙若梅：《中国环境问题》，河南人民出版社 2000 年版。

61. 林毅夫：《再论制度、技术与中国农业发展》，北京大学出版社 2000 年版。

62. 朱守银：《中国农村城镇化进程中的改革问题研究》，《中国农村观察》2000 年第 6 期。

63. 国家税务总局农税课题组：《农民负担与农业税改革问题》，《税务研究》2000 年第 4 期。

64. 朱钢：《财税体制、乡村集体企业与"以工补农"》，载朱钢、张元红、张军等《聚焦中国农村财政：格局、机理与政策选择》，山西经济出版社 2000 年版。

65. 王利明主编：《物权法专题研究》，吉林人民出版社 2001 年版。

66. 王贵宸、魏道南、秦其明：《农业生产责任制的建立和发展》，河北人民出版社 2001 年版。

67. 毛育刚：《中国农业演变之探索》，社会科学文献出版社 2001 年版。

68. 郑易生主编：《中国环境与发展评论》（第 1 卷），社会科学文献出版社 2001 年版。

69. 世界银行：《2000—2001 年世界发展报告：与贫困作斗争》，中国财政经济出版社 2001 年版。

70. 魏后凯：《走向可持续协调发展》，广东经济出版社 2001 年版。

71. 吴国宝：《扶贫模式研究：中国小额信贷扶贫研究》，中国经济出版社 2001 年版。

72. 迟福林：《把土地使用权真正交给农民》，中国经济出版社 2002 年版。

73. 鹿新社主编：《研究征地问题，探索改革之路（一、二）》，中国大地出版社 2002 年版。

74. 张红宇：《中国农村的土地制度变迁》，中国农业出版社 2002 年版。

75. 杜润生主编：《当代中国的农业合作制》（下），当代中国出版社 2002 年版。

76. 王延中：《中国农村社会保障制度变迁与评估》，载郑功成等《中国社会保障制度变迁与评估》，中国人民大学出版社 2002 年版。

77. ［印度］阿马蒂亚·森：《以自由看发展》，中国人民大学出版社 2002 年版。

78. 林万龙：《乡村社区公共产品的制度外筹资：历史，现状及改革》，《中国农村经济》2002 年第 7 期。

79. 张军：《乡镇财政制度缺陷与农民负担》，《中国农村观察》2002 年第 4 期。

80. 张毅、张颂颂：《中国农村工业化与国家工业化》，中国农业出版社 2002 年版。

81. UNDP：《2003 年人类发展报告——千年发展目标：消除人类贫困的全球公约》，中国财政经济出版社 2003 年版。

82. 张军、王晓毅、王峰：《传统村庄的现代跨越》，山西经济出版社 2003 年版。

83. 理查德·A．马斯格雷夫、佩吉·B．马斯格雷夫：《财政理论与实践》，中国财政经济出版社 2003 年版。

84. 卢迈等：《中国农村劳动力流动的回顾与展望》，中国农村研究网，2003 年 5 月 3 日。

85. 劳动和社会保障部课题组：《关于民工短缺的调查报告》，《经济参考报》2004 年 9 月 8 日。

86. 郑易生主编：《中国环境与发展评论》（第 2 卷），社会科学文献出版社 2004 年版。

87. 詹成付：《乡村政治若干问题研究》，西北大学出版社 2004 年版。

88. 李卫平、赵都馨、石光：《政府农村卫生投入》，载中国社会科学院农村发展研究所、国家统计局农村社会经济调查总队《2003—2004 年：中国农村经济形势分析与预测》，社会科学文献出版社 2004 年版。

89. 李静：《中国农村金融组织行为与制度环境》，山西经济出版社 2004 年版。

90. 王晓毅等：《农村工业化与民间金融——温州的经验》，山西经济出版社 2004 年版。

91. 国家统计局：《中国国内生产总值核算历史资料 1952—2004》，中国统计出版社 2005 年版。

92. 蔡昉、都阳、王美艳：《中国劳动力市场转型与发育》，商务印书馆 2005 年版。

93. 中国农业年鉴编辑委员会：《中国农业年鉴》，中国农业出版社 2005 年版。

94. 国家林业重点工程社会效益测报中心、国家林业局发展计划与资金管理司：《国家林业重点生态工程社会经济效益监测报告 2004》，中国林业出版社 2005 年版。

95. 杜润生：《杜润生自述：中国农村体制变革重大决策纪实》，人民出版社 2005 年版。

96. 陈锡文等主编：《中国农村公共财政：理论、政策、实证研究》，中国发展出版社 2005 年版。

97. 罗必良主编：《新制度经济学》，山西经济出版社 2005 年版。

98. 成思危主编：《改革与发展：推进中国的农村金融》，经济科学出版社 2005 年版。

99. 黄小虎：《中国土地管理研究》，当代中国出版社 2006 年版。

100. 国务院研究室课题组：《中国农民工调研报告》，中国言实出版社 2006 年版。

101. 王贵宸：《中国农村合作经济史》，山西经济出版社 2006 年版。

102. 魏后凯主编：《现代区域经济学》，经济管理出版社 2006 年版。

103. 赵芝俊，张社梅：《近 20 年中国农业技术进步贡献率的变动趋势》，《农业经济导刊》2006 年第 9 期。

104. 李育材主编：《实现新时期又快又好发展的蓝图——全国林业发展"十一五"和中长期规划汇编》，中国林业出版社 2006 年版。

105. 唐健等：《全国耕地保护制度与政策研究》，中国社会科学出版社 2006 年版。

106. 让·得雷兹、阿玛地亚·森：《饥饿与公共行为》，社会科学文献出版社 2006 年版。

107. 朱钢、谭秋成、张军：《乡村债务》，社会科学文献出版社 2006 年版。

108. 朱钢、贾康等：《中国农村财政理论与实践》，山西经济出版社 2006 年版。

109. 胡必亮：《农村金融与村庄发展》，商务印书馆 2006 年版。

110. 焦瑾璞、杨骏：《小额信贷和农村金融》，中国金融出版社 2006 年版。

111. 王曙光等：《农村金融与新农村建设》，华夏出版社 2006 年版。

112. 袁平等：《关于推进当前农村金融改革的几点思考》，《农业经济问题》2006 年第 12 期。

113. 张晓山、何安耐等：《走向多元化、竞争性的农村金融市场》，山西经济出版社 2006 年版。

114. 吴明：《新型农村合作医疗仍存三大问题》，人民网，2006 年 9 月 29 日。

115. 郑有贵：《比较视角的农产品统派购制度》，《当代中国史研究》2007 年第 5 期。

116. 蔡昉：《中国劳动力市场发育与就业变化》，《经济研究》2007 年第 7 期。

117. 郑易生主编：《中国环境与发展评论》（第 3 卷），社会科学文献出版社 2007 年版。

118. 崔红志：《完善农村社会保障体系的思路与对策》，载陈佳贵、王延中主编《中国社会保障发展报告》（2001—2004），社会科学文献出版社 2007 年版。

119. 郑功成、黄黎若莲等：《我国农民工问题与社会保护》，人民出版社 2007 年版。

120. 张斌：《中国财政政策分析》，载白钢、史卫民主编《中国公共政策分析，2007》，中国社会科学出版社 2007 年版。

121. 张兴华：《农村劳动力市场发育程度分析》，《人民日报》2008 年 7 月 18 日。

122. 陈佳贵总主编，张晓山、李周主编：《中国农村改革 30 年研究》，经济管理出版社 2008 年版。

123. 包晓斌、操建华：《中国木材市场分析及其政策评述》，《林业经济》2008 年第 2 期。

124. 世界银行：《2008 年世界发展报告——以农业促发展》，清华大学出版社 2008 年版。

125. 中国（海南）改革发展研究院：《中国人类发展报告：惠及 13 亿人的基本公共服务》，中国对外翻译出版公司 2008 年版。

126. 李燕凌：《我国农村公共品供给制度历史考察》，《农村经济问题》2008 年第 8 期。

127. 李周等：《中国农村金融的改革与发展》，载魏加宁等主编《中国金融新格局（下）》，人民出版社 2007 年版。

128. 国家统计局：《第二次全国农业普查数据公报》www. stats. gov. cn，2008 年 2 月 21 日、2 月 22 日。

129. 国家统计局：《关于 2007 年 GDP 数据最终核实结果的公告》www. stats. gov. cn，2009 年 1 月 14 日。

130. 国家统计局：《2008 年统计公报》，中国统计出版社 2009 年版。

131. 陈锡文：《中国农村改革：三十年回顾与展望》，人民出版社 2009 年版。

132. 蔡昉、王德文、都阳：《中国农村改革与变迁：30 年历程和经验分析》，格致出版社 2009 年版。

133. 韩俊：《破解三农难题：30 年农村改革与发展》，中国发展出版社 2009 年版。

134. 黄季琨等：《制度变迁和可持续发展》，格致出版社 2009 年版。

135. 孙政才主编：《1978—2008 中国农村改革与实践》，中国农业出版社

2009 年版。

136. 宋洪远:《中国农村改革三十年》,中国农业出版社 2009 年版。

137. 国家统计局农村社会经济调查司:《中国农村住户调查年鉴 2008》,中国统计出版社 2009 年版。

138.《乡镇企业改革发展 30 年成就综述》,中国乡镇企业信息网 www. cte. gov. cn, 2009 年 6 月 12 日。

139. 中国社会科学院农村发展研究所和国家统计局农调总队:《农村经济绿皮书》(1993—2009),中国社会科学出版社 1993—1997 年出版,社会科学文献出版社 1998—2009 年出版。

140. 国家统计局:《中国统计年鉴》(历年),中国统计出版社。

141. 农业部乡镇企业局:《中国乡镇企业(及农产品加工业)年鉴》(历年),农业出版社出版。

142. 朱玲:《政府与农村基本医疗保健保障制度选择》,《中国社会科学》2007 年第 4 期。

143. 张忠法:《1949 到 2007:中国农村改革与发展 58 年》,国研网, www. drcnet. com. cn, 2008 年 2 月 26 日。

144. Shorr, Anthony F. , 1980, "The Class of Additively Decomposable Inequality Measures", *Econometrica* 48(3), Apr. pp. 613 – 625.

145. Wen Guangzhong James, 1989, *The Current Land Tenures System and Its Impact on Long Term Performance of Farming Sector: The Case of Modern China*, Ph. D. dissertation, University of Chicago.

146. McMillan, J. , Whalley, J. , & Zhu, L. , 1989, " The Impact of China' s Economic Reforms on Agricultural Productivity Growth", *Journal of Political Economy*, 97, pp. 781 – 807.

147. Wen Guanzhong, 1993, "Total Factor Productivity Change in Chinas Farming Sector: 1952 – 1989", *Economic Development and Cultural Change*, Oct. , pp. 1 – 41.

148. Wen, J. G. , 1993, "Total Factor Productivity Change in China's Farming

Sector: 1952—1989", *Economic Development and Cultural Change*, 42.

149. Roland, G. , and T. Verdier, 1999 , "Transition and the Output Fall", *Economy Transition* (January) .

150. Alan de Brauw, Jikun Huang, and Scott Rozelle, 2000, "Responsiveness, Flexibility, and Market Liberalization in China' s agriculture", *American Journal of Agricultural Economics*, 82(5) .

151. Scott Rozelle, Johan F. M. Swinnen, 2004, "Success and Failure of Reform: Insights from the Transition of Agriculture", *Journal of Economic Literature*, Vol. 42(2) .

后 记

  《新中国农村 60 年的发展与变迁》是《辉煌历程——庆祝新中国成立 60 周年重点书系》中的一部，由中国社会科学院农村发展研究所所长、研究员张晓山同志、农村发展研究所副所长、研究员李周同志主编，农村发展研究所 18 位高级研究人员共同撰写的一部学术专著。参加写作的人员都是农村发展研究所的科研骨干，是农村相关研究领域学有所成的专家。这部专著系统地回顾、分析和总结了新中国成立 60 年来农业和农村发展与变迁的历史，概述 60 年间农村不同的制度安排和发展模式及其成效，并试图提炼出 60 年农村发展与变迁对今后可能的启示。在本书的写作过程中，先由中国社会科学院农村发展研究所的研究人员共同确定了写作提纲和各自的分工，所统稿小组成员审阅了各章的初稿，提出了具体的修改意见，各位执笔人根据修改意见写出了第二稿。然后，由主编最终审定。这部书稿可以说是农村发展研究所许多科研人员和辅助人员劳动和智慧的结晶。

  本书由十六章组成，作者名录如下：第一章张晓山；第二章张元红；第三章操建华；第四章李周；第五章吴国宝、谭清香；第六章李国祥；第七章苑鹏；第八章王小映；第九章张兴华；第十章李静；第十一章朱钢；第十二章孙若梅；第十三章李成贵；第十四章党国英；第十五章张军、杜志雄；第十六章崔红志。

  农发所统稿组由张晓山、朱钢、党国英、陈劲松四位同志组成。

  人民出版社的詹素娟同志担任本书的责任编辑，她一直热情关注"三农"问题，此次从本书的选题、立项到书稿的编辑工作，她认真负责，倾注了大量的心血，在此谨致以诚挚的谢意！

　　我们清醒地认识到，尽管本书成果已经过了多次的修改和完善，但由于水平所限，肯定还有疏漏和谬误之处，请热心的读者不吝赐教。

张晓山　李周

2009 年 7 月 20 日

责任编辑:詹素娟

封面设计:肖　辉

版式设计:曹　春

责任校对:阎　宓

图书在版编目(CIP)数据

新中国农村60年的发展与变迁/张晓山　李周　主编.

-北京:人民出版社,2009.10

(辉煌历程:庆祝新中国成立60周年重点书系)

ISBN 978-7-01-008170-0

Ⅰ.新…　Ⅱ.①张…②李…　Ⅲ.①农村-经济发展-研究-中国②农村-社会变迁-研究-中国　Ⅳ.F323

中国版本图书馆CIP数据核字(2009)第154021号

新中国农村60年的发展与变迁

XINZHONGGUO NONGCUN 60 NIAN DE FAZHAN YU BIANQIAN

张晓山　李周　主编

人民出版社 出版发行

(100706　北京朝阳门内大街166号)

北京瑞古冠中印刷厂印刷　新华书店经销

2009年10月第1版　2009年10月北京第1次印刷

开本:700毫米×1000毫米 1/16　印张:37.25

字数:550千字

ISBN 978-7-01-008170-0　定价:78.00元

邮购地址 100706　北京朝阳门内大街166号

人民东方图书销售中心　电话 (010)65250042　65289539